Daß Literaturgeschichte nicht abstrakt und theoretisch sein muß, daß sie lebendig, erzählerisch und unterhaltend sein kann – nicht weniger will diese Geschichte der deutschen Literatur beweisen. Vom Mittelalter bis zur Gegenwart schildert sie die großen Strömungen der deutschsprachigen Dichtung, beschreibt daneben, in kürzester Zusammenfassung, die ideengeschichtlichen politischen und gesellschaftlichen Veränderungen, die sie begleitet und beeinflußt haben. Die Lektüre erfordert kein spezielles Vorwissen: Es ist das Ziel der Verfasser, so gradlinig und allgemeinverständlich wie nur möglich zu schreiben, zwar auf der Höhe der wissenschaftlichen Kenntnisse, doch ohne Kompliziertheit und akribische Weitschweifigkeit.

Die bedeutendsten Dichtungen jeder Epoche werden ausführlich nacherzählt und interpretiert, woran sich Hinweise auf die Umstände ihrer Entstehung knüpfen. Manches Geschichtliche, manches aus dem Leben und der Gedankenwelt der Autoren kommt dabei zur Sprache. Eingeflochten ist außerdem eine stattliche Zahl von Zitaten, dazu gedacht, den besonderen Stil, die Tonlage und Atmosphäre der Werke eingehend zu belegen. Dergestalt entsteht ein Bild der geistigen Bewegungen, in dem beides – Erklärung und Original, Kommentar und Kommentiertes – zusammenwirkt, um den Leser auf anschaulichste Weise durch die verschiedenen Epochen der deutschen Literatur zu führen.

Ingo Leiß, geb. 1948, studierte Germanistik, Geschichte, politische Wissenschaften und Soziologie und ist Gymnasiallehrer für Deutsch, Geschichte und Sozialkunde.
Hermann Stadler, geb. 1926, studierte nach dem Krieg Geschichte, Germanistik und Anglistik. Neben seiner Tätigkeit als Gymnasiallehrer veröffentlichte er mehrere Bücher für den Deutschunterricht.

Deutsche Literaturgeschichte
Band 8

Ingo Leiß und Hermann Stadler

Wege in die Moderne 1890–1918

Deutscher Taschenbuch Verlag

Originalausgabe
Dezember 1997
© 1997 Deutscher Taschenbuch Verlag GmbH & Co. KG, München
Umschlagkonzept: Balk & Brumshagen
Umschlagbild: ›Leipziger Straße mit elektrischer Bahn‹ (1914) von Ernst Ludwig Kirchner (© Dr. Wolfgang & Ingeborg Henze-Ketterer, Wichtrach/Bern)
Gesamtherstellung: C. H. Beck'sche Buchdruckerei, Nördlingen
Gedruckt auf säurefreiem, chlorfrei gebleichtem Papier
Printed in Germany · ISBN 3-423-03348-7

Es mag als eine Besonderheit des achten Bandes ins Auge fallen, daß
er als erster im Rahmen dieser Literaturgeschichte keine spezielle
Bezeichnung einer literarischen Epoche im Titel trägt. In der Tat endet mit dem Naturalismus die Möglichkeit, die Literatur nach do-
minierenden Stilrichtungen einzuteilen; allzu groß ist die Zahl der
nebeneinander herlaufenden Strömungen, die sich einer chronologi-
schen Darstellung um so mehr verweigern, als auch eindeutige Ab-
grenzungen oft kaum möglich sind. So orientiert sich dieser Band,
was die Epochenbestimmung angeht, nicht an literarischen, sondern
an politischen Eckdaten: der Regierungszeit Kaiser Wilhelms II.
(1888–1918), die ja nicht von ungefähr vielfach als »Wilhelminisches
Zeitalter« bezeichnet wird. Zwar hat Wilhelm II. nicht den Gang der
Entwicklung im Bereich der Kunst und Literatur geprägt, wohl aber
das Verhältnis von Staat und Kultur beeinflußt, indem er sich – etwa
durch die Ablehnung des Häßlichen und der »Rinnstein-Kunst« oder
durch die Bevorzugung von Schriftstellern wie Ludwig Ganghofer –
auf bestimmte Richtungen festlegte und dadurch Markierungen setzte, die nicht ohne öffentliche Wirkung blieben.

In der Regierungszeit Wilhelms II. setzt überdies ein, was der
Untertitel dieses Bandes als das entscheidende und alle Bereiche er-
fassende Merkmal der Epoche ausmacht: der Aufbruch in die »Moderne«. Dieser, philosophisch und psychologisch betrachtet, wohl
folgenreichste Einschnitt in der europäischen Geschichte seit der
Französischen Revolution bedeutet insbesondere für die Literatur
einen gewaltigen Umbruch gegenüber dem 19. Jahrhundert. Das sich
verändernde Lebensgefühl, das neue Menschen- und Weltbild der
jungen Avantgarde um 1900 bringt, zumindest europaweit – beeinflußt auch von neuen, teils außerdeutschen Entwicklungen in bildender Kunst, Architektur und Musik – Literatur hervor, die sich selbst
als Gegenkultur zum Althergebrachten, Gängigen sieht, sich gegen
Konvention, Erstarrung und Epigonentum wendet. Dabei beschreiten die Autoren sehr unterschiedliche Wege und wechseln (wie z. B.
Gerhart Hauptmann oder Hugo von Hofmannsthal) immer wieder
die Richtung; Pluralismus ist das Ergebnis und ein wesentliches
Kennzeichen des Zeitraums. Zusätzliche Verwirrung entsteht dadurch, daß die prägenden Begriffe nicht immer einheitlich verwendet
und verstanden werden. Hofmannsthal etwa rechnet sich selbst (gar
nicht negativ) der »Décadence« zu, während andere ihn für einen
typischen »Symbolisten« halten; und Arno Holz sträubt sich gegen
die Zuordnung seiner Dichtung zum Impressionismus, weil es »eines

der vielen (...) Seifenblasenwörter« sei, »die alles sagen, weil sie nichts sagen«.

Die vielen Ismen der Zeit eignen sich wenig dazu, ein Ordnungsprinzip zu gewinnen. Hinzu kommt, daß die von den Modernen prinzipiell geforderte Subjektivität, die Annahme der schöpferischen Autonomie des Künstlers, eine schematische, die Besonderheit biographischer Bedingtheiten unberücksichtigt lassende Zuordnung ohnehin von vornherein verbietet. Die allemal, auch in anderen Epochen, heikle Frage, in welche Schublade ein Autor oder auch nur ein einzelnes Werk zu stecken sei, wird damit um so problematischer. Dennoch kann man auf die geläufigen Begriffe nicht ganz verzichten. Sie werden in diesem Band jedoch nicht als Einteilungskategorien verwendet, sondern in einem eigenen Kapitel vorab erläutert, so daß sie in späteren Abschnitten vorsichtig mit Autoren bzw. einzelnen ihrer Werke in Beziehung gesetzt werden können. Auf diese Weise zeigt sich, daß auch so große Einzelgänger wie Thomas Mann, Hugo von Hofmannsthal, Hermann Hesse oder Franz Kafka durchaus in das Netz von literarischen Richtungen verwoben sind.

Im übrigen wird die Gliederung nach Gattungen – wenn auch angesichts der Tendenz zur Auflösung hergebrachter Formen mit Bedenken – beibehalten. Die Grobeinteilung des Bandes ergab sich aus den literarischen Gegebenheiten: Während die Zeit der Jahrhundertwende ganz und gar im Zeichen mannigfaltiger Übergänge steht und keiner der alten oder neuen Strömungen eine dominierende Stellung erlaubt, drängt sich mit einem zweiten Schub der Modernisierung seit etwa 1911 der Expressionismus mehr und mehr in den Vordergrund und bestimmt neben kaum einzuordnenden Autoren wie Kafka oder Rilke für nahezu ein Jahrzehnt die Literatur der Avantgarde.

INHALT

III. DURCHBRUCH DER MODERNE: EXPRESSIONISMUS

ANHANG

I. Einführung in die Epoche

1. Politische und gesellschaftliche Grundlagen

1.1. Das Deutsche Kaiserreich

Noch vor der Jahrhundertwende hatte im Deutschen Kaiserreich der zweite große wirtschaftlich-technische Aufschwung nach der Gründerzeit begonnen. Er hielt bis zum Ausbruch des Ersten Weltkriegs an. 1913 stellte die deutsche chemische Industrie bereits 85% des Weltbedarfs an Farbstoffen her, Deutschland wurde zum größten Stahlproduzenten auf dem europäischen Kontinent; in den »neuen« Industrien (Chemie und Elektro) überholte es rasch England. Zwischen 1870 und 1913 versechsfachte sich die industrielle Produktion, während sie sich in der gleichen Zeit in England, allerdings von einer höheren Basis aus, verdoppeln konnte. Der sich daraus ergebende Konkurrenzkampf um Absatzmärkte blieb freilich nicht ohne Einfluß auf die politische Stimmung und das politische Handeln.

Schon von 1895 datiert der berühmte Satz von Max Weber aus seiner Antrittsvorlesung: »Wir müssen begreifen, daß die Einigung Deutschlands ein Jugendstreich war, den die Nation auf ihre alten Tage beging und seiner Kostspieligkeit halber besser unterlassen hätte, wenn sie (...) nicht der Ausgangspunkt einer deutschen Weltpolitik sein sollte.« Er drückte damit auch aus, was große Teile der Öffentlichkeit dachten, vom jungen Kaiser ersehnt und von seinem Kanzler (1897) in dem populären Schlagwort vom »Platz an der Sonne« formuliert wurde. Deutschlands Eintritt in die »Weltpolitik« war sicher nicht nur unbegründete Großmannssucht; wirtschaftliche und politische Gegebenheiten verlangten danach. Aber sie konnte zum Gefahrenherd werden, wenn es nicht gelang, die »alten« Weltmächte (England, Frankreich, Rußland) davon zu überzeugen, daß es der »neuen« Weltmacht nicht um ein Vordrängen oder gar um Hegemonie ging. Dazu war das Verhalten breiter Kreise unter der Wortführung Wilhelms II. nicht angetan. Das »Reich«, so urteilt der sehr sorgsam abwägende Historiker Thomas Nipperdey, »praktizierte eine wenig substanzielle Politik des Überall-dabeisein-Wollens und der Hyperaktivität, es trat in den Augen der anderen permanent als auf- und zudringlicher Parvenu auf, als Störenfried, mit Forderungen, mit Drohungen.« Insbesondere die *Flottenpolitik* führte zu Irritationen. Der »Risiko-Gedanke« (die Flotte sollte so stark sein, daß jeder Angreifer mit Verlusten rechnen müßte, die seine Bedeutung als Seemacht gefährden würden) führte nicht nur zu Auseinandersetzungen im Inneren (u. a. mit der Sozialdemokratie im Parlament), weil er unweigerlich mit teurem Schlachtschiffbau einhergehen würde und Deutschland imperialistische Züge verlieh; vielmehr gab er der deutschen Militärpolitik auch eine ungewollte antibritische Tendenz und verstärkte in England die schon vorhandene Vorstellung, daß der eigentliche Konkurrent nicht mehr Rußland, sondern Deutschland sei. Die stärkere Anlehnung an Frankreich und die Anbahnung der *Entente cordiale* (1904) bzw. ihre Erweiterung zur *Triple Entente* mit Rußland im Jahr 1907, waren von dieser, vor allem von Admiral Tirpitz und dem Kaiser vorangetriebenen, Flottenrüstung stark beeinflußt. Die Ablehnung der Abrüstung bei der 2. Haager Konferenz sowie das Verhalten des Reiches in den beiden Marokkokrisen 1905/06 und 1911 (bekannt als »Panthersprung« nach Agadir) verstärkten das Mißtrauen des Auslands; Deutschland geriet zusehends in die Isolation und band sich desto fester an Österreich-Ungarn. Diese – nicht nur aus »Nibelungentreue« (v. Bülow) – enge Bindung, erstmals deutlich in der sogenannten Bosnienkrise 1908, schränkte die Handlungsfreiheit mehr und mehr ein. In der entscheidenden Krise nach der Ermordung des österreichischen Thronfolgers trug dies zum Ausbruch des Ersten Weltkrieges (1914–1918) bei.

Die außenpolitischen Vorgänge von der Jahrhundertwende bis zum Ersten Weltkrieg bleiben trotz der Ablehnung der imperialistischen Politik durch einen großen Teil der Künstler und Literaten ohne wesentliches künstlerischen Echo. Erst der Kriegsbeginn löst eine schon bald wieder verebbende Welle von nationaler Lyrik aus, selbst bei sonst eher kritischen Autoren wie Ludwig Thoma. Rudolf Alexander Schröders »Heilig Vaterland in Gefahren/Deine Söhne stehn, Dich zu wahren …« mag als Beispiel für diesen patriotischen Ton dienen.

Für das Verhältnis der Literaten zu ihrem Staat waren jedoch die innenpolitischen Vorgänge insgesamt von größerer Bedeutung.

Dem sich rasch entwickelnden Industrie- und Machtstaat Deutschland entsprach eine Modernisierung des politischen Staates nur insofern, als das Gewaltmonopol und die Ausweitung staatlichen Handelns (z. B. im Bereich der Übernahme und Kontrolle der Daseinsvorsorge für die ärmeren Schichten) die Staatsaufgaben rapide vermehrten und zu einer Explosion an Stellen in der öffentlichen Verwaltung führten: Zwischen 1876 und 1914 verdreifachte sich das Personal.

Insbesondere die Reichsbürokratie, neben dem Militär und der Industrie die dritte der neuen »institutionellen Mechanismen«, gewann damit an Eigengewicht und verstärkte die Tendenz zum Abbau des föderativen Prinzips. Dies kam der Neigung des jungen Kaisers entgegen.

Auch der Reichstag gewann an Macht, wenngleich von einer Parlamentarisierung im Rahmen der konstitutionell eingeschränkten

Monarchie noch keine Rede sein kann. Es gab nicht einmal die Möglichkeit einer Ministeranklage vor einem Staatsgerichtshof. Die Kanzler waren – wenigstens dem Gesetz nach – nicht dem Parlament, sondern dem Kaiser verantwortlich, der nicht nur Repräsentant des Staates, sondern eine wichtige politische Instanz war; man hat sogar vom »persönlichen Regiment« Wilhelms II. gesprochen. Eine Formulierung des redefreudigen Kaisers: »Einer nur ist Herr im Reich, keinen anderen dulde ich« (1891) mag dazu ebenso beigetragen haben wie sein berühmter Eintrag ins Goldene Buch der Stadt München: »Suprema lex regis voluntas«, wonach des Königs Wille oberstes Gesetz sein solle. Wenn das auch vielfach bloße Rhetorik war und das »persönliche Regiment« allenfalls in den ersten Jahren und vor allem im Bereich der Personalpolitik Bedeutung hatte, so erschien der Kaiser doch in den Augen der breiten Öffentlichkeit als die bestimmende Gestalt; seine Äußerungen wirkten gewissermaßen realitätsstiftend.

Das zeigte sich besonders deutlich in seinen Versuchen, Einfluß auf den Bereich der Kunst zu nehmen. »Eine Kunst, die sich über die von Mir bezeichneten Gesetze und Schranken hinwegsetzt«, so heißt es in einer seiner Reden, »ist keine Kunst mehr.« Eine Kunst, die sich – wie die Avantgarde der Zeit – autonom verstand, konnte sich daran gewiß nicht orientieren. »Kultur und Reich haben sich gegenseitig verfehlt«, urteilt der Historiker Theodor Schieder. Beide hatten eben unterschiedliche Voraussetzungen und Ziele. Die Grundhaltung der Modernen in der Kunst gegen die in ihren Augen atomistische und sich selbst entfremdete Gesellschaft, ihre Absicht, eine neue Totalität zu finden, Sein und Leben wiederherzustellen, konnte unter den gegebenen Bedingungen nur in einer »Gegenwelt« verwirklicht werden. Es ist kein Zufall, daß das Kaiserreich weder eine eigenständige »Reichskunst« (Nipperdey) entwickeln konnte, noch eine zentrale Idee oder künstlerische Richtung, wie sie der englische oder französische Imperialismus hervorgebracht hat. Statt dessen zog sich die deutsche Literatur nach dem Naturalismus aus der Politik zurück. »Machtgeschützte Innerlichkeit« hat Thomas Mann später diesen Zustand der »Teilung zwischen freier Kultur und Herrschaftsausübung« kritisch benannt.

Um die gesellschaftlichen Verhältnisse vor dem Ersten Weltkrieg zu beschreiben, hat man nicht selten Begriffe gewählt, die Statik und Kontinuität ausdrücken. Ruhe, Gleichförmigkeit der Lebensführung, ausbalancierte Zustände im Mit- und Nebeneinander der Stände und Schichten hätten im Gegensatz zum späteren gewaltsamen und gewalttätigen Verlauf der Dinge, jener wahrhaft »guten alten Zeit« den Glanz verliehen, der erst mit dem Krieg, der Urkatastrophe unseres Jahrhunderts, erloschen sei.

Eine solche Darstellung wird jedoch der Zwiespältigkeit, der Vielgesichtigkeit, Zerrissenheit und Komplexität jener Jahrzehnte nicht gerecht.

Bei genauerem Hinsehen kommt sofort die ungeheure Dynamik der deutschen Gesellschaft in den Blick: das Deutsche Reich war eine Nation im Aufbruch. Diese Dynamik hatte einen wesentlichen Grund im stürmischen Wachstum der Bevölkerung. Im Zeitraum zwischen 1890 und 1910 nahm sie von etwa 50 Millionen auf knapp 65 Millionen zu, während z.B. die des Nachbarstaates Frankreich bei ungefähr 40 Millionen stagnierte. Der um die Jahrhundertwende einsetzende Geburtenrückgang wirkte sich noch nicht aus.

Das Bevölkerungswachstum nahmen die Zeitgenossen vor allem als Verstädterung wahr; Städte und Stadtlandschaften prägten für immer mehr Menschen Lebensgefühl und Lebensrhythmus. 1910 war jeder fünfte Deutsche bereits Großstädter. Zwar behielten die großen, kulturell bedeutsamen Metropolen wie Berlin oder München noch ihr unverwechselbares Gesicht, doch daneben setzte als Resultat ökonomischer, verkehrstechnischer, hygienischer u.a. Sachzwänge bereits eine Angleichung im Erscheinungsbild der urbanen Zentren ein. Für die in Bewegung geratenen Massen mußten Wohnungen, Arbeitsplätze, Verkehrsmittel entstehen. Beispiel Berlin: für die (1912) 3 Millionen Einwohner mußten Lebensmittel verfügbar sein, Schulen gebaut, Erholungsmöglichkeiten und eine effektive Freizeitindustrie geschaffen werden. Ähnliche Bedürfnisse erzeugten überall vergleichbare Angebote, diese zu befriedigen. Die ungeheuer gesteigerten Quantitäten schlugen in eine neue Qualität um.

Die Beschleunigung des Lebensrhythmus durch moderne Fortbewegungsmittel wie Straßenbahn und Auto, die sich allmählich gegen Kutsche und Eisenbahn durchzusetzen begannen, brachte eine Vervielfachung der Reize mit sich, die permanent auf jeden einzelnen einströmten. Schon 1902 sprach ein zeitgenössischer Soziologe (Georg Simmel) von der »Steigerung des Nervenlebens, die aus dem ununterbrochenen Wechsel äußerer und innerer Eindrücke hervorgeht«. Die »rasche Zusammendrängung wechselnder Bilder, der schroffe Abstand innerhalb dessen, was man mit einem Blick umfaßt, die Unerwartetheit sich aufdrängender Impressionen« sind seiner Ansicht nach charakteristisch für die veränderte Wahrnehmungsweise der Bevölkerung einer modernen Großstadt.

Ein weiterer Indikator für den dynamischen, jedoch janusköpfigen Modernisierungsprozeß in der Gesellschaft war die Verrechtlichung von immer mehr Lebensbereichen und die damit einhergehende Bürokratisierung. Deren Erscheinungsbild charakterisiert der Historiker H.-U. Wehler so: »Formalisierung und unpersönliche Regelhaftigkeit des Verfahrens, Schriftlichkeit und Kontinuierlichkeit der Geschäftsführung, Archivierung der Akten und Formularwesen dienten der Ausführung von Anweisungen und Entscheidungen, erleichterten ihre Kontrolle, Korrektur und Planung.« Einerseits war die Bürokratisierung zwangsläufige Folge der Vermehrung der Staatsaufgaben (z.B. im sozialpolitischen Bereich), andererseits wurde die Wirksamkeit des streng hierarchisch gegliederten, auf unbedingte Obrigkeitsgläubigkeit eingeschworenen Berufsbeamtentums jedoch häufig als »eigentümliche Neigung zur Erstarrung, Verschleppung von Entscheidungen, formalistische (...) Federfuchserei« (ders.) angesehen. Der Staat wurde zunehmend auch als anonym, abstrakt, ungreifbar und deswegen angsteinflößend empfunden. Thomas Mann hat in den ›Betrachtungen eines Unpolitischen‹ (1918) dafür ein einprägsames Bild gefunden: »Als Knabe personifizierte ich mir den Staat gern in meiner Einbildung, stellte ihn mir als eine strenge, hölzerne Frackfigur mit schwarzem Vollbart vor, einen Stern auf der Brust und ausgestattet mit einem militärisch-akademischen Titelgemisch, das seine Macht und Regelmäßigkeit auszudrücken geeignet war: als General Dr. von Staat.« Das unbehagliche Gefühl, in einer »verwalteten Welt« zu leben, nur ein kleines Rädchen zu sein in zunehmend weniger durchschaubaren »Systemen«, konnte schließlich sogar Gefangenen- und Gefängnisphantasien hervorrufen. Die Werke Franz Kafkas kann man auch als Beispiel dafür sehen.

Eine breite Mehrheit der deutschen Bevölkerung war überzeugt davon, daß das Reich angesichts seiner europäischen Mittellage eine starke Armee benötige. Nach der auf dem Schlachtfeld vollzogenen Reichsgründung (1871) war selbst in Süddeutschand kaum mehr Kritik an der ursprünglich als »preußisch« abgelehnten Hochschätzung des Militärs zu hören. Größere Teile des Bürgertums orientierten sich in ihrem öffentlichen Auftreten und im gesellschaftlichen Umgang am Kasernenhof oder am Offizierskasino. »Zackigkeit« und »stramme Haltung« sollten männliche Autorität nach außen hin zur Schau stellen. Polizisten, Eisenbahner und Postboten trugen Uniformen, schätzten militärisches Gepräge; Vorgesetzte und Lehrer erwarteten die fraglose Ausführung von Befehlen; bis in die Familien hinein konnten dem Militär abgeschaute Förmlichkeiten die Beziehung zwischen den Generationen gestalten. Als 1906 der Schuster Voigt als »Hauptmann von Köpenick« Aufsehen erregte, warf dies ein Schlaglicht auf die Selbstverständlichkeit, mit der sogar einer höheren zivilen Dienststelle eine Uniform als Ausweis weitreichender Befugnisse genügte. Die Uniform schuf Ansehen, gar die eines Offiziers. Ein junger Gardeleutnant stand in Berlin auf der Hofrangliste deutlich über dem Konsistorialrat der evangelischen Kirche. Kein Wunder, daß das Streben, wenigstens Reserve-Offizier zu sein, weit verbreitet war.

Zu Recht bezeichnet man das wilhelminische Deutschland als eine Klassengesellschaft. Im Deutschen Reich waren die Gräben zwischen den sozialen Großgruppen tiefer, die Grenzen der jeweiligen Lebensbereiche schärfer gezogen als in West- und Nordeuropa. Die Mehrzahl der Arbeiter, die »Proletarier«, erlebten sich als Benachteiligte und Unterdrückte, die von der staatlichen Obrigkeit zusätzlich als »vaterlandslose Gesellen« verdächtigt wurden, wenn sie sich organisierten. Polizeiliche Bespitzelungen und politische Ausgrenzung, etwa durch das Dreiklassenwahlrecht in Preußen, harte Repressionen bei Versuchen, durch Streik die eigene Lage zu verbessern, verdüsterten den Erfahrungshorizont ebenso wie die meist miserablen Existenzbedingungen, zu denen erbärmliche Wohnungen, kräfteverzehrende Arbeitszeiten, ungenügende medizinische Versorgung, geringe Bildungschancen in der Jugend und bittere Altersarmut gehörten. Hoffnungen knüpften sich allenfalls an die langsam, aber stetig zunehmenden Erfolge der seit 1890 (nach dem Fall des Sozialistengesetzes) mit neuem Selbstbewußtsein auftretenden SPD, von der sich viele Arbeiter in näherer oder fernerer Zukunft die Schaffung eines idealen sozialistischen »Volksstaats« erwarteten. In einer vielgestaltigen Arbeiter-Subkultur (Arbeitersport-, Arbeiterbildungsvereine usw.) versuchten sie, die gesellschaftliche Isolation zu überwinden; spektakuläre Kundgebungen, wie etwa die seit 1890 international stattfindenden Feiern zum 1. Mai, schufen eine gemeinsame Identität.

Der rasche gesellschaftliche Wandel und die zunehmende Mobilität der Massen produzierten spezifische Ängste vor sozialem Abstieg, teilweise sogar Katastrophenstimmung. In einer aggressiven Wendung gegen die Rationalität der Moderne entstanden eine gezielte Vernunftkritik und ein verschwommener Antiintellektualismus. Ihre düsterste Ausprägung fanden diese in einem teils verdeckten, teils bereits ganz offenen Antisemitismus, der sogar Eingang in Parteiprogramme fand. Dieser Antisemitismus bekam eine neue, bedrohliche Qualität durch seine pseudowissenschaftliche Verknüpfung mit Rassentheorien und sozialdarwinistischen Ideen. Zusätzlich zu tradierten Vorurteilen, die sich auf die – historisch bedingte – Überrepräsentation von Juden in einigen Berufszweigen und Wirtschaftssektoren bezogen, entstand die Vorstellung vom »zersetzenden, wurzellosen jüdischen Intellekt«. Was daran nicht Neid auf gesellschaftliche Aufsteiger war, läßt sich zu einem beträchtlichen Teil als Projektion erkennen: Leicht fällt es, diejenigen als »wurzellos« zu diffamieren, denen man es vorher verwehrt hat, Wurzeln zu schlagen.

Ein wesentlicher Bestandteil und Motor des gesellschaftlichen Wandels war die Frauenbewegung. Die bedrückende Lage der Frauen im ländlichen und städtischen Proletariat hielt um 1900 immer noch an und verbesserte sich nur sehr langsam. Diskutiert wurde um die Jahrhundertwende vor allem die Situation der eineinhalb Millionen weiblicher Dienstboten. Bis zur Einführung des Bürgerlichen Gesetzbuches (BGB) im Jahre 1900 unterlagen sie ›Gesindeordnungen‹, die z.B. deklassierende Strafbestimmungen (körperliche Züchtigung) vorsahen. Die nach Art und Dauer grundsätzlich ungemessene Leistung der »Dienstmädchen« erlaubte ihnen nur Ansätze eines Privatlebens, sie mußten sich duzen lassen, bekamen einen besonderen Eingang zugewiesen, wurden unter dem Vorwand »moralischer Verantwortung« des Dienstherrn sexuell bevormundet usw. Schneller und deshalb spürbarer vollzog sich der Wandel in den Mittel- und Oberschichten. Hier setzte vor allem seit Mitte der siebziger Jahre des 19. Jahrhunderts ein deutlicher Geburtenrückgang bei gleichzeitig sinkender Säuglingssterblichkeit ein. Dadurch entstanden bisher nicht gekannte Freiräume: außerhäusliche Erwerbsarbeit wurde für schulentlassene Mädchen vor der Eheschließung allmählich selbstverständlich; eine größere Distanz zur Familie und eine Einübung in freiere Lebensformen ermöglichte der Aufbruch eines Teils der Jugend in der Wandervogelbewegung. Von entscheidender Bedeutung aber war die Vermehrung der Bildungschancen für Mädchen durch den Ausbau des höheren Mädchenschulwesens und nach der Jahrhundertwende die Öffnung der Universitäten für Studentinnen (1900–1908). Vor allem die bürgerlichen Frauenvereine hatten seit langem für Mädchen- und Frauenbildung gekämpft und sich 1894 zum »Bund Deutscher Frauenvereine« zusammengeschlossen. Zwar konnte bis zum Ende des Kaiserreichs das Frauenwahlrecht nicht erreicht werden, immerhin aber räumte das Reichsvereinsgesetz von 1908 den Frauen erstmals das Recht zur politischen Betätigung in Parteien und Vereinen ein.

Schon bald erhielten auch die ersten Frauen den Nobelpreis, der 1901 zum erstenmal vergeben wurde: Die Österreicherin Bertha von Suttner, die schon 1889 mit ihrem pazifistischen Roman ›Die Waffen nieder!‹ Aufsehen erregt hatte, bekam 1905 den Friedensnobelpreis, die Schwedin Selma Lagerlöf 1909 den Nobelpreis für Literatur, und die aus Polen stammende Marie Curie wurde sogar zweimal ausgezeichnet: für ihre Leistungen in der Physik (1903) und in der Chemie (1911). Gegenüber solchen ermutigenden Entwicklungen gab es aber auch Enttäuschungen. Vor allem das BGB war trotz einer vorausgegangenen intensiven Diskussion und klar formulierter Wünsche von seiten zahlreicher Frauenorganisationen deutlich von patriarchalischen Vorstellungen geprägt.

Der Neurologe Paul Möbius publizierte im Jahr 1900 seine viel und ernsthaft diskutierte Schrift ›Über den physiologischen Schwachsinn des Weibes‹, in der er behauptete, durch Schädelvermessungen und das vergleichende Wiegen von Gehirnen die intellektuelle Minderwertigkeit der Frauen bewiesen zu haben. Otto Weininger verstieg sich in seinem höchst erfolgreichen Buch ›Geschlecht und Charakter‹ (1903) gar dazu, die Frau als seelenloses, völlig amoralisches Wesen, das »nur Materie ist«, zu beschreiben.

Solche Vorstellungen sind der Hintergrund für den in der bildenden Kunst und in der Literatur dieser Zeit häufig dargestellten Typus der Femme fatale, einer sphinxhaften, dämonischen Naturgewalt, die, halb Schreck-, halb Wunschbild, eine nicht domestizierbare, letztlich verderbliche und zerstörerische Erotik verkörpert. Zwar hatten solche Projektionen in der Lebenswirklichkeit von Frauen (und Männern) im allgemeinen keine Entsprechung, sie wirkten aber noch ins 20. Jahrhundert hinein und lieferten willkommene Begründungshilfen bei der Abwehr weiblicher Emanzipationsbestrebungen.

1.2. Die k. u. k. Monarchie

Die politische Entwicklung in der österreichisch-ungarischen Monarchie, dem zweiten großen deutschsprachigen Staat, verlief nur in einzelnen Bereichen ähnlich wie im Deutschen Reich: Die Monarchie war nicht neu wie im Reich, und ihr Selbstverständnis reichte in eine Zeit zurück, in der weniger nationalstaatliches Denken als das Herrscherhaus den Zusammenhalt bestimmte. Auch zu Beginn des neuen Jahrhunderts konnten sich große Teile der Völker und Volksgruppen noch mit der Monarchie identifizieren. Kaiser Franz Joseph (1848–1916) galt trotz aller Kritik an der Unbeweglichkeit seiner Politik als Garant für das Bewährte und Beständige.

Das Streben nach Geltung im internationalen Bereich war schon wegen der verschiedenen Nationen, die quasi unter einem Dach zusammenlebten, und deren vielfältiger Interessen geringer ausgebildet als in Deutschland. Der österreichische Imperialismus richtete sich nicht so sehr auf »Arrondierungen« und überseeisches Ausgreifen, wohl aber bezog man die jüngst gewonnenen Balkangebiete (Bosnien, Herzegowina) stärker in den Gesamtstaat ein, indem man sie zunächst der österreichischen Verwaltung unterstellte und schließlich (1908) annektierte. Die Feindschaft zu Serbien war damit programmiert. Der designierte Thronfolger, Franz Ferdinand, erkannte die Notwendigkeit, den Nationalitäten mehr Selbstbestimmungsrechte einzuräumen; seine Ermordung 1914 sollte nach dem Willen der Attentäter auch verhindern, daß durch seine Reformen revolutionärer Sprengstoff beseitigt wurde. Aber in einer Gegenwart, in der das nationale Element immer stärker hervortrat, mußte gerade der übernationale Vielvölkerstaat zu einem ständigen Problem und schließlich zum Sprengstoff für die Monarchie werden, zumal eine große Gruppe innerhalb der deutschsprachigen Bevölkerung einer »großdeutschen« Lösung anhing. 1910 machten die Deutschen in diesem Reich nur knapp 24 Prozent aus; selbst wenn man ausschließlich den österreichischen Teil (»Zisleithanien«) des Doppelstaates betrachtet, stellten sie mit einem Anteil von etwa einem Drittel eine Minderheit dar. Diese Situation spitzte sich noch dadurch zu, daß der Staat, um seiner imperial verstandenen Rolle als europäische Großmacht gerecht zu werden und die den Zerfall begünstigenden Kräfte im Innern niederzuhalten, expansiv in den Balkan vordrang und damit den nichtdeutschen Bevölkerungsanteil weiter vergrößerte. Mit der Einführung des Allgemeinen Wahlrechts (1907) hatte dieser auch im Reichsrat größere Bedeutung: 233 deutsche standen 265 slawischen Stimmen gegenüber. Da die Deutschösterreicher andererseits zahlreiche Privilegien genossen (in der zisleithanischen Reichshälfte hatte die deutsche Volksgruppe z. B. noch 1914 81 Prozent aller Stellen in der Staatsverwaltung inne) und nicht bereit waren, die Macht zu teilen, sahen sie sich zunehmend Angriffen ausgesetzt. So entstand bei ihnen mehr und mehr das Gefühl, sich in der Defensive zu befinden; hektische Nervosität, aber auch krasse Gleichgültigkeit und Trägheit breiteten sich aus und bereiteten irrationalen Heilslehren und Weltuntergangsvisionen den Boden (Fin-de-siècle-Stimmung).

Das Nationalitätenproblem zeigte seine Brisanz, als 1897 die Gleichberechtigung der deutschen und tschechischen Sprache durch eine Verordnung hergestellt werden sollte. Die militanten Proteste des deutschen Bevölkerungsteils führten zu bürgerkriegsähnlichen Zuständen.

Noch hielt das Reich zusammen. Aber unter der Oberfläche brodelte es. Die »fröhliche Apokalypse«, wie Hermann Broch sie nannte, war allenthalben spürbar. Karl Kraus, Robert Musil, Arthur Schnitzler, Hugo von Hofmannsthal spürten wie viele andere der »Wiener Moderne« die Sinnentleerung und innere Brüchigkeit der »Donaumonarchie« und ahnten deren Untergang voraus.

Wie in Deutschland gab es auch in Österreich Probleme im Zusammenhang mit der sozialen Frage. Eine Lösung suchte man jedoch nicht nur durch staatliche soziale Fürsorge in der Form von Schutzgesetzen zu finden; vielmehr bot sich im Parlament die Möglichkeit, den Interessen sozial Schwacher Gewicht zu verleihen. 1907 wurde das allgemeine und gleiche Wahlrecht in Österreich eingeführt, das zu einer Stärkung der Sozialdemokraten führte, deren Internationalismus im Vielvölkerstaat von geringerer Bedeutung schien als in Deutschland.

Allerdings verloren sie auch an Einheitlichkeit, weil sich in den Einzelparlamenten soziale und nationale Interessen vermischten.

Die soziale Schichtung unterschied sich nicht grundlegend von den Gegebenheiten in Deutschland, wenn auch die langsamere Verstädterung und damit das weniger starke Anwachsen eines großstädtischen Proletariats die Gegensätze nicht im gleichen Maße deutlich werden ließ und das Wahlrecht mehr Gelegenheit bot, Interessenkonflikte in der parlamentarischen Auseinandersetzung auszufechten.

Hof und Adel standen wie in Deutschland an der Spitze der Gesellschaftspyramide. Ihre Normen bestimmten in vielen Bereichen das Leben, wurden aber von der aufstrebenden Intellektuellenschicht (als Beispiel sei hier nur Arthur Schnitzler genannt) auch immer wieder zum Gegenstand der Kritik gemacht. Von Armee und Beamtenschaft – in den höheren Stellen Reservat des Adels – ging eine stabilisierende Wirkung aus, wenn auch andererseits die starke Bürokratisierung Anlaß für Ängste und Ohnmachtsgefühle bildete, wie Kafka sie literarisch umgesetzt hat. Besonders davon betroffen waren Juden. Während andere Völkergruppen grundsätzlich vollen staatlichen Schutz genossen, waren Juden – insbesondere im Militär oder im Wiener Universitätsmilieu – zahlreichen Schikanen ausgesetzt. Antisemitismus in einer sonst kosmopolitischen Gesellschaft, von Personen des öffentlichen Lebens, wie z.B. dem Wiener Bürgermeister Karl Lueger, gar zur populistischen Umsetzung ihrer Politik benützt, gehörte zu den Besonderheiten dieses Staates.

2. Geistige Grundlagen

2.1 Wissenschaft und Philosophie

Mehr noch und anders als in den vorangegangenen Jahrzehnten werden um die Jahrhundertwende naturwissenschaftliche Forschungsergebnisse für das Entstehen eines neuen Weltbildes bedeutsam. Die Folgen reichen hinein in die Ideologie der Arbeiterbewegung, in den »Prozeß der Entkirchlichung auch im Bürgertum« (Nipperdey) oder in die Auseinandersetzung von Künstlern und Schriftstellern um die Abbildbarkeit der Wirklichkeit. Von der erfolgreichen Popularisierung wissenschaftlicher Erkenntnisse und dem breiten öffentlichen Interesse dafür zeugt die Tatsache, daß das Buch des Zoologen Ernst Haeckel ›Die Welträthsel‹ (1899) bis 1901 sieben Auflagen erreichte und 400 000 Exemplare davon verkauft wurden. Haeckel attackiert darin die »dualistische« christliche Weltanschauung, die Natur und Geist, Materie und Seele unterscheidet und trennt. Als Monist sieht er den Menschen in die Natur eingebettet.

Von großer, wenn auch von den Zeitgenossen noch kaum erfaßter Tragweite waren die Erkenntnisse in Mathematik und Physik, insbesondere die Begründung der Quantentheorie durch Max Planck (1900), die Relativitätstheorie Albert Einsteins (1905 die spezielle, 1915 die allgemeine) und die Entwicklung des Atommodells von Niels Bohr (1913), die das alte Weltbild endgültig ad absurdum führten.

In der Quantenmechanik tritt an die Stelle der strengen Determination (= Festlegung) eine statistisch begründete Wahrscheinlichkeit; der Mensch der Moderne muß erkennen, daß er die Wirklichkeit sinnlich nur scheinbar erfährt; der bis dahin geltende Begriff der Materie als einfachstes Element des Seienden wird ebenso erschüttert wie die daran gebundene Erklärung der Naturvorgänge als Kausalzusammenhang.

Neben der Mathematik und der Physik ist es die Biologie, die die herkömmlichen Vorstellungen am stärksten in Frage stellt: Seit Darwins ›Entstehung der Arten‹ (1859) diskutierte man die neuen Begriffe Evolution, Kampf ums Dasein, Selektion, Vererbung. Im Zusammenhang mit der neu entstehenden Zellforschung entwickelt sich daraus um die Jahrhundertwende die Genetik. In England wirft der Darwinist Galton die Frage auf, ob nicht die Zivilisation die »natürliche« Evolution hemme und eine »negative« Auslese bewirke: eine »Eugenik« war geboren, deren Konsequenzen freilich damals nicht abzusehen waren.

Was die wesentlichen Fragen der Menschheit anging, konnte das Christentum, die Religion überhaupt, dem »Aufgeklärten« keine zufriedenstellenden Antworten mehr geben. Die üppig wuchernden sozialwissenschaftlich-politischen Theorien suchten diese Lücke zu füllen und in Verbindung mit sozialdarwinistischem Gedankengut eine neue, scheinbar wissenschaftlich begründete Moral zu entwickeln.

Der Blick auf diese oder andere Wissenschaften zeigt auch, daß der Weg in die Spezialforschung ging, zweigten sich doch schon damals in ein- und derselben Disziplin mehr und mehr Fachrichtungen ab – ein Prozeß, der die Moderne bis heute kennzeichnet. Die Forschung verselbständigt sich, was mit den Ergebnissen geschieht, wird anderen überlassen, die Resultate gehören allen. So werden wissenschaftliche Erkenntnisse verfügbares Material: der Evolutionsgedanke läßt sich auf den Klassenkampf beziehen, mit der Theorie von der Durchsetzung des Tüchtigen, Lebensfähigen kann man den individuellen Wettbewerb und ein Recht des Stärkeren ebenso rechtfertigen wie imperialistische Bestrebungen.

Die Gefahr der Spezialisierung, der Verlust des verantwortlichen Urteils aus einer Sinnmitte heraus, wurde schon früh erkannt: Der junge Gottfried Benn spielt 1914 in seiner dramatischen Szene ›Ithaka‹ auf die Problematik an, wenn der Assistent Dr. Rönne gegen eine nur der Einzelforschung verhaftete Wissenschaft protestiert:

Rönne: »Vor zweihundert Jahren war sie [diese Fachwissenschaft] zeitgemäß, als sie aus der Vollkommenheit von Organen die Weisheit Gottes erwies und aus dem Maule der Heuschrecken seinen großen Verstand und seine Güte. Ob man aber nicht nach weiteren zweihundert Jahren ebenso darüber lächeln wird, daß Sie, Herr Professor, drei Jahre Ihres Lebens darauf verwandten, festzustellen, ob sich eine bestimmte Fettart mit Osmium oder Nilblau färbt ? (…)«

Die Kritik richtet sich gegen ein Spezialistentum, das ohne Bezug zu einem Ganzen bleibt, in dem nur das Fachergebnis zählt; Orientierung war für junge Menschen daraus nicht zu gewinnen. Die Folge ist drastisch: der Professor wird von den Studenten getötet: »(…) Du hast nicht tief genug geforscht. Forsche tiefer, wenn Du uns lehren willst! Wir sind die Jugend. Unser Blut schreit nach Himmel und Erde und nicht nach Zellen und Gewürm.«

Der Protest reicht bis zur Wissenschaftsfeindlichkeit, wie sie etwa Vertreter der sogenannten Lebensphilosophie (vgl. S. 27) oder der George-Kreis zeigten.

Auch die universitäre *Philosophie* war vielen fragwürdig geworden. Die zahlreichen Versuche, alte Vorbilder neu zu beleben oder weiter zu entwickeln, legen davon Zeugnis ab: Es gab Neukantianer,

Neuhegelianer, Neuthomisten, um nur einige zu nennen. Insbesondere eines der Kernprobleme der Jahrhundertwende, den sich zunehmend manifestierenden Wertrelativismus als Folge naturwissenschaftlicher Einsichten, konnte sie nicht lösen.

Künstler und Schriftsteller kehren sich daher vielfach von Wissenschaft und universitärer Philosophie ab und reflektieren die Fragen nach der Erkenntnisfähigkeit des Menschen, dem Sinn des Lebens und des Weltganzen selbständig, ja »beanspruchen die eigentliche Weltinterpretation für sich« (Thomas Nipperdey). Ihr Initiator und Begleiter wird der »Philosoph ohne Amt« Friedrich Nietzsche. Er spricht ihre Probleme an. Nietzsche (1844–1900) ist im neuen Jahrhundert mehr noch als vorher der Philosoph mit der größten Wirkung. Sie reicht weit in den hier behandelten Zeitraum hinein und bleibt auch darüber hinaus noch von Bedeutung. »Es hat«, sagt einer der neueren Interpreten seines Werkes, Walter Kaufmann, »vermutlich keinen gebildeten Deutschen nach 1900 gegeben, der nicht von Nietzsche beeinflußt war.« Seine provozierenden Feststellungen und Begriffe (»Gott ist tot«, »Umwertung aller Werte«, »Lebenswille«, »Übermensch«, »Jenseits von Gut und Böse«, s. Bd. 7, S. 32 f.) waren – häufig mißverstanden – in aller Munde.

Vor allem die Wirkung auf die Literatur der Zeit ist kaum hoch genug anzusetzen. Naturgemäß waren Autoren besonders empfänglich für eine Lehre, in der menschlicher Schöpfungskraft und künstlerischer Praxis allein die Fähigkeit zugeschrieben wird, Werte und Wahrheiten von Geltung hervorzubringen, neue Mythen autonom zu schaffen. Noch 1950 erklärt Gottfried Benn im Rückblick: »Eigentlich hat alles, was meine Generation diskutiert, innerlich sich auseinanderdachte, man kann sagen: erlitt, man kann auch sagen: breittrat – alles das hatte sich bereits bei Nietzsche ausgesprochen und erschöpft, definitive Formulierungen gefunden (…).«

Nietzsche galt als der wesentliche Wegbereiter der »Moderne«; gerade ihre Vertreter waren für seine Gedanken (und Darstellungsweise) besonders offen: R. M. Rilkes Lebenspathos und Thomas Manns »fremder Gott« im ›Tod von Venedig‹, seine Berufung auf Nietzsches Lebensbejahung gegen die Vertreter der Décadence sind nur zwei willkürlich herausgegriffene Beispiele der Auseinandersetzung mit diesem Philosophen, der viele andere in seinen Bann gezogen hat – angefangen bei Hermann Hesse oder Stefan George und seinem Kreis bis hin zu der großen Gruppe der Franzosen (André Gide, Jean-Paul Sartre, Albert Camus), Engländer (G. B. Shaw, W. B. Yeats) und Amerikaner (Eugene O'Neill).

Für die Literaten war neben dem großen sprachlichen Vorbild insbesondere der Kulturphilosoph Nietzsche von Bedeutung, der, Schopenhauer überwindend, die »dionysische« Bejahung des Lebens ver-

kündete und zu dieser Bewußtseinshaltung Eliten heranziehen wollte: »Erzieher erziehen! Aber die ersten müssen sich selbst erziehen!
Und für diese schreibe ich«, heißt es schon 1875.

Die Schlüsselbegriffe seiner Gedankenwelt finden sich schon 1872
in seiner Schrift ›Die Geburt der Tragödie aus dem Geist der Musik‹,
in der er bereits erklärt: »nur als *ästhetisches Phänomen* ist das Dasein und die Welt *ewig gerechtfertigt*« (Hervorhebungen vom Hg.).
Eine wichtige (und für die Literatur besonders weit wirkende)
Grundvorstellung ist dabei der Gegensatz apollinisch-dionysisch.

Dem orphischen Mythos von Dionysos, den Titanen überfallen, in
sieben Teile zerreißen, kochen und braten, aus dessen Gebeinen aber
dennoch wieder ein Weinstock ersteht, entlehnt Nietzsche das Bild
des ständigen Vergehens und Werdens, (später) die ewige Wiederkehr
des Gleichen. Dionysos wird zum Sinnbild der Lebenskraft, des ungestalteten Lebens- und Schöpfungsdrangs, rauschhaft, unklar, un-
terbewußt. Schelling schon hatte sie auf den Menschen übertragen:
»Im Menschen finden wir eine blinde ihrer Natur nach schrankenlo-
se Produktionskraft«; ihr stehe »eine besonnene, sich beschränkende
und bildende, eigentlich also negierende Kraft in demselben Subjekt
entgegen (...)«. Nietzsche stellt diese als das Apollinische der anderen gegenüber: es versinnbildlicht die Fähigkeit, harmonische und
maßvolle Schönheit zu schaffen, den eigenen Charakter selbst zu gestalten. Aus der bei Schelling negativ bewerteten Kraft wird bei
Nietzsche die eigentlich positive, gestaltende, die nach seinem Urteil
ihren höchsten Ausdruck in der griechischen Skulptur gefunden hat.
Das Dionysische aber bleibt das dialektisch notwendige Element –
zur ›Geburt der Tragödie‹ z. B. sind beide unerläßlich.

In späteren Werken (z. B. ›Ecce homo‹) bezeichnet Nietzsche Dionysos als *seinen* Gott. Er meint damit aber nicht mehr die Gottheit der gestaltlosen Raserei; Dionysos wird vielmehr zum Inbegriff der beherrschten Leidenschaft (und steht im Gegensatz zur ab-
getöteten Leidenschaft des Christentums). Er stellt nunmehr eine
Synthese der beiden Kräfte dar, die in der ›Geburt der Tragödie‹ getrennt waren, und es ist bezeichnend, daß Nietzsche jetzt gelegentlich in Goethe die vollkommene Verkörperung des Dionysischen
erkennt. Apollo leiht Dionysos Form, wie der Mensch das Chaos
organisieren muß, damit es zum harmonischen Ganzen werden
kann. Damit wird das Leben als positive Kraft gesehen. Schopenhauers pessimistischer Lebensverneinung stellt Nietzsche eine opti-
mistische Bejahung des Lebens gegenüber. Der von ihm häufig gebrauchte Begriff dafür ist »amor fati«, der Glaube derer, die nicht nur
die eigene Existenz, sondern alles Sein bejahen; selbst Leiden und
Krankheit sind dann »große Stimulanzien (des) Lebens«, insbesondere für Künstler.

In die Reihe der gegen Aufklärung und Rationalismus aufbegehrenden Bewegungen gehört auch die sogenannte *Lebensphilosophie*. Der Romantik nahe, will sie das »lebendige« Leben verstehen, das mit den eingeschränkten Mitteln des rationalen Denkens ihrer Ansicht nach nicht zu ergründen ist.

Die Vertreter der Lebensphilosophie begreifen Schopenhauer und Nietzsche als ihre Ahnherren. Zum einflußreichsten Systematiker wurde der Franzose Henri Bergson (1859–1941), nach dessen Meinung der Mensch zwei Möglichkeiten hat, zu Erkenntnissen zu gelangen:

Der *Verstand* ist im Bereich des Räumlichen, Materiellen, imstande, wesentliche Einsichten zu gewinnen. Er scheitert aber, wenn er die Zeit begreifen soll. Indem er sie zerstückelt, in zähl- und meßbare Einheiten zerschneidet, geht er an ihrem eigentlichen Wesen und damit am wahren Leben vorbei.

Die *Intuition* dagegen erfaßt die reine Dauer. Sie dient nicht (wie der Verstand) dem praktischen, auf Verwertung gerichteten Handeln, nicht dem homo faber, sondern dem homo sapiens, dem in der Anschauung verstehenden und das Leben erkennenden Menschen. Denn alle Wirklichkeit ist im Werden, eine Dynamik, die sich im Handeln ausdrückt, in der Aktion, nicht im Beharren. Das Leben entfaltet sich gegen die Trägheit der Materie und ihre mechanischen Gesetze zu immer weiteren Formen.

In Deutschland ist die Lebensphilosophie an der Biologie (Hans Driesch, 1867–1941), mehr aber noch an der Geschichtsphilosophie (Wilhelm Dilthey, 1833–1911) orientiert. Diltheys Kritik an der zeitgenössischen Psychologie, die den Zusammenhang des Seelenlebens wie die Kausalzusammenhänge in der Natur erklären wollte, und seine Lehre, daß es nicht darauf ankomme, das Seelenleben zu erklären, sondern im Blick auf die Gesamtheit der Gemütskräfte zu verstehen, führt zur Entwicklung der sogenannten geisteswissenschaftlichen Methode. Sie bemüht sich darum, Zusammenhänge zu erfassen, die im Leben selbst gegeben sind. Daher »versteht« sie Menschen und Kulturen anhand ihrer eigenen »Äußerungen« direkter und symbolischer Art und erschließt deren Sinn durch Einfühlung und Deutung. »Erlebnis« ist das Schlüsselwort für eine solche vitale Wirklichkeitserfassung.

2.2 Ich-, Sprach- und Erkenntniskrise

Die Literatur des Naturalismus war mit der Forderung aufgebrochen, die beobachtbare Wirklichkeit und die in ihr liegenden Gesetzmäßigkeiten in ungeschminkter Darstellung wiederzugeben. Aber schon unter den Naturalisten selbst ebenso wie unter Wissenschaftlern und Kritikern, waren zunehmend Zweifel laut geworden, ob das Subjekt überhaupt imstande sei, die Wirklichkeit zu erfassen und ganz abzubilden. Diese Zweifel verstärkten sich seit der Jahrhundertwende; sie nährten sich aus zwei Quellen:

Die eine hat mit der Krise des Ich zu tun, die sich auf mehrere unterschiedliche Ursachen zurückführen läßt. Am deutlichsten wird sie in dem Satz von Ernst Mach (1838–1916): »Das Ich ist unrettbar.«

Mach, seit 1895 Professor in Wien, untersucht in seinem Hauptwerk ›Beiträge zur Analyse der Empfindungen‹ (1896) das Verhältnis des Physischen zum Psychischen. Von einer Krise der positivistischen Naturwissenschaften ausgehend, hält er dem dort vertretenen Gedanken, daß man die empirischen Fakten absolut setzen solle, seinen »Empiriokritizismus« entgegen. Naturwissenschaftliche Theorien sind demnach weder wahr noch falsch, sondern schlicht nützlich. Die Aufgabe der Wissenschaft kann es nur sein:

»1.Die Gesetze des Zusammenhangs der Vorstellungen zu ermitteln (Psychologie)

2. Die Gesetze des Zusammenhangs der Empfindungen (Wahrnehmungen) aufzufinden (Physik)

3. Die Gesetze des Zusammenhangs der Empfindungen und Vorstellungen klarzustellen (Psychologik).«

Jede metaphysische Spekulation ist abzulehnen. Erfahrungen sind Sinneserfahrungen, und so wird jeder Sachverhalt nur als subjektive, vereinzelte Sinnesempfindung wahrgenommen. Selbst physikalische Gesetze sind nichts als Formen der Beschreibung von »Sinnesdaten« (für die er auch den neutralen Ausdruck »Elemente« verwendet).

Sinnliche Wahrnehmungen stammen vom Ich. Bei diesem »Ich« handelt es sich um »einen besonderen Körper«, einen an »den Leib gebundenen Komplex von Erinnerungen, Stimmungen, Gefühlen und Gedanken«, die täglich anders strukturiert sein können. Daher ist auch nicht »das Ich das Primäre, sondern die Elemente (Empfindungen) sind es. Die Elemente bilden das Ich (...). Wenn ich sterbe, so kommen die Elemente nicht mehr in der gewohnten geläufigen Gesellschaft vor (...). Nur eine ideelle denkökonomische, keine reelle Einheit hat aufgehört zu bestehen«. Aussagen des Ich, Feststellungen über Wahrgenommenes besitzen demnach keine Verallgemeinerungsfähigkeit.

Dieses Konzept eines beständig fluktuierenden Ich erwies sich für zeitgenössische Schriftsteller als besonders anziehend. Zusammen mit den Lehren Freuds, der mit der »Zerstörung des ungeteilten, autoritären Ich die Seele in Segmente« spaltete (Hilde Spiel), war Mach einer der einflußreichsten Wissenschaftler für das »Junge Wien« des

Fin de siècle. Hugo von Hofmannsthal besuchte seine Vorlesungen und glaubte »eine Verwandtschaft von Machs Problemen mit den eigenen zu erkennen«, Albert Einstein baute in seinen theoretischen Anfängen auf der Machschen Wissenschaftskonzeption auf; der Kritiker Hermann Bahr übernahm von ihm das Schlagwort vom »unrettbaren Ich«, Musil schrieb zur selben Zeit, als er am ›Törleß‹ arbeitete, seine Dissertation mit dem Titel ›Beitrag zur Beurteilung der Lehren Machs‹; Machs Gedanken hinterließen deutliche Spuren im ›Törleß‹.

Für manch jungen Schriftsteller (Hofmannsthal, Musil) waren Sätze wie »… die Welt besteht nur aus unseren Empfindungen, wir wissen dann aber *nur* von den Empfindungen …« besonders nachvollziehbar: Der Dichter, sagt Hofmannsthal, »ist nichts als Auge und Ohr und nimmt seine Farbe von den Dingen, auf denen er ruht …«. Das dichterische Selbstverständnis schien aufgewertet, gar der Wissenschaft zumindest gleichgestellt: »Wonach (der Menschen) Sehnsucht geht, das sind die verknüpfenden Gefühle, die Weltgefühle, die Gedankengefühle sind es gerade, jene, (…) die allein der Dichter gibt« (Hofmannsthal, ›Der Dichter und diese Zeit‹).

Nicht alle gehen so weit wie Mach, und viele – wie z.B. Otto Weininger – wenden sich gegen diese Vorstellung vom Ich als dem »bloßen *Wartesaal* für Empfindungen«. Dennoch bleibt die Skepsis bestehen:

»Zwar – unser ›Selbst‹! Das Wort ist solch eine Metapher. (…) Wir sind nicht mehr als ein Taubenschlag«, sagt Hofmannsthal (›Gespräch über Gedichte‹, noch 1904), und in seinen »Terzinen« ›Über Vergänglichkeit‹ (1894) sinnt er dem Problem nach:

Daß alles gleitet und vorüberrinnt.
Und daß mein eigenes Ich, durch nichts gehemmt,
Herüberglitt aus einem kleinen Kind,
Mir wie ein Hund unheimlich stumm und fremd.

Aber auch von anderer Seite her scheint das »Ich« bedroht. Der Mensch des ausgehenden neunzehnten und beginnenden zwanzigsten Jahrhunderts erfährt – insbesondere in der Großstadt mit ihren vielfältigen Umweltreizen und -forderungen, auf die das »Individuum« nur noch reagieren kann, aber auch in der industriellen Arbeitswelt, in der der einzelne nichts als eine Funktion darstellt – auf vielfältige Weise eine Einschränkung des Ich, die dem klassischen Ideal der selbstbestimmten Persönlichkeit keinen Raum mehr zu lassen scheint.

Freuds Forschungsergebnisse und Theorien verstärken dies, denn die Entdeckung des »vorpersonalen Unbewußtseins in seiner Triebdynamik« (Gerhard Kaiser) stellt die Kontrolle des Ich über sich selbst in Frage.

Ich-Restriktion, Ich-Dissoziation und gar Ich-Zerfall sind daher Begriffe, die im historischen Rückblick auf die Jahrhundertwende und die folgenden Jahrzehnte verwendet werden und eine Erscheinung bezeichnen, die zu einem zentralen Thema der Dichtung des 20. Jahrhunderts wird:

> Mein Ich ist fort. Es macht die Sternenreise.
> Das ist nicht Ich, wovon die Kleider scheinen

heißt es in einem Gedicht des Expressionisten Paul Boldt (1885–1921), und Gottfried Benn formuliert noch 1951:

> (…) die Kontinuität der Persönlichkeit
> wird gewahrt von den Anzügen,
> die bei gutem Stoff zehn Jahre halten. (Fragmente)

Die Verunsicherung des Ich ist um so größer, als es in eine Zeit geworfen ist, der zunehmend die Gewißheit abhanden kommt, sagen zu können, welche Ordnungen unverbrüchlich existieren, und wie die Welt beschaffen ist, in der es sich befindet. Denn die dritte Quelle, aus der die Zweifel an der Erkenntnisfähigkeit der Menschen sich nähren, ist die rasante Entwicklung der Wissenschaften. Die traditionelle, auf eigener Anschauung, religiöser oder ideologischer Erziehung basierende Wirklichkeitserfahrung wird durch die Ergebnisse wissenschaftlichen, insbesondere physikalischen Denkens, nahezu täglich in Frage gestellt. Statt einer sinnvoll geordneten, überschaubaren Totalität, in der man sich auf Dauer einrichten kann, steht der »moderne« Mensch ständig sich wandelnden Aussagen über die Welt gegenüber. Er sieht, daß die Frage nach der Realität stets neu gestellt werden muß, sich gar nicht mehr verbindlich beantworten läßt, ja daß es keine absolut gültigen Antworten gibt.

Nietzsche hatte dies, wie so vieles, bereits früh erkannt: »Die Welt, die *uns* etwas *angeht,* ist falsch; sie ist ›im Flusse‹, als etwas Werdendes, als eine sich immer neu verschiebende Falschheit, die sich niemals der Wahrheit nähert: denn es gibt keine Wahrheit.« Er trifft sich in dieser Einschätzung (bis auf die radikale Schlußfolgerung) mit den Vorstellungen Fritz Mauthners (1849–1923), Sohn eines jüdischen Unternehmers aus dem böhmischen Hořitz, der als Journalist und Schriftsteller in Prag, Berlin und Freiburg lebte, bis er sich 1909 nach Meersburg zurückzog. Von 1901 an veröffentlichte er sein schließlich drei Bände umfassendes Hauptwerk ›Beiträge zu einer Kritik der Sprache‹. Darin geht es ihm vor allem um die Frage, wie Sprache und Denken zusammenhängen. Sind wahre Erkenntnisse überhaupt möglich, und können sie durch Sprache vermittelt werden? Von einem nominalistischen Standpunkt ausgehend, kommt er zu dem Ergebnis, daß philosophische Probleme eigentlich Probleme der Sprache sind, weil es kein Denken ohne Sprache gibt:

Die Philosophie ist Erkenntnistheorie, Erkenntnistheorie ist Sprachkritik; Sprachkritik aber ist die Arbeit an dem befreienden Gedanken, daß die Menschen mit den Wörtern ihrer Sprache und den Worten ihrer Philosophien niemals über eine bildliche Darstellung der Welt hinausgelangen können.«

Namen, so schreibt er weiter, könnten nur Metaphern für die sinnlichen Wahrnehmungen sein, und sie würden (wie fast zur gleichen Zeit auch der bedeutende Schweizer Sprachforscher Ferdinand de Saussure, 1857–1913, sagt) willkürlich verwendet – allein die Vielfalt an Sprachen sei dafür Beweis: »Die Sprache ist (...) wie eine Spielregel, die auch um so zwingender wird, je mehr Mitspieler sich ihr unterwerfen, die aber die Wirklichkeitswelt weder ändern noch begreifen will.« Sie sei nichts weiter als ein »soziales Phänomen«, notwendig allerdings zur Sicherung der Überlebenschance einer Species, die auf Kommunikation angewiesen ist. Aber selbst hierin erweist sie sich nicht als zuverlässig. »Die Sprache ist kein Besitz des Einsamen (...), aber die Sprache ist auch zwei Menschen nicht gemeinsam, weil auch bloß zwei Menschen niemals das gleiche bei den Worten sich vorstellen.« Es sei auch nicht möglich, »den Begriffsinhalt der Worte auf die Dauer festzuhalten; darum ist Weltkenntnis durch Sprache unmöglich«. Das gelte ganz besonders im Bereich der Abstrakta. »Hund« oder »Mensch« bezeichneten noch sinnlich Erfahrbares (wenn auch auf konventionelle Weise, »fertige Wortzeichen für fertige Begriffe, von der Amme, vom Lehrer, von seiner Zeitung ins Gehirn gedrückt«), aber »Gott« oder »Ich« seien solchen Wörtern lediglich als Substantive der Grammatik gleichwertig, und nur diese Gleichwertigkeit im Satz verleihe ihnen eine Art Wirklichkeitsrang; eine eigentliche Realität komme ihnen nicht zu.

Ich-Krise (»Der Mensch kann seiner selbst nicht mehr sicher sein«), Erkenntniskrise (»Der moderne Mensch kann der Welt nicht mehr sicher sein«) und Sprachkrise (»Man kann sich der Wirklichkeitsbeziehung sprachlicher Mittel nicht sicher sein«) sind also eng zusammenhängende Kennzeichen der (beginnenden) Moderne. Besonders betroffen davon sind die Schriftsteller. Viele von ihnen haben mit feinem Gespür schon früh, noch bevor etwa die Theorien von Max Planck und Albert Einstein formuliert oder gar ins Bewußtsein der Öffentlichkeit gedrungen waren, die Entleerung der Begriffe, die Ablösung der Sprache von den Dingen oder die Unmöglichkeit, die gegenwärtige Realität mit den konventionalisierten Sprachmitteln auszudrücken, erahnt. »Fast alle Autoren«, sagt Walter Killy, »sind abhängig von der tiefgreifenden Störung, welche in dem Verhältnis von Wort und Wirklichkeit stattgefunden hat.« Etwas vereinfacht ausgedrückt, könnte man behaupten, daß sich in diesem Punkt die Scheidung zwischen traditionell orientierten und »modernen« Autoren nach der Jahrhundertwende am deutlichsten offenbart: Während sich Autoren, die der Tradition verpflichtet sind, der Abkehr von der alten Vorstellung, daß »die Ordnung des Seins (…) der Ordnung der Sprache« entspreche und eine Einheit bilde, nicht anschließen, leugnen die »modernen« aus der veränderten Weltsicht heraus die Möglichkeit einer Wirklichkeitsabbildung, weil für sie zwischen Sprache und Wirklichkeit kein notwendiger Zusammenhang besteht. Döblin (›Nietzsche-Aufsätze‹, 1902/3), Musil (›Törleß‹, 1906), Rilke (›Ich fürchte mich so vor der Menschen Wort‹, 1897) oder Benn seien als Beispiele für diese letztere Haltung genannt.

Am deutlichsten aber hat dem Vorgang Hugo von Hofmannsthal literarisch Ausdruck verliehen. ›Ein Brief‹ (1902) heißt schlicht ein Text, der noch heute viel zitiert, als ein grundlegendes Dokument der Moderne gilt.

»Philipp Lord Chandos, jüngerer Sohn des Earl of Bath« schreibt an seinen Freund Francis Bacon (1561–1626), den Begründer der englischen Renaissancephilosophie, um sich »wegen des gänzlichen Verzichtes auf literarische Betätigung zu entschuldigen«. Bacon hatte darauf bestanden, daß das Ziel der »Naturbeherrschung« vom Menschen nur erreichbar sei, wenn dieser sein Denken von allen Vorurteilen und überlieferten Irrtümern befreie. Eine Gruppe solcher Irrtümer sind die idola fori (Trugbilder des Marktes), die vor allem aus dem geselligen Zusammensein der Menschen entstehen. Dabei spiele die Sprache eine besonders wichtige Rolle. Mit ihr verbinde sich die Gefahr, daß das Wort, der Begriff, für die Sache selbst genommen wird.

Hofmannsthal-Chandos hat für seinen fiktiven Antwortbrief also einen Adressaten gefunden, der nicht nur kompetent erscheint, sondern auch gleichgesinnter Partner seiner eigenen Stimmungslage zur Zeit der Abfassung sein konnte. Der Chandos-Brief ist die Absage an die Sprachmagie der Frühzeit Hofmannsthals. Die »Entschuldigung«, die Chandos formuliert, ist auch Begründung für die eigene Wendung von der »Präexistenz« zur »Existenz«, in der er also einen existentiellen Vorgang sieht. Er veranschaulicht die Situation durch eine Gegenüberstellung von früher und heute:

(…) Mir erschien damals in einer Art von andauernder Trunkenheit das ganze Dasein als eine große Einheit: geistige und körperliche Welt schien mir keinen Gegensatz zu bilden, ebensowenig höfisches und tierisches Wesen, Kunst und Unkunst, Einsamkeit und Gesellschaft; in allem fühlte ich Natur, in den Verirrungen des Wahnsinns ebensowohl wie in den äußersten Verfeinerungen eines spanischen Zeremoniells; in den Tölpelhaftigkeiten junger Bauern nicht minder als in den süßesten Allegorien; und in aller Natur fühlte ich mich selber; (…) überall war ich mitten drinnen, wurde nie ein Scheinhaftes gewahr (…)

Diese Zeit glücklichen Einsseins mit allem hat sich nun in ihr Gegenteil verkehrt:

Es ist mir völlig die Fähigkeit abhanden gekommen, über irgend etwas zusammenhängend zu denken oder zu sprechen. Zuerst wurde es mir allmählich unmöglich, ein höheres oder allgemeineres Thema zu besprechen und dabei jene Worte in den Mund zu nehmen, deren sich doch alle Menschen ohne Bedenken geläufig zu bedienen pflegen. Ich empfand ein unerklärliches Unbehagen, die Worte »Geist«, »Seele« oder »Körper« nur auszusprechen. (…) die abstrakten Worte, deren sich doch die Zunge naturgemäß bedienen muß, um irgendwelches Urteil an den Tag zu geben, zerfielen mir im Munde wie modrige Pilze. Es begegnete mir, daß ich meiner vierjährigen Tochter Katharina Pompilia eine kindische Lüge, deren sie sich schuldig gemacht hatte, verweisen und sie auf die Notwendigkeit, immer wahr zu sein, hinführen wollte, und dabei die mir im Munde zuströmenden Begriffe plötzlich eine solche schillernde Färbung annahmen und so ineinander überflossen, daß ich den Satz, so gut es ging, zu Ende haspelnd, so wie wenn mir unwohl geworden wäre und auch tatsächlich bleich im Gesicht und mit einem heftigen Druck auf der Stirn, das Kind allein ließ, die Tür hinter mir zuschlug und mich erst zu Pferde (…) wieder einigermaßen herstellte.

Allmählich aber breitete sich diese Anfechtung aus wie ein um sich fressender Rost. Es wurden mir auch im familiären und hausbackenen Gespräch alle die Urteile, die leichthin und mit schlafwandelnder Sicherheit abgegeben zu werden pflegen, so bedenklich, daß ich aufhören mußte, an solchen Gesprächen irgend teilzunehmen. Mit einem unerklärlichen Zorn, den ich nur mit Mühe notdürftig verbarg, erfüllte es mich, dergleichen zu hören, wie: diese Sache ist für den oder jenen gut oder schlecht ausgegangen; Sheriff N. ist ein böser, Prediger T. ein guter Mensch. (…) Dies alles erschien mir so unbeweisbar, so lügenhaft, so löcherig wie nur möglich. Mein Geist zwang mich, alle Dinge, die in einem solchen Gespräch vorkamen, in einer unheimlichen Nähe zu sehen: so wie ich einmal in einem Vergrößerungsglas ein Stück von der Haut meines kleinen Fingers gesehen hatte, das einem Blachfeld mit Furchen und Höhlen glich, so ging es mir nun mit den Menschen und ihren Handlungen. Es gelang mir nicht mehr, sie mit dem vereinfachenden Blick der Gewohnheit zu erfassen. Es zerfiel mir alles in Teile, die Teile wieder in Teile, und nichts mehr ließ sich mit einem Begriff umspannen. Die einzelnen Worte schwammen um mich; sie gerannen zu Augen, die mich anstarrten und in die ich wieder hineinstarren muß: Wirbel sind sie, in die hinabzusehen mich schwindelt, die sich unaufhaltsam drehen und durch die hindurch man ins Leere kommt.

Was Mauthner in wissenschaftlicher Reflexion abhandelte, erscheint in Hofmannsthals ›Brief‹ in Bildern der Erfahrung und anekdotenhafter Darstellung. Eindeutig tritt das Sprachproblem hervor, die Unbeweisbarkeit der Wahrheit durch das Wort. Die tradierten Begriffe »Geist«, »Seele«, das »Gute«, das »Hohe« und ihre Gegensätze »Körper«, das »Böse«, das »Niedrige« sind Schablonen. Was Chandos erfährt, ist die Atomisierung der Wirklichkeit, der durch Begriffe keine Einheit mehr gegeben werden kann; die Sprache taugt nicht mehr, die Wirklichkeit zu erfassen. Aber anders als Mauthner (»Es ist möglich, den Stimmungsgehalt (…) festzuhalten; darum ist *Kunst* durch Sprache möglich, die Wortkunst, die Poesie«) genügt es Hofmannsthal nicht, daß Worte es nur untereinander zu tun haben, denn dabei bleibt »das Tiefste, das Persönliche ausgeschlossen« und führt zu einem »Gefühl furchtbarer Einsamkeit«. Den Weg zur Lösung des Problems freilich kann er nur in Bildern ausdrücken, konkret zu formulieren vermag er ihn nicht. Daher bleibt der zweite – vielleicht wichtigere – Teil des Briefs nur Andeutung einer neuen Ästhetik:

In besonderen Augenblicken (…) fühle (ich) ein entzückendes, schlechthin unendliches Widerspiel in mir und um mich, und es gibt unter den gegeneinanderspielenden Materien keine, in die ich nicht hinüberzufließen vermöchte. Es ist mir dann, als bestünde mein Körper aus lauter Chiffern, die mir alles aufschließen. Oder als könnten wir in ein neues, ahnungsvolles Verhältnis zum ganzen Dasein treten, wenn wir anfingen, mit dem Herzen zu denken. Fällt aber diese sonderbare Bezauberung von mir ab, so weiß ich nichts darüber auszusagen; ich könnte dann ebensowenig in vernünftigen Worten darstellen, worin diese mich und die ganze Welt durchwebende Harmonie bestanden und wie sie sich mir fühlbar gemacht habe, als ich ein Genaueres über die inneren Bewegungen meiner Eingeweide oder die Stauungen meines Blutes anzugeben vermöchte.
Von diesen sonderbaren Zufällen abgesehen, von denen ich übrigens kaum weiß, ob ich sie dem Geist oder dem Körper zurechnen soll, lebe ich ein Leben von kaum glaublicher Leere.

Der Zustand in »diesen sonderbaren Zufällen« ähnelt dem Traum, er ist nicht bewußt geschaffen, nicht als Willensakt entstanden und dennoch voller bleibender Wahrnehmungen. Was diese auslöst, sind ganz alltägliche Gegenstände und Vorgänge – »Eine Gießkanne, eine auf dem Feld verlassene Egge, ein Hund in der Sonne, ein ärmlicher Kirchhof, ein Krüppel, ein kleines Bauernhaus« –, und sie gehören nicht dem Kulturbereich an, erfahren keine abstrakt-begriffliche Bestimmung. Dennoch bleibt fraglich, ob in ihnen nur das einfache Natur-Dasein ausgedrückt ist, denn Hofmannsthal beschreibt als Ziele die Einfühlung in natürliche Dinge nach geduldigem Warten darauf, daß sie sich öffnen, ohne daß eine Benennung dessen, was ihn erfüllt, möglich (und vielleicht auch gar nicht notwendig) wäre. Man sollte versuchen, es dabei bleiben zu lassen, daß es »Chiffren (sind), welche aufzulösen die Sprache ohnmächtig ist«, wie er in dem ein Jahr später geschriebenen ›Gespräch über Gedichte‹ sagt. Und darauf bauen, daß wir sie verstehen können, weil »wir und die Welt nichts Verschiedenes sind«. Daher, so heißt es dort weiter, müssen wir nach »draußen« gehen, wenn wir uns selbst finden wollen: wir »dürfen nicht in unser Inneres hinabsteigen: draußen sind wir zu finden, draußen (...). Wir besitzen uns Selbst nicht: von außen weht es uns an, es flieht uns für lange und kehrt in einem Hauch zurück«.

Das ›Gespräch‹ wirkt wie eine Ergänzung zum ›Brief‹, und wenn es eines Beweises bedürfte, daß Hofmannsthals Sprachkrise nicht zu einem Zusammenbruch führt, wäre er hier zu finden. Schon daß er mit ungewöhnlicher Sprachkraft darüber schreiben kann, macht dies deutlich. Losgelassen hat ihn das Problem freilich nie. Noch in seinem späten Drama ›Der Schwierige‹ wird es – wenn auch mit anderen Schwerpunkten – thematisiert.

Historisch gesehen, schildert Hofmannsthal ein existentielles Problem der Zeit. Da er, vielleicht aus seinem Harmoniebedürfnis heraus, den Weg noch nicht ganz zu Ende geht, bleibt es, neben anderen (wie z.B. den Vertretern der konkreten Poesie in der zweiten Jahrhunderthälfte), den Expressionisten und besonders den Dadaisten vorbehalten, die Entdeckung der Materialität der Dinge auf die Sprache selbst anzuwenden. Erstmals befreien sie bewußt die »Elemente«, Laute und Buchstaben, von der Konvention der (grammatikalischen) Norm (vgl. Bd. 9), ohne freilich damit das Sprachproblem endgültig zu beseitigen. Festzuhalten bleibt, daß die Autoren die Krise nutzen, um der Literatur neue Ausdrucksmöglichkeiten zu erschließen.

2.3 Die Entdeckung des Unbewußten

Um die Jahrhundertwende gelang es dem österreichischen Nervenarzt Sigmund Freud (1856–1939), der sich mit der Erforschung und Heilung psychopathologischer Phänomene und psychischer Krankheiten beschäftigte, eine gänzlich neue Betrachtungsweise menschlichen Verhaltens zu entwickeln, die alle Bereiche des Kulturlebens nachhaltig beeinflussen sollte. Er behauptete, daß ein Großteil der tatsächlich wirksamen Antriebe unseres Denkens uns verborgen und nicht zugänglich sei, daß es sich dabei aber gleichzeitig um einen überaus energiegeladenen Bereich handele: das Unbewußte. Spätestens seit seinem Werk ›Die Traumdeutung‹ (1900) erhob er den Anspruch, ein naturwissenschaftlich exaktes Modell und eine Theorie der *allgemeinen* psychischen Struktur des Menschen entworfen zu haben, die Psychoanalyse. Danach ist die Psyche der Schauplatz eines konfliktreichen und dynamischen Mit- und Gegeneinanders von drei psychischen Instanzen: Unbewußtes, Ich und Über-Ich. Nach frühen Experimenten mit Hypnose glaubte er schließlich zwei Mittel gefunden zu haben, um in den Bereich des Unbewußten vorzustoßen: das freie Assoziieren und die Analyse der Träume. Diese mache hinter dem meist rätselhaften und wie chiffriert erscheinenden manifesten Traum (an den sich der Träumende erinnert) die latenten Traumgedanken (also den Klartext der Triebansprüche) sichtbar. Dieser Klartext sei dem wachen Bewußtsein peinlich, die sexuellen oder aggressiven Antriebsimpulse des Unbewußten würden vom Über-Ich verdrängt und zensiert, was zu der Verschlüsselung des Traums, zu seiner Symbolsprache führe.

Die Allgemeingültigkeit seiner Annahmen versuchte Freud durch eine eindringliche Interpretation der Sage vom König Ödipus (einschließlich des gleichnamigen Dramas von Sophokles) und des ›Hamlet‹ von Shakespeare zu belegen. Der Psychoanalytiker ging dabei der Frage nach, warum gerade jene Werke über die Jahrhunderte hinweg immer wieder neu auf ein Publikum zu wirken vermochten, und seine Antwort lautete, wir würden in der Konfrontation mit ihnen zur »Erkenntnis unseres eigenen Inneren« genötigt. »Wie Ödipus leben wir in Unwissenheit der die Moral beleidigenden Wünsche, welche die Natur uns aufgenötigt hat, und nach deren Enthüllung möchten wir wohl alle den Blick abwenden von den Szenen unserer Kindheit.« Ein wesentliches Ergebnis seiner Analysen war damit auch die Formulierung des sogenannten Ödipus-Komplexes.

Mit Nachdruck hat Freud darauf hingewiesen, daß Kunstwerke der Psyche eines Künstlers entstammten, psychologische Fragestellungen also zu Recht an sie herangetragen würden. Neben der psychoanalytischen Untersuchung der Symbolsprache eines Kunstwerkes oder den Wirkungsphänomenen interessierte ihn jedoch zunehmend das Problem des Ursprungs künstlerischer Kreativität. In einem Brief an Arthur Schnitzler, der ihm zum fünfzigsten Geburtstag gratuliert hatte, schreibt er: »Verehrter Herr Doktor/Seit vielen Jahren bin ich mir der weitreichenden Übereinstimmung bewußt, die zwischen Ihren und meinen Auffassungen mancher psychologischer und erotischer Probleme besteht (...). Ich habe mich oft verwundert gefragt, woher Sie diese oder jene geheime Kenntnis nehmen konnten, die ich mir durch mühselige Erforschung des Objektes erworben, und endlich kam ich dazu, den Dichter zu beneiden, den ich sonst bewundert.« (8. Mai 1906) In einer kleinen Schrift (S.F., ›Der Dichter und das Phantasieren‹; 1907/08) versuchte er eine – auch heute noch lesenswerte – Antwort auf diese Frage zu geben.

Die Entdeckung der Wirkungsmacht des Unbewußten bedeutete einen tiefen Einschnitt in die prüden Moralvorstellungen der viktorianischen Gesellschaft, der für manche befreiend war, von vielen aber erst einmal verwunden sein wollte. Die Einsicht, daß es eine frühkindliche Sexualität gebe, hatte erhebliche Rückwirkungen auf die Erziehung, und eine veränderte Einstellung zu den Geisteskrankheiten nahm diesen manches von ihrer Unheimlichkeit. Als ein eigener Forschungszweig entstand die psychosomatische Medizin; die Humanisierung des Strafvollzugs und des Umgangs mit Kriminellen machte Fortschritte, die Freudschen Ansichten über die Entstehung der Religion beschleunigten die Säkularisierung des Denkens.

Besonders heftig und nachhaltig wirkten seine Beobachtungen und Theorien auf zahlreiche Schriftsteller und damit auf die seit der Jahrhundertwende entstehende Literatur. Wollte ein Autor die von ihm geschaffenen Figuren mit einem differenzierten Innenleben ausstatten, wollte er sie träumen lassen und von ihren Träumen erzählen, wollte er die verlogene Sexualmoral geißeln oder das Zurückfallen hochzivilisierter Völker auf die Stufe kriegslüsterner Barbaren erklären, so konnte er sich an dem großen Skeptiker in Wien orientieren. Von Anfang an hat dessen Lehre aber auch heftige Gegnerschaft entfacht; schon 1913 spottete Karl Kraus: »Psychoanalyse ist jene Geisteskrankheit, für deren Therapie sie sich hält.« (›Die Fackel‹, Nr. 376/377). Von zahlreichen Wissenschaftlern wurden und werden bis heute die Fundamente wie die Ergebnisse der Psychoanalyse angezweifelt.

3.1 Neue Zentren: Berlin, Wien, München, Prag

Berlin

All das, was für die Zeitgenossen um 1900 in bezug auf die »Moderne« mit Tempo und Rasanz, Handels- und Industriegeist verknüpft war, repräsentierte Berlin. 1871 zur Reichshauptstadt geworden, stieg die Zahl seiner Einwohner bis 1912 von 826000, einschließlich der Vororte, auf über drei Millionen. Die Berlin-Ausgabe der ›Großstadtführer für Kenner‹ (1912) hob werbend das »Gewoge der Riesenstadt« und das »Bild der unglaublichen Bewegung in Menschen, Lichtern und Wagen« hervor; der amerikanische Besucher Mark Twain sah sich in ein »europäisches Chikago« versetzt, und Thomas Mann sprach von der »scharfen Luft der preußisch-amerikanischen Weltstadt«. Ihr sich rasch wandelndes äußeres Erscheinungsbild bestätigte solche Einschätzungen: War das 1894 eingeweihte Reichstagsgebäude noch in historisierendem Renaissancestil erbaut worden, stellten die eindrucksvolle Fassade des Warenhauses Wertheim (1896/97 fertiggestellt), die vom Jugendstil-Architekten Peter Behrens entworfene Montagehalle für die AEG-Turbinenfabrik (1909), auch die Bahnhöfe und die Trassenführung der seit 1896 erbauten Berliner Stadtbahn Beispiele für eine neue funktionale Ästhetik der Technik in Stahl und Glas dar. Die Schattenseiten der industriellen Zivilisation ließen sich unweit davon gleichfalls studieren: Die explosionsartige Zunahme der Einwohnerschaft hatte rasch zu untragbaren Wohnverhältnissen mit katastrophalen hygienischen und sozialen Zuständen geführt. Durch die Errichtung riesiger Mietskasernen mit drei, vier und fünf hintereinandergebauten Hinterhöfen, durch deren Zusammenballung zu wuchernden Arbeitervorstädten versuchte man eher hilflos das Problem der Beschaffung von Wohnraum zu lösen: 1900 lebte etwa die Hälfte der Einwohner von Berlin in Hinterhofwohnungen. Heinrich Zille (1858–1929) hat in seinen populären Zeichnungen das triste Elend des Proletariats und Subproletariats eingefangen, teilweise allerdings zum »Milljöh« verklärt und idyllisiert.

In der Literatur waren es die Naturalisten, die als erste das sich rapide ausbreitende Massenelend in der Großstadt registrierten. Ihre zu Unrecht als sozialrevolutionär eingeschätzten Werke, die vielfach eher von einem Mitleidspathos geprägt waren, provozierten gleichwohl heftige Gegenreaktionen: sie waren gemeint, wenn Wilhelm II. in seiner Residenzstadt eine Kampfansage an die »Rinnsteinkunst« richtete.

Auch die einflußreiche, von konservativen Kulturkritikern ins Leben gerufene Heimatkunst-Bewegung hatte ein Zentrum in Berlin, sahen jene dort doch sämtliche – in ihrer Sichtweise – negativen Tendenzen der Zeit exemplarisch vertreten.

»Los von Berlin« war die von Friedrich Lienhard 1902 in Berlin selbst formulierte Parole, in der zusammengefaßt war, wovon man sich abgrenzen wollte: Materialismus und Skeptizismus, Traditionslosigkeit und Vermassung.

Seit etwa 1910 trat aber eine neue künstlerische Avantgarde an die Öffentlichkeit. Die mittel- und norddeutsche Vereinigung von Malern, die sich »Die Brücke« nannte, siedelte 1910/11 von Dresden nach Berlin über; auch Emil Nolde, der dieser Gruppe nahestand, lebte nun für einige Jahre hier. Die Frühexpressionisten entdeckten diese Metropole als »Medium der Selbstaussage«, stilisierten sie jedoch, obwohl sie im allgemeinen überzeugte Städter waren, zum Dämon und Moloch. In den Großstadtbildern Ernst Ludwig Kirchners und Ludwig Meidners finden sich düstere Visionen von stürzenden Häuserfronten und torkelnden Straßen, verschob und verzerrte sich die Stadtlandschaft Berlins ins Fratzenhafte. 1910 gründete Herwarth Walden die Zeitschrift ›Der Sturm‹, die zum Forum einer Bewegung von avancierter Literatur und bildender Kunst wurde und u. a. die Manifeste des italienischen Futurismus erstmals in Deutschland bekanntmachte. Als literarisch-politisches Gegenstück zum ›Sturm‹ erschien seit 1911 wöchentlich Franz Pfemferts ›Aktion‹, ein Periodikum, das in scharfer Opposition zur bürgerlichen Welt stand und z. B. Texte von Gottfried Benn, Else Lasker-Schüler und Georg Heym publizierte.

Neue, erstmals in großem Maßstab verwendete Setz- und Reproduktionstechniken hatten Berlin aber bereits vor der Jahrhundertwende zum Presse- und Verlagszentrum gemacht: Der moderne Typus der illustrierten Massenpresse wurde die ›Berliner Illustrirte Zeitung‹, die der Ullstein-Verlag 1891 übernommen hatte (Auflage um 1900: 500000; 1914: eine Million). Daneben waren es die beiden Verlagshäuser Mosse und Scherl – liberal-republikanisch wie Ullstein das erste, konservativ-kaisertreu das zweite –, die den Ruf der Reichshauptstadt als des vorrangigen Umschlagplatzes der Meinungen begründeten. In seiner 1892 ebenfalls hier gegründeten Zeitschrift ›Die Zukunft‹ ritt Maximilian Harden scharfe Attacken gegen den Kaiser und dessen Berater.

Zum bedeutendsten Förderer des über den Tag hinaus Gültigkeit beanspruchenden Schrifttums wurde aber Samuel Fischer mit seinem

Verlag. Mit der von ihm herausgegebenen Zeitschrift ›Neue Rundschau‹ (1890 erstmals unter dem Titel ›Freie Bühne für modernes Leben‹ erschienen, 1894 in ›Neue Deutsche Rundschau‹ umbenannt und seit 1904 unter der endgültigen Bezeichnung publiziert) entstand eines der wichtigsten literarischen Periodika der Moderne, das übrigens bis heute fortbesteht.

Wien

Wenn man auch von Deutschland, vor allem aber von Preußen aus, häufig etwas verächtlich auf die österreichisch-ungarische Kaiserstadt Wien blickte, ihre leichtlebige Genußsucht und selbstgenügsame Zufriedenheit bespöttelte, erlebte diese Metropole gerade in den Jahrzehnten vor dem Untergang der Donaumonarchie noch einmal eine Phase höchster kultureller Blüte.

Seit 1857 war die Stadt schrittweise umgestaltet und modernisiert worden: mit dem Schleifen der Befestigungsanlagen konnte die großzügige »Ringstraße« angelegt werden, die bald schon flankiert wurde von palastartigen Bauwerken. Mit imperialer Geste entworfen, sollten sie den Rang der europäischen Großmacht anschaulich machen.

Allerdings empfanden schon Zeitgenossen den Widerspruch zwischen Anspruch und Wirklichkeit sehr intensiv: Der hinter den glänzenden Fassaden sich vollziehende Machtverfall des Kaiserreichs, die im Gefolge der nationalen Auseinandersetzungen auftretenden Lärm- und Radauszenen im Reichsrat, die sich in Straßenkämpfen fortsetzten, weckten Skepsis im Hinblick auf die Überlebensfähigkeit der Monarchie.

Ungeachtet aller in der Hauptstadt der k. u. k. Monarchie wie unter einem Brennglas aufflammenden politischen und gesellschaftlichen Krisen, die im Zeitalter der Nationalismen in einem Vielvölkerstaat nicht ausbleiben konnten, war Wien jedoch auch Schauplatz und Bühne von Höchstleistungen einer urbanen, weltstädtischen Kultur. Ernst Mach und Sigmund Freud begründeten hier auf je eigene Weise ihre vieldiskutierten Vorstellungen über das Individuum und das Ich, Maler wie Gustav Klimt, Egon Schiele und Oskar Kokoschka erregten hier mit ihren Bildern Aufsehen, die Architekten Otto Wagner, der dem Jugendstil verpflichtet war, und Adolf Loos, Vertreter einer funktionellen Sachlichkeit, setzten neue städtebauliche Akzente jenseits des »Ringstraßenstils«.

Ein Zentrum der Musik war Wien schon lange. Die populären Formen Walzer und Operette feierten weiterhin Triumphe: 1885 wurde ›Der Zigeunerbaron‹ von Johann Strauß, 1905 ›Die lustige Witwe‹ von Franz Léhar uraufgeführt, 1915 – also bereits während des Krieges – ›Die Csárdásfürstin‹ von Emmerich Kálmán. In Wien wirkte aber mit Gustav Mahler (von 1897 bis 1907 Hofoperndirektor) auch ein Vertreter progressiver Musikformen, provozierten die Werke der Zweiten Wiener Schule, angeführt von Arnold Schönberg, Anton von Webern und Alban Berg, die Hörgewohnheiten eines kunstsinnigen, aber konservativen Publikums.

1888 war der Neubau des Burgtheaters fertiggestellt worden, damals wie heute eine der bedeutendsten Bühnen des deutschsprachigen Raums. 1895 fand dort die Uraufführung von Arthur Schnitzlers Drama ›Liebelei‹ statt, ein Signal, daß moderne Literatur sich trotz des mächtigen Einflusses von Hof, Kirche und Militär auf diesem Theater Geltung zu verschaffen verstand.

Wenig Widerhall hatte die Literatur des Naturalismus gefunden, deren kämpferische Haltung und sprachliche wie inhaltliche Härten in Wien kaum geschätzt wurden. Noch bevor Gerhart Hauptmanns Drama ›Die Weber‹ 1893 in Berlin uraufgeführt worden war, hatte der wendige Literaturtheoretiker Hermann Bahr (1863–1934) 1891 in der Wiener Literaturszene die »Überwindung des Naturalismus« gefordert. Dieser »Organisator der österreichischen Literatur«, wie man ihn genannt hat, lieferte der Gruppe von Autoren, die sich unter dem Namen »Jung-Wien« zusammengefunden hatten, entscheidende Stichworte, wie etwa »nervöse Romantik«, »Mystik der Nerven«, »Décadence«.

Als Ort ihres geselligen Austausches von Meinungen, als Informations- und Nachrichtenbörse hatten sie das »Café Griensteidl« erkoren, eines der zahlreichen Wiener Kaffeehäuser, die eine »Institution besonderer Art« waren, »eine Art demokratischer, jedem für eine billige Schale Kaffee zugänglicher Klub, wo jeder Gast für diesen kleinen Obulus stundenlang sitzen, diskutieren, schreiben, Karten spielen, seine Post empfangen und vor allem eine unbegrenzte Zahl von Zeitungen und Zeitschriften konsumieren konnte« (Stefan Zweig). Im »Griensteidl« trafen sich neben Bahr Arthur Schnitzler und Hugo von Hofmannsthal, Richard Beer-Hofmann und Peter Altenberg, Felix Salten und anfangs sogar Karl Kraus, der allerdings in einer seiner ersten polemisch-satirischen Schriften (›Die demolierte Literatur‹, 1897) den Kaffeehausdekadenzmodernen offen den Krieg erklärte und sich von der Gruppe »Jung-Wien« lossagte. Nachdem das »Griensteidl« der Spitzhacke zum Opfer gefallen war, wurde das »Café Central« neues Kommunikationszentrum.

Eine größere Zahl neuer Zeitschriften sollten der modernen Literatur als Forum dienen (›Moderne Rundschau‹, ›Neue Revue‹, ›Die Zeit‹, ›Wiener Rundschau‹, ›Liebelei‹); sie konnten sich zum größeren Teil aber nur kurzfristig halten. Eine Ausnahme bildete in jeder Hinsicht ›Die Fackel‹, die Karl Kraus seit 1899 (bis 1936) herausgab.

Die Artikel der berühmt-berüchtigten rot eingebundenen Hefte wurden zunächst weitgehend, seit 1912 vollständig vom Herausgeber selbst verfaßt, schon als Energieleistung ein unvergleichliches und erstaunliches Phänomen.

München

Der Anbruch der Moderne fiel für Bayern im allgemeinen und für München im besonderen mit der toleranten Regierung des Prinzregenten Luitpold (1886–1912) zusammen. Zahlreichen Intellektuellen, die das Auftreten Wilhelms II. in der Öffentlichkeit als plump und aggressiv empfanden, galt der süddeutsche Herrscher als Verkörperung einer Monarchie, die raschen gesellschaftlichen Wandel und beharrlich-bodenständiges Bewahren zu verbinden verstand. Nach wie vor zehrte die bayerische Hauptstadt außerdem von dem in der ersten Hälfte des 19. Jahrhunderts (unter König Ludwig I.) erworbenen Ruhm, »Kunststadt« des Reiches zu sein. Wie attraktiv sie in dieser Hinsicht war, wird dadurch belegt, daß etwa 1890 hier an die 3000 Maler und Bildhauer (darunter Franz von Lenbach und Franz von Stuck) lebten und arbeiteten. Die explosionsartig zunehmende Einwohnerzahl – zwischen 1885 und 1914 stieg sie von 262000 auf 645000 – weckte bei Einheimischen aber begründete Zweifel, daß sich der traditionelle Charakter Münchens würde bewahren lassen. Auf die Zuwanderung aus ganz Deutschland und dem Ausland reagierten sie deswegen nicht selten mit bissigem, teilweise wohl auch hilflosem Spott, der sich als Preußen-Verachtung und generell als Antimodernismus äußerte. Als prominenter Vertreter einer solchen Kritik beklagte Ludwig Thoma, der 1897 seine Rechtsanwaltskanzlei nach München verlegte, daß man Altmünchen »seine Eigenart genommen hat, um es als Schablonengroßstadt herzurichten«, daß man hier »den hübschen Zug der Nachäfferei und des Aufgebens aller Bodenständigkeit findet«.

Dabei wurde jedoch vergessen, daß die bayerische Kultur schon lange von »Zugereisten« wesentlich mitgeprägt wurde. Insbesondere galt dies für den Bereich der Literatur: Noch unter König Maximilian II. waren z.B. Emanuel Geibel (1815–1884) aus Lübeck und der Berliner Paul Heyse (1830–1914) hierher berufen worden; letzterer bekam immerhin 1910 als erster deutscher Dichter den Nobelpreis. Zusammen mit einheimischen Talenten (etwa Max Haushofer) vertraten sie ein Literaturkonzept, das bei aller Kultiviertheit doch stark traditionalistisch war. Auch die erste Münchner Moderne, noch dem Naturalismus und dem Kampf gegen Scheinheiligkeit und bigotte Prüderie verpflichtet, verband sich schon bald in polemischer Abgrenzung gegen Berlin mit Tendenzen der Heimatkunstbewegung, selbst mit völkischem Gedankengut: Michael Georg Conrad, seit 1885 Herausgeber der führenden naturalistischen Zeitschrift ›Die Gesellschaft‹, feierte bereits 1892 »Blut«, »Scholle« und »Rasserein-heit« als erhabene Werte.

Die neunziger Jahre brachten München schließlich ein deutliches Aufblühen der Literatur, vor allem durch den Zuzug einer großen Zahl von Schriftstellern, durch eine Reihe von Verlagsgründungen (Piper, Langewiesche, auch der Insel-Verlag war bis zu seinem Um-zug nach Leipzig 1905 in München angesiedelt). Neben Leipzig wur-de nun »Isar-Athen« zur Stadt der Bücher. Thomas und sein Bruder Heinrich Mann, Stefan George und Rainer Maria Rilke, Eduard von Keyserling und Franziska zu Reventlow, Ludwig Klages und Lud-wig Thoma, Frank Wedekind und Ludwig Ganghofer: das waren nur einige der prominentesten Autoren, die manchmal nur für Monate, öfter aber für Jahre und Jahrzehnte hier lebten und das kulturelle Klima mitbestimmten.

1896 wurden zwei außerordentlich wichtige Zeitschriften gegrün-det: die ›Jugend‹, deren Verleger Georg Hirth damit einer ganzen Stilrichtung den Namen gab, und der ›Simplicissimus‹, der u.a. we-gen seiner Kritik an Wilhelm II., Adel, Kirche und Militär außerhalb Bayerns mehrfach konfisziert wurde, was sich aber letztlich aufla-gensteigernd auswirkte. Beide Wochenblätter erreichten noch vor dem Ersten Weltkrieg jeweils über 100 000 Käufer. Den Dialog zwi-schen der Frühmoderne und dem Katholizismus förderte daneben die seit 1903 erscheinende Monatsschrift ›Hochland‹.

Starke Anziehungskraft auf viele Künstler übte natürlich die Um-gebung der Universität und der Kunstakademie aus, deren Bau 1885 fertiggestellt worden war. Jenseits des Siegestors entstand um das alte Dorf Schwabing herum, das 1891 eingemeindet wurde, der »Mythos Schwabing«, ein Künstlerviertel, das für sich beanspruchte, nicht ein Stadtteil zu sein, sondern ein »geistiger Zustand« (Kandinsky).

Hier wurde 1901 das Kabarett (»Überbrettl« war die zeitgenössi-sche Bezeichnung) ›Die elf Scharfrichter‹ gegründet. Treffpunkte der Münchner Bohème waren daneben das »Café Stefanie«, das allerdings schon bald nur noch »Café Größenwahn« genannt wurde, und die Künstlerkneipe »Simplicissimus«, in der als »Hausdichter« zwischen 1907 und 1911 der ehemalige Matrose Hans Bötticher auftrat, besser bekannt unter seinem Künstlernamen Joachim Ringelnatz. Franziska zu Reventlow hat diese Bohème in ihrem Schlüsselroman ›Herrn Dames Aufzeichnungen‹ (1913) aus weiblicher Sicht dargestellt.

Als elitärer Zirkel verstand sich der Kreis um den Dichter Stefan George, der sich um 1900 München als Hauptwirkungsstätte erkor. Zeitweise eng verbunden mit diesem wandten sich die »Kosmiker« –

so der Gruppenname – gegen Rationalismus, Materialismus und Christentum. Ihnen gehörten u. a. Ludwig Klages, Alfred Schuler, Karl Wolfskehl und Friedrich Gundolf an. Als dieser Kreis im Winter 1903/04 zerbrach, fand das viel Beachtung. Ludwig Klages und Alfred Schuler hatten die antizivilisatorischen, geist- und technikfeindlichen Grundüberzeugungen radikalisiert und umgebogen zu abstrusen antisemitischen Gedankengebäuden, in denen nun zunehmend das Hakenkreuz, die indische »Swastika«, das »stahlende Symbol« einer heidnischen Erneuerung, das »mittelpünktliche Symbol der vorgeschichtlichen Menschheit« wurde. Als Klages und Schuler eine zunehmend drohende Haltung gegenüber den jüdischen Mitgliedern des Bundes, Wolfskehl und Gundolf, einnahmen, ging George auf Distanz; die menschenverachtende Haltung der einstigen Freunde wollte er nicht zu der seinen machen.

Prag

Der Untergang der Habsburger Monarchie am Ende des Ersten Weltkriegs, die Ausrufung der Tschechoslowakischen Republik (ČSR) am 28. Oktober 1918 hat den Schlußstrich auch unter das Kapitel der Prager deutschsprachigen Literatur gezogen. Durch den rapiden gesellschaftlichen Wandel, der sich in der Stadt in der zweiten Hälfte des 19. Jahrhunderts mit dem Zuzug der tschechischen Landbevölkerung vollzog, verschärft durch das Anwachsen nationalistischer Tendenzen in Österreich-Ungarn, wuchs der Druck auf die schmale deutsche Oberschicht. Innerhalb dieser Minderheit erfuhren die Juden in noch einmal gesteigerter Form Ausgrenzung und offene Feindschaft.

Erstaunlich bleibt angesichts dieser Bedrängnis die beträchtliche Zahl bedeutender deutschsprachiger Autoren in Prag, die zumeist dem Judentum entstammten (Rilke ist die Ausnahme). Erfahrungen der Fremdheit, klaustrophobische Ängste einer Gettosituation sind thematisch auf vielfache Weise in ihre Werke eingegangen. Ihre im günstigen Fall besonders hoch entwickelte sprachliche Sensibilität, aber auch das Konstruierte oder Schwülstige des Stils bei den geringeren Talenten hat man auf die inselhafte Abgeschlossenheit ihres Lebens in der böhmischen Provinzhauptstadt zurückgeführt. Fritz Mauthner, der selbst dieser Umwelt entstammte, schrieb in seinen Erinnerungen: »Der Deutsche im Innern von Böhmen, umgeben von einer tschechischen Landbevölkerung, spricht ein papierenes Deutsch, es mangelt an Fülle des erdgewachsenen Ausdrucks, es mangelt an Fülle der mundartlichen Formen. Die Sprache ist arm.« Selbst das noch in Prag entstandene Frühwerk Rainer Maria Rilkes ist aus heutiger Sicht künstlerisch kaum von Belang, gerade auch die

Gedichte, mit denen er diese Stadt zu beschwören versuchte (›Larenopfer‹, 1895).

Die Vereinzelung zu überwinden versuchten seit 1908 die Dichter des »Prager Kreises«, die sich unter der Mentorschaft von Max Brod im »Café Arco« trafen. Selbst ein eher mittelmäßiger Schriftsteller, führte jener u.a. Franz Werfel und Franz Kafka in diesen Kreis ein. »Es brodelt und werfelt und kafkat und kischt« zirkulierte als Bonmot über die »Arconauten«, wie Karl Kraus sie spöttisch nannte.

Bezeichnend ist aber, daß viele Autoren schon früh Prag verließen: Rainer Maria Rilke 1896, Gustav Meyrink (der Verfasser des ›Golem‹) 1903, Franz Werfel 1912, auch Egon Erwin Kisch (später als der »rasende Reporter« bekannt) siedelte noch vor dem Ersten Weltkrieg nach Berlin um. Lediglich Kafka blieb bis zu seiner Erkrankung der Geburtsstadt treu, sein Werk ist ohne die mit Prag verknüpften Erfahrungen kaum denkbar. Jedoch auch er hatte zu der Stadt, wie ein Brief an seinen Freund Oskar Pollak (vom 20. 12. 1902) verrät, ein durchaus zwiespältiges Verhältnis: »Prag läßt uns nicht los. Uns beide nicht. Dieses Mütterchen hat Krallen. Da muß man sich fügen oder – . An zwei Seiten müßten wir es anzünden, am Vysehrad und am Hradschin, dann wäre es möglich, daß wir loskommen.« Wie sehr die Tendenz zur Flucht aus dieser Stadt verbunden war mit der Schwierigkeit, von ihr loszukommen, belegt das Phänomen der Prag-Romane, die anscheinend oft erst geschrieben werden konnten, wenn die Autoren sich vom Ort ihrer Herkunft abgewendet hatten. Meyrinks ›Golem‹ erschien 1915, Kischs ›Der Mädchenhirt‹ 1914, der Roman ›Die andere Seite‹ des Graphikers, Illustrators und Erzählers Alfred Kubin (1877–1959) 1909 in München.

3.2 Lesefähigkeit und Lesegewohnheiten

Eine in ihrer Bedeutung oft zu gering eingeschätzte Bedingung der literarischen Produktion ist die Lesefähigkeit und Lesebereitschaft des potentiellen Publikums. Die Voraussetzungen dafür waren im Deutschland der Jahrhundertwende eigentlich gegeben. Die Alphabetisierung war weitgehend abgeschlossen; schon in den achtziger Jahren lag die Analphabetenquote nach Auskunft von ›Meyers Konversations-Lexikon‹ (1885) nur mehr bei etwas über einem Prozent. Etwas vorsichtigere Schätzungen gehen davon aus, daß vor dem Ersten Weltkrieg »die Grundvoraussetzungen zur verständigen Rezeption gedruckter Werke etwa bei zwei Dritteln der deutschen Erwachsenenbevölkerung vorhanden gewesen« (R. Wittmann) seien.

Entscheidend gesteigert wurden die Möglichkeiten zur Privatlektüre übrigens durch das Hell-Werden der Nächte. Der aufeinander folgenden Einführung der Petroleumlampe, des Gasglühlichtes und der elektrischen Beleuchtung kam hier bei den langen Arbeitszeiten der ärmeren Bevölkerung fundamentale Bedeutung zu.

Allerdings waren Bücher für Arbeiter noch kaum erschwinglich, stellte die Türschwelle eines Buchladens eine soziale Barriere dar. An die Stelle von Büchern traten »Groschenhefte«, also Kolportageromane, die nach 1900 zum Teil bereits aus Amerika importiert wurden (›Nick Carter‹); daneben gewannen im Zuge der Verstädterung Zeitungen und Zeitschriften an Bedeutung, die neben Information zunehmend auch Unterhaltung – etwa in Form von Fortsetzungsromanen – boten. Anspruchsvollere Literatur zu erschwinglichen Preisen auf den Markt zu bringen – das versuchte seit 1914 der Reclam-Verlag mit Automaten, die in Bahnhöfen aufgestellt wurden und zwölf verschiedene Titel zum Preis von jeweils zwanzig Pfennigen enthielten. Leih- und Volksbüchereien, außerdem die sogenannten »Bücherhallen« waren aber selbst für ein mittelständisches Publikum oft noch die einzige Lektürequelle.

Zum Leseverhalten des Bürgertums läßt sich generell sagen, daß mit einigen seltenen Ausnahmen (Thomas Manns ›Buddenbrooks‹, Hermann Hesses ›Peter Camenzind‹) der heute kanonisierten Literatur der Frühmoderne trotz der beträchtlichen Ausweitung der Leserschaft fast nur marginale Bedeutung zukam. Ihr hoher Anspruch und die oft aggressive Infragestellung bürgerlicher Normen verhinderten eine breite Resonanz; gelesen wurde hauptsächlich Traditionalistisches, Historisierendes, Sinnstiftendes.

3.3 Buchhandel und Verlage

Im letzten Friedensjahr vor dem Ersten Weltkrieg wurden in Deutschland 35000 Neuerscheinungen publiziert: damit lag es an der Spitze der Weltbuchproduktion. Buchhandel und Verlage waren aufgrund der seit 1888 geltenden festen Ladenpreise für Bücher (Krönersche Reform) und durch eine verbesserte Neuformulierung des Urheberrechts (1901) in einer relativ günstigen Lage; andererseits bedrohten staatliche Zensurmaßnahmen deren Kalkulationsgrundlagen. Die sich um 1900 verschärfende Repression, die indirekt doch auf Ansätze zu einer Breitenwirkung nicht-konformer Literatur verweist, traf Autoren ganz unterschiedlicher Couleur. Ludwig Thoma, Frank Wedekind, Oskar Panizza, die außer dem gemeinsamen Wohnort München kaum Gemeinsamkeiten hatten, mußten wegen des Vorwurfs der Majestätsbeleidigung, der Aufreizung zur Unzucht oder der Gotteslästerung mehr oder weniger lange Haftstrafen verbüßen. Albert Langen, der Verleger der Zeitschrift ›Simplicissimus‹, floh einige Zeit ins Ausland, um dem Gefängnis zu entgehen.

Letzterer repräsentierte einen neuen Verlegertyp, »Kultur«- oder »Individualverleger« hat man ihn genannt, der sich als Partner, Gleichgesinnter, sogar als Freund seiner Autoren verstand. Der Bedeutendste in dieser Reihe war zweifellos Samuel Fischer, der seinen Verlag 1886 in Berlin gegründet hatte. Es gelang ihm mit sicherem Instinkt für Qualität, wichtige Autoren der Moderne und ihr zukunftsträchtiges Werk an sich zu binden: Thomas Mann und Hermann Hesse etwa, Arthur Schnitzler und Hugo von Hofmannsthal, um nur einige zu nennen. Die nationalkonservative Heimatkunst wurde seit 1896 von Eugen Diederichs verlegt, in dessen marktstrategisch überaus geschickt operierendem Unternehmen auch ›Märchen der Weltliteratur‹ und germanisch-nordische Mythen erschienen. Der Insel-Verlag wurde 1901 im Anschluß an die seit 1899 bestehende Zeitschrift ›Die Insel‹ gegründet, die sich in Aufmachung und Inhalt betont elitär gab (sie wurde z. B. auf teurem Büttenpapier gedruckt) und deshalb bis zu ihrer Einstellung im Jahre 1902 immer ein Zuschußunternehmen blieb. Anton Kippenberg, der den Verlag übernahm und mit ihm 1905 nach Leipzig übersiedelte, gab seit 1912 eine der erfolgreichsten Buchreihen der deutschen Verlagsgeschichte, die ›Insel-Bücherei‹ heraus, deren Bände trotz der gediegenen Aufmachung nur 50 Pfennige kosteten. Der erste Band, Rilkes ›Weise von Liebe und Tod des Cornets Christoph Rilke‹, erlebte über die Jahrzehnte mehr als 40 Auflagen mit insgesamt über einer Million Exemplaren.

II. LITERATUR IM SPANNUNGSFELD ZWISCHEN TRADITION UND MODERNE (1890–1911)

1890 veröffentlichte Heinrich Hart (1855–1906) eine Abhandlung mit dem Titel ›Die Moderne‹. Darin heißt es:

»Ein Jahrhundert geht zu Ende. Das will nicht viel bedeuten. Ich sehe grösseres zu Ende gehen (...), eine menschliche Wirklichkeit (...) Eine neue Geistesära taucht empor. Seit Jahrhunderten schon wogt die Dämmerung, mit nachtdunklen Schatten ringt das junge Morgenlicht (...) Aber die Stunde ist nicht mehr fern, in der es Dämmer und Nebel zerreißen und wetterleuchtend hervorbrechen wird. Die Antike ringt in den letzten Todeskämpfen, die Moderne hebt sich jugendlich empor.«

In diesen dramatisch-pathetischen Tönen eines ehemaligen Vorkämpfers des Naturalismus, dem sich viele Gleichgesinnte an die Seite stellen ließen (z.B. der Wiener Kritiker Hermann Bahr, die Vereinigung »Durch« oder der Berliner Literaturkritiker Eugen Wolff, der 1886 bei einem Vortrag wohl als erster das Substantivum »Moderne« öffentlich gebraucht hat), finden sich wesentliche Charakteristika des Begriffs: Eine »neue« Geistesära, schon lange im Entstehen, setzt sich gegen die absterbende »Antike« durch; es ist eine »junge« Bewegung, die das »Jugendliche« ausdrücklich betont (wie der Begriff »Jugendstil« ebenfalls darauf hinweist, daß eine junge Generation sich als Träger des Neuen fühlt). Mit »Antike« ist dabei keineswegs die sonst damit assoziierte Periode griechisch-römischer Kultur gemeint, sondern alles, was vor dem eben jetzt beginnenden Zeitalter liegt. Als »Moderne« empfand man demgegenüber die um die Jahrhundertwende beginnende und von rasanter Entwicklung geprägte Umbruchphase, die dem klassischen Beharren auf normativen Mustern und verbindlichen »ewigen« Werten eine »neue« Dynamik entgegensetzte, die dem ebenso rasch sich vollziehenden technisch-naturwissenschaftlichen Fortschritt entsprach. Die Naturwissenschaften haben nach Hart die Voraussetzung dafür geschaffen, in die neue Ära vorzustoßen. Er nimmt dabei durchaus einen langen Entstehungszeitraum in den Blick: »Kopernikus und Kepler, Bacon und Kant, Darwin und Bunsen sind die Minierer, welche die Antike unterwühlt haben.« Wäre sein Aufsatz später erschienen, er hätte sicher noch andere Namen zu nennen gewußt – Einstein etwa oder Niels Bohr, um nur im Bereich Physik zu bleiben. Nach heutigem Verständnis hätte er allerdings noch weiter ausgreifen müssen, denn es gibt kaum einen Bereich, der vom Prozeß der Modernisierung nicht betroffen war. So eng jedenfalls, wie der Brockhaus des Jahres 1902 den Begriff faßt, läßt er sich heute nicht mehr definieren. »Modern« ist eben nicht nur der »Inbegriff der (damals) jüngsten sozialen, literarischen und künstlerischen Richtungen«. Ein 1990 erschienener Doppelband ›Jahrhundertwende, Der Aufbruch in die Moderne 1880–1930‹ (hrsg. von August Nitschke, Gerhard A. Ritter u. a.) bezieht daher auch andere Erscheinungen mit ein, die das »moderne« Leben beeinflussen oder widerspiegeln: Großstadt, Kino, Tanz u. v. a. m.

Offenbar aber schien den Zeitgenossen das Neue zuallererst in Literatur und Kunst erkennbar. Dabei hält Gottfried Benn ausdrücklich fest, daß diese »nicht nur Ausdruck der Zeit, sondern deren Schöpfer« sind. Das Kunstwerk wird als so real wie die Wirklichkeit selbst bewertet und kann daher auch Gegenwelt sein. Damit erhält das Selbstverständnis der »Schöpfer« einen ganz neuen Rang, zumal die reine Abbildbarkeit der Welt von den Künstlern und Literaten ebenso stark angezweifelt wird wie von den Naturwissenschaftlern. Diese folgerten aus ihren Forschungen, daß eine direkte Beschreibung der Wirklichkeit nicht mehr möglich sei; nur als Modell, als Abstraktum, könne sie noch erfaßt werden. Analog sucht man in Literatur und Kunst nach neuen Gestaltungsmöglichkeiten. In der Malerei etwa geht es nicht mehr um photographische Abbildung; vielmehr werden in Chiffren, Formen und Farben Impressionen oder Stilisierungen wiedergegeben; reine Farben, Geometrie der Flächen und andere Mittel schaffen ein autonomes Gefüge, in dem die »Augenwelt« in »Geisteswelt« verwandelt wird. Paris setzt dabei die Signale; in München folgt der Kreis des »Blauen Reiters« (Marc, Kandinsky) den Franzosen, andere (z.B. die Maler der Dresdner »Brücke« um Kirchner, Heckel, Schmidt-Rottluff) orientieren sich an Vorbildern wie van Gogh oder Munch.

In der Literatur verbindet sich das Problem der Abbildbarkeit der Welt mit dem grundlegenderen Zweifel an der Erkennbarkeit der Wirklichkeit. Dieser Zweifel wirft auch die Frage auf, ob die Sprache überhaupt fähig sei, Realität zu vermitteln. »Wörter drücken nicht mehr Sinn und Seele aus; sie rufen vielmehr als Zeichen Reizerinnerungen ab und verknüpfen sie untereinander« (Gerhard Kaiser). Es entsteht das Gefühl, an einem Ende zu stehen, jene Stimmung des »fin de siècle« als gemeineuropäische Erscheinung: Zunächst in Frankreich als Ausdruck des Décadence-Gefühls und Bezeichnung für vage Befürchtungen, das Jahrhundertende sei auch das Ende des bürgerlichen Zeitalters, entstanden, trifft es insbesondere in Wien auf eine Intellektuellenschicht, die mit seismographischer Sensibilität den Untergang der Monarchie spürt und von Angst vor einer proletarischen Revolution erfüllt ist. Hofmannsthals Reaktion auf die Maifeierlichkeiten (vgl. S. 269) ist kennzeichnend dafür. Der Dichter ist aber auch ein Beispiel dafür, daß es falsch wäre, hinter der Haltung und den Bezeichnungen »fin de siècle« und »Dekadenz« nur Verzweiflung zu vermuten. In seinem ersten Essay über Gabriele D'Annunzio (einen der großen Anreger der Zeit) schreibt er 1893:

> Wir haben nichts als ein sentimentales Gedächtnis, einen gelähmten Willen und die unheimliche Gabe der Selbstverdoppelung. Wir schauen unserem Leben zu; wir leeren den Pokal vorzeitig und bleiben doch unendlich durstig: denn wie neulich Bourget schön und traurig gesagt hat, der Becher, den das Leben uns hinhält, hat einen Sprung, und während uns der volle Trunk vielleicht berauscht hätte, muß ewig fehlen, was während des Trinkens unten rieselnd verlorengeht; so empfinden wir im Besitz den Verlust, im Erleben das stete Versäumen. Wir haben gleichsam keine Wurzeln im Leben und streichen, hellsichtige und doch tagblinde Schatten, zwischen den Kindern des Lebens umher (...) Man treibt Anatomie des eigenen Seelenlebens, oder man träumt. Reflexion oder Phantasie, Spiegelbild oder Traumbild. Modern sind alte Möbel und junge Nervositäten. Modern ist das psychologische Graswachsenhören und das Plätschern in der reinphantastischen Wunderwelt. Modern ist Paul Bourget und Buddha; das Zerschneiden von Atomen und das Ballspielen mit dem All; modern ist die Zergliederung einer Laune, eines Seufzers, eines Skrupels; und modern ist die instinktmäßige, fast somnambule Hingabe an jede Offenbarung des Schönen, an einen Farbenakkord, eine funkelnde Metapher, eine wundervolle Allegorie.

Man kann Dekadenz eben auch genießen (oder gar pflegen, wie Oscar Wilde in England), oder man kann sich aus der Stimmung der Resignation befreien und neue Wege suchen, wie etwa die Hinwendung des in Deutschland besonders (z. B. von Thomas Mann) geschätzten Paul Bourget oder Joris-Karl Huysmans zum Katholizismus, Hofmannsthals Wendung zum »Sozialen« oder Georges Aufbau einer autonomen Kunstwelt zeigen.

Mehr als in Malerei und bildender Kunst wird für die Literatur der beginnenden Moderne der unter dem Einfluß Ernst Machs weithin grassierende Zweifel am Ich von Bedeutung. Wenn der berühmte Arzt Rudolf Virchow einmal bemerkte, er habe bei all seinen Operationen und Autopsien niemals eine Seele gefunden, so ist das durchaus zu vergleichen mit der resignierenden Feststellung mancher Vertreter der »Décadence«, sie hätten trotz aller verfeinerten Innenschau kein auf die Dauer konstantes Ich entdecken können, sondern nur eine grenzenlose Subjektivität.

Das Suchen nach neuen Möglichkeiten der Darstellung ist allein aus diesem Grunde ein wesentliches Kennzeichen der Literatur der Zeit. Wichtig werden Skizzenhaftigkeit, eine weniger strenge gattungspoetische Festlegung, die Mischformen wie lyrisches Drama, novellistische Skizze, Tragikomödie und die Methode des indirekten Berichtens (Innerer Monolog).

Sowohl Wissenschaft wie Literatur und Kunst brechen mit der Tradition. Was die Entwicklung der Literatur betrifft, so gehört der

Naturalismus, der ja doch an die Möglichkeit der Beschreibung glaubt, wenn man nur »wissenschaftlich« genau genug arbeitet (vgl. Band 7), womöglich eher dem Realismus des 19. Jahrhunderts zu – auch wenn er im thematischen Bereich manches für die Moderne Wichtige, wie z. B. die soziale Frage, Bild und Probleme der Großstadt, für die Kunst entdeckt und auch formale Entwicklungen (wie z. B. den Sekundenstil) angebahnt hat.

Der eigentliche Umbruch aber beginnt wohl erst mit der Einsicht, daß gerade der Weg des Naturalismus *nicht* gangbar war.

Die Kritik am Naturalismus wird zum Ausgangspunkt nahezu aller literarischen Strömungen um die Jahrhundertwende, die nicht immer ganz neuen Wege aber liefen trotz mancher Übereinstimmung in unterschiedliche Richtungen. Dabei gibt es kaum ein Nacheinander, *Pluralismus* wird zu einem Hauptkennzeichen des Zeitabschnitts.

2. Strömungen der literarischen Moderne

2.1 Impressionismus

Der Begriff Impressionismus war zunächst mit der Malerei verbunden: Anläßlich eine Ausstellung unbekannter Maler sprach der Kritiker Leroy 1874 höhnisch von einer »exposition des impressionistes«. Er wollte damit Maler wie Paul Cézanne, Edgar Degas, Claude Monet und Auguste Renoir in ihrer Malweise kennzeichnen. Ihre Kunst des »Eindrucks« war eine Kunst der Stimmung, die einen rasch vergänglichen Augenblick festhielt. In betonter Subjektivität stellten sie dar, was sie zu einer bestimmten Zeit auf bestimmte Weise wahrnahmen, und beschränkten sich auf die Wiedergabe von Sinneseindrücken und Stimmungen, wie sie durch Farbe, Form, Bewegung hervorgerufen werden; reale Strukturen lösten sie auf in Farb- und Lichtreflexe. Sie verzichteten zugunsten einer nuancenreichen empirischen Realität auf Abstraktion und geistige Durchdringung. Wenn Monet immer wieder die Kathedrale von Rouen malte, wollte er nicht dieses eine Bauwerk in seiner Sinnhaftigkeit und Ausdruckskraft erfassen; vielmehr ging es ihm um den je nach Wetter und Tageszeit unterschiedlichen optischen Eindruck. Renoir, der als einziger eine theoretische Ausformung seiner Malweise versucht hat, wies auf die Notwendigkeit der Detailbeobachtung hin; er berief sich dabei auf Verfahren der modernen Naturwissenschaften und hielt die unmittelbare Umsetzung der physiologischen Reize auf die Netzhaut in Farbe für ein wichtiges Erfordernis.

Früh schon wurde in Frankreich der Begriff »Impressionismus« auf die Literatur übertragen und als ein stilistisches Merkmal des Naturalismus aufgefaßt. Deutsche und österreichische Kritiker (Franz Servaes, Hermann Bahr) hingegen sahen im Subjektivismus der neuen Kunsthaltung ein Merkmal, das diese deutlich vom Naturalismus unterschied. Für die Wiener war die Übernahme um so leichter, als sich bei ihnen der Naturalismus kaum ausgeprägt hatte. So konnte Hermann Bahr 1891 in seinem Essay ›Die Überwindung des Naturalismus‹ verkünden: »Wir wollen die Fenster weit öffnen, daß die Sonne zu uns komme, die blühende Sonne des jungen Mai. Wir wollen alle Sinne und Nerven auftun (...) Und mit Jubel und Ehrfurcht wollen wir das Licht prüfen, das zur Herrschaft einzieht in die ausgeräumten Hallen (...) nur den Sinnen wollen wir uns vertrauen (...) der Einzug des auswärtigen Lebens in den inneren Geist, das ist die neue Kunst. (...) Wir haben kein anderes Gesetz als die Wahrheit, wie sie jeder empfindet.«

Damit steht Bahr Mach nahe, der ja in seinen Beiträgen zur Analyse der Empfindungen diese als das allein Wirkliche bezeichnete. Aber Bahr kennt auch den Impressionismus der französischen Maler. Seine Ästhetik zieht Folgerungen aus beidem: Die Welt löst sich für den modernen Betrachter in Einzelwahrnehmungen auf; die Außenwelt ist eine im Augenblick enthaltene subjektive Welt. Das Kunstwerk spiegelt den Augenblick in feinsten Nuancen wider, und der Künstler gibt dabei auch seine Stimmung preis: eine Vermischung von Außen- und Innenwelt findet statt. In seinem Aufsatz ›Wahrheit, Wahrheit‹ aus dem gleichen Jahr heißt es: »Sensationen, nichts als Sensationen, unverbundene Augenblicksbilder der eiligen Ereignisse auf den Nerven – das charakterisiert diese (…) Phase.« »Mystik der Nerven«, »nervöse Romantik« (»Neuro-Mantik«) sind Begriffe, die er in diesem Zusammenhang gebraucht und die bereits in das Programm des Symbolismus führen.

Als Epochenbegriff eignet sich der literarische Impressionismus, in seiner Bedeutung nicht vergleichbar mit dem der Malerei, sicher nicht. Das liegt wohl in erster Linie am Medium. Wer sprachliche Formen, Metaphern oder Vergleiche etwa, verwendet, gibt nicht einen Augenblick unmittelbar wieder, sondern hat das Gesehene oder Erlebte bereits geistig verarbeitet. Deshalb sind »reine« impressionistische Texte selten. Wohl aber läßt sich sagen, daß der Impressionismus die Wahrnehmung der Welt, die Darstellungsweise und die Art der Wirklichkeitsauffasung beeinflußt hat. In seiner ›Revolution der Lyrik‹ (1899) klingt Arno Holz geradezu wie von Renoir inspiriert: Alltägliche und daher vermeintlich uninteressante Dinge könnten, so schreibt er, einen verborgenen Reiz haben, den die Künstler sichtbar machen müßten; solche Gegenstände seien nicht wegen ihrer Bedeutung von Interesse, sondern als Sinneswahrnehmung.

Die impressionistische Sehweise verträgt sich nicht mit groß angelegten Formen wie dem Roman oder Drama: diese konventionellen Gattungen entsprechen auch nicht der ihr innewohnenden Kunstvorstellung, die sich besser in kürzeren Texten ausdrücken läßt: in der epischen und dramatischen Skizze, dem lyrischen Gedicht, der nuancierten Darstellung des flüchtig Episodischen. Vor allem aber geht es darum, die Differenzierungsfähigkeit der Sprache zu nützen. Für den zeitgenössischen Sprachkritiker Fritz Mauthner kommt es darauf an, »alle feinen Nuancen zwischen Ähnliches bedeutenden Wörtern herauszuspüren«. Das heißt, daß man die Methode der Klassifikation, Abstraktion, Verallgemeinerung umkehren muß, weil diese »ja nichts anderes als die Vergleichung der Eindrücke und die Gleichsetzung ähnlicher Eindrücke durch ein gemeinsames Wort« verfolgt.

Insbesondere in den Bereichen Lexikon und Grammatik sind deutlich Konsequenzen für eine impressionistische Schreibweise zu erkennen: Ausgenützt wird nicht nur die Möglichkeit, durch genaue Auswahl nuancierender Ausdrücke die augenblicklichen Eindrücke wiederzugeben, man verwendet auch die Zusammensetzung von Wörtern als Mittel der Abschattierung, der Steigerung, der Abschwächung u. a. m. Die Beobachtung der sich ändernden Wortbedeutung im Kontext erlaubt, bei der Wortwiederholung selbst kleine, vor allem aber sich wandelnde Nuancierungen festzuhalten. In der Wahl der Wortarten zieht man das Adjektiv dem Substantiv vor, »weil das Substantiv ein Wesen, ein stabiles ständiges Sein suggeriert (...), das sich nicht eigentlich der unmittelbaren Sinneswahrnehmung darstellt, sondern dessen Gewißheit ein Produkt der geistigen Verarbeitung vieler Sinneseindrücke ist« (Hartmut Marhold). Durch Partizipien, insbesondere das Partizip Präsens aktiv, läßt sich ein augenblicklicher Ablauf unmittelbarer wiedergeben als durch eine Subjekt-Prädikat-Konstruktion; parataktische Satzreihung vermittelt nicht nur den veränderlichen Eindruck, sondern auch die Unmittelbarkeit der unreflektierten Beobachtung, während hinter komplexen Satzgebilden zwischen dem Beobachteten und dem Leser der überlegende und konstruierende Autor deutlicher sichtbar wird. In hohem Maße werden in der impressionistischen Darstellungsweise außerverbale Mittel verwendet: Punkte kennzeichnen Pausen und Intervalle, Doppelpunkte erlauben Verknüpfungen ohne logische Konjunktionen, Ausrufezeichen gewichten oder weisen auf Lautstärke hin, Lautwiedergaben sind durch freie Nachbildung darstellbar; gedehnte Redeweise kann durch (unorthographische) Vokaldoppelung sinnfällig gemacht werden.

Über die Versuche hinaus, neue Ausdrucksmöglichkeiten für eine neue Wirklichkeitsauffassung zu schaffen, wirken auch Themen und Gegenstände »modern«: Die Aufmerksamkeit wendet sich veränderten Lebensformen zu, Motive wie Großstadt (Karl Bleibtreu, ›Nacht‹ und ›Morgen in London‹), Verkehrsmittel (Gustav Falke, ›Die Bahnstation‹) und Alltagsszenen (Johannes Schlaf, ›Am Wahlabend in Berlin‹) stehen in einer neueren Sammlung impressionistischer Prosastücke und Gedichte neben Naturbildern (Max Dauthendey, ›Blütenleben‹).

2.2 Jugendstil

Wie die Begriffe Impressionismus und Expressionismus stammt auch die Bezeichnung »Jugendstil« aus dem Bereich der bildenden Kunst. Dort steht sie für eine Ausprägung der sogenannten »Art Nouveau«, einer Bewegung, die sich seit dem Ende des Jahrhunderts u. a. als Modern Style (England), Paling Stjil (Niederlande), Mouvement Belge, Stile Modernista (Spanien) und Secessionsstil (Österreich) in Europa manifestierte, ihre Wirkung bis nach New York und Moskau ausdehnte und mehrere Zentren hervorbrachte. So verschieden die Schwerpunkte in der Zielsetzung sein mögen, gemeinsam ist allen die Tendenz, durch Einbeziehung der alltäglichen Lebenswelt, vom Gebrauchsgegenstand bis hin zu architektonischen und städtebaulichen Konzeptionen, die den Menschen umgebende Wirklichkeit nicht einfach abzubilden oder nachzuahmen, wie es der Historismus und der Eklektizismus des 19. Jahrhunderts auf unterschiedliche Weise getan hatten, sondern sie zu überformen, um die mit der entstehenden Industriewelt verloren geglaubte Ganzheit des Lebens in der Kunst wiederzugewinnen. Das Ziel ist Schönheit, die sich aus Zweck und Form ergibt, und entsprechend neuartig sind die gestalterischen Mittel. Um sich dem Ideal des »schöneren Daseins« und einem organischen Ganzen zu nähern, wird häufig das Ornament verwendet; die weich schwingende Linienführung bildet bevorzugt pflanzliche Formen, verschmilzt weibliche Figuren mit Zweigen, Ranken und Blüten zu ornamentalen Geflechten. Die Vorliebe für Wellen, leichte Wasserbewegungen, für Flamingos und Schwäne verdankt sich demselben künstlerischen Impuls; der Fluß rhythmisch bewegter Schleier und Gewänder, die schlanke, biegsame Frauenkörper kaum verhüllen, lassen eine Einheit aus Dingen, geometrischen Formen und Lebewesen entstehen. Das Ornamentale weckt die Vorstellung einer organisch-harmonischen Wirklichkeit, in der Mensch und Dinge in einem Lebensstrom verschmelzen. Für den niederländischen Künstler Henry van de Velde (1863–1957) sind »Linien übertragene Gebärden (...), psychische Äußerungen«.

Aber es entsteht bei all diesen Versuchen eine Welt, die der gesellschaftlichen Wirklichkeit wenig entspricht. Das Illusionäre wird offenbar, als man darangeht, die moderne industrielle Arbeitswelt zu integrieren. Zwar gelingen einzelne Bauten wie die von Behrens und dem jungen Gropius (etwa die Turbinenhalle der AEG 1909). Aber die Gesellschaft ist noch nicht reif für die Gestaltung der neuen Wirklichkeit mit den ihr entsprechenden Mitteln. Daher wohl auch der vielfach geradezu privatistische Rückzug in die Wohnkultur, die erlesene Ausstattung von Innenräumen Gleichgesinnter, die Vorliebe für Parks, Treibhäuser, Inseln: künstliche Paradiese für wenige.

Im deutschsprachigen Raum war vor Dresden, Darmstadt und Wien München das Zentrum des Jugendstils. Wie in Wien sammelte sich hier eine Gruppe von Künstlern in einer »Secession« (so genannt nach der »secessio plebis«, dem Auszug eines Teils des römischen Volkes mit der Absicht, ein zweites Rom zu gründen, wenn sich die

Verhältnisse nicht besserten). Sie wollte – gefördert durch den Maler Franz von Stuck – nicht nur die sogenannte »hohe Kunst« aus erstarrten Vorstellungen befreien, sondern in einer Art Nietzsche-Nachfolge eine »Umwertung aller Werte« erreichen. Man forderte die Hochschätzung des jungen Lebens, freie Erotik, und pries das freie, d.h. von herkömmlichen Tabus losgelöste, nach Schönheit strebende, im Genuß der Schönheit ausgebildete Individuum. In der Zeitschrift ›Jugend‹, die der Bewegung in Deutschland – von ihrem Verleger Georg Hirth unbeabsichtigt – den Namen gab, fanden Formen und Inhalte des Neuen Ausdruck: »Jugend ist Daseinsfreude, Genußfähigkeit, Hoffnung und Liebe, Glaube an die Menschen – Jugend ist Leben, ist Farbe, ist Form und Licht« (1896). Fast alle Schlagworte des Jugendstils sind in diesem Satz enthalten, und sie entsprechen dem, was auch junge Dichter wie Rainer Maria Rilke oder Peter Altenberg vertraten: »Die Kunst ist das Leben, aber das Leben künstlerisch zu leben, ist Lebenskunst!« (Altenberg).

Als »Lebenskunst« ging es dem Jugendstil nach einer Formulierung Rilkes um »die bewußte und unbewußte Verwertung des zeitgenössischen Schönheitsbegriffs in allen Bedürfnissen des Alltags«. »Angewandte Kunst« wird daher zu einem weiteren Grundbegriff. Die Zeitschrift ›Jugend‹ wurde – obgleich sie auch anderen Richtungen Platz einräumte – ein Beispiel für den neuen Kunstwillen: ein farbiges, jede Woche wechselndes Titelblatt, die Typographie stets überraschend, jede Seite – mit Randleisten, wechselnden Schrifttypen, Illustrationen im neuen ornamentalen Stil – anders gestaltet. Zusammen mit den Zeitschriften ›Pan‹ (1895 in Berlin von Otto Julius Bierbaum und dem Kunsthistoriker Julius Meier-Graefe gegründet) und ›Ver sacrum‹ (1898 in Wien ins Leben gerufen), vor allem aber in Verbindung mit der ›Insel‹, die überwiegend literarische und literaturtheoretische Beiträge enthält, entsteht ein reiches Bild der künstlerischen Absichten und Kunstformen dieser Zeit. Dauthendey, Dehmel, Hofmannsthal, Rilke, R. Walser und Wedekind zählen zu den Autoren der ›Insel‹. Kaum einer der bekannteren Schriftsteller der Zeit hat sich den Einflüssen des Jugendstils ganz entzogen, aber auch keiner hat ein ausschließlich dem Jugendstil verpflichtetes größeres Werk geschaffen. Themen und Motive hingegen, die dieser Richtung entstammen, haben Eingang in viele Werke gefunden. Eine enge Beziehung ergibt sich, wo der Kunstwille eines Autors sich mit der Vorstellung des Erlesenen und des Schönen auch im Äußerlichen trifft. Stefan George ist ein Beispiel dafür. Der von Melchior Lechter gestaltete Buchschmuck (z.B. das Titelblatt zu dem Zyklus ›Der Teppich des Lebens‹), die mit Lechters Hilfe entwickelte »Stefan-George-Schrift«, die Anordnung des Textes bilden eine Einheit, in die auch der Inhalt sich einfügt.

Vor allem in der Lyrik haben Themen und Motive des Jugendstils ihren Niederschlag gefunden. Jost Hermand hat in seiner Anthologie ›Lyrik des Jugendstils‹ einen ganzen Katalog aufgestellt: ›Tanz und Taumel‹, ›Lebensrausch‹, ›Der große Pan‹, ›Monistisches Verwobensein‹, ›Frühlingsgefühle‹, ›Blütenzauber‹, ›Weiher und Kahn‹, ›Schwäne‹, ›Traum durch die Dämmerung‹, ›Schwüle der Stunde‹, ›Das Wunder des Leibes‹, ›Künstliche Paradiese‹. Andere Motive ließen sich anfügen, etwa die »Kindfrau«, das überschlanke, zerbrechliche Geschöpf neben der »femme fatale«, wie sie etwa in der Prosa Thomas Manns, ›Tristan‹) oder in Dramen (vgl. Wedekind) begegnen. Die Reihe der heute noch bekannten Autoren, in deren Werk solche Motive vorkommen, reicht von Otto Julius Bierbaum über Richard Dehmel, Stefan George, Arno Holz, Hugo von Hofmannsthal, Christian Morgenstern, Rainer Maria Rilke und Ernst Stadler bis zu Georg Trakl. Die meisten von ihnen stehen freilich nur für eine begrenzte Zeit dem Jugendstil nahe, und man wird immer auch bedenken müssen, daß Jugendstil, symbolistische und neuromantische Züge oft nicht eindeutig unterscheidbar sind.

2.3 Neuklassik

»Eine neue Klassizität, dünkt mich, muß kommen«, erklärte Thomas Mann in seinem Essay ›Über die Kunst Richard Wagners‹ 1911. Eine solche zu schaffen, war seit 1905 bereits Ziel einer kleinen Gruppe von Schriftstellern, Soziologen und Philosophen, die in bewußter Ablehnung von Naturalismus, Impressionismus und Neuromantik einer neuen Klassischen Kunst das Wort redeten: Im Naturalismus, schrieb Paul Ernst (1866–1933), sollte »eine Darstellung des Lebens als wahr empfunden werden durch das realistische Detail. Aber diese Wirkung war bei ihm Endzweck, für die neue Kunst ist sie nur Mittel«. Und der wohl bedeutendste Vertreter der Richtung fährt fort: »Die neue Kunst kann (…) nicht durch das realistische Detail die für sie notwendige Lebenswahrheit erzeugen«, sondern muß »die wesentlichen, die für uns heute wesentlichen Grundzüge des Lebens ausspüren und darstellen«. Sie sei daher auch keine epigonale Übernahme der Klassik, sondern habe zwar als Ziel eine »höhere Wahrheit«, wie sie auch von Goethe und Schiller hinter den Erscheinungen gesucht worden war, müsse aber wie das »neue Pathos« aus »den Willenselementen unserer Zeit« erwachsen.

Da diese Kunst auch auf die Zeit wirken will, lehnt sie die »moderne« l'art-pour-l'art-Kunst ab; weil sie den Menschen als für alle erfaßbares Wesen darstellen möchte und auch die feinste Seelenzergliederung nicht die Notwendigkeit einer Tat aufzeigen kann, wendet sie sich gegen den, wie Ernst es nennt, »modernen Psychologismus«. Und weil, so Ernst weiter, »die Menschen von heute unwissend oder gar feindlich der Kunst gegenüberstehen und so den Künstler zu einem isolierten Menschen machen«, die Menschheit aber doch nicht auf »Kunst« verzichten kann und sie daher »eine Afterkunst (...) auf sich wirken« läßt, deren »falsche Empfindungen«, »gelogenes Weltbild« und »alberne Gedanken« dann »das Phantasieleben beherrschen«, muß eine Kunst entstehen, die auf einer glaubhaften Wertordnung, auf absoluten sittlichen Grundwerten in sozialer Verpflichtung aufbaut.

Dazu gehört auch die Abwendung von der »Formzertrümmerung« und die Wiedergewinnung der »Reinheit der Gattungsformen« (Franz Servaes), da, so Ernst, »künstlerische Gattungsideale (...) kein Zufallsprodukt« sind, sondern »niedergelegte Weisheit eines künstlerischen Ringens um die Wiedergabe der Natur«. Dies gilt insbesondere für Drama und Novelle. Ein naturalistisches Drama etwa weckt vielleicht Mitgefühl (wenn nicht Langeweile), kann aber keine tragische Erschütterung hervorrufen, weil die Kunst, wenn sie die Natur nachbildet, deswegen noch lange nicht dem biologischen Naturgesetz unterliegt. Als Beispiel nennt Paul Ernst Gerhart Hauptmanns ›Die Weber‹:

Sehe ich ein Drama, wie etwa die ›Weber‹, so wird die vorherrschende Empfindung, die erzeugt wird, das Mitleid sein. Ich erblicke Menschen von der Art, wie sie mir täglich begegnen, die sehr leiden. Da ich ja aber doch weiß: auf der Bühne sind nicht wirkliche Weber, sondern nur Schauspieler, welche Weber darstellen, so wird nicht das wirkliche Gefühl Mitleid erzeugt, sondern, wie für das Kunstwerk notwendig, das Scheingefühl Mitleid. (...) Das wirkliche Mitleid ist peinigend und demütigend; das Scheingefühl (...) erfreuend. Ein Mitleid, welches Freude macht, ist Sentimentalität.

Wenn hingegen die auftretenden Menschen Fremde und auch Gleichgültige seien (wie z. B. im König Ödipus), werde einem

durch die Handlungsführung und andere Mittel, welche seine dramatische Form sind, (...) die Abhängigkeit des Menschen (...) von furchtbaren überirdischen Mächten (...) in die Empfindung geprägt; ich empfinde einen religiösen Schauer und habe damit die höchste Empfindung, deren der Mensch überhaupt fähig ist.

Neben Paul Ernst haben vor allem Samuel Lublinski (›Der Ausgang der Moderne‹, 1909) und Georg Lukács (›Metaphysik der Tragödie: Paul Ernst‹, 1910) die wesentlichen Gedanken der Neuklassik in theoretischen Schriften formuliert. Aber Paul Ernst hat darüber hinaus in seinen zahlreichen Dramen und Novellen solche Vorstellungen auch in die Praxis umzusetzen versucht. Dasselbe gilt, u.a., für Wilhelm von Scholz. In seinem Versdrama ›Der Jude von Konstanz‹ (1905) z.B. zeigt er, wie der Jude Nasson (die Anspielung auf Lessings ›Nathan‹ ist deutlich) nach seiner Taufe zwischen zwei Gruppen gerät, keine Heimat und keine Möglichkeit zu sozialer Betätigung findet. Der tragische Held scheitert am Mechanismus der Gesellschaft, dem er nicht entrinnen kann. In der Tragödie ›Das Gold‹ (1906) führt Paul Ernst vor, wie eine durch »die Entwicklung und Ausdehnung der Geldwirtschaft bestimmte Gesellschaft« für den einzelnen »zum blinden Schicksal« werden kann.

Die neuklassische Form der Novelle ist (nach Werner Mahrholz) dadurch gekennzeichnet, daß sie eine Situation durch eine unerwartete Antwort erhellt, daß sie durch Personen oder Handlung die »Buntheit und Fülle der Welt« ins Bewußtsein ruft und daß (wie z.B. in Paul Ernsts ›Die Frau des Bahnwärters‹) im besten Fall ein ganzes Menschenschicksal in einem Punkt schlaglichtartig aufleuchtet.

Eine größere Bedeutung hat die Bewegung nicht erlangt. Thomas Mann zeigt in seiner Novelle ›Tod in Venedig‹ ihre Grenzen auf, wenn er den neuklassischen Künstler Aschenbach scheitern läßt.

2.4 Neuromantik

Der Begriff Neuromantik ist nicht eindeutig zu fassen; es gibt weder ein Manifest einer solchen Bewegung, noch eine feste Gruppe von Autoren, noch eine einheitliche Zielsetzung. Im Grunde läßt sich nur von einzelnen Schriftstellern sprechen, die wie z.B. der frühe Hermann Hesse, der junge Hugo von Hofmannsthal oder Rilke, in einem bestimmten Abschnitt ihres Schaffens aufgrund einer gewissen Wesensverwandtschaft, z.T. bewußt an Vorbildern orientiert, Formen, Motive und Themen der Romantik wieder aufgriffen. Ihre Haltung ist, aus unterschiedlichen Gründen und Absichten, eine Reaktion gegen die ihnen bedrohlich erscheinende technisch-materialistische Entwicklung der bürgerlichen Zivilisation. In diesem Punkt treffen sie sich mit der Ablehnung des Naturalismus und seiner einseitigen Erklärungsversuche, wie sie etwa für den Impressionismus oder den Jugendstil kennzeichnend ist. Sie setzen eine Wendung nach innen dagegen, betonen das Individuelle, seine Erfahrungen in Seele und Traum, die Welt des Irrationalen. Gerhart Hauptmanns ›Hanneles Himmelfahrt‹ (1893) setzt ein frühes Zeichen; Hermann Hesses ›Peter Camenzind‹ (1904) oder Carl Hauptmanns ›Einhart der Lächler‹ (1907) charakterisieren den »neuromantischen Seelenvagabunden« (Jost Hermand), der sich aus der bürgerlichen Gesellschaft entfernt. Hugo von Hofmannsthals frühe Tragödie ›Das Bergwerk zu Falun‹ (1899) geht auf eine Novelle E. T. A. Hoffmanns zurück; und der Lyriker Hermann Hesse sieht zunächst ausdrücklich Eichendorff als sein Vorbild.

Eine Grundrichtung versuchte der junge Verleger Eugen Diederichs vorzugeben. In der Erläuterung zu seinem Verlagsprogramm des Jahres 1900 schreibt er: »Als führender Verlag der Neuromantik möchte ich betonen, daß diese nicht mit der Dekadenzrichtung der Literatur zu verwechseln ist. Nicht (…) weltfremde Träumerei bevorzugt die neue Geistesrichtung, sondern nach dem Zeitalter des Spezialistentums, der einseitigen Verstandeskultur, will sie die Welt als etwas Ganzes genießen und betrachten. Indem sie das Weltbild wieder intuitiv faßt, überwindet sie die aus der Verstandeskultur hervorgegangenen Erscheinungen des Materialismus und Naturalismus.« In seinem Verlag erschien auch die für die Rückbesinnung auf die Zeit der Romantik wichtige, wenn auch keineswegs alleinbestimmende zweibändige Monographie ›Die Romantik‹ (1908), vorher als ›Blütezeit der Romantik‹ (1899) und ›Ausbreitung und Verfall der Romantik‹ (1902) von Ricarda Huch (1864–1947).

Aber Diederichs' Kennzeichnung erschöpft sich, wenn man von den Begriffen des »Ganzen« und der »Intuition« absieht, weitgehend in der Ablehnung anderer Tendenzen. Es geht ihm auch weniger um die Anknüpfung an die Romantik des Jahrhundertbeginns, als um die »Universalität einer gegenwärtigen Welterfassung«. Die Universalität aber war schon eine Forderung Nietzsches. Er und Richard Wagner, dessen schärfster Kritiker er gleichzeitig war, schufen für die Neuromantiker gedankliche und formale Voraussetzungen, die – wie z.B. Nietzsches Aufruf zu einer neuen Kultur oder Wagners Tendenz zum Mythos und zu dessen Psychologisierung – schon früh aufgenommen wurden. Beider Vorstellungswelt sprengte andererseits aber den durch romantische Sehnsucht vorgegebenen Rahmen, und so ist es letztlich nicht verwunderlich, daß der Begriff Neuromantik sich nicht durchsetzte. Für Hermann Bahr floß die »neue Romantik« bald schon mit dem »Impressionismus« zusammen, weil, wie er meinte, der »Einzug des äußeren Lebens in den inneren Geist« den »nervösen Vorgang der »Impression« bilde. Unter dem Gesichtspunkt der Darstellungsweise wurde der Begriff schließlich durch den des »Symbolismus« zurückgedrängt. Mit der Annäherung einzelner Autoren an die insbesondere durch die Tendenz zur Loslösung von der Großstadt gekennzeichnete Heimatkunst-Bewegung (vgl. S. 67) verlor die Neuromantik auch bei Anhängern an Ansehen. Dennoch darf man nicht übersehen, daß sie – anders als die neuklassische Richtung – eine den deutschen Autoren durchaus bewußte internationale Dimension besaß, die mit Ruskin, Dostojewski, Walt Whitman, einem einseitig gedeuteten Mallarmé, Edgar A. Poe (als Vorläufer) oder Oscar Wilde große Namen vorzuweisen hat.

2.5 Symbolismus

Vom Naturalismus grundlegend verschieden und unter allen bislang genannten literarischen Richtungen am weitesten von ihm entfernt ist der Symbolismus. Der Begriff wird in doppeltem Sinn gebraucht: Er benennt einerseits eine historisch begrenzte Epoche der europäischen Literatur im ausgehenden 19. und beginnenden 20. Jahrhundert, die in den achtziger Jahren in Paris begann, und bezeichnet andererseits eine Summe von poetischen Grundsätzen und Methoden, die im 20. Jahrhundert fortwirken. Als zentrale Tendenz läßt sich mit Horst Fritz die »Abkehr von allen auf Wiedergabe der äußeren Wirklichkeit bedachten Intentionen« festhalten. Vertreter dieser Richtung, die in keinem europäischen Land eine einheitliche Gruppe bilden, greifen auf die romantische Vorstellung zurück, daß die von den Sinnen wahrgenommene Realität nur ein Bild für ein dahinterliegendes Sein mit tieferer Bedeutung sei. Der Kunst kommt die Rolle der Vermittlerin zu: »Was der Dichter in seinen unaufhörlichen Gleichnissen sagt«, meint Hofmannsthal, »das läßt sich niemals auf irgendeine andere Weise (ohne Gleichnisse) sagen, nur das Leben vermag das Gleiche auszudrücken, aber in seinem Stoff, wortlos.«

Diesen in der Romantik geprägten Gedanken hatte schon Charles Baudelaire (1821–1867) aufgegriffen. Sein 1857 erschienener Gedichtzyklus ›Les Fleurs du Mal‹ (Die Blumen des Bösen) war in dieser Hinsicht bahnbrechend: Baudelaire übernimmt aus dem romantischen Erbe das Fragmentarische, Geheimnisvolle und traumhaft Verschwommene, den Zug zum Individuellen und die Entgrenzung bzw. Erweiterung des Horizonts, die auch die unendliche Weite der Innenwelt einschließt: »Romantik«, so äußert er sich einmal, »ist nur ein anderes Wort für moderne Kunst – das ist Innerlichkeit, Geistigkeit, Farbe, Streben nach dem Unendlichen ...« Aber Baudelaire öffnet auch Horizonte, die der Romantik noch gänzlich verschlossen waren. Vor allem die Zulassung des Häßlichen in der Lyrik sowie die Verknüpfung von vulgärem Inhalt und erlesener Form bedeutete geradezu einen Schock für seine ersten Leser, war doch damit die »ehrwürdige Allianz des Schönen mit dem Guten« (Paul Hoffmann) aufgelöst:

»Aus dem Häßlichen weckt der Lyriker einen neuen Zauber.« (Baudelaire).

Weniger Anstoß erregten Edgar Allan Poes (1809–1849) fast gleichzeitig erscheinende ›Tales of Horror‹, was daran liegen mag, daß auf dem Feld der Prosa die englische »Gothic Novel« (der Schauerroman) schon vorangegangen war. Poe wirkte insbesondere durch seine Gedichte. Sie beeindruckten durch Rhythmus, Klang und unerwartete Kombinationen. Seine These von der Planbarkeit von Gedichten (Effekt, Wahl der Mittel) und seine Forderung, eine »gewisse Unterstimmung von wie auch immer unbestimmter Bedeutung« zu gestalten, wirkte stark auf Baudelaire und Mallarmé.

Baudelaires Gedicht ›Correspondances‹ versteht die Aufgabe des Dichters als Beschwörung des hinter den Dingen liegenden Zusammenhangs alles Seienden mittels der suggestiven Kraft vollendeter sprachlicher Gestaltung. Dieser als Sprachmagie gedeutete Vorgang wird zu einer zentralen Vorstellung auch bei Stéphane Mallarmé (1842–1898). Insbesondere in seiner letzten Schaffensperiode (seit 1895) sieht Mallarmé in der Dichtung den Gegensatz zur modernen Verwissenschaftlichung und Kommerzialisierung gegeben. Dichtung wird für ihn zum einzigen Ort, an dem sich in der Sprache das Absolute manifestiert. Die Sprache hat nicht mehr Beschreibungs- oder Mitteilungsfunktion: »Le Dire«, wie Mallarmé es nennt, ist das »bewußt verdunkelnde dichterische Sagen, die Evokation einer eigenständigen Welt der Bilder und Worte« (Horst Fritz). Diese Welt wird in Andeutungen und Symbolen erfaßt. »Was ein Symbol ausmacht, ist die vollkommene Handhabung dieses Geheimnisses: nach und nach einen Gegenstand aufzurufen (évoquer), um eine Gestimmtheit der Seele (état d'âme) zu zeigen oder, umgekehrt, einen Gegenstand zu wählen, um aus ihm eine Gestimmtheit der Seele freizusetzen von Dechiffrierungen« (Mallarmé). Nur das suggestive Symbol ist also dem Zustand, der heraufbeschworen werden soll, angemessen. »Evokation«, »Magie« und »Sprachmagie« werden so zentrale Begriffe, die Trennung von dichterischer Sprache, als »Sagen« einerseits und Gebrauchssprache andererseits, wird für die symbolische Lyrik maßgebend, »hermetische« Literatur (nach dem Corpus Hermeticum, das dem Gott Hermes Trismegistos zugeschrieben wird und soviel wie »dunkel«, »geheimnisvoll«, »vieldeutig« meint) bleibt das ganze Jahrhundert hindurch (z.B. bei Trakl, Benn, Celan) von Bedeutung.

Poe hatte in seinem Essay ›Poetic Principle‹ von einem »Gedicht per se« gesprochen, das »nur Gedicht« und nichts anderes sonst sei. Baudelaire formuliert ähnlich, wenn er sagt, Poesie habe »kein anderes Ziel als sich selber«. Er verwendet in diesem Zusammenhang den Begriff »poésie pure«, den Mallarmé dann übernimmt. Die Kunst also ist um der Kunst willen da: »l'art pour l'art« wird zum vielzitierten und – bis heute – umstrittenen Schlagwort.

Stefan George war es, der nach seinem Besuch in Paris (1889) die ästhetischen Auffassungen insbesondere Mallarmés auf die deutschsprachige Literatur übertrug. In seinen programmatischen ›Blättern für die Kunst‹ (1882–1919) betont er, eine neue Kunst müsse »alles staatliche und gesellschaftliche ausscheiden«; er fordert eine »geistige Kunst«, eine »Kunst für die Kunst«, eine Kunst »frei von jedem dienst: über dem leben, nach dem sie das leben durchdrungen hat«. Für ihn ist der esoterische Zug Mallarmés, den er auch im englischen Ästhetizismus der Präraffaeliten und Oscar Wildes beobachtet, besonders wichtig: »Jeden wahren Künstler hat einmal die Sehnsucht befallen, in einer Sprache sich auszudrücken, deren die unheilige Menge sich nie bedienen würde, oder seine Worte so zu stellen, daß nur der Eingeweihte ihre hehre Bestimmung erkenne …« Kein Wunder, daß er den ersten Druck seiner Dichtung »freunden und gönnern als geschenk [überreichte]. so blieb er [der Verfasser] bis in einzelheiten der rücksicht auf die lesende menge enthoben.«

Rainer Maria Rilke fand bei Baudelaire seine eigene Auffassung bestätigt, daß die Verflochtenheit alles Seienden die isolierte Darstellung des einzelnen Schönen nicht erlaube. Der Dichter habe sich vielmehr der ganzen Wirklichkeit zu stellen. Der erste Teil des Bandes ›Neue Gedichte‹, in dem nicht zufällig ein Schwan-Gedicht zu finden ist – ein Motiv, das auch bei Baudelaire und Mallarmé auftauchte –, ist durchaus im Geist symbolistischer Poetik geschrieben: obwohl Rilke sonst, schon mit seinen Dinggedichten, eigene Wege geht.

Der junge Hofmannsthal betrachtet die Dauer des Ästhetischen als Gegengewicht zum Ich-Zerfall des Impressionismus. Die Sprache der Poesie kann seiner Auffassung nach die Bruchstücke der Realität zusammenfügen und das Lebensganze vermitteln. (›Weltgeheimnis‹, 1894). In seiner dramatischen Dichtung versucht er ein Bild zu »schaffen, auf dem nicht ein Fußbreit ohne Bedeutung ist«. Dennoch und trotz der gesuchten Nähe zu dem flämischen symbolistischen Dramatiker Maeterlinck (1862–1949) geht er aber mit seinen lyrischen Dramen einen Weg, der vom Ästhetizismus wegführt – eine Entwicklung, die schließlich zum Bruch mit Stefan George beiträgt. In seinen frühen Gedichten (z.B. ›Vorfrühling‹, ›Reiselied‹) aber, wo Augenblicke existentieller Erschütterung zu einem »Offenbarungsaugenblick« werden, wie er es nennt, liefert Hofmannsthal einen wesentlichen Beitrag zum Symbolismus der deutschsprachigen Lyrik.

George, Rilke und Hofmannsthal sind in Deutschland sicher nicht die einzigen, deren Werk symbolistische Züge aufweist, doch stehen sie, anders als etwa Richard Dehmel oder Ernst Hardt, am deutlichsten im internationalen Zusammenhang und prägen das Übernommene auf ihre eigene Weise.

2.6 Die »Heimatkunst«-Bewegung

Das ganze 19. Jahrhundert hindurch gab es Bemühungen um eine den Bedürfnissen des »Volkes« entgegenkommende Literatur. Der ländlich bestimmten Gesellschaft entsprechend ging es dabei vorwiegend um Geschichten und Erzählungen mit bäuerlichem oder kleinbürgerlichem Hintergrund. Probleme der Industrie oder der sich entwickkelnden Großstädte blieben (außerhalb des Naturalismus) weitgehend ausgespart. Im ganzen deutschen Sprachraum entstand so eine Literatur mit breiter Publikumswirkung.

Berthold Auerbachs ›Schwarzwälder Dorfgeschichten‹ (1843–1854 und 1876), Ludwig Anzengrubers Romane (z.B. ›Der Sternsteinhof‹, 1884) oder volkstümliche Dramen (etwa ›Der Meineidbauer‹, 1871), Peter Roseggers Geschichten eines ›Waldbauernbuben‹ (1900–1902) oder Hermann Löns' Heideerzählungen (›Mümmelmann‹, 1909) und sein landschaftlich gebundener historischer Roman ›Der Wehrwolf‹ (1910) fanden nicht viel weniger Verbreitung als auf anderen Gebieten Karl Mays Reiseerzählungen oder Ludwig Ganghofers Bergromane mit ihren freilich oft klischeehaften Jäger- und Bauerngestalten.

Aus der Heimatliteratur entwickelten einzelne kulturpolitisch engagierte Autoren die sogenannte Heimatkunst-Bewegung, die mit der Zeitschrift ›Heimat‹ ihr eigenes Publikationsorgan bekam. Autoren wie Rosegger oder Anzengruber galten ihnen als »volksmäßige Dichter« bzw. als »Vorbereiter«, weil sie eine nur »der Unterhaltung zuneigende Form« der Literatur geliefert hätten. Vordenker der Gruppe war Julius Langbehn (1851–1907); seine kulturkritische Studie ›Rembrandt als Erzieher. Von einem Deutschen‹ (1890), eines der vielgelesenen Bücher seiner Zeit, erreichte schon 1891 39 Auflagen. Langbehn entwirft darin zunächst eine vernichtende Analyse des vom »Zerfall bedrohten geistigen Lebens« des deutschen Volkes.

Es ist nachgerade zum öffentlichen Geheimniß geworden, daß das geistige Leben des deutschen Volkes sich gegenwärtig in einem Zustande des langsamen, Einige meinen auch des rapiden Verfalls befindet. Die Wissenschaft zerstiebt allseitig in Spezialismus; auf dem Gebiet des Denkens wie der schönen Literatur fehlt es an epochemachenden Individualitäten; die bildende Kunst, obwohl durch bedeutende Meister vertreten, entbehrt doch der Monumentalität und damit ihrer besten Wirkung; Musiker sind selten, Musikanten zahllos. (...) augenblicklich giebt es (...) weder eine deutsche Architektur noch eine deutsche Philosophie. (…) Das heutige Kunstgewerbe hat, auf seiner stilistischen Hetzjagd, alle Zeiten und Völker durchprobirt und ist trotzdem oder gerade deshalb nicht zu einem eigenen Stil gelangt. Ohne Frage spricht sich in allem diesem der demokratisirende nivellirende atomisirende Geist des jetzigen Jahrhunderts aus. (…)

Ähnlich heftig zieht etwa Ludwig Jacobowski in dem Aufsatz ›Heimatkunst. Ein paar Glossen‹ gegen die Großstadtliteratur zu Feld, diese »Sintflut«,

die Dramen socialer Noth und Verzweiflung, unheimlich echt, daß man Würste und Sauerkraut förmlich zu riechen meint, die Romane endloser Länge mit ihren Trunkenbolden, Kellnerinnen, Zuchthäuslern, Dirnen. Ganze Serien Berliner Romane spie die Großstadt aus, München, Leipzig, Hamburg (…). Selten durch Himmel, meist durch Höllen schleifte die Poesie die Dichter, und in einer Wolke von Dunst, Qualen, Schmutz und Jammer versank das abgehetzte Gemüth des »genießenden« Lesers.

Andere Attacken richten sich gegen Internationalität, gegen die »Décadenceliteratur«, die das Leben da zeige, »wo es im Verfall seine restierende Schönheit« bot, »aus Schwäche geboren, in Ohnmacht dahingelebt, in Verlumptheit endend«: »Was Wunder, wenn man sich aus der Großstadtpoesie auf freies Feld zurückretten wollte, aus der Stickluft der Décadence in die gesunde Luft des Landes, aus den Träumen der Neuromantik in die derbe Wirklichkeit der heimatlichen Scholle (…).«

Die Heimatkunst-Bewegung hatte immer wiederkehrende Themen: die Verherrlichung der »Scholle«, der Kampf gegen ihre »Auspoverung und Vernichtung«, der Wettlauf zwischen Stadt und Land um menschliche Arbeitskräfte, die Kämpfe zwischen Kleinbetrieb und Großbetrieb, Handarbeit und Maschinenarbeit, die idyllischen Seiten des Landlebens, Lebensbejahung, Pracht und Reichtum deutscher Stammesart (» Die Nation merkt endlich, daß die Symphonie ihrer Seelen zwar einen Berliner Capellmeister hat, daß aber die Musikanten überall sitzen, wo deutsche Eigenart sich selber hütet« [Jacobowski]) – ein Katalog, der eine stark konservative und nationale Gesinnung offenbart: »volkstümliche Poesie; eine solche, die in der Art, Eigenheit und Geschichte unseres Landes und Stammes wurzelt, die dem Geist und der Größe der geeinten deutschen Nation entspricht«, heißt es in einer Streitschrift Ernst Wachlers (›Die Läuterung deutscher Dichtkunst im Volksgeiste‹, 1897).

Inhaltlich steht die Heimatkunst-Bewegung damit im deutlichen Gegensatz zur literarischen Moderne. Dieser Gegensatz besteht auch im Formalen. Ihr »fiktives Bild einer im Heimatboden geordneten Gesellschaft (…) konnte nur mit Hilfe (…) klassisch-romantischer

Sprachrelikte gerettet werden« (Erich Ruprecht). Die Verwendung regionalsprachlicher Elemente mochte dabei zwar das Volkstümliche verstärken, wirkte aber vielfach auch gekünstelt und kommunikationshemmend, wie etwa eine Analyse von Hermann Löns' Roman ›Der Wehrwolf‹ zeigt (s. S. 114 ff.).

Die Heimatkunst wird mit dem schwindenden Interesse der Öffentlichkeit an politischen Fragen zugunsten der weniger ideologisch engagierten volkstümlichen Literatur nach 1905 aus der allgemeinen Diskussion verdrängt. Mit dem Beginn des Krieges tauchen jedoch viele ihrer Vorstellungen als Forderungen völkisch-nationaler Kulturpolitik wieder auf. Der vor allem von dem (später aus der Bewegung ausgeschlossenen) einflußreichen Adolf Bartels vertretene Antisemitismus (›Heine und Genossen‹, 1907, ›Volkstum und Rasse‹, 1920) machte die Gruppe später für die Nationalsozialisten attraktiv.

3. Prosa der Jahrhundertwende

Wie in einem Spiegelbild lassen sich in der Prosa der Zeit vor dem Expressionismus die allgemeinen Tendenzen der Literatur der Jahrhundertwende erkennen: die facettenreiche Vielgestaltigkeit, die nur in der Abkehr von naturalistischen Grundregeln einheitliche Haltung, das enge Nebeneinander von behaglichem Weiterspinnen tradierter Darstellungsweisen und oft kühnem Ausgreifen auf der Suche nach neuen Inhalten und Formen.

Die junge Avantgarde schätzt insbesondere die kurzen Formen: Man bevorzugt z.B. Studie, Skizze, knappe Erzählung, novellistische Darstellung. Dabei mag die Vorliebe für diese begrenzten Formen z.T. in dem Bewußtsein begründet sein, an einer Wende zu stehen, für die Darstellung der Komplexität des modernen Lebens noch nicht die notwendigen Mittel zu haben; sicher aber kam Anhängern des Impressionismus und Vertretern des Jugendstils, die auf Vermittlung von Atmosphäre und Stimmung Wert legten, die nuancierende Darstellungsweise des Sekundenstils entgegen.

Auf die strenge Einhaltung der tradierten Erzählgattungen achteten sie bei der Verwendung von Kurzformen kaum.

Gerhart Hauptmann hatte schon früh seinen ›Bahnwärter Thiel‹ (1887) als »novellistische Studie« bezeichnet. Hofmannsthal wählte die Form des fiktiven Briefes (›Ein Brief‹, 1902) oder des essayistischen Dialogs (›Das Gespräch über Gedichte‹, 1903), Mischformen also. Seinem ›Märchen der 672. Nacht‹ schien Schnitzler »Wärme und der Glanz eines Märchens« zu fehlen. Rilke bezeichnete seine ›Weise von Liebe und Tod des Cornets Christoph Rilke‹ als »prosalyrische Dichtung«, Max Dauthendey nannte seine ›Acht Gesichter am Biwasee‹ einfach »Liebesgeschichten«, und der Wiener Peter Altenberg wußte für seine zwischen Skizze und Studie pendelnden Prosastücke selbst keine bessere Kennzeichnung als »Extracte des Lebens (...) in 2–3 Seiten eingedampft, vom Überflüssigen befreit wie das Rindvieh im Liebig-Tigel!«

Von den Wienern hält sich am ehesten noch Schnitzler an traditionelle Erzählformen; die Verwendung des »inneren Monologs« und das psychologische Interesse jedoch weisen in die Nähe der Moderne.

Anders als in der Malerei und in der bildenden Kunst verwenden die Autoren Jugendstilelemente, impressionistische oder symbolistische Mittel und Formen nur in seltenen Fällen ausschließlich, sie bedienen sich ihrer, wenn sie ihnen besonders geeignet erscheinen (so etwa Dauthendey, Altenberg, Schnitzler, Thomas Mann), wenn man auch generell festhalten wird, daß die »Modernen« die Mittel des inneren Monologs, der Aufgabe der auktorialen Erzählhaltung, der Montage usw. öfter verwenden als die der Tradition Verhafteten. Aber auch dies gilt nicht immer, man braucht z. B. nur an Thomas Manns häufige und schon frühe Montage-Technik zu denken, etwa wie er dokumentarisches Material oder Lexikonartikel in seine fiktive Prosawelt einbaut, um sie authentisch zu machen.

Der Roman als die mit Welt, also der Realität, am meisten gesättigte Gattung, hat stets versucht, den Zusammenhang sozialer, materieller und geistiger Umstände sichtbar zu machen. Vor allem der Bildungs- und Entwicklungsroman, aber auch der Zeitroman, der soziale und der psychologische Roman waren darauf angewiesen.

Die neue Einsicht, daß die Wirklichkeit nicht überschaubar ist, letztlich auch keine kontinuierliche Folge erzählenswerter Ereignisse, sondern eine tägliche Wiederholung wenig aufregender Vorgänge darstellt, mußte Verstörung hervorrufen. Ließen sich überhaupt noch verbindliche Sinnzusammenhänge, Handlungslogik und verbürgte Kausalität auffinden? War eine geschlossene Romanwelt nicht eine fragwürdige Gaukelei? War die so erschreckend komplex gewordene Welt mit den bisherigen Mitteln noch darstellbar? Konnte man noch Bildungsziele für eine sich entwickelnde Persönlichkeit formulieren angesichts des erkennbaren Wert- und Ich-Verlusts?

Antworten auf solche Fragen wurden erst allmählich sichtbar. Thomas Mann blieb in den ›Buddenbrooks‹ zwar der traditionellen Erzählkunst verhaftet, aber sein Thema ist eben nicht mehr der *Aufstieg* einer Familie oder eines Individuums, und stilistisch schafft er sich mit dem Mittel der Ironie eine Möglichkeit zur Distanzierung.

Rilke ist der erste, der die epische Fiktion zertrümmert. Sein ›Malte Laurids Brigge‹ läßt keine Romanwelt als geschlossene Wirklichkeit mehr zu. Der Autor stiftet nicht mehr Sinn und Zusammenhang.

Franz Kafka schließlich bewegt sich kaum mehr in den Anschauungs- und Denkformen des konventionellen Bewußtseins: selbst Raum und Zeit werden schon in den Erzählungen aufgehoben (z. B. im ›Landarzt‹ oder im ›Kübelreiter‹). Vom »Aus-der-Welt-Sein« hat man daher bei ihm gesprochen, und er selbst meint, er sei »mit einem Fußtritt aus der Welt geworfen« worden (Tagebücher 1910–1923). Wenn die Welt als etwas ganz Fremdes erfaßt wird und einem daher unverständlich bleibt, kann man sie aber auch so gestalten. Kafka stellt daher – anders als Rilke – in seinen Texten Handlungsabläufe, Figurenkonstellationen, Räume und Umwelt konkret dar und benutzt dazu eine klare, (scheinbar) unverschlüsselte Erzählweise. Rätselhaft bleibt freilich die gestaltete Weltwirklichkeit selbst (vgl. S. 317 ff. und 347 ff.).

Die drei genannten Autoren stehen für eine Reihe anderer wie z.B. Robert Walser (›Der Gehülfe‹, vgl. S. 141 ff.) Gustav Meyrink (›Der Golem‹, entst. 1907) oder Alfred Kubin mit seinem »phantastischen Roman« (›Die andere Seite‹, 1909), auf dessen Spuren sich auch Döblins ›Wadzeks Kampf mit der Dampfturbine‹ (1918) bewegt, oder im außerdeutschen Sprachraum Marcel Proust (›Auf der Suche nach der verlorenen Zeit‹, entstanden zwischen 1909 und 1922) und James Joyce (›Ulysses‹, entstanden 1914–1922), um nur die beiden wichtigsten zu nennen. Sie alle tragen Kennzeichen neuer Möglichkeiten, die eine Avantgarde auf hohem Niveau für die Zukunft des Romans entwickelt. Sie sind jedoch nicht charakteristisch für die große Anzahl von Romanen, die – von sehr unterschiedlicher literarischer Qualität – bis zum Ende der Epoche und darüber hinaus das literarische Leben bestimmen. Diese stehen den traditionellen Romantypen näher, rücken aber z.T. auch bereits von der Konvention des allwissenden Autors ab und übernehmen die im Naturalismus und danach entwickelten Möglichkeiten (z.B. die der subjektiven Wahrnehmung, der minutiösen Zustandsschilderung, der verfeinerten psychologischen Einfühlung).

Auch in diesem Zusammenhang ließe sich Thomas Mann nennen. Sein Romanwerk weist zwar auf Fontane und den europäischen Realismus zurück, aber seine Hinwendung zur Psychologie, die Aufnahme der Künstlerproblematik, das dem Bewußtsein des Fin de siècle bzw. der europäischen Dekadenzbewegung entspricht, hebt ihn doch auch davon ab (vgl. S. 89 ff. und 183 ff.). Sein Bruder Heinrich erreicht wohl erst mit der fundiert kritischen Haltung auf Grund seiner »demokratischen Wendung« im ›Professor Unrat‹ (1905) und schließlich in der Bloßstellung des Werteverfalls im Wilhelminismus (›Der Untertan‹) eine eigenständige Qualität als Vertreter des Gesellschafts- und Zeitromans.

In einer Welt der »Umwertung aller Werte« und des wachsenden Wertrelativismus ist zwar Kritik am Bestehenden möglich, weniger aber wegweisende Führung. Auch deshalb ist es kein Zufall, daß die beiden Versuche, die Züge des Bildungsromans aufweisen, scheitern: Hofmannsthals ›Andreas‹ bleibt Fragment, Hermann Hesses ›Peter Camenzind‹ endet wieder am Ausgangspunkt im einfachen Leben seines Gebirgsdorfes.

Hesses Frühwerke sind, wie etwa auch die Romane Ricarda Huchs oder Ludwig Thomas und das bemerkenswerte Werk von Lena Christ (1881–1920, ›Erinnerungen einer Überflüssigen‹, ›Rumplhanni‹), dem Realismus des 19. Jahrhunderts verpflichtet. Sie gehören damit in all ihrer Eigenart einem Hauptstrom der Romanliteratur auch des 20. Jahrhunderts an. Denn wenn das Fehlen von Handlungslogik, Zielorientierung und klarer »Lösung« als Kennzeichen

des »modernen« Romans gelten, liegt auf der Hand, daß der Großteil der Romane nach 1900 dazu nicht gehören kann. Dies hat sich bis
in die Zeit nach dem Zweiten Weltkrieg kaum geändert.

Weder der Typus des modernen Romans, noch die einer breiteren
Leserschaft zugänglichen »geschlossenen« Romane traditioneller Art
konnten jedoch die große Masse der neuen Leserschaft für sich gewinnen; dies blieb den sogenannten Trivial- und Unterhaltungsro-
manen vorbehalten. Sie erfüllten offensichtlich die Bedürfnisse des
rasch sich vergrößernden Lesepublikums am besten. Karl Mays Rei-
seromane, die Frauenromane von Hedwig Courths-Mahler und die
Heimat- und Bergromane Ludwig Ganghofers erreichen bis heute
Auflagenziffern, von denen andere Autoren nur träumen konnten.
Bereits 1962 schätzte man die Gesamtauflage der Ganghofer-Bücher
auf über 32 Millionen, Hedwig Courths-Mahler kam bis 1980 in etwa auf dieselbe Zahl, und von Karl Mays Romanen wurden bis 1987
über 50 Millionen Exemplare verkauft.

Literatur dieser Art bietet nicht nur spannende, Phantasie und
Herz ansprechende Unterhaltung, sie erfüllt wohl auch die Funktion
einer stellvertretenden Problemverarbeitung und schafft in den un-
gebrochenen Heldenfiguren Identifikationsmöglichkeiten. In »Kara
ben Nemsi« (= Karl, der Sohn der Deutschen) konnten auch schlich-
tere Gemüter einen großen deutschen Helden erkennen, der stets
siegt, wie nur das Gute siegen kann. Das einfache Handlungsmuster
(die »Bösen« beanspruchen einen Besitz, den ihnen der Held streitig
macht, ohne ihn für sich haben zu wollen) bereitet dem Leser keine
Schwierigkeiten, die Sprache mit ihren vielen sich stets wiederholen-
den Redewendungen bietet zusätzlich den Reiz der Wiedererkenn-
barkeit. Hedwig Courths-Mahler spricht eine andere Leserschicht
an. Ihr Thema ist der »Aufstieg der Heldin aus Neid und Not zum
Glück« (Günter Waldmann), und sie liefert damit eine Art »Glücks-
versprechen«, das wie Karl May stets das Gute belohnt und das Böse
bestraft. Da Courths-Mahler dabei Leitbilder vorgibt (etwa das lie-
bevolle, demütige, opferbereite Mädchen), die der Konvention entsprechen, gerät sie trotz der versteckten Adelskritik nicht in Konflikt
mit der herrschenden bürgerlichen Welt, die gern zwischen »adeligem
Sinn« (Adel der Seele) und bloßen adeligen Allüren unterscheidet.

Das »Hochland« als die gesunde Welt gegenüber der städtischen
Verderbnis, das schlichte und unverbildete frische Leben gegenüber
einer rationalistischen, verbrauchten und kranken Welt steht in Ludwig Ganghofers Romanen vielfach im Mittelpunkt. Ganghofer, selbst
Sohn eines Allgäuer Försters, kennt das Leben der Bauern, Holzfäl-
ler und Jäger gut. Doch die Figurenzeichnung gerät ihm meist zum
Klischee, die Probleme sind rein privater Natur und wohl gerade
deshalb für den Großteil seiner Leser interessant.

Heinrich Mann
Im Schlaraffenland. Ein Roman unter feinen Leuten

Heinrich Mann (1871–1950) steht heute im Schatten seines jüngeren Bruders Thomas. Von seinen Werken werden meist nur noch die Romane ›Professor Unrat‹ und ›Der Untertan‹ gelesen. Die Festlegung des Autors auf die Sparte »satirischer Gesellschaftskritiker des Kaiserreichs (bzw. des Wilhelminismus)« hat in der Öffentlichkeit zu einer Ausblendung seines übrigen themen- und formenreichen Werks geführt. Geschadet hat Heinrich Mann in Westdeutschland vor allem seine Vereinnahmung durch die politischen Repräsentanten der DDR, die wiederum aus dessen – teilweise in der Tat schwer verständlichen – Lobeshymnen auf Stalin und die Sowjetunion resultierte. Andererseits erreichten die ostdeutschen Ehrungen und Auszeichnungen (u. a. wurde ihm die Präsidentschaft der Deutschen Akademie der Künste in Ost-Berlin angetragen) den noch im amerikanischen Exil Weilenden zu spät; kurz vor seiner Abreise aus den USA starb er am 12. März 1950. Daß die Urne mit seiner Asche 1961 in einem feierlichen Staatsakt auf dem Dorotheenstädtischen Friedhof (Ost-Berlin) an der Seite Brechts beigesetzt wurde, konnte im Jahr des Mauerbaus, auf dem Höhepunkt des Kalten Krieges, der Rezeption des Autors in der Bundesrepublik nur abträglich sein. Nach dem Ende der deutschen Teilung und des Ost-West-Konflikts ist eine unbefangenere Betrachtung seiner Werke möglich.

Der Tod des Vaters 1891, die folgende Auflösung der Firma und der Umzug der Familie nach München hatten Heinrich Mann bei finanzieller Unabhängigkeit die gewünschte Freiheit gebracht zu reisen, wohin er wollte, und den schriftstellerischen Neigungen zu folgen. Berauscht von der Antike, von der Unbedenklichkeit und dem Universalismus der Renaissance, fand er in Italien eine Wahlheimat und führte dort ein ungebundenes Bohème-Leben. Die Abkehr vom Naturalismus, dessen Gesellschaftskritik und Gestaltungsprinzipien er sich ursprünglich durchaus verpflichtet gefühlt hatte, führte Mann zunächst zu einem elitären Ästhetizismus, zu neuromantisch-symbolistischen Kunstprinzipien und politisch weit ins konservative Lager.

Schriftstellerischer Ertrag dieser ersten Phase waren u. a. Novellenbände wie ›Das Wunderbare und andere Novellen‹ (1897) und ›Ein Verbrechen und andere Geschichten‹ (1898; vgl. S. 169 ff.). In den folgenden Jahren änderte sich Heinrich Manns Selbstverständnis als Schriftsteller von Grund auf. Daß ein bloßes Ästhetentum letztlich menschenfeindlich ist, daß es abgelöst bzw. ergänzt werden muß durch eine Verpflichtung des Künstlers zu sozialer und politischer Verantwortung, war Ziel und Ergebnis seiner Selbsterziehung. Mehrere große Essays dienten ihm dabei als theoretische Begründung für die neuen Themen und den Stilwandel seiner Werke. Bereits mit dem vielbeachteten Essay ›Eine Freundschaft. Gustave Flaubert und George Sand‹ aus dem Jahr 1905 (zuerst erschienen in der Zeitschrift ›Die Zukunft‹) wird die gewandelte Einstellung sichtbar.

Bezeichnenderweise gewann Heinrich Mann sein Konzept einer der Gesellschaft verpflichteten, menschenfreundlichen Kunst in der Auseinandersetzung mit der französischen Literatur und (Geistes-) Geschichte. Frankreichs republikanische und rationalistische Traditionen werden der Untertanenmentalität und dem Innerlichkeitskult in Deutschland polemisch entgegengesetzt.

»Es ist notwendig, soziale Zeitromane zu schreiben. Diese deutsche Gesellschaft kennt sich selbst nicht. Sie zerfällt in Schichten, die einander unbekannt sind, und die führende Klasse verschwimmt hinter Wolken.« Mit diesem Worten kennzeichnete der Autor im Rückblick (1929) sein anspruchsvolles Vorhaben.

Das »Schlaraffenland« bezeichnet seit den Fastnachtspielen im 15. Jahrhundert ein fingiertes Land lächerlicher Vollkommenheit, in welchem den Menschen ohne jede geistige oder körperliche Anstrengung alle materiellen Güter und Genüsse zuteil werden. Hier fließen Bäche von Milch, Honig und Wein, gebratene Vögel und Backwerk fliegen den Leuten in den Mund, auf den Bäumen wachsen Bratwürste ...

Heinrich Mann verlegt dieses Utopia ins Berlin der Jahre 1893/94, also der Nachgründerzeit und des frühen Wilhelminismus. Der mittellose Student und Schulamtskandidat Andreas Zumsee, dreiundzwanzig Jahre alt, verspürt seit seinem Aufenthalt in der Hauptstadt keine Neigung mehr, auf eine »Anstellung am Progymnasium« in der Provinz zu warten. Schnell glaubt er erkannt zu haben, wie es in seiner neuen Umgebung zugeht:

Die Leute (...) tun sicher den ganzen Tag gar nichts. Was sie Geschäfte machen nennen, weiß ich nicht, aber es nimmt gewiß nicht viel Zeit in Anspruch. (...) Gutes Essen, feine Weine, Weiber, Witze, Kunst und Vergnügen, es ist alles da. Man langt eben zu, wie im Schlaraffenland.

Ebenso rasch hat er das Fundament dieses Schlaraffenlands entdeckt: »Das Geld rollte hier unter den Möbeln umher. Gewiß tat keiner etwas anderes, als sich die Taschen zu füllen.« Vom Wunsch beseelt, als erfolgreicher Dichter die soziale Stufenleiter hinaufzusteigen, lernt er schnell die Spielregeln, die hier gelten (›Die Mittel, mit denen man etwas wird‹, heißt ein Kapitel): »Sie haben so etwas Glückliches an sich«, wird ihm bescheinigt, »das Sie beim Theater, das heißt in der Gesellschaft, ungemein rasch fördern wird. Man braucht dort nämlich nur glücklich zu erscheinen, um es sehr bald wirklich zu werden.« Ein plakativ zur Schau gestelltes Einverständnis mit der Welt, so wie sie sich darbietet, muß, so erfährt er, verbunden sein mit bedenkenloser Skrupellosigkeit: »Merken Sie sich für Ihren hiesigen Aufenthalt: es gibt hier nichts, was man nicht um eines guten Geschäftes willen verraten würde!«

Zwar hat Andreas im Literatenzirkel, der sich im »Café Hurra« trifft, noch nicht den gewünschten Erfolg, doch legt ihm kurz darauf der Schriftsteller Köpf (ein alter ego des Autors im Roman) nahe, seine Karriere durch Kontakte zum Chefredakteur des ›Berliner Nachtkurier‹ zu beginnen. Dieser verschafft Zumsee tatsächlich eine Empfehlung für den mächtigen Bankier James Louis Türkheimer, in dessen Salons und an dessen Spieltischen sich nun in großem Tempo der Aufstieg vollzieht. Türkheimer ist der Vertreter der neuen Geldaristokratie, die an die Stelle des alten Adels getreten ist und die sich, wenn ihre Interessen nicht gefährdet sind, sogar eine Art weltanschaulicher Toleranz leisten kann:

Majestätsbeleidigungen und Gotteslästerungen kann sich bei dem Fortschritt heutzutage der Ärmste leisten; aber haben Sie schon mal jemand gekannt, der an Türkheimer klingelt? Sehnsewoll! Das ist nämlich beträchtlich kitzlicher. Wer so anfängt, der fliegt hinaus, und niemand sieht ihn wieder.

Einer der »Machthaber des Jahrhunderts« wird er genannt, ein Journalist stellt ihn gar in eine Reihe mit welthistorischen Figuren: »Napoleon, Bismarck, Türkheimer!«

Ganz selbstverständlich gibt man sich in diesen Kreisen einem libertinistischen Lebensstil hin. »Die liebe Unschuld« lautet folglich auch die stehende Redewendung, mit der man diejenigen bedenkt, die nicht zynisch und abgebrüht genug sich am Tanz ums goldene Kalb beteiligen. Tatsächlich läßt Andreas sich von Türkheimers Frau Adelheid verführen, was von ihrem Gatten, der selbstverständlich ebenfalls wechselnde Geliebte aushält, verständnisvoll geduldet wird.

Um ihre Beziehung gesellschaftlich aufzuwerten, ermuntert Adelheid ihren Möchtegernkünstler, ein Drama zu schreiben. Schon kurz nach seiner Ankunft in Berlin hat ihn Köpf auf dieses Genre verwiesen: »Inmitten eines Volkes (…), das durch alle Prügel der Welt nicht dazu bewogen werden könnte, ein Buch in die Hand zu nehmen, werden Sie also am besten tun, sich an das Theater zu halten.« Und der Rat des Journalisten Kaflisch geht in dieselbe Richtung: »Sie sollten auch mal 'n Stück schreiben«, denn die »dramatische Form ist doch die höchste und schwierigste, wo man hat; wenigstens sagen es alle. Und gerade die kann jetzt jeder, wenn er auch weiter rein gar nichts kann.«

Angeregt wird Zumsee außerdem durch die stürmisch gefeierte Vorstellung des sozialen Dramas ›Rache!‹. Heinrich Mann läßt in dieser literatursoziologisch und literaturgeschichtlich überaus aufschlußreichen Parodie auf Gerhart Hauptmanns ›Weber‹ ein mit Brillanten behängtes Premierenpublikum die auf der Bühne stattfindende Revolte beklatschen und sich sensationslüstern an den gewalttätigen und lasziven Szenen berauschen.

Die Szene war im preußischen Osten, in einem kleinen Industrieort, den ein Fabrikdirektor und seine Gattin beherrschten. Links auf der Bühne lag das Herrenhaus, rechts die Kirche. Die Exposition erfolgte einfach und energisch. Die hungernden Arbeiter zogen auf. Es war Sonntag, der Schnapswirt, dem sie auf Monate hinaus ihren Lohn schuldeten, verabfolgte nichts mehr. Daher kamen sie auf den Gedanken, Rache zu nehmen für alles, was die Gesellschaft an ihnen verschuldet hatte. Sie hantierten täglich mit Schwefel, Quecksilber oder ähnlichen Giften. Sie waren Greise mit vierzig Jahren, und viel älter wurde keiner. Die meisten waren tuberkulös. Dann kam die Sittenverderbnis hinzu, die ebenfalls von oben ausging, denn man wußte nicht, wer schlimmer war, der Direktor oder seine Frau. Es traten unförmige und fahle, betrunkene junge Mädchen auf, die alle von dem Herrn ins Unglück gebracht worden waren. Seine Frau beanspruchte die Dienstleistungen der wenigen noch kräftigen unter den jungen Leuten, denen sie überdies eine abscheuliche Krankheit mitteilte.

Die Enthüllung dieser Zustände rief im Publikum tiefe Bewegung hervor. (...) Hier und da klappte in einer Loge ein Fächer zu, und ein Schluchzen ließ sich vernehmen.

Darauf begannen zwei junge Leute den Genossen ihr Leid zu klagen. Das Mädchen mußte den Direktor hinter der Kirche erwarten, der Bursche war von der Frau in den Garten des Herrschaftshauses bestellt. (...)

Plötzlich ertönte ein gellender Schrei, dem wüstes Gejohle folgte, und die Messalina ward von den Männern auf die Bühne geschleppt. Die Weiber warfen sich auf sie, brachten ihre Röcke in beträchtliche Unordnung und begannen, die nicht mehr bekleideten Körperteile lebhaft zu bearbeiten. (...)

Es war eine Szene, der niemand widerstand. Der Racheschrei des ausgesogenen, geschändeten Volkes ging durch das ganze Haus. Er durchschüttelte die Damen, daß ihre Brillanten klirrten. Frau Pimbusch stieß unverständliche Laute aus, während sie auf ihrem Stuhl auf- und niederflog. Sie mußte von Frau Türkheimer beruhigt werden. Die Millionäre auf den Stehplätzen schrien da capo. Ihre weißen Handschuhe klafften bereits, und infolge ihres minutenlang anhaltenden Beifallssturmes war man genötigt, den Vorhang herabzulassen. (...)

Mehrere Proletarier, im letzten Stadium der Tuberkulose, schleppten zwei unverletzte Frauen unter viehischem Brunstgebrülle hinter das nahe Gebüsch. Die Damen in den Logen erhoben sich von ihren Sitzen, um über die

Sträucher wegzusehen, vollständig überzeugt, daß hinter der Szene weiterge-
spielt werde.

Das Urteil des Autors über das soziale Drama, wie es die Naturalisten forderten, ist vernichtend. Für ihn ist es Lüge, wenn es mit dem
Anspruch auftritt, Spiegelbild und Kritik einer unmenschlichen Gesellschaftsordnung zu sein; dem neureichen und parvenuhaften Publikum geht es um etwas ganz anderes: Die skandalträchtige, auf
grelle Effekte setzende Aufführung wird als Sensation genossen und
befriedigt – ansonsten folgenlos – voyeuristische Gelüste. Außerdem
können sich die bürgerlichen Zuschauer in ihrem Selbstwertgefühl
erhoben und bestätigt fühlen, weil sie – scheinbar vorurteilsfrei und
sozial fortschrittlich eingestellt – ein angeblich avantgardistisches
und hochmoralisches »Kunstwerk« beklatschen, das doch nur, wie
eine Romanfigur als Sprachrohr des Erzählers bemerkt, auf dem Niveau von ›Memoiren eines Dienstmädchens‹ liegt.

Der Applaus, den das Stück erhält, läßt den Schützling der Frau
Türkheimer nicht ruhen. Das Ergebnis seiner dichterischen Bemühungen ist eine »dreiaktige Sittenkomödie« mit dem Titel ›Die Ver-
kannte‹, die tatsächlich mit Erfolg aufgeführt wird, obwohl oder
gerade weil sie offenbar nichts ist als ein modischer Ibsen- oder
Strindberg-Verschnitt.

Im Vollgefühl seiner Triumphe in der Welt der Bankiers und Bör-
senmakler, der Journalisten und Schauspieler, der Kritiker und Ko-
kotten macht Andreas Zumsee aber schließlich einen entscheidenden
Fehler: Um seine »weltmännische Erziehung zu vervollkommnen«,
jedoch vor allem aus Überdruß an Adelheid und in Verkennung seiner Abhängigkeiten verführt er Agnes Matzke, die proletarisch-ordi-
näre Mätresse Türkheimers. Sein Sturz ist heftig und nachhaltig. Der
Bankier verstößt seine Geliebte und findet sie mit einer größeren
Geldsumme ab, zwingt Andreas, sie zu heiraten und verschafft diesem einen kleinen Redakteursposten.

»›Berliner Nachtkurier‹: so hieß die erste Haltestelle auf seiner
Fahrt durch das Schlaraffenland, und so hieß die letzte. Die Reise
war beendet.« Nur mehr aus der Ferne kann er, der »fast schon Mil-
lionär gewesen«, beobachten, wie Türkheimer seine nächste Finanz-
transaktion durchführt. –

Maupassants Roman ›Bel ami‹ (1885) und der zweite Teil von
Balzacs ›Illusions perdues‹ (›Un grand homme de province à Paris‹,
1839) dienten Heinrich Mann bei der Zeichnung der Hauptfigur und
bei der Handlungsführung wahrscheinlich als Anregung für seine
Parodie auf den Bildungs- oder Entwicklungsroman. Beide französischen Romane handeln vom Aufstieg eines Karrieristen aus der Provinz in die Hauptstadt, wobei jeweils die Presse das Milieu abgibt, in

dem dieser seine Anpassungsfähigkeit an die gesellschaftlichen Erwartungen demonstrieren kann. Aus der Sicht Manns ist dies wie bei Balzac eine Gesellschaft, in der sich die Herrschaft des Geldes auf alle Schichten erstreckt und alle menschlichen Beziehungen erfaßt und verdinglicht hat.

Der analytische Blick des Autors legt so zwar Macht- und Herrschaftsstrukturen frei, die sonst eher verborgen sind, erzählerisch sind die Folgen aber nicht unproblematisch. Weil in das »Schlaraffenland«-System alle Romanfiguren hineinpassen, sind sie samt und sonders Objekte der Satire, auf die eine oder andere Weise häßlich oder grotesk überzeichnet. Das literarische Spiel wird konsumierbar und so weitgehend entschärft. Der ganz große Wurf gelang Heinrich Mann erst mit dem Roman ›Der Untertan‹.

Der Untertan

Als der Roman ›Der Untertan‹ im November 1918 im Verlag von Kurt Wolff erschien, am Ende des für Deutschland verlorenen und in eine halbherzige Revolution mündenden Ersten Weltkriegs also, schien er wie für diesen historischen Augenblick geschrieben. Er wurde ein Sensationserfolg: in wenigen Wochen waren 80 000 Exemplare der Hunderttausend-Auflage verkauft. Dabei war der Roman gar nicht ganz neu; er hatte nur erst jetzt nach der Aufhebung der Zensur und nach anderen Umwegen endlich eine breitere Öffentlichkeit erreicht.

Seit dem Jahr 1906 hatte der Autor nach eigener Auskunft Material dafür gesammelt; das Manuskript entstand im wesentlichen zwischen 1912 und 1914, und mit dem Jahresbeginn 1914 wurde der Roman in Fortsetzungen in der Münchner Zeitschrift ›Zeit im Bild‹ abgedruckt, gleichzeitig auch in russischer Übersetzung in einer Petersburger Monatsschrift. Bei Ausbruch des Krieges veranlaßte der Verlag wegen der zu erwartenden Zensurschwierigkeiten den Abbruch dieses Vorabdrucks. Während des Krieges (1916) wurde lediglich ein Privatdruck in etwa zehn Exemplaren hergestellt und weitergereicht, eine russische Buchausgabe allerdings erschien bereits 1915.

Mit dem Ende der Monarchie im Deutschen Reich und in den deutschen Ländern mußte die »Geschichte der öffentlichen Seele unter Wilhelm II.« – diesen Untertitel trug der Roman im Manuskript noch – ein politisch aufgewühltes Publikum förmlich elektrisieren, aber auch polarisieren.

Berühmt geworden ist der Romananfang:

Diederich Heßling war ein weiches Kind, das am liebsten träumte, sich vor allem fürchtete und viel an den Ohren litt. Ungern verließ er im Winter die warme Stube, im Sommer den engen Garten, der nach den Lumpen der Papierfabrik roch und über dessen Goldregen- und Fliederbäumen das hölzerne Fachwerk der alten Häuser stand. Wenn Diederich vom Märchenbuch, dem geliebten Märchenbuch, aufsah, erschrak er manchmal sehr. Neben ihm auf der Bank hatte ganz deutlich eine Kröte gesessen, halb so groß wie er selbst! Oder an der Mauer dort drüben stak bis zum Bauch in der Erde ein Gnom und schielte her!

Fürchterlicher als Gnom und Kröte war der Vater, und obendrein sollte man ihn lieben. Diederich liebte ihn. Wenn er genascht oder gelogen hatte, drückte er sich so lange schmatzend und scheu wedelnd am Schreibpult umher, bis Herr Heßling etwas merkte und den Stock von der Wand nahm. Jede nicht herausgekommene Untat mischte in Diederichs Ergebenheit und Vertrauen einen Zweifel. Als der Vater einmal mit seinem invaliden Bein die Treppe herunterfiel, klatschte der Sohn wie toll in die Hände – worauf er weglief.

Kam er nach einer Abstrafung mit gedunsenem Gesicht und unter Geheul an der Werkstätte vorbei, dann lachten die Arbeiter. Sofort aber streckte Diederich nach ihnen die Zunge aus und stampfte. Er war sich bewußt: ›Ich habe Prügel bekommen, aber von meinem Papa. Ihr wäret froh, wenn ihr auch Prügel von ihm bekommen könntet. Aber dafür seid ihr viel zuwenig.‹

Die im ersten Satz genannte »Weichheit« des Diederich Heßling könnte als Form- und Bildbarkeit des Charakters verstanden werden, als Empfänglichkeit, die für den Lebensweg des »Helden« in einem klassischen Bildungsroman eine ideale Voraussetzung wäre. Schon der Romantitel widerspricht aber einer solchen Annahme: Nicht ein autonomes Individuum ist das Thema, sondern eine von der Macht gebeugte oder sich ihr beugende Mentalität, nicht ein reifender Charakter, sondern ein sozialer Typus, der mit seinem Namen bereits auf Häßliches hindeutet. Nicht ein Bildungsroman ist also zu erwarten, eher ein »Mißbildungsroman«. Die Sensibilität dieses Kindes, sein träumerisches Leben mit und in den Märchen mündet nicht in befreiende Kreativität; obwohl Diederich sein Märchenbuch liebt, verspürt er Angst.

Gegenüber seinem Vater sind seine Gefühle ebenfalls zwiespältig. Eigentlich ist er furchteinflößend – »fürchterlicher als Gnom und Kröte« – trotzdem liebt sein Sohn in ihm die Autorität und die Macht, wobei hündische Unterwürfigkeit (»scheu wedelnd«) einhergeht mit dem unklaren Bewußtsein, durch Unterwerfung unter die Prügel an dieser Macht teilzuhaben. Nur in jenen Augenblicken, da die Autorität ins Wanken gerät oder unvollkommen erscheint, bricht im aggressiven Vergnügen darüber bei dem Kind eine unverstelltere, »echtere« Regung sich Bahn.

Die dominierende Rolle des Vaters beruht letztlich auf der ökonomischen Verfügungsgewalt (er ist Besitzer einer Papierfabrik); in der Perspektive des Romans ist deshalb die Mutter in einer derjenigen des Sohns vergleichbaren Rolle und Stellung:

Mit der gefühlsseligen Art seiner Frau war Heßling durchaus nicht einverstanden. Sie verdarb das Kind fürs Leben. Übrigens ertappte er sie geradeso auf Lügen wie den Diedel. Kein Wunder, da sie Romane las! (...) Und Heßling wußte noch nicht einmal, daß seine Frau auch naschte, gerade wie das Kind. Bei Tisch wagte sie sich nicht satt zu essen und schlich nachträglich an den Schrank. (...) Sie betete mit dem Kind »aus dem Herzen«, nicht nach Formeln, und bekam dabei gerötete Wangenknochen. Sie schlug es auch, aber Hals über Kopf und verzerrt von Rachsucht. Oft war sie dabei im Unrecht. Dann drohte Diederich, sie beim Vater zu verklagen; tat so, als ginge er ins Kontor, und freute sich irgendwo hinter einer Mauer, daß sie nun Angst hatte. Ihre zärtlichen Stunden nützte er aus; aber er fühlte gar keine Achtung vor seiner Mutter. Ihre Ähnlichkeit mit ihm selbst verbot es ihm. Denn er achtete sich selbst nicht, dafür ging er mit einem zu schlechten Gewissen durch sein Leben, das vor den Augen des Herrn nicht hätte bestehen können.

Die Mutter wird als Vertreterin einer Gegenposition zu der von Rationalität und einer harten Leistungsethik geprägten Welt des Vaters vorgestellt. Ihre irrational erscheinenden Gefühlsausbrüche, die mehr oder weniger heimlichen Ersatzbefriedigungen (das Naschen, das Beten, auch das Lesen von Romanen), denen sie sich hingibt, üben auf ihren Sohn aber keinen Reiz aus. Da er sich und seine Schwäche verachtet, kann Diederich sie, die ihm in dieser Beziehung so ähnlich erscheint, nicht eigentlich lieben. Teilhabe an der patriarchalischen Macht erfährt er dagegen, wenn die Mutter sich fürchtet, ihr Sohn könnte sie beim Vater anschwärzen. Was in späteren Teilen des Romans über Diederich Heßlings Beziehungen zu Frauen erzählt wird, ist hier vorbereitet und angelegt.

Nach der frühkindlichen Erziehung in der Familie ist es die Schule, die als wesentliche Sozialisationsinstanz die Formierung des Untertanen fortsetzt:

Nach so vielen furchtbaren Gewalten, denen man unterworfen war, nach den Märchenkröten, dem Vater, dem lieben Gott, dem Burggespenst und der Polizei (...) geriet Diederich unter eine noch furchtbarere, den Menschen auf einmal ganz verschlingende: die Schule. (...) ... Diederich war so beschaffen, daß die Zugehörigkeit zu einem unpersönlichen Ganzen, zu diesem unerbittlichen, menschenverachtenden, maschinellen Organismus, der das Gymnasium war, ihn beglückte, daß die Macht, die kalte Macht, an der er selbst, wenn auch nur leidend teilhatte, sein Stolz war. Am Geburtstag des Ordinarius bekränzte man Katheder und Tafel. Diederich umwand sogar den Rohrstock.

Erneut begegnet man hier der zeittypischen Kritik an der Schule als einer lebensfeindlichen, Kinderseelen zerstörenden Anstalt, hier für die Zwecke der Satire allerdings radikalisiert und zugespitzt: Der zum Untertan bestimmte Protagonist muß eine perfekte Maschinerie durchlaufen, die keinerlei Differenzierungen zuläßt. Im Unterschied zu den gewohnten Schulgeschichten, aber konsequent im Hinblick auf die Autorintention, wird nicht der Leidensweg eines jungen bildsamen und bildungswilligen Schülers erzählt, sondern Diederich unterwirft sich mit masochistischem Behagen (»beglückt«!) dem ihn verschlingenden Apparat, der Macht, in der Terminologie der Psychoanalyse eine »Identifikation mit dem Angreifer« (Anna Freud).

Wie schon zu Hause lernt er in der Schule jedoch auch die andere Seite der Macht kennen, indem er – im Kollektiv der Klasse geborgen und durch das Wohlwollen der Lehrer bestärkt – einen jüdischen Mitschüler demütigt:

Aus Klötzen, die zum Zeichnen dienten, erbaute er auf dem Katheder ein Kreuz und drückte den Juden davor in die Knie. (…) Wie wohl man sich fühlte bei geteilter Verantwortlichkeit und einem Selbstbewußtsein, das kollektiv war!

Formulierungen solcher Art machen plausibel, warum Zitate aus diesem Roman immer wieder zur Deutung des Faschismus bzw. des Nationalsozialismus herangezogen wurden.

Nach der raffenden Schilderung von Kindheit und Jugend des »Helden« erstreckt sich die erzählte Zeit auf die Jahre zwischen 1890 und 1897, die direkte Nennung von Jahreszahlen oder von datierbaren Ereignissen (z. B. einer Romreise des Kaisers im Jahr 1893) ermöglichen dem aufmerksamen Leser eine historische Einordnung.

Die Erfahrungen als Mitglied der (fiktiven) schlagenden Studentenverbindung »Neuteutonia« während des Studiums in Berlin bestätigen und festigen die früh erworbenen Verhaltensstereotype des jungen Heßling, formen ihn zum immer besser angepaßten Untertanen, fördern seine Bereitschaft zur Unterordnung unter Normen, deren Beachtung zukünftige Teilhabe an der Macht verspricht. In den zwanghaften Initiationsriten und Männlichkeitsritualen erlebt er, was hier »Selbstbeherrschung (…), Beobachtung der Formen, Korpsgeist, Eifer für das Höhere« genannt wird, was aber vielmehr Zurichtung und Auslöschung der Individualität ist.

Alles ward laut kommandiert, und wenn man es richtig befolgte, lebte man mit sich und der Welt im Frieden. (…) Er war untergegangen in der Korporation, die für ihn dachte und wollte. Und er war ein Mann, durfte sich selbst hochachten und hatte eine Ehre, weil er dazugehörte! (…) Seine Männlichkeit stand ihm mit Schmissen, die das Kinn spalteten, rissig durch die Wangen fuhren und in den kurz geschorenen Schädel hackten, drohend auf dem Gesicht geschrieben – und welche Genugtuung, sie täglich und nach Belieben einem jeden beweisen zu können!

Die Entpersönlichung setzt sich fort während seines Militärdiensts als »Einjähriger«:

Diederich fühlte wohl, daß alles hier, die Behandlung, die geläufigen Ausdrücke, die ganze militärische Tätigkeit vor allem darauf hinzielte, die persönliche Würde auf ein Mindestmaß herabzusetzen. Und das imponierte ihm; es gab ihm, so elend er sich befand, und gerade dann, eine tiefe Achtung ein und etwas wie selbstmörderische Begeisterung.

Daß die Genugtuung, etwas »richtig« befolgt zu haben, sich bis zu »selbstmörderischer Begeisterung« steigern kann: am Vorabend des Ersten Weltkriegs formuliert, beweisen solche sozialpsychologischen Einsichten des Autors erstaunlichen analytischen Blick. »Diederich empfand stolze Freude, wie gut er nun schon erzogen war. Die Korporation, der Waffendienst und die Luft des Imperialismus hatten ihn erzogen und tauglich gemacht.«

Heinrich Mann hat also den Protagonisten seines Romans mit dem festen Willen ausgestattet, Teil des bestehenden Machtsystems zu werden, selbst um den Preis psychischer (Selbst-)Verstümmelung: »Wer treten wollte, mußte sich treten lassen, das war das eherne Gesetz der Macht«, resümiert Diederich Heßling zu einem späteren Zeitpunkt. Die Schmisse, die als Ausweis unterordnungswilliger Männlichkeit sein Gesicht verunstalten, sind das äußere Zeichen der inneren Wunden, die ihm bei seiner bedingungslosen Unterwerfung unter die gesellschaftliche Hierarchie zugefügt werden; gleichzeitig geht von ihnen aber die Drohung aus, ihr Träger sei – wie der imperialistische Staat – zur Ausübung von Gewalt fähig und bereit, wenn seine Interessen gefährdet sind.

Dem dergestalt zugerichteten Heßling kann der soziale Aufstieg nicht auf Dauer verwehrt sein. Nach dem Tod seines Vaters übernimmt er dessen Papierfabrik in der bis dahin eher vom Liberalismus geprägten Kleinstadt Netzig und beginnt dort unter der Fahne der Kaisertreue und des Nationalchauvinismus seinen Einfluß Schritt für Schritt auszubauen, bis er »Generaldirektor Doktor Heßling, der mächtigste Mann der Bürgerschaft« geworden ist. Trotz seiner bemühten Anpassung an den Zeitgeist vollzieht sich der Aufstieg nicht kontinuierlich, immer wieder gerät der Parvenü in Gefahr, überrundet oder ausgespielt zu werden, droht ihm der Absturz in die Lächerlichkeit. Der Diskontinuität dieser Erfolgsgeschichte entspricht der episodische Aufbau des Romans. Der epische Fluß ist gestaut und zu Entscheidungssituationen zugespitzt (z. B. ein Majestätsbeleidigungsprozeß, ein Auftritt im Wahlkampf), in denen sich der Protagonist mühsam behauptet. Erfolg hat Diederich, weil die Menschen, mit denen er es zu tun hat und gegen die er sich durchsetzen muß, letztlich nicht besser, vielmehr von gleicher oder ähnlicher Wesensart sind wie er. Er heiratet die reiche Erbin Guste Daimchen und kann so den durch seine riskanten unternehmerischen Entscheidungen drohenden Bankrott seiner Firma abwehren. Auch in anderer Hinsicht entspricht sie seinen Bedürfnissen: »Er wandte sich um nach Guste: von hinten war sie außerordentlich rund und wackelte. In diesem Augenblick war es für Diederich entschieden: Die oder keine!« Mit dem bei ihm beschäftigten Arbeiterführer Napoleon Fischer arrangiert er sich und kann dadurch nebenbei die liberalen Kräfte in seinem Heimatort schwächen. Hieran läßt sich übrigens Heinrich Manns Einschätzung der SPD und ihrer Rolle im Kaiserreich ablesen. Der Autor hat genau unterschieden zwischen der Arbeiterschaft und ihren politischen Vertretern und Funktionären, die er als von der Macht korrumpiert ansah. Zynismus und Skrupellosigkeit werden in den Äußerungen Fischers sichtbar:

Was wollen Sie denn? Wir in unserer Partei haben gewissermaßen allerhand Achtung vor dem nationalen Rummel. Bessere Geschäfte sind allemal damit zu machen, als mit dem Freisinn [gemeint ist die liberale ›Deutsche Freisinnige Partei‹, d. Hg.]. Die bürgerliche Demokratie fährt bald in einer einzigen Droschke ab.

Schließlich macht Heßling sich sogar den junkerlichen Regierungspräsidenten von Wulckow geneigt, der als ungekrönter König und Provinztyrann bestimmt, was zu geschehen hat.

Den kleinen Kosmos Netzig hat der Autor angefüllt mit lauter solchen Figuren, mit Karrieristen und Speichelleckern, mit brutalen Geschäftemachern und großsprecherischen Schwächlingen, mit Opportunisten und Heuchlern. Staatsanwalt Jadassohn, Pastor Zillich, Zeitungsredakteur Nothgroschen, Gymnasialprofessor Kühnchen, aber auch Fabrikbesitzer Lauer, Warenhausbesitzer Cohn und der Arzt Heuteufel, die dem liberalen Lager angehören, sind letztlich bloß begehrlich, bestechlich, chauvinistisch, was sie natürlich nicht hindert, alle irgendwie gängigen Werte im Mund zu führen: Ehre, Moral, Familie, Nation, Fortschritt. Wie verkommen der Liberalismus bereits ist, zeigt sich etwa daran, wie Lauer die Oberschicht des Kaiserreichs kritisiert:

Herr Lauer wünschte zu wissen, was die herrschende Kaste vor anderen Leuten eigentlich noch voraus habe. Nicht einmal die Rasse, behauptete er. »Denn die sind ja alle verjudet, die Fürstenhäuser einbegriffen!«

Bis auf einige Nebenfiguren die einzige Ausnahme in diesem spießigen Pandämonium ist der »alte Buck«, der »große Mann von Netzig«; als Revolutionär von 1848 ragt er wie ein Überbleibsel aus einer

Zeit bürgerlichen Stolzes und Widerstandswillens, liberaler Aufgeklärtheit, demokratischen Verantwortungsbewußtseins in die Zeit des Wilhelminismus hinein. Heßlings ›Eroberung von Netzig‹ (so lautete im Manuskript eine für die Druckfassung gestrichene Kapitelüberschrift) geht denn auch mit der schrittweisen Niederlage des alten Buck Hand in Hand; in der Schlußszene des Romans erscheint dem »einflußlosen, schon halb vergessenen Alten« der Sieger wie ein Gespenst:

Da erschrak er, als sei er einem Fremden begegnet, der Grauen mitbrachte: erschrak und rang nach Atem. Diederich, ihm gegenüber, machte sich noch strammer, wölbte die schwarz-weiß-rote Schärpe, streckte die Orden vor und für alle Fälle blitzte er. Der Alte ließ auf einmal den Kopf fallen, tief vornüber fiel er, ganz wie gebrochen. Die Seinen schrien auf. Vom Entsetzen gedämpft, rief die Frau des Ältesten: »Er hat etwas gesehen! Er hat den Teufel gesehen!«

Der Autor hat den Kontrast zum Anfang deutlich akzentuiert. In seiner Kindheit war Diederich der »große Mann von Netzig« als eine überaus »achtunggebietende Persönlichkeit« erschienen:

Wie langsam und majestätisch er seinen oben goldenen Stock aufs Pflaster setzte! Und er hatte einen Zylinder auf, und unter seinem Überzieher sahen häufig Frackschöße hervor, mitten am Tage! Denn er ging in Versammlungen, er bekümmerte sich um die ganze Stadt. Von der Badeanstalt, vom Gefängnis, von allem, was öffentlich war, dachte Diederich: ›Das gehört dem Herrn Buck.‹ Er mußte ungeheuer reich und mächtig sein. Alle, auch Herr Heßling, entblößten vor ihm den Kopf.

Daß der alte Buck zu den Verlierern zählt, wird dem Leser schon relativ früh an der Gestalt von dessen Sohn Wolfgang klar: Der besitzt nicht mehr die selbstverständliche Integrität, die klaren Wertvorstellungen seines Vaters, die sich als Einheit von Geist und Tat äußerten, er schwankt unentschieden zwischen den verschiedenen Weltanschauungen hin und her, genußsüchtig, dekadent und ästhetenhaft. »Manchmal möchte ich (...) General werden und manchmal Arbeiterführer. Auf welche Seite ich schließlich fallen werde, darauf bin ich selbst neugierig«, charakterisiert er sich gegenüber Diederich.

Jedenfalls sind wir jungen Leute jetzt alle so wie unser Kaiser, daß wir nämlich unsere Persönlichkeit ausleben möchten und doch ganz gut fühlen, Zukunft hat nur die Masse. Einen Bismarck wird es nicht mehr geben und auch keinen Lassalle mehr.

Ganz deutlich ist hier Wolfgang Buck das Sprachrohr des Autors, wird an dieser Stelle dessen Gesellschaftsmodell skizziert: Schrankenlosen Egoismus, der alle menschlichen Bindungen zerfrißt, und das daraus resultierende Untergehen des einzelnen in einer undifferenzierten Masse benennt Heinrich Mann als Signaturen der Moderne. Die Axt an den Wurzeln der altliberalen Hoffnungen ist, daß es das zur Selbstbestimmung fähige Individuum nicht mehr gibt, genauer: daß es unter dem Druck der Kollektive unmöglich geworden ist. Provozierend wird selbst der Kaiser seines Nimbus entkleidet, seine herausgehobene Stellung erscheint als im Grunde obsolet: »Aber in tiefster Seele hat er sicher seine Zweifel an der Rolle, die er sich zumutet« – so Wolfgang Buck.

Mit dem Begriff »Rolle« ist eine ganze Metaphern- und Motivkette des Romans angesprochen: das Theater. Die Theatralik der dargestellten öffentlichen Ereignisse und politischen Vorgänge, die Inszenierungen gleichen, wird mehrmals hervorgehoben.

Diederich Heßling ist seiner Umgebung überlegen, weil er die eigene Person und seine Machenschaften besonders effektvoll inszeniert: Das ist die eigentliche Ursache seines Erfolgs und des Mißerfolgs seiner Konkurrenten, nur dadurch »erhebt« er sich trotz seiner intellektuellen Mittelmäßigkeit und seiner wenig attraktiven äußeren Erscheinung über die Masse. Als Vorbild hat er sich dabei keinen Geringeren als den Kaiser gewählt, und die satirische Schärfe des Romans resultiert ganz wesentlich daraus, wie Wilhelm II. in den bemühten Nachäffereien seines Untertans zur Kenntlichkeit entstellt wird. Noch bevor dieser sich zur »Eroberung von Netzig« aufmacht (am Schluß von Kapitel II), hat er die Maske der Macht angelegt:

Er ließ vermittelst einer Bartbinde seinen Schnurrbart in zwei rechten Winkeln hinaufführen. Als es geschehen war, kannte er sich im Spiegel kaum wieder. Der von Haaren entblößte Mund hatte, besonders wenn man die Lippen herabzog, etwas katerhaft Drohendes, und die Spitzen des Bartes starrten bis in die Augen, die Diederich selbst Furcht erregten, als blitzten sie aus dem Gesicht der Macht.

Da Heßling die Maskenhaftigkeit seiner neuen Erscheinung nicht erkennt, diese vielmehr nur für einen bisher verborgenen Teil seiner Persönlichkeit hält, kann er seine Rolle überzeugend spielen, erreicht andererseits seine Identifikation mit dem Monarchen schwindelerregende Dimensionen. Vor allem die Kapitelschlüsse hat der Autor benutzt, um Diederich Heßlings zunehmende Sicherheit in der Beherrschung der entsprechenden Mimik, Gestik und Sprechhaltung schlaglichtartig zu erhellen. »›Jetzt glaubte ich fast –‹ stammelte Nothgroschen. ›Sie haben so viel Ähnlichkeit mit – mit.‹«

Wie weit diese Ähnlichkeit geht, verdeutlicht folgende Episode: Als ein Wachtposten einen Arbeiter wegen einer angeblichen Provokation erschießt, fühlen sich die – allerdings bereits erheblich bezechten – Mitglieder des örtlichen Kriegervereins bemüßigt, dem Kaiser ein vor kriecherischem Untertanengeist strotzendes Huldigungstelegramm zu senden. Damit aber nicht genug! Heßling, von dem die Idee zu dieser Depesche stammt, übergibt dem Redakteur der Netziger Zeitung zur Veröffentlichung ein Telegramm des Monarchen an das Regimentskommando, dem der Posten angehört:

Für Deinen auf dem Felde der Ehre vor dem inneren Feind bewiesenen Mut spreche Ich Dir Meine kaiserliche Anerkennung aus und ernenne Dich zum Gefreiten.

Natürlich hat Diederich diesen Text formuliert, als aber die entsprechende Notiz am Tag darauf tatsächlich veröffentlicht wird, erfolgt nicht nur kein offizielles Dementi, der offiziöse ›Berliner Lokal-Anzeiger‹ übernimmt die Meldung, und wirklich wird der Soldat auch noch befördert.

Kein Dementi: eine Bestätigung! Er [der Kaiser, d.Hg.] machte Diederichs Worte zu seinen und er führte die Handlung aus, die Diederich ihm unterlegt hatte! ... Diederich breitete das Zeitungsblatt weit aus; er sah sich darin wie in einem Spiegel, und um seine Schultern lag Hermelin.

An die Stelle eines vorauseilenden Gehorsams ist hier vorausschauende Befehlsgewalt geworden, die Anmaßung – wie der Unterschied zwischen dem Herrscher und seinem Untertan – existiert nicht mehr.

In einer über den ganzen Roman sich erstreckenden Zitat-Montage läßt der Autor den Untertan denn auch sich der gebläht-markigen, phrasenhaft-sentenziösen Ausdrucksweise Wilhelms II. bedienen. Aus dem Kontext herausgelöst und von der Sphäre der »hohen Politik« in die des beschränkten Wirkungskreises eines Heßling verpflanzt, wird deren Hohlheit, ja Lächerlichkeit sichtbar; der Blitzstrahl verpufft als Theaterdonner. Als Diederich die väterliche Fabrik übernimmt, hält er eine Rede an seine Arbeiter:

Leute! Da ihr meine Untergebenen seid, will ich euch nur sagen, daß hier künftig forsch gearbeitet wird. Ich bin gewillt, mal Zug in den Betrieb zu bringen. (...) Jetzt habe ich das Steuer selbst in die Hand genommen. Mein Kurs ist der richtige, ich führe euch herrlichen Tagen entgegen. Diejenigen, welche mir dabei behilflich sein wollen, sind mir von Herzen willkommen; diejenigen jedoch, welche sich mir bei dieser Arbeit entgegenstellen, zerschmettere ich. (...) Einer ist hier der Herr, und das bin ich. Gott und meinem Gewissen allein schulde ich Rechenschaft. Ich werde euch stets mein väterliches Wohlwollen entgegenbringen. Umsturzgelüste aber scheitern an meinem unbeugsamen Willen. Sollte sich ein Zusammenhang irgendeines von euch (...) mit sozialdemokratischen Kreisen herausstellen, so zerschneide ich zwischen ihm und mir das Tischtuch. Denn für mich ist jeder Sozialdemokrat gleichbedeutend mit Feind meines Betriebes und Vaterlandsfeind ... So nun geht wieder an eure Arbeit und überlegt euch, was ich euch gesagt habe.

Der Autor hat – das wurde von der Forschung detailliert belegt – Wendungen aus sechs zwischen 1891 und 1902 entstandenen Reden oder Erklärungen des Kaisers zu dieser Textpassage montiert; in anderen Teilen des Romans ist die Verfahrensweise ähnlich. Daß sich kaiserliche »Kernsätze« aus ganz unterschiedlichen Zeiten derart bruchlos kombinieren ließen, demonstriert schlagend die Entwicklungslosigkeit eines Weltbildes, in dem Ressentiments und kraftmeierischer Pseudoabsolutismus eine unheilvolle Verbindung eingegangen sind.

Erstaunlich bleibt bei alledem, daß wesentliche Teile des ›Untertan‹ publiziert werden konnten, ohne daß die Zensur eingeschritten ist.

Damit stellt sich aber zuletzt die Frage, ob das Werk tatsächlich hält, was es zu sein verspricht: eine exemplarische Fallstudie, soziologische Analyse, erzählerische Vergegenwärtigung eines repräsentativen Idealtypus der Epoche und satirische Abrechnung mit einem sklerotischen Staat.

Bis in die Gegenwart hinein hat selbst die wohlwollende Kritik Heinrich Mann vorgeworfen, sein Roman habe die Realität des Kaiserreichs zu einheitlich schwarz gezeichnet, seine Satire sei humorlos und haßerfüllt, sie erfasse im besten Fall Teilbereiche einer Gesellschaft, die sehr viel weniger monolithisch, sehr viel offener, vielschichtiger, mehrdimensionaler gewesen sei. Nicht selten läßt solche Kritik allerdings das Wesen der Satire außer acht: sie will ja gerade in der Demonstration einer verkehrten Welt, in der Bloßstellung der quasinormalen Deformationen darin ein Appell zur Veränderung sein. Außerdem ist die Perspektive des Erzählers zumindest in bezug auf seinen Protagonisten durchaus nicht so eindeutig negativ, wie es auf den ersten Blick scheinen mag. Erzähltechnisch wird dies dadurch bewerkstelligt, daß die auktoriale Erzählhaltung zugunsten der personalen aufgegeben wird und die Vermittlung der Realität aus der Sicht des »Helden« einfühlendes Verstehen durch den Leser begünstigt.

Diederich Heßling hätte unter anderen (Zeit-)Umständen nicht der »Untertan« werden müssen, zu dem er schließlich gerät. In einer Schicht des Romans finden sich vielmehr Hinweise, daß seine bereits im ersten Satz genannte Weichheit (»Diederich Heßling war ein weiches Kind ...«) auch ganz andere Entwicklungsmöglichkeiten erlaubt hätte. Zwar werden diese Wege zu einer unverstellteren Emotionalität, zu mehr Selbstbewußtsein und zu wahrer Mitmenschlichkeit vom Autor nur angedeutet, doch immerhin sind sie vorhanden. In

Heßlings blitzartig aufscheinenden Einsichten in seine Schäbigkeit und Mittelmäßigkeit, in peinlichen Fehlleistungen oder heimlichen Gefühlsausbrüchen, zuletzt in psychopathologischen Verhaltensweisen hat der Autor das Innenleben seiner Romanfigur konkretisiert, das differenzierter ist, als Kritiker des Satirikers und Polemikers Mann es wahrhaben wollen. Vor allem die »Agnes-Episode« im zweiten Kapitel ist hier zu nennen. In der Liebe zu diesem Mädchen während seiner Berliner Studentenzeit scheint für Augenblicke eine andere Seite von Diederichs Wesen auf:

Er erkannte, daß er, bis Agnes kam, ein hilfloses, bedeutungsloses und armes Leben geführt habe. Bestrebungen wie die eines Fremden, Gefühle, die ihn beschämten, und niemand, den er liebte – bis Agnes kam!

Daß er diese Liebe schließlich verleugnet, daß er sich überredet, »diese harte Zeit« erlaube es nicht, etwas zu tun, »wozu ich nicht gezwungen werden kann«, stellt endgültig die Weichen zu seinem Aufstieg, hinter der eisernen Maske der Macht verkümmert aber sein Ich. Trotzdem erlaubt der Autor ihm immer wieder Momente der Trauer über nichtgelebtes Leben. Im letzten Kapitel ist seine Erkenntnis formuliert:

Agnes, die Weichheit und Liebe in ihm gepflegt hatte, sie war in seinem Leben das Wahre gewesen, er hätte es festhalten sollen! (...) Er saß manchmal da, den Kopf in den Händen. Was hatte er nun? Was hatte man vom Dienst der Macht?

Indem Heinrich Mann gezeigt hat, wie krank eine Gesellschaft ist, in der unaufrichtige und gehemmte Triebhaftigkeit oder Sentimentalität an die Stelle von Liebe getreten ist, in der an den Schalthebeln der Macht ich-schwache und fremdbestimmte Rollenträger stehen, in der schließlich das öffentliche Leben zum dröhnenden Spektakel degeneriert ist, hat er wesentliche Themen der Moderne erfaßt. Sprachlich durchaus den Traditionen von Realismus und Naturalismus verhaftet, war das Werk für viele Autoren der expressionistischen Avantgarde trotzdem ein Vorbild, verwirklichte es doch exemplarisch die Forderung nach einer Politisierung der Literatur.

Thomas Mann
Buddenbrooks. Verfall einer Familie

Geboren im Jahre 1875 zu Lübeck als zweiter Sohn des Senators und Kaufmanns Johann Heinrich Mann und seiner Frau Julia geb. da Silva-Bruhns (aus Rio de Janeiro gebürtig, halb deutscher, halb kreolischer Abstammung) verlebte ich mit meinen vier Geschwistern, trotz regelmäßig wiederkehrender Ärgernisse, die durch meine träumerische Renitenz als Schüler hervorgerufen wurden, in unserem schönen Elternhaus eine glückliche Jugend. Ursprünglich zum Erben der hundert Jahre alten Firma bestimmt, besuchte ich die Realklasse des Lübecker Katharineums; allein, als nach dem Tode meines Vaters die Firma aufgelöst worden und meine Mutter mit den jüngeren Geschwistern nach München übergesiedelt war, folgte ich ihr, ausgerüstet einzig mit der Berechtigung zum einjährigen Militärdienst, bald dorthin nach und trat, der Unterkunft wegen, als Volontär in das Bureau einer Feuerversicherungsgesellschaft ein.

Hier war es, wo ich verstohlenerweise meine erste Novelle schrieb (...), die zu meiner großen Genugtuung in Conrads revolutionärer ›Gesellschaft‹ veröffentlicht wurde und den Beifall des jüngsten literarischen München fand.

So beginnt die 1913 von Thomas Mann verfaßte Selbstbiographie, ein Fragment, das im wesentlichen den Werdegang des jungen Schriftstellers skizziert. Von Interesse ist dabei, was er selbst für wichtig hält: die hanseatische Herkunft, die Nähe zum Fremdländisch-Exotischen, die widerwillig abgeleistete und nur um der Verkürzung der Militärzeit willen weitergeführte Schulzeit, das Jobartige der Berufswahl und die frühe Akzeptanz als Schriftsteller. Daten und Namen nennt der sonst so Genaue nicht, und die Tatsache, daß die Auflösung der Firma nach dem testamentarischen Willen des Vaters erfolgte, der aus verschiedenen Gründen den beiden älteren Söhnen nicht zutraute, die Geschäfte weiterzuführen, ist nicht einmal angedeutet. Auch daß die großen Lübecker Familien sich nach dem Tod des Senators von den Manns abwandten, wird nicht erwähnt.

Für den jungen Selbstbiographen mag vielleicht der frühe Erfolg wichtiger gewesen sein; im Blick auf die Entstehung seines ersten großen Romans, ›Buddenbrooks‹ (1901), sind die genannten Tatsachen von Bedeutung. »Überblickt man die ganze Familiengeschichte«, sagt Hans Wysling, »dann erkennt man, daß Thomas Mann zunächst seine eigene Situation dargestellt hat: Sein Bruder und er waren nicht bereit, die Firma des Vaters zu übernehmen. Beide wollten Künstler werden und traten damit aus dem bürgerlichen Bezugsraum.«

Es ist angesichts seiner Erfahrungen verständlich, daß Thomas Mann das Thema Bürgertum sehr früh schon beschäftigt. Dabei ist das lübeckische bürgerliche Patriziat nicht identisch mit der rasch wachsenden Bourgeoisie der Gründerzeit (auf die sich Nietzsches Kritik bezieht), sondern hat als die tragende Oberschicht eines Stadtstaates eine lange Erfahrung in Selbstverwaltung und seine politische Befreiung längst erreicht. Sein Selbstverständnis ist mithin eher ein aristokratisches. Und Thomas Manns eigenes, oft aristokratisch wirkendes Selbstbewußtsein, das sich in Haltung und Lebensweise ausdrückt, hat vermutlich hierin seine Wurzel, auch wenn er in einzelnen Äußerungen (z. B. zu Nietzsches ›Jenseits von Gut und Böse‹) ästhetische und psychologische Gründe (Aristokratismus des Leidens) nennt.

Sein Weggang nach München und seine Hinwendung zu Künstlerkreisen bedeuten als »Entbürgerlichung« daher lediglich Entfernung von der bourgeoisen Seite des Bürgertums, Freiheit von den ökonomischen Zwängen des Standes, nicht aber Distanzierung von seinen Lebensformen. Ordnung, Form, Manieren, Diskretion und Arbeitsethos sind beibehaltene Ideale, die allerdings nicht mehr im Dienst des Erwerbs stehen.

In einem Brief an Otto Grautoff, einen Freund aus seiner Lübekker Schulzeit, entwirft er 1895 auf der Grundlage der eigenen Familienerfahrung sowie der Überzeugung, daß das Bürgertum in jener Form, von der er sich distanzierte, im Verfall begriffen sei, eine Romanskizze, in der sich ein Degenerationsprozeß in vier Stufen abzeichnet. Die Idee rief eine emsige Tätigkeit hervor, an der auch sein Bruder Heinrich, mit dem zusammen er 1897/1898 in Rom lebte, teil hatte. Das Notizbuch füllte sich mit Informationen zu »allerlei geschäftlichen, städtischen, wirtschaftsgeschichtlichen, politischen Fragen«; bis hin zum Rezept für den »Plettenpudding« von Tante Elisabeth sollte alles möglichst authentisch sein. Selbst die Familien-»bibel«, eine Art Chronik der Familie Mann von der Geburt eines Johann Mann zu Parchim (Mecklenburg) im Jahre 1644 bis zum Eintritt von Thomas John Heinrich Mann als »Commis« in eine Amsterdamer Firma 1859, sollte Eingang in den Roman finden. Manches Detail geht auf sie zurück, wie z. B. der nur leicht veränderte Familienleitspruch: »Mein Sohn sey mit Lust bey den Geschäften am Tage, aber mach nur solche, daß wir bei Nacht ruhig schlafen können.« Auch die Sprache in den Dialogen sollte, wie die Sammlung lübeckischer Redensarten beweist, »echt« sein: »Kost dich gar nichts«; »du bist ja wohl nicht zu helfen«; »sich resolvieren«; »sich etwas belieben lassen« – sie alle finden sich in den ›Buddenbrooks‹ wieder. Allmählich wuchs sich das alles zu einem Erinnerungs- und wohl auch Selbsterforschungswerk großen Stils aus.

Da mochte der Wunsch Samuel Fischers, ein »großes Prosawerk«, vielleicht einen Roman, von Thomas Mann zu publizieren, gelegen kommen. Und wenn die im Brief an Grautoff entworfene Skizze noch ganz autobiographisch orientiert war, so lag nahe, aus dieser Thematik Grundsätzliches zu entwickeln. In seiner autobiographischen Schrift ›On Myself‹ (1940) hat Thomas Mann später erklärt, daß es ihm darum gegangen sei, aus der Geschichte einer Familie ein »typisches Familienschicksal«, einen »Roman deutscher Bürgerlichkeit«, in dem gar ein »allgemeiner Weltprozeß« erkennbar wäre, zu gestalten.

Als Thomas Mann am 18. Juli 1900 seinen Roman abschließt, bleibt die im Brief an Grautoff entworfene Grundskizze noch erkennbar: Der »Verfall einer Familie« wird anhand von vier Generationen eines Lübecker Kaufmannsgeschlechts dargestellt: den Buddenbrooks. Der Name soll vielleicht schon auf das künftige Schicksal der Familie hinweisen. »Brook«, so erklärte Thomas Mann später, bedeute Bruch, »Buddenbrook« soviel wie »ein niedriges, flaches Moorland«, unsicheres Gelände also, auf dem jeder Schritt gefährlich sein und in dem man allmählich versinken kann.

Der Roman ist sehr sorgfältig komponiert. Er ist in 11 Teile gegliedert: Zwei sind der Zeit Johann Sigmund Buddenbrooks (1765–1842) gewidmet. In zwei weiteren Teilen wird die zweite Generation, repräsentiert von Johann (Jean) Sigmund Buddenbrook jun. (1799–1855) vorgestellt. Die Teile fünf bis zehn nehmen fast die Hälfte des Romans ein: im Mittelpunkt steht Thomas Buddenbrook, die Zeit reicht von 1855 bis 1875. Der 11. und kürzeste Teil bildet mit dem Verkauf des Hauses eine Art Epilog des Hauptgeschehens.

Das Geschehen setzt mit dem Jahre 1835 ein. Johann Buddenbrook feiert in kleinem Kreise die Einweihung des neuerworbenen stattlichen Hauses in der Mengstraße. Bevor die Gäste kommen, versammelt sich die Familie im »Landschaftszimmer«.

»Was ist das. – Was – ist das ...«

»Je, den Düwel ook, c'est la question, ma très chère demoiselle!« Die Konsulin Buddenbrook, neben ihrer Schwiegermutter auf dem geradlinigen, weißlackierten und mit einem goldenen Löwenkopf verzierten Sofa, dessen Polster hellgelb überzogen waren, warf einen Blick auf ihren Gatten, der in einem Armsessel bei ihr saß, und kam ihrer kleinen Tochter zu Hilfe, die der Großvater am Fenster auf den Knien hielt.

»Tony!« sagte sie »ich glaube, daß mich Gott – «

Und die kleine Antonie, achtjährig und zartgebaut, in einem Kleidchen aus ganz leichter changierender Seide, den hübschen Blondkopf ein wenig vom Gesichte des Großvaters abgewandt, blickte aus ihren graublauen Augen angestrengt nachdenkend und ohne etwas zu sehen ins Zimmer hinein, wiederholte noch einmal: »Was ist das«, sprach darauf langsam: »Ich glaube, daß mich Gott«, fügte, während ihr Gesicht sich aufklärte, rasch hinzu: » – geschaffen hat samt allen Kreaturen«, war plötzlich auf glatte Bahn geraten und schnurrte nun, glückstrahlend und unaufhaltsam, den ganzen Artikel daher, getreu nach dem Katechismus, wie er soeben, Anno 1835, unter Genehmigung eines hohen und wohlweisen Senates, neu revidiert herausgegeben war. (...)

»Dazu Kleider und Schuhe«, sprach sie, »Essen und Trinken, Haus und Hof, Weib und Kind, Acker und Vieh ...« Bei diesen Worten aber brach der alte Monsieur Johann Buddenbrook einfach in Gelächter aus, in sein helles, verkniffenes Kichern, das er heimlich in Bereitschaft gehalten hatte. Er lachte vor Vergnügen, sich über den Katechismus mokieren zu können, und hatte wahrscheinlich nur zu diesem Zwecke das kleine Examen vorgenommen. Er erkundigte sich nach Tony's Acker und Vieh, fragte, wieviel sie für den Sack Weizen nähme, und erbot sich, Geschäfte mit ihr zu machen. Sein rundes, rosig überhauchtes und wohlmeinendes Gesicht, dem er beim besten Willen keinen Ausdruck von Bosheit zu geben vermochte, wurde von schneeweiß gepudertem Haar eingerahmt, und etwas wie ein ganz leise angedeutetes Zöpflein fiel auf den breiten Kragen seines mausgrauen Rockes hinab. (...)

Alle hatten in sein Lachen eingestimmt, hauptsächlich aus Ehrerbietung gegen das Familienoberhaupt. Madame Antoinette Buddenbrook, geborene Duchamps, kicherte in genau derselben Weise wie ihr Gatte. Sie war eine korpulente Dame mit dicken weißen Locken über den Ohren, einem schwarz und hellgrau gestreiften Kleide ohne Schmuck, das Einfachheit und Bescheidenheit verriet, und mit noch immer schönen und weißen Händen, in denen sie einen kleinen, samtenen Pompadour auf dem Schoße hielt. Ihre Gesichtszüge waren im Laufe der Jahre auf wunderliche Weise denjenigen ihres Gatten ähnlich geworden. Nur der Schnitt und die lebhafte Dunkelheit ihrer Augen redeten ein wenig von ihrer halb romanischen Herkunft; sie stammte großväterlicherseits aus einer französisch-schweizerischen Familie und war eine geborene Hamburgerin.

Ihre Schwiegertochter, die Konsulin Elisabeth Buddenbrook, eine geborene Kröger, lachte das Kröger'sche Lachen, das mit einem pruschenden Lippenlaut begann und bei dem sie das Kinn auf die Brust drückte. Sie war, wie alle Krögers, eine äußerst elegante Erscheinung, und war sie auch keine Schönheit zu nennen, so gab sie doch mit ihrer hellen und besonnenen Stimme, ihren ruhigen, sicheren und sanften Bewegungen aller Welt ein Gefühl von Klarheit und Vertrauen. (...)

Madame Buddenbrook wandte sich an ihre Schwiegertochter, drückte mit einer Hand ihren Arm, sah ihr kichernd in den Schoß und sagte:

»Immer der nämliche, mon vieux, Bethsy ...?« – »Immer« sprach sie wie »ümmer« aus.

Die Konsulin drohte nur schweigend mit ihrer zarten Hand, so daß ihr goldenes Armband leise klirrte; und dann vollführte sie eine ihr eigentümliche Handbewegung vom Mundwinkel zur Frisur hinauf, als ob sie ein loses Haar zurückstriche, das sich dorthin verirrt hatte.

Der Konsul aber sagte mit einem Gemisch von entgegenkommendem Lächeln und Vorwurf in der Stimme:

»Aber Vater, Sie belustigen sich wieder einmal über das Heiligste!« ...

Es ist, als öffne sich ein Vorhang über einer Szene, die bereits im Gang ist, wenn »das Stück« beginnt. Wie in einem Drama könnte man von einer Exposition sprechen. Die »Szene« wird vom Dialog bestimmt, der zugleich einen ersten Eindruck von den fünf Personen vermittelt, die hier versammelt sind: »Monsieur« Johann Buddenbrook sen., sein Sohn Johann (Jean) Buddenbrook, Madame Antoinette, Frau Elisabeth Buddenbrook, geb. Kröger, und Tony Buddenbrook, ihre Tochter, während die Söhne Thomas und Christian sowie Klothilde aus der verarmten Seitenlinie erst später dazustoßen. Aber auch der Erzähler mischt sich ein: Er stellt die Personen vor und beschreibt sie, »liest« ihre Gedanken und Gefühle, informiert über die Ausstattung des Raumes und über Hintergründe (wie z.B. darüber, daß 1835 der Katechismus »neu revidiert« herausgegeben worden war); in der Parodierung der Amtssprache »eines hohen und wohlweisen Senats« kommt hier auch bereits seine ironische Distanz zum Ausdruck.

Die Szene spiegelt ein wohlbestelltes »Haus«, in dem eine gewisse Vornehmheit, vor allem aber Ordnung und Harmonie bestimmend zu sein scheinen. Dennoch wird das Grundthema des Verfalls schon angedeutet. Der (zunächst fast unverständliche) Szenenanfang und das Ende, das den Vorgang als Abfrage von Lernstoff auflöst, lassen bei allem Harmoniestreben Unterschiede im Empfinden und in der Denkweise der beiden Hauptgestalten ahnen: »Monsieur« Johann Buddenbrook lebt in einer gesicherten Welt und ruht in sich. Er ist Lübecker Patrizier, in der Kleidung dem ausgehenden 18.Jahrhundert zugehörig, dessen aufklärerischen Geist, wie seine Einstellung zum Katechismus zeigt, er sich zu eigen gemacht hat. Aber sein Sinn ist in erster Linie auf praktische Lebensbewältigung gerichtet; eine kritische Auseinandersetzung mit dem Katechismuswort wird zwar angedeutet, doch der Inhalt trifft ihn nicht wirklich, er erscheint ihm nur lebensfremd.

Der Konsul Johann (Jean) Buddenbrook dagegen ist, was die Religion betrifft, keineswegs indifferent; er würde sich darüber nie »mokieren«. Daher ist er vom Verhalten seines Vaters unangenehm berührt. Er hört dem Vorgang, der seinem Vater Vergnügen bereitet, »mit einer nervösen Bewegung« zu.

»Nerven« ist ein Schlagwort der Jahrhundertwende; es weist auf Feinfühligkeit und Empfindsamkeit hin und ist Zeichen einer positiv verstandenen Dekadenz. Für einen Kaufmann der Zeit Jean Buddenbrooks ist dies ebensowenig wie Frömmigkeit ein Vorzug. Seine Kleidung entspricht der Mode des frühen 19. Jahrhunderts, und sein Lebensgefühl ist, wie etwa im Gespräch über den Garten am Ende des 5. Kapitels deutlich wird, eher »romantisch«:

(…) jemand erwähnte des großen verwilderten Gartens, den Buddenbrooks gleich hinter dem Burgtore besaßen. (…)
»Ja, meiner Treu!« sagte der Alte. »Ich ärgere mich noch immer, daß ich seinerzeit nicht resolvieren konnte, ihn ein bißchen menschlich herrichten zu lassen! Ich bin kürzlich mal wieder hindurchgegangen – es ist eine Schande, dieser Urwald! Welch nett Besitztum, wenn das Gras gepflegt, die Bäume hübsch kegel- und würfelförmig beschnitten wären …«
Der Konsul aber protestiert mit Eifer.
»Um Gottes willen, Papa! Ich ergehe mich sommers dort gern im Gesträpp; aber alles wäre mir verdorben, wenn die schöne freie Natur so kläglich zusammengeschnitten wäre.«
»Aber wenn die freie Natur doch mir gehört, habe ich da zum Kuckuck nicht das Recht, sie nach meinem Belieben herzurichten?«

»Ach, Vater, wenn ich dort im hohen Grase unter dem wuchernden Gebüsch liege, ist es mir eher, als gehörte ich der Natur und als hätte ich nicht das mindeste Recht über sie …«

Es geht hier nicht nur um eine Geschmacksfrage, vielmehr drückt sich in dieser kleinen Auseinandersetzung ein tiefgreifender Unterschied in der Einstellung zum Verhältnis von Mensch und Natur aus: Für den aufgeklärten, von der »raison« bestimmten alten Buddenbrook ist das Ziel die Beherrschung der Natur nach dem Willen des Menschen. Der Konsul hingegen zieht den »natürlich« erscheinenden (»englischen«) Garten, wie er sich seit dem Ende des 18. Jahrhunderts entwickelt und in der Romantik höchste Ausformung gefunden hatte, vor. In ihm macht sich jedoch ein Zwiespalt bemerkbar: auch er benützt die Natur, bejaht im kaufmännischen Handeln Technik und Fortschritt, möchte aber im Gefühl auch in die Natur eingeschlossen sein und kein Recht über sie beanspruchen. Und eine solche Ambivalenz kann für einen Kaufmann lähmend sein.

Noch ist all dies kein offener Konflikt. Was das Geschäft angeht, scheinen sich beide einig, und wenn auch in diesem Bereich Interesse und Gefühl des jüngeren Buddenbrook bereits ab und zu in Widerstreit geraten, wie man im zehnten, dem Schlußkapitel dieses ersten Teils, erfährt, so siegt doch der nüchtern-kaufmännische Geist:

(…) »Wenn Sie verstünden, Vater, in welchem Dilemma ich mich befinde! Um der Familieneintracht willen müßte ich raten – aber … « Der Konsul seufzte leise auf, an seinen Stuhl gelehnt. Johann Buddenbrook spähte, gestützt auf die Löschstange, aufmerksam in das unruhige Halbdunkel hinein, um den Gesichtsausdruck des Sohnes zu erforschen. (…) »Vater – dieses Verhältnis mit Gotthold bedrückt mich!« sagte der Konsul leise.

»Unsinn, Jean, keine Sentimentalität! Was bedrückt dich?«

»Vater (…) wir haben einen schönen Tag gefeiert, wir waren stolz und glücklich in dem Bewußtsein, etwas geleistet zu haben, etwas erreicht zu haben … unsere Firma, unsere Familie auf eine Höhe gebracht zu haben, wo ihr Anerkennung und Ansehen im reichsten Maße zuteil wird … Aber, Vater, diese böse Feindschaft mit meinem Bruder, deinem ältesten Sohne … Es sollte kein heimlicher Riß durch das Gebäude laufen, das wir mit Gottes gnädiger Hilfe errichtet haben … Eine Familie muß einig sein, muß zusammenhalten, Vater, sonst klopft das Übel an die Tür …«

»Flausen, Jean! Possen! Ein obstinater Junge! …«

Es entstand eine Pause; die letzte Flamme senkte sich tiefer und tiefer.

»Was machst du, Jean?« fragte Johann Buddenbrook. »Ich sehe dich gar nicht mehr.«

»Ich rechne«, sagte der Konsul trocken. Die Kerze flammte auf, und man sah, wie er gerade aufgerichtet und mit Augen so kalt und aufmerksam, wie sie während des ganzen Nachmittags noch nicht dareingeschaut hatten, fest in die tanzende Flamme blickte. – »Einerseits: Sie geben 33 335 an Gotthold und 15 000 an die in Frankfurt, und das macht 48 335 in Summa. Andererseits: Sie geben nur 25 000 an die in Frankfurt, und das bedeutet für die Firma einen Gewinn von 23 335. Das ist aber nicht alles. Gesetzt, Sie leisten an Gotthold eine Entschädigungssumme für den Anteil am Hause, so ist das Prinzip durchbrochen, so ist er damals *nicht* endgültig abgefunden worden, so kann er nach Ihrem Tode ein gleich großes Erbe beanspruchen wie meine Schwester und ich, und dann handelt es sich für die Firma um einen Verlust von Hunderttausenden, mit dem sie nicht rechnen kann, mit dem ich als künftiger alleiniger Inhaber nicht rechnen kann … Nein, Papa!« beschloß er mit einer energischen Handbewegung und richtete sich noch höher auf. »Ich muß Ihnen abraten, nachzugeben!«

Die kontroversen Haltungen scheinen nur kurz auf; bevor sie zu Ende diskutiert sind, bricht der Autor schon wieder ab. Einzelszenen dieser Art, von denen es eine ganze Reihe gibt, dienen dem Zweck der Charakterisierung, der Kennzeichnung unterschiedlicher Generationen und der Andeutung möglicher Entwicklungen.

Im ganzen ersten Teil hält der Stolz auf das Erreichte und der Wille zur Erhaltung und Vermehrung des Besitzes an. Das Symbol dafür ist das neue Haus in der Mengstraße, das auch von den Gästen gehörig bewundert wird. So groß und eindrucksvoll es ist, scheint es doch nicht prunkvoll, sondern eher solide und am Praktischen orientiert. Auffällig ist, wie Familie und »Firma« schon räumlich eine Einheit darstellen. Auch der Wahlspruch über dem Eingang paßt in seiner Zuversicht zum Gesamtbild: »Dominus providebit« – Der Herr wird Vorsorge tragen. Die einzig manifeste konfliktträchtige, wirtschaftlich bedrohliche Erscheinung, die Geldforderung Gottholds, ist geklärt; sie spielt auch im folgenden keine Rolle mehr. Die Kräfte, die den Bestand des »Hauses« nunmehr gefährden, sind latent wirksam; sie kommen nicht von außen, sondern von anderswo her. In der »Kränklichkeit« Christians sind sie leitmotivisch angedeutet; insbesondere aber weist das Spannungsverhältnis zwischen Johann sen. und Johann jun. (Jean) über den üblichen Generationskonflikt hinaus auf tiefergreifende Vorgänge hin.

Während die beiden Frauen der älteren Generation in das Gesamtgeschehen kaum eingreifen und beim Leser nur wenig Interesse hervorrufen, ist die Figur der »Tony« Buddenbrook eine der Zentralgestalten. Mit ihr beginnt und endet der Roman, sie beherrscht die Szenerie der Teile zwei und drei. Nach dem Tode ihrer Großeltern wird ihr Bruder Thomas in das Geschäft eingeführt, während sie und Christian sich zu Sorgenkindern entwickeln; Christian offenbart »die Neigung«, das Leben »ein wenig locker« zu nehmen; bereits als 14 jähriger Schüler ersteht er zum Beispiel »für 1 Mark 8 1/2 Schilling ein Bukett«, das er einer Schauspielerin überreicht. Tony hingegen »äußerte (…) einen argen Hang zu Hoffart und Eitelkeit«, und als sich herausstellt, daß sie »ganz allein mit einem Gymnasiasten (…)

vorm Tore spazierengegangen war«, wird sie für ein Jahr in ein Pensionat geschickt. Dort erklärt sie einer Freundin ihr Lebensziel:

»Ich werde natürlich einen Kaufmann heiraten (...). Er muß recht viel Geld haben, damit wir uns vornehm einrichten können; das bin ich meiner Familie und der Firma schuldig.«

Nichts könnte sie genauer charakterisieren: Sie wird zeit ihres Lebens ihre Familie als die höchste Instanz und Quelle ihres eigenen Selbstbewußtseins anerkennen, deren Anspruch sie sich unterzuordnen hat. Sie wird diesen Anspruch aber so interpretieren, daß er auch ihrem Bedürfnis nach Vornehmheit entspricht. Aus beiden Gründen wird sie ihrer einzigen wahren Liebe (zu dem klugen und gebildeten, sozial aber unter ihr stehenden Morten Schwarzkopf) entsagen, ihre Emotionen und Instinkte unterdrücken. Zum tragischen Konflikt kommt es nicht, denn Tony kennt ihre Verpflichtung, die Geschicke der Buddenbrooks »zu fördern«, indem sie eine reiche und vornehme Heirat eingeht. Und sie fügt an: »Tom arbeitet dafür im Kontor.«

Damit ist auch die Rolle der Buddenbrookfrauen innerhalb des Hauses bestimmt. Sie entspricht dem, was der Vater Tony in einem Brief erklärt:

»Wir sind, meine liebe Tochter, nicht *dafür* geboren, was wir mit kurzsichtigen Augen für unser eigenes kleines persönliches Glück halten, denn wir sind nicht lose, unabhängige und für sich bestehende Einzelwesen, sondern wie Glieder in einer Kette.«

So heiratet Tony den Herrn Bendix Grünlich aus Hamburg, der ihr (zumindest anfangs) ganz und gar zuwider ist und den sie zunächst entschieden zurückgewiesen hatte.

Doch der Vater hat sich, nicht nur, was die Solidität der wirtschaftlichen Existenz des Herrn Grünlich angeht, geirrt, und so kommt es, wie es kommen muß:

»Grünlich macht Bankerott ...?« fragte Tony leise, indem sie sich halb von ihren Kissen erhob und rasch des Konsuls Hand ergriff.

»Ja, mein Kind«, sagte er ernst. »Du vermutetest das nicht?«

»Ich habe nichts Bestimmtes vermutet ...«, stammelte sie. (...) »O Gott!« stieß sie plötzlich hervor und sank auf ihren Sitz zurück. Erst in diesem Augenblick ging alles vor ihr auf, was in dem Worte »Bankerott« verschlossen lag, alles, was sie schon als kleines Kind dabei an Vagem und Fürchterlichem empfunden hatte ... »Bankerott« ... das war etwas Gräßlicheres als der Tod, das war Tumult, Zusammenbruch, Ruin, Schmach, Schande, Verzweiflung und Elend ... »Er macht Bankerott!« wiederholte sie. Sie war dermaßen geschlagen und niedergeschmettert von diesem Schicksalswort, daß sie an keine Hilfe dachte, auch nicht an eine, die von ihrem Vater kommen könnte.

Sie zieht mit ihrer Tochter ins Elternhaus zurück, und da sie »die schöne Gabe« besitzt, »sich jeder Lebenslage mit Talent, Gewandtheit und lebhafter Freude am Neuen anzupassen«, gefällt sie sich bald

in ihrer Rolle als eine von unverschuldetem Unglück heimgesuchte Frau, kleidete sich dunkel (...) und hielt sich für die mangelnde Geselligkeit schadlos, indem sie zu Hause mit ungeheurer Wichtigkeit und unermüdlicher Freude an dem Ernst und der Bedeutsamkeit ihrer Lage Betrachtungen über ihre Ehe, über Herrn Grünlich und über Leben und Schicksal im allgemeinen anstellte.

Anstatt ihrem Vater Vorwürfe zu machen, ist sie gerührt, »daß er, der Unantastbare, ihr fast mit Demut gestanden, er fühle sich nicht schuldlos ihr gegenüber«. Es ist sicher, so kommentiert der Erzähler, »daß Tony selbst niemals auf diesen Gedanken gekommen wäre; da er es aber sagte, so glaubte sie es, und ihre Gefühle für ihn wurden weicher und zarter dadurch.« Sie trägt den Kopf nicht weniger hoch als vorher. Spricht gern und gewichtig über »das Leben«, »wie es so ist« oder »wie es im Leben so geht«. Selbständiger und urteilsfähiger ist sie damit nicht geworden. Sie sieht nicht, daß ihre Ehe zerbrochen ist, gerade weil der Konsul in bester Absicht (scheinbare) materielle Sicherheit und soziales Prestige höher stellte als das Gefühl. Maßstäbe und Werte der kaufmännisch-bürgerlichen Lebensform erweisen sich hier als eher verderblich denn hilfreich. Dennoch ist Tony in ihrer Naivität und ursprünglichen Vitalität glücklicher als ihr Vater oder ihr Bruder Thomas. So übersteht sie auch die weiteren Schicksalsschläge: das Scheitern ihrer zweiten Ehe mit dem Münchner Hopfenhändler, dem eigentlich spießigen Permaneder, ebenso wie das Unglück ihrer Tochter Erika, deren Ehemann, der Brandversicherungsdirektor Hugo Weinschenk, wegen Unterschlagung verurteilt wird und später spurlos verschwindet.

Die Szenen mit Tony entbehren nicht einer gewissen Komik. Wie sonst nur bei Nebenfiguren, etwa der »armen Klothilde«, läßt der Erzähler, sobald es um Tony geht, zumeist ironische Distanz erkennen. Wenn sie, die Wohlbehütete, Naive, an ganz unpassenden Stellen Zitate aus dem »radikalen« Wortschatz Morten Schwarzkopfs einflicht, wirkt das auch in ernsthaften Situationen ausgesprochen komisch.

Selbst in einer für sie entscheidenden Situation zerstört der Autor durch den Gebrauch der bei ihr üblichen stereotypen Formeln die Wirkung, die sie sich erwartet:

(...) Skandal Thomas?! Du magst mir befehlen, keinen Skandal zu machen, wenn man mich mit Schande bedeckt, mir ganz einfach ins Gesicht speit?! Ist das eines Bruders würdig? Ja, diese Frage mußt du mir gefälligst erlauben!

Rücksicht und Takt sind gute Sachen, bewahre! Aber es gibt eine Grenze im Leben, Tom – und ich kenne das Leben, so gut wie du –, wo die Angst vor dem Skandale anfängt, Feigheit zu heißen, ja! Und ich wundere mich, daß ich dir das sagen muß, die ich bloß eine Gans und ein dummes Ding bin ...

Es geht noch lange so weiter, bis der Erzähler sie lakonisch stoppt:

Dies war die Rede, die Tony hielt, worauf sie sich ziemlich erschöpft in den Stuhl zurücksinken ließ (...) Es rollten zwei Tränen, große, helle Kindertränen, über ihre Wangen hinunter, deren Haut anfing, kleine Unebenheiten zu zeigen.

Wenn Tony trotz aller Widrigkeiten fest und frei vom reflektierenden Zweifel in ihrer Buddenbrook-Welt überleben kann, wie ein Kind der Gegenwart verbunden, »der Zeit und dem Wechsel der Dinge enthoben«, so ist ihr Bruder Christian nahezu das Gegenbild dazu, und es ist wohl kein Zufall, daß es sich um ein männliches Mitglied der Familie handelt.

Schon die erste Begegnung mit ihm ist charakteristisch: er wird von Jean Jacques Hoffstede, einem der Gäste bei der Einweihung des neuen Hauses, vorgestellt:

(Er) scheint mir ein wenig Tausendsassa zu sein, wie? ein wenig Incroyable ... Allein ich verhehle nicht mein engouement. Er wird studieren, dünkt mich; er ist witzig und brillant veranlagt.

Das stimmt; zudem hat er die Gabe, Leute nachzuahmen, was den alten Buddenbrook zu dem Urteil veranlaßt »'n Aap is hei!« Seine kaufmännische Tätigkeit ist denn auch nicht von langer Dauer. Christian findet keinen bürgerlichen Boden. »Ich habe mir in den letzten Jahren oft fünf Schillinge für Zahnpulver leihen und mit einem Streichholz zu Bette gehen müssen.« »30 000 Kurantmark« von seinem Erbe hat er bereits im voraus »verlottert«; nach dem Tode der Mutter verwaltet Thomas nach ihrem Willen den Rest seines Vermögens.

Christian ist kein Bürger im Sinn der Buddenbrooks: »Wie satt ich das alles habe, dies Taktgefühl und Feingefühl und Gleichgewicht, diese Haltung und Würde ... wie sterbenssatt!« Die Normen des bürgerlichen Lebens sind ihm eine Last. Er führt ein Bohèmeleben, ist ein begeisterter Theaterbesucher. Aber seiner Neigung zur Kunst entspricht keine wirkliche Begabung. Sein Theaterkünstlertum bleibt Clownerie, und in besinnlichen Augenblicken weiß er auch, daß dies gefährlich ist: »Theater – und so etwas ... Das taugt nichts, glaube deinem Onkel«, sagt er zu Hanno. »Ich habe mich auch immer viel zu sehr für diese Dinge interessiert, und darum ist auch nicht viel aus mir geworden.« So »begründet« er sein Recht zum Aussteigen aus der bürgerlichen Welt und seine Unfähigkeit zur Leistung mit Krankheiten, den angeblich zu kurzen Nervenenden und den nicht näher definierten »Qualen« in seiner »Seite«. Aber selbst Tony erkennt: »Mit Christian, das ist wohl nichts Rechtes«, und sie meint es ganz und gar im Sinn der bürgerlichen Pflichtvorstellung.

Am Ende überlebt er in einer Hamburger Anstalt, und es

war wenig Aussicht vorhanden, daß er je aus der Anstalt (...) wieder hervorgehen würde, obgleich es wohl nicht so schlimm mit ihm stand, daß er nicht hätte in Freiheit umhergehen können.

In der großen Auseinandersetzung mit ihm nach dem Tod der Konsulin hatte Thomas seinem Bruder auf den Vorwurf, er sei von eisiger Gemütskälte, entgegnet:

»Ich bin geworden, wie ich bin, (...) weil ich nicht werden wollte wie du. Wenn ich dich innerlich gemieden habe, so geschah es, weil ich mich vor dir hüten muß.«

Er habe früher selber dazu geneigt, mit eitler Neugierde sich mit sich selbst zu beschäftigen, verrät er einmal in einem Gespräch mit Tony. Aber er »habe gemerkt, daß (dies) zerfahren, untüchtig und hilflos macht«. Für »bloß einfache Kaufleute« gelte, sich »hinsetzen, zum Teufel, und etwas leisten, wie unsere Vorfahren etwas geleistet haben«!

Der wichtigste Unterschied zwischen ihm und Christian liegt also keineswegs darin, daß Thomas in seinem Bürgertum ungefährdet wäre, sondern darin, daß er die Gefahr erkennt, indem er sein Dasein reflektiert. Wenn er sich selbst beobachtet, dient das der Überprüfung; bei Christian wird es zur wehleidigen Mitteilung nach außen. Halt geben ihm die Vorbilder und Ziele, die ihm zwar vorgegeben wurden von Umwelt und Familie, die er aber so vollständig zu seinen eigenen machte, daß er ihnen auch ohne ernsthaftes Zögern gehorcht. Daß er sich damit von sich selbst entfremdet, wird ihm erst allmählich bewußt.

Der gesamte zehnte Teil des Romans schildert in kunstvollem Aufbau Stationen in Thomas' Leben und macht ihn zur zentralen Gestalt.

Dabei zeigt sich bald, daß der Thomas Buddenbrook, wie er sich der Öffentlichkeit präsentiert, der Senator, eine Maske ist. Sie gehört zu der Rolle, die Thomas glaubt spielen zu müsen und die »Erfolg«, geschäftliches »Ansehen«, Ehre, Titel und Verantwortung gebracht hat. Aber seine »Contenance« und Aktivität sind – wie er selbst weiß – nicht Ausdruck für die natürliche und durable Arbeitslust seiner Väter: etwas Künstliches nämlich, ein Drang seiner Nerven, ein Betäubungsmittel im Grunde, so gut wie die kleinen, scharfen russischen Zigaretten, die er beständig dazu rauchte ...

Er ist auch physisch nicht so robust wie Vater und Großvater. Es gehört zur Eigenart Thomas Manns, in auf den ersten Blick unscheinbaren Nebensächlichkeiten Bedeutsames zu verstecken. So etwa, wenn er Thomas' Hände beschreibt:

Diese Hände, deren schön gepflegte ovale Fingernägel dazu neigten, eine bläuliche Färbung zu zeigen, konnten in gewissen Augenblicken, in gewissen, ein wenig krampfhaften und unbewußten Stellungen einen unbeschreiblichen Ausdruck von abweisender Empfindsamkeit und einer beinahe ängstlichen Zurückhaltung annehmen, einen Ausdruck, der den ziemlich breiten und bürgerlichen, wenn auch feingegliederten Händen der Buddenbrooks bis dahin fremd gewesen war und wenig zu ihnen paßte.

Man muß nur einmal die Eigenschaften zusammennehmen: »bläuliche Färbung«, »ein wenig krampfhaft«, »abweisende Empfindsamkeit«, »ängstliche Zurückhaltung«, um zu erkennen, daß hier offenbar ein Gegensatz zu den kraftvollen männlichen Figuren der zwei vorausgehenden Generationen gestaltet ist. Nimmt man noch hinzu, daß sehr früh schon von den »nicht besonders schön(en) Zähnen« gesprochen wird (sie sind »klein und gelblich«), daß der Senator eine wichtige Sitzung verlassen muß, weil er »wahnsinnige Schmerzen« im Backenzahn hat und schließlich daran 48jährig »unter ganz unwürdigen Umständen« stirbt, wird deutlich, was der Autor will: die Buddenbrooks sind nicht mehr kräftig genug, eine Firma zu führen und damit auch nicht, gesellschaftlich eine herausragende Stellung einzunehmen.

An einem Zahne ... Senator Buddenbrook war an einem Zahne gestorben, hieß es in der Stadt. Aber, zum Donnerwetter, daran starb man doch nicht! Er hatte Schmerzen gehabt, Herr Brecht hatte ihm die Krone abgebrochen, und daraufhin war er auf der Straße einfach umgefallen. War dergleichen erhört?

Die Kontrastierung mit einer anderen Familie, den Hagenströms, macht es nur zu deutlich: Mit ihren fünf kräftigen Kindern verkörpern sie eine vitale Stufe des Bürgertums, während die Buddenbrooks dem »Verfall« geweiht sind, »weil sie«, wie schon Josef Hofmiller bemerkte, »physisch und psychisch am Ende sind«. Dennoch wäre es sicher unrichtig, diesen »Verfall« nur biologistisch zu verstehen; ebensowenig geht die Familie unter, weil ein neues Bürgertum entsteht, wie man vielfach gemeint hat, denn die Hagenströms entstammen der gleichen bürgerlichen Schicht wie die Buddenbrooks, wenn sie auch als nicht ganz ebenbürtig gelten. Im übrigen deutet sich physisch auch bei ihnen der »Verfall« schon an: Hermann Hagenströms Bruder Moritz hat wie Thomas Buddenbrook kranke Zähne, gilt als »kränklich«, kam aber »trotz der schwachen Brust« ohne Probleme in der Schule zurecht. Der Senator stirbt vielmehr an einem lange schon angedeuteten inneren Zwiespalt, wie er in dem Bild der »Maske« bereits Ausdruck gefunden hat.

Dieser innere Zwiespalt macht ihm zeitlebens zu schaffen, wie der folgende Abschnitt zeigt:

War Thomas Buddenbrook ein Geschäftsmann, ein Mann der unbefangenen Tat oder ein skrupulöser Nachdenker?

O ja, das war die Frage, das war von jeher, solange er denken konnte, seine Frage gewesen! Das Leben war hart, und das Geschäftsleben war in seinem rücksichtslosen und unsentimentalen Verlaufe ein Abbild des großen und ganzen Lebens. Stand Thomas Buddenbrook mit beiden Beinen fest wie seine Väter in diesem harten und praktischen Leben? Oft genug, von jeher, hatte er Ursache gehabt, daran zu zweifeln! Oft genug, von Jugend an, hatte er diesem Leben gegenüber sein Fühlen korrigieren müssen. Härte zufügen, Härte erleiden und es nicht als Härte, sondern als etwas Selbstverständliches empfinden – würde er das niemals vollständig erlernen?

Das Zitat ist zunächst ein Beispiel dafür, wie sich die Erzählweise mehr zur Innenschau werdenden Romanvorgängen anpaßt: der Erzähler tritt zurück, die erlebte Rede steht anstelle auktorialer Feststellungen, Fragesätze häufen sich, Zweifel und Zwiespalt werden in der Figur direkt zum Ausdruck gebracht. Thomas erweist sich selbst als Mensch im »Widerstreit«.

Diese innere Zerrissenheit, verstärkt noch durch seine Ehe mit der musikalisch hochbegabten und empfindsamen, aber kühlen Gerda Arnoldsen, bewirkt eine zunehmende Vertrautheit mit dem Todesgedanken.

»Auf den eigenen Tod blickt ein jeder als auf der Welt Ende«, sagt Thomas. Das ist mit Blick auf die Schopenhauersche Vorstellung von dem ständigen, überindividuellen Weiterwirken des Willens zwar eine Täuschung, als subjektive Erfahrung des Individuums aber eine Tatsache, aus der sich die Frage nach der Sinngebung des Lebens ergibt. Auch Schopenhauer weiß, daß »ohne den Tod schwerlich philosophiert werden« würde. Es ist kein Zufall, daß Thomas genau auf diesen Satz (am Anfang des Kapitels 41 im 2. Band des Schopenhauerschen Hauptwerks ›Die Welt als Wille und Vorstellung‹) trifft, wenn er »eines Tages vier volle Stunden lang mit wachsender Ergriffenheit in einem Buche« liest, »das halb gesucht, halb zufällig in seine Hände geraten war«. Die Wirkung dieser Lektüre wird auf ähnliche Weise geschildert wie später Hannos rauschhaftes Erleben am

Flügel am Abend, bevor er tödlich erkrankt. An beiden Stellen ersetzt eine lyrisch-enthusiastisch hochgesteigerte Sprache die sonst übliche Distanz und Ironie.

In tiefer Stille und sacht lastender Schwüle lag er auf dem Rücken und blickte in das Dunkel empor.

Und siehe da: plötzlich war es, als wenn die Finsternis vor seinen Augen zerrissen, wie wenn die samtne Wand der Nacht sich klaffend teilte und eine unermeßlich tiefe, eine ewige Fernsicht von Licht enthüllte ... *Ich werde leben!* sagte Thomas Buddenbrook beinahe laut und fühlte, wie seine Brust dabei vor innerlichem Schluchzen erzitterte. Dies ist es, daß ich leben werde! Es wird leben – und daß dieses Es nicht ich bin, das ist nur eine Täuschung, das war nur ein Irrtum, den der Tod berichtigen wird. So ist es, so ist es! ... Warum? Und bei dieser Frage schlug die Nacht wieder vor seinen Augen zusammen. Es sah, er wußte und verstand wieder nicht das geringste mehr und ließ sich tiefer in die Kissen zurücksinken, gänzlich geblendet und ermattet von dem bißchen Wahrheit, das er soeben hatte erschauen dürfen.

Und er lag stille und wartete inbrünstig, fühlte sich versucht, zu beten, daß es noch einmal kommen und ihn erhellen möge. Und es kam. Mit gefalteten Händen, ohne eine Regung zu wagen, lag er und durfte schauen.

Was war der Tod? Die Antwort darauf erschien ihm nicht in armen und wichtigtuerischen Worten: er fühlte sie, er besaß sie zuinnerst. Der Tod war ein Glück, so tief, daß es nur in begnadeten Augenblicken, wie diesem, ganz zu ermessen war. Er war die Rückkunft von einem unsäglich peinlichen Irrgang, die Korrektur eines schweren Fehlers, die Befreiung von den widrigsten Banden und Schranken – einen beklagenswerten Unglücksfall machte er wieder gut.

Ende und Auflösung? Dreimal erbarmungswürdig jeder, der diese nichtigen Begriffe als Schrecknisse empfand! Was würde enden und was sich auflösen? Dieser sein Leib ... Diese seine Persönlichkeit und Individualität, dieses schwerfällige, störrische, fehlerhafte und hassenswerte *Hindernis, etwas Anderes und Besseres zu sein!* War nicht jeder Mensch ein Mißgriff und Fehltritt? Geriet er nicht in eine peinvolle Haft, sowie er geboren ward? Gefängnis! Gefängnis! Schranken und Bande überall! Durch die Gitterfenster seiner Individualität starrt der Mensch hoffnungslos auf die Ringmauern der äußeren Umstände, bis der Tod kommt und ihn zu Heimkehr und Freiheit ruft.

Individualität! ... Ach, was man ist, kann und hat, scheint arm, grau, unzulänglich und langweilig; was man aber nicht ist, nicht kann und nicht hat, das eben ist es, worauf man mit jenem sehnsüchtigen Neide blickt, der zur Liebe wird, weil er sich fürchtet, zum Haß zu werden.

Ich trage den Keim, den Ansatz, die Möglichkeit zu allen Befähigungen und Betätigungen der Welt in mir. Wo könnte ich sein, wenn ich nicht hier wäre! Wer, was, wie könnte ich sein, wenn ich nicht ich wäre, wenn diese meine persönliche Erscheinung mich nicht abschlösse und mein Bewußtsein von dem aller derer trennte, die nicht ich sind! Organismus! Blinde, unbedachte, bedauerliche Eruption des drängenden Willens! Besser, wahrhaftig, dieser Wille webt frei in raum- und zeitloser Nacht, als daß er in einem Kerker schmachtet, der von dem zitternden und wankenden Flämmchen des Intellektes notdürftig erhellt wird!

In meinem Sohne habe ich fortzuleben gehofft? In einer noch ängstlicheren, schwächeren, schwankenderen Persönlichkeit? Kindische, irregeführte Torheit! Was soll mir ein Sohn? Ich brauche keinen Sohn! – Wo ich sein werde, wenn ich tot bin? Aber es ist so leuchtend klar, so überwältigend einfach! In allen denen werde ich sein, die je und je Ich gesagt haben, sagen und sagen werden: *besonders aber in denen, die es voller, kräftiger, fröhlicher sagen...*

Irgendwo in der Welt wächst ein Knabe auf, gut ausgerüstet und wohlgelungen, begabt, seine Fähigkeiten zu entwickeln, gerade gewachsen und ungetrübt, rein, grausam und munter, einer von diesen Menschen, deren Anblick das Glück der Glücklichen erhöht und die Unglücklichen zur Verzweiflung treibt: Das ist mein Sohn. *Das bin ich,* bald ... bald ... sobald der Tod mich von dem armseligen Wahne befreit, ich sei nicht sowohl er wie ich ... (...)

»Ich werde leben!« flüsterte er in das Kissen, weinte und ... wußte im nächsten Augenblick nicht mehr, worüber. (...) Und während er fühlte, wie Betäubung und Schlaf ihn unwiderstehlich überschatteten, schwor er sich einen teuren Eid, dies ungeheure Glück niemals fahrenzulassen, sondern seine Kräfte zu sammeln und zu lernen, zu lesen und zu studieren, bis er sich fest und unveräußerlich die ganze Weltanschauung zu eigen gemacht haben würde, aus der dies alles hervorgegangen war.

Allein das konnte nicht sein, und schon am nächsten Morgen, als er mit einem ganz kleinen Gefühl von Geniertheit über die geistigen Extravaganzen von gestern erwachte, ahnte er etwas von der Unausführbarkeit dieser schönen Vorsätze.

Er stand spät auf und hatte sich sogleich an den Debatten einer Bürgerschaftssitzung zu beteiligen. Das öffentliche, geschäftliche, bürgerliche Leben in den giebeligen und winkeligen Straßen dieser mittelgroßen Handelsstadt nahm seinen Geist und seine Kräfte wieder in Besitz. Immer noch mit dem Vorsatz beschäftigt, die wunderbare Lektüre wiederaufzunehmen, fing er doch an, sich zu fragen, ob die Erlebnisse jener Nacht in Wahrheit und auf die Dauer etwas für ihn seien und ob sie, träte der Tod ihn an, praktisch standhalten würden. Seine bürgerlichen Instinkte regten sich dagegen. Auch seine Eitelkeit regte sich: die Furcht vor einer wunderlichen und lächerlichen Rolle. Standen ihm diese Dinge zu Gesicht? Ziemten sie ihm, ihm, Senator Thomas Buddenbrook, Chef der »Firma Johann Buddenbrook«?

Ein Vergleich mit Schopenhauer zeigt, daß Thomas Mann auseinanderliegende Abschnitte zusammengefaßt und geradezu dramatisch als »Vision« geschildert hat. Er verwendet dabei nicht nur Begriffe der Vorlage (»Befreiung durch den Tod«, »Fehltritt« der Individualität), sondern weitet die bei Schopenhauer angedeutete Bildgebung aus – wo etwa bei Schopenhauer von »Banden« die Rede ist, wird bei Thomas Mann ein ganzes Assoziationsfeld daraus: »Schranken«, »Haft«, »Gefängnis«, »Gitterfenster«, »Ringmauern« – und wechselt vom Erzählerbericht in erlebte und direkte Rede, wie es die Intensität des Erlebten bzw. Reflektierten nahelegt. Die Szene scheint zunächst ganz und gar von Schopenhauer-Ideen bestimmt zu sein: In uns, sagt Schopenhauer, ist etwas, was durch den Tod nicht zerstörbar ist. Dies ist nicht das durch Zeugung entstandene Individuum; alles, was dieses (oberflächlich) kennzeichnet, dauert nicht. »Ein so unendlich kleiner Theil der Welt ich bin, ein eben so kleiner Theil meines wahren Wesens ist diese meine persönliche Erscheinung. Könnte sich der einzelne zum Bewußtsein bringen, was er noch überdies und außerdem ist« – nämlich »Gattung« –, so würde er seine Individualität willig fahren lassen. Aber nun tritt eine überraschende Wendung ein. Zwar scheint die Ahnung von dem Knaben, »irgendwo in der Welt« noch eine Vision von einem Weiterleben (in der Gattung) zu sein, aber schon dessen Eigenschaften weisen von dem eben Gelesenen weit weg. Insbesondere die Erwähnung des Glückes (und sein eigenes Glücksgefühl) müssen stutzig machen, denn Schopenhauer hatte ja ausdrücklich gesagt, daß es dies nicht geben könne, daß »eigentlich alle Menschen so beschaffen sind, daß sie nicht glücklich sein könnten«: Lebten sie in einer Welt ohne Not und Beschwerden, »würden sie der Langeweile anheimfallen«, andernfalls »in Noth, Plage und Leiden gerathen«. Aber Thomas Buddenbrooks Schlußsatz heißt »Ich werde leben!«

Thomas Mann hat das (erst nachträglich?) durchaus gesehen und – wohl übertreibend – ausgedrückt: »Das Buch hat ›es‹, weiß Gott, überallher, aber gerade von Schopenhauer hat es im Grunde nichts. Die Idee des ›Verfalls‹ kommt von Nietzsche (›Verfall eines Gottes‹!), den ich früher las.« So spricht aus Thomas Buddenbrooks hymnischen Ausbrüchen nicht mehr der weltverneinende Pessimismus Schopenhauers, sondern die lebensbejahende, dionysische Welterfahrung Nietzsches. Man braucht nur die Kennzeichnung der Gruppe, die er »liebt«, anzusehen: Sie sind, wie der erträumte Knabe, »gerade gewachsen, ungetrübt, rein, grausam« – Nietzsches Vorstellung vom neuen »Herrenmenschen«. Thomas Buddenbrook ist noch nicht so weit. Er kehrt in das bürgerliche Leben zurück; die »bürgerlichen Instinkte« regen sich gegen diese Traumwelt, wie schon in dem, mit leiser Ironie festgestellten, »ganz kleinen Gefühl von Geniertheit« deutlich wird. Er ist zu müde und zu schwach für die »hohen und letzten Wahrheiten«, nach denen er die Hände ausgestreckt hatte. So behält Schopenhauer recht: Der Charakter des Menschen wird durch den Willen bestimmt. Thomas kann auch bei Einsicht in die Widersprüchlichkeit seiner Haltung sein Verhalten nicht ändern, sondern muß, »vom Anfang seines Lebens bis zum Ende desselben den von ihm mißbilligten Charakter durchführen und gleichsam die übernommene Rolle bis zu Ende spielen«.

Ab dem zweiten Kapitel des elften und letzten Teils steht Hanno, Thomas' Sohn, im Mittelpunkt. Mit ihm geht der Entfremdungsprozeß von der Bürgerlichkeit zu Ende. Er übernimmt die Kaufmanns-»Rolle« nicht mehr, macht keinerlei Versuche, sich das notwendige Rüstzeug anzueignen. Er ist der Typus des décadent, wie ihn Nietzsche in kritischer Absicht (in bezug auf Richard Wagner) gebraucht hat: kränklich, unpraktisch, den Anforderungen, die das bürgerliche Leben stellt, nicht gewachsen. Schon sein Erwachen am Morgen ist symptomatisch:

Das Werk der Weckuhr schnappte ein und rasselte pflichttreu und grausam. Es war ein heiseres und geborstenes Geräusch, ein Klappern mehr als ein Klingeln, denn sie war altgedient und abgenutzt; aber es dauerte lange, hoffnungslos lange, denn sie war gründlich aufgezogen.

Hanno Buddenbrook erschrak zuinnerst. Wie jeden Morgen zogen sich bei dem jähen Einsetzen dieses zugleich boshaften und treuherzigen Lärmes auf dem Nachttische, dicht neben seinem Ohre, vor Grimm, Klage und Verzweiflung seine Eingeweide zusammen. Äußerlich aber blieb er ganz ruhig, veränderte seine Lage im Bette nicht und riß nur rasch, aus irgendeinem verwischten Morgentraume gejagt, die Augen auf.

Es war vollkommen finster in der winterkalten Stube; er unterschied keinen Gegenstand und konnte die Zeiger der Uhr nicht sehen. Aber er wußte, daß es sechs Uhr war, denn er hatte gestern abend den Wecker auf diese Stunde gestellt. Gestern ... gestern ... Während er mit angespannten Nerven, um den Entschluß kämpfend, Licht zu machen und das Bett zu verlassen, regungslos auf dem Rücken lag, kehrte ihm nach und nach alles ins Bewußtsein zurück, was ihn gestern erfüllt hatte ... (Er) hatte (am Abend vorher) den Wecker gerichtet und geschlafen, so tief und tot, wie man schläft, wenn man niemals wieder erwachen möchte. Und nun war der Montag da, und es war sechs Uhr, und er hatte für keine Stunde gearbeitet!

Er richtete sich auf und entzündete die Kerze auf dem Nachttische. Da aber in der eiskalten Luft seine Arme und Schultern sofort heftig zu frieren begannen, ließ er sich rasch wieder zurücksinken und zog die Decke über sich.

Die Zeiger wiesen auf zehn Minuten nach sechs Uhr. Ach, es war sinnlos, nun aufzustehen und zu arbeiten, es war zuviel, es gab beinahe für jede Stunde etwas zu lernen, es lohnte nicht, damit anzufangen, und der Zeitpunkt, den er sich festgesetzt, war sowieso überschritten ...

Das Draußen ist Kälte, Widrigkeit, das Drinnen Wärme, Geborgenheit. Hanno ist ein Träumer. Er lebt von der Erinnerung an das »Glück«, das »über ihn gekommen mit seinen Weihen und Entzükkungen, seinem heimlichen Erschauern und Erbeben (...), seinem ganzen überschwenglichen und unersättlichen Rausche (...)« – Wagners ›Lohengrin‹, zu dem er seine Mutter hatte begleiten dürfen. Und er

hatte wieder empfunden, wie wehe die Schönheit tut, wie tief sie in Scham und sehnsüchtige Verzweiflung stürzt und doch auch den Mut und die Tauglichkeit zum gemeinen Leben verzehrt.

Das Gemeine lehnt er ab. Selbst als er – schlecht vorbereitet – in Latein geprüft wird und sein Vordermann ihn ins Buch schauen läßt, in einer für ihn äußerst großen Notlage, betrügt er zwar, aber mit »Absicht so schlecht wie möglich, nur um den Betrug dadurch weniger gemein zu machen«. Und als der Kandidat Modersohn ausgerechnet ihn bestraft, der sich an den Streichen der Klasse nicht beteiligt hat, weil er ihn »in diesem Augenblick« wegen seiner Schwäche »liebte«, steigt Lebensekel in ihm auf:

Selbst das Mitleid wird einem auf Erden durch die Gemeinheit unmöglich gemacht, dachte Hanno. Ich nehme nicht daran teil, Sie zu quälen und auszubeuten, Kandidat Modersohn, weil ich das brutal, häßlich und gewöhnlich finde, und wie antworten Sie mir? Aber so ist es, so ist es, so wird es immer und überall sich verhalten, dachte er, und Furcht und Übelkeit stiegen wieder in ihm auf. Und daß ich Sie obendrein so widerlich deutlich durchschauen muß!

Daß er dies »durchschaut«, gehört zu seinem Wesen. Wer aber durchschaut und nicht dagegen aufstehen will (oder kann), der ist in dieser Welt verloren. Der Ekel vor dieser Welt mündet zusammen mit seiner allgegenwärtigen Angst in Todessehnsucht: »Ich möchte schlafen und nichts mehr wissen. Ich möchte sterben, Kai«, sagt er im Gespräch zu seinem einzigen Freund Kai, Graf Mölln, von dem ihn so vieles trennt und der ihn doch versteht. Kai schreibt Geschichten, mit deren Hilfe er die Wirklichkeit bewältigt. Eben dies kann Hanno nicht. Er kann kein Kunstwerk schaffen, dafür wäre er zu schwach und zu müde. Seine Musikalität erlaubt immerhin Nachempfindung, und so benützt er die Musik, um aus der Wirklichkeit zu fliehen. Sie befreit ihn aus den Zwängen der bürgerlichen Welt, aber sie birgt auch die Gefahr der Todesnähe. Und es ist kein Zufall, daß es Richard Wagners Musik ist, zu der es ihn zieht. Im ›Fall Wagner‹ hat Nietzsche gesagt, Richard Wagner habe »die Musik krank gemacht – ein typischer décadent«; und Hannos Musiklehrer Pfuhl meint, die Musik könne den jungen »Geist (...) ganz und gar vergiften«. Dies führt wieder zurück zu Schopenhauer. Während in seiner Ideenwelt der Intellekt in der Regel dem Willen untertan bleibt, also nur als Instrument des Willens zum Leben dient, löst sich der Künstler aus seiner individuellen Gebundenheit. Am tiefsten wird dies in der Musik erlebt, weil sie alle sinnliche Gegenständlichkeit hinter sich läßt und selbst zum Willen wird. Damit befreit sich das Individuum aus der »Individuation«, hat Anteil am Überindividuellen. Aber Hannos Musikerlebnis wird auch ausdrücklich als »Orgie« bezeichnet. Daß es gefährlich ist, weiß Hanno durchaus: »›Ja, ich werde wohl spielen‹, sagte er, ›obgleich ich es nicht tun sollte (...). Aber ich werde wohl spielen, ich kann es nicht lassen, obgleich es alles noch schlimmer macht.‹« So spielt er denn ein letztes Mal, und die dramatische Beschreibung dieses rauschhaften Musikerlebnisses, das wie eine Urgewalt von Hanno Besitz ergreift und ihn zu immer weiteren ständig gesteigerten Einfällen drängt, scheint das letzte Aufbäumen Hannos, und mit ihm der ganzen Familie Buddenbrook, gegen den Niedergang nachzuempfinden.

Als er geendet hat, ist er ganz erschöpft:

Hanno saß noch einen Augenblick still, das Kinn auf der Brust, die Hände im Schoß. Dann stand er auf und schloß den Flügel. Er war sehr blaß, in seinen Knien war gar keine Kraft, und seine Augen brannten. Er ging ins Nebenzimmer, streckte sich auf der Chaiselongue aus und blieb so lange Zeit, ohne ein Glied zu rühren.

Nahezu ohne Übergang schließt das dritte Kapitel mit der berühmten Lexikon-Montage an und stellt so einen denkbar krassen Kontrast her: »Mit dem Typhus ist es folgendermaßen bestellt«, beginnt der Eintrag, und er endet:

In die fernen Fieberträume, in die glühende Verlorenheit des Kranken wird das Leben hineingerufen mit unverkennbarer, ermunternder Stimme. Hart und frisch wird diese Stimme den Geist auf dem fremden, heißen Wege erreichen, auf dem er vorwärts wandelt, und der in den Schatten, die Kühle, den Frieden führt. Aufhorchend wird der Mensch diese helle, muntere, ein wenig höhnische Mahnung zur Umkehr und Rückkehr vernehmen, die aus jener Gegend zu ihm dringt, die er so weit zurückgelassen und schon vergessen hatte. Wallt es dann auf in ihm, wie ein Gefühl der feigen Pflichtversäumnis, der Scham, der erneuten Energie, des Mutes und der Freude, der Liebe und Zugehörigkeit zu dem spöttischen, bunten und brutalen Getriebe, das er im Rücken gelassen; wie weit er auch auf dem fremden, heißen Pfade fortgeirrt sein mag, er wird umkehren und leben. Aber zuckt er zusammen vor Furcht und Abneigung bei der Stimme des Lebens, die er vernimmt, bewirkt diese Erinnerung, dieser lustige, herausfordernde Laut, daß er den Kopf schüttelt und in Abwehr die Hand hinter sich streckt und sich vorwärts flüchtet auf dem Wege, der sich ihm zum Entrinnen eröffnet hat – nein, es ist klar, dann wird er sterben.

Die ›Buddenbrooks‹ waren Thomas Manns erster Roman. Da er bis zu diesem Zeitpunkt ganz im Stil der Zeit nur kürzere Erzählungen verfaßt hatte, stellte sich für ihn die Frage, wie die vielen Einzelstränge formal zusammenzubinden wären. Das Studium von Tolstois vielschichtigem Roman ›Krieg und Frieden‹ legte eine Einteilung in Teile und Kapitel nahe, und die leitmotivartige Verflechtung durch Begriffswiederholungen (z.B. »Welt«) entgeht dem aufmerksamen Leser sicher nicht. Aber schon 1904 antwortete er auf eine Rundfrage: »Fragte man mich nach meinem Meister, so müßte ich einen Namen nennen (...): Richard Wagner.« Und er nennt ausdrücklich den »Geist des Nibelungenrings«, vor allem aber Wagners Wirkungsmittel: »Das Motiv, das Selbstzitat, die autoritative Formel, die wirkliche und gewichtige Rückbeziehung (...), die symbolische Gehobenheit des Moments.« Hans Wysling erläutert dies am Beispiel der Häuser in den ›Buddenbrooks‹: »Im ersten Buch (...) klingt das Rheingold deutlich genug an (...). Das alte Patrizierhaus an der Mengstraße entspricht Wotans ›Götterburg‹. Auch der Einzug der Götter in Walhall ist schon durch eine Forderung verdeutlicht: Der Riese will seinen Lohn, so wie Gotthold die Auszahlung seines Anteils (...). Auf dem Höhepunkt seiner Geschichten zeigt sich (...) der Riß, der bereits das Ende vorwegnimmt.«

Aber bei Wagner findet Thomas Mann auch das Prinzip der miteinander verknüpften »Grundmotive« als Kompositionsmöglichkeit. Dazu mußte er die musikalische Leitmotivtechnik Wagners ins Epische übertragen. Er ging dabei über Tolstoi (oder auch Zola) hinaus, indem er sie nicht »auf eine bloß naturalistisch-charakterisierende sozusagen mechanische Weise, sondern in der symbolischen Art der Musik verwendete«, wie er in der Rückschau betonte. In der Regel besteht das epische Leitmotiv aus »einem identischen textlichen Grundelement – Adjektiv oder Substantiv« (Børge Kristiansen) bzw. einer Verbindung von beiden, das häufig wiederholt wird und in unterschiedlichen Verbindungen und Situationen erscheint, so daß vielfältige Deutungszusammenhänge entstehen. Thomas Mann will damit die durch den Umfang mögliche Unübersichtlichkeit verhindern, gleichzeitig aber auch durch die Veränderung der Situationen, in denen die »Leitmotive« auftauchen, eine Verflechtung und Vertiefung erreichen.

So entstehen »schillernde Beziehungskomplexe« (Hans Wysling). In den ›Buddenbrooks‹ wird das an dem schon im Untertitel auftauchenden Begriff »Verfall« besonders deutlich. Er ist den ganzen Roman hindurch gegenwärtig und bildet für den Leser einen steten Orientierungspunkt. Dabei erweist er sich im Laufe der Zeit als nicht so eindeutig negativ, wie ihn der Leser anfangs versteht. Dem »Degenerationsprozeß«, dessen äußeren Ausdruck der wirtschaftliche Niedergang und die Beschädigung der bürgerlichen Familie darstellt, steht ein Prozeß der Verfeinerung im künstlerischen Bereich gegenüber. In den ›Betrachtungen eines Unpolitischen‹ hat Thomas Mann darüber reflektiert: »Was ich erlebt und gestaltete (...), das war *auch* eine Entwicklung und Modernisierung des Bürgers, aber nicht seine Entwicklung zum Bourgeois, sondern seine Entwicklung zum ›*Künstler*‹.«

Ricarda Huch
Michael Unger

Einen nicht unbeträchtlichen Anteil an der Freilegung des uneingelösten utopischen Gehalts, der »Modernität« und Intellektualität der romantischen Kunst hat Ricarda Huch (1864–1947), die mit zwei bedeutenden Büchern (›Blütezeit der Romantik‹, 1899, und ›Ausbreitung und Verfall der Romantik‹, 1902; seit 1908 vereinigt unter dem Titel ›Die Romantik‹) sich einen Platz in der Geschichte der germanistischen Wissenschaft errang.

Neben Autoren wie Agnes Miegel, Hermann Hesse oder dem jungen Stefan George kann man sie daher mit einer gewissen Berechtigung literatur- und stilgeschichtlich der »Neuromantik« zuordnen, auch wenn dieser Stilbegriff – wie viele andere – nicht unproblematisch ist. In einem 1902 gehaltenen Vortrag (›Über den Einfluß von Studium und Beruf auf die Persönlichkeit der Frau‹) plädierte sie engagiert dafür, Frauen das Studium und eine berufliche Betätigung zu ermöglichen. Ganz im Stil der Zeit preist sie das Studium: »Die Möglichkeit, sich nach allen Seiten auszuleben ist es eben, was den unvergleichlichen Reiz des Universitätslebens ausmacht.« In ihrem 1903 erschienenen Roman ›Vita somnium breve‹ (der seit der fünften Auflage 1913 den Titel ›Michael Unger‹ trägt), ist es eben dieses Sich-Ausleben, das der Titelheld für sich in Anspruch nehmen möchte. Unter dem Einfluß der Begegnung mit der Malerin Rose Sarthorn kommt dem etwa dreißigjährigen Kaufmann sein bisheriges Leben wertlos vor, scheint seine Umgebung sich »zu einer bedrohlichen Feindesmacht gegen ihn zu verbünden«.

Michael Unger verläßt seine Frau und seinen Sohn, um Medizin zu studieren und Arzt zu werden; außerdem will er natürlich der geliebten Malerin nahe sein. Sein neues, den Roman leitmotivisch durchziehendes Lebensmotto lautet so pathetisch wie schlicht: »O Leben, o Schönheit!« Zwölf Jahre später hat sich die Euphorie des Aufbruchs allerdings gelegt, ist Michael Unger zu seiner Familie zurückgekehrt, um nun die Verantwortung für die Erziehung seines Sohnes Mario zu übernehmen, an dessen problematischer Entwicklung schuld zu sein er erkennt. Zwischen himmelstürmendem Neubeginn und entsagender Heimkehr spannt sich eine Romanhandlung, in der die Autorin eine künstlerische Objektivierung der eigenen Lebenserfahrungen wie ihrer literaturkritischen Romantik-Studien unternommen hat.

Die Konfrontation der Titelfigur mit einer größeren Gruppe von Studenten erlaubt es der Verfasserin zwanglos, die weltanschaulichen Streitfragen ihrer Zeit aufzugreifen, die Diskussionen um Richard Wagner und seine Musik ebenso wie die, was in der Kunst erlaubt und was zu verbieten sei.

Eines Abends gingen alle, auch der Freiherr, in das Theater, wo eine neuere Oper gegeben wurde, deren Aufführung wegen außerordentlicher Anforderungen an die Ausstattung auch an Bühnen größerer Städte eine Seltenheit und für Musikfreunde ein Ereignis war. Der Freiherr war der einzige, dem sie bekannt, und obwohl er sie nicht liebte, ging er hin, um den Eindruck zu beobachten, den sie machen würde. Fast alle waren mehr oder weniger gepackt und hingerissen, am meisten Arabell und Robert Hertzen, die, betäubt und fassungslos wie nach einer göttlichen Erscheinung, den übrigen nach einem großen Wirtsgarten am See folgten, wo die warme Nacht beschlossen werden sollte. Sie nahmen anfänglich an dem Gespräch, das sich entspann, nicht teil, bis Michael zu Arabell sagte:»Ich glaube, Ihre Seele übt einen neuen Tanz ein, und wir müssen warten, bis sie fertig ist.« Sie seufzte wie ein Schläfer, den man beim Namen gerufen hat und der ungern erwacht, und es schien, als ob sie langsam wiedererkannte, was sie umgab. »Ich habe noch nie einen so starken Eindruck gehabt«, sagte sie. »Dies gibt es, und ich kannte es nicht! Ja, meine Seele tanzt einen Tanz, gegen alle ihre früheren Bewegungen lahm und irdisch waren; denn diese Musik verhält sich zu der, die in mir war und mir oft so süß klang, wie Gottes Ich und hohes Bewußtsein sich zu unserem Ich und Bewußtsein verhalten mag.«

»Nein«, rief der Freiherr heftig, »wenn der Vergleich stimmte, hätten Sie die Musik gar nicht verstanden, vielmehr bewegte sie Sie so gewaltig, weil sie Ihre eigenen Träume und Melodien darin stark und geschickt nach außen in die Sinnenwelt versetzt finden.« Arabell schüttelte den Kopf und entgegnete: »Ersehnt habe ich diese Klänge wohl, wie man ja auch Gott ersehnt, ohne sich mit ihm vergleichen zu können. Mir war bei den ersten Akkorden zumute wie einem, der lange vor dem Standbilde der verschleierten Isis gekniet und gebetet und geharrt hat, und der plötzlich sieht, daß die Hülle zittert und rauscht und im nächsten Augenblick den Götterleib erscheinen lassen wird.«

»Ich hätte mir's denken können«, rief der Freiherr unmutig, »Sie gehören auch zu den Ratten, die des Rattenfängers Flöte nachlaufen und sich in voller Begeisterung in den Sumpf locken lassen und ersaufen.«

Zum Teil treten besonders exponierte Persönlichkeiten in durchsichtiger Verkleidung als Romanfiguren auf – Stefan George etwa wird als Vertreter eines elitären Ästhetizismus in der Gestalt eines Dichters, der sich Aristos nennt, deutlich kritisiert. Der um 1900 viel beachtete Zoologe und Philosoph Ernst Haeckel (1834–1919) dürfte für einen der wichtigsten Charaktere des Romans, für den Freiherrn v. Recklingen nämlich, Pate gestanden haben. Von ihm heißt es, er habe sich »durch eine Untersuchung über Tiere der Tiefsee hervorgetan«, was als Anspielung auf Haeckels mehrbändiges Werk ›Kunstformen der Natur‹ (1899–1903), in dem er die phantastischen Formen der Radiolarien, Quallen und Medusen beschrieben hat, gedeutet werden kann. Haeckel hatte – ausgehend von Darwins Abstammungslehre – eine eigene, als »Monismus« bezeichnete Evolutionstheorie entwickelt und in seinem »Bestseller« ›Die Welträthsel‹ (1899) popularisiert (vgl. S. 23). In Ricarda Huchs Roman ist von der »überlege-ne(n) Anschauung des Allgemeinen« die Rede, die dem Freiherrn v. Recklingen eigne.

Weltall und Weltseele waren ihm nicht bloße Worte, sondern innerstes Glau-bensbekenntnis, und in der Überzeugung vom Zusammenhange aller Erschei-nungen und von ihrer Wesenhaftigkeit war ihm das Große wie das Kleine gleich heilig und wichtig. Ihm war die Erde ein lebendiger Leib und wieder-um auch ein Glied des ungeheuren Gestirnleibes; ebenso begriff er jede Pflan-ze und jedes Tier als selbsttätige Seele, die aber doch erst verständlich wurde als Glied eines allgemeinen Wesens, das man Tierreich und Pflanzenreich nennt.

Charakteristisch für Ricarda Huchs Erzählkunst ist, daß solche Exkur-se nicht aus dem Romanzusammenhang herausfallen, daß, auch wenn die Figuren auf spezifische Positionen des zeitgenössischen Geistes-lebens verweisen, sie dennoch nicht zu eindimensionalen Stichwort-lieferanten verkommen, nicht bloß modische Spruchblasen von sich geben. Wie den Erzählern der Romantik, die auf ähnliche Weise na-turphilosophische Theorien und kunsttheoretische Reflexionen in ihre Werke aufgenommen haben, ist ihr die epische Integration gelungen.

So nützt die Autorin z.B. ein Gespräch, in dem es um die berufli-che Zukunft von Michael Ungers jüngstem Bruder Gabriel geht, da-zu, die geistesaristokratische und menschenfeindliche Haltung Ari-stos' zu verdeutlichen, der für sich in Anspruch nimmt, als Künstler seinen Träumen leben zu können:

Aristos sagte, indem er einen kalten Blick auf Raphael [ein anderer Bruder Michaels; d. Hg.] warf: »Das ist der größte Fehler der Menschen, daß sie die Träume vom Leben scheiden; die edlen, würzigen und wohlriechenden Blät-ter nennen sie Träume und streifen sie ab, und was als ihr Leben zurück-bleibt, ist ein gemeiner, häßlicher Strunk.« Michael sagte schnell, um zu ver-hindern, daß Raphael eine gereizte Antwort gäbe: »Was folgt nun daraus, wenn Sie Ihren Satz auf Gabriels Zukunft anwenden?« »In früheren Zeiten«, sagte Aristos, »wurde die gelderzeugende Arbeit von Sklaven und Leibeige-nen besorgt; können wir diese Einrichtung auch nicht wieder einführen, so wird es doch immer natürliche Arbeiter und Sklaven wie natürliche Herren geben, und die ersten werden stets in der Überzahl sein. Meine Meinung ist, daß diese als Packträger, Kesselflicker, Bankdirektoren oder was sonst ihrem angeborenen Beruf nachgehen und für die Bedürfnisse der wenigen sorgen, die ihren Träumen leben wollen.« Bevor Michael antworten konnte, rief der alte Unger, der aufmerksam zugehört hatte, dunkelrot im Gesicht und sich weit vorbeugend: »Ich glaube, daß es meinem Sohne eben recht wäre, wenn ich zeitlebens den Packträger für ihn machte, damit er träumen, oder besser gesagt, faulenzen könnte. Aber glücklicherweise stehen wir in Zeiten, wo selbst die Könige Pflichten haben und die Müßiggänger die eigentlichen Skla-ven sind.« Während die anderen über den groben Ausfall gegen den Gast erschraken, blieb Aristos' fahles Gesicht so unverändert, als ob etwa ein Löffel mit Geklirr auf den Boden gefallen wäre. »Ja, auf unseren Thronen sitzen freilich selten Könige«, bemerkte er ruhig (...).

Der Einfluß der Romantiker ist – das liegt bei dieser Schriftstellerin nahe – bis in die Feinheiten ihrer Sprache bei Naturbeschreibungen und bis in die Wahl ihrer Bilder spürbar. »Es tat ihm wohl«, so heißt es von Michael Unger einmal, »wenn der Mantel seines Begleiters sich hinter ihm aufblähte und in der Luft stand wie ein sausender Fittich; auch meine Seele wird die Flügel regen, dachte er, und sie werden mich über Hügel und Berge tragen, dahin, wo die Gedanken schweigen, dahin, wo Götter wohnen.« Die Anklänge an das Gedicht ›Mondnacht‹ von Joseph von Eichendorff und an eine Stelle aus E.T.A. Hoffmanns Erzählung ›Der goldne Topf‹ sind deutlich: »(...) Und meine Seele spannte / weit ihre Flügel aus, / flog durch die stillen Lande, / als flöge sie nach Haus.« (Eichendorff) und »(...) da setzte sich der Wind in den weiten Überrock und trieb die Schöße auseinander, daß sie wie ein Paar große Flügel in den Lüften flatterten und es dem Studenten Anselmus (...) vorkam, als breite ein großer Vogel die Fittiche aus zum raschen Fluge.« (Hoffmann)

Die fast formelhaft anmutende Verwendung solch genuin romantischer Seh- und Denkweisen verdeutlicht, daß ein künstlerischer Rückgriff auf historisch abgeschlossene Epochen ästhetisch zumindest problematisch ist.

Die Brüchigkeit des Romanschlusses, die recht klägliche Rückkehr des Helden in den Schloß der Familie, der Verzicht auf den so kühn begonnenen Versuch einer allseitigen Entfaltung seiner Individualität, das fast banale Ende der Liebesbeziehung zu Rose Sarthorn, die sich schließlich für den Freiherrn entscheidet, all dies zeigt, daß der klassisch-romantische Bildungsroman nicht bruchlos ins zwanzigste Jahrhundert zu verpflanzen war. Allerdings spricht für Ricarda Huch, daß sie die Fragwürdigkeit solcher Verfahrensweisen erkannt und im Roman selbst thematisiert hat:

Diese Bierbrauer und Kommerzienräte glauben, wenn sie ihre Wände mit Teppichen behängt, ein paar Kübel mit grünen Pflanzen davorgestellt und ihre schönen Weiber recht herausgeputzt haben, sie hätten Italien und das Alter der Renaissance leibhaftig gemacht. Sie wissen nicht, daß die Götter alles Große um Schmerzen und Mühen verkaufen, und ebensowenig, daß die Erinnerung erst Fleisch und Knochen von der Seele wegschmelzen und Traumgewänder darüberhängen muß, damit die Menschen und Dinge so schön werden, wie wir die längstvergangenen sehen. Je mehr sie sich mit allem Zubehör der Jahrhunderte ausstaffieren und mit vollen Backen zechen, um etwas Dionysisches vorzustellen, desto mehr verfallen sie der Zeitlichkeit, die wie ein hungriger Hund nach den fettesten Beinen schnappt.

Hermann Löns
Der Wehrwolf

Als charakteristisches Werk der »Heimatkunst« (vgl. S. 67 ff.) kann der 1910 erschienene Roman ›Der Wehrwolf. Eine Bauernchronik‹ von Hermann Löns (1866–1914) gelten. In der antimodern-historisierenden Schilderung niederdeutsch-kerniger Bauernkraft, im holzschnittartigen Schwarz-Weiß der Figuren entspricht er den Vorstellungen, wie sie etwa Julius Langbehn in seinem Großessay ›Rembrandt als Erzieher‹ geäußert hat, ebenso wie in der Darstellung der Bedrohungen, denen die ländliche Umwelt, das Dorf als idealisierte Heimat durch äußere Einflüsse ausgesetzt ist. Die vielfältigen Identifikationsangebote an den Leser, aber auch seine reißerischen Elemente machten das Buch zu einem bedeutenden und bedenklichen Publikumserfolg.

Der Autor, der sich als Achtundvierzigjähriger 1914 freiwillig zum Kriegsdienst gemeldet hatte und zwei Monate nach dem Kriegsausbruch fiel, ist heute noch bekannt durch seine intensiven Schilderungen der Tierwelt in der Lüneburger Heide; ein Teil seiner Gedichte (›Der kleine Rosengarten‹) war von der bündischen Jugend begeistert aufgegriffen worden.

Der Roman hat das Selbsthelfertum einer Gruppe norddeutscher Bauern im Dreißigjährigen Krieg zum Thema, die geschart sind um ihren Anführer Harm Wulf. Gegen die nicht abreißende Folge von Gewalttaten, die ihnen von der verrohten Soldateska, von Marodeuren aller Art und von verzweifelten, um ihre nackte Existenz ringenden anderen Bauern angetan werden, schließen sich die Bewohner des Dorfes Ödringen als »Wehrwölfe« zusammen. Sie rechtfertigen die Gegengewalt mit der Verkehrung der göttlichen Weltordnung: »Es ist so, als ob unser Herrgott für eine Weile die Herrschaft abgegeben hat, und nun hat der leibhaftige Satan das Leit in der Hand.« Bemäntelt wird sie durch alttestamentarische Rachevorstellungen bzw. durch ein heidnisch inspiriertes, von aller Feindesliebe »befreites« Christentum:

Lieber wäre es uns ja, wir könnten so leben wie früher, unsere Arbeit in Frieden tun und Gott loben. Aber das ist nun mal nicht anders und darum sage ich euch: was nicht hierher gehört, was im Lande herumzieht und raubt und stiehlt, was Menschen schindet und Häuser ansteckt, das ist Raubzeug und muß auch so behandelt werden. Schimpf um Schimpf, Schlag um Schlag, Blut um Blut, daran wollen wir festhalten, auf daß es uns gut geht und wir lange leben auf Erden!

Stillschweigend geduldet von der Obrigkeit, die größtenteils hilflos dem chaotischen Kriegsgeschehen gegenübersteht, verüben die Bauern, um ihre Familien zu schützen und die Lebensgrundlage ihres Dorfes zu bewahren, ebenso gräßliche Gewalttaten wie ihre Feinde. »Besser fremdes Blut am Messer, als ein fremdes Messer im eigenen Blut.«

Weit davon entfernt, die Verselbständigung der Gewalt kritisch zu reflektieren und unter weitgehendem Verzicht auf eine Problematisierung der Romanfiguren, stellt der Autor die Aktionen der »Wehrwölfe« vielmehr zunehmend als eine Art sportliche Jagd oder als Zeitvertreib dar. Ein Überfall auf eine »Bande von Schweden« wird geplant:

Das alte Ablauern hinter den Büschen ist auf die Dauer langweilig, meine ich. Wir holen uns noch Stücker zwanzig Mann oder mehr dazu und dann reiten wir sie glatt über.

Das Ende des Gemetzels sieht so aus:

Und da taten die Pistolen, die Bleiknüppel und die Barten ihre Schuldigkeit, bis der letzte Reiter aus dem Sattel war. Aber von den Wehrwölfen hatten sieben Mann auch tüchtig etwas abgekriegt und am meisten Schütte; er hatte einen Schuß mitten durch die Brust und starb nach einer Viertelstunde. Sein letztes Wort aber war: »Kinder war das ein Spaß!«

Die archaisierende Sprache, die mundartliche Stilisierung (die teilweise so weit geht, daß dem Roman für »ost- und süddeutsche Leser« ein Glossar beigegeben wurde) hätten durchaus eine Chance sein können, Sprachkonventionen zu hinterfragen, doch dient die angestrebte »Volkstümlichkeit« hier nur einer fragwürdigen Ideologie. Daß der Erzähler sich niemals über den Horizont der »Wehrwölfe« erheben möchte, bringt künstlerische Probleme mit sich, die der Autor nicht lösen konnte oder wollte. Wenn die Bauern von Mord und Totschlag in Metaphern ihres Lebensbereichs sprechen, scheinen diese gleichsam natürlich und naturnotwendig zu sein: »Krieg ist Krieg und beim Gänserupfen fliegen Federn«, da »fingen die bleiernen Gnitten [= Mücken] an zu beißen, daß das Blut danach kam«, »dann fegten sie das Kaff [= Spreu] von der Deele«. Ganz abgesehen von der Verharmlosung des Schrecklichen, die damit einhergeht, verschwindet auch der konkrete historische Hintergrund.

In einigen Passagen des Romans werden Folter, Hinrichtung und andere Greuel von Löns nicht ohne ein spürbares Behagen ausgemalt.

Alle hundertundelf Wehrwölfe und meist ebenso viele Boten standen um den Haidberg. Als der Wagen angefahren kam, ging ein Gemurmel reihum. Der Nebel teilte sich und fing zu tanzen an, und da wurden zwei Fuhrenbäume sichtbar, denen die Kronen abgehauen waren und die oben ein Querholz hatten, das sie zusammenhielt; daran hing links ein toter Hund und rechts ein verrecktes Schwein, und dazwischen waren zwei Stricke, die bis auf den Erdboden reichten.

Alle die zweihundert Männer sahen dorthin, wo die Knechte die Säcke aufbanden, die beiden Männer herauszogen und ihnen die Fußkoppeln abbanden, sie auf die Beine stellten und bis vor den Oberobmann brachten, nachdem sie ihnen die Lappen aus dem Munde genommen hatten. (...)

»Dennso haben wir befunden«, sprach der Richter, »daß sie beide um ihre Hälse eine Wiede haben sollen und aufgehängt werden sollen sieben Schuh höher, denn ein gemeiner Schandkerl, und zwischen den Äsern von einem verreckten Köter und einer gefallenen Sau, bis sie tot sind, und es soll sich keiner getrauen und sie abnehmen und bestatten, wenn es ihn nicht gelüstet, an ihre Stelle zu kommen!«

Er brach den einen Stock und warf ihn hinter sich und den anderen und gab die Wieden hin, und da fiel der Säugling auf die Knie und schrie: »Erbarm'«, denn weiter kam er nicht, weil er die Wiede schon über dem Adamsapfel hatte, und das Heilige Kreuz hatte knapp gewimmert: »Noch einen Augenblick, mir ist so schlecht!« da stand er schon mit der weidenen Krause um die Strosse zwischen den dreimal elf Männern unter der Feldlocke; ehe die Krähe dreimal geschrien hatte schwenkte der Wind sie hin und her, und dazu das Brett das ihnen zwischen die Hände gebunden war und auf dem zu lesen stand: »Wir Sind di Wölwe 1 Hundert und Elwe. Dis sind 2 Hunde und 2 Schweine. Sie Sind ganz obereine.«

Durch die gewählte Perspektive sind auch hier schnell die Grenzen des Darstellbaren erreicht; vermutlich setzt außerdem die Selbstzensur des Verfassers ein. Damit kann er aber sprachlich und erzählerisch nicht einlösen, was auf der inhaltlichen Ebene permanent behauptet wird, daß nämlich die Schrecken des einmal begonnenen Krieges sich immer weiter steigern. Innerhalb des neunten und zehnten Kapitels finden sich z. B. kurz hintereinander folgende Formulierungen:

Schlimme Zeit, Gott sei's geklagt! (...) Es wurde noch schlimmer als je vordem. (...) Das war dann das Allerschlimmste (...) und es wurde schlimmer denn je (...) Ging es doch immer schrecklicher in der Welt her. (...) Denn es wurde schlimmer von Tag zu Tag. (...) Greulich ging es jetzt im Lande her, so schlimm (...) Ganz schlimm wurde es aber erst (...) So schrecklich wurde es.

Langeweile stellt sich beim Leser ein, weil nach den dramatischen Ankündigungen nur stets dasselbe folgt. Bei den als Kontrast eingestreuten idyllischen Szenen von Brautschau, Ehe und Kindersegen kann man, wie ein Kritiker formulierte, die »Kernseife dieses sauberen Deutschtums förmlich riechen« (H.-D. Gelfert).

Am anderen Nachmittage traf sich das junge Volk in Engensen im Kruge und tanzte, daß die Deele donnerte, aber der Wulfsbauer sorgte dafür, daß nicht zu viel getrunken wurde und daß rund um den Krug und nach allen Richtungen um das Dorf Wachposten standen. Er selber stand an der großen Türe und sah zu, rauchte und trank ab und zu einen Schluck Bier aus dem Kruge, den er neben sich stehen hatte.

Ein Mädchen fiel ihm auf; sie mochte knapp achtzehn Jahre alt sein, hatte ein Gesicht wie Milch und Blut, Haare wie Haferstroh und war wie eine Tanne gewachsen. Sie tanzte mit einem langen, dünnen Bauernsohn, der ein Gesicht hatte wie ein Pott voll Mäuse. Ein jedesmal, wenn sie an Harm vorbeitanzte, sah sie ihn an, als wollte sie ihm ihr Herz vor die Füße legen. Es war Drewes zweite Tochter Wieschen, hörte er, von der man sagte, sie sei rein wie Nesselkraut, und mehr als einer von den Jungens im Dorfe hatte ein dickes Maul mitgenommen, wenn er einen Süßen von ihr haben wollte.

Ganz unübersehbar sind rassistische Seitenhiebe, vor allem gegen Zigeuner, von denen es mehrmals heißt, sie seien »keine richtigen Menschen« oder nur »halbe Menschen«. An eine solche Vorstellungswelt konnten die Nationalsozialisten später nahtlos anknüpfen.

Hermann Hesse
Peter Camenzind

Mehr noch als Thomas Mann gestaltet der Württemberger Hermann Hesse (1877–1962) Themen aus dem eigenen Erleben. Wie bei kaum einem anderen ist daher zumindest sein Frühwerk nur vor dem Hintergrund seiner Lebensgeschichte zu verstehen. Seine Entwicklung wird zunächst durch eine von Krisen gekennzeichnete Jugend bestimmt, die ihn schon früh zum Dichterberuf führt: »Von meinem dreizehnten Jahr an war mir das eine klar, daß ich entweder ein Dichter oder gar nichts werden wolle«, liest man in seinem ›kurzgefaßten Lebenslauf‹ aus dem Jahre 1929. Seine Eltern, der Vater ein aus dem Baltikum stammender Missionsprediger, die Mutter als Tochter eines schwäbisch-schweizerischen Missionars in Indien geboren, hatten freilich für ihn die Theologenlaufbahn im Auge und erzogen ihn im christlichen und weltbürgerlichen Geist. Das sogenannte »Landexamen«, eine Ausleseprüfung für die Begabten im Lande, schaffte 1890 die Voraussetzung für den Eintritt in das Seminar Maulbronn mit der Aussicht auf ein später kostenfreies Studium am evangelischen Stift der Universität Tübingen.

Aber die frühe Ahnung der Mutter (»Der Bursche hat ein Leben, eine Riesenstärke, einen mächtigen Willen (...) Gott muß diesen stolzen Sinn in Arbeit nehmen (...) ich schaudere beim Gedanken, was bei falscher und schwacher Erziehung aus diesem passionierten Menschen werden könnte«) trog nicht: nach knapp einem halben Jahr entweicht der eben 15jährige aus dem Seminar, wird von einem Landjäger eingefangen und verfällt nach der Wiedereinlieferung in tiefe Depressionszustände, die schließlich bis zur Behandlung durch Exorzisten und Nervenärzte führen. Ein weiterer Versuch an einem Gymnasium scheitert an ständigen Kopfschmerzen. Erst in einer Buchhändlerlehre in Tübingen findet er Ruhe und den Weg zur Dichtung. Ausdruck der gewonnenen Sicherheit ist der Band ›Hinterlassene Schriften und Gedichte von Hermann Lauscher. Herausgegeben von Hermann Hesse‹ (1901).

Den Durchbruch als Prosaschreiber schaffte Hesse mit ›Peter Camenzind‹ (1904). Die von Samuel Fischer geförderte längere Erzählung (seit den 50er Jahren auch als Roman bezeichnet) erfuhr innerhalb der folgenden zehn Jahre eine Auflage von 60000 Exemplaren und brachte Hesse finanzielle Unabhängigkeit, die ihm Heirat und feste Niederlassung in Gaienhofen am Bodensee ermöglichte.

›Peter Camenzind‹ kann man äußerlich als Gegenstück zu ›Hermann Lauscher‹ sehen. Während sich dieser in städtischer Umwelt als Ästhet und Sonderling gebärdet, ist Peter Camenzind eine Kunstfigur bäuerlicher Herkunft. In acht chronologisch geordneten Kapiteln zeigt der Autor die Entwicklung eines jungen Schweizers. Dabei erinnert zwar der episodenhafte Charakter der Darstellung gelegentlich an das frühere Werk, doch steht hier die Hauptgestalt stets im Mittelpunkt, sein zwiespältig angelegter Charakter trägt die Spannung, und die Entwicklung findet einen Abschluß, der allerdings als vorläufig gekennzeichnet wird: »Vielleicht kommt noch einmal die Zeit, daß ich (mit der großen Dichtung) von neuem beginne, fortfahre und vollende, dann hat meine Jugendsehnsucht recht gehabt, und ich bin doch Dichter gewesen.«

Peter Camenzind wächst in dem weltentlegenen kleinen Schweizer Bergdorf Nimikon auf. Er ist mit großer Körperkraft ausgestattet, aber ebenso ungewöhnlich faul. Liebste »Beschäftigung« ist ihm, sich »auf Felsen und Matten oder am Wasser müßiggängerisch herumzutreiben«. Sein Naturbild weist in die Romantik:

Berge, See, Sturm und Sonne waren meine Freunde, erzählten mir und erzogen mich und waren mir lange Zeit lieber und bekannter als irgend Menschen und Menschenschicksale. Meine Lieblinge aber, die ich dem glänzenden See und den traurigen Föhren und sonnigen Felsen vorzog, waren die Wolken.

Zeigt mir in der weiten Welt den Mann, der die Wolken besser kennt und mehr lieb hat als ich! Oder zeigt mir das Ding in der Welt, das schöner ist als Wolken sind! Sie sind Spiel und Augentrost, sie sind Segen und Gottesgabe, sie sind Zorn und Todesmacht. Sie sind zart, weich und friedlich wie die Seelen von Neugeborenen, sie sind schön, reich und spendend wie gute Engel, sie sind dunkel, unentrinnbar und schonungslos wie die Sendboten des Todes. Sie schweben silbern in dünner Schicht, sie segeln lachend weiß mit goldenem Rand, sie stehen rastend in gelben, roten und bläulichen Farben. Sie schleichen finster und langsam wie Mörder, sie jagen sausend kopfüber wie rasende Ritter, sie hängen traurig und träumen in bleichen Höhen wie schwermütige Einsiedler. Sie haben die Formen von seligen Inseln und die Formen von segnenden Engeln, sie gleichen drohenden Händen, flatternden Segeln, wandernden Kranichen. Sie schweben zwischen Gottes Himmel und der armen Erde als schöne Gleichnisse aller Menschensehnsucht, beiden angehörig – Träume der Erde, in welchen sie ihre befleckte Seele an den reinen Himmel schmiegt. Sie sind das ewige Sinnbild alles Wanderns, alles Suchens, Verlangens und Heimbegehrens. Und so, wie sie zwischen Erde und Himmel zag und sehnend und trotzig hängen, so hängen zag und sehnend und trotzig die Seelen der Menschen zwischen Zeit und Ewigkeit.

Oh, die Wolken, die schönen, schwebenden, rastlosen! Ich war ein unwissendes Kind und liebte sie, schaute sie an und wußte nicht, daß auch ich als eine Wolke durchs Leben gehen würde – wandernd, überall fremd, schwebend zwischen Zeit und Ewigkeit.

In einer Häufung von Vergleichen werden die Wolken von ständig sich verändernden Naturbildern zu Sinnbildern »aller Menschensehnsucht«, der Unruhe, des Suchens, zwischen Himmel und Erde vermittelnd, aber doch ohne Bindung an beide. Sie gleichen damit dem Menschen, dessen Seele »zwischen Zeit und Ewigkeit« schwebt. Und am Ende sind sie Sinnbild des Helden mit seiner Unstetheit, seiner Sehnsucht. Sie wird ihm bewußt bei seiner ersten Gipfelbesteigung:

Und nun sah ich, vom Augenblick ganz bezwungen, mit Angst und Jubel plötzlich die ungeheure Weite auf mich eindringen. So fabelhaft groß war also die Welt (...) Zugleich (...) zitterte etwas in mir gleich dem Zeiger der Komparsen mit unbewußtem Streben mächtig jener großen Ferne entgegen.

Seinen Weg aus der Enge heraus findet er über einen Pater aus dem nahegelegenen Kloster, der seine Begabung erkennt. Unterstützt wird er in seinem Wunsch durch einen Oheim, »und so gehörte nun auch meine Zukunft zu den gefährlichen Oheimsprojekten« (die alle zum Scheitern verurteilt waren).

Seine charakterliche »Ausstattung« scheint für die »Reise ins Leben« trotz aller Leichtigkeit des Auffassens nicht gerade sehr günstig: Die von der Mutter ererbte »bescheidene Lebensklugheit« und das »Stück Gottvertrauen« wiegen eine »unbesiegbare Trägheit«, die »Ängstlichkeit vor festen Entschließungen« und »die Unfähigkeit, mit Geld zu wirtschaften« nicht auf. Und der »frühe einseitige Umgang mit der Erde und ihren Pflanzen und Tieren hatte wenig soziale Fähigkeiten« in ihm aufkommen lassen. In seinen Träumen sieht er selbst den Beweis, »wie sehr ich leider einem rein animalischen Leben zuneige«. Seine Schulzeit am Gymnasium in der Stadt verläuft, was das Lernen betrifft, problemlos: »(...) obschon über meine Faulheit alle Lehrer einig waren, kam ich doch vorwärts und hatte meinen Platz über der Mitte.« Aber er spürt, daß hinter der Schule noch mehr liegen müsse, »das reine Geistige, eine zweifellose, sichere Wissenschaft«. Danach sehnt er sich ebenso wie nach einem Freund. Beides findet er am Gymnasium nicht.

Auch das Studium in Zürich, zu dem er sich nach dem Tod der Mutter und gegen den deutlichen Wunsch des Vaters entschließt, bringt keine Befriedigung. Die Liebe zur Malerin Aglietti bleibt unerwidert, das Leben der Bohèmegesellschaft ist ihm zuwider:

Zuweilen fiel mir auf, eine wie große Sehnsucht in allen diesen Seelen von heute nach Erlösung schrie und was für wunderliche Wege sie sie führte. An Gott zu glauben, galt für dumm und fast für unanständig, sonst aber wurde an vielerlei Lehren und Namen geglaubt, an Schopenhauer, an Buddha, an Zarathustra und viele andere. Es gab junge, namenlose Dichter, welche in stilvollen Wohnungen feierliche Andachten vor Statuen und Gemälden begingen. Sie hätten sich geschämt, sich vor Gott zu beugen, aber sie lagen auf Knien vor dem Zeus von Otrikoli. Es gab Asketen, die sich mit Enthaltsamkeit quälten und deren Toilette zum Himmel schrie. Ihr Gott hieß Tolstoi oder Buddha. Es gab Künstler, die sich durch wohlerwogene und abgestimmte Tapeten, Musik, Speisen, Weine, Parfüme oder Zigarren zu aparten Stimmungen anregten. Sie sprachen geläufig und mit erkünstelter Selbstverständlichkeit von musikalischen Linien, Farbenakkorden und ähnlichem und waren überall auf der Lauer nach der »persönlichen Note«, welche meist in irgendeiner kleinen, harmlosen Selbsttäuschung oder Verrücktheit bestand. Im Grunde war mir die ganze krampfhafte Komödie amüsant und lächerlich, doch fühlte ich oft mit sonderbarem Schauder, wieviel ernste Sehnsucht und echte Seelenkraft darin flammte und verloderte.

An dies halbflügge Volk seltsam gekleideter und frisierter Dichter und schöner Seelen kann ich mich nur mit Grauen und Mitleid erinnern, da ich erst nachträglich das Gefährliche dieses Umganges einsah. Nun, mich bewahrte mein Oberländer Bauerntum davor, an dem Tummel teilzunehmen.

Neben der offensichtlichen allgemeinen Kulturkritik bedeutet die Stelle in der Entwicklung Peter Camenzinds einen wichtigen Schritt. Er erfaßt, daß seinem »Wesen und Leben noch der tiefe, eigene Grundton« fehlt, erkennt aber noch nicht, daß er »an einer Sehnsucht litt, welcher nicht Liebe noch Ruhm Grenze und Erfüllung sind«.

Im Rückblick erklärte Hermann Hesse 1951 französischen Studenten, die den ›Peter Camenzind‹ als Thema vorgelegt bekamen:

Sein Ziel und Ideal ist es nicht, Bruder in einem Bündel, Mitwisser in einer Verschwörung, Stimme in einem Chor zu sein. Sondern statt Gemeinschaft, Kameraderie und Einordnung sucht er das Gegenteil, er will nicht den Weg vieler, sondern eigensinnig nur seinen eigenen Weg gehen, er will (...) in seiner eigenen Seele Natur und Welt spiegeln und in neuen Bildern erleben (...) er ist einsamer König in einem von ihm selbst geschaffenen Traumreich.

Was Hesse hier skizziert, ist Absicht und Weg einer Entwicklung zum Individuum, deutlich aber auch zum Dichter. Dahin kann Peter die ihm fremde Bohème-Gesellschaft nicht führen. Aber er findet in Zürich einen Freund, Richard, einen jungen Pianisten voll heiterer Lebensfreude. Richard hilft ihm über die unerfüllte Liebe zur Malerin hinweg (»wunderbar verstand er die feine Kunst des Tröstens, des teilnehmenden Dabeiseins ...«) und ermöglicht ihm schließlich eine gemeinsame Reise nach Oberitalien. Die Eindrücke von Mailand, Genua, Florenz sind erstaunlich belanglos. Nur den Kontrast vermerkt er: »In Florenz aber fühlte ich zum erstenmal die ganze schäbige Lächerlichkeit der modernen Kultur.« Aber die Welt des Südens befreit ihn aus seiner Vereinsamung: »Hier konnte ich mit den Menschen verkehren, hier erfreute mich auf Schritt und Tritt eine freimütige Natürlichkeit des Lebens, über welcher adelnd und verfeinernd die Tradition einer klassischen Kultur und Geschichte lag.« Das Haupterlebnis ist die Begegnung mit der Landschaft des längst schon verehrten Franz von Assisi.

Der Tod des Freundes kurz nach der Rückkehr trifft ihn tief und entfremdet ihn der bisherigen Welt noch mehr. Eine Redakteurstätigkeit an einer deutschen Zeitung, die Korrespondententätigkeit in Paris (das »verfluchte Nest«), die Wanderung zurück nach Basel berührt der Roman nur kurz. »Trauer«, »Lebensunfähigkeit« und »Schwermut« sind die Stichworte, mit denen diese Zeit umschrieben wird. Wieder überfällt ihn

das Gefühl einer schauerlichen Einsamkeit. Zwischen mir und den Menschen und dem Leben der Stadt, der Plätze, Häuser und Straßen war fortwährend eine breite Kluft. Es geschah ein großes Unglück, es standen wichtige Dinge in den Zeitungen – mich ging es nichts an. Es wurden Feste gefeiert, Tote begraben, Märkte abgehalten, Konzerte gegeben – wozu? wofür? Ich lief hinaus, ich trieb mich in Wäldern, auf Hügeln und Landstraßen herum, und um mich her schwiegen Wiesen, Bäume, Äcker in klagloser Trauer, sahen mich stumm und flehentlich an und hatten das Verlangen, mir etwas zu sagen, mir entgegenzukommen, mich zu begrüßen. Aber sie lagen da und konnten nichts sagen, und ich begriff ihr Leiden und litt es mit, denn ich konnte sie nicht erlösen. ....

Zu einem »neuen Leben« findet er schließlich, als ihm – wieder über die Beschäftigung mit Franz von Assisi – ein Credo zu einer Art Allliebe gelingt; seine Sehnsucht umfaßt nun auch das Unendliche und Ewige:

Um jene Zeit begann meine Freude an der stummen Natur und mein Verhältnis zu ihr sich zu verändern. Immer wieder streifte ich durch die wundervolle Umgebung der Stadt, am liebsten in den Jura hinein. Ich sah immer wieder die Wälder und Berge, Matten, Obstbäume und Gebüsche stehen und auf irgend etwas warten. Vielleicht auf mich, jedenfalls aber auf Liebe.

(...) Und so begann ich diese Dinge zu lieben. ... ich blickte immer begieriger in den Abgrund der Dinge. Ich hörte den Wind vieltönig in den Kronen der Bäume klingen, hörte Bäche durch Schluchten brausen und leise stille Ströme durch die Ebene ziehen, und ich wußte, daß diese Töne Gottes Sprache waren und daß es ein Wiederfinden des Paradieses wäre, diese dunkle, urschöne Sprache zu verstehen. Die Bücher wissen davon wenig, nur in der Bibel steht das wunderbare Wort vom »unaussprechlichen Seufzen« der Kreatur. Doch ahnte ich, daß zu allen Zeiten Menschen, gleich mir von diesem Unverstandenen ergriffen, ihr Tagewerk verlassen und die Stille aufgesucht hatten, um dem Liede der Schöpfung zu lauschen, das Ziehen der Wolken zu betrachten und in rastloser Sehnsucht dem Ewigen anbetende Arme entgegenzustrecken, Einsiedler, Büßer und Heilige.

Dem »stummen Verlangen des Göttlichen in uns eine Sprache zu geben« – darin sieht er nun die Aufgabe der Kunst, der Malerei sowohl wie der Dichtung. Im Pisaner Camposanto, in Tizian und in Kinderbildchen von Ludwig Richter findet er Vorbilder dafür. Aber »reifer schöner und doch viel kindlicher« und deutlicher als Alliebe scheint ihm das Ziel bei Franz von Assisi ausgedrückt: »Indem er die ganze Erde, die Pflanzen, Gestirne, Tiere, Winde und Wasser in seine Liebe zu Gott inbegriff, übereilte er das Mittelalter und selbst Dante und fand die Sprache des zeitlos Menschlichen.« Das erinnert an die Romantik Brentanos, und dennoch bleibt es Ausdruck des frühen 20.Jahrhunderts, wenn er sofort hinzufügt, die Vorstellung, dieser »Gabe teilhaftig zu werden«, und der Wunsch, den Gefühlen »in Dichterworten Ausdruck zu gönnen«, sei »ein Wunsch und ein Traum – –, ich wußte nicht, ob er sich je erfüllen könne, und hielt mich ans Nächste (...)«. Das ist keine Aufhebung in romantischer Ironie, eher die nüchtern-realistische Einschätzung einer Situation, die ja auch nicht verschweigt, wie sehr dieses »neue Leben« durch zwei »selbstsüchtige und mächtige Neigungen« beeinträchtigt wird, nämlich Trunksucht und Menschenscheu. Beides führt ihn zurück in den »Einsiedlerturm«, und als infolge davon und wegen seiner Hemmungen auch die Liebe zur klugen und schönen Elisabeth scheitert, weiß er keinen anderen Weg mehr als die Rückkehr zum Sennalpstock nach Nimikon.

Doch dann siegt wieder der nüchterne Lebenswille. So ist er bereit, »aufs neue hinüberzugehen und noch einmal das Land des Glückes zu suchen«. In Perugia und Assisi schlägt er erneut »Notbrücken zum Leben«, spricht von sich als dem »Genesenden«. Sein neugewonnenes Selbstvertrauen und eine zum Heiteren hin sich wendende Lebensbetrachtung halten auch in seiner anschließenden Basler Zeit an. Sein Auskommen findet er als Verfasser von Zeitungsartikeln, was ihm Gelegenheit bietet, aus einer distanzierten Haltung heraus mit der »aufgeblasenen Großstadtmoderne« abzurechnen. Damit wird aber auch ein Überdenken der eigenen Vorstellungen und Ziele unabdingbar:

Zugleich aber zwangen mich diese Betrachtungen, über mich selbst und mein lang geplantes Lebenswerk eindringlicher nachzudenken.

Ich hatte, wie man weiß, den Wunsch, in einer größeren Dichtung den heutigen Menschen das großzügige, stumme Leben der Natur nahe zu bringen und lieb zu machen. Ich wollte sie lehren, auf den Herzschlag der Erde zu hören, am Leben des Ganzen teilzunehmen und im Drang ihrer kleinen Geschicke nicht zu vergessen, daß wir nicht Götter und von uns selbst geschaffen, sondern Kinder und Teile der Erde und des kosmischen Ganzen sind. Ich wollte daran erinnern, daß gleich den Liedern der Dichter und gleich den Träumen unsrer Nächte auch Ströme, Meere, ziehende Wolken und Stürme Symbole und Träger der Sehnsucht sind, welche zwischen Himmel und Erde ihre Flügel ausspannt und deren Ziel die zweifellose Gewißheit vom Bürgerrecht und von der Unsterblichkeit alles Lebenden ist. (...) Ich wollte aber auch die Menschen lehren, in der brüderlichen Liebe zur Natur Quellen der Freude und Ströme des Lebens zu finden; ich wollte die Kunst des Schauens, des Wanderns und Genießens, die Lust am Gegenwärtigen predigen. Gebirge, Meere und grüne Inseln wollte ich in einer verlockend mächtigen Sprache zu euch reden lassen und wollte euch zwingen, zu sehen, was für ein maßlos vielfältiges, treibendes Leben außerhalb eurer Häuser und Städte täglich blüht und überquillt. (...) Ich wollte euch erzählen, welche goldene Kette unvergeßlicher Genüsse ich Einsamer und Schwerlebiger in dieser Welt gefunden hatte, und wollte, daß ihr, die ihr vielleicht glücklich und froher seid als ich, mit noch größeren Freuden diese Welt entdecket.

Und ich wollte vor allem das schöne Geheimnis der Liebe in eure Herzen legen. Ich hoffte, euch zu lehren, allem Lebendigen rechte Brüder zu sein und so voll Liebe zu werden, daß ihr auch das Leid und auch den Tod nicht mehr fürchtet, sondern als ernste Geschwister ernst und geschwisterlich empfangen würdet, wenn sie zu euch kämen.

Das alles hoffte ich nicht in Hymnen und hohen Liedern, sondern schlicht, wahrhaftig und gegenständlich darzustellen, ernsthaft und scherzhaft, wie ein heimgekehrter Reisender seinen Kameraden von draußen erzählt.

Es bleibt beim Konjunktiv: wollte, wünschte, hoffte. Seine Notizen sind unvollständig, »ohne Beziehungen zum Menschlichen«, auch die direkte Anrede (»euch«) ändert dies nicht. Er erkennt jetzt:

Daß eine größere Dichtung, in welcher überhaupt keine Menschengestalten auftreten, ein Unding sei, war mir schon öfters durch den Kopf gegangen, doch hing ich jahrelang an diesem Ideal und hegte die dunkle Hoffnung, es möchte vielleicht einmal eine große Inspiration dieses Unmögliche überwinden. Nun sah ich endgültig ein, daß ich meine schönen Landschaften mit Menschen bevölkern müsse und daß diese gar nicht natürlich und treu genug dargestellt werden könnten. Da war unendlich viel nachzuholen, und ich hole heute noch daran nach. Bis dahin waren die Menschen insgesamt ein Ganzes und im Grunde Fremdes für mich gewesen. Neuerdings lernte ich, wie lohnend es ist, statt einer abstrakten Menschheit Einzelne zu kennen und zu studieren, und mein Notizbüchlein und mein Gedächtnis füllten sich mit ganz neuen Bildern.

In seinen Kreisen findet er die Menschen nicht, die seine Welt bevölkern könnten. Bei einfachen Menschen hingegen, der Familie eines Schreinermeisters, erlebt er in der Hingabe an die Pflege des armen, halbgelähmten Boppi einen beglückenden Sinn im Leben. Nach Boppis Tod entschließt er sich, zu seinem hinfällig gewordenen Vater nach Nimikon zurückzukehren und die verwaiste Dorfwirtschaft zu übernehmen.

Die Kreisstruktur des Romans erinnert an Kellers berühmten Bildungsroman ›Der Grüne Heinrich‹. Als Bildungsroman wurde gelegentlich auch die Geschichte Peter Camenzinds bezeichnet. Aber anders als Kellers Heinrich Lee geht der Weg des Hesseschen Helden nach innen; seine Rückkehr ins einfache Leben erwächst aus dem Ekel am Getriebe einer dekadent erscheinenden technischen Zivilisation ebenso wie aus dem Drang zum Irrationalen, zum Mythos. Nicht von ungefähr lautet der erste Satz des Romans: »Im Anfang war der Mythus.« Am Ende taucht Peter Camenzind in die ewigen mythischen Lebensgesetze wieder ein, kehrt zurück zu den bei Nietzsche und Wagner vorgedeuteten vitalen und kreativen Urkräften, »wie sie für primitive Völker und unschuldige Kinder bezeichnend sind, deren Seelen noch nicht durch die feindlichen Einflüsse der Zivilisation geschädigt wurden« (Theodore Ziolkowski). Bei aller gelegentlichen Nähe ist er auch kein Vertreter der »Wandervögel« oder der »Jugendbewegung« der Jahrhundertwende. Er ist wie Eichendorffs »Taugenichts« ein Einzelgänger. Und der Roman ist überdies die Geschichte vom Werden eines Künstlers. Peter Camenzind vertritt als typische Hesse-Figur die Grundüberzeugung, daß eine Voraussetzung für den Künstler eine hohe menschliche Integrität sei. Elisabeth, die Freundin, erkennt das schon früh:

Sie sind Dichter. (...) Nicht, weil Sie Novellen und dergleichen schreiben. Sondern weil Sie die Natur verstehen und liebhaben. Was ist es anderen Leuten, wenn ein Baum rauscht oder ein Berg in der Sonne glüht? Aber für Sie ist ein Leben darin, das Sie mitleben können.

Mit der Fähigkeit schließlich zur Hinwendung auch zum Menschen hat er einen weiteren Schritt getan. Und ist zufrieden. Der heitere Grundton bleibt trotz aller Schwermut des Helden bis zum Schluß bestimmend. ›Peter Camenzind‹ steht Vorstellungen der Neuromantik nahe. Empfindungen und Urteile wie die Kritik am Kulturwesen

der Zeit, die Ablehnung zivilisatorischer Errungenschaften, die Ver-
klärung der Natur und die Neigung zum Mythischen sind deutliche
Belege dafür. Für die einsetzende Jugendbewegung galt er als Ver-
künder ihrer Ideale. Die kompositorischen Mängel, die z. T. doch
recht einseitig-schwelgerische Sprache wurden gern übersehen.

Ludwig Thoma
Andreas Vöst

In seiner Dialektgebundenheit, der Genauigkeit der Milieudarstel-
lung und dem bewußten Realismus der Handlung scheint der Ober-
ammergauer Förstersohn Ludwig Thoma (1867–1921) dem Naturalismus noch nahe. Er selbst bezeichnet aber Keller und Fontane,
zwei große Realisten also, als seine Vorbilder. Eine Zuordnung zum
Heimatroman (vgl. S. 69), wie ihn etwa Hermann Stehr und Hermann Löns vertreten, würde ihm jedenfalls nicht gerecht. In seiner
satirischen Geschichte ›Das Volkslied‹ etwa wird auf recht drastische
Weise deutlich, wie er sich über Volkstümelei und mystisches Hei-
matgeraune mokiert. Schon sein Lebenslauf, seine kritische Einstellung zu Staat und Kirche, seine zornigen Satiren gegen behördliche
Dummheit und verlogene Moral (die ihm sogar einen sechswöchigen
Gefängnisaufenthalt eintrugen) erweisen ihn als unabhängigen Zeitgenossen, der sich trotz seiner konservativen Grundhaltung keiner
Richtung verpflichtet fühlt.

Fünf Jahre lang (1894–1899) führte er in Dachau und München eine Rechtsanwaltspraxis. Die Dachauer Zeit war wohl prägend für
ihn. Dort, schreibt ein Biograph, »saß ein Bauerngeschlecht, das sich
von dem im Gebirge und Oberland ansässigen Schlag durch mancherlei Eigenschaften unterschied, durch ernsteren Arbeitsfleiß …
starreres Denken, aber auch durch besonderes Mißtrauen gegen die
Obrigkeit …«. In der literarischen Beilage der ›Augsburger Abendzei-
tung‹ erschienen seit 1895 Thomas Erfahrungen und Beobachtungen
darüber, die 1897 unter dem Titel ›Agricola‹ in Buchform veröffentlicht wurden. Sie brachten dem jungen Autor frühen Erfolg und
Verbindungen, die ihn in der Absicht bestärkten, die Juristerei mit
der Schriftstellerei zu vertauschen. 1899 wurde er fester Mitarbeiter
und Redakteur beim ›Simplicissimus‹, nachdem vorher schon Artikel
von ihm in der ›Jugend‹ abgedruckt worden waren. Als »Peter
Schlemihl« wandte er sich im ›Simplicissimus‹ in gereimten Satiren
manchmal derb-kräftig aktuellen Problemen zu, wetterte gegen den
preußischen Militarismus, die großsprecherischen Töne des Kaisers,
aber auch gegen Untertanengeist, buckelndes Bürgertum und klerikale
Einmischung in politische Angelegenheiten. Seine Komödie ›Moral‹

ging über alle deutschen Bühnen und machte ihn weit über den bayerischen Raum hinaus bekannt, die sechs Wochen Haft im Gefängnis Stadelheim nicht weniger. Sie hinderten ihn nicht, weiterhin Scheinheiligkeit, Engstirnigkeit und Mißstände satirisch anzuprangern.

Im Mittelpunkt seines Werks aber steht die humorvolle und bei aller Kritik von Sympathie geprägte Darstellung des bäuerlichen und kleinbürgerlichen Lebens. Seine in bayerisch-ländlicher Umwelt spielenden Romane (neben ›Andreas Vöst‹ auch ›Der Wittiber‹ und ›Der Ruepp‹) sind in ihrer Zeitgebundenheit für manche vielleicht schwer verständlich; ihr breiter Realismus ist aber keineswegs nur von historischem Interesse. Ein Blick auf den in seiner Tendenz deutlichsten dieser Romane, ›Andreas Vöst‹, mag zeigen, daß es neben dem (meist durch Film und Fernsehen bekannten) Schwank- und Lustspieldichter (›Erster Klasse‹, 1910), dem Verfasser der in ihrer Kritik an der Erwachsenenwelt oft unterschätzten ›Lausbubengeschichten‹ (1905) mit ihrer Fortsetzung ›Tante Frieda‹ (1907) und dem Satiriker Thoma (›Briefwechsel eines bayrischen Landtagsabgeordneten‹, 1909, fortgesetzt 1912; ›Die Reden Wilhelms II.‹, 1907), einen scharfsichtigen und scharfzüngigen konservativen Realisten zu entdecken gilt. Daß er daneben mit seinem 1914 gezeigten Patriotismus und mit seinen antisemitischen Äußerungen im ›Miesbacher Anzeiger‹ nach dem Kriegsende auch ein Spiegel der Zeit war, darf freilich nicht unerwähnt bleiben.

Der Roman, zunächst (1905) in den ›Münchner Neuesten Nachrichten‹ abgedruckt, erschien als Buch in zwanzig Kapiteln mit dem Untertitel ›Bauernroman‹ 1906. Wie viele seiner Geschichten wurzelt auch diese in den Erfahrungen, die Thoma in seiner Dachauer Anwaltspraxis gesammelt hatte. Die Personen spiegeln daher in Verhalten, Kleidung und Sprechweise diese dörfliche bzw. bäuerliche Umwelt wider.

Zwischen dem Dorfpfarrer Baustätter von Erlbach und dem Bauern Andreas Vöst, dem Schullerbauern, besteht Feindschaft. Weil der Bauer sich in der Gemeinde gegen den Bau eines neuen Kirchturms ausgesprochen hat, verfolgt ihn Baustätter, der »keine Beleidigung verzieh«, wo immer er kann. Gelegenheit bietet sich oft. Er rächt sich, als er der gleich nach der Geburt verstorbenen Tochter Schullers das kirchliche Begräbnis verweigert und sie außerhalb der Friedhofsmauer eingraben läßt, weil sie keine Nottaufe erhalten hatte; er rächt sich dadurch, daß es ihm gelingt, die Mutter Schuller in ihrem Testament zu einer Spende für den Kirchturm zu veranlassen. »Der Pfarrer konnte lachen. Was brauchte er sich um die Gemeinde kümmern, wenn er das Geld sogar von seinem Widersacher kriegte?« Aber es geht noch viel weiter. Als Vöst mit neun Stimmen Vorsprung zum Bürgermeister gewählt wird, setzt der Pfarrer mit Hilfe eines anderen Vöst-Gegners, Hierangl, dessen Sohn Vösts Tochter Ursula geschwängert und sitzengelassen hat, eine Intrige in Gang. Er läßt verbreiten, Vöst habe nach einer schriftlichen Notiz von Pfarrer Held, dem allseits (auch von Vöst) geschätzten Vorgänger von Baustätter, seinen alten Vater ständig mißhandelt. Der Bezirksamtmann als Wahlaufsicht bestätigt daraufhin die Wahl Vösts nicht, weil »Andreas Vöst bei vielen der Achtung entbehrt, welche eine notwendige Vorbedingung jeder Vertrauensstellung ist. Zudem besteht die offene Gefahr, daß sich hieraus Streitigkeiten ergeben, welche die Ruhe und die Ordnung in der Gemeinde empfindlich stören müßten«.

Zu Vösts Enttäuschung bleiben im Gemeinderat Reaktionen zu seinen Gunsten aus:

»San S' jetzt ferti, und steht nix mehr drin?« fragte der Schuller.
»Ich hab' alles vorgelesen.«
»Ja, aber ...«
»Du muaßt jetzt koa Aber net hamm, Kloiber [= der frühere Bürgermeister]. I frag' enk alle, wia's da seid's, is oana dabei, der dös glaubt?«
Keiner gab Antwort.
»Wenn oana was Schlecht's g'sehg'n hat von mir, der soll's jetzt sag'n. Vor meiner, daß i's selber hör'. Und daß i mi verteidig'n ko.«
»Ma hat nia was g'hört bis auf die letzt' Zeit, wo's den Streit geb'n hat«, [mit dem Pfarrer und seinem Konkurrenten Hierangl, dem »nützlichen Werkzeug der Kirche«, bei einem Sühneversuch] sagte der Zwerger.
Die andern schwiegen und zeigten auffällig, daß sie die Sache nichts angehe. Sie schauten gleichmütig vor sich hin oder sahen zum Fenster hinaus.
Der Schuller wurde heftiger.
»Also wenn koaner was g'hört hat, wo is' denn nacha der Abscheu, von dem da g'schrieb'n steht? Da müaßt's do bekenna, daß dös Schreib'n verlogen is.«
»Mir hamm net zum befinden über dös.«
»Sagst du dös, Kloiber?«
»Ja, dös sag' i; mir san net berechtigt, daß mir da an Urteil abgeb'n, bal's amal vom Bezirksamt g'schrieben ist.«
»Siehg'st it, daß's Bezirksamt ang'log'n wor'n is?«
»Des sell woaß i net.«
»Nacha frag, balst nix woaßt! I hab' Nachbarn 'gnua, de d' Ohren aufg'rissen hätt'n, wenn's bei mir was geb'n hätt'. Da steht glei der Hamberger! Hast du g'rad oamal g'hört, daß i mein Vata g'schimpft hab'? Oder hast'n vielleicht gar jammern g'hört?«
Der Hamberger drehte verlegen seinen Hut in den Händen.
»I pass' überhaupt it [= nicht] auf, was bei dir drent' [= drüben] g'redt werd«, sagte er. »I misch' mi überhaupts net in ander' Leut' Sach'.«
»Du traust dir net lüag'n, gel? Und d'Wahrheit magst it sag'n.« (...)
»I lass' mi von dir zu gar nix zwinga.«
»Wer's Maul halt, wo er reden muaß, is a Tropf. Und so schlecht wia der Ehrabschneider.«

»Derfst du mi schlecht hoaßen?«

»Di und de andern.«

»Schuller!« mahnte der Lehrer.

»Nix! Jetzt red' i. I hab' mir net denkt, daß ös [ihr] glei Feuer und Flamm' sei müäßt's, wenn mir was g'schiecht. I woaß scho, daß si ja jeder selm um sei' Sach' kümmern muaß. Aba dös is net mei Sach' alloa. Dös geht all'samt was o. Ös habt's mi g'wählt. Und jetzt steht's da, und koana sagt a lausig's Wörtl, und jeder woaß, daß ma mi bloß mit der Lug [= Lüge] weg'bracht hat.«

»Mir wissen gar nix«, sagte der Kloiber, »und mir san net Richter über dös.«

»Schö hoamli halt, Kloiber. So oaner bist du.«

»I bin so oana, der si net um dös kümmert, was'n net o'geht. Wenn all's verlog'n is, was in dem Schreib'n steht, hernach wer'st du scho wissen, wo'st higeh' muaßt. Und mir laßt mei Ruah, daß da's woaßt.«

Er nahm seinen Hut vom Nagel und verließ das Zimmer.

Thomas Abscheu vor Scheinheiligkeit, den verantwortungslosen Zuträgereien und dem Herumdrücken vor klaren Stellungnahmen wird deutlich; Vösts Vorgehen ist bestimmt, besonnen und klar. Seine Sprache drückt Zielstrebigkeit aus, während die seiner Gegenspieler, sichtlich bestrebt, es mit der Obrigkeit nicht zu verderben, ausweichend ist.

Ein Gespräch mit dem Bezirksamtmann Otteneder ändert nichts. Dieser

prüfte seine Handlungen auf ihre Nützlichkeit hin; eine Nützlichkeit, die er sich selbst zurechtgelegt hatte mit farblosen Begriffen vom Leben und der herkömmlichen Anschauung von öffentlicher Wohlfahrt, Staatszweck, Untertanenpflicht.

Da war nun dieser Fall Andreas Vöst kontra Pfarrer Baustätter, also kontra Kirche, Obrigkeit, Staat. Von vornherein der einzelne im Kampf gegen notwendige und nützliche Institutionen. Es hätten zwingende Gründe sein müssen, die Otteneder hätten veranlassen können, bei einem solchen Zwiespalte die Sache des einzelnen mit Wohlwollen anzusehen. Ohne Wohlwollen aber ist Verständnis nicht möglich. Von diesem führte ihn sein Mißtrauen weit ab. Er sah nicht das Unrecht, und nicht die Tragweite seines Vorgehens. Er suchte bei einem Bauern weder Ehrliebe noch Zartgefühl.

Wie so viele Menschen, die in den engen Gassen der Städte aufgewachsen sind und einen gewissen Bildungsstolz als Erbteil mitbekommen haben, war er geneigt, die bäuerliche Art für roh und jeder Empfindung bar zu halten. Eine Bildung, welche ihre Vollendung darin sucht, natürliche Gefühle zu verbergen, fühlt sich recht erhaben über das formenfremde Wesen der Bauern. Sie kommt auf seltsamen Umwegen dazu, einem ganzen Stande tiefere Empfindungen abzusprechen, weil er inhaltlose Formen nicht kennt.

Und weil er in solchen Anschauungen befangen war, schlug Otteneder sein Vorgehen gegen den Schuller gering an.

Er hätte sich vielleicht schwer entschlossen, in anderen Verhältnissen das gleiche zu tun, den Angehörigen eines anderen Standes so bloßzustellen. Hier erschien es ihm nicht als große Härte, weil er überzeugt war, daß der

Erlbacher Bürgermeister nur Zorn über die getäuschte Hoffnung empfinden werde. Das wog nicht schwer gegen die Bedenken, welche ihm eine Stellungnahme gegen den Pfarrer erregen mußte. Und seine Erziehung zwang ihn geradezu, den Angaben einer Autorität ohne Prüfung Glauben zu schenken, wenn ihnen nichts anderes gegenüberstand als die Behauptung des Beschuldigten …

Mit dieser Darstellung hebt Thoma den Fall ins Allgemeine und Grundsätzliche, über die Zeit und seine Umwelt Hinausreichende. Der oft angestellte Vergleich mit Michael Kohlhaas liegt nahe, doch verkennt er, daß Thoma nicht wie Kleist die Geschichte eines »der rechtschaffensten und entsetzlichsten Menschen zugleich« erzählt. Er legt sehr großen Wert darauf, Vöst als friedfertig, verständnisvoll und besonnen darzustellen. Und auch wenn er als »Bauernbündler« bezeichnet und damit vor einen politischen Hintergrund gestellt wird (der »Bauernbund«, heißt es, wolle »nicht länger zusehen (…), wie gewisse Elemente das Volk unterdrücken«), so kämpft Vöst um sein Recht privat und mit den Mitteln, die ihm die Ordnung erlaubt: »I will mei Recht. Dös müassens mir geben vor alle Leut' beim helllicht'n Tag. Und weil i dös will, derf i selber nix toa, was geg'n 's G'setz is.« Er läßt sich von einem Anwalt beraten, um an den geheimnisvollen Zettel heranzukommen, den angeblich der Dorfpfarrer verwahrte, aber ihm wird nur eine beglaubigte Abschrift gezeigt. Er geht zum Domkapitular, damit dieser auf den Pfarrer einwirke. Doch der ist dafür nicht zuständig.

Da kommt ihm ein Zufall zu Hilfe. Der Theologiestudent Sylvester Mang entdeckt bei einem »Besuch« beim Dorfpfarrer das Schreiben und erkennt es als Fälschung. Er informiert Vöst davon und will, daß dieser vor Gericht und vor dem Bezirksamtmann der Verleumdung entgegentrete. Obwohl er es eigentlich für sinnlos hält, läßt Vöst sich von Sylvester überreden, noch einmal vor dem Bezirksamtmann zu versuchen, seine »Ehre« wiederherzustellen. Als dies trotz Sylvesters Beistand wieder scheitert, ist der Schullerbauer zu keiner Klage vor Gericht mehr bereit:

»Weil all's umsunst is. De hamm's Recht so guat vasteckt, daß's i meiner Lebtag' net find'. Und wenn i's g'funden hätt', nehman's ma's weg unter da Hand.«

Hier könnte der Roman eigentlich enden. Das Dorfleben in Erlbach ist keine Idylle, das bäuerliche Dasein nicht Hort erdverbundener Kraft. Der Schullerbauer leidet unter der »Hinterfotzigkeit« und der Eigensucht seiner Nachbarn und der – milde gesagt – vorsichtigen Zurückhaltung selbst der ihm Wohlgesonnenen nicht weniger als unter dem Druck der Obrigkeit und der Undurchschaubarkeit, der

Aktensturheit und dem Machtdünkel ihrer Diener. Was bleibt übrig, als sich ins Private zurückzuziehen; das Empfinden der Machtlosigkeit und des Ausgeliefertseins kann einen Menschen schon versteinern. Aber sein Rückzug beruht auch auf einer Fehleinschätzung: Er geht nicht mehr zur Messe und will auch das uneheliche Kind seiner Tochter nicht taufen lassen.

(…) sogar den Blasiussegen verschmähte er (…). Aber wenn der Schuller glaubte, daß er für sich allein nach eigenen Gesetzen leben könne, irrte er sich.
    (…) wer sich von Herkommen und Brauch losmacht, verliert den Boden unter den Füßen. Darin hatte die Schullerin mit ihrem Weiberverstande klarer gesehen wie der Bauer. Das Ansehen wurde ihm gemindert, in der Gemeinde, wie im Hause.
    Denn die Sitte ist älter als die Menschen. Und sie ist stärker. Weil sie das nüchterne Leben segnet, ist sie ehrwürdig, und weil sie ehrwürdig ist, kann sie keiner ohne Schaden verletzen (…)
    Daß der Schuller heraustrat aus dem festgefügten Kreise, mißfiel allen.

Vösts Wille ist vielleicht nicht gebrochen; sein Aufgeben entspricht eher seinem Realitätssinn, sein Rückzug Thomas Kenntnis altbayerischer Eigenart – ein Kohlhaas hätte sich kaum so verhalten.
    Aber der Autor gibt sich nicht zufrieden; unerbittlich drängt die einmal begonnene Handlung weiter:
    Als der Bauer Hierangl den betrunkenen Schullerbauern am Ostersonntag mehrmals durch »höhnische Zurufe (…) zu Wut gebracht« hat, geschieht, was der Ortskommandant in seinem Bericht so beschreibt:

… dieser stürzte auf ihn und schlug ihn mit einem steinernen Literkrug dergestalt auf das linke Hinterhaupt, daß der Letztere bewußtlos zu Boden stürzte und bis jetzt nicht wieder in den Besitz seiner Geisteskräfte gelangte.

Hierangl stirbt an den Folgen. In der Gerichtsverhandlung zeichnet Pfarrer Baustätter ein wenig vorteilhaftes Bild des Bauern:

Schuller hörte ihm zu. Es war immer das nämliche. Die Lüge so versteckt, so eingemengt in die Wahrheit, daß sie kein Mensch herausfinden konnte. Er hatte es versucht, er hatte gemeint, daß er das Gewebe zerreißen könne. Und es hatte ihn fester eingeschnürt, je mehr er sich wehrte.

Das Gericht verurteilt ihn zu vier Jahren Gefängnis. Aber der Haberlschneider, der ihn am besten kennt, meint: »Daß er nimmer 'rauskommt, sag'i. Den hat er g'liefert, unser Herr Pfarrer.« Im Dorf brechen sie den alten Kirchturm ab und bauen den neuen auf.
    Thoma selbst beschreibt in einem Brief vom August 1905 die Funktion des Schlusses: »Mich freut es, daß Ihnen gerade der Schluß ge-

fällt. Ich weiß, daß ich darin Maß hielt und mit einem festen Griffe noch einmal alles zusammenfaßte. Das liebe Publikum aber schreibt mir dumme Karten.«

Für ›Andreas Vöst‹ gilt, was Johann Lachner über das ganze im bäuerlichen Bereich spielende Prosawerk Thomas gesagt hat: »Thoma beschreibt diese Welt mit schonungsloser Realistik und zugleich mit Liebe. Vielmehr er beschreibt sie nicht, er läßt sie in ihren Figuren handeln und sprechen; er moralisiert nicht, er nimmt nicht Stellung, und deshalb steht sie so lebendig vor unseren Augen, daß wir selbst Stellung nehmen.«

Auch das »Personal« im ›Vöst‹ ist für den Autor typisch: der »aufrechte« Schullerbauer und der hinterhältig-rachsüchtige und scheinheilige Pfarrer, der landesunkundige, im formalen Rechtsdenken erstarrte Vertreter der Obrigkeit und der naiv-gläubige Mann aus dem Volk, der an Gerechtigkeit glaubt, der eigensüchtige und der hilfsbereite Nachbar, der abgefeimte Liebhaber und das naive Mädchen sind wohlbekannte Figuren, über den Film (Lausbubengeschichten: »Kindlein«, Bezirksamtmann) längst zum Klischee geworden, im Original lebensechte Gestalten, denen bei aller Typik individuelle Züge nicht fehlen. Das wichtigste Stilmittel ist der charakterisierende Dialog, der alle Nuancen, vom derben Dialekt bis zur Amtssprache hin, erfaßt.

Thoma hat den Abriß des alten und den Aufbau des neuen Kirchturms sicher nicht ohne Absicht an den Schluß gesetzt (und mit der friedlichen Landschaft konfrontiert). Der Vorgang dient ihm als Bild, das den Triumph des Pfarrers symbolisiert, wie der Kirchturm einst auch Sinnbild des triumphierenden Christentums gewesen sein mag. Aber eine wirklich poetische Verdichtung entsteht dadurch nicht. Und nicht das Politische sprengt – wie Thoma selbst gelegentlich fürchtete – das literarische Werk, sondern eher das gelegentlich Überflüssige (z.B. die Abwendung Sylvester Mangs vom Priesterberuf, die auf keine Weise mit der Handlung verflochten ist).

Geschlossener, in ihrem unerbittlichen Ablauf des Geschehens konzentrierter, sind die beiden späteren Romane, ›Der Wittiber‹ (1911) und ›Der Ruepp‹ (1922 postum erschienen). Möglicherweise aber lag die Stärke Thomas mehr in der kürzeren Form der Geschichten und Erzählungen, wo ihm wahre Meisterstücke gelangen (›Die Dachserin‹, ›Die Fahnenweihe‹, ›Der Einser‹). Aufschlußreich für die Entwicklung des Romanschriftstellers hätte die letzte Arbeit, der ›Lorinser‹, werden können.

131

Robert Musil
Die Verwirrungen des Zöglings Törleß

Was macht der neue bedeutende Prosaist Robert Musil? Er ist ein Entdecker
von Neu-Seelland. Ein Erweiterer des Bewußtseinsgebiets. Er zergliedert
Vorhandenheiten dieses Daseins und benennt das Einzelste. Und warum ist
das bedeutend? Weil er zu den alten neue Erlebnisbezirke hinzuwirbt (...),
weil er tiefer in das »Leeeeeben« hineinführt.

Auf engstem Raum hat hier Ernst Blass (1890–1939), selbst Autor
und expressionistischer Lyriker, ein ganzes Bündel zeittypischer Vorstellungen konzentriert, die für die kritische Intelligenz um die Jahrhundertwende das utopische Potential von Literatur (bzw. von Kunst
ganz allgemein) waren. 1912, anläßlich der zweiten Auflage des Romans ›Die Verwirrungen des Zöglings Törleß‹ gemacht, geben diese
Bemerkungen Aufschluß darüber, wie er im Zusammenhang der damals aktuellen ästhetischen Diskussion gelesen wurde.
     Als Konkurrenten der Forscher und Abenteurer, die um diese Zeit
daran gingen, die letzten weißen Flecken von den Landkarten zu tilgen, wollten die Künstler neue Kontinente der Seele entdecken: das
bedeutet wohl das Wort »Neu-Seelland«. Anders als die imperialistischen Gebietserweiterungen, die weit vom Mutterland entfernt und
meist gewalttätig und aggressiv vorgenommen wurden, sollten die
Erweiterungen des Bewußtseinsgebiets aber behutsam im Zeichen
des »Lebens« stattfinden. Nicht willkürliche Aneignung oder gar
Raub war das Ziel: durch Analyse dessen, was im eigenen Inneren
sowieso vorhanden ist und »nur« erst durch neu zu findende Begriffe
sichtbar gemacht werden mußte, erhoffte man sich eine intensivere
Daseinserfahrung, ganz im Sinne von Sigmund Freuds kategori-
schem Imperativ: »Wo Es war, soll Ich werden!« »Leben« war das
Lieblingswort und der Schlachtruf all derer, die sich gegen die sozialen, politischen, moralischen und geistigen Schranken auflehnen wollten; die Unbestimmtheit des Begriffs ermöglichte allerdings die unterschiedlichsten Interpretationen.
     Robert Musil (1880–1942) hat sich in seinem bedeutenden Essay
›Das Unanständige und Kranke in der Kunst‹ (1911) auch selbst zu
der »Erweiterung des Bewußtseinsgebiets« bekannt:

Es gibt Dinge, über die man in der Kulturgemeinschaft Deutschlands nicht
spricht. Diese Tatsache erfüllt nicht nur mich mit Scham und Zorn und ich
werde ihr entgegen den Standpunkt vertreten, daß die Kunst das Unmorali-
sche und Verwerflichste nicht nur darstellen, sondern auch lieben dürfe. (...)
Kunst kann Unanständiges und Krankes wohl zum Ausgangspunkt wählen,
aber das daraufhin Dargestellte – nicht die Darstellung, sondern das dargestellte Unanständige und Kranke – ist weder unanständig mehr noch krank.

(...) Das Bedürfnis nach (künstlerischer) Darstellung empfinden heißt – selbst dann, wenn Begierden des wirklichen Lebens den Anstoß geben sollten – kein dringendes Bedürfnis nach ihrer direkten Befriedigung haben. (...) Und auch die Kunst sucht Wissen; sie stellt das Unanständige und Kranke durch seine Beziehungen zum Anständigen und Gesunden dar, das heißt nichts anderes als: sie erweitert ihr Wissen vom Anständigen und Gesunden. (...) Freilich, die Kunst stellt nicht begrifflich, sondern sinnfällig dar, nicht Allgemeines, sondern Einzelfälle, in deren kompliziertem Klang die Allgemeinheiten ungewiß mittönen, und während bei dem gleichen Fall ein Mediziner für den allgemeingültigen Kausalzusammenhang sich interessiert, interessiert sich der Künstler für einen individuellen Gefühlszusammenhang; der Wissenschaftler für ein zusammenfassendes Schema des Wirklichen, der Künstler für die Erweiterung des Registers von innerlich noch Möglichem, und darum ist Kunst auch nicht Rechtsklugheit, sondern – eine andere. Sie legt die Personen, Regungen, Geschehnisse, die sie bildet, nicht allseitig, sondern einseitig dar. Etwas als Künstler lieben, heißt somit, erschüttert sein, nicht von seinem Wert oder Unwert im letzten, sondern von einer Seite, die sich plötzlich daran öffnet. Kunst zeigt, wo sie Wert hat, Dinge, die noch wenige gesehen haben.

An den scharfen Antithesen der Argumentation ist die kämpferische Haltung des Autors erkennbar, der sich wegen einer Beschlagnahme der Zeitschrift ›Pan‹ (u. a. herausgegeben von Alfred Kerr) zu Wort meldete. Der Berliner Polizeipräsident Traugott von Jagow hatte die erstmalige Veröffentlichung von Reiseaufzeichnungen des französischen Romanciers Gustave Flaubert zum Anlaß genommen, eine Ausgabe des Periodikums zu verbieten.

Auf den ersten Blick gehört der Roman ›Die Verwirrungen des Zöglings Törleß‹ thematisch und inhaltlich zur Gattung der Schulromane, die um 1900 Konjunktur hatten. Heinrich Manns ›Professor Unrat‹, Hermann Hesses ›Unterm Rad‹, die Hanno-Kapitel aus Thomas Manns ›Buddenbrooks‹ sind nur die bekanntesten Beispiele für das Interesse der Autoren an diesem Sujet, das Frank Wedekind in seiner Kindertragödie ›Frühlings Erwachen‹ schon früh als Dramatiker aufgriff. Als Drill-, Dressur- und Paukanstalt erschien die Schule (vor allem das Gymnasium) in diesen Werken, als freud- und seelenlose Institution, in der sensiblere Jugendliche verkümmerten oder zugrunde gingen. Im Namen der Jugend, des »Lebens«, der Spontaneität und Echtheit und gegen Konformität, bürgerliche Konventionen und Anpassung fochten die Schriftsteller.

Robert Musil schrieb seinen Roman in den Jahren 1903–1905, also noch nicht fünfundzwanzigjährig. Die vornehmlich an der Dichterbiographie interessierte Forschung hat zahlreiche Details des Erzählwerks identifizieren können, die der Autor hierfür verarbeitet hat; wichtig ist aber nicht die historische Richtigkeit des Dargestellten, sondern seine menschliche Bedeutsamkeit.

Der Roman beginnt mit dem Abschied des sechzehnjährigen Törleß von seinen Eltern auf dem Bahnhof einer kleinen Landstadt »weit-
ab von der Residenz, im Osten des Reiches«. Auf eigenen Wunsch
hin besucht der überaus sensible, begabte und verschlossene Junge
hier seit vier Jahren ein »Konvikt«, in dem »die Söhne der besten Familien des Landes ihre Ausbildung (erhielten), um nach Verlassen des
Institutes die Hochschule zu beziehen oder in den Militär- oder Staats-
dienst einzutreten«. Die Entfernung von der vertrauten Familie – die
Eltern wohnen in der Hauptstadt –, die inselhafte Abgeschlossenheit
der Bildungsanstalt lassen die Situation des Jugendlichen wie die einer Versuchsanordnung erscheinen, mittels derer bestimmte geistige
und seelische Abläufe studiert werden sollen. Man ahnt, daß es um
mehr gehen könnte als um die Kritik am Leistungsdenken und an ri-
giden Normen eines überholten Erziehungssystems. Dieser Eindruck
wird verstärkt durch die erzählerische Klammer: Schauplatz ist am
Ende des Romans erneut der Bahnhof, wohin Törleß von seiner Mutter gebracht wird, weil er die Schule verläßt. Kurz vorher heißt es:

Eine Entwicklung war abgeschlossen, die Seele hatte einen neuen Jahresring
angesetzt wie ein junger Baum, – dieses noch wortlose, überwältigende Gefühl entschuldigte alles, was geschehen war.

Der Begriff »Verwirrungen« im Titel ließe vermuten, hier werde eine
individuelle Pubertätskrise erzählt. Der Autor selbst hat das jedoch
stark relativiert:

Der Sechzehnjährige (…) ist eine List. Verhältnismäßig einfaches und darum
bildsames Material für die Gestaltung von seelischen Zusammenhängen, die
im Erwachsenen durch zuviel anderes kompliziert sind, was hier ausgeschal-
tet bleibt. Ein Zustand hemmungsschwacher Reagibilität.

Diese »Reagibilität« (d. h. die Eigenschaft, sehr sensibel zu reagieren)
ermöglicht es dem Autor, die Entwicklung des Törleß in einer relativ
kurzen Zeitspanne sich vollziehen zu lassen: die erzählte Zeit umfaßt
nicht mehr als etwa fünf bis sieben Wochen. Zahlreiche Rückblenden
– meist als Erinnerungen in den Fluß der Erzählung eingefügt – und
Vorausverweise öffnen allerdings den zeitlichen Rahmen. Wenn man
auch von der Modellhaftigkeit der Romanhandlung ausgehen kann,
die Charaktere deutlich stilisiert sind, hat doch wohl kaum ein Autor
vor Musil ähnlich einfühlsam und eindringlich die Lebensprobleme
von Jugendlichen in der Adoleszenz benannt.

Nun wurde es ganz leer und langweilig um Törleß. Aber er war einstweilen
älter geworden, und die beginnende Geschlechtsreife fing an, sich dunkel
und allmählich in ihm emporzuheben. (…) Es schien damals, daß er über-

haupt keinen Charakter habe. (...) So erhielt sein Wesen etwas Unbestimmtes, eine innere Hilflosigkeit, die ihn nicht zu sich selbst finden ließ. (...) [Törleß spricht:] »Man weiß am Abend, daß man wieder einen Tag gelebt hat; daß man so und so viel gelernt hat, man hat dem Stundenplan genügt, aber man ist dabei leer geblieben,– innerlich, meine ich, man hat sozusagen einen ganz innerlichen Hunger ...«

Törleß schließt sich einigen Mitschülern an, vor allem zwei mit den Namen Beineberg und Reiting bekommen Bedeutung. »Merkwürdigerweise waren dies gerade die übelsten seines Jahrganges, zwar talentiert und selbstverständlich auch von guter Herkunft, aber bisweilen bis zur Roheit wild und ungebärdig.« Besuche bei einer alternden Prostituierten, die Törleß zusammen mit Beineberg unternimmt, können einerseits als ritualisierte Männlichkeitsbeweise gedeutet werden, andererseits lenken sie auf einer zweiten Ebene die Aufmerksamkeit der Titelfigur darauf, daß es sowohl in der äußeren wie in der inneren Realität ihr bisher nicht zugängliche Bereiche gibt:

Diese Angst, dieses Sichaufgeben lockte ihn jedesmal von neuem. Dieses Heraustreten aus seiner bevorzugten Stellung unter die gemeinen Leute; unter sie,– tiefer als sie. (...) Es reizte ihn, alles zurücklassen zu müssen, worin er sonst eingeschlossen war, seine bevorzugte Stellung, die Gedanken und Gefühle, die man ihm einimpfte, all das, was ihm nichts gab und ihn erdrückte. Es reizte ihn, nackt, von allem entblößt, in rasendem Laufe zu diesem Weibe zu flüchten.

In der emotional überhitzten Atmosphäre des Konvikts ereignen sich nun einige Kameradendiebstähle. Reiting, »ein Tyrann und unnachsichtig gegen den, der sich ihm widersetzte«, entlarvt als Dieb einen Mitschüler namens Basini und macht ihn sich (auch sexuell) gefügig. Zusammen mit Beineberg, der stets Wert darauf legt, sein Verhalten in pseudophilosophischen Ergüssen zu rechtfertigen, beginnt er, Basini physisch und psychisch zu quälen und zu mißhandeln. Schließlich wird Törleß Mitwisser und Zeuge dieser sadistischen Gewaltausbrüche, denen er angeekelt und fasziniert zugleich folgt. Sie finden in der »roten Kammer«, einem mit roten Tüchern ausgeschlagenen Raum im Dachboden der Schule statt, den die Gruppe für ihre Treffen nutzt und der nur ihnen bekannt ist.

Nun zählte Beineberg die Schandtaten Basinis auf; gleichmäßig, mit heiseren Worten.
Dann die Frage: »Du schämst dich also gar nicht?« Dann ein Blick Basinis auf Reiting, der zu sagen schien: »Nun ist es wohl schon an der Zeit, daß du mir hilfst.« Und in dem Augenblicke gab ihm Reiting einen Faustschlag ins

Gesicht, so daß er rückwärts taumelte, über einen Balken stolperte, stürzte. Beineberg und Reiting sprangen ihm nach.

Die Laterne war umgekippt, und ihr Licht floß verständnislos und träge zu Törleß' Füßen über den Boden hin ...

Törleß unterschied aus den Geräuschen, daß sie Basini die Kleider vom Leibe zogen und ihn mit etwas Dünnem, Geschmeidigem peitschten. Sie hatten dies alles offenbar schon vorbereitet gehabt. Er hörte das Wimmern und die halblauten Klagerufe Basinis, der unausgesetzt um Schonung flehte; schließlich vernahm er nur noch ein Stöhnen, wie ein unterdrücktes Geheul, und dazwischen halblaute Schimpfworte und die heißen leidenschaftlichen Atemstöße Beinebergs.

Er hatte sich nicht vom Platze gerührt. Gleich anfangs hatte ihn wohl eine viehische Lust mit hinzuspringen und zuzuschlagen gepackt, aber das Gefühl, daß er zu spät kommen und überflüssig sein würde, hielt ihn zurück. Über seinen Gliedern lag mit schwerer Hand eine Lähmung.

Scheinbar gleichgültig sah er vor sich hin zu Boden. Er spannte sein Gehör nicht an, um den Geräuschen zu folgen, und er fühlte sein Herz nicht rascher schlagen als sonst. Mit den Augen folgte er dem Lichte, das sich zu seinen Füßen in einer Lache ergoß. Staubflocken leuchteten auf und ein kleines häßliches Spinnengewebe. Weiterhin sickerte der Schein in die Fugen zwischen den Balken und erstickte in einem staubigen, schmutzigen Dämmern. (...)

Irgend etwas ließ Törleß darüber lächeln. Dann war wieder das Verlangen stärker. Es zog ihn von seinem Sitze hinunter – auf die Knie; auf den Boden. Es trieb ihn, seinen Leib gegen die Dielen zu pressen; er fühlte, wie seine Augen groß werden würden wie die eines Fisches, er fühlte durch den nackten Leib hindurch sein Herz gegen das Holz schlagen. (...)

Es war dort still geworden; nur Basini klagte leise vor sich hin, während er nach seinen Kleidern tastete.

Törleß fühlte sich durch diese klagenden Laute angenehm berührt. Wie mit Spinnenfüßen lief ihm ein Schauer den Rücken hinauf und hinunter; dann saß es zwischen den Schulterblättern fest und zog mit feinen Krallen seine Kopfhaut nach hinten. Zu seinem Befremden erkannte Törleß, daß er sich in einem Zustande geschlechtlicher Erregung befand. Er dachte zurück, und ohne sich zu erinnern, wann dieser eingetreten sei, wußte er doch, daß er schon das eigentümliche Verlangen sich gegen den Boden zu drücken begleitet hatte. Er schämte sich dessen; aber es hatte ihm wie eine mächtige Blutwelle daherflutend den Kopf benommen. (...)

Er sah auf Beineberg. »Fühlt denn der nichts?« dachte er. Aber Beineberg bückte sich und wollte die Lampe aufheben. Törleß hielt seinen Arm zurück. »Ist das nicht wie ein Auge?« sagte er und wies auf den über den Boden fließenden Lichtschein.

»Willst du vielleicht jetzt poetisch werden?«

»Nein, aber sagst du nicht selbst, daß es mit den Augen eine eigene Bewandtnis hat? Aus ihnen wirkt – denk doch nur an deine hypnotischen Lieblingsideen – mitunter eine Kraft, die in keinem Physikunterricht ihren Platz hat; – sicher ist auch, daß man einen Menschen oft weit besser aus seinen Augen errät als aus seinen Worten ...«

»Nun – und?«

»Mir ist dieses Licht wie ein Auge. Zu einer fremden Welt. Mir ist, als sollte ich etwas erraten. Aber ich kann nicht. Ich möchte es in mich hineintrinken ...«

Die Aufsplitterung des Textes in kurze und kürzeste Abschnitte prägt den gesamten Roman und markiert zum einen den raschen Wechsel der dargestellten Gefühls- und Gemütszustände des Protagonisten, zum anderen die unzusammenhängende Wahrnehmungsweise. Insgesamt signalisieren die oft nur einen Satz umfassenden Textsplitter, daß Erzählgewohnheiten, die auf der Einheit des Ich und der Stimmigkeit der Welt beruhten, sich aufzulösen beginnen.

Von »Lähmung« ist in bezug auf Törleß die Rede, gelähmt ist dabei vor allem sein Bewußtsein; unkontrollierbare Körperreaktionen und Äußerungen seiner Triebnatur übernehmen in ihm die Herrschaft. Törleß fühlt sich von einer »viehische(n) Lust (...) gepackt«, das »Verlangen (...) zog ihn von seinem Sitz hinunter – auf die Knie«, etwas »saß (...) zwischen den Schulterblättern fest und zog mit feinen Krallen seine Kopfhaut nach hinten«. Das Gefühl des Fremdwerdens des eigenen Körpers, das »Befremden«, das ihn erfaßt, wird kurzzeitig immer wieder unterbrochen von Scham (»Er schämte sich dessen«) und von Selbstironie (»Irgend etwas ließ Törleß darüber lächeln«), doch drängt es ihn zu keinem Augenblick dazu, den Quälereien, deren Zeuge er wird, ein Ende zu machen, im Gegenteil: »Törleß fühlte sich durch diese klagenden Laute angenehm berührt.« In einer eigentümlichen sprachlichen Operation verschiebt der Erzähler diese teilnahmslose Gleichgültigkeit und Handlungshemmung metaphorisch auf das Licht der Laterne: »Die Laterne war umgekippt, und ihr Licht floß verständnislos und träge zu Törleß' Füßen über den Boden hin ...«

Das Licht, zentrale Metapher der Aufklärung, hat hier also die Fähigkeit verloren, Klarheit und Einsicht, Vernunft und Humanität den Boden zu bereiten: wie eine Körperflüssigkeit ergießt es sich »in einer Lache« und sickert »in die Fugen zwischen den Balken und erstickt (...) in einem staubigen, schmutzigen Dämmern«. Doch bewegt sich andererseits Musils Roman natürlich nicht im Fahrwasser einer fragwürdigen Gegenaufklärung. Die seelischen Abgründe, in die Törleß im düsteren Schein der Laterne weniger aktiv hinabsteigt, als vielmehr hinabgezogen wird, gehören doch mit zu seiner Persönlichkeit und sind durch die Behauptung eines Primats der Vernunft nicht aus der inneren Welt zu schaffen. Dagegen erschließt die beunruhigende Erfahrung Törleß ein »Neu-Seelland«, wie der oben zitierte Kritiker es bezeichnet hat, und öffnet ihm ein »Auge«, mit dem er in eine »fremde Welt« schauen bzw. sie »erraten« kann. In einer Art mystischem Erlebnis deutet sich für ihn, der glaubt, »mit einem Sinne mehr« als die anderen ausgestattet zu sein, ein Dualismus der Wirklichkeit an, eine Ahnung, die empirische Realität könne durchsichtig werden für eine »andere Wirklichkeit« und das Ausgeliefertsein an den Einbruch einer neuen Erfahrung könne von einer Wahrheit künden, die hinter den Dingen liegt. Skandalös wirkt diese Passage nicht zuletzt deshalb, weil der faszinierte und dumpf erregte »Held« des Romans solche Einsichten gewinnt, während er aus den Augenwinkeln beobachtet, wie Beineberg und Reiting ihren Mitschüler Basini mit perfider Lust an der Grausamkeit demütigen und peinigen.

Es war also etwas, womit man wirklich rechnen muß, vor dem man sich hüten muß, das plötzlich aus den schweigsamen Spiegeln der Gedanken hervorspringen kann? ...
Dann war aber auch alles andere möglich. (...) Dann war es auch möglich, daß von der hellen, täglichen Welt, die er bisher allein gekannt hatte, ein Tor zu einer anderen, dumpfen, brandenden, leidenschaftlichen, nackten, vernichtenden führe. Daß zwischen jenen Menschen, deren Leben sich wie in einem durchsichtigen und festen Bau von Glas und Eisen geregelt zwischen Bureau und Familie bewegt, und anderen, Herabgestoßenen, Blutigen, ausschweifend Schmutzigen, in verwirrten Gängen voll brüllender Stimmen Irrenden, nicht nur ein Übergang besteht, sondern ihre Grenzen heimlich und nahe und jeden Augenblick überschreitbar aneinanderstoßen ...

Die Entdeckung ungekannter Wirklichkeitsbereiche und dunkler Seelenschichten durch den Zögling Törleß bleibt in der Sicht des Erzählers ambivalent. Die bange Ahnung, psychische Gesundheit sei ein immerwährender heikler Balanceakt und der scheinbar geordnete Bau der Welt (auch der sozialen Welt!) sei errichtet auf einem schwankenden, ja chaotischen Fundament, hat aber immerhin den Vorzug illusionsloserer Betrachtungsweise.
Törleß versucht zunächst, seine Krise mit Hilfe der Wissenschaft zu bewältigen. Das Phänomen der imaginären Zahlen scheint ihm Beleg dafür zu sein, daß selbst der Bereich des angeblich Exaktesten zusammengehalten wird durch Irrationales. Der Exkurs über ein Gebiet der Mathematik, den innerhalb eines Romans zu finden nicht eben selbstverständlich ist, wird auf diese Weise überzeugend in den Zusammenhang der Handlung integriert.

Während des Mathematikunterrichtes war Törleß plötzlich ein Einfall gekommen. (...)
Gleich nach Beendigung der Stunde setzte er sich zu Beineberg als dem einzigen, mit dem er über etwas Derartiges sprechen konnte.
»Du, hast du das vorhin ganz verstanden?«
»Was?«
»Die Geschichte mit den imaginären Zahlen?«

»Ja. Das ist doch gar nicht so schwer. Man muß nur festhalten, daß die Quadratwurzel aus negativ Eins die Rechnungseinheit ist.«

»Das ist es aber gerade. Die gibt es doch gar nicht. Jede Zahl, ob sie nun positiv ist oder negativ, gibt zum Quadrat erhoben etwas Positives. Es kann daher gar keine wirkliche Zahl geben, welche die Quadratwurzel von etwas Negativem wäre.«

»Ganz recht; aber warum sollte man nicht trotzdem versuchen, auch bei einer negativen Zahl die Operation des Quadratwurzelziehens anzuwenden? Natürlich kann dies dann keinen wirklichen Wert ergeben, und man nennt doch auch deswegen das Resultat nur ein imaginäres. Es ist so, wie wenn man sagen würde: hier saß sonst immer jemand, stellen wir ihm also auch heute einen Stuhl hin; und selbst, wenn er inzwischen gestorben wäre, so tun wir doch, als ob er käme.«

»Wie kann man aber, wenn man bestimmt, ganz mathematisch bestimmt weiß, daß es unmöglich ist?«

»So tut man eben trotzdem, als ob dem nicht so wäre. Es wird wohl irgendeinen Erfolg haben. (...) Ich glaube, wenn man allzu gewissenhaft wäre, so gäbe es keine Mathematik.«

»Darin hast du recht. Wenn man es sich so vorstellt, ist es eigenartig genug. (...) Für mich hat so eine Rechnung etwas Schwindliges; als ob es ein Stück des Weges weiß Gott wohin ginge. Das eigentlich Unheimliche ist mir aber die Kraft, die in solch einer Rechnung steckt und einen so festhält, daß man doch wieder richtig landet.«

Um weitere Aufklärung zu erhalten, wendet sich Törleß an einen Lehrer, wird aber mit Bemerkungen über die »elementare Stufe des Unterrichts, auf der er sich noch befindet«, abgespeist. Ebenfalls zum Scheitern verurteilt ist seine Lektüre eines philosophischen Werks von Immanuel Kant: »(...) wenn er gewissenhaft mit den Augen den Sätzen folgte, war ihm, als drehe eine alte, knöcherne Hand ihm das Gehirn in Schraubenwindungen aus dem Kopfe.«

Schließlich wird in einer nächtlichen Szene die triebhaft-sinnliche und die Erkenntnis- und Selbstfindungskrise zusammengeführt. Törleß stellt mit Basini ein Verhör an, das von diesem zunehmend als Quälerei empfunden wird. Törleß räumt das ein:

Ja, ich quäle dich. Aber nicht darum ist es mir; ich will nur eines wissen: Wenn ich all das [gemeint sind seine Vorwürfe und Beschuldigungen; d. Hg.] wie Messer in dich hineinstoße, was ist in dir? Was vollzieht sich in dir? Zerspringt etwas in dir? Sag! Jäh wie ein Glas, das plötzlich in tausend Splitter geht, bevor sich noch ein Sprung gezeigt hat? Das Bild, das du von dir gemacht hast, verlöscht es nicht mit einem Hauche; springt nicht ein anderes an seine Stelle, wie die Bilder der Zauberlaternen aus dem Dunkel springen?

Der Erzähler läßt bis zum Schluß des Romans offen, wie das Verhalten der Titelfigur zu beurteilen ist: einerseits benützt Törleß, wenn auch nicht mit gleicher Brutalität wie etwa Reiting und Beineberg, sein Opfer als Mittel zum Zweck, andererseits erliegt er selbst kurz darauf der Verführung Basinis.

»Er kannte sich selbst nicht mehr; und gerade daraus wuchs seine Lust zu wilder, verachtender Ausschweifung, wie wenn bei einem galanten Feste plötzlich die Lichter verlöschen und niemand mehr weiß, wen er zur Erde zieht und mit Küssen bedeckt.«

Inzwischen gehen die Folterungen an Basini weiter, an ihrem Höhepunkt beteiligt sich sogar die ganze Klasse an ihnen. Nun endlich wendet sich der Gequälte an die Leitung der Schule; in der Untersuchung der Vorfälle durch das Lehrerkollegium wird aber von den Beteiligten alle Schuld auf ihn abgewälzt.

Törleß verläßt die Anstalt verwandelt und erscheint in seinem Erkenntnisstand weit über sein Alter hinaus gereift. Bei der sehr wohlwollend geführten Vernehmung findet er »in einem Augenblicke beinahe dichterischer Inspiration« für das neu gewonnene Selbstbewußtsein eine Sprache.

(...) Ein Gedanke (...) wird erst in dem Momente lebendig, da etwas, das nicht mehr Denken, nicht mehr logisch ist, zu ihm hinzutritt, so daß wir seine Wahrheit fühlen, jenseits von aller Rechtfertigung, wie einen Anker, der von ihm aus ins durchblutete, lebendige Fleisch riß ... Eine große Erkenntnis vollzieht sich nur zur Hälfte im Lichtkreise des Gehirns, zur anderen Hälfte in dem dunklen Boden des Innersten, und sie ist vor allem ein Seelenzustand, auf dessen äußerster Spitze der Gedanke nur wie eine Blüte sitzt.

Wie schon im Hinblick auf das Verhalten des Zöglings Törleß überläßt es der Erzähler dem Leser auch hier, sich ein Urteil über das zumindest vorläufige Ergebnis von dessen Entwicklung zu bilden. Die Modernität des Romans besteht nicht zuletzt in dieser Offenheit. Der Erzähler teilt lediglich an einer Stelle eine Äußerung des Protagonisten mit: Als bereits erwachsener junger Mann befragt, ob er bei der Erinnerung an die geschilderten Ereignisse nicht Scham empfinde, leugnet er dies und fügt hinzu:

aber etwas von ihr blieb für immer zurück: jene kleine Menge Giftes, die nötig ist, um der Seele die allzu sichere und beruhigte Gesundheit zu nehmen und ihr dafür eine feinere, zugeschärfte, verstehende zu geben.

Robert Walser
Der Gehülfe

Einen unverwechselbaren eigenen Ton innerhalb der vielstimmigen Erzählkunst der Frühmoderne schlägt die Prosa des Deutschschweizers Robert Walser (1878–1956) an.

Man hat ihn als einen »writer's writer«, als einen Autor für Autoren bezeichnet. Tatsächlich wurde und wird er vor allem von Dichtern und Intellektuellen geschätzt und verehrt, obwohl er, der ein unstetes Wander- und Bohèmeleben führte und dem es nicht endgültig gelang, eine gesicherte Stellung im Leben zu finden, eben gerade kein Intellektueller im herkömmlichen Sinne sein wollte. Hermann Hesse und Robert Musil, Walter Benjamin und Franz Kafka – um nur einige seiner Zeitgenossen zu nennen – haben mit Nachdruck auf seinen Rang hingewiesen, haben die Lektüre seiner Werke empfohlen. Trotz aller (auch verlegerischer) Bemühungen blieben Robert Walsers Bücher aber bis heute ein literarischer »Geheimtip«, warten seine Gedichte, die drei vollendeten Romane (›Geschwister Tanner‹, 1907, ›Der Gehülfe‹, 1908, ›Jakob von Gunten‹, 1909) und seine vielen hundert Prosastücke (seit 1904 in Sammelbänden zusammengefaßt: z.B. ›Fritz Kochers Aufsätze‹, ›Geschichten‹, ›Der Spaziergang‹, ›Poetenleben‹) auf eine zahlreichere Leserschaft.

Wenn in den drei Romanen Robert Walsers die Hauptfigur jeweils den ökonomischen Niedergang eines Mächtigen miterlebt, läßt sich dieses Handlungsmuster scheinbar zwanglos jener Zeitstimmung zuordnen, die sich von Dekadenz und vom Verfall einstiger Größe fasziniert zeigte; den »Verfall einer Familie« stellt Thomas Mann in den ›Buddenbrooks‹ dar, die »Entwürdigung« eines in Repräsentation erstarrten Dichters schildert er im ›Tod in Venedig‹. Der Gedanke liegt nahe, das Pathos der Schwäche sei die notwendige Ergänzung zur »schimmernden Wehr« des zeitgenössischen Machtstaates gewesen. In der Tat ist Walser Nietzsches vielzitierter »Wille zur Macht«, seine »Herrenmoral« verdächtig. Sie gilt ihm als »perfide Rache eines Ungeliebten«, entstanden aus »gekränktem Knechtedasein«.

Bezeichnender als die Parallelen sind aber die in Walsers Werk aufleuchtenden Unterschiede zur verbreiteten Untergangssehnsucht. Thomas Mann wahrte ja in den genannten Werken die tragische Fallhöhe: das Ende des patrizischen Kaufmannsgeschlechts, der geistige und körperliche Zusammenbruch des Künstlers werden in einer oft rauschhaft-musikalischen Prosa dargeboten. Dagegen notierte schon Walter Benjamin zu Robert Walser: »alles Orgiastische ist ihm fremd«. Scheitern und Niedergang erscheinen bei ihm nicht als ein meteorhafter Sturz, vielmehr als ein Sich-Verirren in einer unüberschaubaren, chaotischen Welt, im Provisorischen und Disharmonischen des Lebens. Die auftrumpfend ihre »Bedeutung« hervorkehrenden Individuen sind so nur von der eigenen Vitalität betrogene Betrüger. Sie sind untauglich als Figuren, aus deren Perspektive erzählt wird oder die im Fokus der Erzähleraufmerksamkeit stehen. Die Perspektive der Diener und Dienenden, der Kinder oder kindlich Gebliebenen bestimmt vielmehr die Erzählhaltung des Autors; in deren eng umgrenztem Lebensbereich ist allenfalls noch die Sicherheit und Ordnung einer Existenz erreichbar. So ziehen sich Robert Walsers Gestalten zurück in den Schutz einer Uniform, einer Dienerlivree, eines Angestelltendaseins.

Im Roman ›Der Gehülfe‹ ist es die der Titelfigur Joseph Marti, der »aus den Tiefen der menschlichen Gesellschaft (…), aus den schattigen, schweigsamen, kargen Winkeln der Großstadt« kommt. »Ja, seine Existenz war nur ein provisorischer Rock, ein nicht recht passender Anzug.« Er findet eine Anstellung als Bürogehilfe bei dem Ingenieur, Erfinder und dilettantischen Unternehmer Carl Tobler, der eine geräumige Villa oberhalb des Dorfes Bärenswil bewohnt. Die Erfindungen, von denen sich jener ökonomischen Erfolg verspricht, sind seltsam versponnen und skurril: eine »Reklame-Uhr«, ein »Schützenautomat«, ein »patentierter Krankenstuhl« und eine »Tiefbohrmaschine«. Als Marti in den Dienst Toblers tritt, ist dieser wirtschaftlich bereits angeschlagen; wie vorauszusehen war, will niemand in die Erfindungen investieren. In dem halben Jahr (Juli bis Neujahr), das den zeitlichen Rahmen des Romans bildet, treibt die Firma unaufhaltsam auf den Bankrott zu. Der »Gehülfe« (diese ungewöhnliche sprachliche Form war um 1900 in der Schweiz durchaus gebräuchlich) wohnt in einem Turmzimmer der Villa, in deren Keller sein Arbeitsplatz, das »Bureau«, liegt. Er nimmt damit in gewissem Umfang am Privatleben der Familie Tobler teil, zu der neben der Ehefrau auch zwei Söhne und zwei Töchter gehören. Die räumliche Nähe bringt es mit sich, daß er den oft sprunghaften Launen des Ingenieurs und seiner Frau ausgesetzt ist. Anstelle eines angemessenen Lohns bekommt Marti in unregelmäßigen Abständen lediglich eine Art Taschengeld, da er aber freie Kost und Logis erhält und am Aufwand für Essen und Trinken nicht gespart wird, läßt er sich sogar über seine normalen Dienstpflichten hinaus als eine Art Faktotum einspannen.

Wo Familie und Geschäft so nah beieinander sind, daß sie sich, man möchte sagen, körperlich berühren, kann man das eine nicht gründlich kennen lernen und zugleich das andere übersehen. Die Obliegenheiten eines Angestellten liegen in solch einem Haus weder ausdrücklich da noch ausdrücklich dort, sondern überall. Auch die Stunden der Pflichterfüllung sind keine exakt begrenzten, sondern erstrecken sich manchmal bis tief in die Nacht hinein, um bisweilen plötzlich mitten am Tag für eine Zeitlang aufzuhören. Wer das

Vergnügen haben darf, nachmittags draußen im Gartenhaus in Gesellschaft einer gewiß gar nicht üblen Frau Kaffee zu trinken, muß nicht böse werden, wenn er abends nach acht Uhr rasch noch irgendeine dringende Arbeit erledigen soll. Wer so schön zu Mittag ißt, wie Joseph, muß dies durch verdoppelte Leistungen wieder gut zu machen suchen. Wer Stumpen rauchen darf während der Geschäftsstunden, der darf nicht brummen, wenn ihn die Herrin des Hauses um einen häuslichen oder familiären Dienst kurz ersucht, auch wenn der Ton, womit dieses Gesuch ausgesprochen wird, eher ein befehlshaberischer als ein schüchtern bittender sein sollte. Wer hat alles Annehmliche und Schmeichelnde immer zusammen? Wer wird so anmaßend der Welt gegenüber sein, von ihr nur Kissen zum Daraufruhen zu verlangen, ohne zu bedenken, daß die samtenen und seidenen, mit feinem Flaum gefüllten und gestopften Kissen Geld kosten? Aber Joseph denkt gar nicht so. Man muß bedenken, daß Joseph nie viel Geld auf einmal besessen hat.

Walser wählt hier als Mittel der epischen Gestaltung die erlebte Rede, stilistisch eine auffällige Häufung von Verneinungen und von rhetorischen Fragen. Der begrenzte Horizont Josephs, sein bereitwilliges Sich-Fügen wird damit deutlich, gleichzeitig wird es aber dem Leser möglich, die Alternative zu diesem Verhalten mitzudenken. Sollte Joseph nicht eigentlich eine exakt begrenzte Arbeitszeit haben? Sollte er angesichts bestimmter Zumutungen nicht wirklich böse werden? Ist der Wunsch, »Kissen zum Daraufruhen zu verlangen«, so ungebührlich? »Joseph war ja ohnehin schwer von Begriff, wenigstens bildete er sich das ein, und Einbildungen sind nie gänzlich ohne grundlegende Berechtigung«: mit solchen Formulierungen wird Eindeutigkeit vom Autor immer wieder unterlaufen. »Da ist man ja wahrhaftig gezwungen, anzunehmen, entweder Sie sind Ihrem Herrn sehr zugetan, oder aber, Sie hassen ihn heimlich. Was soll man glauben?« So wie Frau Tobler ist der Leser gezwungen, sich zu fragen, wie er den »Gehülfen« einschätzen soll. Denn nicht listiger Überlebenswillen tarnt sich hier mit Dummheit oder Narrentum. Marti ist keine Schwejk-Figur, keinesfalls ein klassenbewußter Proletarier, der durch subversives Denken und Handeln an seinem Platz die Fundamente der bürgerlichen Gesellschaft in Frage stellt. Zwar verläßt er seinen Dienstherrn, als dieser ihn in einem Wutanfall beschimpft, aber noch kurz vorher heißt es:

Er bemitleidete Tobler, er verachtete ihn, und er fürchtete sich zugleich vor ihm. Das waren drei sehr häßliche Empfindungen, eine wie die andere natürlich, aber auch ungerecht. Was veranlaßte ihn, nun noch länger der Angestellte dieses Mannes zu bleiben? Der Gehalt-Rückstand? Ja, das auch. Aber es war noch etwas ganz anderes, etwas Wichtigeres: er liebte aus dem Grunde seines Herzens diesen Menschen.

Mehrmals werden wie hier im Roman in einer Mischung aus Mitgefühl und nüchterner Analyse Beziehungsaspekte erörtert. Selbst dort noch, wo Joseph sich förmlich bemüht, etwas Positives über Frau Tobler zu denken, ist das Ergebnis dieser Anstrengung uneindeutig, gerät das Lob zur ironischen Distanzierung.

»Wie seltsam sie lacht«, dachte der Untergebene und fuhr fort zu denken: »An diesem Lachen könnte einer, der sich darauf versteifen wollte, Geographie studieren. Es bezeichnet genau die Gegend, wo diese Frau her ist. Es ist ein behindertes Lachen, es kommt nicht ganz natürlich zum Mund heraus, als wäre es früher durch eine allzupeinliche Erziehung stets etwas im Zaum gehalten worden. Aber es ist schön und fraulich, ja es ist sogar ein bißchen frivol. Nur hochanständige Frauen dürfen so lachen.«

In Erinnerungen des »Gehülfen« an seine Zeit beim Militär taucht das Motiv des Dienstes und des Dienens im Kontext eines weiteren Bereichs der Gesellschaft auf. Nun war Militär in der republikanischen Schweiz sicher etwas anderes als etwa im deutschen Kaiserreich, doch die Schilderung ist trotzdem ambivalent; wieder gestattet die erlebte Rede dem Leser, über den begrenzten Horizont Martis hinauszublicken und diese Ambivalenz zu durchschauen.

Jetzt kommt eine Eisenbahnfahrt durch ein frühlingverzaubertes Land, und dann weiß man nichts mehr, denn von da an ist man nur noch eine Nummer, man bekommt eine Uniform, eine Patronentasche, ein Seitengewehr, eine regelrechte Flinte, ein Käppi und schwere Marschschuhe. Man ist nichts mehr Eigenes, man ist ein Stück Gehorsam und ein Stück Übung. Man schläft, ißt, turnt, schießt, marschiert und gestattet sich Ruhepausen, aber in vorgeschriebener Weise. Selbst die Empfindungen werden scharf überwacht. Die Knochen wollen anfänglich brechen, aber nach und nach stählt sich der Körper, die biegsamen Kniescheiben werden zu eisernen Scharnieren, der Kopf wird frei von Gedanken, die Arme und Hände gewöhnen sich an das Gewehr, das den Soldaten und Rekruten überall hin begleitet. Im Traum hört Joseph Kommandoworte und das Knattern der Schüsse. Acht Wochen lang dauert das so, es ist keine Ewigkeit, aber bisweilen scheint es ihm eine.

Robert Walser hat als Stoff für den Roman weitgehend eigene Erlebnisse und Erfahrungen benützt. Dem Dorf Bärenswil entspricht die Gemeinde Wädenswil am Westende des Zürichsees, die Villa existiert in der beschriebenen Gestalt und gehörte damals einem Maschinentechniker namens Carl Dubler. Bei ihm war Walser als Buchhalter und Sekretär vier Monate lang beschäftigt, und er verließ tatsächlich am Jahresanfang (1904) die auf den Konkurs zutreibende Firma. Selbst die im Roman geschilderten familiären Verhältnisse des Unternehmers sind – zumindest was die Realien betrifft – der Wirklichkeit entnommen (sogar die Namen der Kinder). Der Nachname der Titelfigur ist der Mädchenname von Robert Walsers Mutter.

Bemerkenswert ist schließlich, wie der Autor parallel zur Darstellung der sich verdüsternden wirtschaftlichen Lage Toblers die Natur ins Spiel bringt. Der Wechsel der Jahreszeiten vom Sommer bis in den Winter, das zu Ende gehende Jahr, bildet dafür einerseits eine passende Kulisse; andererseits behält die Natur neben den menschlichen Verstrickungen ihr eigenes Recht, liefert sie dem Erzähler nicht einfach eine der Handlung entsprechende Beleuchtung:

Es fing an zu herbsteln, sich zu setzen, es stund irgendwo etwas still, die Natur schien sich manchmal die Augen reiben zu müssen. Die Winde wehten anders als bisher, wenigstens schien das oft so, Schatten huschten an den Fenstern vorbei, und die Sonne war eine andere Sonne geworden. Wenn es warm war draußen, so sagten ein paar Menschen, echte Bärenswiler, sieh da, wie warm es immer noch ist. Man dankte für die Milde, weil man einen Tag vorher, unter der Haustüre stehend, gesagt hatte: Potz blitz, es fängt zu rumoren an!
Hin und wieder runzelte der Himmel seine schöne, reine Stirne, oder er zog sie sogar in Gramesfalten und -schleiern zusammen. Alsdann war die ganze Hügel- und Seegegend von grauen, nassen Tüchern umhüllt. Der Regen fiel schwer auf die Bäume, was nicht hinderte, daß man zur Post lief, wenn man zufällig ein Angestellter des Hauses Tobler war. (...)

Zwar ist den Schilderungen eine deutliche Neigung zur Vermenschlichung der Dinge anzumerken (»runzelte der Himmel seine schöne, reine Stirne, oder er zog sie sogar in Gramesfalten und -schleiern zusammen«), beharrlich und fast penetrant eingesetzt wird aber dieses Darstellungsmittel und die damit einhergehende Betrachtungsweise als eigentlich unangemessen gekennzeichnet. Auffällig ist nämlich, wie oft der Autor davon spricht, ein Naturphänomen habe den Anschein erweckt, eine quasi menschliche Gefühlsregung zu zeigen (»die Natur schien sich manchmal die Augen reiben zu müssen«, die »Gegend schien zu lächeln« usw.). Die Natur ist also nicht unreflektiert Projektionsfläche für neuromantischen Gefühlsüberschwang, vielmehr ist eine Tendenz zur Abstrahierung und Verallgemeinerung zu beobachten (»es stund irgendwo etwas still«, »die Gegend schien zu empfinden«); die häufige Verwendung von »man« und »es« als Satzsubjekte weist in dieselbe Richtung. Als wolle der Autor die Totalität und den Zusammenhang alles Seienden noch einmal aufscheinen lassen und als wisse er gleichwohl, daß diese eine unangemessene, letztlich unhaltbare Wahrnehmungskonvention ist, läßt er seine Figuren so tun, als wüßten sie noch zuverlässig, wie man sich in der Natur bewegen, wie man sie einschätzen soll: »So etwas zu tun ziemte sich an einem schönen, bis in die letzten Winkel von Farben und Tönen durchzuckten, gleichsam hellgeschliffenen Tage.«

Rainer Maria Rilke
Die Aufzeichnungen des Malte Laurids Brigge

Ich entstamme, wenn ich alten Traditionen glaube, einem uradeligen, Kärnt-
ner Adelsgeschlecht (...). Das Fabulieren hat mich weder Vater noch Mutter,
wiewohl letztere poetische Anlagen besitzt, sondern früher Schmerz und
herbe Erfahrung gelehrt. Mit zehen Jahren verließ ich das von Zwietracht
zerspaltene Elternhaus. Mehr denn fünf Jahre härmte ich mich durch eine mir
verhaßte Militärerziehung, um endlich in Hast die 8 Gymnasialklassen in
drei Jahren voll unbeschreiblicher Mühsal zu überwinden (...). Für die Gegenwart hege ich heißes Streben nach Licht, für die Zukunft eine Hoffnung
und eine Furcht. Hoffnung: Inneren Frieden und Schaffensfreude, Furcht
(als erblich nervös belastet): Wahnsinn! (...). Ich bin tätig auf dem Gebiet des
Dramas (...), Novelle und Skizze (...) Lyrik, Psychodrama, Kritik etc. In
Freistunden führe ich den Pinsel. Auch bin ich Improvisator.

So beschreibt der eben 21jährige Rainer Maria Rilke (1875–1926) für
ein Dichterlexikon ganz ernsthaft seine Herkunft, sein bisheriges
Leben und Tun. Manches von dem, was das spätere Leben des Prager
Bürgersohns bestimmt, findet sich darin: seine Angst, seine Leidensfähigkeit, die »selbstbeklagende Ichversenkung« (Peter Wapnewski),
die Sehnsucht nach Verbindung mit dem Adel, die große, manchmal
unsichere sprachliche Geste (die ihn den »Pinsel führen« läßt), vor
allem aber sein Schwanken zwischen überzeugtem Selbstbewußtsein
(»Caesar« fügt er der Namensnennung noch hinzu) und Selbstzwei-
fel, der sich auch in seiner Furcht von einer erblichen gesundheitli-
chen Gefährdung ausdrückt.
  In direkten Parallelen greifbar wird der Erlebnishintergrund in seinem längsten (und sicher bedeutendsten) Prosatext ›Die Aufzeichnungen des Malte Laurids Brigge‹. So bilden seine Erfahrungen aus
dem Pariser Aufenthalt (1902/3) die Folie für manche Einzelbe-
obachtungen (wie etwa die Gestalt des Veitstänzers, die Darstellung des blinden Obsthändlers), aber auch die Atmosphäre der
»Galeere« Paris. Manche Details sind in gleichzeitigen Briefen Rilkes
als eigene Eindrücke berichtet. Dennoch wäre es ein Mißverständnis,
das »Ich« der Aufzeichnungen, den jungen dänischen Adeligen Malte
Laurids Brigge, der nach Paris kommt, um ein Künstlerdasein zu
beginnen, mit dem Verfasser gleichzusetzen. Rilke ist nicht Malte.
Aber die Probleme Maltes sind auch die Rilkes: »(...) helft mir, so
weit ihr könnt, zu ruhiger Zeit«, so schreibt er an seine Frau, die
Bildhauerin Clara Westhoff (8. 9. 1908), »daß ich meinen Malte Laurids mache: ich kann nur durch ihn weiter, er liegt mir im Weg (...)«.
Durch die Gestaltung Maltes sollte für ihn das Künftige seiner
künstlerischen Existenz in ihren Zwängen und Möglichkeiten klarer
werden.

Aber die ›Aufzeichnungen‹ haben nicht nur diese Funktion, sie sind ein Kunstwerk für sich. Wenn man sich dem Werk nähern will, muß man daher Rilkes Kunstauffassung zur Zeit der Entstehung des Malte bedenken. ›Die Aufzeichnungen des Malte Laurids Brigge‹ (begonnen nach dem ersten Pariser Aufenthalt 1902/3 in Rom, abgeschlossen und veröffentlicht 1910) gehören Rilkes mittlerer Schaffensperiode an. In dieser verdankt er neben den literarischen Vorbildern, dem Flamen Maurice Maeterlinck, (s. S. 66 und 206f.), der lyrischen Prosa des norwegischen Symbolisten Sigbjørn Obstfelder (1866–1900) und der impressionistischen und psychologisierenden Erzählweise des für ihn besonders wichtigen Dänen Jens Peter Jacobsen (1847–1885), dem Worpsweder Künstlerkreis um Paula Modersohn-Becker, vor allem aber dem französischen Impressionisten Paul Cézanne und dem Bildhauer Auguste Rodin, über den er 1903 eine Monographie veröffentlichte, eine Verdeutlichung seiner Einstellung zur Kunst und eine Vertiefung seiner künstlerischen Absichten.

Unter dem Einfluß Rodins entwickelt Rilke nicht nur ein neues Arbeitsethos, das den Künstler zur Genauigkeit des Beobachtens und zum Sich-Einlassen auf die Dinge (vgl. Dinggedichte S. 296ff.) verpflichtet, sondern auch eine strenge Vorstellung von der notwendigen Hingabe des Künstlers an die Kunst. Was Rilke über Rodin 1902 an seine Frau schreibt, soll wohl auch eine Forderung an sich selbst sein. Von Rodin heißt es etwas dunkel-zweideutig, »daß er vom Leben nichts mehr wollte, als sich ganz und alles Sein durch dieses Element [i. e. die Form der Kunst] auszudrücken«.

In den sogenannten Cézanne-Briefen an seine Frau (Oktober 1907) hingegen stellt er die »Entwicklung zum sachlichen Sagen« in den Vordergrund. »Erst müßte das künstlerische Anschauen sich so weit überwunden haben, auch im Schrecklichen und scheinbar Widerwärtigen das Seiende zu sehen, das, mit allem anderen Seienden, gilt. Sowenig eine Auswahl zugelassen ist, ebensowenig ist eine Abwendung von irgendwelcher Existenz dem Schaffenden erlaubt (...). Dies Sich-zu-dem-Aussätzigen-Legen und Alle – eigene – Wärme, bis zu der Herzwärme der Liebesnächte, Mit-ihm-Teilen: dies muß irgendwann im Dasein eines Künstlers gewesen sein, als Überwindung zu seiner neuen Seligkeit.« Damit verbietet sich trotz einer gewissen Neigung und bei allen Näherungen eine Identifizierung Rilkes mit dem reinen Ästhetizismus der Jahrhundertwende; er flüchtet nicht in die gesellschaftliche Entfremdung, so sehr andererseits ein ausgeprägter Subjektivismus sein Schaffen mitbestimmt.

Einem »von sich selbst absehenden Ergreifen des Gegenstandes« (Hermann Kunisch) und seiner möglichst genauen Überführung in anschauliche Gestaltung (wie etwa in den Ding-Gedichten) steht die schon früh (z. B. im Aufsatz ›Von der Landschaft‹ 1902) aus der Malerei gewonnene Vorstellung gegenüber, daß man zwar »die Landschaft (malte) und doch nicht sie damit (meinte), sondern sich selbst«. Die Landschaft sei nur »Vorwand (…) für ein menschliches Gefühl«, so sei es in der Kunst überhaupt.

Malte wird ganz ähnlich von der »Oberfläche des Lebens«, die man zu erfassen suche, sprechen und sie von dem »Innern, von dem ich nichts wußte«, unterscheiden. Er sei »der Eindruck, der sich verwandeln wird«, lautet eine seiner dunklen Äußerungen. Aufnahme und Wandlung, Erfassen subjektiver Wirklichkeit und Überhöhung sind neben Tod, Gott und Liebe weitere Themen und Probleme, von denen die ›Aufzeichnungen‹ bestimmt werden. Ob Malte die Aufgabe, die sich mit ihnen stellt und die sein »Schicksal« ist, bewältigen kann oder ob »diese Prüfung ihn überstieg«, wie Rilke im vorhin genannten Brief formulierte, entwickelt sich zu einer Kernfrage auch für die Leser des Werks.

Aber auch die Wahl der geeigneten Form war offenbar schwierig, wie die Abwendung vom ursprünglichen Er-Erzähler beweist. Rilke entschloß sich stattdessen für die Form der »Aufzeichnung«.

Diese läßt von vornherein Offenheit zu: Aufzeichnungen können ungeordnet sein, sie dürfen aus allem, was erlebt, gefühlt oder gedacht wurde, auswählen, müssen nicht in einem raumzeitlichen oder logischen Zusammenhang entwickelt werden, sind an keine von außen (etwa durch Formgesetze) festgelegte Systematik gebunden; eine assoziative, sogar sprunghafte Verknüpfung ist durchaus möglich, selbst lyrisches Sagen angemessen. Auch inhaltlich läßt die Form Freiheit zu: subjektive Wahrnehmung, persönliche Einschätzung oder einfache Nennung ohne Kommentar und ohne Vollständigkeit sind »legitim«, der Leser mag (oder muß) selbst mitdenken, Zusammenhänge herzustellen versuchen, Notwendiges ergänzen. Aufgezeichnet wird, was dem Schreibenden wesentlich ist, möglicherweise aber auch, was ihn gerade beschäftigt. Aufzeichnungen müssen sich nicht an aktuelle Beobachtungen halten; sie können zwanglos Vergangenes heraufholen, sich von Assoziationen tragen lassen, Ähnlichkeiten vermerken, Kontraste erkennen oder als Einfälle konstruieren. Die Möglichkeiten sind zahllos, und Rilke bedient sich ihrer ausgiebig.

Er entwickelt damit eigentlich noch nichts Neues, denn Tagebuchaufzeichnungen haben eine bis in die Renaissance zurückreichende Tradition. Aber Rilke benützt die Form sehr konsequent, er verzichtet auf ein äußerlich zielgerichtetes Geschehen, und wir erfahren nicht einmal, ob der Schreibende überlebt. Nicht nur in dieser Hinsicht läßt der Roman die Interessen des Lesers (scheinbar?) außer acht.

Die Aufzeichnungen beginnen wie ein Tagebuch. Die erste Eintragung ist datiert und mit Rilkes eigener Pariser Adresse versehen:

»11. September, rue Toullier«. Weitere Datierungen aber fehlen, die für ein Tagebuch typische chronologische Reihenfolge läßt sich nicht mehr erkennen. Eine besondere Eigenart der ›Aufzeichnungen‹, die ebenfalls das Leseverständnis nicht gerade erleichtert, ist ein Verfahren, das man als Aussparungstechnik bezeichnen könnte.

Im 50. Abschnitt erinnert sich Malte an einen Medizinstudenten, der sein Nachbar war und ihn durch Geräusche, die aus seinem Zimmer drangen, beunruhigte. Malte beschreibt zunächst den »Lärm«, den ein der Hand entglittener Deckel einer Blechbüchse erzeugt, wenn er am Boden ausrollt, und stellt dann die Beziehung her:

Nun also (...) so ein blecherner Gegenstand fiel nebenan, rollte, blieb liegen, und dazwischen, in gewissen Abständen, stampfte es. Wie alle Geräusche, die sich wiederholt durchsetzen, hatte auch dieses sich innerlich organisiert; es wandelte sich ab, es war niemals genau dasselbe. Aber gerade das sprach für seine Gesetzmäßigkeit. Es konnte heftig sein oder milde oder melancholisch; es konnte gleichsam überstürzt vorübergehen oder unendlich lange hingleiten, eh es zur Ruhe kam. Und das letzte Schwanken war immer überraschend. Dagegen hatte das Aufstampfen, das hinzukam, etwas fast Mechanisches. Aber es teilte den Lärm immer anders ab, das schien seine Aufgabe zu sein.

Nur die Folgerung am Schluß wird als vom Wahrnehmenden hinzugefügt (»schien«) angegeben, alles andere ist als Tatsache dargestellt. Malte kann wider sein Wollen die Sache nicht leicht nehmen:

Erschrick nicht, hätte ich mir sagen müssen, jetzt kommt es; ich wußte ja, daß ich mich niemals täuschte. Aber das lag vielleicht gerade an den Tatsachen, die ich mir hatte sagen lassen; seit ich sie wußte, war ich noch schreckhafter geworden. Es berührte mich fast gespenstisch, daß das, was diesen Lärm auslöste, jene kleine, langsame, lautlose Bewegung war, mit der sein Augenlid sich eigenmächtig über sein rechtes Auge senkte und schloß, während er las. Dies war das Wesentliche an seiner Geschichte, eine Kleinigkeit. Er hatte schon ein paarmal die Examen vorbeigehen lassen müssen, sein Ehrgeiz war empfindlich geworden, und die Leute daheim drängten wahrscheinlich, sooft sie schrieben. Was blieb also übrig, als sich zusammenzunehmen. Aber da hatte sich, ein paar Monate vor der Entscheidung, diese Schwäche eingestellt; diese kleine, unmögliche Ermüdung, die so lächerlich war, wie wenn ein Fenstervorhang nicht oben bleiben will.

Der Text ist an der entscheidenden Stelle kaum verständlich; auch wenn Malte Tatsachen zu nennen vorgibt – der Zusammenhang zwischen der »lautlosen Bewegung« des Augenlids und dem anfangs beschriebenen Lärm leuchtet nicht ein, und daß ihn die banale Wiederholung eines Geräusches im Nebenzimmer so beschäftigt, ja geradezu beunruhigt, wirkt übertrieben. Derselbe Vorgang wird von Rilke in einem Pariser Brief an seine Frau auf völlig verständliche Weise dargestellt, er zeigt Ursache und Wirkung nachvollziehbar auf, während durch die Auslassung solcher Angaben der Malte-Text den Leser ratlos zurückläßt. Diese Aussparungstechnik gehört, wie viele andere Beispiele und theoretische Äußerungen Rilkes zeigen, zu den bewußt gebrauchten Darstellungsmitteln. Seinen polnischen Übersetzer des ›Malte Laurids Brigge‹ mahnte er ausdrücklich: »(...) das alles, soll, darf (...) um Gottes Willen, nicht erklärt, erläutert sein (...)«. Dahinter stecken wohl zwei Absichten: eine allgemeine, die von dem Gedanken bestimmt ist, daß das Wesentliche der Wirklichkeitserfahrung nur in Andeutungen oder Bildern vermittelt werden kann; eine andere, auf die besondere Situation des Malte-Romans bezogene, zwingt den Leser in die Malte-Figur hinein; die eigene Erfahrung ist dementsprechend nicht in der Lage, die gegebene Situation »richtig« zu erfassen, vielmehr soll der Leser Maltes Staunen über das »fast Gespenstische«, also Unbegreifliches in vertrauter Umwelt, miterleben. Er wird so in die Geschichte hineingenommen und kann sich nicht über den Kenntnis-bzw. Bewußtseinsstand der Figur erheben.

Wenn Versuche, eine irgendwie systematische Ordnung der 71 Abschnitte herauszuarbeiten, bisher nicht befriedigen konnten, obwohl gewisse Zusammenhänge (z.B. die Elendsbeschreibungen, das Sterben in der Pariser Gegenwart, die Kindheitserinnerung und die historische Vergangenheit, die Episoden mit unerfüllten Liebesbeziehungen) erkennbar sind, liegt es vielleicht daran, daß Rilke die Maltesche Darstellungsform als der existenziellen Unsicherheit gemäß erkennt; planlos, wie mancher Interpret einer Bemerkung Maltes entnehmen wollte, wäre der Roman demnach nicht.

»Aufzeichnungen« können auch Ausdruck einer nicht (mehr) oder noch nicht darstellbaren Wirklichkeit sein; sie geben nicht vor, durch ein episches Kontinuum, ein nachvollziehbares Handlungsgefüge oder ein zielgerichtetes, auf einen Abschluß hin angelegtes Vorgehen eine durchschaubare oder gar geordnete Wirklichkeit zu zeigen. Der Inhalt der ›Aufzeichnungen‹ bestätigt die gewählte Form. Von Anfang an erfährt der junge dänische Adelige Malte Laurids Brigge die

Existenz des Entsetzlichen in jedem Bestandteil der Luft. Du atmest es ein mit Durchsichtigem; in dir aber schlägt es sich nieder, wird hart, nimmt spitze, geometrische Formen an zwischen den Organen; denn alles, was sich an Qual und Grauen begeben hat auf den Richtplätzen, in den Folterstuben, den Tollhäusern, den Operationssälen, unter den Brückenbögen im Nachherbst: alles das besteht auf sich und hängt (...) an seiner schrecklichen Wirklichkeit.

Die Häufung des Negativen, als Summe bereits mit dem ersten Satz vorweggenommen, macht die »schreckliche Wirklichkeit« aus. Es ist das Thema Großstadt, das zentrale Motiv schon im letzten Teil des Gedichtzyklus ›Das Stunden-Buch‹ (erschienen 1905), das Rilke hier wieder aufgreift und weiterentwickelt. Malte muß sich entsprechend den strengen Kunstvorstellungen des Autors Rilke der Pariser Zeit dieser »Wirklichkeit« stellen, muß »sehen« lernen, um sie zu erfassen. Er ist ihr aber nicht gewachsen, sie verfolgt ihn bis in seine nächtliche Ruhe hinein:

… Daß ich es nicht lassen kann, bei offenem Fenster zu schlafen. Elektrische Bahnen rasen läutend durch meine Stube. Automobile gehen über mich hin. Eine Tür fällt zu. Irgendwo klirrt eine Scheibe herunter, ich höre ihre großen Scherben lachen, die kleinen Splitter kichern. Dann plötzlich dumpfer, eingeschlossener Lärm von der anderen Seite, innen im Hause. Jemand steigt die Treppe. Kommt, kommt unaufhörlich. Ist da, ist lange da, geht vorbei. Und wieder die Straße. Ein Mädchen kreischt: Ah tais-toi, je ne veux plus. Die Elektrische rennt ganz erregt heran, darüber fort, fort über alles. Jemand ruft. Leute laufen, überholen sich. Ein Hund bellt. Was für eine Erleichterung: ein Hund. Gegen Morgen kräht sogar ein Hahn, und das ist Wohltun ohne Grenzen. Dann schlafe ich plötzlich ein.
Das sind Geräusche. Aber es giebt hier etwas, was furchtbarer ist: die Stille. Ich glaube, bei großen Bränden tritt manchmal so ein Augenblick äußerster Spannung ein, die Wasserstrahlen fallen ab, die Feuerwehrleute klettern nicht mehr, niemand rührt sich. Lautlos schiebt sich ein schwarzes Gesimse von oben, und eine hohe Mauer, hinter welcher das Feuer auffährt, neigt sich, lautlos. Alles steht und wartet mit hochgeschobenen Schultern, die Gesichter über die Augen zusammengezogen, auf den schrecklichen Schlag. So ist hier die Stille.

Der Abschnitt wirkt vor allem im ersten Teil zunächst wie eine impressionistische Augenblicksskizze: die knappen parataktischen Sätze, das häufige Fehlen von Subjekt oder Prädikat, das rasche Präsens, die Bewegungsverben. Aber das realistisch-impressionistische Bild ist durchbrochen: elektrische Bahnen rasen durch die Stube des Ich-Erzählers, Automobile gehen über ihn hin, Scherben lachen, das nicht mehr faßbar Unheimliche des »schwarzen Gesimses«. Die Aufzeichnung stellt nicht nur die Wahrnehmung äußerer Vorgänge dar, sie setzt Vorgestelltes oder Empfundenes gleich wahr. Die äußere Welt dringt in die »Stube« ein und entfaltet dort ihre Wirksamkeit, ihre Wirkung auf das Ich der Erzählfigur. Dies zeugt von unbewältigter Wirklichkeit und einem nicht geschlossenen Weltbild. Die Folge ist Angst, selbst die Stille wirkt als Bedrohung, und die Zeichen einer natürlich-vertrauten Welt (Hund, Hahn) können »Erleichterung« und »Wohltun« vermitteln.
Das Gefühl der Angst entsteht aus dem Unverständlichen. Sie wird verstärkt durch das Gefühl, die eigene sichere Heimat der Vergangenheit verloren zu haben:

Und man hat niemand und nichts und fährt in der Welt herum mit einem Koffer und mit einer Bücherkiste und eigentlich ohne Neugierde. Was für ein Leben ist das eigentlich: ohne Haus, ohne ererbte Dinge, ohne Hunde. Hätte man doch wenigstens seine Erinnerungen. Aber wer hat die? Wäre die Kindheit da, sie ist wie vergraben.

Es ist die Situation des »Unbehausten«, die Malte neben der unerklärten Welt ängstigt. In der Welt der Vergangenheit und Gegenwart seinen Ort zu finden, ist seine Aufgabe. Die eine läßt sich ohne die voraussetzungslose Öffnung für die andere nicht vertraut machen. Erst als Malte sich der ganzen Gegenwart aufschließt, findet er auch seine Vergangenheit wieder.

Das »fabrikmäßige Sterben« des Massenmenschen weckt in ihm z.B. die Erinnerung an den so ganz anderen »eigenen« Tod seines Großvaters, des Kammerherrn Brigge. Neben die Pariser Welt treten die Bilder des skandinavischen Nordens. Aber sie stellen sich nicht als Hilfe heraus. Furcht, Unbegreifliches und angstvolle Bedrängnis dringen auch aus den Erlebnissen und Erfahrungen der Kindheit herüber, wenn er sich erinnert, wie er beim spielerischen Verkleiden mit alten Kostümen sein eigenes Wesen zu verlieren schien, wie sich ihm aus der Wand eine kalte Hand entgegenstreckte, Tote im Urnekloster durch den Saal wandelten. Nur mit der Gestalt der Mutter scheint sich Hilfe und Sicherheit zu verbinden. Die Abschnitte 31 und 32 des Romans lassen sich so verstehen, daß die Rückkehr aus der »Welt der Fieber«, die ihn selbst wundert, mit Hilfe von »Maman« möglich wurde.

Doch die Erinnerung an die Kindheit allein ändert kaum etwas:

Es ist doch schwer zu denken, daß alles das nicht mehr ist, daß fremde Leute wohnen in dem alten langen Herrenhaus. Es kann sein, daß in dem weißen Zimmer oben im Giebel jetzt die Mägde schlafen, ihren schweren, feuchten Schlaf schlafen von Abend bis Morgen.

Erst als die Beschwörung der Kindheit die Erinnerung an das »grüne Buch« und seine Episoden aus geschichtlicher Zeit hervorruft, gewinnt Malte daraus neue Perspektiven.

Zunächst jedoch setzt er sein Ich der fremden Wirklichkeit entgegen, indem er sich auf zweifache Weise in Frage stellt: In einer katalogartigen Zusammenfassung bezweifelt er die bisher übliche Wirklichkeitsauffassung:

Es ist lächerlich. Ich sitze hier in meiner kleinen Stube, ich, Brigge, der achtundzwanzig Jahre alt geworden ist und von dem niemand weiß. Ich sitze hier und bin nichts. Und dennoch, dieses Nichts fängt an zu denken und denkt, fünf Treppen hoch, an einem grauen Pariser Nachmittag diesen Gedanken:

Ist es möglich, denkt es, daß man noch nichts Wirkliches und Wichtiges gesehen, erkannt und gesagt hat? Ist es möglich, daß man Jahrtausende Zeit gehabt hat, zu schauen, nachzudenken und aufzuzeichnen, und daß man die Jahrtausende hat vergehen lassen wie eine Schulpause, in der man sein Butterbrot ißt und einen Apfel?

Ja, es ist möglich.

Ist es möglich, daß man trotz Erfindungen und Fortschritten, trotz Kultur, Religion und Weltweisheit an der Oberfläche des Lebens geblieben ist? Ist es möglich, daß man sogar diese Oberfläche, die doch immerhin etwas gewesen wäre, mit einem unglaublich langweiligen Stoff überzogen hat, so daß sie aussieht wie die Salonmöbel in den Sommerferien?

Ja, es ist möglich. (...)

Ja, es ist möglich.

Ist es möglich, daß man von den Mädchen nichts weiß, die doch leben? Ist es möglich, daß man ›die Frauen‹ sagt, ›die Kinder‹, ›die Knaben‹ und nicht ahnt (bei aller Bildung nicht ahnt), daß diese Worte längst keine Mehrzahl mehr haben, sondern nur unzählige Einzahlen?

Ja, es ist möglich.

Ist es möglich, daß es Leute giebt, welche ›Gott‹ sagen und meinen, das wäre etwas Gemeinsames? – Und sieh nur zwei Schulkinder: es kauft sich der eine ein Messer, und sein Nachbar kauft sich ein ganz gleiches am selben Tag. Und sie zeigen einander nach einer Woche die beiden Messer, und es ergiebt sich, daß sie sich nur noch ganz entfernt ähnlich sehen, – so verschieden haben sie sich in verschiedenen Händen entwickelt. (Ja, sagt des einen Mutter dazu: wenn ihr auch gleich immer alles abnutzen müßt. –) Ach so: Ist es möglich, zu glauben, man könne einen Gott haben, ohne ihn zu gebrauchen?

Ja, es ist möglich. (...)

Das ist nicht nur ein eigener Ton, der das Bedrängende der Wirklichkeits-Problematik spürbar macht, die Darstellung entspricht auch der von Rilke geforderten anschaulichen Gestaltung. Die allgemeine These – durch die Frageform in Verbindung mit der Möglichkeitsform leicht verdeckt – wird regelmäßig ins Bildhafte oder in konkretes Detail überführt, durch das Stereotyp der Wiederholung bekräftigt. Eine weitere Argumentation bleibt ausgespart, der Schreiber hat seine »Antwort« schon gefunden. Die einzelnen Gesichtspunkte werden durch die Wiederholungen (der sprachlichen Form) verknüpft; gedanklich zwar durch das Grundthema zusammengehalten, sind Auswahl und Reihenfolge willkürlich. Die Fragen stellt ein denkendes »Nichts«. Vielleicht sollte man diese Bezeichnung nicht im Sinn von Kompetenz verstehen, sondern als die Möglichkeit eines Wesens, das beim Nullpunkt anfängt und dementsprechend »radikal« formuliert. Andererseits ist wichtig, daß sich das Subjekt als »Nichts« empfindet, damit ein neues Verhältnis Subjekt-Objekt entstehen kann, das dem Subjekt keine Dominanz gestattet. Den »Dingen« gerecht werden, aber auch dem Subjekt sein Recht zugestehen, sollte die Grundlage einer geänderten Wirklichkeitserfassung sein. Das »Ich«

(und damit auch der Leser) muß erst lernen, diesem Anspruch zu genügen, sich auf die dadurch »veränderte Welt«, die »vollkommen andere Auffassung aller Dinge« einzulassen. Das Bild einer neuen Wirklichkeit darf sich nicht an vorgegebenen Allgemeinbegriffen orientieren.

Das Bild der »Salonmöbel in den Sommerferien« weist auf die Zusammengehörigkeit der Dinge hin, die durch die bisherige Sicht entstanden war. Dort, wo Zusammenhänge konstruiert wurden, entstand Falsches, die »ganze Weltgeschichte ist mißverstanden worden«. Sie hat sich an dem Allgemeinbegriff »Massen« (i. e. sowohl soziale wie ethnische oder nationale Großgruppen) orientiert, das individuelle Schicksal aber hat sie nicht berührt. Die Verallgemeinerung in den Begriffen »die Frauen«, »die Kinder« verhindern den Blick auf die Wirklichkeit des einzelnen; selbst »Gott« wird zu einem Abstraktum, seine Bedeutung für jeden einzelnen verschwindet dahinter, obwohl wie bei allen »Dingen« doch das subjektive Verhältnis Gegenstand der Betrachtung sein müßte.

Der ganze Abschnitt gleicht einerseits einem Resümee, in dem die Eindrücke der Pariser Großstadtwirklichkeit, die sich bei Malte tief eingeprägt haben, die bisherige Sicht der Wirklichkeit (zu der auch die Vergangenheit gehört) fragwürdig werden lassen.

Andererseits führen die neu gewonnenen Einsichten bei aller spürbaren Unsicherheit und einem gewissen Unbehagen zu einer – wenn auch noch vagen – Zielsetzung. Sie steht am Ende des Abschnitts:

Wenn aber dieses alles möglich ist, auch nur einen Schein von Möglichkeiten hat, – dann muß ja, um alles in der Welt, etwas geschehen. Der Nächstbeste, der, welcher diesen beunruhigenden Gedanken gehabt hat, muß anfangen, etwas von dem Versäumten zu tun; wenn es auch nur irgend einer ist, durchaus nicht der Geeignetste: es ist eben kein anderer da. Dieser junge, belanglose Ausländer, Brigge, wird sich fünf Treppen hoch hinsetzen müssen und schreiben, Tag und Nacht: ja, er wird schreiben müssen, das wird das Ende sein. (...) Ich habe etwas getan gegen die Furcht. Ich habe die ganze Nacht gesessen und geschrieben.

»Schreiben« ist für Malte also neben der Erinnerung ein weiterer Weg, ein notwendiger Vorgang in einer Situation der bedrängenden Unsicherheit. Schreibend die neue Wirklichkeit entstehen zu lassen, dem für gewöhnlich Unsichtbaren sichtbar Gestalt zu geben, wird die Aufgabe, die er zu »leisten« hat. Dazu muß er sich aber weiterhin dem »Elend« aussetzen, er muß – wie Rilke es bei Rodin gelernt hat – »sehen« lernen. »Sehen« ist ein Zentralwort in diesen Aufzeichnungen. Damit ist nicht einfach die rezeptive Haltung des Wahrnehmens gemeint. »Sehen« ist ein aktiver Vorgang und bedeutet das Durchdringen der Weltoberfläche und zugleich die Erfahrung der

Reaktion seines Inneren darauf. »Ich lerne sehen« heißt also auch das Bewußtwerden dieses eigenen Inneren. »Ich weiß nicht, woran es liegt, es geht alles tiefer in mich ein (...) Ich habe ein Inneres, von dem ich nicht wußte.« Und nur das, was von außen auf dieses Innere trifft, weil es »zu Hause in ihm« ist, ist von Bedeutung. Die Stelle mit dem Gemüsehändler entspricht ganz und gar diesem Verständnis vom »Sehen«:

Habe ich schon gesagt, daß er blind war? Nein? Also er war blind. Er war blind und schrie. Ich fälsche, wenn ich das sage, ich unterschlage den Wagen, den er schob, ich tue, als hätte ich nicht bemerkt, daß er Blumenkohl ausrief. Aber ist das wesentlich? Und wenn es auch wesentlich wäre, kommt es nicht darauf an, was die ganze Sache für mich gewesen ist? Ich habe einen alten Mann gesehen, der blind war und schrie. Das habe ich gesehen. Gesehen.

Sehen (und das darauf folgende Schreiben) läßt sich also nicht als »objektiver« Vorgang beschreiben, wie es die »Realisten« wollten; Rilke kann die Innenseite der Dinge enthüllen, weil sie in ihm etwas Vertrautes anrühren und ihm damit auch sein eigenes Inneres erschließen. Die Folge ist, daß er sozusagen auch mit dem inneren Auge sieht. Ein charakteristisches Beispiel dafür ist die »Beschreibung« alter Pariser Häuser:

Häuser? Aber, um genau zu sein, es waren Häuser, die nicht mehr da waren. Häuser, die man abgebrochen hatte (...). Was da war, das waren die anderen Häuser, (...) hohe Nachbarhäuser. Offenbar waren sie in Gefahr, umzufallen, seit man nebenan alles weggenommen hatte; denn ein ganzes Gerüst von langen, geteerten Mastbäumen war schräg zwischen den Grund des Schuttplatzes und die bloßgelegte Mauer gerammt. Ich weiß nicht, ob ich schon gesagt habe, daß ich diese Mauer meine. Aber es war sozusagen nicht die erste Mauer der vorhandenen Häuser (was man doch hätte annehmen müssen), sondern die letzte der früheren. Man sah ihre Innenseite. Man sah in den verschiedenen Stockwerken Zimmerwände, an denen noch die Tapeten klebten, da und dort den Ansatz des Fußbodens oder der Decke. Neben den Zimmerwänden blieb die ganze Mauer entlang noch ein schmutzigweißer Raum, und durch diesen kroch in unsäglich widerlichen, wurmweichen, gleichsam verdauenden Bewegungen die offene, rostfleckige Rinne der Abortröhre. Von den Wegen, die das Leuchtgas gegangen war, waren graue, staubige Spuren am Rande der Decken geblieben, und sie bogen da und dort, ganz unerwartet, rund um und kamen in die farbige Wand hineingelaufen und in ein Loch hinein, das schwarz und rücksichtslos ausgerissen war. Am unvergeßlichsten aber waren die Wände selbst. Das zähe Leben dieser Zimmer hatte sich nicht zertreten lassen. Es war noch da, es hielt sich an den Nägeln, die geblieben waren, es stand auf dem handbreiten Rest der Fußböden, es war unter den Ansätzen der Ecken, wo es noch ein klein wenig Innenraum gab, zusammengekrochen. Man konnte sehen, daß es in der Farbe war, die es langsam, Jahr um Jahr, verwandelt hatte: Blau in schimmliges Grün, Grün in

Grau und Gelb in ein altes, abgestandenes Weiß, das fault. (...) Und aus diesen blau, grün und gelb gewesenen Wänden, die eingerahmt waren von den Bruchbahnen der zerstörten Zwischenmauern, stand die Luft, die kein Wind noch zerstreut hatte. Da standen die Mittage und die Krankheiten und das Ausgeatmete und der jahrealte Rauch und der Schweiß, der unter den Schultern ausbricht und die Kleider schwer macht, und das Fade aus den Munden und der Fuselgeruch gärender Füße. (...) Der süße, lange Geruch von vernachlässigten Säuglingen war da und der Angstgeruch der Kinder, die in die Schule gehen, und das Schwüle aus den Betten mannbarer Knaben. (...) Ich habe doch gesagt, daß man alle Mauern abgebrochen hatte bis auf die letzte – ? Nun, von dieser Mauer spreche ich fortwährend. Man wird sagen, ich hätte lange davorgestanden; aber ich will einen Eid geben dafür, daß ich zu laufen begann, sobald ich die Mauer erkannt hatte. Denn das ist das Schreckliche, daß ich sie erkannt habe. Ich erkenne das alles hier, und darum geht es so ohne weiteres in mich ein: es ist zu Hause in mir.

Der letzte Satz verstärkt, was schon gesagt wurde: die »Wirklichkeit« Maltes ist die Sicht, die er von ihr hat.

Darin liegt aber auch eine Grenze für Sehen und Schreiben, wie die rhetorischen Fragen im vorhergehenden Textausschnitt aufzeigen. Damit bleibt die Frage offen, ob die künstlerische Gestaltung eine chaotische Welt ordnen und ihr zu einem Sinn verhelfen kann.

Was Malte berührt, läßt sich knapp zusammenfassen: Armut, Elend, Gefühl der Furcht und der Angst, Verlust jeglicher Sicherheit, Einsamkeit und ihre extremste Form, der Tod. Malte hat dennoch große Schwierigkeiten, sich mit dem Elend der »Fortgeworfenen« zu identifizieren. Schon sein Verhältnis zu dem Studenten kommentiert er skeptisch: »Ich sehe wohl, daß es keine richtige Teilnahme war, was ich für ihn hatte.« Welche Konsequenz dies für sein Schaffen hat, zeigt die Episode mit dem nur noch still leidenden Zeitungsverkäufer »am Luxembourg-Garten«, den er nicht ansehen, aber doch beschreiben will und daher als Bild seiner Vorstellung entwickelt. Am Ende erkennt er, daß seine »Vorstellung« wertlos war. »Die durch keine Vorsicht oder Verstellung eingeschränkte Hingegebenheit seines Elends übertraf meine Mittel«, wobei offen bleibt, ob Malte damit seine Fähigkeit zum Mitleiden oder die Mittel seiner Dichtkunst meint. (Wenn man von den folgenden Zeilen ausgeht, ist allerdings die zweite Deutung wahrscheinlicher).

Das Schlüsselwort im Text, »Hingegebenheit«, muß man wohl wörtlich verstehen. Der Zeitungsverkäufer gibt sich offen seinem Elend hin; er gleicht damit anderen Gestalten im Roman: der Bettlerin, die ihren verkrüppelten Arm zeigt, vor allem aber Karl VI., dem wahnsinnigen, vom Aussatz befallenen »Dürftigsten, schlecht und von schierer Armut trotz seiner Krone«, der sich dem Wunsch des Volkes fügte und in seinem ganzen Elend vor die Menge hintrat. Dies, »daß er hier stand auf seinen schwachen Knien, aufrecht in allen diesen Augen«, dies »wollte nicht begriffen sein wie das Hintreten vor die Menge im Augenblick des Triumphes nach der Schlacht«, es war »wunderbar«, »das Mysterium der Liebe«, das die »Menge kaum ertrug«, aber dennoch, »von unerschöpflich vermehrter Tröstung gespeist«, stärkte. Der Zusammenhang des Bekenntnisses zum Elend und Leid mit dem »Mysterium der Liebe« ist schwer verständlich. Vielleicht kann man sich Käte Hamburger anschließen; sie meint, an die Liebe werde »gleichsam die Frage gestellt, ob sie das Leiden (…) zu überwinden vermöge; ja noch mehr, ob durch sie der Standort des Menschen im Sein befestigt werde«.

Malte hat der Figur Karls VI. von all den Gestalten aus dem historischen Bereich am meisten Raum gegeben. Er sah sich wohl diesem König besonders nahe, wenn er sich auch in einem deutlich von ihm unterschied: Er konnte nicht »leisten«, was vor der Menge geschah, bei ihm war es nur eine Überlegung geblieben: »Vielleicht meinst du, mein Gott, daß ich alles lassen soll und sie (i. e. die Elenden) lieben.« Eigentlich ertrüge das aber nur Jesus, der »noch das Auferstehen in allen Gliedern hat«.

Es ist sicher kein Zufall im Aufbau der ›Aufzeichnungen‹, wenn die Geschichten von der »Hingegebenheit des Leidens« und dem damit verbundenen Thema »Liebe« in der Nähe der Passagen stehen, in denen Malte über große »Liebende« reflektiert. Nur nebenbei sei erwähnt, daß sie ausgelöst werden durch die Erinnerung an Abelone, die jüngere Schwester von »Maman«, der Maltes erstes, auch einzig bekanntes, Liebesgefühl galt.

In Gestalten wie Sappho (»die überaus künftige Liebende«), wie Heloise, wie die portugiesische Nonne Marianna Alcorado oder Bettina Brentano, deren Liebe »noch Element« war und nicht menschlich werden konnte, weil der, dem diese »Liebende (…) auferlegt« war, sie »nicht bestanden« hat, wird auf unerwiderte oder unerfüllte Liebe verwiesen.

Im Zusammenhang mit Abelones Lektüre der Briefe Bettinas (an Goethe) und dem schlimmen Urteil über den »größesten Dichter« steht erstmals der Gedanke, der Rilkes eigenwillige Vorstellung von der Liebe ausdrückt: »(…) Liebe bedarf keiner Erwiderung; sie hat Lockruf und Antwort in sich; sich erhört sich selbst.« An einer späteren Stelle findet sich dann die zur Formel gewordene Äußerung über Abelone, sie habe sich danach gesehnt, »ihrer Liebe alles Transitive zu nehmen«. Transitiv nennt man in der Grammatik Verben, die ein (Akkusativ-)Objekt nach sich ziehen können. Intransitive Liebe heißt demnach nicht, jemanden lieben, sondern nur lieben, ohne auf ein Gegenüber zu zielen; sie ist daher unbegrenzt und kann von Dauer sein. Rilke faßt dies im 70. Abschnitt zusammen: »Geliebt werden ist vergehen, Liebe ist dauern.« So wird verständlich, was Malte im 58. Abschnitt meint:

Das Schicksal liebt es, Muster und Figuren zu erfinden. Seine Schwierigkeit beruht im Komplizierten. Das Leben selbst aber ist schwer aus Einfachheit. Es hat nur ein paar Dinge von uns nicht angemessener Größe. Der Heilige, indem er das Schicksal ablehnt, wählt diese, Gott gegenüber. Daß aber die Frau, ihrer Natur nach, in Bezug auf den Mann die gleiche Wahl treffen muß, ruft das Verhängnis aller Liebesbeziehungen herauf: entschlossen und schicksalslos, wie eine Ewige, steht sie neben ihm, der sich verwandelt. Immer übertrifft die Liebende den Geliebten, weil das Leben größer ist als das Schicksal. Ihre Hingabe will unermeßlich sein: dies ist ihr Glück. Das namenlose Leid ihrer Liebe aber ist immer dieses gewesen: daß von ihr verlangt wird, diese Hingabe zu beschränken.

Der Abschnitt führt ins Grundsätzliche, sieht das Thema Liebe eingebettet in die Polarität Schicksal – Leben; das Besondere des geschichtlichen Daseins und das Allgemeine der Natur stehen sich gegenüber. Die durch Ordnungen vorgegebene Beschränkung der Liebe der Frau zu einem Mann ist in diesem Sinne Schicksal: Aus ihr entsteht Leid. Die Einfachheit des Lebens wird »schwer«.

Die Stelle erhellt auch den Zusammenhang: Liebe – Hingabe (= Hingegebenheit) – Leid: Daß von der Liebenden »verlangt wird, diese Hingabe zu beschränken«, erklärt, warum die nicht »eingeschränkte Hingegebenheit« des Zeitungsverkäufers so hoch bewertet wird.

Die Reflexionen über die Liebe schließen am Ende auch den religiösen Bereich ein.

Insbesondere in Maltes Überlegung, warum Abelone »die Kalorien [i.e. im Sinn von menschlicher Wärme gebraucht, der Hrsg.] ihres großartigen Gefühls nicht an Gott wandte«, findet sich noch einmal die Vorstellung der »transitiven Liebe« verdeutlicht, wenn Malte meint: »Wußte sie nicht, daß keine Gegenliebe von ihm zu *fürchten* [Hervorhebung des Hrsg.] war?« Wie stark diese Vorstellung das Denken Maltes/Rilkes beeinflußt, läßt sich an dem unter diesem Aspekt schon fast negativ gesehenen Christus-Bild erkennen: »(...) wollte sie Christus vermeiden? Fürchtete sie (...) von ihm aufgehalten, an ihm zur Geliebten zu werden?« Christus, der ja Liebe gibt und verlangt, wird in die Nähe des Liebe fordernden und damit schuldigen Mannes gestellt; im ›Requiem für eine Freundin‹ (Paula Modersohn-Becker) sagt Rilke:

Denn *das* ist Schuld, wenn irgendeine Schuld ist:
Die Freiheit eines Lieben nicht vermehren
um alle Freiheit, die man in sich aufbringt.
Wir haben, wo wir lieben, ja nur dies:

einander lassen; denn daß wir uns halten,
das fällt uns leicht und ist nicht erst zu lernen.

Auch mit dem letzten Kapitel bleibt Malte in diesem Bereich: »Man wird mich schwer davon überzeugen, daß die Geschichte des verlorenen Sohnes nicht die Legende dessen ist, der nicht geliebt werden wollte.« Schon mit diesem ersten Satz wird klar, daß Malte keine eigene Geschichte erzählen will, sondern eine höchst eigenwillige Deutung der biblischen vom verlorenen Sohn versucht. Wie so oft dient ihm ein biblischer Stoff als »Vorwand«, eigene Vorstellungen zu entwickeln. Dazu mußte die Vorlage natürlich im Detail verändert werden, so z.B. die ausführliche psychologische Begründung für den Weggang des Sohnes, die in der biblischen Gleichnisgeschichte fehlt:

Da er ein Kind war, liebten ihn alle im Hause. Er wuchs heran, er wußte es nicht anders und gewöhnte sich in ihre Herzweiche, da er ein Kind war.
Aber als Knabe wollte er seine Gewohnheiten ablegen. Er hätte es nicht sagen können, aber wenn er draußen herumstrich den ganzen Tag und nicht einmal mehr die Hunde mithaben wollte, so war's, weil auch sie ihn liebten; weil in ihren Blicken Beobachtung war und Teilnahme, Erwartung und Besorgtheit; weil man auch vor ihnen nichts tun konnte, ohne zu freuen oder zu kränken.

Wieder wird das Geliebtwerden als Zwang empfunden, als Beschränkung und Hindernis. Daß dabei menschliche Konflikte auszuhalten sind, zeigt folgende Stelle nach der »Heimkehr« (übrigens ein Beispiel dafür, daß Malte auf derselben Reflexionsstufe bleibt und nicht zu einem neuen freien Erzählen gefunden hat):

Wird er bleiben und das ungefähre Leben nachlügen, das sie ihm zuschreiben, und ihnen allen mit dem ganzen Gesicht ähnlich werden? Wird er sich teilen zwischen der zarten Wahrhaftigkeit seines Willens und dem plumpen Betrug, der sie ihm selber verdirbt? Wird er es aufgeben, das zu werden, was denen aus seiner Familie, die nur noch ein schwaches Herz haben, schaden könnte?
Nein, er wird fortgehen.

Und er geht. Er zieht durch die Welt (ohne daß wir Details erfahren). Das lange Dahinziehen im unendlichen Raum als Bild für das Suchen nach Gott als dem eigentlichen »Gegenstand« der Liebe findet sich im Gleichnis nicht. Die anderen Stationen des Wegs werden äußerlich beibehalten, in ihrem Inhalt und Sinn aber völlig umgestaltet. Während der Sohn im Gleichnis zum Schweinehirten wird, weil er das väterliche Erbe verschleudert hat, wird er bei Rilke/Malte zu einem Schafhirten auf dem Weg der Suche nach Gott, der »harten Arbeit«:

Die Zufälle des Schicksals, auf die die Menschen halten, waren schon längst von ihm abgefallen, aber nun verlor, selbst was an Lust und Schmerz notwendig war, den gewürzhaften Beigeschmack und wurde rein und nahrhaft für ihn. Aus den Wurzeln seines Seins entwickelte sich die feste, überwinternde Pflanze einer fruchtbaren Freudigkeit. Er ging ganz darin auf, zu bewältigen, was sein Binnenleben ausmachte, er wollte nichts überspringen, denn er zweifelte nicht, daß in alledem seine Liebe war und zunahm. Ja, seine innere Fassung ging so weit, daß er beschloß, das Wichtigste von dem, was er früher nicht hatte leisten können, was einfach nur durchwartet worden war, nachzuholen. Er dachte vor allem an die Kindheit, sie kam ihm, je ruhiger er sich besann, desto ungetaner vor; alle ihre Erinnerungen hatten das Vage von Ahnungen an sich, und daß sie als vergangen galten, machte sie nahezu zukünftig. Dies alles noch einmal und nun wirklich auf sich nehmen, war der Grund, weshalb der Entfremdete heimkehrte. Wir wissen nicht, ob er blieb; wir wissen nur, daß er wiederkam.

Daß hier auch die Erlebniswelt Rilkes im Hintergrund steht, ist unübersehbar. Die Kernworte sind Grundbegriffe des Autors: Ringen um die »besitzlose Liebe«, das Werk als »Arbeit«, »Schicksal«, »Binnenleben«, die Kindheit »leisten«, die Verknüpfung von Vergangenheit und Zukunft.

Die schließliche Rückkehr ist nicht wie im Lukas-Evangelium ein Zurückkehren aus der Unmöglichkeit, ohne Hilfe (und Verzeihung) weiterleben zu können, sondern die »Gebärde des Flehens« gilt der Befreiung von der einschränkenden Liebe:

Es ist begreiflich, daß von allem, was nun geschah, nur noch dies überliefert ward: seine Gebärde, die unerhörte Gebärde, die man nie vorher gesehen hatte; die Gebärde des Flehens, mit der er sich an ihre Füße warf, sie beschwörend, daß sie nicht liebten. Erschrocken und schwankend hoben sie ihn zu sich herauf. Sie legten sein Ungestüm nach ihrer Weise aus, indem sie verziehen. Es muß für ihn unbeschreiblich befreiend gewesen sein, daß ihn alle mißverstanden, trotz der verzweifelten Eindeutigkeit seiner Haltung. Wahrscheinlich konnte er bleiben. Denn er erkannte von Tag zu Tag mehr, daß die Liebe ihn nicht betraf, auf die sie so eitel waren und zu der sie einander heimlich ermunterten. Fast mußte er lächeln, wenn sie sich anstrengten, und es wurde klar, wie wenig sie ihn meinen konnten.
Was wußten sie, wer er war. Er war jetzt furchtbar schwer zu lieben, und er fühlte, daß nur Einer dazu imstande sei. Der aber wollte noch nicht.

Eine allgemein-religiöse Thematik wird damit zur Darstellung eines persönlichen Problems im Rahmen der »Aufzeichnungen« Maltes. Der »verlorene Sohn« hat – wie Malte im Schreiben – einen Weg aus Einschränkung, Angst und Einsamkeit gefunden, die Möglichkeit einer Zwiesprache mit Gott. Es bleibt aber ungewiß, ob der »Eine«, der »imstande« wäre, ihn zu lieben, je dazu bereit sein würde. Die Suche nach einem neuen Lebenssinn scheint zwar ein Ziel gefunden

zu haben; ob es erreicht werden kann, wird jedoch nicht beantwortet.

Rilke hat das umgedeutete Gleichnis ganz bewußt an das Ende der
›Aufzeichnungen‹ gesetzt, denn ursprünglich sollte mit dem Gegenüber der Gestalten Tolstois und Tatjana Alexandrownas, die nach
Rilkes Auffassung im Gegensatz zu dem sonst verehrten Dichter,
»ihr inneres Werk nicht unterdrückt hatte«, eines seiner Grundthe-
men (die einem aufgegebene Arbeit leisten) zur Sprache kommen.
Wenn er dem biblischen Stoff den Vorzug gab, so spielte neben der
persönlichen Beziehung zur Sohnesproblematik und dem bei ihm
immer wiederkehrenden Prinzip der Übernahme bereits bekannter
mythischer oder religiöser Texte, das ihm inhaltliche Aussparungen
ermöglichte, sicher eine Rolle, daß er so seinen eigenen Vorstellungen ein größeres Gewicht geben, ihnen eine »quasireligiöse Bedeutung« (Reiner Marx) verleihen konnte.

»Wir wissen nicht, ob er blieb«: Malte hält den weiteren Vorgang
offen, wie der Erfinder der Malte-Figur dessen weiteres Schicksal
nicht offenbart und damit wohl auch angedeutet hat, daß es nicht auf
Malte, sondern die »Aufzeichnungen« ankommt. Es ist daher zu fragen: Ist eine neue, der noch nicht faßbaren Wirklichkeit entsprechende Erzählform erreicht worden? Malte selbst hat sie wohl noch
nicht gefunden (»Daß man wirklich erzählte, das muß vor meiner
Zeit gewesen sein«): in Augenblicken, in denen es ums Erzählen
geht, wie es Malte offenbar noch versteht, erklärt er seine Unzulänglichkeit. So heißt es im Zusammenhang mit der Geschichte vom falschen Zaren: »Bis hierher geht die Sache von selbst, aber nun, bitte
einen Erzähler, einen Erzähler: denn von den paar Zeilen, die noch
bleiben, muß Gewicht ausgehen über jeden Widerspruch hinaus.«
Das heißt, der Erzähler muß Zusammenhänge so überzeugend verständlich darstellen können, daß sie einsehbar oder, wie er an anderer
Stelle sagt, »sichtbar« werden. Dies aber wäre Kennzeichen des traditionellen Erzählens. Und genau dies – das zeigen die ›Aufzeichnungen‹ – ist nicht möglich, wenn die Welt nicht mehr verständlich
ist. Rilke entwickelt also mit Maltes ›Aufzeichnungen‹ einen Versuch, so darzustellen, wie es seiner Zeit (und seinem eigenen Verständnis von ihr) entspricht.

Rilke hat mit den ›Aufzeichnungen des Malte Laurids Brigge‹ seine v.a. durch die Gedichte gewonnenen Anhänger vor den Kopf ge-
stoßen – viele Zuschriften weisen darauf hin. Auf eine, die ihm die
Frage stellt, was denn der Sinn des Ganzen sei, antwortete er im Jahre 1915: »Was im Malte Laurids Brigge (...) eingelitten steht, das ist
ja eigentlich nur *dies,* mit allen Mitteln immer wieder von vorn und
an allen Beweisen dies: *Dies,* wie ist es möglich zu leben, wenn doch
alle Elemente dieses Lebens uns völlig unfaßlich sind?« Das ist,

wenn man an die Ängste des Schreibenden, an sein Gefühl der Ungeborgenheit, an das Überwältigtwerden von einer noch unfaßbaren neuen Welt, an die entsetzlichen Geschichten von Elend und Tod denkt, ein zwar immer noch von Skepsis erfülltes, aber eigentlich doch erstaunlich positives Bekenntnis zum Leben. Denn Rilke fragt ja nicht, ob überhaupt unter den gegebenen Bedingungen Leben möglich sei, sondern ihn beschäftigt das »Wie«. So wird auch seine Aufforderung verständlich, daß man das Buch »gegen den Strich« (wie Goethes ›Werther‹) lesen solle: die Entscheidung soll also nicht Verzweiflung oder Resignation heißen, sondern – wenn die »Botschaft« des letzten Kapitels als Resultat vieler Details verstanden werden darf – Leben als individuelle »Leistung« verstehen.

Das Urteil über die ›Aufzeichnungen‹ hat sich entschieden gewandelt. In dem lange unverstandenen Werk, das selbst in Literaturkritiken der 20er Jahre nur als Nebenprodukt des großen Lyrikers angesehen und 1950 noch wohlwollend als ein Roman »von einem großen geistigen Reichtum und einer sehr schwachen Form« beurteilt wurde, erkennt man heute eines, das neben anderen »den Beginn des deutschen Romans in der Moderne« (Jürgen H. Petersen) markiert, inhaltlich und formal zu den »großen Durchbruchsleistungen der modernen Literatur« (H. E. Holthusen) gehört und mit Joyce, Musil, Kafka und Broch auf einer Stufe stehend, in dieser Gruppe »eine eigene Stellung einnimmt« (Judith Ryan).

3.2 Kurzprosa

Hermann Hesse
Robert Aghion

Man hat es der deutschen Literatur als Vorzug angerechnet, nicht selten aber auch als ihre Begrenzung angesehen, daß sie sich über große Zeiträume nur auf regional eingeschränkte deutsche Verhältnisse eingelassen hat. Was ihr dadurch an Intensität und Genauigkeit, an Innerlichkeit und »Tiefe« zugewachsen sei, so wird argumentiert, mangle ihr bis in die Gegenwart an Urbanität und Weltläufigkeit, wie sie etwa die französische oder englische Literatur auszeichne.

Es seien imaginäre Landschaften, künstliche Paradiese, utopische Entwürfe, die fehlende Erfahrungen ersetzen mußten.

Beispiel dafür sind Karl Mays (1842–1912) Reiseerzählungen. Daß sie nicht – wie er lange Zeit ernsthaft behauptete – reale Erlebnisse des Autors wiedergaben, sondern geschickt kalkulierte Phantasieprodukte waren, erfuhr die Öffentlichkeit erst spät. Unbeeindruckt davon verschlangen ganze Generationen von Lesern die spannenden Abenteuer von Kara ben Nemsi und Hadschi Halef Omar (z.B. in ›Durch die Wüste‹ 1892), von Old Shatterhand und Winnetou (›Winnetou‹ Bd. 1–3, 1876–1893). Sind auch die Handlungsmuster stereotyp, die auftretenden Personen allzu säuberlich in Freunde und Feinde geschieden, traf May doch offensichtlich zielsicher den Geschmack von Millionen. Die Perspektive eines stets siegreichen Ich-Erzählers, der sein Deutschtum betont, erleichterte die Identifikation; den Bildungshunger stillten die ausführlichen und genauen Landschaftsschilderungen, und die seinen Büchern zugrunde liegende ethische Haltung ließ sie als ideale Jugendliteratur erscheinen. Toleranz gegenüber anderen Kulturen und Religionen, Sympathie für unterdrückte Völker wie die Indianer vor dem Hintergrund ausgeprägt christlicher Moralvorstellungen: das war die deutliche »Botschaft« Karl Mays. Der Aufbruch in die exotische Fremde führte so letztlich zu deren Eingemeindung: Selbst im Wigwam und im Beduinenzelt lassen sich »gute« Menschen von einem gesungenen ›Ave Maria‹ ergreifen.

Aber es gibt Ausnahmen. Anders als May, der die Welt erst bereiste, als er die meisten seiner Erzählungen bereits publiziert hatte, kannte Hermann Hesse (1877–1962) Asien aus eigener Anschauung. Erlebnisse auf seiner Indienreise im Jahre 1911, seine wiederholte Beschäftigung mit indischer Religiosität und Philosophie hat er mehrfach in sein Werk einfließen lassen. Noch unmittelbar unter dem Eindruck seiner Reise, im Mai 1912, entstand seine Erzählung ›Robert Aghion‹, die Anfang des folgenden Jahres gedruckt wurde. Die Geschichte spielt im ausgehenden 18. Jahrhundert, der Titelheld ist Pfarrer in einem englischen Dorf. Er beschließt, sich der protestantischen Missionsbewegung zur Verfügung zu stellen und in Indien sein Bekehrungswerk an den Hindus zu verrichten. Was so hochgemut geplant ist, entwickelt sich zu einer Kette von Desillusionierungen. Nicht er bekehrt die »Heiden«, er selbst muß seine Überzeugungen revidieren:

Mochte es traurig sein, daß alle diese Eingeborenen sich falschen Göttern verschrieben hatten – sein Beruf war es nicht, das zu ändern. Sein Beruf war es, dieses Land für sich zu erobern und für sich und andere das Beste daraus zu holen, indem er sein Auge, seine Kenntnis, seine zur Tat gewillte Jugend darbrachte und überall bereitstand, wo eine Arbeit für ihn sich böte.

Dieses Tatevangelium folgt konsequent daraus, daß ihm seine exotische Umgebung rätselhaft bleibt. So unfaßbar und sprunghaft seinem europäischen Verstand das Verhalten der Hindus erscheint, so undurchschaubar ist ihm deren Einstellung zur Religion:

Wo war der Gott, dem alle diese Verirrten dienten? Wie sah er aus, und welcher Kultus von den vielen war der ältere, heiligere, reinere? Das wußte niemand, und namentlich den Indern selber war dies vollkommen einerlei; wer von dem Glauben seiner Väter nicht befriedigt war, der ging zu einem andern über oder zog als Büßer dahin, um eine neue Religion zu finden oder gar zu schaffen.

Auf dem Höhepunkt der Erzählung hat Robert Aghion einen Traum, den Hesse dazu benutzt, seine Religionsauffassung darzustellen: Der Missionar erblickt einen Hindutempel, dem gegenüber eine christliche Kirche steht. Die Fassade des indischen Tempels ist geschmückt mit einem ineinander verschlungenen Figurenwerk, über dem Portal der Kirche ist »Gottvater in Stein gebildet, in Wolken schwebend mit ernstem Vaterauge und fließendem Bart«. Während Robert verzweifelt versucht, die Inder von der Überlegenheit des christlichen Gottes zu überzeugen, verändert sich die Figur Gottvaters plötzlich: »(...) er hatte drei Köpfe und sechs Arme bekommen und hatte statt des etwas blöden und machtlosen Ernstes ein überlegen vergnügtes Lächeln in den Gesichtern, genau wie es die indischen Götterbilder nicht selten zeigten.«

Der Traum mündet in die Vision einer Verbrüderung der Religionen; der Träumende sieht

den steinernen Gottvater groß und ehrwürdig die Stufen herabschreiten, während gegenüber die Götterfiguren des Tempels in ganzen Scharen von ihren Schauplätzen herabstiegen. Sie alle wurden von Gottvater begrüßt, der sodann in den Hindutempel eintrat und mit freundlicher Gebärde die Huldigung der weißgekleideten Brahmanen entgegennahm. Die Heidengötter aber mit ihren Rüsseln, Ringellocken und Schlitzaugen besuchten einmütig die Kirche, fanden alles gut und hübsch und zogen viele Beter nach sich, und so entstand ein Umzug der Götter und Menschen zwischen Kirche und Tempel; Gong und Orgel tönten geschwisterlich ineinander, und stille dunkle Inder brachten auf nüchternen englisch-christlichen Altären Lotosblumen dar.

Diese antidogmatische Utopie bleibt Traum, die Erzählung läßt offen, ob sie nicht nur eine weitere Illusion des bereits desillusionierten Helden ist. Die dem Engländer fremde Lebenswelt behält bis zum Schluß ihre Fremdartigkeit, sogar seine aufkeimende Liebe zu einem Hindumädchen sieht Robert auseinanderbrechen und »zu zwei Hälften zerfallen«. Die skeptische Relativierung der abendländischen Zivilisation verrät Unsicherheit darüber, ob eine Synthese von Orient und Okzident möglich ist oder ob es nicht doch bei einem bloßen Nebeneinander bleiben muß.

Wenn auch erzähltechnisch, sprachlich und gedanklich bei weitem nicht von vergleichbarem Rang, ist ebenso wie in Thomas Manns

›Tod in Venedig‹ in Hesses sehr viel kürzerer Geschichte das Motiv der »Entwürdigung« eines hohen Ethos die Folie. (Beide Autoren haben übrigens in den fast gleichzeitig entstandenen Texten als Einbruchsstelle für das beängstigend-lockende Fremde ein Traumerlebnis gestaltet.) Wie Mann vollzieht Hesse in der Sprache seiner Erzählung – zumindest ansatzweise und nicht ohne feine Ironie – den Bewußtseinswandel des »Helden« und die Desillusionierung seiner Ideale nach. Ein »bescheidener frischer Junge« wird Robert Aghion anfangs genannt, als ein »harmloser(r) junge(r) Mensch (...)« erscheint er den kirchlichen Oberen, erfüllt sei er von einem »schlichten Christensinn und Glauben«.

Tatsächlich aber gesteht Robert seinem geistlichen Berater auf dessen intensives Nachfragen hin, er wäre

wohl nie auf den Gedanken gekommen, sich für Indien zu melden und überhaupt Missionar zu werden, wenn nicht ein Gelüste nach den herrlichen seltenen Pflanzen und Tieren der tropischen Lande, zumal nach deren Schmetterlingen, ihn dazu verlockt hätte.

Seine schon früher erwähnte Begeisterung für die Natur erscheint damit in etwas anderem Licht:

Das Allerliebste (...) waren ihm die Schmetterlinge, deren glänzende Verwandlung aus dem Raupen- und Puppenstande ihn immer wieder innig entzückte und deren Zeichnung und Farbenschmelz ihm ein so reines Vergnügen bereitete, wie es geringer befähigte Menschen nur in den Jahren der frühen Kindheit erleben können.

Neben der Anspielung auf die Robert bevorstehende Metamorphose kann man aus dieser Formulierung heraushören, er sei bei all seiner steifen Würde etwas kindlich geblieben.

Die Sprache des oben zitierten Traumes hat dagegen eine ganz andere Färbung. Abgesehen von der traumlogischen Visualisierung der christlichen Dreifaltigkeitsidee zu einer dreiköpfigen und sechsarmigen Gottesfigur ist die Wortwahl bezeichnend: Von »blödem und machtlosem Ernst« ist die Rede, das Innere der Kirche wird aus der Sicht der indischen Götter als »hübsch« und deren Altar vom Erzähler nun distanziert als »nüchtern« charakterisiert. Trotz der eher humoristischen Grundstimmung des Traums erwacht Robert schmerzlich verwirrt. »Der Traum hatte ihm sein eigenes Selbst unverhüllt gezeigt, seine Schwäche und Verzagtheit, den Unglauben an seinen Beruf (...)«. Der konsequente Entschluß, »Sekretär und Aufseher für eine benachbarte Kaffeepflanzung« zu werden, besiegelt schließlich den inneren Wandlungsprozeß.

Max Dauthendey
Der Zauberer Walai

Max Dauthendey wurde 1867 als Sohn eines Fotografen in Würzburg geboren. Der Beruf des Vaters, den er auch selbst erlernte, scheint früh sein Auge geschult zu haben, jedenfalls widmete er sich zunächst der Malerei, bevor er sich mit Beiträgen zu den ›Blättern für die Kunst‹ als Dichter für einige Zeit dem Kreis um Stefan George anschloß. Reisen führten ihn quer durch Europa, mit seiner schwedischen Frau wanderte er nach dem Tod seines Vaters (1898) nach Mexiko aus, das Ehepaar kehrte aber bald mittellos nach Deutschland zurück. Da Dauthendey seine Fahrten weitgehend selbst finanzierte, stand er mehrmals am Rande des Ruins, was ihn allerdings nicht hinderte, 1906 eine erste Weltreise zu beginnen. Der künstlerische Ertrag dieser Unternehmung waren zwei Prosabändchen: ›Lingam. Zwölf asiatische Novellen‹ (1909) und ›Die acht Gesichter am Biwasee. Japanische Liebesgeschichten‹ (1911). Sie machten den Autor schnell bekannt, und so konnte er 1914 zu einer weiteren Weltreise aufbrechen. Auf Java vom Ausbruch des Ersten Weltkriegs überrascht, wurde er von den holländischen Kolonialbehörden sofort interniert. Malaria- und heimwehkrank starb er 1918 wenige Wochen vor dem Kriegsende im javanischen Malang.

So wie die impressionistischen Maler sich beim Malen in der Natur aufhalten wollten, um den intimen, emotional aufgefaßten Naturausschnitt einzufangen, rückt Dauthendey in seiner graziösen Kurzprosa den Menschen und den Dingen der Stimmungsreize wegen nahe. Nicht die in jedem Sinn gemäßigten Breiten sind es aber, die seine Sprache entfesseln; am eindrucksvollsten zeigt sich sein Talent, wenn er mit der exotischen Welt der Tropen konfrontiert ist.

Von Indien über Ceylon und Birma bis nach Malaya, China und Japan spannt sich der Bogen der Schauplätze in ›Lingam‹. Die oft nur wenige Seiten langen Geschichten spielen u. a. in Bombay, Kalkutta, Colombo, Singapur, Shanghai und Nagasaki. Der Autor schildert diese Städte bewohnt von Menschen, die als gleichzeitig frei und gefangen erscheinen. Frei sind sie aus der Sicht des Europäers wegen der Absolutheit, der Maß- und Bedenkenlosigkeit, mit der sie ihren plötzlich aufflammenden Leidenschaften folgen, frei deshalb auch in der Unbefangenheit ihrem Körper, ihrer Sexualität gegenüber, wie etwa die Erzählung. ›Der Zauberer Walai‹ zeigt:

Jeden Tag von neuem läßt ein Straßenzauberer vor englischen Reisenden in Bombay seinen neunjährigen Sohn verschwinden und wieder erscheinen, indem er ihn sich in einen Korb legen läßt und zum Beweis des Verschwindens einen Stockdegen durch den Behälter stößt. Eines Abends beobachtet er in einem halbzerfallenen Kulitheater den Tanz einer indischen Tempeltänzerin:

Der Tanz war eben bei der Szene der Entschleierung angekommen. Sie tanzte bereits mit nackten Brüsten und trug nur noch den letzten blaugrauen schmutzigen Schleierlappen um die schmalen Schenkel. Nackt bis an das Becken, reckte sie sich im Tanzwirbel, wie ein Zweig im Sturm. (...) Walai schlief nicht mehr. Er hatte seine Augen schließen wollen, aber seine Augäpfel öffneten ihm immer wieder die Augenlider, als hätten sie Hände, und seine Blicke holten sich das schlanke Mädchen, und sie tanzte durch sein Blut.

Die Gefühlsverwirrung Walais wird noch weiter gesteigert, als er bemerkt, »wie ein hellhäutiger Engländer (...) der bettelnden Tänzerin während der Pause große Silbermünzen in den hingehaltenen Schleier warf«. Er verläßt die Vorstellung.

Ein paar Minuten später stand Walai vor seiner Lehmhütte bei seinem schlafenden Knaben. Der Hüttenraum war blutrot vom ausgehenden Feuer. Wie von den Augen der rasenden Tänzerin getragen, war Walai mit leichten, großen Sätzen durch die Gassen nach Hause gesprungen; er konnte schwören, daß er keine Fußspuren hinter sich im Sand gelassen hatte. Wie offene Feuer großen Rauch und große Schatten in die Nacht schleudern, so fühlte sich der Zauberer von seinem plötzlich leidenschaftlich verliebten Herzen als ein dunkler Riese in die Welt gestellt. Wenn er die Augen schloß, tanzte in ihm die Bajadere. Es war ihm all sein Blut im Leib verdorrt, und der rasende Tanz des Mädchens war das einzige Leben in seinen Adern.

Er nahm wie ein Irrsinniger den Degen aus der Zimmerecke. »Süße!« flüsterte er, »Süße!« Er schloß die Augen, als tanzte das Mädchen auf dem roten Lehmboden der Hütte vor ihm, und mit geschlossenen Zähnen seufzte er noch einmal tief: »Der Fremde gibt dir Geld, was gibt dir Walai?« Er schwang plötzlich die rotbeleuchtete Degenklinge wie eine Fahne in der Hand und stieß die Stahlspitze seinem Knaben in das Herz.

Hier wird deutlich, daß die Freiheit auch eine Gefangenschaft ist, weil die unbezähmbaren Gefühle durch die fehlende rationale Kontrollinstanz kein Regulativ besitzen.

Gefangen sind die von Dauthendey gezeichneten Menschen außerdem durch die sie umgebende tropische Natur, die undomestizierbar und üppig wie eine nach außen gestülpte Seelenlandschaft wirkt. »Über Walais gelbem Turban stand die indische Sonne wie die offene Feuerluke eines Hochglutofens«, heißt es gleich am Anfang der Geschichte. Gefangen sind sie zuletzt, auch das zeigt Dauthendey, im zur zweiten Natur gewordenen Kastenwesen, in einem statischen Gesellschaftssystem also, in Aberglauben und mythosnahen Welterklärungsmodellen.

Dauthendey erhebt nicht den Anspruch, daß die von ihm erzählten Geschichten Asien oder Asiaten »erklären« können, sie wollen auch nicht exemplarisch, repräsentativ, parabelhaft sein. Die emotionalen Ausbrüche, die Hybris, die Verbrechen der jeweiligen Protagonisten erschüttern ihre Umwelt nicht wesentlich, verursachen höchstens kurzfristig ein kaum merkliches Beben, ansonsten geschieht alles »wie immer«. Am Ende kehrt stets der statische Zustand zurück, was die Texte in die Nähe von Märchen rückt.

In vergleichbarer Weise unternahmen die impressionistischen Maler alle Anstrengung, die »Haut« der Dinge im Flirren des Lichts darzustellen. Im Betrachten des Bildes soll vor allem das Verwandlungswunder des alltäglichen, oft sogar gleichgültigen Naturobjekts zum Kunstobjekt erlebt werden; die farbige Inszenierung sehend mitzuvollziehen, soll die eigentliche Faszination bewirken. So etwa wenn der Pointillist Seurat das Bild in einzelne Farbpartikel zerlegt, die sich erst im Auge zu einem Gesamteindruck zusammenfügen.

Die Rolle solcher dicht nebeneinandergesetzten Farbpunkte übernehmen bei Dauthendey im grundverschiedenen Medium Sprache neben den zahlreichen Farbadjektiven ganze Kaskaden von Vergleichen und Metaphern, mit denen der Autor offenbar im Bewußtsein des Lesers die gewünschte Impression hervorrufen möchte:

Der Walai spuckte rasch zwischen seinen Knien auf den Fußboden. Wie das Haupt eines Geköpften lag sein Kopf mit aufgestütztem Kinn auf dem Geländer, seine weit offenen Augen hielten das Mädchen auf der Bühne fest, als wären seine Blicke Zügel, als hätte er die fliegende Gestalt auf den Bühnenbrettern mit einem Lasso eingefangen und an sein Herz gebunden. Stundenlang rührte sich sein Kopf nicht, und seine Augäpfel starrten rot aufgerissen wie zwei fleischfressende Urwaldorchideen, deren Kelche in der Nacht plötzlich mit einem Knall aufspringen.
Das Mädchen auf der Bühne tanzte ahnungslos und ließ seine nackten Brüste wie zwei kleine Seidenkissen unter der Bogenlampe glänzen. Von Sekunde zu Sekunde wurde jetzt das seufzende Zischen des Zauberers lauter, und als die Tänzerin sich wieder zu dem Fremden bückte und Geld auffing, glitt Walai an der Wand entlang, als wolle er sich unsichtbar machen, und kam zur Tür.

Indem die Texte immer wieder auf die Kunstmittel zurückverweisen, derer sich der Autor bedient hat, geht von ihnen trotz der »hitzigen« Inhalte eine eigenartige Nüchternheit und Kühle aus, die in mehreren Geschichten bis zur Ästhetisierung des Grausamen radikalisiert ist (etwa in ›Likse und Panulla‹). Bei allen sonstigen Unterschieden konnte ein Teil der Expressionisten unter dem Vorzeichen einer »Ästhetik des Häßlichen« (vgl. Gottfried Benn) diese Schreibhaltung aufgreifen und weiterentwickeln.

Heinrich Mann
Das Wunderbare

Die Erzählung ›Das Wunderbare‹ (Erstveröffentlichung 1896 in der
Zeitschrift ›Pan‹, Berlin) kann als exemplarisch für die erste Schaffensperiode Heinrich Manns betrachtet werden (s. S. 74): ihre schön-
heitstrunkene Gesellschaftsferne ist Ausdruck einer Flucht, die – wie
problematisch auch immer – als Unbehagen angesichts der Realität
dieser Gesellschaft gedeutet werden kann.

Der Ich-Erzähler besucht seinen inzwischen gutsituierten Jugend-
freund Siegmund Rohde. Er erwartet, ihn den einstigen gemeinsamen Idealen entfremdet, verbürgerlicht, verspießert zu finden, wird
aber angenehm überrascht: »(...) in deiner vorteilhaften bürgerlichen
Stellung bist du doch ein wenig der Künstler von damals geblieben –
nur daß du nicht mehr, wie wir damals taten, die Ideale im Munde
führst.« Rohde bestätigt, er sei nicht »wie ihr anderen« darauf angewiesen, den Idealen nachzujagen. »Ihr ringt und hastet, und hier und
da erhascht ihr einen Fetzen des Ideals, der euren prüfenden Händen
gleich wieder entfliegt.« Er habe vielmehr »das Wunderbare, das, was
man nicht kennt und woran man nicht denkt in der bürgerlichen
Gewöhnlichkeit, in der man alles genau kennt und weiß« einmal erfahren.

Nicht untypisch für die Gattung »Novelle«, umschließt diese Unterhaltung die eigentliche Binnenhandlung: Während seiner Studien-
zeit, so erzählt der Freund, habe er eine quasi mystische Begegnung
gehabt. »Ungeregelte und wilde Genüsse« seien ihr vorausgegangen,
die in einem »tüchtigen Blutsturz« geendet hätten. Der Rekonvales-
zent erholt sich in der italienischen Bergwelt, wo er sich eines Tages
auf einer Wanderung verirrt: »Der Weg war wie verzaubert.« Plötzlich gelangt Siegmund an einen märchenhaften Ort, in eine Art irdi-
sches Paradies. Ein von Bergen umgebener See tut sich auf, an einem
Ufer liegt eine weiße Villa, die – umrankt von den Zweigen und Blüten der Winde – teilweise in die Natur zurückgenommen erscheint.
Der vom Weg abgekommene Wanderer rudert mit einem morschen
Kahn in eine idyllische Bucht, wo es zu der bedeutsamen Begegnung
kommt.

Mitten in dem seltsamen Lande befand ich mich jetzt, vor dessen Eingang ich
gleich nach dem Betreten des Tales geträumt. In der großen Stille verspürte
ich das Weben der Sommerluft. Sie spielte um mich her, wie im Wasser die
Blätterschatten spielten, hier und da von einem weißlichen Schein erhellt, den
von der Oberfläche des Blättergewölbes die Winde herabsandte. Allmählich
erwachten dann die leichten Geräusche des Lebens über den Wassern, die
meine Ankunft eingeschüchtert. Hinter mir begannen leis die Grillen zu zir-
pen, rote Käfer krochen über die Blätter hin und plumpsten ins Boot. Leich-

tes Gesumme schwirrte an meinem Ohr vorüber und aus dem Wasser kam dann und wann ein verstohlenes Glucksen. In dem goldenen Sonnenstreif, der die Grenze meines grünen Reiches bildete, blitzten die blauen Lichter der Libellen und Falter hin und her.

Wie lange war ich so geblieben? Da glitt plötzlich ein schlanker Schatten über jenen Sonnenstreif, zu mir herein. Hinter ihm tauchte der schmale Bug eines hellgestrichenen Bootes auf und dann langsam, langsam erschienen die im Sonnenduft verschwimmenden Konturen einer Frauengestalt. Sie setzte noch einmal die Ruder an und die leichten Falten des weißen Gewandes verrieten die weichen Bewegungen schlanker Arme, die reizende Neigung des zarten Körpers. Die Schaufeln schleiften lautlos über die Wasserfläche zurück. Sie hatte mich erblickt. Von dem breiten Strohhut hingen durchsichtige Spitzen tief herab und beschatteten ihre blasse Stirn und ihre weit offenen ernsten Augen. (...)

Sie war die Seele der Landschaft selbst. Ich hatte sie fast erwartet.

Das Zusammentreffen mit der Frau erinnert an die Sage vom Ritter Tannhäuser, der im Hörselberg der Frau Venus begegnet. Die Faszination, die von ihr ausgeht, ist hier aber die einer völlig entsinnlichten Erotik. Tatsächlich erinnert sie den Erzähler an ein »Madonnenbild« des Fra Angelico, das er »in einer Florentiner Kirche« gesehen hat. Ihr Typus entspricht dem der *Femme fragile*, einem zierlich-verfeinerten, durchsichtig-zerbrechlichen, madonnenhaft vergeistigten Weiblichkeitsideal, wie es um die Jahrhundertwende von Jugendstilmalern und -zeichnern immer neu variiert wurde und wie es auch Thomas Mann einige Jahre später in der Gabriele seiner Novelle ›Tristan‹ gestaltet hat. Heinrich Mann beschreibt sie so:

Sie hatte den Hut abgenommen und ich sah, daß ihr Haar, dessen schwerer Knoten sich ein wenig gelöst hatte, von einem gewissen glanzlosen Graublond war. Es mußte sehr fein sein, denn über der mattweißen Stirn, von der es schlicht zurückgestrichen war, nahm man trotz seiner Dichtheit, den Ansatz kaum wahr. Die freie rechte Hand ließ sie sorglos über den Rand des Kahnes herabhangen und auf ihrer schneeigen Blässe, wie sie die Hitze hervorruft, zeichnete sich ein Gewebe feiner blauer Adern ab. Sie hatte einen eigentümlich kraftlosen Ausdruck, diese Hand, denselben, den auch ihr Profil zeigte, mit der leicht gewölbten Stirn, der geraden schmalen Nase und den leis geöffneten, zu roten Lippen.

Wiederholt wird ihre entkörperte Gewichtslosigkeit hervorgehoben:

Sie schritt über den jetzt von der Sonne verlassenen Rasen dahin, ohne daß ich die Bewegung ihres Körpers wahrnahm. Sie entschwand weiter und weiter, sonst hätte ich nicht daran gezweifelt, daß sie mit geschlossenen Füßen inmitten des Blumenteppichs stehe. Und keine Blüte ließ ihr Schritt geknickt zurück. Die weiße Winde, die ihr Fuß gestreift, fuhr fort, auf den Spitzen der Gräser ganz leicht dahinzuschweben – so wie sie selbst zu tun schien.

Auf ihre Aufforderung hin folgt ihr Siegmund ohne weiteres in die Villa, ihm wird für die Nacht ein Zimmer angewiesen, am folgenden Tag ist es bereits selbstverständlich, daß er bleibt; die Außenwelt jenseits der Berge wird bedeutungslos.

Sie hatten sich hierher zurückgezogen, in einen künstlichen unweltlichen Kreis, für den die Verhältnisse des Lebens der andern nicht mehr galten und dessen Grenzen bereits in die ewige Leere hinüberflossen.

Die Frau ist unheilbar krank; der aufmerksame Leser hat es schon an der Wortwahl der ersten Charakterisierung erkannt: die »schneeige Blässe« und im Kontrast dazu die »zu(!) roten Lippen« sind deutliche Hinweise darauf. Im Bannkreis ihres Daseins verlieren die Dinge ihre gewohnte Funktion: aus den Notenlinien der Partitur eines Tschaikowsky-Liedes, wird »ein Gewirr schlanker Zweige (...), und ihre Finger, die darüber hinglitten, hefteten blasse Blüten daran«. Von dieser Transsubstantiation wird sogar das Geld erfaßt:

Aus einem unverschlossenen Schränkchen nahm sie eine zierliche stählerne Schatulle. Während sie die Hand, die hinein gegriffen, wieder herauszog, klirrte ein goldener Strahl zurück. Das Gold rieselte durch ihre weißen Finger zurück über den blaugrauen Stahl. Das war kein Geld – es war eine Farbensymphonie wie alles andere.

Im Höhepunkt der Novelle werden die Motive zusammengeführt und gesteigert: ästhetizistische Religion und Todesverfallenheit, die Kraft der Schwäche und das Erlebnis des »Wunderbaren«, das seine daseinsverändernde Wirkung auf den Erzähler ausüben kann, indem es untergeht, nicht zur Wirklichkeit wird:

Siegmund Rohde wird von dem »vollen mystischen Schein getroffen«, als er seine Gastgeberin eines Abends an »einem gewitterschwülen Tage« in der Hauskapelle findet, zusammengesunken vor der »lebensgroßen, in Elfenbein gebildeten Gestalt des gekreuzigten Christus«.

Und dann geschah, was ich fürchtete und hoffte. Mit einem langen matten Stöhnen erhob sie den Kopf und streckte, mit langsamer, steifer Gebärde, die Arme dem Christusbilde entgegen, dessen mattgelber Ton derselbe war wie der dieser Arme. Wie sie aus den zurückgefallenen Ärmeln emporragten, erschrak ich über ihre krankhafte Magerkeit, die dennoch ihre vollendete Form nicht zerstören konnte. Ruckweise, mit einer nervösen Kraft, die niemand der zerbrechlichen Gestalt zugetraut hätte, folgte dann der Körper der sehnsüchtigen Bewegung der Arme. Er stieg empor; unter den Falten des Gewandes meinte ich den überschlanken Leib sich fortwährend dehnen und wachsen zu sehen. Ihr Haupt befand sich in der Höhe der Füße dessen, zu dem sie sich aufrichtete, und ihre Lippen glitten über diese gekreuzten Füße hin.

Aber sie erhob sich weiter. Sie kniete nicht mehr, es war kein Muskelspiel, sie schien zu schweben und ihr Kopf, gewaltsam in den Nacken geworfen, war nach dem Haupte des Erlösers gerichtet. Dorthin trachtete, mit einer einzigen Gewalt, all ihr Wesen. Es war, als wollte sie ihm ein Wort dicht ins Angesicht sagen. Aber er hörte es nicht und sie blieb stumm unter der schmerzlichen Majestät seines Blickes. Noch eine übermenschliche Anstrengung – ihre Arme stießen zur Seite, wie im Krampf, daß ich die Gelenke krachen hörte. Einer von ihnen traf den Kandelaber, daß er klirrte.

Ich weiß nicht, ob er umfiel. Ich sah nur noch, wie die unmenschliche Spannung ihrer Glieder erschlaffte, wie ihr Körper weich und schwer, als sei mit einem einzigen Hauche all sein Wille ausgeblasen, zurückfiel. Und aus der gleichen unbegreiflichen Höhe, in die meine Seele mit der ihren getragen war, sank ich selbst, ohne Widerstreben, fatalistisch wie sie der Verkündigung des Endes gehorchend, ins Leere. –

Kurze Zeit nach diesem Zusammenbruch verabschiedet die Frau ihren Gast, »bevor das Letzte, Häßliche mit mir geschieht, in der Zeitlichkeit«, und als dieser fassungslos leugnet, sich von ihr trennen zu können, fällt der Satz, den die Novelle insgesamt umspielt: »Wir glauben nur, wenn wir nicht sehen.« Die Anspielung auf das Johannesevangelium – »Selig sind, die nicht sehen und doch glauben!« (Joh. 20, 29) – ist deutlich. Dort sind diese Worte an den ungläubigen Thomas gerichtet, der nur dann glauben will, daß der Auferstandene unter den Jüngern weilt, wenn er selbst die Wundmale gesehen und betastet hat.

In einer späteren Fassung des Textes hat Heinrich Mann – anders als in der frühen Zeitschriftenpublikation – darauf verzichtet, den erzählerischen Rahmen zu schließen, in der künstlerischen Erwägung wohl, daß das abschließende Gespräch der beiden Jugendfreunde, in dem das Erlebnis noch einmal bedacht und gedeutet wird, den Eindruck, den die Schilderung des Abschieds hinterläßt, abschwächt.

Hugo von Hofmannsthal
Das Märchen der 672. Nacht

Das Prosawerk Hugo von Hofmannsthals ist im Bewußtsein seiner Leser gemeinhin weniger verankert als sein lyrisches und dramatisches Schaffen. Nach eigenem Bekunden bildete es anfangs eine Art Gegengewicht zum lyrisch-enthusiastischen Jugendwerk. Aber es ist keine nüchtern-realistische Welt, die da gestaltet wird. ›Das Märchen der 672. Nacht‹ (1895) mag dafür als Beispiel stehen.

Die zentrale Figur ist ein junger, schöner und reicher Kaufmannssohn. Er hat sich – früh verwaist, also von niemandem abhängig und niemandem verantwortlich – bereits mit 25 Jahren aus der Gesellschaft zurückgezogen und wohnt in einem Haus voll erlesener, edler und schöner Gegenstände:

… die Schönheit der Teppiche und Gewebe und Seiden, der geschnitzten und getäfelten Wände, der Leuchter und Becken aus Metall, der gläsernen und irdenen Gefäße wurden ihm so bedeutungsvoll, wie er es nie geahnt hatte. Allmählich wurde er sehend dafür, wie alle Formen und Farben der Welt in seinen Geräten lebten. Er erkannte in den Ornamenten, die sich verschlingen, ein verzaubertes Bild der verschlungenen Wunder der Welt. Doch er fühlte ebenso die Nichtigkeit aller dieser Dinge wie ihre Schönheit.

Bezeichnend ist, daß in dieser Schilderung der Teilhabe an der Schönheit bereits das Gefühl der Leere präsent ist. Damit verbindet sich auch der Gedanke an den Tod. Selbst den Tod jedoch kann er sich nicht anders vorstellen als etwas berauschend Festliches:

Aber da keine Krankheit in ihm war, so war der Gedanke nicht grauenhaft, eher hatte er etwas Feierliches und Prunkendes und kam gerade am stärksten, wenn er sich am Denken schöner Gedanken oder an der Schönheit seiner Jugend und Einsamkeit berauschte. Denn oft schöpfte der Kaufmannssohn einen großen Stolz aus dem Spiegel, aus den Versen der Dichter, aus seinem Reichtum und seiner Klugheit, und die finsteren Sprichwörter drückten nicht auf seine Seele. Er sagte: »Wo du sterben sollst, dahin tragen dich deine Füße«, und sah sich schon, wie ein auf der Jagd verirrter König, in einem unbekannten Wald unter seltsamen Bäumen einem fremden wunderbaren Geschick entgegengehen. Er sagte: »Wenn das Haus fertig ist, kommt der Tod«, und sah jenen langsam heraufkommen über die von geflügelten Löwen getragene Brücke des Palastes, des fertigen Hauses, angefüllt mit der wundervollen Beute des Lebens.

Seine Welt scheint nicht bedroht, sein Leben ist ein »narzißhaftes Wohlbehagen« (Wilhelm Grenzmann) voller tatenloser Selbstbeschäftigung und verläuft scheinbar ohne Beziehung zu anderen. Dies erweist sich jedoch als Schein:

Er wähnte, völlig einsam zu leben, aber seine vier Diener umkreisten ihn wie Hunde, und obwohl er wenig mit ihnen redete, fühlte er doch irgendwie, daß sie unausgesetzt daran dachten, ihm gut zu dienen. Auch fing er an, hie und da über sie nachzudenken.

Von den vier Dienern – drei Frauen und einem Mann – geht ein Zwang aus, »in einer unfruchtbaren und so ermüdenden Weise an sich selbst zu denken«, und ihm ist, »sie (sähen) sein ganzes Leben an, sein tiefstes Wesen, seine geheimnisvolle menschliche Unzulänglichkeit«.

Die jüngste der Dienerinnen ist ein schönes Mädchen. Ihre Schönheit erfüllt »ihn mit Sehnsucht, aber nicht mit Verlangen«. Um sich dennoch davon zu befreien, sucht er nach einer Blume, »deren Gestalt und Duft, oder nach einem Gewürz, dessen verwehender Hauch ihm für einen Augenblick genau den gleichen süßen Reiz zu ruhigem Besitz geben könnte ...« Er strebt also nach »ruhigem Besitz«, der ihm Verfügung erlaubt, aber keine Verpflichtung auferlegt. Dies gilt auch, als er mit den Dienern in sein Landhaus übersiedelt. Sie »umkreisten ihn wie Hunde«. Diese stete Aufmerksamkeit kann Berechnung, aber auch Schutz bedeuten, wenn man bedenkt, wie die Gefahr, den männlichen Diener zu verlieren – er wird in einem anonymen Brief eines nicht näher bezeichneten »abscheulichen Verbrechens« bezichtigt –, den Kaufmannssohn dazu führt, die Sicherheit des bewachten Raumes, seine Welt, zu verlassen: »Es war ihm, als wenn man seinen innersten Besitz beleidigt und bedroht hätte und ihn zwingen wollte, aus sich selbst zu fliehen.« Man kann natürlich den Diener auch als den Auslöser der folgenden schlimmen Ereignisse sehen, wie das der Kaufmannssohn tut. Doch das Verlassen des Hauses bleibt in jedem Fall die Entscheidung des Protagonisten, und die unmittelbare Ursache dafür ist sein Besitz-Verhältnis zu dem Diener.

Es ist ein Weg, der ständig enger, unbekannter und hoffnungsloser wird. Von der breiten, dem Helden noch vertrauten Straße, den von der Hitze ausgetrockneten Fluß entlang, mündet er in eine Sackgasse, die nur über eine Treppe zu überwinden ist; nun befindet er sich auf einer anderen Ebene, wo ein Weitergehen nur durch einen schmalen Gang möglich ist, an dessen Ende, einem Mauerdurchbruch, er zur Benützung eines Brettes gezwungen ist, das zu einer Plattform an einem Abgrund führt. Von Anfang an wird ihm der Weg vorgezeichnet, er kann ihn nicht frei bestimmen, obwohl es gelegentlich so scheint – so z. B. wenn er sich entscheidet, das Dirnenviertel zu verlassen und den Weg »nach rechts« zu nehmen und in der Sackgasse landet, oder wenn er auf eine Straßenkreuzung trifft, die ihm »traumhaft bekannt« vorkommt und eine Straße wählt, die ihn direkt in den Laden eines Juweliers führt, von dem aus er in einem Garten zwei Glashäuser entdeckt. »Er bekam sogleich Lust, diese Glashäuser zu sehen«, was mit seiner ursprünglichen Absicht überhaupt nicht zu vereinbaren ist. In der Beschreibung des Gartens wird die kommende Bedrohung schon erkennbar, wenn auch von ihm noch nicht wahrgenommen: er ist nicht wie sein Park, es wächst darin »seltsames, ihm völlig unbekanntes Blattwerk«. Waren in seinem Park u. a. Nelken und Heliotrope, Symbole für Schönheit, Frische und Angenehmes, so findet sich hier »eine (...) Fülle seltener und merkwürdiger Narzissen und Anemonen« – zwei Arten, die (nach Marcel Brion) in der Mythologie aus zwei Toten entstehen, die in Blumen verwandelt werden.

Wie der Weg (die Raumsphäre) immer enger und von Seltsamem, Trostlosem und Furchterweckendem begleitet wird, so verrinnt die Zeit immer schneller, bis am Ende Raum und Zeit gleichgültig werden, wenn er in einem elenden Kasernenzimmer »allein gelassen« stirbt.

Den ganzen Weg hindurch tauchen, Stationen gleich, Gestalten und Ereignisse auf, die mit seinem Leben im Haus oder seiner Kindheit verbunden sind: Der Beryll, den er dem Juwelier abkauft, erinnert an die alte Dienerin, für die jüngere ersteht er eine Goldkette, die sie sich als vermeintlichen Schutz vor bösem Geschick umlegt. In einem Spiegel erblickt er die junge Dienerin, im Treibhaus »ein höchstens vierjähriges, kleines Mädchen, dessen weißes Kleid und blasses Gesicht gegen die Scheiben gedrückt waren« und »in einer unbegreiflichen Weise dem fünfzehnjährigen Mädchen« (glich),

das er in seinem Hause hatte. Alles war gleich, die lichten Augenbrauen, die feinen bebenden Nasenflügel, die dünnen Lippen; wie die andere zog auch das Kind eine der Schultern etwas in die Höhe. Alles war gleich, nur daß in dem Kind das alles einen Ausdruck gab, der ihm Entsetzen verursachte. Er wußte nicht, wovor er so namenlose Furcht empfand. Er wußte nur, daß er es nicht ertragen werde, sich umzudrehen und zu wissen, daß dieses Gesicht hinter ihm durch die Scheiben starrte.

Das Kind will ihn vom Betreten des Glashauses zurückhalten.

Er hatte Mühe, es nicht zu treten. Aber seine Angst minderte sich in der Nähe. Er beugte sich über das Gesicht des Kindes, das ganz blaß war und dessen Augen vor Zorn und Haß bebten, während die kleinen Zähne des Unterkiefers sich mit unheimlicher Wut in die Oberlippe drückten. Seine Angst verging für einen Augenblick, als er dem Mädchen die kurzen, feinen Haare streichelte. Aber augenblicklich erinnerte er sich an das Haar des Mädchens in seinem Hause, das er einmal berührt hatte, als sie totenblaß, mit geschlossenen Augen, in ihrem Bette lag, und gleich lief ihm wieder ein Schauer den Rücken hinab, und seine Hände fuhren zurück.

Er kann sich nicht lösen, findet das Zauberwort nicht, die Erinnerung hält ihn ab, und er fällt noch deutlicher in den früheren Zustand der Unsicherheit zurück, als er dem Kind, das den Widerstand aufgegeben hat, Silbermünzen schenken will.

Das Kind nahm sie und ließ sie ihm vor den Füßen niederfallen, daß sie in einer Spalte des auf einem Rost von Brettern ruhenden Bodens verschwanden.

Ist sein Opfer nicht angenommen? Offenbar haben die Figuren bzw. seine Erinnerung an sie Funktionscharakter. Wie das Mädchen verschwinden sie, wenn sie ihre Funktion erfüllt haben, und erscheinen nicht wieder. Nur eine Ausnahme gibt es: das Pferd, das ihn mit einem Hufschlag in die Lenden tödlich verletzt, weckt in ihm noch einmal eine Erinnerung an ein »längst vergessenes Menschengesicht«, »das Gesicht eines häßlichen armen Menschen«, das »von Angst verzerrt war, weil die Leute ihn bedrohten, weil er ein Goldstück hatte und nicht sagen wollte, wo er es erlangt hatte«.

Am Ende erfährt der Kaufmannssohn auf diese Weise das niedrige, gemeine Leben. Dies entspricht Hofmannsthals eigener Erfahrung. Im Entstehungsjahr ist er Einjährig-Freiwilliger in einem Dragoner-Regiment im mährischen Städtchen Göding und im ostgalizischen Tlumecz. In einem Brief aus dieser Zeit bemerkt er: »Ich korrigiere meinen Begriff vom Leben: von dem, was Leben für die meisten Menschen ist: es ist viel freudloser, viel niedriger, als man gerne denkt, noch viel niedriger.« Das »Märchen« läßt sich auch als eine »verdichtete Erfahrung des Gödinger Jahres« lesen (Werner Volke).

Wenn in der Erzählung anfangs durchaus der Eindruck entstehen könnte, als werde man in eine orientalische Welt paradiesischer Gärten und üppiger Prachtentfaltung geführt, und selbst die geschilderte gesellschaftliche Situation und der Hinweis auf eine hinter der anonymen Verleumdung stehende Person eines Persers diese Vorstellung verstärken, wird mit dem Beginn der Nachforschungen nach der Schuld seines Dieners dieser äußere Rahmen rasch verlassen und durch labyrinthartige Straßen, Wege und Stege ersetzt, bis am Ende ein verkommener Kasernenbereich (wohl nach dem von Hofmannsthal in seinen mährischen und galizischen Garnisonen erlebten Vorbild) den Schauplatz für das entsetzliche Geschehen liefert. Dennoch verwendet Hofmannsthal die Gattungsbezeichnung Märchen nicht grundlos: Das Bewußtwerden des verfehlten Lebens hat, ebenso wie die Märchen der Scheherezade, auch einen rettenden Aspekt, und Hofmannsthal benützt bekanntlich gern die Verkleidung orientalischer Märchen, um Wesentliches auszudrücken. Die grundsätzliche Ortlosigkeit des Märchens erlaubt es, das allgemein Bedeutende unverstellt in den Vordergrund zu rücken. So erscheint hier nach Art orientalischer Erzählungen in Bildern und Gleichnissen, ungewöhnlich konzentriert in unbeeinflußbarer, zwingender Folge angeordnet und auf einen Gedanken hin streng entwickelt, die Geschichte eines dem Leben entfremdeten Lebens und dessen Nichtigkeit. Das »schöne« Leben ist Lebensflucht, bedeutet »menschliche Unzulänglichkeit«. Damit ist keine Schuld ausgedrückt, der Kaufmannssohn wird nicht bestraft. Der Tod legt ihm nur nahe, sein bisheriges Leben als nichtig zu erkennen: »Mit einer großen Bitterkeit starrte er in sein Leben zurück und verleugnete alles, was ihm lieb gewesen war.« Die Art *seines* Lebens hat ihn dem eigentlichen Leben entfremdet; deshalb ist es auch »leer« in ihm, wie schon am Anfang der Geschichte deutlich wird.

Daß dies ein Grundgedanke Hofmannsthals in dieser Zeit ist, beweist neben vielen anderen Hinweisen ein Brief an seinen Freund Leopold von Andrian-Werburg: »Ich glaube, das schöne Leben verarmt einen. Wenn man immer so leben könnte, wie man will, würde man alle Kraft verlieren« – wie der junge Kaufmannssohn. Eine solche Erkenntnis zwingt zur Verhaltensänderung. Dazu muß das Vorhergehende ausgelöscht werden. Ob der häßliche und »vulgäre« Tod, der so gar nicht dem entspricht, wie ihn sich der junge Ästhet am Beginn der Geschichte ausgemalt hat, von dem Kaufmannssohn als sinnvoll erkannt wird, bleibt offen wie so mancher Einzelvorgang innerhalb der Geschichte, deren zweiten Teil Arthur Schnitzler z.B. als Traumerlebnis wertet, in dem einem »die Märchenhaftigkeit des Alltäglichen zum Bewußtsein« komme.

Auch wenn Hofmannsthal meinte, man soll das Märchen einfach als »G'schicht« lesen, und damit auf den Reiz des Erzählten an sich vertraut, wird man sagen müssen, daß es mehr bedeutet, weil es ein Grundthema seiner ersten dichterischen Entwicklungsphase gestaltet: die Fremdheit zwischen dem erlesenen und dem gewöhnlichen Leben. Es steht damit im Umkreis der Dramen ›Gestern‹ (1891), ›Der Tod des Tizian‹ (1892), ›Der Tor und der Tod‹ (1893). Das Jugendwerk bis ›Gestern‹ zeigt eine Welt der ungefragt gültigen Subjektivität, während der Wandel der Hofmannsthalschen Weltsicht dort einsetzt, wo »der Dichter mit dem Blick eigener Teilnahme und gleichmäßiger Gesellkeit den Gesichtskreis seiner narzißtischen Gestalten in der Darstellung des Häßlichen und Niedrigen überschreitet« (H. A. Koch); so betrachtet, steht das ›Märchen‹ wohl schon jenseits dieser Grenze. Dennoch greift Hofmannsthal das Thema der Fragwürdigkeit des schönen Lebens und seine Überwindung immer wieder auf, am interessantesten vielleicht in ›Frau ohne Schatten‹ (Opernlibretto zwischen 1913 und 1915, und Erzählung, erschienen nach langer Vorbereitungszeit 1919), wo er nicht nur erneut den Ton von ›1001 Nacht‹ anschlägt, sondern auch eine freundliche Lösung gestaltet.

Hugo von Hofmannsthal
Reitergeschichte

Während der Kämpfe gegen die nationale Bewegung in Italien in der Poebene (1848) wird am Ende eines siegreichen Tages der Wachtmeister Anton Lerch von seinem Kommandeur vor versammelter Mannschaft erschossen. Wie es dazu kommt, berichtet der Erzähler, ohne einen Kommentar abzugeben oder gar Teilnahme erkennen zu lassen:

Den 22. Juli 1848, vor 6 Uhr morgens, verließ ein Streifkommando, die zweite Eskadron von Wallmodenkürassieren, Rittmeister Baron Rofrano mit einhundertsieben Reitern, das Kasino San Alessandro und ritt gegen Mailand. Über der freien, glänzenden Landschaft lag eine unbeschreibliche Stille; von den Gipfeln der fernen Berge stiegen Morgenwolken wie stille Rauchwolken gegen den leuchtenden Himmel; der Mais stand regungslos, und zwischen Baumgruppen, die aussahen wie gewaschen, glänzten Landhäuser und Kirchen her. Kaum hatte das Streifkommando die äußerste Vorpostenlinie der eigenen Armee etwa um eine Meile hinter sich gelassen, als zwischen den Maisfeldern Waffen aufblitzten und die Avantgarde feindliche Fußtruppen meldete. Die Schwadron formierte sich neben der Landstraße zur Attacke, wurde von eigentümlich lauten, fast miauenden Kugeln überschwirrt, attackierte querfeldein und trieb einen Trupp ungleichmäßig bewaffneter Menschen wie die Wachteln vor sich her. Es waren Leute der Legion Manaras, mit sonderbaren Kopfbedeckungen. Die Gefangenen wurden einem Korporal und acht Gemeinen übergeben und nach rückwärts geschickt. Vor einer schönen Villa, deren Zufahrt uralte Zypressen flankierten, meldete die Avantgarde verdächtige Gestalten. Der Wachtmeister Anton Lerch saß ab, nahm zwölf mit Karabinern bewaffnete Leute, umstellte die Fenster und nahm achtzehn Studenten der Pisaner Legion gefangen, wohlerzogene und hübsche junge Leute mit weißen Händen und halblangem Haar. Eine halbe Stunde später hob die Schwadron einen Mann auf, der in der Tracht eines Bergamasken vorüberging und durch sein allzu harmloses und unscheinbares Auftreten verdächtig wurde. Der Mann trug im Rockfutter eingenäht die wichtigsten Detailpläne, die Errichtung von Freikorps (…) betreffend. Gegen 10 Uhr vormittags fiel dem Streifkommando eine Herde Vieh in die Hände.

Der Kommandeur der Schwadron, Rittmeister Baron Rofrano, kann »(…) sich selbst und der Schwadron nicht versagen, in diese große und schöne, wehrlos daliegende Stadt (= Mailand) einzureiten«. Auf diesem Ritt durch die Stadt und über die Straßen weicht der Wachtmeister Anton Lerch zweimal von den strengen Vorschriften militärischer Disziplin ab:

Nicht weit vom (…) Stadttor, wo sich ein mit hübschen Platanen bewachsenes Glacis erstreckte, glaubte der Wachtmeister Anton Lerch am ebenerdigen Fenster eines neugebauten hellgelben Hauses ein ihm bekanntes weibliches Gesicht zu sehen. Neugierde bewog ihn, sich im Sattel umzuwenden, und da er gleichzeitig aus einigen steifen Tritten seines Pferdes vermutete, es hätte in eines der vorderen Eisen einen Straßenstein eingetreten, er auch an der Queue der Eskadron ritt und ohne Störung aus dem Gliede konnte, so bewog ihn alles dies zusammen, abzusitzen, und zwar nachdem er gerade das Vorderteil seines Pferdes in den Flur des betreffenden Hauses gelenkt hatte. Kaum hatte er hier den zweiten weißgestiefelten Vorderfuß seines Braunen in die Höhe gehoben, um den Huf zu prüfen, als wirklich eine aus dem Innern des Hauses ganz vorne in den Flur mündende Zimmertür aufging und in einem etwas zerstörten Morgenanzug eine üppige, beinahe noch junge Frau sichtbar wurde (…).

Er erinnert sich des Namens.

Im Augenblick aber, während er mit etwas schwerfälligem Blick einer großen Fliege nachsah, die über den Haarkamm der Frau lief, und äußerlich auf nichts achtete, als wie er seine Hand, diese Fliege zu scheuchen, sogleich auf den weißen, warm und kühlen Nacken legen würde, erfüllte ihn das Bewußtsein der heute bestandenen Gefechte und anderer Glücksfälle von oben bis unten, so daß er ihren Kopf mit schwerer Hand nach vorwärts drückte und dazu sagte: »Vuic« – diesen ihren Namen hatte er gewiß seit zehn Jahren nicht wieder in den Mund genommen und ihren Taufnamen vollständig vergessen – »in acht Tagen rücken wir ein, und dann wird das da mein Quartier«, auf die halboffene Zimmertür deutend.

Das Erlebnis wirkt nach, Begierden und Träume steigen während des weiteren Rittes in ihm auf, die er nicht mehr unterdrücken kann, ein »Durst nach unerwartetem Erwerb, nach Gratifikationen, nach plötzlich in die Tasche fallenden Dukaten« drängt ihn abermals abzuweichen, vom Marsch der Eskadron abzubiegen, in ein Dorf einzudringen, um »ein ganz außerordentliches Prämium« zu verdienen:

Vor dem elenden, scheinbar verödeten Nest angelangt, befahl er dem Scarmolin links, dem Holl rechts die Häuser außen zu umreiten, während er selbst, Pistole in der Faust, die Straße durchzugaloppieren sich anschickte, bald aber, harte Steinplatten unter sich fühlend, auf welchen noch dazu irgendein glitschiges Fett ausgegossen war, sein Pferd in Schritt parieren mußte. Das Dorf blieb totenstill; kein Kind, kein Vogel, kein Lufthauch. Rechts und links standen schmutzige kleine Häuser, von deren Wänden der Mörtel abgefallen war; auf den nackten Ziegeln war hie und da etwas Häßliches mit Kohle gezeichnet; zwischen bloßgelegten Türpfosten ins Innere schauend, sah der Wachtmeister hie und da eine faule, halbnackte Gestalt auf einer Bettstatt lungern oder schleppend, wie mit ausgerenkten Hüften, durchs Zimmer gehen. Sein Pferd ging schwer und schob die Hinterbeine mühsam unter, wie wenn sie von Blei wären. Indem er sich umwendete und bückte, um nach dem rückwärtigen Eisen zu sehen, schlürften Schritte aus einem Hause, und da er sich aufrichtete, ging dicht vor seinem Pferde eine Frauensperson, deren Gesicht er nicht sehen konnte. Sie war nur halb angekleidet; ihr schmutziger, abgerissener Rock von geblümter Seide schleppte im Rinnsal, ihre nackten Füße staken in schmutzigen Pantoffeln; sie ging so dicht vor dem Pferde, daß der Hauch aus den Nüstern den fettig flänzenden Lockenbund bewegte, der ihr unter einem alten Strohhute in den entblößten Nacken hing, und doch ging sie nicht schneller und wich dem Reiter nicht aus.

Blutende Ratten rollen, ineinander verbissen, auf die Straße, so daß das Pferd alle seine Aufmerksamkeit beansprucht, während die Frau in einem Hausflur verschwindet. Hunde, die – ganz im Gegensatz zur vorher gerafften Darstellung – breit und detailliert beschrieben werden, sperren den Weg, eine Kuh hindert ihn am Weiterreiten. Schließlich fühlt er in der Gangart seines Pferdes eine so unbeschreibliche Schwere (...), daß sich in seinem Blick jeder Fußbreit der Mauern rechts und links, ja jeder von den dort sitzenden Tausendfüßen und Asseln mühselig vorbeischob, und ihm war, als hätte er eine unmeßbare Zeit mit dem Durchreiten des widerwärtigen Dorfes verbracht.

Durch das Schnauben seines Pferdes aufmerksam gemacht, »bemerkte er (...) einen Reiter des eigenen Regiments auf sich zukommen, und zwar einen Wachtmeister, und zwar auf einem Braunen mit weißgestiefelten Vorderbeinen«. Er treibt – neugierig geworden – sein Pferd »zu einem sehr lebhaften Trab an, worauf auch der andere sein Tempo ganz im gleichen Maße verbesserte« und sie aufeinander zureiten. Der Wachtmeister, »mit stierem Blick in der Erscheinung sich selbst erkennend«, reißt sein Pferd zurück, streckt »die rechte Hand mit ausgespreizten Fingern gegen das Wesen« vor, »worauf die Gestalt, gleichfalls parierend und die Rechte erhebend, plötzlich nicht da war«. In diesem Augenblick merkt er, wie seine »Eskadron« auf den Feind trifft, und beteiligt sich an dem siegreichen Gefecht, wobei er ein edles Pferd erbeutet. Als der Rittmeister aber befiehlt, alle erbeuteten Pferde freizulassen, steigt in dem Wachtmeister

aus einer ihm selbst völlig unbekannten Tiefe seines Innern (...) ein bestialischer Zorn gegen den Menschen da vor ihm auf (...), wie er nur durch jahrelanges enges Zusammenleben auf geheimnisvolle Weise entstehen kann. Ob aber in dem Rittmeister etwas Ähnliches vorging, oder ob sich ihm in diesem Augenblicke stummer Insubordination die ganze lautlos um sich greifende Gefährlichkeit kritischer Situationen zusammenzudrängen schien, bleibt im Zweifel: Er hob mit einer nachlässigen, beinahe gezierten Bewegung den Arm, und indem er, die Oberlippe verächtlich hinaufziehend, »drei« zählte, krachte auch schon der Schuß, und der Wachtmeister taumelte, in die Stirn getroffen, mit dem Oberleib auf den Hals seines Pferdes, dann zwischen dem Braunen und dem [erbeuteten] Eisenschimmel zu Boden.

Sofort wird der Befehl jetzt von den anderen befolgt, »das Streifkommando erreicht unbehelligt« die eigene Armee.

Diese Novelle gestaltet sicher eine »unerhörte Begebenheit«, wie es die klassische Definition fordert, und scheint auf den ersten Blick mit dem ›Märchen‹ nichts gemein zu haben. Dennoch gibt es Ähnlichkeiten: Wieder begegnet uns ein Mensch mit kontrastierenden »Welten«, und dies auf doppelte Weise. Einmal steht die disziplinbestimmte, auf eine Aufgabe konzentrierte Welt der des persönlichen Interesses gegenüber. Dies drückt sich schon in der Art der Darstellung aus. Während von der militärischen Welt knapp, fast rapportartig erzählt wird und der Blick ganz auf die Gegenwart gerichtet bleibt, wird die andere mit Erinnerungen angereichert und in üppiger

Breite ausgemalt. Es gibt hier keine Zeitangaben mehr, die Zeit verlangsamt sich, ist »unmeßbar« geworden. Auch die Raumdarstellung ändert sich: Während bei der Schilderung der militärischen Vorgänge trotz der Kürze Landschaften beschrieben und Ortsnamen angegeben werden, ist das Dorf der zweiten »Abweichung« nicht erkennbar; es trägt auch keinen Namen, ist nur erfüllt von teils real erfaßbaren, teils unerklärlichen Hindernissen. Die Ähnlichkeit mit dem zweiten Kapitel des ›Märchens‹ ist deutlich. Auch hier ist der Weg zwingend vorgegeben, wenn der Wachtmeister auf den glitschigen Steinplatten sein Pferd nur im Schritt führen kann. Zeit und Raum scheinen aufgehoben, die Welt ist gespenstisch.

Darin nun liegt die zweite kontrastierende Darstellung. Sie betrifft nur das Erleben des Wachtmeisters: Die erste Abweichung – übrigens ebenso verständlich begründet wie die zweite – führt in eine zwar etwas schwül-laszive Welt, aber eine, die dem harten Soldatenleben entgegensteht und Angenehmes (etwas vom Töten Entferntes) verspricht. Die zweite hingegen – wieder liegt der Vergleich mit dem ›Märchen‹ nahe – ist gekennzeichnet durch Einsamkeit (er reitet im Ort alleine), Schmutz, Häßlichkeit, Abweisung und Nichtbeachtung (man vergleiche das Verhalten der beiden Frauen). Ihr ist der Wachtmeister, der in der ersten souverän agiert, nicht gewachsen. Als er sich freie Bahn verschaffen will, versagt seine Pistole, als er ausgreifend reiten will, wirkt sein Pferd wie gelähmt. In der Welt des Krieges, des Militärs ist der Wachtmeister »zu Hause«, er kennt sie; die Begegnung im ersten Dorf ist nur eine Abweichung von der Disziplin, die der militärische Dienst erfordert, aber die Begegnung ruft wie beim Kaufmannssohn die Erinnerung, Gefühle und Erwartungen hervor, die ihn allmählich von der »schönen Schwadron« lösen:

Seitwärts der Rottenkolonne, einen nicht mehr frischen Schritt reitend, unter der schweren metallischen Glut des Himmels, den Blick in der mitwandernden Staubwolke verfangen, lebte sich der Wachtmeister immer mehr in eine Zivilatmosphäre (hinein), durch welche doch das Kriegsmäßige durchschimmerte, eine Atmosphäre von Behaglichkeit und angenehmer Gewalttätigkeit ohne Dienstverhältnis, eine Existenz in Hausschuhen, den Korb des Säbels durch die linke Tasche des Schlafrockes durchgesteckt.

Das bedeutet aber, daß er sich als Person absondert, nicht mehr zur Einheit gehört (in der vielleicht die »Schönheit« der Schwadron besteht). Damit verliert er die Sicherheit. Er könnte sie wiederfinden, wenn er die Bedeutung des Vorgangs erfassen würde, zur Erkenntnis seiner selbst käme. Dazu aber müßte er einen anderen Lebensbezug finden, andere Eigenschaften entwickeln, als sein bisheriger »Beruf« sie erforderte. Weil er das nicht kann, bleibt er in einem gefährlichen Zwischenzustand stecken, und die Frage ist, ob er das Problem des

»Zu-sich-selbst-Kommens«, von dem Hofmannsthal rückblickend in ›Ad me ipsum‹ spricht, je bewältigt. Die Szene im Dorf, in der ihm Leid und Leiden gegenüberstehen, ist die Probe. Doch er reagiert, wie er es gelernt hat: er versucht zu schießen und wie in einer Attacke das Pferd hochzureißen. Seine Reaktion besteht also in Abwehr und Gewalt. Was er zu betrachten gezwungen ist und was geschieht, dringt – anders als in der ersten Begegnung – nicht in sein Inneres, kein Mitleid entsteht, kein Grauen, kein Bedürfnis nach Einschreiten oder Hilfe. Er wirkt wie tot. Die Erscheinung an der Steinbrücke nimmt er »mit stierem Blick« wahr; sie wird übrigens nur von ihm bemerkt, nicht von den Begleitern Holl und Scarmolin, die um das Dorf herumgeritten sind und jetzt wieder auf ihn treffen. Sie verschwindet, als er sie »mit ausgespreizten Fingern« – einer Art magischer Beschwörung – abwehrt. Er hat nur die äußere Übereinstimmung erkannt, nach einer Bedeutung nicht gefragt.

Es ist wohl nicht sehr erheblich, wie man »das Wesen« erklärt, ob als Vorbote des Todes, als Depersonalisation, als Ich-Spaltung – Hofmannsthal hat sich ja, wenn auch nicht gerade überzeugt, mit Freud beschäftigt; wesentlicher scheint, daß er es von sich abwehrt und damit »der bleibt, der er war, der Krieger und der Besitz begehrende Mensch«. Dem Weg in einen weiteren Lebensbereich verschließt er sich. Die – im Gegensatz zur sachlichen Beschreibung am Anfang – fast atemlose Schilderung des blutigen Gefechts nach dem Dorferlebnis entlarvt das anfangs scheinbar sinnvolle Kriegsgeschehen als etwas Entsetzliches, das dem Kampf der Hunde und Ratten im Dorf entspricht.

Der Offizier (...) wendete dem Wachtmeister ein junges, sehr bleiches Gesicht und die Mündung einer Pistole zu, als ihm ein Säbel in den Mund fuhr, in dessen kleiner Spitze die Wucht eines galoppierenden Pferdes zusammengedrängt war (...). Als der Wachtmeister mit dem schönen Beutepferd zurückritt, warf die (...) untergehende Sonne eine ungeheure Röte über die Hutweide. Auch an solchen Stellen, wo gar keine Hufspuren waren, schienen ganze Lachen von Blut zu stehen.

In den folgenden Zeilen häufen sich die Metaphern für den Tod (»rotgefleckte Bäume«, »wie in roten Saft getauchte Trompeten«, »roter Widerschein auf weißen Uniformen«). Statt aus diesem unsinnigen und begrenzten Lebensbereich auszubrechen, hat sich der Wachtmeister mit besonderem Einsatz in das Gefecht gestürzt. Die Erscheinungen im Dorf bleiben ohne Wirkung, da er nur von der Gier nach Beute erfüllt ist. Um so mehr muß es ihn treffen, wenn er aufgefordert wird, den »Eisenschimmel« laufen zu lassen.

Was im Rittmeister vorgeht, ist schwieriger zu begreifen, was der Grund für sein Verhalten ist – Angst vor Insubordination, unbewußter Haß auf den, der sich ihm aus anderer Schicht entgegenstellt – »es bleibt im Zweifel«. Auffällig ist die Knappheit, zu der die Darstellung zurückfindet, auffällig auch die scheinbare Emotionslosigkeit. Vielleicht aber ist es gerade dies, womit der Verfasser nachdenklich machen möchte: Der Rittmeister bleibt im vorgeschriebenen Bereich, er verfehlt damit ebenso das volle Leben wie der Wachtmeister mit seiner Sehnsucht nach der Welt der Behaglichkeit, die an die Stelle der jahrelang geübten militärischen Zucht treten möchte. Beide gehen den Weg des Inhumanen und sind nur in ihrer begrenzten Welt zu verstehen. Wie der Baron Rofrano Rittmeister bleibt, so bleibt der Wachtmeister Reiter. Sein »Ausbruch« hat ihn nicht zur Ich- oder Welterkenntnis geführt.

Das ›Märchen‹ und die ›Reitergeschichte‹ stehen in einem inneren Zusammenhang. In beiden Prosadarstellungen werden Gefährdungen des Menschen in bildhafter Form vorgeführt (auch in einzelnen Bildern wie etwa der Brücke als Symbol des Übergangs in eine andere Welt), in beiden wäre eine positive Lösung des Problems denkbar, in beiden wird eine Haltung des Autors erkennbar, die auf eigener Erfahrung beruht. Die Themen sind, äußerlich gesehen, unterschiedlich, genauer betrachtet aber führen beide Handlungen ein Ich in Situationen, in denen es sein Eigensein erkennen und die Notwendigkeit einer tätigen Zuwendung zu anderen Wesen erfahren sollte. Im ›Buch der Freunde‹ (1922) heißt es: »Der Mensch wird in der Welt nur das gewahr, was schon in ihm liegt.« Das könnte der Schlüssel für beide Prosawerke sein. Was Hofmannsthal aber will, drückt die Fortsetzung des Satzes aus: »... aber er braucht die Welt, um gewahr zu werden, was in ihm liegt; dazu aber sind Tätigkeit und Leiden nötig.«

Erst mit dem Operntext und der Erzählung ›Frau im Schatten‹ (entstanden 1913–1919) hat Hofmannsthal das »Beispiel« dafür geliefert: Das Mitleid und das Bewußtsein eines Mitverschuldens hindert die Kaiserin, die Tochter des Geisterfürsten Keikobad (= die Frau ohne Schatten), daran, den Schattentausch durchzuführen: eine positive Lösung wird damit möglich.

»Märchen« und »Novelle« hat Hofmannsthal sich als Gattung erarbeitet; der Versuch, die Großform des Romans zu erfüllen, ist dagegen in ›Andreas oder die Vereinigten‹ nur Fragment geblieben.

Thomas Mann
Tonio Kröger

Welche Rolle bei Thomas Mann die kürzere Prosa einnimmt, läßt sich schon an der Zahl der Novellen, Erzählungen, Skizzen, Studien – eine einheitliche Gattungsbezeichnung gebraucht er nicht – ablesen. In 32 unterschiedlich langen Texten bleibt er ihr treu, ganz abgesehen davon, daß auch mancher Roman (z. B. ›Doktor Faustus‹) ursprünglich als Novelle geplant war. Im Rückblick auf seine literarischen Anfangsschritte meint er denn auch, er sei »überzeugt gewesen, daß die Kurzgeschichte, wie ich sie in der Schule Maupassants, Tschechows und Turgenjews erlernt habe, mein Genre sei«. Es verwundert daher nicht, daß er nach vollendeter Romanarbeit wie zur Erholung, mitunter aber auch als eine Art Aufarbeitung, immer wieder kleinere Formen gestaltete.

›Tonio Kröger‹ (1903) gehört zu jenen Werken, in denen besonders die Antinomie von Kunst und Leben thematisiert wird – eine Problematik, die nicht nur in den ›Buddenbrooks‹ eine Rolle spielt, sondern zeittypisch war. Thomas Mann selber hat diese Novelle besonders geschätzt (wenn er auch selbstkritisch beklagte, die »Deutlichkeit und Direktheit« der Liebeserklärung an das Leben gehe »bis zum Unkünstlerischen«). Ein wesentlicher Grund dafür könnte in seiner persönlichen Beziehung zum Stoff liegen, ließ ihn doch der Zweifel an seinem eigenen Künstlertum zeitlebens nicht los.

Tonio Kröger, Sohn eines Lübecker Kaufmanns und dessen südländisch-exotischer Frau Consuela schließt sich als Heranwachsender seinem Schulkameraden Hans Hansen an. »Die Sache war die, daß Tonio Hans Hansen liebte.« Da dieser davon nichts ahnt, hat Tonio »schon vieles um ihn gelitten«. Hans, ein frischer, stets heiterer und allseits beliebter Junge mit »bastblondem Haar«, ist fast in allem anders als der sensible, allem Schönen zugewandte Tonio, der nicht wie die anderen »Dinge denkt, die man eben denkt und laut aussprechen kann«, selbst Verse schreibt und einfühlsam »begreift«, wieso in Schillers ›Don Carlos‹ König Philipp weint, als er glaubt, einen Menschen gefunden zu haben und dieser ihn verrät. Tonio möchte schon, wie Hans, die »Wonnen des Gewöhnlichen« genießen und so unkompliziert leben können wie dieser. Aber er bleibt – wie auch seine mißglückte Tanzstundenliebe zu Ingeborg Holm zeigt – »allein und ausgeschlossen von den Ordentlichen und Gewöhnlichen« und leidet unter seiner Außenseiterrolle. Selbst als bekannter Autor noch muß er bekennen, daß er zwar das Menschliche darzustellen, nicht aber zu leben verstehe, so sehr er sich danach sehne. Auch bei einer späteren, wohl mehr visionären Wiederbegegnung findet er keine Verbindung zu den beiden Beneideten: »Denn ihre Sprache war nicht seine Sprache.« Er steht »zwischen zwei Welten«, ist »in keiner daheim«. Damit aber muß er die Balance zwischen Künstlerdasein und Bürgerlichkeit suchen und am Ende den Ästhetizismus der Décadence überwinden.

Es kann kaum überraschen, wenn der Autor seine Erzählung in Gespräche oder Briefe münden läßt, die fast Theoriecharakter haben.

In einem langen Literaturgespräch mit seiner Freundin Lisaweta Iwanowna, einer Malerin, wird die zentrale Fragestellung deutlich:

Das Gefühl, das warme, herzliche Gefühl ist immer banal und unbrauchbar, und künstlerisch sind bloß die Gereiztheiten und kalten Ekstasen unseres verdorbenen, unseres artistischen Nervensystems. Es ist nötig, daß man irgend etwas Außermenschliches und Unmenschliches sei, daß man zum Menschlichen in einem seltsam fernen und unbeteiligten Verhältnis stehe, um imstande und überhaupt versucht zu sein, es zu spielen, damit zu spielen, es wirksam und geschmackvoll darzustellen. Die Begabung für Stil, Form und Ausdruck setzt bereits dies kühle und wählerische Verhältnis zum Menschlichen, ja, eine gewisse menschliche Verarmung und Verödung voraus. Denn das gesunde und starke Gefühl, dabei bleibt es, hat keinen Geschmack. Es ist aus mit dem Künstler, sobald er Mensch wird und zu empfinden beginnt. (...). Sehen Sie, zuweilen erhalte ich Briefe von fremder Hand, Lob- und Dankschreiben aus meinem Publikum, bewunderungsvolle Zuschriften ergriffener Leute. Ich lese diese Zuschriften, und Rührung beschleicht mich angesichts des warmen und unbeholfenen menschlichen Gefühls, das meine Kunst hier bewirkt hat, eine Art von Mitleid faßt mich an gegenüber der begeisterten Naivität, die aus den Zeilen spricht, und ich erröte bei dem Gedanken, wie sehr dieser redliche Mensch ernüchtert sein müßte, wenn er je einen Blick hinter die Kulissen täte, wenn seine Unschuld je begriffe, daß ein rechtschaffener, gesunder und anständiger Mensch überhaupt nicht schreibt, mimt, komponiert ... was alles ja nicht hindert, daß ich seine Bewunderung für mein Genie benütze, um mich zu steigern und zu stimulieren, daß ich sie gewaltig ernst nehme, und ein Gesicht dazu mache wie ein Affe, der den großen Mann spielt ... Ach, reden Sie mir nicht darein, Lisaweta! Ich sage Ihnen, daß ich es oft sterbensmüde bin, das Menschliche darzustellen, ohne am Menschlichen teilzuhaben.

Das Gespräch zeigt aber auch, daß eine Entscheidung gesucht wird. Lisaweta zieht für Tonio den Schluß in einer »Antwort (...), die auf alles paßt (...) und die die Lösung ist für das Problem, das Sie so sehr beunruhigt hat (...). Die Lösung ist die, daß Sie (...) ganz einfach ein Bürger sind«, wenn auch, so schwächt sie ab, ein Bürger »auf Irrwegen«.

Tonio nimmt aber im weiteren Verlauf keinen wirklichen Kontakt zum Leben auf, seine Liebe zum Bürgerlichen bleibt »Theorie«, findet keinen Gegenstand. Seine Reaktion auf die »Antwort« Lisawetas (»[...] nun kann ich getrost nach Hause gehen. *Ich bin erledigt*«) scheint dennoch vorschnell. Der Schlußbrief an Lisaweta bringt dies zum Ausdruck:

Ich bewundere die Stolzen und Kalten, die auf den Pfaden der großen, der dämonischen Schönheit abenteuern und den »Menschen« verachten, – aber ich beneide sie nicht. Denn wenn irgend etwas imstande ist, aus einem Literaten einen Dichter zu machen, so ist es diese meine Bürgerliebe zum Menschlichen, Lebendigen und Gewöhnlichen. Alle Wärme, alle Güte, aller Humor kommt aus ihr, und fast will mir scheinen, als sei sie jene Liebe selbst, von der geschrieben steht, daß einer mit Menschen- und Engelszungen reden könne und ohne sie doch nur ein tönendes Erz und eine klingende Schelle sei.

Was ich getan habe, ist nichts, nicht viel, so gut wie nichts. Ich werde Besseres machen, Lisaweta, – dies ist ein Versprechen. Während ich schreibe, rauscht das Meer zu mir herauf, und ich schließe die Augen. Ich schaue in eine ungeborene und schemenhafte Welt hinein, die geordnet und gebildet sein will, ich sehe in ein Gewimmel von Schatten menschlicher Gestalten, die mir winken, daß ich sie banne und erlöse: tragische und lächerliche und solche, die beides zugleich sind, – und diesen bin ich sehr zugetan. Aber meine tiefste und verstohlenste Liebe gehört den Blonden und Blauäugigen, den hellen Lebendigen, den Glücklichen, Liebenswürdigen und Gewöhnlichen.

Schelten Sie diese Liebe nicht, Lisaweta; sie ist gut und fruchtbar. Sehnsucht ist darin und schwermütiger Neid und ein klein wenig Verachtung und eine ganze keusche Seligkeit.

Im Zentrum dieses »Bekenntnisses« steht neben dem Wort »Liebe« ein Bibelzitat, vielleicht ironische Absicht des Verfassers, der ja die eigene Situation mitgestaltet und sich mit geborgten Worten Distanz verschafft, vielleicht aber auch (so Werner Bellmann) die absichtliche Übernahme des Zitats aus Eckermanns Gesprächen mit Goethe; dort äußert sich dieser über Platen und sagt, es fehle ihm bei allen glänzenden Eigenschaften die Liebe, der Spruch des Apostels passe deshalb genau auf ihn. Als Anspielung auf Platen gelesen würde sich das Zitat auch insofern gut einfügen, als dieser homosexuell war und das Antibürgerliche im zeitgenössischen Verständnis oft auch die dem Künstlerischen zugewiesene Homoerotik einschloß.

Tod in Venedig

Im Mai 1911 unternimmt Thomas Mann mit seiner Frau Katja (Tochter des in München angesehenen Mathematik-Professors Pringsheim) und seinem Bruder Heinrich eine Ferienreise, die ihn zur istrischen Insel Brioni und dann nach Venedig führt. Später (1930) berichtet er darüber in seinem Lebensabriß:

Den Krull'schen Memoirenton (...) lange festzuhalten, war freilich schwer, und der Wunsch, davon auszuruhen, leistete wohl der Konzeption Vorschub, durch die im Frühjahr 1911 die Fortsetzung unterbrochen wurde. Nicht zum erstenmal verbrachten (...) meine Frau und ich einen Teil des Mai auf dem Lido. Eine Reihe kurioser Umstände und Eindrücke mußte mit einem heimlichen Ausschauen nach neuen Dingen zusammenwirken, damit eine produktive Idee sich ergäbe, die dann unter dem Namen des ›Tod in Venedig‹ ihre Verwirklichung gefunden hat. Die Novelle war (...) als rasch zu

erledigende Improvisation und Einschaltung in die Arbeit an dem Betrüger-
roman gedacht (...);

aber

Aschenbachs Geschichte erwies sich als «eigensinnig«, ein gutes Stück über
den Sinn hinaus, den ich ihr hatte beilegen wollen. (...) Ganz [wie im Tonio
Kröger] ist im ›Tod in Venedig‹ nichts erfunden: Der Wanderer am Münchener Nordfriedhof, das düstere Polesaner* Schiff, der greise Geck, der verdächtige Gondoliere, Tadzio und die Seinen, die durch Gepäckverwechslung
mißglückte Abreise, die Cholera, der ehrliche Clerc im Reisebureau, der
bösartige Bänkelsänger (...) – alles war gegeben, war eigentlich nur einzustel-
len und erwies dabei aufs verwunderlichste seine kompositionelle Deutungs-
fähigkeit.

Der Ausschnitt mag einen Einblick in Thomas Manns Ausnutzung
persönlicher Erlebnisse für sein Werk gewähren; gleichzeitig aber
sagt er auch etwas über seine Motive und Verfahrensweisen aus: Die
Arbeit an ›Felix Krull‹ braucht eine Unterbrechung, etwas Einfaches
soll bis zur Weiterführung unternommen werden, eine Reise Distanz
schaffen. Auf der Reise bleiben Begebnisse haften, die Deutungsmög-
lichkeiten zulassen; Verkettungen von Motiven entstehen, die zu einer
Komposition führen, der ursprüngliche Sinn drängt nach Erweiterung, ein Gerüst wird erkennbar, das den Ablauf ordnen konnte.
Letzteres, die leitmotivische Bindung durch die Verwendung der Todesboten, hat schon früh Josef Hofmiller (1913) erkannt und das
Ganze als »inneres Erlebnis« und »äußere Begegnung« gedeutet. In
der Tat hat dann auch der autobiographische Hintergrund die Forschung immer wieder beschäftigt und Zusammenhänge ans Licht gebracht. Aber natürlich ist die Erzählerfigur nicht mit Thomas Mann
identisch, und ebensowenig darf man die Hauptgestalt Gustav
Aschenbach »oder von Aschenbach, wie seit seinem fünfzigsten Geburtstag amtlich sein Name lautete«, mit dem Autor gleichsetzen,
wenn dieser auch, wie Hofmiller sagt,

dem Helden nicht nur Züge seiner Seele gibt, sondern ihn sogar seine eigenen
Bücher geschrieben haben läßt. Denn wer ist »der geduldige Künstler, der in
langem Fleiß den figurenreichen, so vielerlei Menschenschicksal im Schatten
einer Idee versammelnden Romanteppich wob«, wenn nicht der Autor der
›Buddenbrooks‹? Wer »der Schöpfer jener starken Erzählung, die ... einer
ganzen dankbaren Jugend die Möglichkeit sittlicher Entschlossenheit jenseits
der tiefsten Erkenntnis zeigte«, wenn nicht der Verfasser des ›Tonio Kröger‹?
(...).

---

* aus Pola (Pula) kommend; d. Hg.

Freilich muß man hinzufügen: Der Autor wählt aus, es fehlen Entsprechungen zu allen seinen Werken, die mehr satirisch-parodierender Art sind, so z. B. zum ›Tristan‹. Und das Talent, das Thomas Mann gerade dort so überzeugend demonstriert, seine Fähigkeit zur Selbstkritik und Distanz zur eigenen Person, hat Gustav Aschenbach nicht.

Aschenbach ist zunächst angelegt als der herausragende literarische Repräsentant seiner Zeit, der sich seiner Verpflichtung der Öffentlichkeit gegenüber bewußt ist und streng auf Würde und Selbstzucht achtet. Er repräsentiert damit den Künstler im Verständnis der Neuklassik, deren Ideen um die Entstehungszeit Thomas Mann durch Samuel Lublinski vermittelt wurden und für die er in dieser Zeit aufgeschlossen war. Wenn Gustav Aschenbach am Ende scheitert, ist das daher auch als eine im Verlauf der Geschichte sich entwickelnde Absage an die neuklassische Möglichkeit der Dekadenzüberwindung zu lesen.

In ›On Myself‹ (1940) hat Thomas Mann davon gesprochen, daß er ursprünglich eine Novelle mit dem Titel ›Goethe in Marienbad‹ habe schreiben wollen. Ihr Thema sollte der plötzliche »Einbruch der Leidenschaft« in eine scheinbar ungefährdete Person, die »Entwürdigung eines hochgestiegenden Geistes« sein. Im Grunde erzählt Thomas Mann mit der Geschichte Aschenbachs den Vorgang einer Existenzvernichtung (wie die Angaben in Zettel 6 der Notizbücher verdeutlichen).

Bevor Aschenbach nach Venedig kommt, wo der wesentliche Teil der Novelle spielt, wird er durch eine Reihe seltsamer Begegnungen irritiert und zu exaltierten und chaotischen Empfindungen angeregt, die seinem bisherigen auf »Zucht«, »Moralität« und »Leistung« abgestellten Leben und seinem klassisch-strengen Schönheitssinn gänzlich zuwiderlaufen. Noch in München trifft er einen sonderbaren Fremden an der Aussegnungshalle am Nördlichen Friedhof, auf dem Schiff nach Venedig dann einen »buckligen und unreinlichen Matrosen mit grinsender Höflichkeit«, ferner ebendort einige junge Leute, unter denen einer ist, der sich, ganz den Jugendlichen mimend, bei näherem Hinsehen als alt entpuppt. Aschenbach kommt das alles höchst befremdlich vor:

Ihm war, als lasse nicht alles sich ganz gewöhnlich an, als beginne eine träumerische Entfremdung, eine Entstellung der Welt ins Sonderbare um sich zu greifen ...

Daß all diese Begebenheiten kein Zufall sind, wird bald klar; wozu die seltsamen Gestalten ihn verlocken und schließlich verführen, wird bei seiner Ankunft in Venedig in der Begegnung mit dem Gondoliere unübersehbar. Da ist zunächst die Gondel:

Das seltsame Fahrzeug, aus balladesken Zeiten ganz unverändert überkommen und so eigentümlich schwarz, wie sonst unter allen Dingen nur Särge sind, – es erinnert (...) an den Tod selbst, an Bahre und düsteres Begängnis und letzte, schweigsame Fahrt.

Das ist mehr als Todesahnung, und der Hinweis auf den Sitz der Barke als dem »weichste(n), üppigste(n), de(m) erschlaffendste(n) Sitz von der Welt« sowie die widerstandslose Hingabe an den Genuß einer »so ungewohnten als süßen Lässigkeit« drückt Willenlosigkeit und Ruhebedürfnis aus, die sich in das Bild der selbstbestimmenden Kraft Aschenbachs kaum einfügt. Diese Entwicklung setzt sich fort, wenn er dem Gondoliere, der ihn statt nach San Marco zum Lido bringt, kaum ernsthaften Widerstand entgegensetzt: »Es war das klügste, den Dingen ihren Lauf zu lassen, und es war hauptsächlich höchst angenehm.« Er ist »unvermögend, seine Gedanken zu tätiger Abwehr aufzurufen«. Als er, am Ziel angelangt, den Gondoliere entlohnen will, ist dieser verschwunden. Dessen frühere Äußerung »Sie werden bezahlen« gewinnt damit eine neue Bedeutung.

Die Reihe »seltsamer« Figuren (die später mit dem Straßensänger, dem Liftführer, dem Friseur fortgesetzt wird) wirkt zunächst in der realistisch gezeichneten Umwelt skurril; sie übt eine Art Zwang auf Aschenbach aus, der sich, insbesondere bei dem Gondoliere, ihrer offensichtlichen Unbeeinflußbarkeit und aggressiv-brutalen Verhaltens- und Sprechweise nicht zu erwehren weiß. Unschwer sind diese Figuren als funktionale Gestalten zu erkennen, die ohne Eigenbedeutung sind. Sie leiten nicht nur eine »Umorientierung« in Aschenbachs Wesen ein, sondern erweisen sich zudem als Todesboten.

Im Gegensatz zu ihrer aller Häßlichkeit steht die Schönheit des etwa 14jährigen Tadzio im Hotel am Lido. Schon, als er ihn zum erstenmal sieht, ist Aschenbach berührt:

Mit Erstaunen bemerkte Aschenbach, daß der Knabe vollkommen schön war. Sein Antlitz, bleich und anmutig verschlossen, von honigfarbenem Haar umringelt, mit der gerade abfallenden Nase, dem lieblichen Munde, dem Ausdruck von holdem und göttlichem Ernst, erinnerte an griechische Bildwerke aus edelster Zeit, und bei reinster Vollendung der Form war es von so einmalig persönlichem Reiz, daß der Schauende weder in Natur noch bildender Kunst etwas ähnlich Geglücktes angetroffen zu haben glaubte.

Trotz der Kürze dieser ersten Beschreibung zeigen die vielen Superlative, daß die Begegnung etwas Außergewöhnliches darstellt. Der Hinweis auf »griechische Bildwerke« (obwohl nahezu aufgehoben durch die folgende Heraushebung der Unvergleichbarkeit) bezieht sich auf die Zeit und das Schönheitsideal der über Johann Joachim

Winckelmann (1717–1768) vermittelten Klassik und erlaubt, die »Gegenbilder«, also die sonderbaren Gestalten, die ihm über den Weg gelaufen sind, dem Vorklassischen der griechischen Mythologie (Hermes, Charon) zuzuweisen. Charon ist der Fährmann, der die Schatten der Verstorbenen in die Unterwelt bringt. Der Gondoliere, der selbstherrlich Aschenbach zum Lido bringt, vorher schon der Aussteller der Fahrscheine von seinem ursprünglichen Reiseziel nach Venedig, die sargähnliche Decke, die ungewöhnliche Willenlosigkeit des sonst so bestimmenden »Helden« lassen an Charon und sein Geschäft denken. Hermes kann man durchaus in seiner Doppelfunktion als den Begleiter in die Unterwelt und den Boten, der Schlaf und Träume sendet, auffassen.

Das fremdländische Aussehen und die Haltung der »Boten« (»etwas herrisch Überschauendes, Kühnes oder selbst Wildes« wird der ersten dieser Gestalten zugeschrieben) weist aber auch auf Dionysos, den »fremden Gott«. Kennzeichen und Funktion des Hermes und Dionysos werden so zusammengelegt und in ihrer Wirksamkeit beschrieben.

Hermes entfaltet dabei als Traumbringer am Anfang und gegen Ende seine Wirkung. Das erste »Gesicht« in der Eingangsszene schon führt den Helden in eine Sumpflandschaft, die der späteren Beschreibung des Ganges-Deltas (des Herkunftsorts der Cholera) entspricht. Dies und der »kauernde Tiger«, der im 5. Kapitel leitmotivisch wieder auftaucht, verweisen auf Dionysos, der einer Überlieferung zufolge aus Indien kommt und dessen Wagen – wie Thomas Mann es auch bei Nietzsche las – von Panthern und Tigern gezogen wurde. Der Tiger steht für das Dämonisch-Rauschhafte; als »grausam verwilderter Dämon« wird er von Nietzsche gesehen.

Dem Einfluß dieses »Dämons« erliegt Aschenbach. War nach dem ersten »Gesicht« noch »Entsetzen und rätselhaftes Verlangen zugleich« die Folge, so bezeugt die Wirkung des zweiten Traumes seine »Umorientierung«.

In dieser Nacht hatte er einen furchtbaren Traum, – wenn man als Traum ein körperhaft-geistiges Erlebnis bezeichnen kann, das ihm zwar im tiefsten Schlaf und in völligster Unabhängigkeit und sinnlicher Gegenwart widerfuhr, aber ohne daß er sich außer den Geschehnissen im Raum wandelnd und anwesend sah; sondern ihr Schauplatz war vielmehr seine Seele selbst, und sie brachen von außen herein, seinen Widerstand – einen tiefen und geistigen Widerstand – gewalttätig niederwerfend, gingen hindurch und ließen seine Existenz, ließen die Kultur seines Lebens verheert, vernichtet zurück.

Angst war der Anfang, Angst und Lust und eine entsetzliche Neugier nach dem, was kommen wollte. Nacht herrschte, und seine Sinne lauschten; denn von weither näherte sich Getümmel, Getöse, ein Gemisch von Lärm: Rasseln, Schmettern und dumpfes Donnern, schrilles Jauchzen dazu und ein bestimmtes Geheul im gezogenen u-Laut, – alles durchsetzt und grauenhaft süß übertönt von tief girrendem, ruchlos beharrlichem Flötenspiel, welches auf schamlos zudringende Art die Eingeweide bezauberte. Aber er wußte ein Wort, dunkel, doch das benennend, was kam: »*Der fremde Gott!*« Qualmige Glut glomm auf: da erkannte er Bergland, ähnlich dem um sein Sommerhaus. Und in zerrissenem Licht, von bewaldeter Höhe, zwischen Stämmen und moosigen Felstrümmern wälzte es sich und stürzte wirbelnd herab: Menschen, Tiere, ein Schwarm, eine tobende Rotte, – und überschwemmte die Halde mit Leibern, Flammen, Tumult und taumelndem Rundtanz. Weiber, strauchelnd über zu lange Fellgewänder, die ihnen vom Gürtel hingen, schüttelten Schellentrommeln über ihren stöhnend zurückgeworfenen Häuptern, schwangen stiebende Fackelbrände und nackte Dolche, hielten züngelnde Schlangen in der Mitte des Leibes erfaßt oder trugen schreiend ihre Brüste in beiden Händen. Männer, Hörner über den Stirnen, mit Pelzwerk geschürzt und zottig von Haut, beugten die Nacken und hoben Arme und Schenkel, ließen eherne Becken erdröhnen und schlugen wütend auf Pauken, während glatte Knaben mit umlaubten Stäben Böcke stachelten, an deren Hörner sie sich klammerten und von deren Sprüngen sie sich jauchzend schleifen ließen. Und die Begeisterten heulten den Ruf aus weichen Mitlauten und gezogenem u-Ruf am Ende, süß und wild zugleich wie kein jemals erhörter: – hier klang er auf, in die Lüfte geröhrt wie von Hirschen, und dort gab man ihn wieder, vielstimmig, in wüstem Triumph, hetzte einander damit zum Tanz und Schleudern der Glieder und ließ ihn niemals verstummen. Aber alles durchdrang und beherrschte der tiefe, lockende Flötenton. Lockte er nicht auch ihn, den widerstrebend Erlebenden, schamlos beharrlich zum Fest und Unmaß des äußersten Opfers? Groß war sein Abscheu, groß seine Furcht, redlich sein Wille, bis zuletzt das Seine zu schützen gegen den Fremden, den Feind des gefaßten und würdigen Geistes. Aber der Lärm, das Geheul, vervielfacht von hallender Bergwand, wuchs, nahm überhand, schwoll zu hinreißendem Wahnsinn. Dünste bedrängten den Sinn, der beizende Ruch der Böcke, Witterung keuchender Leiber und ein Hauch wie von faulenden Wassern, dazu ein anderer noch, vertraut: nach Wunden und umlaufender Krankheit. Mit den Paukenschlägen dröhnte sein Herz, sein Gehirn kreiste, Wut ergriff ihn, Verblendung, betäubende Wollust, und seine Seele begehrte, sich anzuschließen dem Reigen des Gottes. Das obszöne Symbol, riesig, aus Holz, ward enthüllt und erhöht: da heulten sie zügelloser die Losung; Schaum vor den Lippen, tobten sie, reizten einander mit geilen Gebärden und buhlenden Händen, lachend und ächzend, stießen die Stachelstäbe einander ins Fleisch und leckten das Blut von den Gliedern. Aber mit ihnen, in ihnen war der Träumende nun und dem fremden Gotte gehörig. Ja, sie waren er selbst, als sie reißend und mordend sich auf die Tiere hinwarfen und dampfende Fetzen verschlangen, als auf zerwühltem Moosgrund grenzenlose Vermischung begann, dem Gotte zum Opfer. Und seine Seele kostete Unzucht und Raserei des Unterganges.

Aschenbachs Leitbegriffe seines bisherigen Lebens – »Zucht« und »Würde« – sind verloren; die einprägsamen Alliterationen des Schlußsatzes bringen dies noch einmal auf den Punkt.

Nach diesem zweiten Traum, aus dem »der Heimgesuchte entnervt, zerrüttet und kraftlos dem Dämon verfallen« erwachte, fallen auch alle Hemmnisse, die ihn bisher seinem eigentlichen »Abenteuer« gegenüber zurückhielten: Noch bei seiner ersten Beobachtung betrachtet er Tadzio aus rein ästhetischen Motiven, wie die Verbindung mit dem »Dornauszieher« (der römischen Nachbildung einer verschollenen antiken Statuette des 3. Jahrhunderts v. Chr., eines sitzenden Knaben, der sich einen Dorn aus der Fußsohle entfernt) und die Verwendung des Neutrums (»*das* Schöne«) bei der Erwähnung des Knaben zeigen, deutlicher noch seine Äußerung am nächsten Tag, als er erneut seinen Eindruck beschreibt: »Gut, gut! dachte Aschenbach mit jener fachmännisch kühlen Billigung, in welche Künstler zuweilen einem Meisterwerk gegenüber ihr Entzücken (…) kleiden.«

In einer tieferen Schicht verrät die Wortwahl freilich hier schon mehr: was er sieht und beschreibt, ist die »gottähnliche Schönheit des Menschenkindes«, sein »unvergleichlicher Liebreiz« und vor allem »das Haupt des Eros«, Formulierungen, die eine andere Art von »Entzücken und Hingerissenheit« ahnen lassen, als der Nachdenkende selbst wahrhaben will. Noch wahrt er Zurückhaltung, lauscht »abgewandt (…) auf die Stimme des Knaben«. Unbewußt wächst freilich sein Interesse. Als ein anderer Junge, Jaschu, »den Schönen« küßt, ist Aschenbach »versucht, ihm mit dem Finger zu drohen«. Mit dem folgenden Zitat aus Xenophon: »›Dir aber rate ich, Kritobulos‹, dachte er lächelnd, ›geh ein Jahr auf Reisen! Denn soviel brauchst du mindestens Zeit zur Genesung‹«, einem Rat, den Sokrates dem Kritobulos erteilt, als dieser den Sohn des Alkibiades geküßt hat, wird die Gefahr für ihn selbst deutlich. Die Frage, ob seine Bereitschaft und Einsicht reicht, ihr (durch die Flucht) zu begegnen, ist Thema der folgenden Abschnitte, aber der Kauf »große(r), vollreife(r) Erdbeeren« (Symbol erotischer Verheißung) – der Autor knüpft, wie man sieht, ein sehr engmaschiges Netz aus Hinweisen, Bezügen, Vorausdeutungen – läßt bereits das Ergebnis vermuten. Es kommt, wie es kommen muß: Ein falsch aufgegebenes Gepäckstück liefert den Vorwand, Aschenbach, schon zur Abreise aufgebrochen, fährt vom Bahnhof zum Hotel zurück:

Ermüdet (…) ließ er sich (…) in einem Lehnstuhl am offenen Fenster nieder. Das Meer hatte eine blaßgrüne Färbung angenommen, die Luft schien dünner und reiner, der Strand mit seinen Hütten und Booten farbiger, obgleich der Himmel noch grau war. Aschenbach blickte hinaus, die Hände im Schoß gefaltet, zufrieden, wieder hier zu sein, kopfschüttelnd unzufrieden über seinen Wankelmut, seine Unkenntnis der eigenen Wünsche. So saß er wohl eine Stunde, ruhend und gedankenlos träumend. Um Mittag erblickte er Tadzio, der in gestreiftem Leinenanzug mit roter Masche, vom Meere her, durch die

Strandsperre und die Bretterwege entlang zum Hotel zurückkehrte. Aschenbach erkannte ihn aus seiner Höhe sofort, bevor er ihn eigentlich ins Auge gefaßt, und wollte etwas denken, wie: Sieh, Tadzio, da bist ja auch du wieder! Aber im gleichen Augenblick fühlte er, wie der lässige Gruß vor der Wahrheit seines Herzens hinsank und verstummte, – fühlte die Begeisterung seines Blutes, die Freude, den Schmerz seiner Seele und erkannte, daß ihm um Tadzio's willen der Abschied so schwer geworden war.

Er saß ganz still, ganz ungesehen an seinem hohen Platze und blickte in sich hinein. Seine Züge waren erwacht, seine Brauen stiegen, ein aufmerksames, neugierig geistreiches Lächeln spannte seinen Mund. Dann hob er den Kopf und beschrieb mit beiden schlaff über die Lehne des Sessels hinabhängenden Armen eine langsam drehende und hebende Bewegung, die Handflächen vorwärtskehrend, so, als deute er ein Öffnen und Ausbreiten der Arme an. Es war eine bereitwillig willkommen heißende, gelassen aufnehmende Gebärde.

Trotz der freudig-resignierenden Gebärde überläßt sich Aschenbach im 4. Kapitel seinen Gefühlen nicht unkontrolliert. Das Kapitel ist nach Thomas Mann das »antikisierende«. Es enthält den Versuch, das individuelle Erlebnis ins Überindividuelle zu erhöhen. Das Verhältnis Aschenbach-Tadzio wird zu keiner banalen Liebesgeschichte. Im Zentrum steht daher die Sublimierung; gleichsam im Nachvollzug Platons wird die Abstraktion von der Erscheinung zur Idee, vom Körperlichen zur reinen Form entwickelt:

Welch eine Zucht, welche Präzision des Gedankens war ausgedrückt in diesem gestreckten und jugendlich vollkommenen Leibe! Der strenge und reine Wille jedoch, der, dunkel tätig, dies göttliche Bildwerk ans Licht zu treiben vermocht hatte, – war er nicht ihm, dem Künstler, bekannt und vertraut? Wirkte er nicht auch in ihm, wenn er, nüchterner Leidenschaft voll, aus dem Marmormasse der Sprache die schlanke Form befreite, die er im Geiste geschaut und die er als Standbild und Spiegel geistiger Schönheit den Menschen darstellte?

Standbild und Spiegel! Seine Augen umfaßten die edle Gestalt dort am Rande des Blauen, und in aufschwärmendem Entzücken glaubte er mit diesem Blick das Schöne selbst zu begreifen, die Form als Gottesgedanken, die eine und reine Vollkommenheit, die im Geiste lebt und von der ein menschliches Abbild und Gleichnis hier leicht und hold zur Anbetung aufgerichtet war. Das war der Rausch; und unbedenklich, ja gierig hieß der alternde Künstler ihn willkommen.

Das Schöne und Tadzio werden gleich – künftig wird Aschenbach nur noch »*der* Schöne« sagen; Tadzio verkörpert das absolut Schöne, ist körpergewordenes »Abbild« des »Gottesgedanken(s)« (der platonischen Idee); »unbedenklich« kann daher der Künstler in Aschenbach den »Rausch«, der zur »Anbetung« führt, willkommen heißen.

Aber Aschenbach irrt sich, wenn er seine Beziehung zu Tadzio als rein »platonisch«, vergeistigt darstellt. Der Erzähler weiß das: Am Strand wagt »der Alternde« nicht, Tadzio anzusprechen, weil er fürchtet, die aus der Ferne »sichere« Beziehung zu verlieren. »Denn der Mensch liebt und ehrt den Menschen, solange er ihn nicht zu beurteilen vermag, und die Sehnsucht ist ein Erzeugnis mangelhafter Erkenntnis.« Schließlich kommt es doch wenigstens zu einem Blickkontakt, und Tadzio lächelt ihn an, »liebreizend und unverhohlen«. Er, dessen »schlechte Zähne« schon vorher seltsam berührten, wird jetzt deutlicher gekennzeichnet: nicht nur durch das Bild des Narziß (»Er sieht seine Schönheit in ihren Wirkungen«, notiert Thomas Mann), sondern wohl auch durch das »verzerrte Lächeln«. Er wird zu einem weiteren Todesboten und löst mit seinem Verhalten aus, was zum »Verhängnis« für Aschenbach werden muß:

Der, welcher dies Lächeln empfangen, enteilte damit wie mit einem verhängnisvollen Geschenk. Er war so sehr erschüttert, daß er das Licht der Terrasse, des Vorgartens zu fliehen gezwungen war und mit hastigen Schritten das Dunkel des rückwärtigen Parkes suchte. Sonderbar entrüstete und zärtliche Vermahnungen entrangen sich ihm: »Du darfst so nicht lächeln! Höre, man darf so niemandem lächeln!« Er warf sich auf eine Bank, er atmete außer sich den nächtlichen Duft der Pflanzen. Und zurückgelehnt, mit hängenden Armen, überwältigt und mehrfach von Schauern überlaufen, flüsterte er die stehende Formel der Sehnsucht, – unmöglich hier, absurd, verworfen, lächerlich und heilig doch, ehrwürdig auch hier noch: »Ich liebe dich!«

Der Wechsel der Erzählerfigur wandelt die Aussage zum Kommentar. Der Erzähler urteilt, versteht aber auch. Das Bekenntnis ist für die Zeit kühn, doch war Homoerotik Thema der Zeit (vgl. Stefan Georges Maximin-Erlebnis). Für Thomas Mann war sie, wie sich in vielen Äußerungen und Dichtungen zeigt, wesentlich. Ihm schien das »Problem des Erotischen, ja das Problem der Schönheit (…) beschlossen in dem Spannungsverhältnis von Leben und Geist«. Beide vertreten »zwei Welten, deren Beziehung erotisch ist, ohne daß die Geschlechtspolarität deutlich wäre, ohne daß die eine das männliche, die andere das weibliche Prinzip darstellte (…). Darum gibt es zwischen ihnen keine Vereinigung, sondern nur die kurze, berauschende Illusion der Vereinigung (…)«.

Illusion ist aber Erkenntnisverzicht. Auf Aschenbach bezogen bedeutet dies die Unmöglichkeit der Erfüllung seiner Liebe. Der Erkenntnisverzicht führt überdies – wie die Geschichte Aschenbachs im Grunde von Anfang an zeigt – zu Chaos und Zerfall. Der vorher erwähnte zweite Traum zeigt die Folgen. Sein nun nicht mehr apollinischer, sondern dionysischer Rausch und seine »Betörung« verführen ihn zu »befremdlichen« Handlungen. Er läßt Tadzios

Gondel verfolgen, lehnt »seine Stirn in völliger Trunkenheit an die Angel« von Tadzios Tür. Das Befremdlichste aber geschieht wohl, wenn nun er geschehen läßt, was ihn früher an einem der Boten, dem »falschen Jungen«, so abstoßend erschien: die kosmetische Verjüngung.

Goethe hat in der Novelle ›Ein Mann von 50 Jahren‹ (in ›Wilhelm Meisters Wanderjahren‹) wohl ein Vorbild dafür geliefert. Während aber der alternde Liebhaber bei Goethe sich der Absurdität bewußt wird (als ihm ein kariöser Zahn sein wirkliches Alter deutlich macht), läßt sich Aschenbach bis hin zur Farbe der Wangen, der roten Krawatte und dem »Strohhut mit einem mehrfarbigen Bande« – einem Dionysos-Symbol – geradezu zu einem Abbild des stutzerhaften Alten verwandeln. Kein Rest an »Würde« bleibt, die neue Klassik ist keine Lösung zur Überwindung der Dekadenz. Aschenbach widerruft in »seltsamer Traumlogik« seine frühere Künstlerexistenz, die ihm von außen betrachtet Weisheit und Würde verliehen hatte, beides Attribute, die er hier nun dem Künstler abspricht, weil, wie er sagt, »wir Dichter den Weg der Schönheit nicht gehen können, ohne daß Eros sich zugesellt und sich zum Führer aufwirft«.

Man wird sich freilich fragen müssen, ob dies nun tatsächlich nur »Traumlogik«, also unwirklich, oder nicht doch – worauf das sogenannte Yale-Blatt aus Thomas Manns Notizen (›Erkenntnis bei der Zisterne‹) eher zu verweisen scheint – ein Durchstoßen zur Wahrheit über seine Existenz darstellt. Dies würde auch zu der oft vertretenen Ansicht passen, die in der Novelle das Kompositionsprinzip einer Tragödie sieht: Fünf-Aktigkeit (fünf Kapitel, Peripetie im dritten Kapitel, Katastrophe im Sieg der dionysischen Kräfte), hohe Sprache, z.T. rhythmisierte Prosa sind Zeichen. Der Dialog nach dem Leitwort »Traumlogik« könnte dann (so etwa Dorrit Cohn) »die Funktion der Anagnorisis in der griechischen Tragödie: das plötzliche Durchschauen des Tatbestandes« übernehmen. Der hohe Ton ließe sich als hohle Form und Schauspielerei auffassen, denn die sinntragende Wertvorstellung wird ja durch die »Umorientierung« Aschenbachs zerstört. »Die Form ist die Sünde« heißt es dazu in den Notizen.

In der Schlußszene sind Todes- und Liebesmotiv mit dem dionysischen Element vereinigt. Tadzio erweist sich in der Tat als der letzte Todesbote; der »Psychagoge«, ein Beiname des Hermes, ist der Seelenführer in die Unterwelt. Aber er trägt die »rote Schleife«, als »rotseidene Masche« schon in der zweiten Begegnung als erotisches Signal eingeführt.

Am Rande der Flut, verweilte er sich, gesenkten Hauptes, mit einer Fußspitze Figuren im feuchten Sand zeichnend, und ging dann in die seichte Vorsee, die an ihrer tiefsten Stelle noch nicht seine Knie benetzte, durchschritt sie, lässig vordringend, und gelangte zur Sandbank. Dort stand er einen Augenblick, das Gesicht der Weite zugekehrt, und begann hierauf, die lange und schmale Strecke des entblößten Grundes nach links hin langsam abzuschreiten. Vom Festlande geschieden durch breite Wasser, geschieden von den Genossen durch stolze Laune, wandelte er, eine höchst abgesonderte und verbindungslose Erscheinung, mit flatterndem Haar dort draußen im Meere, im Winde, vorm Nebelhaft-Grenzenlosen. Abermals blieb er zur Ausschau stehen. Und plötzlich, wie unter einer Erinnerung, einem Impuls, wandte er den Oberkörper, eine Hand in der Hüfte, in schöner Drehung aus seiner Grundpositur und blickte über die Schulter zum Ufer. Der Schauende saß dort, wie er einst gesessen, als zuerst, von jener Schwelle zurückgesandt, dieser dämmergraue Blick dem seinen begegnet war. Sein Haupt war an der Lehne des Stuhles langsam der Bewegung des draußen Schreitenden gefolgt; nun hob es sich, gleichsam dem Blicke entgegen, und sank auf die Brust, so daß seine Augen von unten sahen, indes sein Antlitz den schlaffen, innig versunkenen Ausdruck tiefen Schlummers zeigte. Ihm war aber, als ob der bleiche und liebliche Psychagog dort draußen ihm lächle, ihm winke; als ob er, die Hand aus der Hüfte lösend, hinausdeute, voranschwebe ins Verheißungsvoll-Ungeheure. Und, wie so oft, machte er sich auf, ihm zu folgen.

Dieses »Folgen« bedeutet aber diesmal mehr als ein Nachspüren, steht für eine besinnungslose Nachfolge ins »Verheißungsvoll-Ungeheure«, die Aufgabe des nach Nietzsche apollinischen Prinzips der Individuation zugunsten des dionysischen Drangs »zur Einheit«, dem »Hinausgreifen (...) über den Abgrund des Vergehens«.

Aschenbachs Tod ereignet sich vor dem Hintergrund der durch eine Choleraseuche heimgesuchten »kranken Stadt« Venedig. Im fünften Kapitel dominieren daher Bilder des Verfalls, der »Entsittlichung« der Bevölkerung, der Seuche. Venedig wird zum Ort des Todes. Die Cholera – von Thomas Mann in naturalistisch-nüchterner Weise beschrieben – wird äußere Ursache seines Todes, ist im Grunde aber nur ein Bild für das, was sich im Inneren Aschenbachs abspielt.

Die Novelle ›Tod in Venedig‹ schließt die Reihe des Frühwerks ab. Wie in ›Tristan‹ und ›Tonio Kröger‹ prägt die Spannung zwischen Kunst und Leben die ganze Novelle; ebenso stark ist in ihr aber auch der als Konstante das Frühwerk bestimmende erotische Zug. Beide Themen sind verknüpft mit den Phänomenen Verfall, Auflösung und Lebensschwäche, die Thomas Mann zeitlebens faszinieren. Aschenbach ist zwar der Held einer gescheiterten Überwindung der »Décadence«, sein Weg wird als Irrweg (wohl vor allem des neuklassischen Versuchs) dargestellt, aber Sympathie wird ihm keineswegs versagt.

Im rückblickenden Urteil (›On Myself‹) spricht Thomas Mann von der »eigentümlich markante(n) Doppelstellung« des ›Tod in Venedig‹:

Die Novelle sei zu einer »Zeitenwende« erschienen, »knapp vor Ausbruch des Ersten Weltkrieges (...), mit dem ein Abschnitt des europäischen Lebens sich endigte«, und dies entspreche der Rolle, die sie in seinem »internen Leben« spiele, sie sei »darin ein Letztes und Äußerstes«, ein »Abschluß«. »Die moralisch und formal zugespitzteste und gesammeltste Gestaltung des Décadence- und Künstlerproblems« sei »tatsächlich ausgeformt« gewesen »in voller Entsprechung zu der Ausgeformtheit und Abgeschlossenheit der individualistischen Gesamt-Problematik des in die Katastrophe mündenden Zeitalters«.

Arthur Schnitzler
Leutnant Gustl

Arthur Schnitzler (1862–1931) war Sohn eines bekannten jüdischen Wiener Arztes und sollte nach dem Wunsch des Vaters dieselbe Laufbahn einschlagen. Erst nach dessen Tod (1893) wagte er es, intensiver und bald immer ausschließlicher seinen schriftstellerischen Neigungen zu folgen. Sein »Interesse für Nerven- und Geisteskrankheiten« (Schnitzler in seiner Autobiographie), seine Studien zur Behandlung psychosomatisch bedingter Krankheiten durch Hypnose (1889 erschien seine Arbeit ›Über funktionelle Aphonie und deren Behandlung durch Hypnose und Suggestion‹) erschlossen ihm die dunklen, aber faszinierenden Bereiche des Unbewußten. Gewöhnt an minutiöse Selbstbeobachtungen, entwickelte er schreibend eine Psychologie der Gefühlsnuancen, der Gemüts- und Seelenzustände, die selbst Sigmund Freud beinahe neidisch anerkannte.

Ihr Determinismus wie Ihre Skepsis – was die Leute Pessimismus heißen –, Ihr Ergriffensein von den Wahrheiten des Unbewußten, von der Triebnatur des Menschen, Ihre Zersetzung der kulturell-konventionellen Sicherheiten, das Haften Ihrer Gedanken an der Polarität von Lieben und Sterben, das alles berührte mich mit einer unheimlichen Vertrautheit. (Aus einem Brief Freuds an Schnitzler zu dessen 60. Geburtstag)

Daß Arthur Schnitzler in seinen zahlreichen Dramen und Erzählungen Täuschung und Selbsttäuschung, Lüge und Verstellung, Verblendung und Betrug seiner Mitmenschen darstellte, daß er die Fassadenhaftigkeit, Genußsucht und Egomanie seiner Zeit zur Erscheinung brachte, wurde ihm von vielen nicht verziehen, obwohl er niemals etwa mit der Attitüde eines Propheten, Demagogen oder Sozialreformers auftrat, sondern schlicht mit der resignierten Geste dessen, der den Schleier gehoben hat. »Der einzige Dichter von Rang und Urteil, der seine Nichtachtung der öffentlichen Dinge für selbstverständlich

nahm – und das Gegenteil für Zeitverderb, wenn nicht für eine ungewollte Enthüllung, war Arthur Schnitzler.« (Heinrich Mann, ›Ein
Zeitalter wird besichtigt‹)

Seit 1890 – Schnitzler hatte Hugo von Hofmannsthal, Felix Salten,
Hermann Bahr und Richard Beer-Hofmann kennengelernt – wurde
er zum Literatenzirkel »Jung-Wien« gezählt, der sich im Café Griensteidl traf. In der Tat ist Schnitzlers Werk ohne die gesellschaftliche
und geistige Atmosphäre der Stadt Wien nicht denkbar. »Er fühlte
wie seine Stadt, angenommen, auch sie hätte ein wohlgebildetes Herz
gehabt. (…) Sie und ihren Dichter kümmerte allein das Privatleben,
die Vorzeichen öffentlicher Katastrophen verwandelten sich ihnen zur
intimen Geschichte.« (H. Mann, ebd.)

Ausgerechnet in der Weihnachtsausgabe der ›Neuen Freien Presse‹, am 25. Dezember 1900, erschien Arthur Schnitzlers Erzählung
›Leutnant Gustl‹. Die Reaktion militärischer Dienststellen auf die
Publikation war bemerkenswert: Am 14. Juni 1901 erhielt der Autor
den Bescheid, daß ihm sein Rang als Reserveoffizier wegen »Verletzung der Standesehre« aberkannt worden sei: »Der Beschuldigte
(…) hat die Standesehre dadurch verletzt, daß er (…) eine Novelle
verfaßte und in einem Weltblatte veröffentlichte, durch deren Inhalt
die Ehre und das Ansehen der oesterr. ung. Armee geschädigt und
herabgesetzt wurde (…).«

Inwiefern konnte Arthur Schnitzler, indem er von einem einzelnen
jungen Offizier erzählte, die »Ehre und das Ansehen« einer ganzen
Armee herabsetzen?

Das eigentlich Neuartige an dieser Novelle ist die Form: Sie ist die
erste Erzählung in der deutschsprachigen Literatur, die konsequent
im »inneren Monolog« geschrieben ist. In einem Brief bekennt der
Verfasser, er habe sich dabei von der Novelle ›Les lauriers sont cou-
pés‹ (1888) des Franzosen Edouard Dujardin anregen lassen, theoretisch war diese Erzähltechnik aber bereits vorbereitet durch Überlegungen, die Hermann Bahr 1891 unter dem Titel ›Zur Überwindung
des Naturalismus‹ angestellt hatte. Darin hatte dieser eine »dekom-
positive« Erzählweise gefordert, in der die »Zusätze, Nachschriften
und alle Umarbeitungen des Bewußtseins ausgeschieden und die
Gefühle auf ihre ursprüngliche Erscheinung vor dem Bewußtsein zurückgeführt werden. Die alte Psychologie findet immer nur den
letzten Effekt der Gefühle (…). Die neue wird ihre ersten Elemente
suchen, die Anfänge in den Finsternissen der Seele, bevor sie noch an
den klaren Tag herausschlagen (…).«

Arthur Schnitzler hat sich in der Tat mit seiner Erzählung in die
»Finsternisse der Seele« hineinbegeben; mit dem Mittel des »inneren
Monologs« gelingt es ihm, eine Gestalt ganz aus der Innensicht auf-
zubauen und sogar die Außenwelt, in der sie sich bewegt, allein als

Reflexe in ihrem Bewußtsein zu gestalten. Dem Leser ist es durch die Wiedergabe der unausgesprochenen Gedanken, Assoziationen und Erinnerungen der Titelfigur möglich, deren bewußte und unbewußte Regungen bis hinab in die psychischen Tiefenschichten scheinbar unmittelbar nachzuvollziehen. Allerdings bedingt die Abwesenheit eines kommentierenden Erzählers, daß der Leser sehr viel stärker als sonst gefordert ist, die Äußerungen eigenständig zu bewerten, den Anspielungen nachzugehen und auch das »zwischen den Zeilen« Gesagte als aufschlußreiche Information wahrzunehmen.

Ganz unvermittelt – bei der gewählten Form ist dies nur konsequent – setzt die Geschichte ein:

Wie lange wird denn das noch dauern? Ich muß auf die Uhr schauen ... schickt sich wahrscheinlich nicht in einem so ernsten Konzert. Aber wer sieht's denn? Wenn's einer sieht, so paßt er gerade so wenig auf, wie ich, und vor dem brauch' ich mich nicht zu genieren ... Erst viertel auf zehn? ... Mir kommt vor, ich sitz' schon drei Stunden in dem Konzert. Ich bin's halt nicht gewohnt ... Was ist es denn eigentlich? Ich muß das Programm anschauen ... Ja, richtig: Oratorium? Ich hab' gemeint: Messe. Solche Sachen gehören doch nur in die Kirche. Die Kirche hat auch das Gute, daß man jeden Augenblick fortgehen kann. – Wenn ich wenigstens einen Ecksitz hätt'! – Also Geduld, Geduld! Auch Oratorien nehmen ein End'! Vielleicht ist es sehr schön, und ich bin nur nicht in der Laune. Woher sollt' mir auch die Laune kommen? Wenn ich denke, daß ich hergekommen bin, um mich zu zerstreuen ... Hätt' ich die Karte lieber dem Benedek geschenkt, dem machen solche Sachen Spaß; er spielt ja selber Violine. Aber da wär' der Kopetzky beleidigt gewesen. Es war ja sehr lieb von ihm, wenigstens gut gemeint. Ein braver Kerl, der Kopetzky! Der einzige, auf den man sich verlassen kann ... (...) – Sie singen übrigens sehr schön. Es ist sehr erhebend – sicher! Bravo! bravo! ... Ja, applaudieren wir mit. Der neben mir klatscht wie verrückt. Ob's ihm wirklich so gut gefällt? – Das Mädel drüben in der Loge ist sehr hübsch. Sieht sie mich an oder den Herrn dort mit dem blonden Vollbart? ... Ah, ein Solo! Wer ist das? Alt: Fräulein Walker, Sopran: Fräulein Michalek ... das ist wahrscheinlich Sopran ... Lang' war ich schon nicht in der Oper. In der Oper unterhalt' ich mich immer, auch wenn's langweilig ist. Übermorgen könnt' ich eigentlich wieder hineingeh'n, zur »Traviata«. Ja, übermorgen bin ich vielleicht schon eine tote Leiche! Ah, Unsinn, das glaub' ich selber nicht! Warten S' nur, Herr Doktor, Ihnen wird's vergeh'n, solche Bemerkungen zu machen! Das Nasenspitzel hau' ich Ihnen herunter ...
(...)
»Du hast die schönsten Augen, die mir je vorgekommen sind!« hat neulich die Steffi gesagt ... O Steffi, Steffi, Steffi! – Die Steffi ist eigentlich schuld, daß ich dasitz' und mir stundenlang vorlamentieren lassen muß. – Ah, diese ewige Abschreiberei von der Steffi geht mir wirklich schon auf die Nerven! Wie schön hätt' der heutige Abend sein können. Ich hätt' große Lust, das Brieferl von der Steffi zu lesen. Da hab ich's ja. Aber wenn ich die Brieftasche herausnehm', frißt mich der Kerl daneben auf! – Ich weiß ja, was drinsteht ... sie kann nicht kommen, weil sie mit »ihm« nachtmahlen gehen muß ... Ah,

das war komisch vor acht Tagen, wie sie mit ihm in der Gartenbaugesellschaft gewesen ist, und ich vis-a-vis mit'm Kopetzky; und sie hat mir immer die Zeichen gemacht mit den Augerln, die verabredeten. Er hat nichts gemerkt – unglaublich! Muß übrigens ein Jud' sein! Freilich, in einer Bank ist er, und der schwarze Schnurrbart ... Reserveleutnant soll er auch sein! Na, in mein Regiment sollt' er nicht zur Waffenübung kommen! Überhaupt, daß sie noch immer so viel Juden zu Offizieren machen – da pfeif' ich auf'n ganzen Antisemitismus! (...)

Der Leutnant Gustl sitzt in einem Konzert, das ihn langweilt. Er glaubt aber, es seinem Stand und seiner Stellung als Offizier schuldig zu sein, nach außen hin den Schein wahren und die Musik als »schön«, »sehr erhebend«, »wunderschön« erleben zu müssen. Zu verbergen, »daß ich mich langweil' und nicht herg'hör«, ist für ihn jedoch so anstrengend, daß es seinen Ärger und seine Aggressionen weckt. Er denkt an ein am übernächsten Tag ihm bevorstehendes Duell (»Warten S' nur, Herr Doktor (...) Das Nasenspitzel hau' ich Ihnen herunter«) und nimmt dies kurz darauf in einer Art Augen-Duell mit einem Konzertbesucher, von dem er sich durchschaut wähnt, gleichsam vorweg. Der leicht errungene »Sieg« bestätigt ihn von neuem in seinem Männlichkeitsbewußtsein; seine Gedanken schweifen zu seiner derzeitigen Geliebten Steffi, die er sich offensichtlich mit einem wohlhabenderen und ahnunglosen Rivalen teilt. Mit dem Gedanken an den Konkurrenten wird auch sein Vorurteil gegenüber Juden deutlich. Auffällig ist dabei, daß der Antisemitismus zumindest in den Kreisen, in denen er sich bewegt, als eine völlig selbstverständliche, quasi herrschende Meinung gilt, von der Gustl nur beklagt, daß sie so uneffektiv in die Wirklichkeit umgesetzt wird. (»Überhaupt, daß sie noch immer so viel Juden zu Offizieren machen – da pfeif' ich auf'n ganzen Antisemitismus!«) Indirekt entlarvend sind ebenfalls zwei gegensätzliche, ihm als solche aber nicht bewußt werdende Gedanken: »So, das laß' ich mir g'fall'n – sehr schön! Es ist wirklich wahr, man sollt' öfter in Konzerte gehen ...«; »Der Ballert ist eigentlich schuld, daß ich in das blöde Konzert hab geh'n müssen ...«

Schon in diesen anfänglichen Passagen der Erzählung erhält der Leser ein recht deutliches Bild von der Titelfigur. Dabei benützt Schnitzler den inneren Monolog nicht, um eine spannungsreiche, zerrissene oder problematische Innenwelt zu zeichnen – im Gegenteil: Gustl repräsentiert einen Typus, der völlig bar aller individuellen Züge, dessen Verhalten in allen Äußerungsformen außengesteuert ist, der darauf angewiesen ist, sich nach anderen zu richten. Diese »anderen« kann er dazu benutzen, reflexartig alle Schuld auf sie abzuschieben (»Die Steffi ist eigentlich schuld (...)«; »Der Ballert ist eigentlich schuld (...)«), aber sie dienen ihm auch dazu, ihm die Normen für seine Lebensführung zu liefern oder sein Verhalten zu bestätigen. Seine Langeweile, von der schon der erste Satz der Novelle spricht, ist Ergebnis seiner inneren Leere, die er durch wahl- und ziellose Aggressionen, durch kurzfristige sexuelle Abenteuer und in seiner Spielleidenschaft betäubt. An den starren Regeln des militärischen Dienstes sucht er Halt, und den Sinn seines Daseins sieht er in der Bewahrung des mit seinem Stand verbundenen Ehrenkodexes, da eine andere Bewährung in seinem Beruf nicht zu erwarten ist: »Etwas hätt' ich gern noch mitgemacht: einen Krieg – aber da hätt' ich lang' warten können ...«

Beim Verlassen des Konzerts gerät der Leutnant in eine Situation, in der seine bisherige Lebenshaltung und Lebensweise auf die Probe gestellt wird: Als Gustl sich an der Garderobe vordrängt, wird er von einem bulligen Bäckermeister, der »zehnmal stärker« ist als er, als »dummer Bub« bezeichnet. Der droht sogar, den Säbel des Offiziers aus der Scheide zu ziehen und zu zerbrechen. Unfähig, den Beleidiger seiner Ehre sofort niederzuschlagen, der außerdem als Bürgerlicher nicht »satisfaktionsfähig« ist und so für ein seine Ehre wiederherstellendes Duell nicht in Frage kommt, bleibt ihm nur die Wahl zwischen zwei Möglichkeiten. Entweder er muß den Militärdienst quittieren, was ihn, den man einst »aus dem Gymnasium hinausg'schmissen hat«, sozial deklassieren würde, oder er muß seine Schande durch Selbstmord aus der Welt schaffen. Er beschließt, sich zu erschießen. Der innere Monolog zeichnet nach, wie Gustl bis zum frühen Morgen sich ziellos durch die Stadt treiben läßt.

... ich bin ja überhaupt nicht mehr auf der Welt ... es ist ja aus mit mir ... Ehre verloren, alles verloren! ... Ich hab' ja nichts anderes zu tun, als meinen Revolver zu laden und ... Gustl, Gustl, mir scheint, du glaubst noch immer nicht recht dran? Komm' nur zur Besinnung ... es gibt nichts anderes ... wenn du auch dein Gehirn zermarterst, es gibt nichts anderes! – Jetzt heißt's nur mehr, im letzten Moment sich anständig benehmen, ein Mann sein, ein Offizier sein, so daß der Oberst sagt: Er ist ein braver Kerl gewesen, wir werden ihm ein treues Angedenken bewahren! ... (...) Da geh'n zwei Artilleristen ... die denken gewiß, ich steig' der Person nach ... Muß sie mir übrigens anseh'n ... O schrecklich! – Ich möcht' nur wissen, wie sich so eine ihr Brot verdient ... da möcht' ich doch eher ... Obzwar in der Not frißt der Teufel Fliegen ... in Przemysl – mir hat's nachher so gegraut, daß ich gemeint hab', nie wieder rühr' ich ein Frauenzimmer an ... Das war eine gräßliche Zeit da oben in Galizien ... eigentlich ein Mordsglück, daß wir nach Wien gekommen sind. Der Bokorny sitzt noch immer in Sambor und kann noch zehn Jahr dort sitzen und alt und grau werden ... Aber wenn ich dort geblieben wär', wär' mir das nicht passiert, was mir heut passiert ist ... und ich möcht' lieber in Galizien alt und grau werden, als daß ... als was? als was? – Ja, was ist denn? was ist denn? – Bin ich denn wahnsinnig, daß ich das immer vergeß'? – Ja, meiner Seel', vergessen tu' ich's jeden Moment ... ist das schon je erhört worden, daß sich einer in ein paar Stunden eine Kugel durch'n Kopf jagen muß, und er denkt an alle möglichen Sachen, die ihn gar nichts mehr angeh'n? Meiner Seel', mir ist geradeso, als wenn ich einen Rausch hätt'! Haha! ein schöner Rausch! ein Mordsrausch! ein Selbstmordsrausch! – Ha! Witze mach' ich, das ist sehr gut! – Ja, ganz gut aufgelegt bin ich – so was muß doch angeboren sein ...

Die Sprache, die Arthur Schnitzler dem (hier verzweifelt lustigen) Leutnant in den Mund gelegt hat, entspricht in Tonfall und Wortwahl dem saloppen Jargon des Offizierskorps der k. u. k. Armee: Wendungen der Wiener Umgangssprache (»es ist aus mit mir«, »meiner Seel«) und sentenziöse Redensarten (»Ehre verloren, alles verloren!«; »in der Not frißt der Teufel Fliegen«) sind charakteristisch für einen Bewußtseinszustand, der sich im wesentlichen damit begnügt, vorgefertigte Formeln zur Entlastung der eigenen Denkkapazitäten einzusetzen. Einfache Gedanken sind in einfache Sätze und Satzfragmente gekleidet, und selbst dort, wo die sprachliche Eigendynamik ihn über »Rausch« und »Mordsrausch« bis zum Begriff »Selbstmordsrausch« führt und so seine Situation blitzartig erhellt, wird dies sofort als bloßer »Witz« entschärft.

Durch einen Zufall wird Gustl doch noch gerettet. Frühmorgens im Kaffeehaus erfährt er, daß den Bäckermeister in der Nacht der Schlag getroffen hat, der Beleidiger tot ist. Zwar hat er einige Stunden vorher nichts davon wissen wollen, daß ein solches Faktum im Hinblick auf seine Ehre eine Rolle spielen könnte (»Und wenn ihn heut nacht der Schlag trifft, so weiß ich's ... ich weiß es ... und ich bin nicht der Mensch, der weiter den Rock trägt und den Säbel, wenn ein solcher Schimpf auf ihm sitzt!«), nun aber steht für ihn außer Frage, daß er weiterleben kann: niemand hat von seinem Mißgeschick eine Ahnung. Am Schluß der Erzählung bereitet sich der Leutnant auf das Duell vor, an das er schon während des Konzertbesuchs gedacht hat: »Und nachmittag um vier ... na wart', mein Lieber; wart', mein Lieber, ich bin grad' gut aufgelegt ... Dich hau ich zu Krenfleisch!«

Die Konfrontation mit dem möglichen eigenen Tod hat Gustl nicht gewandelt, in dem Maß wie seine aggressive Ausgangsstimmung zurückkehrt, wird deutlich, daß er unfähig zur Entwicklung und zur Selbsterkenntnis ist. Die Kreisbewegung der Erzählung, die leitmotivartig wiederkehrenden Verhaltens- und Meinungsstereotype verweisen auf die lückenlose Geschlossenheit, und das heißt hier vor allem: auf die Enge und Beschränktheit der in sich kreisenden Wirklichkeitswahrnehmung.

Außer Frage steht nach dem bisher Gesagten wohl die satirische Absicht des Autors. Die Novelle ›Leutnant Gustl‹ entlarvt den Angehörigen des Militärs, den sie zu Wort kommen läßt, als unfähig, den selbstgewählten Lebensformen gerecht zu werden, zugleich erscheinen jedoch auch die Normen, die er als Fundamente seiner Existenz bedenkenlos hingenommen hat, als fragwürdig, ja verkehrt. So kann keine Identifikation des Lesers mit der Titelfigur entstehen. Das kunstvolle Arrangement des Autors ermöglicht gleichzeitig ästhetischen Genuß und Distanzierung.

Insofern war das Urteil der Vertreter des »Ehrenraths«, die Schnitzler seinen militärischen Rang aberkannten, zwar borniert, die Absicht, die der Autor mit seinem Text verfolgte, hatten sie aber durchaus richtig erkannt.

Peter Altenberg
Wie ich es sehe

Schnitzler bewegt sich im engen Umkreis des Wiener Milieus, seine Absicht ist die satirische Durchleuchtung. Die Ziele des Wieners Peter Altenberg (1859–1919) sind nicht so weitgesteckt: »Ich bin so ein kleiner Handspiegel, Toilettenspiegel, kein Welten–Spiegel«, schreibt er an Schnitzler, der ihn von Anfang an gefördert hat. Seine Skizzen sind voll Atmosphäre und meist in Melancholie getaucht, nie ganz frei von einem Hauch Nachdenklichkeit und einer Ahnung vom baldigen Ende. »Wie kranke Kinder«, sagt Hermann Bahr, hege er die altösterreichischen Menschen, er »weiß, daß sie im Sterben liegen«. Aber Altenberg besteht darauf, daß dies *seine* Sicht sei. Schon der Titel seines ersten Werkes macht dies deutlich: ›Wie ich es sehe‹ (1896) heißt es und soll seinem Willen nach auf dem letzten Wort betont werden. Wie er sieht und darstellt, kann die Skizze ›Fünfundzwanzig‹ aus dieser Sammlung verdeutlichen:

Jeden Nachmittag um fünf Uhr erschien sie auf der Esplanade. Die Musik spielte in einem gelben Holz-Pavillon, und die Damen trugen wunderschöne Kleider und Hüte.

An den meisten Tischen auf dem in den See rund vorspringenden Plateau schimmerte es weiß und lila oder weiß und grün. Das waren die Modefarben. Aber es gab auf dieser weiten Fläche von feinen Stoffen, gelbem Stroh, französischen Blumen, Eulen- und Straußfedern auch rostrote und stahlblaue seidene Flecken und ganz hellbraune aus Rohseide, wie Milchkaffee, mit matten schottischen Bändern - - -. Die junge Frau, die täglich um fünf Uhr auf der Esplanade erschien, war wunderbar schön und trug wunderbare Kleider. Zum Beispiel eines aus braunrosa Seide mit weißer und hellgrüner Stickerei. Aber ihr schönster Schmuck war das Kind, das mit der Bonne an ihrer Seite ging.

L'enfant russe, Katja.

Das ist Schönheit, Grazie, süße Heiterkeit und weißes leuchtendes bezauberndes Licht. Das ist der Mensch, wie ihn die Ideale träumende Natur ersehnt, das ist die Dichtung der alten Mutter Erde - - -.
(...)
Katja saß da, mit ihren goldenen Haaren und den wunderbaren sanften Augen - - -.
Niemand kümmerte sich um sie.
Die Frau Mama, die schöne Frau Mama, stützte die Ellbogen auf den Tisch und schaute auf die Bäume mit den breiten Blättern, auf den schimmernden See, in die Augen des Herrn von - - -.
Um sieben Uhr schickte man Katja schlafen.
Sie sagte sanft: »Adieu Mami - - -«.
Die junge Dame antwortete nicht - - -. Sie stützte die Ellbogen auf den Tisch und schaute auf die Bäume mit den breiten Blättern, auf den schimmernden See, in die Augen des Herrn von - - -.
Die Esplanade wurde dunkel.
Die wunderschöne junge Dame ging langsam die Allee entlang - - -.
Niemand kümmerte sich um sie. Bis dahin, Prinzessin des Lebens und jetzt, wenn der Abend kommt, einsam - - -! Und in der Nacht vielleicht wieder Prinzessin, Königin, Göttin - - -.
Abenddämmerung, Frieden - - -. (...)

Ein schneller Satz eröffnet die Szene, deren Staffage in den folgenden Zeilen den Autor allein zu beschäftigen scheint. Wie in einem impressionistischen Gemälde werden die Farbeindrücke wiedergegeben, nicht in komplexen Satzgebilden, sondern durch einfaches Nebeneinanderstellen von Farben und Materialien in ihren Nuancierungen. Es könnte so weitergehen, der Autor hätte aber auch weniger davon bringen können – es geht nur um die Vermittlung einer Impression, wie die drei Striche es andeuten. Der nächste Abschnitt präzisiert die Anfangszeile. Das Kind »an ihrer Seite« gehört zu ihr, der Autor versagt ihm die Bewunderung nicht, aber »die schöne Frau Mama« scheint ohne Beziehung zu ihm. Hier verläßt Altenberg die rein impressionistische Darstellungsweise. Die folgenden Abschnitte entspringen der Vorstellung, die Zeit wird aufgehoben, Mutter und Tochter werden durch den gleichen Satz verknüpft: »Niemand kümmerte sich um sie.« Verlorenheit, Alleinsein, bleibt Thema bis zum Schluß.

Der vorletzte Abschnitt steht im Präsens; er hebt den beobachteten Vorgang endgültig ins Allgemeine, das Atmosphärische der Skizze weicht der Reflexion und der Erinnerung:

(...) Die jungen Mädchen denken: »Vielleicht wird es so sein - - -.«
Ich werde einst sagen: »Weißt du noch, wie wir damals abends auf der Esplanade saßen ?!«
Da sagte ich: »Wie der See im Dunkel verschwimmt und dennoch leuchtet - - -!«

Und du sagtest: »Wie du - - -! Damals warst du wie ein Dichter!«
Und dann kommt die Mutter, dieses unselige Geschöpf, das vor der Seele
Schildwache steht, und sagt: »(...) es ist spät, ich glaube, wir gehen nach
Hause - - -«.

Erzählung und Reflexion vermischen sich, der Vorgang, fast ohne
wirkliche Handlung, wird zu einer allgemeinen Lebensbeobachtung
– auch Altenberg, der Wiener, steht dem Symbolismus Hofmannsthals nahe.

4. Drama der Jahrhundertwende

Seit den 90er Jahren und verstärkt seit der Jahrhundertwende macht sich in der Literatur immer deutlicher die Ablehnung des Naturalismus bemerkbar. Das gilt auch für das Drama. Wenn Gerhart Hauptmann noch nach 1900 gelegentlich naturalistische Stoffe und Stilmuster verwendet, so zeigt das nur, daß eine einmal entstandene Form Spuren hinterläßt. Auch das Drama Arthur Schnitzlers, vor allem seine realistisch-naturalistische Verwendung von Umgangssprache in alltäglichen Konflikten, ist Beleg dafür.

Im Zentrum der sich nun herausbildenden Formen des Dramas stehen jedoch ganz andere Stilrichtungen, deren Kunstabsichten geradezu als Gegenbewegung zum Naturalismus verstanden werden müssen. Sie folgen fast zwangsläufig aus der Erkenntniskrise der Zeit. Der englische Bühnenbildner Edward Gordon Craig, der auch in Deutschland eine bedeutende Rolle hinsichtlich der Entwicklung des neuen Theaters spielt, fordert in seiner Schrift ›Über die Kunst des Theaters‹ (1905) eine Abkehr von der bloßen Nachahmung der Wirklichkeit, um auf schöpferische Weise »die Schönheiten einer imaginären zu beschwören«.

Entsprechend der Grundsignatur der Epoche sind die neuen Tendenzen wenig einheitlich; gemeinsam ist ihnen eigentlich nur die Absicht, ein nicht-naturalistisches Drama und Theater zu schaffen. Sie orientieren sich dabei an unterschiedlichen Vorbildern.

Während für die einen Henrik Ibsen (nach seiner Lösung vom Naturalismus in ›Rosmersholm‹, 1887) wegweisend bleibt, folgen andere wie Frank Wedekind den Experimenten des Schweden August Strindberg (1849–1912), der längst den Weg vom Realismus zur Mystik vorgezeichnet hatte und mit seinen Mysteriendramen (›Nach Damaskus‹, 1898–1904, ›Ein Traumspiel‹, 1902, und ›Gespenstersonate‹, 1907) zum Vorläufer expressionistischer Dramatik wurde. Den Vertretern einer symbolistischen Richtung gibt neben Ibsen vor allem der Belgier Maurice Maeterlinck (1862–1949) die entscheidenden Impulse. Insbesondere beeinflußte sein handlungsarmes »drame statique« seine deutschen Bewunderer. Die sogenannten Neuklassiker hingegen suchen an die vornaturalistische Zeit, etwa bei Hebbel, anzuknüpfen.

So unterschiedlich die Entwicklung im einzelnen verläuft, lassen sich doch gewisse allen gemeinsame Grundzüge erkennen: Alle Richtungen, die nicht – wie die Neuklassik – auf die Zeit vor dem Naturalismus zurückgreifen, also die eigentlich »moderne« Gruppe darstellen, ob man sie nun impressionistisch, neuromantisch oder symbolistisch nennen will, sehen von der bisher selbstverständlichen strengen Gattungsvorstellung ab: Das erlaubt Formexperimente wie etwa das lyrische Drama Hofmannsthals, die Tragikomödie Hauptmanns oder Wedekinds von grotesker Komik durchsetzte »Kindertragödie« (›Frühlings Erwachen‹).

Viele Dramen sind »Einakter«. Man hat sie sich nicht als Dramen im kleinen vorzustellen, sondern als »ein Teil des Dramas, das sich zur Ganzheit erhoben hat« (Peter Szondi). Ihr Modell ist die dramatische Szene, in der zwar die Situation, nicht aber die sie hervor bringende Handlung dargestellt wird. Vorgeführt wird daher zumeist eine Grenzsituation, häufig die Zeit vor einer Katastrophe, die nicht mehr aufzuhalten ist (ein Beispiel dafür liefert Hofmannsthal mit ›Der Tor und der Tod‹).

Das kurze Stück eignet sich auch dazu, dem verachteten »Repräsentationstheater«, der im prunkvollen Rahmen inszenierten großen Schau, entgegenzuwirken. Das Schlagwort heißt »Kammerspiel«; Max Reinhardt begründet 1906 das erste seiner Art in Berlin. Als »intimes Theater« lebt es von der Atmosphäre, nicht von Handlung und Pathos und schon gar nicht von Dialekt und Alltagsgeruch. Es ist bezeichnend, daß sich in den hier gespielten Stücken der Vers wieder durchsetzt. Die für das naturalistische Drama kennzeichnenden ausführlichen Szenenbeschreibungen verschwinden, Gebärde und Geste spielen eine wichtige Rolle. Der Dialog, der herkömmlich wie die Handlung die Szenen vorantrieb, gewinnt eine andere Funktion: bei Maeterlinck verselbständigt sich die Sprache, sie »ist nicht mehr Ausdruck eines einzelnen, der auf Antwort wartet, sondern gibt die Stimmung wieder, die in den Seelen aller herrscht«. Wie weit dabei der monologische Charakter eines Gesprächs hervortreten kann, wird z.B. in Hofmannsthals ›Das Kleine Welttheater‹ sichtbar. Schnitzlers Anatol-Szenen dagegen stehen dem französischen Konversationsstück des 19. Jahrhunderts nahe, bieten – wie Hofmannsthal im vorangestellten Prolog sagt – »Böser Dinge hübsche Formel«. Im ›Reigen‹ werden die ineinander verschlungenen Dialoge zum Strukturprinzip.

Wichtige Impulse hat das neue Theater den Pariser Kleinkunstbühnen zu verdanken: nach dem Vorbild des Cabarets »Chat noir« (1891) entstehen Ernst von Wolzogens ›Berliner Überbrettl‹ (1901) und Otto Falckenbergs ›Elf Scharfrichter‹ in München (1901). Neben der dort gepflegten literarischen Groteske (nach dem Vorbild von Alfred Jarrys ›Ubu Roi‹, 1896) werden die Formen des Chansons, des Bänkelsangs (Wedekind) und des Sketches für die spätere Entwicklung fruchtbar.

Keiner der Autoren ist ausschließlich einer Richtung der Epoche zuzuordnen oder einem Vorbild allein verpflichtet. Es gehört auch zum Wesen dieser Zeit, daß die meisten sich in verschiedenen Formen und Richtungen versuchen. Besonders geprägt davon sind die Experimente Hauptmanns und Hofmannsthals. Eine Einheit in Theorie und Werk bilden am ehesten noch die sogenannten Neuklassiker mit ihren auf Kraft, Monumentalität und Repräsentation gerichteten Schauspielen. Im »lyrischen Drama« Hofmannsthals sehen sie nur ein »Surrogat« des wahren Dramas, Wedekind fehle der »Wille zum Pathos«, und Schnitzler sei »viel zu sehr ein Mann der leisen Worte, ein Ausleger verzwickter psychischer Zustände, viel zu sehr Wiener«. Sie erstreben die Rückkehr des Helden, »der weder Alltagsmensch noch Ästhet oder nervöser Stimmungsmensch« sein dürfe.

Vielfalt, Lebendigkeit und Dynamik der Gattung lassen bereits erkennen, daß dem Drama zur Zeit der Jahrhundertwende große Bedeutung zukommt. Es ist auch kein Zufall, daß aus den Diskussionen der Zeit der Gedanke der Theaterfestspiele entstand, der mit den Salzburger Festspielen seit 1920 verwirklicht wurde.

4.1. Theater

Gerhart Hauptmann
Hanneles Himmelfahrt

Gerhart Hauptmann ist uns heute vor allem als Verfasser aufsehenerregender und in manchem bahnbrechender naturalistischer Dramen (vgl. Bd. 7, S. 323 ff.) in Erinnerung. Aber so sehr er Elemente dieser Schule auch später bewahrte, bildet dies doch nur eine Seite des stets sich wandelnden Dramatikers.

Schon mit ›Hanneles Himmelfahrt‹ (entstanden 1893) läßt Gerhart Hauptmann Vorgaben der naturalistischen Dramatik hinter sich, die ihm nun doch zu oberflächlich erscheinen, und wendet sich anderen Formen zu, die über die Distanzierung vom Naturalismus hinaus einen wirklichen Neubeginn darstellten. In der Psyche erzeugte Bilder werden wichtiger als die Mechanismen der äußeren Wirklichkeit. Die ›Traumdichtung in zwei Teilen‹ verbindet naturalistische Milieugestaltung nahtlos mit einer Phantasiewelt, ohne daß diese wie in der Romantik eine eigene Realität beansprucht. So verknüpft Gerhart Hauptmann zwei Ebenen menschlichen Erlebens.

Hannele Mattern wird von ihrem Stiefvater so unmenschlich behandelt, daß sie das Leben nicht mehr ertragen kann. Sehnsucht nach ihrer verstorbenen Mutter, die sie sich im Himmel vorstellt, und Angst vor der Brutalität des Trunkenboldes Mattern treiben sie zu einem Selbstmordversuch im eisigen Wasser des Dorfteichs. Sie wird von einem Waldarbeiter gerettet und von dem Lehrer Gottwald ins Armenheim gebracht.

Das Stück beginnt ganz im Stil des Naturalismus: Milieu, Sprache, Vorgänge entsprechen Prinzipien dieser literarischen Richtung. Die Bewohner des Armenhauses werden mit der ersten Versorgung Hanneles konfrontiert:

GOTTWALD: Ich bitte um Ruhe, hier liegt'n Krankes.

HANKE *hat das Reibeisen aufgehoben und zu sich gesteckt; ein wenig verschüchtert zurücktretend:* Was ist denn da los?

SEIDEL *kommt wieder; er bringt zwei Ziegelsteine:* Hier bring' ich einstweilen.

GOTTWALD *faßt die Steine prüfend an:* Schon genug?

SEIDEL: A bissel wärmt's schonn. *Er bringt einen der Steine an den Füßen des Mädchens unter.*

GOTTWALD *bedeutet eine andere Stelle:* Den anderen hierher!

SEIDEL: Se hat sich eemal noch nicht erwärmt.

GOTTWALD: Es beutelt sie förmlich.

Tulpe ist hinter Seidel hergekommen. Ihr sind Hete und Pleschke gefolgt. (…)

TULPE *zunächst dem Bette stehend, die Hände in die Seite gestemmt:* Heeß Wasser und Branntwein, wenn's was dahat.

SEIDEL *zieht eine Schnapsflasche, ebenso Pleschke und Hanke:* Hier is noch a Neegel.

TULPE, *schon am Ofen:* Her damitte.

SEIDEL: Is heeß Wasser?

TULPE: O Jes, da kann man'n Ochsen verbriehn.

GOTTWALD: Und bißchen Zucker reintun, wenn's gibt!

HETE: Wo sollen mir ock a Zucker herhaben?

TULPE: Du hast ja welchen. Red' ni so tumm!

HETE: Ich? Zucker? Nee. *Sie lacht gezwungen.*

TULPE: Du hast doch welchen mittegebracht. Ich hab's doch gesehn, im Tiechel, vorhin. Da liig ock nich erscht.

SEIDEL: Na mach. Bring her!

HANKE: Nu lauf, Hete, lauf!

SEIDEL: Du siehst doch, wie's mit dem Mädel steht.

HETE, *verstockt:* Oh, vor mir.

PLESCHKE: Sollst Zucker holen.

HETE: Beim Kaufmann hat's 'n. *Sie drückt sich hinaus.*

SEIDEL: Nu haste Zeit, daßte Beene machst, sonst setzt's a paar Dinger hinter die Lauscher. Kann sein, du hätt'st damitte genug. Nach mehr sähst du dich gewiß nich um.

PLESCHKE *war einen Moment hinausgegangen, kommt wieder:* Aso is das Mädel … so is das Mädel.

SEIDEL: Der wollt ich woll ihre Mucken austreiben. Wenn ich und wär wie der Ortsvorsteher, ich nähm' mir a ticht'gen weidnen Knippel, und haste gesehn, die wer schonn arbeiten. A Mädel wie die … die is jung und stark. Was braucht die im Armenhause zu liegen! (…)

Deutlich zeigt sich, daß der naturalistische Dichter und Zeitkritiker Hauptmann noch nicht abgetreten ist. Die Gestalten der Armenhäusler werden als Verelendete dargestellt, deren »Moral« von eigener Erfahrung und vom Überlebenswillen geprägt wird. Dennoch regt sich angesichts des noch größeren kindlichen Elends ein Funke Gutmütigkeit in ihnen:

PLESCHKE: Hier hab ich noch a klee Brickel ... Brickel ... a klee Brickel Zucker hab ich noch ... hier noch ja ... gefunden.

Hannele ist schwer krank. In Fieberträumen erscheinen ihr Gestalten: Zunächst taucht das Schreckbild des Stiefvaters auf. Es ist leicht als Halluzination einzuordnen und wird von Schwester Martha, die das Kind gesund pflegen soll, auch rasch ganz prosaisch und zu Hanneles Erleichterung erklärt: »Hier hängt ein Mantel und hier ein Hut. Wir wollen das garstige Zeug mal wegnehmen.« Menschliche Zuwendung kann Hilfe bedeuten. Aber als Martha das Zimmer verlassen hat, verändert sich die Situation:

Es ist fast ganz dunkel. Sogleich erscheint am Fußende von Hanneles Bett die Gestalt des Maurers Mattern. Ein versoffenes, wüstes Gesicht, rote, struppige Haare, worauf eine abgetragene Militärmütze ohne Schild sitzt. Sein Maurerhandwerkszeug trägt er in der Linken. Er hat einen Riemen um die rechte Hand geschlungen und verharrt die ganze Zeit über in einer Spannung, wie wenn er im nächsten Augenblick auf Hannele losschlagen wollte. (...)
HANNELE *bedeckt erschrocken ihre Augen mit den Händen, stöhnt, windet sich und stößt leise wimmernde Laute aus.*
DIE ERSCHEINUNG: *heisere, in höchster Wut gepreßte Stimme:* Wo bleibst du? Wo bist du gewesen, Mädel? Was hast du gemacht? Ich wer dich lehren. Ich wer dirsch beweisen, paß amal uff. Was hast du zu a Leuten gesagt? Hab ich dich geschlagen und schlecht behandelt? Hä? Is das wahr? Du bist ni mei Kind. Mach, daß du uffstehst! Du gehst mich nischt an. Ich kennte dich uff die Gasse schmeißen ... Steh uff und mach Feuer! Wird's bald werden? Aus Gnade und Barmherzigkeit bist du im Hause. Gelt, nu noch faulenzen obendruff. Nu? Wird's nu werden? Ich schlag dich so lange, biste, biste ...
Hannele ist mühsam und mit geschlossenen Augen aufgestanden, hat sich zum Ofen geschleppt, das Türchen geöffnet und bricht nun ohnmächtig zusammen. In diesem Augenblick kommt Schwester Martha mit Licht und einem Krug Wasser, und die Mattern-Halluzination verschwindet ...

Diese »Erscheinung« ist nicht wie die erste an reale Dinge gebunden; kein Mantel, kein Hut konnte die Phantasie anregen. »Die Erscheinung« wird vom Autor zwar als »Halluzination« bezeichnet, aber wie eine Tatsache beschrieben (für Regisseure von Anfang an eine problematische Angelegenheit). Sind Welt und Überwelt hier »gleich

wirklich«, wie Karl S. Guthke meint? Hauptmann selbst spricht von
»Wachträumen« des »realen Geschehens« und daß Hanneles »Traum-
gesichte einer rein pathologischen Erklärung fähig« seien, deren Basis die Angst des Kindes ist.

Die Gestalt der verstorbenen Mutter erscheint ihm als nächste. Sie
wird von Hannele selbst wahrgenommen, ihre Darstellung ist nicht
wie die erste eine Wiedergabe aus der Sicht des Autors: Sie erscheint
als Kontrastfigur zum Stiefvater, dessen Opfer sie ja selbst wurde.
Während dieser Ängste hervorruft und die Todessehnsucht erklärt,
verkündet die Mutter die Vision eines schöneren Lebens (im Himmel): er sei wie

weite, weite Auen, bewahrt vor dem Winde,
geborgen vor Sturm und Hagelwetter in Gottes Hut.

Als sie sich entfernt, hinterläßt sie dem Kind eine Blume als symbolischen »Himmelsschlüssel«. Wirklichkeit und Traumwelt durchdringen sich in den folgenden Szenen. Hannele weist der Schwester
Martha, die sie betreuen soll, die Blume wie einen sichtbaren Gegenstand vor, die Regieanweisungen unterscheiden kaum mehr zwischen Realität und Vision, wenn sie das Aussehen der Mutter, als
»vor der Zeit gealtert, hohlwangig« und ihre Stimme als unrein im
Klang beschreiben; die Dialogführung bewegt sich auf beiden Ebenen. Die Sprache von Mutter, Tochter und anderen Personen erinnert
an biblische Ausdrucksweise, die Bilder sowohl wie die Gegen-
standsdarstellung stammen aus bekannten Märchen. Wie Schneewitt-
chen »schön geputzt« sieht sich Hannele als Tote im Sarge liegen, wie
Aschenbrödel ist sie die Braut, der die kleinsten Pantoffel passen,
und wie das Töchterchen des Jairus im Markus-Evangelium versucht
sie, nachdem der schwarze Engel sich von ihr abgewandt hat, den
sanften Worten des »Fremden« mit »den Zügen des Lehrers Gottwald«, dem die kindlich-erotische Zuneigung Hanneles gehört, zu
folgen:

DER FREMDE *schreitet bis an Hanneles Sarg vor und spricht zu den Anwe-
senden gewendet (...)*
Das Mägdlein ist nicht gestorben. Es schläft.
Mit tiefster Innerlichkeit und überzeugter Kraft: Johanna Mattern, stehe
auf!!!
*Ein helles Goldgrün erfüllt den Raum. Hannele öffnet die Augen, richtet
sich auf an der Hand des Fremden, ohne aber zu wagen, ihm ins Gesicht zu
sehen. Sie steigt aus dem Sarge und sinkt sogleich vor dem Erwecker auf die
Knie. Alle Anwesenden packt ein Grauen. Sie fliehen. Der Fremde und
Hannele bleiben allein. Der graue Mantel ist von seiner Schulter geglitten,
und er steht in einem weißgoldenen Gewande.*

DER FREMDE, *weich, innig:* Hannele!

HANNELE, *entzückt in sich, den Kopf so tief beugend, als nur immer möglich:*
Da ist er.

DER FREMDE: Wer bin ich?

HANNELE: Du.

DER FREMDE: Nenn meinen Namen!

HANNELE *haucht ehrfurchtzitternd:* Heilig, heilig!

DER FREMDE: Ich weiß alle deine Leiden und Schmerzen.

HANNELE: Du lieber, lieber …

DER FREMDE: Erhebe dich!

HANNELE: Dein Kleid ist makellos. Ich bin voll Schmach.

DER FREMDE *legt seine Rechte auf Hanneles Scheitel:* So nehm' ich alle Nied-
rigkeit von dir. *Er berührt ihre Augen, nachdem er mit sanfter Gewalt ihr
Gesicht heraufgebogen:* So beschenke ich deine Augen mit ewigem Licht.
Fasset in euch Sonnen und wieder Sonnen! Fasset in euch den ewigen Tag
vom Morgenrot bis zum Abendrot, vom Abendrot bis zum Morgenrot!
Fasset in euch, was da leuchtet: blaues Meer, blauen Himmel und grüne
Fluren in Ewigkeit. *Er berührt ihr Ohr.* So beschenk' ich dein Ohr, zu hö-
ren allen Jubel aller Millionen Engel in den Millionen Himmeln Gottes. *Er
berührt ihren Mund.* So löse ich deine stammelnde Zunge und lege deine
Seele darauf und meine Seele und die Seele Gottes des Allerhöchsten.

HANNELE, *am ganzen Körper bebend, versucht sich aufzurichten. Wie unter
einer ungeheuren Wonnelast vermag sie es nicht. Von tiefem Schluchzen
und Weinen erschüttert, birgt sie den Kopf an des Fremden Brust.*

Durch die Engel läßt er sie »ins himmlische Reich« tragen, das er
selbst in hochstilisierten Versen schildert:

DER FREMDE: Die Seligkeit ist eine wunderschöne Stadt,
    wo Friede und Freude kein Ende mehr hat.
    Harfen, erst leise, zuletzt laut und voll.
    Ihre Häuser sind Marmel, ihre Dächer sind Gold,
    roter Wein in den silbernen Brünnlein rollt;
    auf den weißen, weißen Straßen sind Blumen gestreut,
    von den Türmen klingt ewiges Hochzeitgeläut.
    Maigrün sind die Zinnen, vom Frühlicht beglänzt,
    von Faltern umtaumelt, mit Rosen bekränzt.
    Zwölf milchweiße Schwäne umkreisen sie weit
    und bauschen ihr klingendes Federkleid;
    kühn fahren sie hoch durch die blühende Luft,
    durch erzklangdurchzitterten Himmelsduft.
    Sie kreisen in feierlich ewigem Zug,
    ihre Schwingen ertönen gleich Harfen im Flug,
    sie blicken auf Zion, auf Gärten und Meer (…)

Man weiß heute, daß Hauptmann einen Großteil der Verse Hoffmann von Fallerslebens Sammlung ›Schlesische Volkslieder‹ verdankt.
Wesentlicher ist aber wohl, daß er überhaupt auf dieses im naturali-

stischen Drama verpönte Kunstmittel zurückgriff. Die Übersteigerung der »Wirklichkeit« bleibt freilich nur in der Fieberphantasie des sterbenden Mädchens Realität, eine Realität des inneren Daseins aus den Kräften des Unbewußten, nicht des Bewußtseins; äußerlich führt das Drama in die Alltagswelt zurück:

Es wird nun wieder licht, und man hat den Blick in das Armenhauszimmer, wo alles so ist, wie es war, ehe die erste Erscheinung auftauchte. Hannele liegt wieder im Bett: ein armes, krankes Kind. Doktor Wachler hat sich mit dem Stethoskop über sie gebeugt; die Diakonissin, welche ihm das Licht hält, beobachtet ihn ängstlich. (...)
DOKTOR WACHLER, *sich aufrichtend, sagt:* Sie haben recht!
SCHWESTER MARTHA *fragt:* Tot?
DER DOKTOR *nickt trübe:* Tot.

Im Werk Gerhart Hauptmanns steht ›Hanneles Himmelfahrt‹ keineswegs isoliert: ›Die versunkene Glocke‹ (1896), das dramatisierte »Glashüttenmärchen« ›Und Pippa tanzt‹ (1906) und im epischen Bereich ›Der Narr in Christo Emanuel Quint‹ gehören in diesen Zusammenhang, der den Übergang zu symbolistischer Gestaltungsweise markiert. In der »Erdenpein« kann sich auch ein Zugang zum Überweltlichen verbergen. Auf ›Hanneles Himmelfahrt‹ bezogen hat Hauptmann einmal zusammenfassend bemerkt: »Erdenpein schuf die Himmelsseligkeit.« Aber auch die »Erdenpein« muß eben weiterhin gezeigt werden.

Die Ratten

Mit der »Berliner Tragikomödie« ›Die Ratten‹ (Erstaufführung 1911), einem der bühnenwirksamsten Stücke des Autors, scheint Gerhart Hauptmann ganz und gar in die naturalistische Bahn zurückzukehren. Tatsächlich wurde das Stück gelegentlich auch als Höhepunkt seines naturalistischen Schaffens gesehen. Verständlich, wenn man die stoffliche Grundlage ins Auge faßt. Hauptmann entnahm den Stoff einem Berliner Gerichtsbericht aus dem Jahre 1907, der sich fast wie eine Zusammenfassung der ersten drei Akte des fünfaktigen Theaterstücks liest. Es geht um die kinderlose Ehe des Garderobiers M. in Rummelsburg.

Als M. eines Abends aus seinem Dienst kam, fand er neben dem Bett seiner Frau in einem Korbe ein schreiendes Baby, welches sich als der sehnlichst erwartete Familienzuwachs herausstellte. In Wirklichkeit hatte es die Angeklagte schon monatelang vorher verstanden, einen gewissen Zustand vorzutäuschen, und hatte dann das Kind eines Dienstmädchens B. als ihr eigenes ausgegeben, ohne zu wissen, daß dieses schon in der Person des Lehrers Mudra in Rummelsburg einen Vormund erhalten hatte. Dieser zog Erkundigungen über den Verbleib des Kindes ein und erschien eines Tages in der Wohnung der Angeklagten. Diese schwebte von nun an in ständiger Furcht, daß die Sache entdeckt würde, und faßte einen abenteuerlichen Plan. Sie näherte sich einer Frau Engel, die ein etwa gleichaltriges Kind besaß, und machte sich mit ihr bekannt. Die Absicht der Angeklagten ging dahin, das Kind der E. zu rauben und dieses dann dem Vormund als das Kind des Dienstmädchens B. zu überbringen. Während Frau E. eines Tages ihrem Manne Essen nach seiner Arbeitsstätte trug, erschien die Angeklagte in deren Wohnung (...) und eignete es sich an. Als Frau E. später nach Hause kam, vermißte sie sofort ihr Kind und schlug Lärm (...) Die Angeklagte hatte inzwischen das geraubte Kind in der Wohnung des Lehrers abgegeben, nachdem sie ihm einen Zettel um den Hals gehängt hatte, auf dem angegeben war, es wäre dies das Kind des Dienstmädchens. Als Frau E. die Angeklagte beschuldigte, diese hätte ihr das Kind geraubt, zeigte diese ihr das wirkliche Kind des Dienstmädchens und erklärte, sie habe an ihrem eigenen genug. Die verwickelte Angelegenheit wurde noch an demselben Tage von der Berliner Kriminalpolizei aufgeklärt, die den doppelten Kindestausch vornahm.

Das Ende hat Hauptmann in mehreren Ansätzen dann allerdings deutlich geändert: Die Kindsunterschiebung führt die Frau des Maurerpoliers John, wie die Figur jetzt heißt, in die Katastrophe. Sie hat ihr eigenes Kind verloren und kann nicht mehr Mutter werden. Ihr Verlangen nach einem Kind bringt sie dazu, dem polnischen Dienstmädchen Pauline Piperkarcka das uneheliche Kind, das diese mit ihrer Hilfe auf dem Dachboden entbindet, abzukaufen und auf dem Standesamt als ihres angeben zu lassen. Als Pauline Piperkarcka, vom Muttertrieb überwältigt und aus Angst vor der Behörde, das Kind zu sehen fordert bzw. einen Besuch des Fürsorgeamtes ankündigt, gerät Frau John in Panik; sie legt das todkranke Kind der Nachbarin, Frau Knobbe, einer heruntergekommenen Morphinistin, das sich bei ihr »erholen« soll, anstelle des »eigenen« in den Wagen, verläßt mit »ihrem« Kind die Wohnung und beauftragt ihren wegen Mordes gesuchten Bruder, Bruno Mechelke, die Piperkarcka einzuschüchtern. Als sie bei ihrer Rückkehr bemerken muß, daß ihr Mann mißtrauisch geworden ist, und erfährt, daß ihr Bruder die Piperkarcka erschlagen hat, versucht sie noch einmal, mit dem Kind zu fliehen. Da sie aber angesichts der inzwischen eingetroffenen Polizei und der versammelten Personen die Aussichtslosigkeit ihrer Lage erfaßt und auch ihr Mann sich von ihr abwendet (»Wenn det wahr is, Mutter, da schäm ich mir ja in Abjrund rin«), verläßt sie den Raum und stürzt sich aus dem Fenster.

    Mit diesen Veränderungen hat Hauptmann auch hier den Boden des naturalistischen Dramas bereits verlassen.

    Das Dramengeschehen verlagert sich von einer sozialen Schicht auf ein Individuum, und der Konflikt entsteht aus einer kaum milieubedingten Quelle, sondern gehört in den Bereich der Psychologie der Mutterschaft: »Wie belanglos ist das meiste, wenn Mutterliebe aus den Urtiefen frisch hervorbricht«, heißt es in einer Tagebucheintragung Hauptmanns im Zusammenhang mit dem Tod seines fünften Sohnes (Mai 1910). Übersteigerter Mutterinstinkt lenkt (neben der Sorge um ihre Ehe) das Verhalten Frau Johns, das bis zur Verwirrtheit reicht (»det Kind is aus meinem Leibe jeschnitten! Det Kind is mit meinem Blute erkooft«), unerwartet aufkeimende Mutterliebe treibt das polnische Dienstmädchen Pauline Piperkarcka in die Wohnung Frau Johns und in die Auseinandersetzung mit ihr, die schließlich, von niemandem gewollt, in ihren Tod mündet.

Das wesentliche Merkmal des Stücks aber ist, daß Hauptmann dieser Tragödienwelt eine andere gegenüberstellt. Am Schauplatz der Tragödie, der Wohnung der Frau John in einer alten Mietskaserne, erlebt eine zweite Gruppe das Geschehen mit: Im Dachgeschoß des Hauses, einer ehemaligen Kaserne, ist der »Fundus« des Extheaterdirektors Hassenreuter untergebracht, dort gibt der begeisterte Schillerverehrer Schauspielunterricht. Hauptmann hat den »Gegensatz zweier Welten« als »Idee« des Stücks ausdrücklich betont. Es ist ein Gegensatz nicht nur eines räumlichen Oben und Unten, wie er ihn in den Regieanweisungen zu Akt I und II in der Art naturalistischer Szenenaufzeichnungen festgelegt hat. Die Räume sind gleichzeitig Bedeutungsträger in vielfältiger Weise. Sie kennzeichnen auch ein Oben und Unten in sozialer und wirtschaftlicher Hinsicht. *Unten* leben z. B der Maurerpolier John und seine Frau, deren Wohnung als besonders »sauber« und geordnet dargestellt wird:

Ein etwa auf dem Sofa Sitzender blickt gerade gegen die linke Zimmerwand und zu den beiden Fenstern hinaus. Am vorderen Fenster ist ein sauber gehobeltes Brett als eine Art Arbeitstisch angebracht. Hier liegen zusammengerollte Kartons (Baupläne), Pausen, Zollstock, Zirkel, Winkelmaß usw. Am hinteren Fenster ein Fenstertritt, darauf ein Stuhl und ein Tischchen mit Gläsern. Die Fenster haben keine Gardinen, sind aber einige Fuß hoch mit buntem Kattun bespannt. Das ganze Gelaß, dessen dürftige Einrichtung ein alter Lehnstuhl aus Rohr und eine Anzahl von Holzstühlen vervollständigen, macht übrigens einen sauberen und gepflegten Eindruck, wie man es bei kinderlosen Ehepaaren des öfteren trifft.

Daneben gibt es eine bunt gemischte Gruppe von Menschen: die morphiumsüchtige Prostituierte, Frau Knobbe, verstoßene Tochter aus adeligem Haus, mit ihren beiden Kindern, ihrer Tochter Selma und dem kränklichen Säugling Helfgott; Frau Kielbacke, in deren »Säuglingsheim (...) von's Dutzend mehrschtens zehn« sterben; der Hausmeister Quaquaro, von dem man nicht recht weiß, ob seine Beziehungen zur Polizei oder zur Unterwelt besser sind; die »Blase«, die sich als Gesangsverein tarnt, in der aber nach Meinung der Polizei »schwere Jungen mangmang« sind. Von außen kommen hinzu das polnische Dienstmädchen Pauline Piperkarcka mit dem eben geborenen Kind als, wie sie glaubt, einzigem Anspruch auf bürgerliche Zukunft und Bruno, der haltlose, kaum mit Skrupeln behaftete, aber nach Anerkennung dürstende Bruder der Frau John. Zusammen bilden sie ein Vielerlei von scheinbarer Ordnung, heiler Welt, Halbwelt und Unterwelt, eine ins Kleine übertragene Unterschicht in der großstädtischen Szenerie.

(...) was so hier in diesem alten Kasten mit schmutzigen Unterröcken die Treppe fegt und überhaupt schleicht, kriecht, ächzt, seufzt, schreit, flucht, lallt, hämmert, hobelt, stichelt, stiehlt, (...) allerhand dunkle Gewerbe treibt, was hier an lichtscheuem Volke nistet, Zither klimpert, Harmonika spielt – was hier an Not, Hunger, Elend existiert und an lasterhaftem Lebenswandel geleistet wird, das ist auf keine Kuhhaut zu schreiben

meint dazu ahnungsvoll (und dennoch »blind«) der Protagonist des *Oben*, Direktor Hassenreuter. Seine Welt im Dachgeschoß zeigt äußerlich im Gegensatz zur Wohnung des Ehepaars John »eine malerische Unordnung: Alte Scharteken und Waffen, Pokale, Becher usw. liegen umher«, ein Teil des Raumes dient zu »Bürozwecken«, ein anderer enthält den Fundus des ehemaligen Theaterdirektors. Er zeigt den scheinbaren Glanz seiner Welt:

(...) Zu beiden Seiten des Ganges sind auf Ständern Helme und Brustharnische Pappenheimscher Kürassiere aufgestellt, ebenso in je einer Reihe an der rechten und linken Wand des vorderen Raumes. (...) Einer der Pappenheimschen Kürassiere trägt einen ungeheuren Lorbeerkranz um den Nacken gehängt mit einer Schleife, deren Enden in goldenen Lettern die Worte tragen: »Unserem genialen Direktor Hassenreuter! Die dankbaren Mitglieder«.

Dies ist eine Welt, die im deutlichen Kontrast zur anderen zu stehen scheint. Sorgfältig arbeitet Hauptmann in der Gegenüberstellung der beiden Räume das Klischee von bürgerlicher Ordnung und genial-künstlerischer Unordnung heraus, das so leicht dazu verführt, es auf den Charakter der Personen zu übertragen. Durch das Bühnenbild wird dem Zuschauer dieses Klischee auf den ersten Blick geradezu aufgedrängt. Hasso Hassenreuter mit seinen idealistischen Schlagwörtern, der junge Aufklärer Spitta, Hauslehrer bei den Hassenreuters, der als einziger aus der vorgegebenen Ordnung auszubrechen versucht, der mehr Ehrlichkeit in die Welt bringen bzw. ihre Doppelmoral aufdecken möchte, der Pastor Spitta, dem die Verruchtheit der Großstadt ein Dorn im Auge ist, die wohlerzogene Tochter Walburga, die »grande dame« Hassenreuter, sie alle gehören einer Schicht an, die sich deutlich abzuheben scheint von der unteren, zwar nicht im Wohlstand lebt, aber Ansehen genießt, weiß, was sich schickt und wie man sein Leben höheren Ansprüchen zuordnet. In Wirklichkeit offenbart sie jedoch nicht weniger Abgründe als diese.

Die innere Verbindung zur »unteren« Gruppe, mit der man, nach Hauptmanns eigenem Wort, »im allgemeinen manche, im besonderen wenig Berührungen« hat, wird vom Autor dadurch hergestellt, daß beide an das gleiche Gebäude gebunden sind: eine Berliner Mietskaserne. Was sich darin abspielt, betrifft beide Gruppen, die Mietskaserne wird zum Miniaturbild der Stadt (vielleicht auch schon in beachtlicher Vorahnung: des Staates) und ihrer Gesellschaft. Sie zeigt, wie hinter der Fassade des wilhelminischen Berlin alles morsch und faul ist. Sinnbild dafür sind die Ratten, die alles zerfressen, und Gespenster, die zumindest in Gesprächen und Bemerkungen immer wieder auftauchen (Bruno: »Ich bin's Gespenst«, Spitta: »Du siehst Gespenster, Walburga«, »Frau John sieht wie ein Gespenst aus«, »Die unheimliche John« usw.). Gespenster wie die Ratten stehen für Unheimliches, Bedrohliches, mit der Vernunft nicht Faßbares. Ihr Dasein wird zwar gelegentlich bezweifelt, insgesamt aber als Wirkungsmöglichkeit gefürchtet.

Man kann aus guten Gründen annehmen, daß Hauptmann den von innen her bedrohten Zustand Berlins darstellen wollte. Immerhin zeigt bzw. erwähnt er in dieser »Berliner Tragikomödie« – in durchaus naturalistischer Manier – alle möglichen Facetten des Berliner Milieus, vom Schutzmann bis zum Theaterdirektor, vom Straßenlärm über die Pferdebahn bis hin zu den Ausritten des Kaisers, und er bemüht sich um Atmosphäre über die differenzierte Kennzeichnung der Personen durch verschiedene Formen des Berliner Dialekts. Ob dahinter mehr zu sehen ist als die Bemühung, den Hintergrund möglichst echt auszugestalten, wird man jedoch bezweifeln müssen, auch wenn Hauptmann während der Entstehungszeit einmal äußerte: »Vielleicht kann ich dieser Stadt, wenigstens in einem Werk, einmal den Spiegel vorhalten. Sie muß sich so sehen, wie ich sie sehe (...) erfüllt von Dämonen, ein Inferno.« Möglicherweise verkörpert Bruno, der spätere Mörder der Piperkarcka, dieses Dämonische. Es ist jedenfalls auffällig, wie Hauptmann ihn gleich anfangs einführt:

Bruno Mechelke ist eher klein als groß, hat einen kurzen Stiernacken und athletische Schultern. Niedrige, weichende Stirn, bürstenförmiges Haar, kleiner runder Schädel, brutales Gesicht mit eingerissenem und vernarbtem linkem Nasenflügel. Die Haltung des etwa neunzehnjährigen Menschen ist vornübergebeugt. Große plumpe Hände hängen an langen, muskulösen Armen. Die Pupillen seiner Augen sind schwarz, klein und stechend. (...)

Bruno hantiert bei seinem ersten Auftritt mit einer Mausefalle, die Beschreibung seines Kopfes erinnert an eine Maus oder eine Ratte; später erfahren wir, daß der ordentliche Maurerpolier, sein Schwager, ihn in seiner heilen Welt nicht dulden will. Aber Bruno ist nicht einfach auszuschließen, er gehört zu dieser Welt der Mietskaserne, die John als »unterminiert, von Unjeziefer, von Ratten und Mäusen zerfressen« beschreibt. Es ist entlarvend, daß Hassenreuter in seiner Welt das gleiche Bild verwendet, freilich in einem ganz anderen Sinn:

Sie sind ein Symptom, (…) Sie sind eine Ratte! Aber diese Ratten fangen auf dem Gebiete der Politik – Rattenplage! – unser herrliches neues geeinigtes Deutsches Reich zu unterminieren an (…) – fressen (…) die Wurzeln des Baumes des Idealismus ab.

Nicht nur Asoziale wie der mausköpfige Bruno, alle Gruppen des Stücks, auch der so ordentlich-rechtschaffene John (der schließlich seiner Frau keinen Ausweg mehr läßt) und auch der Intellektuelle Spitta, der den üblen Zustand der Gesellschaft aufzeigen will, wirken am Zerstörungsprozeß mit, denn sie beschädigen selbst die Ordnung, die sie zu vertreten glauben: Spittas moralistischer Vater hat seine eigene Tochter verstoßen, Hassenreuter trifft sich in der Welt des Dachbodens mit seiner Geliebten, seine Tochter durchbricht die väterlichen Gebote und Vorstellungen von Familienehre. Der junge Spitta erkennt zwar die Doppelmoral seiner Schicht, aber im Grunde bleiben seine verbalen Attacken Theorie. Wenn er, um dem wahren Leben näher zu sein, Schauspieler werden will, beweist er nur die Unfähigkeit, dieses wirklich zu erfassen. Schon die emphatische Deklamation der Verse aus Schillers ›Braut von Messina‹ erweist sich in der Unordnung der Umgebung als lächerlich, ja grotesk:

DR. KEGEL UND KÄFERSTEIN, *mit gewaltiger Pathetik:*
Dich begrüß' ich in Ehrfurcht,
prangende Halle,
dich, meiner Herrscher
fürstliche Wiege,
säulengetragenes herrliches Dach.
Tief in der Scheide …
DIREKTOR HASSENREUTER *schreit wütend:* Pause! Punkt! Punkt! Pause! Punkt! Sie drehen doch keinen Leierkasten! Der Chor aus der Braut von Messina ist doch kein Leierkastenstück! »Dich begrüß' ich in Ehrfurcht« noch mal von Anfang an, meine Herren! »Dich begrüß' ich in Ehrfurcht, prangende Halle!« Etwa so, meine Herren! »Tief in der Scheide ruhe das Schwert.« Punktum! »Herrliches Dach«, wollt' ich sagen: punktum! Meinethalben fahren Sie fort!

Diese Szene findet sich in dem großen Streitgespräch zwischen Spitta und Hassenreuter, in dem es – wie in anderen kürzeren Szenen auch – um dramentheoretische Diskussionen geht. Bühnenabsicht und Alltagsgeschehen so miteinander zu verknüpfen, daß das Handeln und die Urteile der theoretisierenden Figuren die Haltbarkeit ihrer ideellen Vorstellungen überprüft, ist sicherlich der kühnste Einfall Hauptmanns. Er verbindet das gegenläufige Geschehen vielleicht noch stärker als die kunstvoll zueinandergeführten Figuren und das Rattensymbol. Man muß die Dramendiskussion vor dem Geschehen der John-Handlung sehen, um ihre Funktion zu begreifen. Mit Recht betont Gerhard Kaiser, der die Hassenreuter-Handlung als »parodistische Variante« des Chors in der griechischen Tragödie und in Schillers ›Braut von Messina‹ versteht: »Wo das Leben als bloßes Schauspiel genommen wird, wird (…) auch die Kunst um sich selbst betrogen. Wo der Mensch nicht mehr fähig ist, im Anblick der Gorgo zu erstarren, ist die Tragödie unmöglich und widersinnig geworden.« Damit spielt er auf eine Stelle des Stücks im 3. Akt (der Textvarianten) an. Hassenreuter: »Spitta, wir haben das Haupt der Gorgo gesehen! Wer hätte der John so etwas zugetraut.«

Daß Hauptmann in seiner Auffassung, daß keine Tragödie mehr möglich ist, einem Zeitgefühl der Jahrhundertwende entspricht, zeigt die Vielfalt anderer tragikomischer Stücke, die in dieser Zeit erscheinen: Wedekinds ›Marquis von Keith‹ (1900), Schnitzlers ›Das weite Land‹ (1910), Sternheims ›Bürger Schippel‹ sind dafür Beispiele.

Inwiefern die Form der Tragikomödie auch Ausdruck von Hauptmanns eigener Desorientierung bezüglich gültiger Werte ist, läßt sich kaum eindeutig nachweisen. Wohl aber distanzierte er sich in ›Die Ratten‹ von naturalistischen Idealen. Die Hinwendung zum Symbolismus ist sicher weniger augenfällig als in ›Hannele‹ oder ›Und Pippa tanzt‹, aber sie ist doch aus mancher Verhaltensweise herauszulesen. Der Mann etwa, der seinem Diskussionspartner ironisch zuruft: »Da kommt Ihre tragische Muse, Spitta«, als Frau John eintritt, ohne zu irgendeinem Zeitpunkt zu erkennen, daß sich da unter seinen Augen eine elementare Tragödie entwickelt, kann das wirkliche Leben nicht erfassen.

Von einer Griechenlandreise (1907) tief beeindruckt, hatte Hauptmann insbesondere seine Tragödienauffassung – bruchstückweise dargelegt in dem Band ›Griechischer Frühling‹ – geändert: »Tragödie heißt: Feindschaft, Verfolgung, Haß und Liebe als Lebenswut! Tragödie heißt: Angst, Not, Gefahr, Pein, Qual, Marter, heißt Tücke, Verbrechen, Niedertracht, heißt Mordgier, Blutgier (…).« Hauptmann nennt damit Begriffe, die zum Leben an und für sich gehören, nicht zu einem speziellen gesellschaftlich-historischen Zustand, den es zu beklagen und anzuklagen gälte. Dafür aber sind die Menschen blind; die Verflechtung der Handlungslinien in den ›Ratten‹ soll nach einer Äußerung Hauptmanns »gleichnisweise etwas von dem tragikomischen Gehalt des blinden menschlichen Daseins« darstellen. Tragikomisch muß die Tragödie werden, wenn – wie es im Stück geschieht – das Tragische keine Wirkung mehr erzielt. Daß dies so ist, stellt das Stück dar.

Die Hilflosigkeit, mit der die Personen des Hassenreuter-Kreises am Ende dem Geschehen gegenüberstehen, hat beinahe etwas Rührendes. Am ehesten noch begreift Frau Hassenreuter, was in Frau John vorgeht. Aber auch sie stellt keine Alternative zur Welt des »Unten« dar. Die Hassenreuters verdanken ihre positive Zukunft ja auch weniger sich selbst als einem helfenden Eingreifen von außen. Ihre Unberührbarkeit durch die Ereignisse widerlegt die hochtrabenden, hehren Ideale, die in einem unerschöpflichen Vorrat an Sentenzen und »passenden« Zitaten der Weltliteratur aus ihnen hervorsprudeln. Das Oben und Unten ist nur scheinbar ein absoluter Gegensatz. Nur die Wirkung der »Ratten« ist unterschiedlich: was »unten« zur Tragödie gerät, findet »oben« eine lustspielhafte Auflösung, auch wenn der Titel darauf hindeutet, daß diese nur oberflächlich ist.

Hugo von Hofmannsthal
Der Tor und der Tod

Hofmannsthals große Gedichte und seine Opernlibretti für Richard Strauss gehören auch heute noch zum Bildungsgut, sein Chandos-Brief (1902) als Beispiel für die Sprachkrise um die Jahrhundertwende fehlt in kaum einer Anthologie. Als Dramatiker hingegen ist Hofmannsthal einem breiteren Publikum allenfalls als Verfasser des durch die Salzburger Festspiele berühmt gewordenen ›Jedermann‹ bekannt. Erstaunlich, wenn man bedenkt, daß Hofmannsthal einer der fruchtbarsten deutschsprachigen Dramatiker des 20. Jahrhunderts ist. Von seiner »dramatischen Studie« ›Gestern‹ (1891) bis hin zu dem schwer erfaßbaren Trauerspiel ›Der Turm‹ (2. Fassung 1927) hat er eine schier unglaubliche Breite und Vielfalt dramatischer Werke vorgelegt.

Die Frühphase seines Bühnenschaffens (1891–98) wird bestimmt vom Stil des sogenannten lyrischen Dramas, das Hofmannsthal auf unterschiedliche Weise ausgestaltete. Das »lyrische Drama«, nach Szondi »eine der markantesten literarischen Formen des Fin de siècle«, findet sich in der deutschen Literatur in Zeiten, die sich nicht den klassischen Dramenformen unterwerfen, so z.B. im Sentimentalismus des 18. Jahrhunderts, im »Sturm und Drang«, in der Romantik. Um die Jahrhundertwende, im Symbolismus, Impressionismus und Expressionismus, gehört es zu den Stilrichtungen, die das naturalistische Drama enttäuscht hinter sich lassen. Wie auch in früheren Perioden bleibt es nur kurze Zeit bestimmend und ist nicht wie etwa die klassische Tragödie in eine Gattungskontinuität zu zwingen.

Dem Dramentypus wie auch der Grundstimmung des Fin de siècle entspricht das Thema Tod ganz besonders: So beschäftigen sich auch viele Dramen Hofmannsthals damit. Anders als in der klassischen Tragödie aber interessiert nur der kurze Zeitraum zwischen Leben und Tod, die Spanne, die einen Sterbenden vom Tod noch trennt. Diese Situation kann auf Handlung verzichten und kann stattdessen Gefühlsregungen, Impressionen des inneren Lebens gestalten. Das lyrische Element ist ihr angemessen. Als Hofmannsthals bedeutendstes Stück aus dieser Gruppe wird man wohl das einaktige Dramolett ›Der Tor und der Tod‹ (1893) bezeichnen können. Nach Rudolf Borchardts Zeugnis erkannte sich darin eine ganze Generation wieder wie hundert Jahre vorher in den ›Leiden des jungen Werthers‹. Die Wirkung beruhte wohl darauf, daß Hofmannsthal dem Unbehagen einer gebildeten Leserschicht Ausdruck verlieh, die sich selbst in ihrem nur nachempfindenden Historismus als epigonal erlebte und glaubte, kein eigenes Leben vorweisen zu können.

Das kurze Stück spielt im »Studierzimmer des Claudio«, eines einsam lebenden Edelmannes:

Studierzimmer des Claudio, im Empiregeschmack. Im Hintergrund links und rechts große Fenster, in der Mitte eine Glastüre auf den Balkon hinaus, von dem eine hängende Holztreppe in den Garten führt. Links eine weiße Flügeltür, rechts eine gleiche nach dem Schlafzimmer, mit einem grünen Samtvorhang geschlossen. Am Fenster links steht ein Schreibtisch, davor ein Lehnstuhl. An den Pfeilern Glaskasten mit Altertümern. An der Wand rechts eine gotische, dunkle, geschnitzte Truhe; darüber altertümliche Musikinstrumente. Ein fast schwarzgedunkeltes Bild eines italienischen Meisters. Der Grundton der Tapete licht, fast weiß; mit Stukkatur und Gold.

Im Vergleich etwa zu einem naturalistischen Drama fällt auf, daß sich die Regieanweisung auf die Kennzeichnung des »Ambiente« beschränkt: die »Inszenierung« des Raums ist Ausdruck der Lebenshaltung des nicht näher beschriebenen Helden (der übrigens als einzige Person einen Namen trägt, freilich ohne durch Angaben von Charaktereigenschaften näher bestimmt zu werden).

Claudio ist wohl als Typus zu verstehen, er vertritt eine ganz bestimmte Lebensform: materielle Unabhängigkeit, verfeinerter Kunstgeschmack, aber auch Isolation (abgeschlossener Garten!) bestimmen seine Eigenart. Ort und erste Worte, selbst die »gotische ... Truhe« erinnern an Faust in seinem Studierzimmer.

CLAUDIO *allein*
Er sitzt am Fenster. Abendsonne.
Die letzten Berge liegen nun im Glanz,
In feuchten Schmelz durchsonnter Luft gewandet,
Es schwebt ein Alabasterwolkenkranz
Zuhöchst, mit grauen Schatten, goldumrandet:
So malen Meister von den frühen Tagen
Die Wolken, welche die Madonna tragen.
Am Abhang liegen blaue Wolkenschatten,
Der Bergesschatten füllt das weite Tal
Und dämpft zu grauem Grün und Glanz der Matten;
Der Gipfel glänzt im vollen letzten Strahl.
Wie nah sind meiner Sehnsucht die gerückt,
Die dort auf weiten Halden einsam wohnen
Und denen Güter, mit der Hand gepflückt,
Die gute Mattigkeit der Glieder lohnen.
So seh ich Sinn und Segen fern gebreitet
Und starre voller Sehnsucht stets hinüber,
Doch wie mein Blick dem Nahen näher gleitet,
Wird alles öd, verletzender und trüber;
Es scheint mein ganzes so versäumtes Leben,
Verlorne Lust und nie geweinte Tränen,
Um diese Gassen, dieses Haus zu weben
Und ewig sinnlos suchen, wirres Sehnen.
Am Fenster stehend
Jetzt zünden sie die Lichter an und haben
In engen Wänden eine dumpfe Welt
Mit allen Rausch- und Tränengaben
Und was noch sonst ein Herz gefangenhält.
Sie sind einander herzlich nah
Und härmen sich um einen, der entfernt;
Und wenn wohl einem Leid geschah,
So trösten sie ... ich habe Trösten nie gelernt.

Von Natur und Mitwelt abgeschlossen, ist er dem Todesgedanken nahe.

Was weiß denn ich vom Menschenleben?
Bin freilich scheinbar drin gestanden,
Aber ich hab es höchstens verstanden,
Konnte mich nie darein verweben.
Hab mich niemals daran verloren.
Wo andre nehmen, andre geben,
Blieb ich beiseit, im Innern stummgeboren.
Ich hab von allen lieben Lippen
Den wahren Trank des Lebens nie gesogen,
Bin nie, von wahrem Schmerz durchschüttert,
Die Straße einsam, schluchzend, nie! gezogen.

Wenn ich von guten Gaben der Natur
je eine Regung, einen Hauch erfuhr,
So nannte ihn mein überwacher Sinn,
Unfähig des Vergessens, grell beim Namen.
Und wie dann tausende Vergleiche kamen,
War das Vertrauen, war das Glück dahin.
Und auch das Leid! zerfasert und zerfressen
Vom Denken, abgeblaßt und ausgelaugt!
Wie wollte ich an meine Brust es pressen,
Wie hätt ich Wonne aus dem Schmerz gesaugt:
Sein Flügel streifte mich, ich wurde matt,
Und Unbehagen kam an Schmerzes Statt ...
Aufschreckend
Es dunkelt schon. Ich fall in Grübelei.
Ja, ja: die Zeit hat Kinder mancherlei.
Doch ich bin müd und soll wohl schlafen gehen.
Der Diener bringt eine Lampe, geht dann wieder.
Jetzt läßt der Lampe Glanz mich wieder sehen
Die Rumpelkammer voller totem Tand,
Wodurch ich doch mich einzuschleichen wähnte,
Wenn ich den graden Weg auch nimmer fand
In jenes Leben, das ich so ersehnte.

Hofmannsthal verbirgt die Nähe zur Darstellung des Faust (und später des Hamlet) nicht. Die Kontrafaktur (= die Verwendung schon vorhandener Inhalte oder Formen für andere Zwecke) ist sicher gewollt; wenn Claudio sich des Goetheschen Sprachtons bedient, kennzeichnet das seine (und der Epigonen) Situation, nichts Eigenes zu haben, aber auch, dem Leben entfremdet, in einem vorgeformten Gebilde zu existieren. Claudio befindet sich in einem Zustand sehnsüchtiger Unruhe. Die kargen Regiebemerkungen sehen ihn »aufschreckend«, bald »vor dem Kruzifix«, »vor einem alten Bild«, »vor einer Truhe« mit Bechern, »ehern Schilderwerk« und »formenquellenden« Verzierungen. Er fühlt sich, wie der Fisch im Netz, von der »Form gefangen«; seine Beschäftigung mit ihrem Reiz war »umsonst«:

Ich hab mich so an Künstliches verloren,
Daß ich die Sonne sah aus toten Augen
Und nicht mehr hörte als durch tote Ohren ...

Was er erfahren konnte, war »nie ganz bewußt, nie völlig unbewußt«; er hat nicht das Leben gekannt, sondern »künftgen Lebens vorgeliehnen Schein / Und hohles Bild von einem vollern Sein«. Diese Einsicht ist, wie auch für den Kaufmannssohn im ›Märchen der 672. Nacht‹ tödlich. Claudio selbst zieht den Tod an. Als dieser jedoch vor ihm steht, erfaßt ihn »namenloses Grauen«. Er versucht ihn abzuwehren:

> Geh weg! Du bist der Tod. Was willst du hier?
> Ich fürchte mich. Geh weg (…)
> DER TOD
> Steh auf! Wirf dies ererbte Graun von dir!
> Ich bin nicht schauerlich, bin kein Gerippe!
> Aus des Dionysos, der Venus Sippe,
> Ein großer Gott der Seele steht vor dir.
> Wenn in der lauen Sommerabendfeier
> Durch goldne Luft ein Blatt herabgeschwebt,
> Hat dich mein Wehen angeschauert,
> Das traumhaft um die reifen Dinge webt;
> Wenn Überschwellen der Gefühle
> Mit warmer Flut die Seele zitternd füllte,
> Wenn sich im plötzlichen Durchzucken
> Das Ungeheure als verwandt enthüllte,
> Und du, hingebend dich im großen Reigen,
> Die Welt empfingest als dein eigen:
> In jeder wahrhaft großen Stunde,
> Die schauern deine Erdenform gemacht,
> Hab ich dich angerührt im Seelengrunde
> Mit heiliger, geheimnisvoller Macht.

Wenn das Erscheinen des Todes Claudio erschreckt, ist das ein weiteres Zeichen dafür, daß er ein Leben der Selbsttäuschung geführt hat. Im Fragment ›Der Tod des Tizian‹ (1892) ist Sterben hingegen nichts anderes als »im Unbewußten untersinken«.

Tizians Leben und Schaffen war für andere von Bedeutung, er lebte in jener »Lebenseinheit«, die Claudio preist, aber nie erfahren hat und in seiner Isolation im Nur-Ästhetischen nicht erfahren kann. Was Claudio, angerührt von dem »sehnsüchtige(n) und ergreifende(n) Spiel einer Geige« (Totentanzmotiv!), in den Versen vor dem Erscheinen des Todes empfindet, ist, wie das Leben hätte sein können, wenn es ihm gelungen wäre, »ein lebend Glied im großen Lebensringe« zu sein. »Rücklebend so verzaubert« zu sein, ist aber nur in einer Art Traumvorstellung möglich – man kann Versäumtes nicht nachholen. Darum ist es unsinnig, wenn er den Tod anfleht:

> Ich aber bin nicht reif, drum laß mich hier.
> Ich will nicht länger töricht jammern,
> Ich will mich an die Erdenschollen klammern,
> Die tiefste Lebenssehnsucht schreit in mir.
> Die höchste Angst zerreißt den alten Bann;
> Jetzt fühl ich – laß mich – daß ich leben kann!

Mit dem »alten Bann« meint er die Unfähigkeit, sein Leben zu einem »Ganzen« zu gestalten. Claudio ist ein Tor, d.h. er ist in seinem Leben nicht weise geworden, hat sich in seiner künstlichen Welt selbst genügt, »schellenlaut und leer«. Der Tod führt ihm vor, was er damit alles versäumt hat. Erst dadurch gewinnt Claudio die Einsicht: »Erst, da ich sterbe, spür ich, daß ich bin.« Der Tod erst zeigt ihm, daß er »keinem etwas« war, vor allem aber auch »keiner etwas mir«. So findet er schließlich im Tod seinen Sinn: »Da tot mein Leben war, sei du mein Leben, Tod!«

Die freie Hingabe an den Tod ist seine erste wirkliche Tat. Damit erreicht er so viel eigentliches Leben, daß er alles bisher Unterlassene (Aufopferung, Mitgefühl, Verantwortung) in diesem letzten Augenblick erfährt. In der eigenen Deutung Hofmannsthals wird dem Todeserlebnis noch eine weitere Funktion zuerkannt: Der Tod ist »das erste wahrhaftige Ding (...), das ihm begegnet, das erste Ding, dessen Wahrhaftigkeit er zu fassen imstande ist. Ein Ende aller Lügen, Relativitäten und Gaukelspiele.« Damit ist auch klar, daß es ohne Sinn gewesen wäre, wenn der Tod ihn freigegeben hätte.

Der Tod, der hier erscheint, bezeichnet sich selbst als »großer Gott der Seele« und als Dionysos und Venus zugehörig; Dionysos, so konnte Hofmannsthal bei Nietzsche lesen, ist der Gott der orgiastischen Kulte, aber auch der Gott, der selbst gestorben und wieder erstanden war. Er kann daher seine Anhänger ohne Schrecken »durch die Mysterien von Tod und Wiedergeburt« (Richard Alewyn) leiten. Wie im Mysterium der christlichen Welt der Tod zum besseren, ewigen Leben zu führen vermag, weist der Tod aus »des Dionysos (...) Sippe« den Weg zum eigentlichen Leben. Die Venus verkörpert in diesem Zusammenhang nicht so sehr die Schönheits-, sondern die Frühlingsgöttin, also ein Symbol des neuen Lebens.

Hofmannsthal sucht in den folgenden Jahren – allein 1897 hat er vier kleine Dramen geschrieben – nach anderen Lösungen. Nicht der Tod ist etwa in dem »Zwischenspiel ›Der weiße Fächer‹ die letzte Instanz in bezug auf die Probleme des Lebens, sondern das Leben selbst, das vom einzelnen Antworten verlangt. Ähnlich verhält es sich in ›Der Kaiser und die Hexe‹, wo der Kaiser erkennt, daß der Weg, der ihn an die Hexe (also eine magisch verzaubernde Kraft) gebunden hat, ein Irrweg war, aus dem er selbst herausfinden muß.

Elektra

Von großer Bedeutung für das dramatische Werk nach dem Abschluß der Jugenddramen ist die Begegnung mit Richard Strauss und Max Reinhardt. In Richard Strauss sah er wohl, aus dem zeitlichen Abstand etwas verklärt, den Mann, der – anders als die zeitgenössischen Kritiker – »immer alles, was da war, erkannte – und es (…) schöpferisch aufnahm und in ein noch höheres Leben hinüberführte«: ›Elektra‹, ›Rosenkavalier‹, ›Ariadne auf Naxos‹, ›Die Frau ohne Schatten‹, ›Arabella‹ sind glänzende Zeugnisse einer menschlich nicht immer ganz einfachen Zusammenarbeit. Für Hofmannsthal erfüllte sich darin seine Vorstellung vom großen festlichen Theater, das er besonders in der Oper verwirklicht sah.

Das Werk, das Hofmannsthal in Verbindung mit Richard Strauss brachte, war ›Elektra‹ (1903 Theaterfassung, Uraufführung der Oper 1909 in Dresden). Mit ›Elektra‹ begann für ihn aber auch in anderer Hinsicht »eine neue Epoche«, wie er selbst sagte: die Hinwendung zum »dramatischen Drama«. Die Lektüre antiker Dramen um die Jahrhundertwende hatte ihn auch mit Sophokles' ›Elektra‹ bekannt gemacht: »Sogleich verwandelte sich die Gestalt dieser Elektra in eine andere. Auch das Ende stand sogleich da: daß sie nicht mehr weiterleben kann, daß, wenn der Streich gefallen ist, ihr Leben (…) ihr entstürzen muß …«. Die Anverwandlung des fremden Stoffes ist in diesem Rückblick Hofmannsthals deutlich erkennbar. Sie betrifft vor allem die drei weiblichen Hauptgestalten. »An dem Verlorenen festhalten, ewig beharren bis an den Tod – oder aber *leben*, weiterleben, hinwegkommen, sich verwandeln, die Einheit der Seele preisgeben, nicht zum gedächtnislosen Tier herabsinken.« Es ist das Grundthema der ›Elektra‹, die Stimme der Elektra gegen die Stimme der Chrysothemis, so heißt es im Hofmannsthal-Strauss-Briefwechsel. Damit erhält das einaktige Stück eindeutig Hofmannsthalsche Prägung, wenn auch die Handlung, trotz der Streichung des Prologs und des antiken Chors, in den Grundzügen der Sophokleischen Tragödie folgt.

Im inneren Hof des Palastes erscheint die erniedrigte Elektra, Tochter des Agamemnon und seiner Frau Klytämnestra. »Sie ist allein mit den Flecken roten Lichtes, die aus den Zweigen des Feigenbaumes … fallen, wie Blutflecke.« »Blut« ist von Anfang an ein Kennwort. Das blutige Beil, mit dem einst Klytämnestra und ihr Geliebter Ägisth Agamemnon erschlagen haben, will Elektra ausgraben; sie ist entschlossen, zusammen mit Orest, dem Bruder, und Chrysothemis, der Schwester, den Vater zu rächen und seine Ehre wiederherzustellen:

Vater! dein Tag wird kommen! Von den Sternen
stürzt alle Zeit herab, so wird das Blut
aus hundert Kehlen stürzen auf dein Grab!
So wie aus umgeworfnen Krügen wirds
aus den gebundnen Mördern fließen, rings

wie Marmorkrüge werden nackte Leiber
von allen ihren Helfern sein, von Männern
und Frauen, und in einem Schwall, in einem
geschwollnen Bach wird ihres Lebens Leben
aus ihnen stürzen – und wir schlachten dir
die Rosse, die im Hause sind, wir treiben
sie vor dem Grab zusammen, und sie ahnen
den Tod und wiehern in die Todesluft
und sterben, und wir schlachten dir die Hunde,
weil sie der Wurf sind und der Wurf des Wurfes
von denen, die mit dir gejagt, von denen,
die dir die Füße leckten, denen du
die Bissen hinwarfst, darum muß ihr Blut
hinab, um dir zu Dienst zu sein, und wir,
dein Blut, dein Sohn Orest und deine Töchter,
wir drei, wenn alles dies vollbracht und Purpur-
zelte aufgerichtet sind, vom Dunst
des Blutes, den die Sonne an sich zieht,
dann tanzen wir, dein Blut, rings um dein Grab (...).

Doch Chrysothemis versagt sich, sie teilt den Haß Elektras nicht:

Du bist es, die mit Eisenklammern
mich an den Boden schmiedet. Wärst nicht du,
sie ließen uns hinaus. Wär nicht dein Haß,
dein schlafloses unbändiges Gemüt,
vor dem sie zittern, ah, so ließen sie
uns ja heraus aus diesem Kerker, Schwester!
Ich will heraus! Ich will nicht jede Nacht
bis an den Tod hier schlafen! Eh ich sterbe,
will ich auch leben! Kinder will ich haben,
bevor mein Leib verwelkt, und wärs ein Bauer,
dem sie mich geben, Kinder will ich ihm
gebären und mit meinem Leib sie wärmen
in kalten Nächten, wenn der Sturm die Hütte
zusammenschüttelt! Aber dies ertrag ich
nicht länger, hier zu lungern bei den Knechten
und doch nicht ihresgleichen, eingesperrt
mit meiner Todesangst bei Tag und Nacht!
Hörst du mich an? Sprich zu mir, Schwester!

ELEKTRA   Armes
   Geschöpf!
CHRYSOTHEMIS
          Hab Mitleid mit dir selbst und mir.
   Wem frommt denn diese Qual? Dem Vater etwa?
   Der Vater, der ist tot. Der Bruder kommt nicht heim.
   Du siehst ja doch, daß er nicht kommt. Mit Messern
   gräbt Tag um Tag in dein und mein Gesicht
   sein Mal, und draußen geht die Sonne auf

und ab, und Frauen, die ich schlank gekannt hab,
sind schwer von Segen, mühen sich zum Brunnen
und heben kaum den Eimer, und auf einmal
sind sie entbunden ihrer Last und kommen
zum Brunnen wieder und aus ihnen selber
rinnt süßer Trank, und säugend hängt ein Leben
an ihnen, und die Kinder werden groß –
und immer sitzen wir hier auf der Stange
wie angehängte Vögel, wenden links
und rechts den Kopf, und niemand kommt, kein Bruder,
kein Bote von dem Bruder, nicht der Bote
von einem Boten, nichts! Viel lieber tot,
als leben und nicht leben. Nein, ich bin
ein Weib und will ein Weiberschicksal.

Chrysothemis hat zum Vergangenen und ihrer eigenen Zukunft ein anderes Verhältnis als Elektra: Sie kann zwar den Mord am Vater nicht vergessen, möchte aber selber »leben«, als Mutter und als Frau sich selbst »wiederfinden«:

Es ist ja nicht ein Wasser, das vorbeirinnt,
es ist ja nicht ein Garn, das von der Spule
herunter fliegt und fliegt, ich bins ja, ich!
Ich möchte beten, daß ein Gott ein Licht
mir in der Brust anstecke, daß ich mich
in mir kann wiederfinden! Wär ich fort,
wie schnell vergäß ich alle bösen Träume –

Gerade gegen dieses »Vergessen« aber wehrt sich Elektra:

Vergessen? Was! bin ich ein Tier? vergessen?
Das Vieh schläft ein, von halbgefreßner Beute
die Lefze noch behängt, das Vieh vergißt sich
und fängt zu käuen an, indes der Tod
schon würgend auf ihm sitzt, das Vieh vergißt,
was aus dem Leib ihm kroch, und stillt den Hunger
am eignen Kind – ich bin kein Vieh, *ich kann nicht
vergessen!*

Im »Vergessen« sieht sie das Inhumane, im erinnernden Haß und in der Tat ihre Aufgabe. Darin liegt deutlich etwas Gegensätzliches zu Goethes ›Iphigenie‹. So ist wohl auch Hofmannsthals Äußerung zu verstehen, daß in »der ›Elektra‹ das Individuum in der empirischen Weise aufgelöst« sei, »indem eben der Inhalt seines Lebens es von innen her zersprengt (...) Elektra ist nicht mehr Elektra, weil sie eben ganz und gar Elektra zu sein sich weihte«. Elektra hat keine Gegenwart, sie ist nur noch Gefäß der Rache:

> (...) ich bin wie ein Hund an ihrer Ferse:
> will sie in eine Höhle, spring ich sie
> von seitwärts an, so treiben wir sie fort,
> bis eine Mauer alles sperrt, und dort
> im tiefsten Dunkel, doch ich seh ihn wohl,
> ein Schatten, und doch Glieder und das Weiße
> von einem Auge doch, da sitzt der Vater:
> er achtets nicht und doch muß es geschehn:
> vor seinen Füßen drücken wir sie hin,
> da fällt das Beil!

Klytämnestra, über die sie diese Worte spricht, möchte das Geschehene vergessen, den Mord einem früheren Selbst anlasten, mit dem sie nichts zu tun hat:

> Geht denn nicht alles
> vor unseren Augen über und verwandelt
> sich wie ein Nebel? Und wir selber, wir!
> und unsre Taten! Taten! Wir und Taten!
> Was das für Worte sind. Bin ich denn noch,
> die es getan?

Dennoch liegt die Vergangenheit wie eine Last auf ihr; nachts suchen sie schlimme Träume heim.

> (...) Und dann schlaf ich
> und träume, träume! daß mir in den Knochen
> das Mark sich löst, und taumle wieder auf,
> und nicht der zehnte Teil der Wasseruhr
> ist abgelaufen, und was unterm Vorhang
> hereingrinst, ist noch nicht der fahle Morgen,
> nein, immer noch die Fackel vor der Tür,
> die gräßlich zuckt wie ein Lebendiges
> und meinen Schlaf belauert ...
> Ich weiß nicht, wer die sind, die mir das antun,
> und ob sie droben oder drunten wo
> zu Hause sind – wenn ich *dich* stehen sehe,
> wie jetzt, so mein ich, du mußt mit im Spiel sein.

Doch die Hoffnung, daß das Vergangene nicht mehr gegenwärtig, d. h. nicht mehr wirksam sei, läßt sie Rat ausgerechnet bei der Tochter suchen, deren Ironie im Gespräch ihr erst langsam aufgeht.

Elektra muß nicht selbst handeln; mit dem Erscheinen Orests wird ihr die Tat abgenommen. Es ist deutlich, daß ihr dies keineswegs gelegen kommt.

> (...) Haß ist nichts, er zehrt und zehrt
> sich selber auf, und Liebe ist

noch weniger als Haß, sie greift nach allem
und kann nichts fassen, ihre Hände sind
wie Flammen, die nichts fassen, alles Denken
ist nichts, und was aus einem Mund hervorkommt,
ist ohnmächtige Luft, nur der ist selig,
der seine Tat zu tuen kommt! und selig,
wer ihn anrühren darf, und wer das Beil
ihm aus der Erde gräbt, und wer die Fackel
ihm hält, und wer die Tür ihm auftut, selig,
wer an der Türe horchen darf.

Aber nicht einmal das Beil konnte sie ihm, als es darauf ankam, geben.

Ich habe ihm das Beil nicht geben können!
Sie sind gegangen, und ich habe ihm
das Beil nicht geben können. Es sind keine
Götter im Himmel!

In einer Notiz äußert Hofmannsthal: »Wer leben will, der muß über
sich selbst hinwegkommen, muß sich verwandeln (…) Und dennoch
ist am Beharren (…) an die Treue alle menschliche Würde geknüpft.
Das ist einer von den Widersprüchen, über denen das Dasein aufgebaut ist.« Deshalb kann Elektra nicht überleben. Der einzige Zweck
ihres Daseins ist erfüllt.

*Elektra hat sich erhoben. Sie schreitet von der Schwelle herunter. Sie hat den
Kopf zurückgeworfen wie eine Mänade. Sie wirft die Kniee, sie reckt die Ar-
me aus, es ist ein namenloser Tanz, in welchem sie nach vorwärts schreitet.*
CHRYSOTHEMIS *erscheint wieder an der Tür, hinter ihr Fackeln,
Gedräng, Gesichter von Männern und Frauen*
   Elektra!
ELEKTRA *bleibt stehen, sieht starr auf sie hin*
   Schweig und tanze. Alle müssen
herbei! hier schließt euch an! Ich trag die Last
des Glückes, und ich tanze vor euch her,
Wer glücklich ist wie wir, dem ziemt nur eins:
schweigen und tanzen!
*Sie tut noch einige Schritte des angespanntesten Triumphes und stürzt zu-
sammen.*

Hofmannsthal war mit diesem – vom antiken Drama völlig abwei-
chenden – Schluß selbst nicht ganz glücklich. Als ihn der Kritiker
Maximilian Harden fragte, ob er auf Orest nicht besser verzichtet
hätte, meinte Hofmannsthal, Elektra wäre wohl »ein reineres Kunstwerk und schöner geworden, wenn der Orest nicht vorkäme«. Überdies sah er ›Elektra‹ als eine Art Übergangswerk auf seinem Weg an,
»erst nur halb entrissen« sei er da seinen undramatischen frühen

Dramen gewesen. Die immer noch langen, der Selbstenthüllung dienenden Reden bestätigen dieses Urteil; die Umsetzung der Problematik in Handlung gelingt nur streckenweise, wie z.B. in der Szene des Wiedererkennens zwischen Elektra und Orest, wo hohe dramatische Spannung und Dichte entsteht.

Trotz der auch von der Kritik deutlich erkannten Schwächen wurde ›Elektra‹ Hofmannsthals erster Bühnenerfolg. Heute wird das Stück wenig gespielt; bekannter ist es in der Umformung zum Opernlibretto, das Richard Strauss nach dem Besuch der Berliner Aufführung anregte. Hofmannsthal betonte darin Elektras Rachebesessenheit noch mehr, strich, um Strauss' Vorstellungen gerecht zu werden, einzelne (leider auch gedanklich wichtige) Verse, ergänzte »lyrische« Passagen als Ruhepunkte und kam insgesamt Strauss' Wunsch nach ekstatischer Steigerung nach. Strauss erreichte mit diesem Werk, wie ein Interpret meint, »sein eindringlichstes, am weitesten in den Bereich der Moderne vordringendes Musikdrama«. Elektra – eine schwierige Opernrolle, weil die Hauptperson während der ganzen Dauer der Aufführung auf der Bühne steht – rückt darin noch stärker in den Vordergrund, wodurch aber etwas von der ursprünglich ausgewogenen Differenzierung der drei Frauengestalten verlorengeht. Schon Arthur Schnitzler hat deshalb bemerkt, die Bühnenfassung habe ihn mehr berührt.

Dennoch muß man sehen, daß Hofmannsthal mit ›Elektra‹ ein weiterweisendes Drama gelungen ist. Als eines der wenigen aus dieser Zeit zeigt es die Folge der Auflösung des Individualitätsbegriffs. »Wie in kaum einem anderen Drama sonst werden« – so Walter Müller-Seidel – »Erfahrungen und zentrale Motive der expressionistischen Generation vorweggenommen: die Angst, der Schrei, das Sich-opfern und Geopfertwerden.«

Die Berliner Aufführung hatte Max Reinhardt inszeniert. Reinhardt war es auch, der Hofmannsthal im bühnentechnischen Bereich stark beeinflußte und seine Absichten in bezug auf das Theater und seine soziale Funktion unterstützte. In Grundvorstellungen stimmen Reinhardt und Hofmannsthal überein: »Gibt man sich mit dem Theater ab, so bleibt es immer ein Politikum. Man handelt, indem man vor eine Menge tritt, denn man will auf sie wirken.« (Hofmannsthal) Eine solche Aussage ist zunächst erstaunlich in einer Zeit, in der Literatur und Kunst sich im wesentlichen auf sich selbst zurückziehen. Manch ein Zeitgenosse, wie etwa Stefan George, hat auf diese Hofmannsthalsche »Wendung« denn auch mit unverhohlener Ablehnung reagiert.

Jedermann

Die Salzburger Festspiele (seit 1920) müssen im Zusammenhang mit Hofmannsthals Verbindung zu Reinhardt gesehen werden. Für die Spiele stellte Hofmannsthal ein frühes Werk zur Verfügung, »Das Spiel vom Sterben des Reichen Mannes«: ›Jedermann‹. Der alte Stoff bot ihm die Möglichkeit, eine zweite »Version des Repräsentativ-Theatralischen« (Gerhart Pickerodt) zu entwickeln. Das Theater hat darin die Funktion, die Welt in symbolisch-allegorischer Weise zu repräsentieren und den Weg zur Auflösung ihrer Widersprüche zu weisen. Die Welt läßt sich also darstellen als ein Theater, auf dessen Bühne Rollen gespielt werden, deren Erfüllung beurteilt werden kann. Für diese Funktion gab es bereits Vorbilder im spätmittelalterlichen Mysterienspiel und im barocken Theater; Hofmannsthal nahm dazu das alte Moralitätenspiel wieder auf. »Moralities« nannte man im spätmittelalterlichen England religiös-allegorische Schauspiele, in denen Eigenschaften des Menschen personifiziert auftraten. So kämpfen etwa Laster und Tugenden um die Seele des Menschen, des ›Jedermann‹ (Everyman), wie ein um 1500 weitverbreitetes Stück hieß. Auf dieser Grundlage und in Anlehnung an Hans Sachs' ›Comedi von dem reichen sterbenden Menschen, der Hecastus genannt‹ konzipiert Hofmannsthal seinen ›Jedermann‹, schreibt ihn 1911 in modernisierte Knittelverse um und ändert später noch einmal Details (auf Reinhardts Wunsch z.B. die Bankettszene) für die Salzburger Festspiele.

Da die Zielsetzung ein volkstümliches Theater voraussetzt, das auch von jedermann verstanden und aufgenommen werden kann und vor allem das Gemüt ergreifen sollte, mußte die Sprache eingängig, die Charakterzeichnung unkompliziert und der Handlungsverlauf überschaubar und leicht faßbar sein. Der religiöse Hintergrund durfte sich nicht im theologischen Detail (z.B. der Rechtfertigungslehre) verlieren. Bezeichnend dafür ist das Gespräch mit der Mutter, eine Szene, die Hofmannsthal keiner Vorlage verdankt: Der reiche Herr Jedermann, ein »prächtiger Schwelger und Weinzecher / ein Buhl, Verführer und Ehebrecher / Ungläubig als ein finsterer Heide / (...) / Witwen und Waisen Gutsverprasser / ein Unterdrücker, Neider, Hasser«, hat eben Geschäfte in Gang gesetzt, Bittsteller mit spitzfindiger Argumentation abgewiesen, seinem guten »Gesell« die Pläne für einen Lustgarten geschildert, den er seiner »Buhlschaft« (= Geliebten) schenken will, und befindet sich nun auf dem Weg zum geselligen Bankett, als er seiner Mutter begegnet.

JEDERMANNS MUTTER
Bin froh, mein Sohn, daß ich dich seh.
Geschieht mir so im Herzen weh,

Daß über weltliche Geschäftigkeit
Dir bleibt für mich geringe Zeit.

JEDERMANN
Die Abendluft ist übler Art
Und deine Gesundheit gebrechlich und zart,
Kann dich mit Sorgen nur hier sehn.
Möchtest nit ins Haus eingehn?

JEDERMANNS MUTTER
Gehst du dann mit und bleibst daheim?

JEDERMANN
Für den Abend kanns nit wohl sein.

JEDERMANNS MUTTER
So darfst dich nit verdrießen lassen,
Daß ich dich halt hier auf der Gassen.

JEDERMANN
Ist mir gar sehr um dein Gesund.
Vielleicht wir könnten zu anderer Stund –

JEDERMANNS MUTTER
Um meine Gesundheit kein Sorg nit hab,
Ich steh mit einem Fuß im Grab.
Mir gehts nit um mein zeitlich Teil.
Doch dester mehr ums ewig Heil.
Verziehst du dein Gesicht, mein Sohn,
Wenn ich die Red anheb davon?
Und wird die Frag dich recht beschweren,
Wenn ich dich mahn, ob deine Seel
Zu Gott gekehrt ist, ihrem Herrn?
Trittst hinter dich vor Ungeduld
Und mehrest lieber Sündenschuld,
Als in dich gehen ohne Spott
Und recht betrachten deinen Gott?
Da doch von heut auf morgen leicht
Eine Botschaft dich von ihm erreicht,
Du solltest vor seinen Gerichtstuhl gehen
Und von deinem ganzen Erdenleben
Eine klare Rechnung vor ihm geben.
(...)
Wie aber, wenn beim Posaunenschall
Du von deinen Reichtümern all
Ihm sollst eine klare Rechnung geben
Um ewigen Tod oder ewiges Leben?
Mein Sohn, es ist ein arg Ding zu sterben,
Doch ärger noch auf ewig verderben.

JEDERMANN
Auf vierzig Jahre bin ich kaum alt,
Mich wird eins halt nit mit Gewalt
Von meinen irdischen Freuden schrecken.

JEDERMANNS MUTTER
Willst du den Kopf in den Sand stecken

Und siehst den Tod nit, Jedermann,
Der mag allstund dich treten an?

JEDERMANN

Bin jung im Herzen und wohl gesund
Und will mich freuen meine Stund,
Es wird die andere Zeit schon kommen,
Wo Buß und Einkehr mir wird frommen.

JEDERMANNS MUTTER

Das Leben flieht wie Sand dahin.
Doch schwer umkehret sich der Sinn.

JEDERMANN

Frau Mutter, mir ist das Reden leid,
Hab schon gesagt, hab heut nit Zeit.

JEDERMANNS MUTTER

Mein lieber Sohn!

JEDERMANN   Bin sonst allzeit
Gehorsam gern und dienstbereit.

JEDERMANNS MUTTER

Meine Red ist dir verdrießlich sehr,
Das macht mich doppelt kummerschwer. (...)

Aus der Mutter spricht Sorge und schlichte Gläubigkeit; sie gibt Ratschläge, die aus einer unreflektierten christlichen Lehre stammen. Damit scheint sie auch keinerlei Wirkung zu erzielen. Dennoch: Unter dem Einfluß dieses Gesprächs und trotz der Ablenkung durch die Buhlschaft und das beginnende Bankett spürt Jedermann die Nähe des Todes: Ein Glockenläuten, das die anderen nicht hören, Stimmen, die seinen Namen rufen, und schließlich die unheimliche Gestalt selbst zerstören das Selbstgefühl des Reichen, der nur noch um ein wenig Aufschub betteln kann, um wenigstens »Begleitung« zu finden. Aber alle, die sonst um ihn waren, sind bereits geflohen. Da besinnt »Jedermann« sich auf seinen Reichtum als die letzte seiner »Kräft«:

Wer bin ich denn: der Jedermann,
Der reiche Jedermann allzeit.
(...)
Und was da steht auf diesem Platz,
Das ist mein Geld, das ist mein Schatz,
Durch den ich jederzeit mit Macht
Hab alles spielend vor mich bracht.

Aus der Truhe springt Mammon; er spottet über Jedermann, als dieser ihm als sein Herr das Mitkommen befiehlt:

MAMMON

Ist es an dem, du mußt von hier?

Ei was, na ja, gehab dich wohl.
Ein Bot war da, daß er ihn hol
Dorthin, das ist ja schleunig kommen.
Hab vordem nichts derart vernommen.

JEDERMANN
Und du gehst mit, es ist an dem.

MAMMON
Nit einen Schritt, bin hier bequem.

JEDERMANN
Bist mein, mein Eigentum, mein Sach.

MAMMON
Dein Eigen, ha, daß ich nit lach.

JEDERMANN
Willst aufrebellen, du Verflucht! du Ding!

MAMMON *stößt ihn weg*
Du, trau mir nit, dein Wut acht ich gering,
Wird umkehrt wohl beschaffen sein.
Ich steh gar groß, du zwergisch klein.
Du Kleiner wirst wohl sein der Knecht.
Und dünkts dich, anders wärs gewesen,
Das war ein Trug und Narrenwesen.

JEDERMANN
Hab dich gehabt zu meim Befehl.

MAMMON
Und ich regiert in deiner Seel.

JEDERMANN
Warst mir zu Diensten in Haus und Gassen.

MAMMON
Ja, dich am Schnürl tanzen lassen.

JEDERMANN
Warst mein leibeigner Knecht und Sklav.

MAMMON
Nein, du mein Hampelmann recht brav.

JEDERMANN
Hab dich allein gedurft anrühren.

MAMMON
Und ich alleinig dich nasführen.
Du Laff, du ungebrannter Narr,
Erznarr du, Jedermann, sieh zu.
Ich bleib dahier und wo bleibst du?
(...)
War dir geliehen für irdische Täg
Und geh nit mit auf deinen Weg,
Geh nit, bleib hier, laß dich allein
Ganz bloß und nackt in Not und Pein (...)
Fährst in die Gruben nackt und bloß,
So wie du kamst aus Mutter Schoß.
Bückt sich, die Truhe springt zu.

JEDERMANN *ohne Sprache, eine lange Stille.*

Mammon ist wie »Werke« und »Glaube« eine allegorische Figur; anders als bei der symbolischen ist der mit ihr verbundene Vorstellungsgehalt eindeutig festgelegt und in einer willkürlich gewählten Gestalt verkörpert. Die Faßbarkeit macht sie geeignet für das »Spiel vor der Menge« (Hofmannsthal). Dem Verfasser scheint darüber hinaus besonders die Allegorie geeignet, »das zerfließende Weltwesen in solcher Art zu festen Gegensätzen zu verdichten. Es ist die Gefahr und der Ruhm unserer Zeit, an deren Schwelle der greise Ibsen steht, daß wir weit genug wiederum sind, uns alle im Allegorischen bewähren zu müssen«, erläutert er in dem Aufsatz ›Das alte Spiel von Jedermann‹. Worauf Hofmannsthal »vor der Menge« besonders hinweisen will, ist »das Verhältnis des Menschen zum Besitz«. Im »Mittelpunkt« meint er, stehe daher »die Allegorie des Dieners Mammon, der ein verlarvter Dämon und stärker als sein Herr ist, und sich als den Herrn seines Herrn offenbart«, aus einem Mittel zum »Zweck der Zwecke« wird, wie es an anderer Stelle heißt. Hofmannsthal hat damit den Akzent verschoben, der ursprünglich im Gericht, d.h. dem Abwägen von Gut und Böse, lag. Vielleicht wird daraus auch verständlich, daß der Rettungsversuch durch »Werke« und »Glauben« nicht so sehr überzeugen kann. Das Urteil, das Richard Strauss über den Bettler im Drama ›Das große Welttheater‹ (1921) fällte, gilt ähnlich wohl auch für ›Jedermann‹: »So schön dichterisch die Idee des Umschwungs im Bettler ist, meinem dramatischen Empfinden steht doch ein Knax im Wege, der sich zwischen der eigentlich dramatischen Lösung (d.h. Vollendung der Zerstörung) und dem christlichen Gedanken der plötzlichen Umkehr findet.« Doch ist im ›Jedermann‹ das Ende natürlich von vornherein vorgegeben, und das bedeutet auch, daß der Teufel wie im alten »Volksstück« der Betrogene sein muß, der zuletzt leer ausgeht.

Der »Glaube« sagt es ihm voraus:

GLAUBE
Auf deiner Seiten steht nit viel,
Hast schon verloren in dem Spiel.
Gott hat geworfen in die Schal
Sein Opfertod und Marterqual
Und Jedermannes Schuldigkeit
Vorausbezahlt in Ewigkeit.

Aber der Teufel ist nicht nur im ›Faust‹ Rationalist. Er pocht auch hier auf Abwägung nach Gründen. Freilich vergebens: der angesichts des Todes geläuterte Jedermann wird nach der Überzeugung der Personifikation des Glaubens in die »himmlischen Reihen« der Engel eingelassen.

TEUFEL

Seit wann? seit wo? wie geht das zu?
Geschiehet das in einem Nu?
Wenn eins sein Leben brav sich regt
Und nur auf uns sein Tun anlegt,
Recht weislich, fest und wohlbedacht,
Recht Stein auf Stein und Tag auf Nacht,
Wird solch ein wohlbeständig Ding
In einem Augenzwinkern neu?
Schmeißt ihr das um mit einem Wink?

GLAUBE

Ja, solches wirkt die tiefe Reu,
Die hat ein lohende Feuerskraft,
Da sie von Grund die Seel umschafft.
(...)

TEUFEL

Ein schöner Fall, ganz sonnenklar,
Und in der Suppe doch ein Haar!
Tret arglos her, vergnügt im Sinn,
Und mein, zu melden mich als Erben.
Ja Vetter, ja, da liegen die Scherben!
»Hie ist kein Weg, hie ist kein Weg!«
Ah! Weiber! Fastensupp und Schläg,
Das ist, wie ich sie halten tät!
Ein Ausspruch, der zu Recht besteht
Vor Türken, Mohren und Chinesen,
Ff! Da ist Anspruch und Recht gewesen!
Bläst mir ihn weg! »Hie führt kein Weg!
Ich wollt, daß er im Feuer läg.
Und kommt in einem weißen Hemd
Erzheuchlerisch und ganz verschämt.
Die Welt ist dumm, gemein und schlecht,
Und geht Gewalt allzeit vor Recht,
Ist einer redlich treu und klug,
Ihn meistern Arglist und Betrug.

Auch in dieser Szene findet Hofmannsthal den Ton, der die sprachliche Melodie des Volkstücks bewahrt und doch modernen Zuhörern gerecht wird. Schließlich war es ja auch seine Überzeugung, daß sich der Stoff »immer mehr als menschlich absolut, keiner bestimmten Zeit angehörig, nicht einmal mit dem christlichen Dogma unlöslich verbunden« offenbaren würde.

Arthur Schnitzler
Anatol

Nach einigen nur teilweise gelungenen Versuchen (›Alkandi's Lied‹ (1889), ›Das Märchen‹ (1891)) brachte der aus sieben kurzen Einaktern bestehende Zyklus ›Anatol‹ (entstanden 1888–1891) Arthur Schnitzler den künstlerischen Durchbruch. Das Thema der Einakter sind die stets wechselnden, aber auch stets gleichbleibenden neu angeknüpften und zerbrechenden Liebschaften des Titelhelden Anatol, der ein finanziell unabhängiges Leben zwischen Bohème und Großbürgertum führt. Ihm zugesellt ist sein Freund Max, der als Raisonneur, zynischer Kommentator, realistischer Zweifler oder Stichwortgeber fungiert. (Anatol sagt einmal zu ihm: »Von dir geht ein Hauch von kalter, gesunder Heiterkeit aus.«) Anatol bezeichnet sich selbst als »leichtsinnigen Melancholiker«. Er glaubt im Hinblick auf seine mehr oder weniger flüchtigen Liebesbeziehungen desillusioniert zu sein, immer wieder wird ihm aber demonstriert, wie sehr er doch Illusionen anhängt; seine Lust am Betrug wird nur übertroffen von seiner Lust am Selbstbetrug. Es überrascht deshalb vielleicht nicht so sehr, daß trotz seiner Lebenspraxis in seinem Bewußtsein ehrliche, unbedingte Liebe und »ewige« Treue eine zentrale Rolle spielen.

Wenn wie hier der dramatische Konflikt ins Innere der Figur verlagert wird, schwindet die Handlung zugunsten der Situation. Eine kausal folgerichtige Entwicklung des einheitlichen Charakters in der Konfrontation mit seiner Umwelt findet nicht mehr statt. Die ständig wechselnden Partnerinnen Anatols, deren sozialer Rang in der Regel unterhalb des seinen ist, besitzen kaum einmal deutlichere Konturen, sind wenig individualisiert. So bleiben auch die Gespräche mit ihnen meist an der Oberfläche, tritt Konversation an die Stelle des Dialogs – ja, im Hinblick auf die permanente Selbstinszenierung und Selbstbespiegelung dieses Verbrauchers von immer neuen Frauen könnte man sogar von einer Tendenz zum Monolog sprechen. Fächert der Autor das Leben der Titelfigur auf in letztlich austauschbare Episoden, kann kein über sie hinausreichender Spannungsbogen entstehen, ist die Reihung von Einzelszenen die konsequente ästhetische Lösung.

Charakteristisch für den ganzen Zyklus ist bereits der erste Einakter ›Die Frage an das Schicksal‹. In seinem Zentrum steht ein Experiment: Anatol, dessen hypnotische Fähigkeiten am Anfang von seinem Freund Max gerühmt werden, ist nicht so sehr von den trivialen, schaubudenhaften Möglichkeiten der Hypnose gefesselt: »(...) das sind ja Scherze ... Das Große an der Sache ist die wissenschaftliche Verwertung.« Er glaubt, mit diesem Mittel der alten Pilatus-Frage »Was ist Wahrheit?« näher zu kommen, zumindest dem ihn interessierenden Teilbereich dieses Problems, ob nämlich seine derzeitige Geliebte Cora ihn wahrhaft liebt und ihm absolut treu ist.

»Ich wär (glücklich), wenn es irgendein untrügliches Mittel gäbe, diese dummen, süßen, hassenswerten Geschöpfe zum Sprechen zu bringen oder auf irgendeine andere Weise die Wahrheit zu erfahren ...« Denn eigentlich ist er überzeugt: »Immer sind diese Frauenzimmer uns untreu. Es ist ihnen ganz natürlich ... sie wissen es gar nicht ...« Groteske Züge bekommt sein Vorhaben, weil er für sich Untreue und Liebesheuchelei ganz selbstverständlich in Anspruch nimmt. Als Cora erscheint, kann sie tatsächlich überredet werden, sich hypnotisieren zu lassen. Die Befragung beginnt:

ANATOL: Die Suggestion hat gewirkt. Ich werde sie (...) fragen. – Cora, liebst du mich ...? Cora ... liebst du mich?

CORA: Ja!

ANATOL: *triumphierend* Hörst du's?

MAX: Nun also, die Hauptfrage, ob sie treu ist.

ANATOL: Cora! *Sich umwendend* Die Frage ist dumm.

MAX: Warum?

ANATOL: So kann man nicht fragen!

MAX: ...?

ANATOL: Ich muß die Frage anders fassen.

MAX: Ich denke doch, sie ist präzis genug.

ANATOL: Nein, das ist eben der Fehler, sie ist nicht präzis genug.

MAX: Wieso?

ANATOL: Wenn ich sie frage: Bist du treu, so meint sie dies vielleicht im allerweitesten Sinne.

MAX: Nun?

ANATOL: Sie umfaßt vielleicht die ganze ... Vergangenheit ... Sie denkt möglicherweise an eine Zeit, wo sie einen anderen liebte ... und wird antworten: Nein.

MAX: Das wäre ja auch ganz interessant.

ANATOL: Ich danke ... Ich weiß, Cora ist andern begegnet vor mir ... Sie hat mir selbst einmal gesagt: Ja, wenn ich gewußt hätte, daß ich dich einmal treffe ... dann ...

MAX: Aber sie hat es nicht gewußt.

ANATOL: Nein ...

MAX: Und was deine Frage anbelangt ...

ANATOL: Ja ... Diese Frage ... Ich finde sie plump, in der Fassung wenigstens.

MAX: Nun so stelle sie etwa so: Cora, warst du mir treu, seit du mich kennst?

ANATOL: Hm ... Das wäre etwas. *Vor Cora* Cora! Warst du ... Auch das ist ein Unsinn!

MAX: Ein Unsinn!?

ANATOL: (...) Die erste Zeit war es ja nur eine Laune von ihr – wie von mir. Wir haben es beide nicht anders angesehen, wir haben nichts anderes voneinander verlangt, als ein flüchtiges, süßes Glück. Wenn sie zu jener

Zeit ein Unrecht begangen hat, was kann ich ihr vorwerfen? Nichts – gar nichts.

MAX: Du bist eigentümlich mild.

ANATOL: Nein, durchaus nicht, ich finde es nur unedel, die Vorteile einer augenblicklichen Situation in dieser Weise auszunützen.

MAX: Nun, das ist sicher vornehm gedacht. Aber ich will dir aus der Verlegenheit helfen.

ANATOL: –?

MAX: Du fragst sie, wie folgt: Cora, seit du mich liebst … bist du mir treu?

ANATOL: Das klingt zwar sehr klar.

MAX: … Nun?

ANATOL: Ist es aber durchaus nicht.

MAX: Oh! (…)

ANATOL: Um so mehr, als sie in unseren Gesprächen über dieses Thema, wie wir sie manchmal zu führen pflegten, meine vielleicht etwas übertriebenen Ansichten kennen lernte. Ich selbst habe ihr gesagt: Cora, auch wenn du einen andern Mann einfach anschaust, ist es schon eine Untreue gegen mich!

MAX: Und sie?

ANATOL: Und sie, sie lachte mich aus und sagte, wie ich nur glauben könne, daß sie einen andern anschaue.

MAX: Und doch glaubst du –? (…)

ANATOL: Mir ist nämlich soeben noch etwas eingefallen.

MAX: Und zwar …?

ANATOL: Das Unbewußte!

MAX: Das Unbewußte?

ANATOL: Ich glaube nämlich an unbewußte Zustände.

MAX: So.

ANATOL: Solche Zustände können aus sich selbst heraus entstehen, sie können aber auch erzeugt werden, künstlich, … durch betäubende, durch berauschende Mittel.

MAX: Willst du dich nicht näher erklären …?

ANATOL: Vergegenwärtige dir ein dämmeriges, stimmungsvolles Zimmer.

MAX: Dämmerig … stimmungsvoll … ich vergegenwärtige mir.

ANATOL: In diesem Zimmer sie … und irgendein anderer.

MAX: Ja, wie sollte sie da hineingekommen sein?

ANATOL: Ich will das vorläufig offen lassen. Es gibt ja Vorwände … Genug! So etwas kann vorkommen. Nun – ein paar Gläser Rheinwein … eine eigentümlich schwüle Luft, die über dem Ganzen lastet, ein Duft von Zigaretten, parfümierten Tapeten, ein Lichtschein von einem matten Glaslüster und rote Vorhänge – Einsamkeit – Stille – nur Flüstern von süßen Worten …

MAX: …!

ANATOL: Auch andere sind da schon erlegen! Bessere, ruhigere als sie!

MAX: Nun ja, nur kann ich es mit dem Begriffe der Treue noch immer nicht vereinbar finden, daß man sich mit einem andern in solch ein Gemach begibt.

ANATOL: Es gibt so rätselhafte Dinge …

MAX: Nun, mein Freund, du hast die Lösung eines jener Rätsel, über das sich die geistreichsten Männer den Kopf zerbrochen, vor dir; du brauchst nur zu sprechen, und du weißt alles, was du wissen willst. (…) – Du hast eine Frage frei an das Schicksal! Du stellst sie nicht! Tage- und nächtelang quälst du dich, dein halbes Leben gäbst du hin für die Wahrheit, nun liegt sie vor dir, du bückst dich nicht, um sie aufzuheben! Und warum? Weil es sich vielleicht fügen kann, daß eine Frau, die du liebst, wirklich so ist, wie sie *alle* deiner Idee nach sein sollen – und weil dir deine Illusion doch tausendmal lieber ist als die Wahrheit. (…)

ANATOL: *rasch* Max … Laß dir nur sagen, ich will; ja, ich will sie fragen!

MAX: Ah!

ANATOL: Aber sei mir nicht böse – nicht vor dir!

MAX: Nicht vor mir?

ANATOL: Wenn ich es hören muß, das Furchtbare, wenn sie mir antwortet: Nein, ich war dir nicht treu – so soll ich allein es sein, der es hört. Unglücklich sein – ist erst das halbe Unglück, bedauert werden: Das ist das ganze! – Das will ich nicht. (…)

MAX: Ja, mein Freund, *drückt ihm die Hand* und ich lasse dich auch mit ihr allein.

ANATOL: Mein Freund! *Ihn zur Tür begleitend* In weniger als einer Minute ruf' ich dich herein! – *Max ab.*

ANATOL: *steht vor Cora … sieht sie lange an* Cora! …! *Schüttelt den Kopf, geht herum* Cora! – *Vor Cora auf den Knien* Cora! Meine süße Cora! – Cora! *Steht auf. Entschlossen* Wach' auf … und küsse mich!

Die Zersetzung des Begriffs »Treue« – und gemeint ist damit stets deren sexueller Aspekt – vollzieht sich in dem Einakter in mehreren Schritten: Anatol erweist sich gleich anfangs als Sprachskeptiker, der die Eindeutigkeit des Wortes anzweifelt und betont, man könne im Verlauf eines Lebens durchaus mehreren Partnern treu geblieben sein. Die Frage, ob Cora ihm treu ist, sei »nicht präzis genug«. Max folgt der »Logik« Anatols und schlägt vor, der Frage einen bereits stark eingeschränkten Begriff von Treue zugrunde zu legen: er soll sich nur mehr auf die Dauer von Coras Beziehung zu seinem Freund beziehen (»Cora, warst du mir treu, seit du mich kennst?«). Doch auch damit ist jener nicht zufrieden: Die notwendige Voraussetzung für Treue ist für ihn Liebe, anfangs jedoch sei ihrer beider Verhältnis bloß ein flüchtiges Abenteuer gewesen, eine »Laune«, ohne zu wissen, daß sie sich »einmal so wahnsinnig lieben würden«. Eine so formulierte Frage an die wegen der Ausschaltung ihres Willens »bewußtlos« die Wahrheit sagende Geliebte wäre »unedel«, könnte deren Lebenswandel in ein schlechtes Licht rücken und – das sagt Anatol allerdings nicht – das Ego des Liebhabers unnötig kränken. Promiskuitives Verhalten – das wird nebenbei deutlich – scheint die allgemein akzeptierte Regel und der Normalfall, Liebe und Treue die seltene Ausnahme zu sein.

Konsequent macht Max den nächsten Vorschlag: »Du fragst sie (…): Cora, seit du mich liebst … bist du mir treu?« Nun erweist sich

Anatol plötzlich als äußerst spitzfindig-fundamentalistisch. In bezug auf das, was treue Liebe sei, hat er, obwohl er einräumt, »vielleicht etwas übertriebenen Ansichten« anzuhängen, gegenüber seiner Geliebten dekretiert: »(...) auch wenn du einen andern Mann einfach anschaust, ist es schon eine Untreue gegen mich!« Daß er damit die moralische Norm der Bergpredigt (Matth. 5, 28: »Wer eine Frau ansieht, ihrer zu begehren, der hat schon die Ehe gebrochen in seinem Herzen«) sogar noch weiter zuspitzt, ist ihm wohl nicht klar, zeigt aber erneut die unüberbrückbare Distanz zwischen der von der Gesellschaft propagierten Ideologie und der banalen Wirklichkeit. Da Anatol zumindest vorgibt zu glauben, Cora könne ein derart seismographisch-empfindlich auf äußere Reize reagierendes Gefühlsleben besitzen, will er dies nicht durch ein möglicherweise zu plumpes und undifferenziertes Fragen aus dem Gleichgewicht bringen.

Der immer deutlicher geäußerten Skepsis von Max (»Alles was du vorgebracht hast, ist ein Unsinn«) begegnet Anatol zuletzt noch mit Hinweisen auf »unbewußte Zustände« (er ist ein Zeitgenosse des jungen Sigmund Freud), mit der Zerlegung des Individuums also in eine bewußte Hälfte, die Treue bewahren, und in eine unbewußte, die untreu sein kann. In der Schilderung, wie man es herbeiführen könnte, daß das »Unbewußte« die Herrschaft über das Bewußtsein übernimmt, spricht er wohl auch von seiner eigenen Verführungspraxis. Jedenfalls ist damit die Frage nach der Wahrheit sinnlos, weil es ja zwei davon gibt. Konsequent verzichtet Anatol schließlich darauf, der hypnotisierten Cora die Frage vorzulegen, die ihm Gewißheit geben könnte, sogar dann, als ihn Max mit ihr allein gelassen hat.

Das komische Scheitern des Experiments, bevor es überhaupt richtig begonnen hat, ist in mehrfacher Hinsicht bezeichnend: Daß Anatol letzten Endes Angst vor der Wahrheit hat, weil diese seine männliche Eitelkeit beschädigen könnte, ist offensichtlich, es könnte sich nämlich herausstellen, wie wenig Platz im Denken und Fühlen Coras ihm eingeräumt ist. Liebesglück erscheint nur mehr möglich, wenn die »Frage an das Schicksal« nicht gestellt, wenn Lüge als Fundament der Beziehungen zwischen Mann und Frau akzeptiert wird, wenn Illusionen die Fremdheit zwischen den Geschlechtern übertünchen.

Schnitzler demonstriert an der Titelfigur seines Einakter-Zyklus, einer typisch wienerischen Spielart des Décadent, die Auflösung traditioneller Werte (in diesem Fall der Treue) durch deren Analyse. Ganz im Sinne von Ernst Machs Auffassung von der Relativität und Subjektivität aller Erkenntnis und von der Auflösung des Ich (vgl. S. 28) entlarvt der Autor die Frage nach der Wahrheit als nicht mehr sinnvoll; die Substanz solcher Begriffe ist geschwunden, weil die Menschen sie als für ihre Lebenspraxis zu groß und zu anspruchsvoll empfinden. Dieser Verlust erzeugt bei ihnen im besten Fall ein flüchtiges schlechtes Gewissen, wird meist aber lediglich mit achselzuckendem Bedauern zur Kenntnis genommen.

Der kritische Anspruch der Szenenfolge, den der amüsierte Theaterzuschauer vielleicht nicht immer wahrnimmt, wird knapp angedeutet bereits in den Versen, die Hugo von Hofmannsthal unter seinem Pseudonym »Loris« dem Zyklus als Prolog vorangestellt hat:

> (...) Also spielen wir Theater,
> Spielen unsre eignen Stücke
> Frühgereift und zart und traurig,
> Die Komödie unsrer Seele,
> Unsres Fühlens Heut und Gestern,
> Böser Dinge hübsche Formel,
> Glatte Worte, bunte Bilder,
> Halbes heimliches Empfinden,
> Agonien, Episoden ... (...)

Reigen

Im Vorwort des auf 200 Exemplare begrenzten Privatdrucks aus dem Jahr 1900 räumte der Verfasser des Dramas ›Reigen‹ ein: »Ein Erscheinen der nachfolgenden Scenen ist vorläufig ausgeschlossen.« Schon kurz vor deren Vollendung hatte Schnitzler in einem Brief geschrieben, sie seien »vollkommen undruckbar«, würden aber »nach ein paar hundert Jahren ausgegraben, einen Theil unsrer Cultur eigentümlich beleuchten«. Als 1903 doch eine »öffentliche« Publikation in Wien erschien (die übrigens 1904 in Leipzig und 1905 in Berlin beschlagnahmt wurde) begrüßte Hugo von Hofmannsthal in einem mit der Anrede »lieber Pornograph« versehenen Brief dieses Ereignis: »Denn schließlich ist es ja Ihr bestes Buch, Sie Schmutzfink.« Bezeichnenderweise vermutete man als den Verfasser des pornographischen Romans ›Josefine Mutzenbacher‹, der um 1906 in Wien zirkulierte (und wahrscheinlich von Felix Salten stammt), sofort Arthur Schnitzler. Die ersten Aufführungen des ›Reigen‹ 1920/21 waren von Skandalen und aufsehenerregenden Prozessen begleitet; deutschvölkische Kreise etwa ergingen sich in antisemitischen Schmähungen. In seinem Buch ›Obszön. Die Geschichte einer Entrüstung‹ (1962) widmete Ludwig Marcuse diesem »Fall« ein eigenes Kapitel.

Natürlich ist Schnitzlers Drama nicht obszön, ist es nicht pornographisch, obwohl im Zentrum jeder der zehn Szenen ein Geschlechtsakt steht.

Anders als im dem Prinzip der Reihung folgenden ›Anatol‹, wo die Einakter hauptsächlich durch die Titelfigur zusammengehalten werden, und durchaus, wie die Aufführungspraxis beweist, auch einmal einzelne weggelassen werden können, ist die formale Geschlossenheit des ›Reigen‹ besonders auffällig. Auch wenn die Szenen inhaltlich nicht miteinander verknüpft sind, läßt sich keine aus dem zyklischen Aufbau herausbrechen, ohne daß damit das Sinngefüge zerstört würde.

Die Kreisstruktur besteht darin, daß in zehn Dialogen zehn Paare zu dem immer gleichen Ziel, zur sexuellen Vereinigung, streben, um sich anschließend wieder zu trennen, und daß jeweils ein Partner bereits in der vorangegangenen Szene mit einer anderen Person der Liebeskette verbunden war. Es treffen aufeinander: Dirne und Soldat, Soldat und Stubenmädchen, Stubenmädchen und junger Herr, der junge Herr und die junge Frau, die junge Frau und ihr Ehemann, der Gatte und das süße Mädel, das süße Mädel und der Dichter, der Dichter und die Schauspielerin, die Schauspielerin und der Graf. Dessen Begegnung mit der Dirne der ersten Szene schließt den Reigen.

Durch seinen kunstvollen Aufbau, durch die Wahl jeweils exemplarischer Gesellschaftstypen und Rollenträger, das Stilmittel der Wiederholung und Variation und die tanzartige Zusammenführung und Trennung der Paare verweist das Drama auf sich selbst zurück als ein »gemachtes« und konstruiertes. Über die scheinbar naturalistische Personenzeichnung und Handlungsführung hinaus wird so die Aufmerksamkeit des Publikums auf Struktureigentümlichkeiten des Werks gelenkt; der Zuschauer soll nicht in das Geschehen hineingezogen werden, sondern ihm ernüchtert, amüsiert und distanziert gegenüberstehen.

Dezent hat Schnitzler den erotischen Gipfel jeder Szene durch Gedankenstriche ausgespart (bei Aufführungen sollte sich hier wohl jeweils kurz der Vorhang senken), dargestellt ist nur das Davor und das Danach.

Die satirisch-kritische Absicht und Wirkung des Dramas wird gerade dadurch erreicht: Die parallele Anordnung des Geschehens in seiner fast mechanischen Monotonie wirkt komisch und erhellend zugleich, das Karussell der Paarungen verweist auf die Universalität des Triebhaften und die Allgegenwart der Promiskuität. Der Autor hat außerdem große Sorgfalt darauf verwendet, den sozialen Status der Figuren durch ihre Sprache, aber auch durch die Räume, in denen sie sich begegnen, zu charakterisieren. Die unbehauste Sexualität von Stubenmädchen und Soldat in den weitläufigen Parkanlagen des Prater von Wien (jener Stadt, deren »Läßlichkeit des Daseins« fast sprichwörtlich war) entspricht ihrer gesellschaftlichen Position. Beider Verhalten unterliegt einer intensiven sozialen Kontrolle durch Vorgesetzte. Ihre Umarmung ist hastig, der sprachliche Aufwand bei der Äußerung des Begehrens auf der einen und bei der Beteuerung der Ehrbarkeit auf der anderen Seite bleibt gering.

SOLDAT: Pahdon! – Fräul'n Marie. Sagen wir uns du.

STUBENMÄDCHEN: Wir sein noch nicht so gute Bekannte.

SOLDAT: Es können sich gar viele nicht leiden und sagen doch du zueinander.

STUBENMÄDCHEN: 's nächstemal, wenn wir … Aber, Herr Franz –

SOLDAT: Sie haben sich meinen Namen g'merkt?

STUBENMÄDCHEN: Aber, Herr Franz …

SOLDAT: Sagen S' Franz, Fräulein Marie.

STUBENMÄDCHEN: So sein S' nicht so keck – aber pst, wenn wer kommen tät!

SOLDAT: Und wenn schon einer kommen tät, man sieht ja nicht zwei Schritt weit.

STUBENMÄDCHEN: Aber um Gottes willen, wohin kommen wir denn da?

SOLDAT: Sehn S', da sind zwei grad wie mir.

STUBENMÄDCHEN: Wo denn? Ich seh gar nichts.

SOLDAT: Da … vor uns.

STUBENMÄDCHEN: Warum sagen S' denn: zwei wie mir? –

SOLDAT: Na, ich mein halt, die haben sich auch gern.

STUBENMÄDCHEN: Aber geben S' doch acht, was ist denn da, jetzt wär ich beinah g'fallen.

SOLDAT: Ah, das ist das Gatter von der Wiesen.

STUBENMÄDCHEN: Stoßen S' doch nicht so, ich fall ja um.

SOLDAT: Pst, nicht so laut.

STUBENMÄDCHEN: Sie, jetzt schrei ich aber wirklich. – Aber was machen S' denn … aber –

SOLDAT: Da ist jetzt weit und breit keine Seel.

STUBENMÄDCHEN: So gehn wir zurück, wo Leut sein.

SOLDAT: Wir brauchen keine Leut, was, Marie, wir brauchen … dazu … haha.

STUBENMÄDCHEN: Aber, Herr Franz, bitt Sie, um Gottes willen, schaun S', wenn ich das … gewußt … oh … oh … komm! …

– –

SOLDAT: *selig* Herrgott noch einmal … ah …

STUBENMÄDCHEN: … Ich kann dein G'sicht gar nicht sehn.

SOLDAT: A was – G'sicht …

– –

SOLDAT: Ja, Sie, Fräul'n Marie, da im Gras können S' nicht liegenbleiben.

STUBENMÄDCHEN: Geh, Franz, hilf mir.

SOLDAT: Na, komm zugi.

STUBENMÄDCHEN: O Gott, Franz.

SOLDAT: Na ja, was ist denn mit dem Franz?

STUBENMÄDCHEN: Du bist ein schlechter Mensch, Franz.

SOLDAT: Ja, ja. Geh, wart ein bissel.

STUBENMÄDCHEN: Was laßt mich denn aus?
SOLDAT: Na, die Virginier werd ich mir doch anzünden dürfen.
STUBENMÄDCHEN: Es ist so dunkel.
SOLDAT: Morgen früh ist schon wieder licht.
STUBENMÄDCHEN: Sag wenigstens, hast mich gern?
SOLDAT: Na, das mußt doch g'spürt haben, Fräul'n Marie, ha!

In den höheren Schichten macht man mehr Worte, Liebesschwüre, Schmeicheleien werden aufwendiger, die Räume sind abgeschlossen oder abschließbar: ein Chambre séparée, ein Zimmer in einem Gasthof, ein bürgerliches Schlafzimmer. Die im Drama des öfteren genannten (realen) Straßennamen sind für den mit dem Stadtplan Wiens Vertrauten weitere Signale, die eine Einschätzung der Akteure erlauben.

Man kann den ›Reigen‹ also durchaus als Abbild und Analyse der Wiener Gesellschaft um die Jahrhundertwende lesen. Die Handlung steigt auf von den sozial Deklassierten (Dirne) und den Unterschichten zum Bürgertum und stellt schließlich die ebenso bezeichnenden Verhaltensmuster und Lebensräume der Bohème (Dichter, Schauspielerin) und eines dekadenten Adels (Graf) dar.

Doch ist das Drama nicht nur die Momentaufnahme einer auf ihren Untergang zutreibenden Welt: Schonungslos legt der Arzt Schnitzler mit der Sonde seiner Dichtkunst ideologisch notdürftig verbrämte Lebenslügen frei, etwa die Brutalität der Männer, denen die Frauen nach erreichtem Genuß lästig werden, oder die nur vorgetäuschte Anständigkeit der Frauen, die mit den Kleidern ihre tugendhafte Passivität abstreifen, insgesamt die Maskenhaftigkeit, die Rollenfixiertheit von Menschen, die in Beziehungen wenig Seele, wenig Geist, wenig Persönlichkeit zu investieren bereit sind, deren Substanz dafür außerdem auch gar nicht ausreicht.

Frank Wedekind
Frühlings Erwachen

Frank (eigentlich Benjamin Franklin) Wedekind (1864 – 1918), einer der bekanntesten, aber auch skandalumwittertsten Autoren des Kaiserreichs, versuchte in den neunziger Jahren vor der Jahrhundertwende mit seinen Werken die Öffentlichkeit zu erreichen. Man muß in der Tat zunächst von Versuchen sprechen, denn kaum ein zeitgenössischer Autor wurde konsequenter von der Zensur verfolgt. Seine Dramen durften auf Jahre nicht oder nur mit zahlreichen Streichungen oder Veränderungen gespielt werden, des öfteren wurden einzelne Nummern der Zeitschriften beschlagnahmt, in denen seine erotisch-frivolen Bänkellieder und seine politisch-satirischen Balladen erschienen, und als er sich 1898 im ›Simplicissimus‹ mit dem Gedicht ›Im Heiligen Land‹ über die Orientreise Kaiser Wilhelms II. lustig machte, erließ der Leipziger Staatsanwalt (die Zeitschrift wurde in Sachsen gedruckt) gegen ihn Haftbefehl wegen Majestätsbeleidigung. Von einem wohlmeinenden Münchener Polizeikommissar gewarnt, floh Wedekind nach Zürich, akzeptierte aber schließlich ein Jahr später die siebenmonatige Festungshaft, die er auf der Festung Königstein in Sachsen absitzen mußte. Selbst nach seinem Durchbruch auf den deutschen Bühnen seit 1906 blieb er eine beliebte Zielscheibe für staatliche Zensurmaßnahmen.

Wedekind, in Hannover geboren, stammte aus einem in liberal-demokratischem Geist engagierten Elternhaus. Der Vater war 1848 Abgeordneter im Frankfurter Paulskirchen-Parlament gewesen, 1849 für fünfzehn Jahre in die USA ausgewandert, hatte dort seinen Beruf als praktischer Arzt ausgeübt und nach seiner Rückkehr gegen Bismarcks preußisch-kleindeutsche Politik agitiert.

Unbürgerliche Verhaltensweisen kennzeichnen Wedekind schon früh. Er begann ein Jurastudium und brach es kurz darauf wieder ab; prompt wandte sich der Vater von ihm ab und strich ihm alle Zuschüsse. Der angehende Autor fand es daraufhin nicht unter seiner Würde, Chef der Werbe-Abteilung des Konzerns ›Julius Maggi & Co‹ zu werden, für den er Werbetexte verfaßte:

(...) Alles Wohl beruht auf Paarung;
Wie dem Leben Poesie
Fehle Maggi's Suppennahrung
Maggi's Speisewürze nie!

Aufenthalte in Zürich, Berlin, München (wo seine Auftritte im Kabarett der »Elf Scharfrichter« berühmt wurden), Paris, England und Südfrankreich folgten; Wedekinds Tagebücher belegen seine Lust an einer ungenierten Bohème-Existenz.

Als bahnbrechendes Werk im Rahmen jener Literatur, die sich vom Naturalismus abgrenzte und die Position der Frühmoderne zu formulieren suchte, kann Wedekinds ›Frühlings Erwachen. Eine Kindertragödie‹ gelten. 1891 in Zürich erschienen, hielt man es lange Zeit für unspielbar, für »reine Pornographie«, wie der Autor 1911 die Auffassung von Zensurbehörden und Teilen der Öffentlichkeit resümierte. Selbst als es 1906 von Max Reinhardt in den Berliner Kammerspielen uraufgeführt wurde, war dies nur durch zahlreiche Streichungen – zum Teil ganzer Szenen – möglich.

Thema des Stücks ist das Scheitern von Kindern bzw. Jugendlichen auf dem Weg zum Erwachsenwerden. Schuld an diesem Scheitern ist, so die Perspektive des Autors, eine von Grund auf lebensfeindliche, inhumane Gesellschaft, repräsentiert durch wirklichkeitsferne Normen und verkörpert durch Erwachsene, die als Eltern und Lehrer selbst bereits Opfer einer Erziehung sind, die alle vitalen Antriebe abtötet. An ihnen zeigt Wedekind, mit welchen emotionalen Verkümmerungen und psychischen Versteinerungen jene bezahlen müssen, die in dieser Gesellschaft aufwachsen.

Neuartig war zunächst, daß Kinder im Mittelpunkt einer Tragödie standen, skandalös, daß der Autor konsequent deren Denk-, Sprech- und Fühlweise ernst nahm, ohne sie etwa durch relativierende Äußerungen einzuschränken. Die Modernität des Textes besteht aber auch darin, daß Wedekind auf alle traditionellen Mittel der dramatischen Kunst verzichtet. Weder gibt es eine Einheit des Ortes, noch eine der Zeit; die Schauplätze sind einander vielmehr kontrastiv als Innen und Außen, Einsamkeit/Intimität und Gesellschaft zugeordnet. Die Handlungszeit erstreckt sich vom Mai bis in den November; anstelle des »Frühlings Erwachens« steht am Ende das Absterben der Natur, die letzte Szene spielt in einer Novembernacht auf einem Friedhof. Die neunzehn Szenen, auf drei Akte verteilt, ergeben kein zeitliches Kontinuum, sondern enthalten weitgehend für sich stehende Episoden.

Das Schicksal der drei jugendlichen Hauptgestalten, des Mädchens Wendla Bergmann und der Jungen Melchior Gabor und Moritz Stiefel, bestimmt im wesentlichen die Handlung. Mangelnde Sexualaufklärung und die von ihnen als Überlastung mit sinnlosem Stoffballast empfundene Arbeit für die Schule verschärfen ihre durch die Pubertät bereits bestehenden Probleme.

Wendla, deren ältere Schwester eben das dritte Kind bekommen hat, möchte aus diesem Anlaß endlich von ihrer Mutter genauere Auskunft bekommen:

WENDLA: (...) Um meinen Verstand ist es ein traurig Ding. – Hab' ich nun eine Schwester, die ist seit zwei und einem halben Jahre verheiratet, und ich selber bin zum dritten Male Tante geworden, und habe gar keinen Begriff, wie das alles zugeht ... Nicht böse werden, Mütterchen; nicht böse werden! Wen in der Welt soll ich denn fragen als dich! Bitte, liebe Mutter, sag es mir! Sag's mir, geliebtes Mütterchen! Ich schäme mich vor mir selber. Ich bitte dich, Mutter, sprich! Schilt mich nicht, daß ich so etwas frage. Gib mir Antwort – wie geht es zu? – wie kommt das alles? – Du kannst doch im Ernst nicht verlangen, daß ich bei meinen vierzehn Jahren noch an den Storch glaube.

FRAU BERGMANN: Aber du großer Gott, Kind, wie bist du sonderbar! – Was du für Einfälle hast! – Das kann ich ja doch wahrhaftig nicht!

WENDLA: Warum denn nicht, Mutter! – Warum denn nicht! – Es kann ja doch nichts Häßliches sein, wenn sich alles darüber freut!

FRAU BERGMANN: O – o Gott behüte mich! – Ich verdiente ja … Geh, zieh dich an, Mädchen; zieh dich an! (…)

WENDLA: Sag es mir heute, Mutter; sag es mir jetzt! Jetzt gleich! – Nun ich dich so entsetzt gesehen, kann ich erst recht nicht eher wieder ruhig werden.

FRAU BERGMANN: Ich kann nicht, Wendla.

WENDLA: Oh, warum kannst du nicht, Mütterchen! – Hier knie ich zu deinen Füßen und lege dir meinen Kopf in den Schoß. Du deckst mir deine Schürze über den Kopf und erzählst und erzählst, als wärst du mutterseelenallein im Zimmer. Ich will nicht zucken; ich will nicht schreien; ich will geduldig ausharren, was immer kommen mag.

FRAU BERGMANN: Der Himmel weiß, Wendla, daß ich nicht die Schuld trage! Der Himmel kennt mich! – Komm in Gottes Namen! – Ich will dir erzählen, Mädchen, wie du in diese Welt hineingekommen. – So hör mich an, Wendla …

WENDLA *unter ihrer Schürze:* Ich höre.

FRAU BERGMANN *ekstatisch:* Aber es geht ja nicht, Kind! – Ich kann es ja nicht verantworten. – Ich verdiene ja, daß man mich ins Gefängnis setzt – daß man dich von mir nimmt …

WENDLA *unter ihrer Schürze:* Faß dir ein Herz, Mutter!

FRAU BERGMANN: So höre denn …!

WENDLA *unter ihrer Schürze, zitternd:* O Gott, o Gott!

FRAU BERGMANN: Um ein Kind zu bekommen – du verstehst mich, Wendla?

WENDLA: Rasch, Mutter – ich halt's nicht mehr aus.

FRAU BERGMANN: Um ein Kind zu bekommen – muß man den Mann – mit dem man verheiratet ist … *lieben – lieben* sag' ich dir – wie man nur einen Mann lieben kann! Man muß ihn so sehr *von ganzem Herzen* lieben, wie – wie sich's nicht sagen läßt! Man muß ihn *lieben,* Wendla, wie du in deinen Jahren noch gar nicht lieben kannst … Jetzt weißt du's.

WENDLA *sich erhebend:* Großer – Gott – im Himmel!

FRAU BERGMANN: Jetzt weißt du, welche Prüfungen dir bevorstehen!

WENDLA: Und das ist alles?

FRAU BERGMANN: So wahr mir Gott helfe! – –

Frau Bergmann gelingt es nicht, ihre Prüderie zu überwinden. Um ihre Unfähigkeit zu verdecken, schützt sie vor, sie würde ein schweres moralisches Vergehen, sogar eine Straftat auf sich laden, wenn sie sich freier äußerte. Die nichtssagenden Floskeln, zu denen sie sich trotz großer Ankündigungen schließlich durchringt, müssen ihre Tochter enttäuschen (»Und das ist alles?«). Damit aber wird die Mutter schuld am Tod ihrer Tochter. Wendla, die, ohne daß sie sich recht bewußt ist, was mit ihr geschieht, von Melchior Gabor auf einem Heuboden geschwängert wird, stirbt an dem Abtreibungsversuch, den Frau Bergmann durch eine Kurpfuscherin an ihr vornehmen läßt.

Melchior, der im Vergleich zu den anderen Jugendlichen als sehr viel reifer gezeichnet ist, wird von der Schule verwiesen. Er hat zur

Aufklärung seines Freundes Moritz eine Abhandlung mit dem Titel ›Der Beischlaf‹ geschrieben und sich damit nach Meinung der Lehrer gegen die »Diskretion der Verschämtheit einer sittlichen Weltordnung« (III,1) vergangen. Sein Vater (im Berufsleben Jurist) hält ihn daraufhin für »im innersten Kern seines Wesens angefault« und beschließt, seinen Sohn in eine »Korrektionsanstalt« zu bringen. Seine Frau, die zunächst gegen dieses Ansinnen heftigen Widerstand leistet, gibt sofort nach, als sie erfährt, ihr Sohn habe Wendla geschwängert. Ihre mütterliche Wunschphantasie von Melchior als einem unschuldigen Kind hat unwiderruflich Schaden genommen.

Wedekind verdeutlicht in mehreren, teilweise auch heute noch provozierend wirkenden Szenen, wie die mit sich allein gelassenen Jugendlichen mehr oder weniger hilflos mit der sie bedrängenden Sexualität umzugehen versuchen. Daß sadistische und masochistische Verhaltensweisen, knabenhafte Homoerotik, Masturbation einsam auf der Toilette oder als Gemeinschafts-»Sport« in der Erziehungsanstalt vom Autor nicht als lasterhaft verurteilt, sondern als Reaktionen auf den von den Erwachsenen ständig geforderten Triebverzicht dargestellt werden, erschien Kritikern und Publikum lange Zeit besonders bedenklich.

Die dritte Zentralfigur des Dramas, Moritz Stiefel schließlich, erliegt den Leistungszwängen, die von seinem Vater ausgehen.

MELCHIOR: Möchte doch wissen, wozu wir eigentlich auf der Welt sind!
MORITZ: Lieber wollt' ich ein Droschkengaul sein um der Schule willen! – Wozu gehen wir in die Schule? – Wir gehen in die Schule, damit man uns examinieren kann! – Und wozu examiniert man uns? – Damit wir durchfallen. – Sieben müssen ja durchfallen, schon weil das Klassenzimmer oben nur sechzig faßt. – Mir ist so eigentümlich seit Weihnachten … hol mich der Teufel, wäre Papa nicht, heut noch schnürt ich mein Bündel und ginge nach Altona!

(I, 2)

Anstatt nach Amerika, dem Land der Freiheit und der »unbegrenzten Möglichkeiten«, auszuwandern, wie es hier noch andeutungsweise möglich scheint, tut Moritz, als sein Schulversagen klar wird, etwas ganz anderes: er erschießt sich. Noch an seinem Grab ist der Vater völlig uneinsichtig und behauptet sogar, nicht der leibliche Vater zu sein: »Der Junge war nicht von mir! – Der Junge war nicht von mir! Der Junge hat mir von kleinauf nicht gefallen!«

In der Schlußszene bricht der Autor gänzlich mit der herkömmlichen Theaterpraxis. Die Vermengung von Realistischem und Traumhaft-Phantastischem, das geisterhafte Auftreten eines Wiedergängers und einer allegorischen Figur, die stilisierte Sprache: all das nimmt bereits Züge der expressionistischen Dramatik vorweg.

Melchior ist aus der Anstalt, in die man ihn verbannt hat, ausgebrochen, sucht auf dem Kirchhof das Grab Wendlas und verfällt, als er es gefunden hat, in verzweifelte Selbstanklagen. In diesem Augenblick tritt Moritz Stiefel auf, »seinen Kopf unter dem Arm, stapft über die Gräber her« (Szenenanweisung). Dem Freund, der sich für »die verabscheuungswürdigste Kreatur des Weltalls« hält, preist er seinen Zustand als einen der »Erhabenheit«, der »Ruhe« und der »Zufriedenheit« an. Die Entrückung vom Leben, von der Last des Daseins wird sehr verführerisch als eine Art ästhetische Existenz beschrieben:

MORITZ: (...) – Wir sind für nichts mehr erreichbar, nicht für Gutes noch Schlechtes. Wir stehen hoch, hoch über dem Irdischen – jeder für sich allein. Wir verkehren nicht miteinander, weil uns das zu langweilig ist. Keiner von uns hegt noch etwas, das ihm abhanden kommen könnte. Über Jammer oder Jubel sind wir gleich unermeßlich erhaben. Wir sind mit uns zufrieden, und das ist alles! – Die Lebenden verachten wir unsagbar, kaum daß wir sie bemitleiden. Sie erheitern uns mit ihrem Getue, weil sie als Lebende tatsächlich nicht zu bemitleiden sind. Wir lächeln bei ihren Tragödien – jeder für sich – und stellen unsere Betrachtungen an. – Gib mir die Hand! Wenn du mir die Hand gibst, fällst du um vor Lachen über dem Empfinden, mit dem du mir die Hand gibst ...
MELCHIOR: Ekelt dich das nicht an?
MORITZ: Dazu stehen wir zu hoch. Wir lächeln! – An meinem Begräbnis war ich unter den Leidtragenden. Ich habe mich recht gut unterhalten. Das ist Erhabenheit, Melchior! Ich habe geheult wie keiner, und schlich zur Mauer, um mir vor Lachen den Bauch zu halten. Unsere unnahbare Erhabenheit ist tatsächlich der einzige Gesichtspunkt, unter dem der Quark sich verdauen läßt ... Auch über mich will man gelacht haben, eh ich mich aufschwang!
MELCHIOR: Mich lüstet's nicht, über mich zu lachen.
MORITZ: (...) Die Lebenden sind als solche wahrhaftig nicht zu bemitleiden! – Ich gestehe, ich hätte es auch nie gedacht. Und jetzt ist es mir unfaßbar, wie man so naiv sein kann. Jetzt durchschaue ich den Trug so klar, daß auch nicht ein Wölkchen bleibt. – Wie magst du nur zaudern, Melchior! Gib mir die Hand! Im Halsumdrehen stehst du himmelhoch über dir. – Dein Leben ist Unterlassungssünde ...

Als Melchior sich gerade dazu durchgerungen hat, Moritz ins Totenreich zu folgen (»Im Halsumdrehen«), erscheint »Der vermummte Herr«. Wedekind hat 1906 bei der Uraufführung des Dramas in Berlin diese Figur selbst gespielt: elegant gekleidet mit Gehrock und Zylinder, das Gesicht verdeckt durch eine schwarze Maske. Gerade eine solche »Verkleidung« überrascht zunächst, denn schon bald wird deutlich, daß der »vermummte Herr« das »Leben« selbst verkörpert. Vehement entlarvt er Moritz' Großsprecherei als Lüge und

Ideologie:

DER VERMUMMTE HERR: Warum prahlen Sie denn [...] mit *Erhabenheit?!* –
Sie wissen doch, daß das Humbug ist – saure Trauben! Warum *lügen* Sie
geflissentlich, Sie – Hirngespinst! – – Wenn Ihnen eine so schätzenswerte
Wohltat damit geschieht, so bleiben Sie meinetwegen. Aber hüten Sie sich
vor Windbeuteleien, lieber Freund – und lassen Sie mir bitte Ihre Leichen-
hand aus dem Spiel!
MELCHIOR: Sagen Sie mir endlich, wer Sie sind, oder nicht?!
DER VERMUMMTE HERR: Nein. – Ich mache dir den Vorschlag, dich mir
anzuvertrauen. Ich würde fürs erste für dein Fortkommen sorgen.
MELCHIOR: Sie sind – mein Vater?!
DER VERMUMMTE HERR: Würdest du deinen Herrn Vater nicht an der
Stimme erkennen?
MELCHIOR: Nein.
DER VERMUMMTE HERR: – Dein Herr Vater sucht Trost zur Stunde in den
kräftigen Armen deiner Mutter. – Ich erschließe dir die Welt. Deine mo-
mentane Fassungslosigkeit entspringt deiner miserablen Lage. Mit einem
warmen Abendessen im Leib spottest du ihrer. (...) – – Ich führe dich un-
ter Menschen. Ich gebe dir Gelegenheit, deinen Horizont in der fabelhaf-
testen Weise zu erweitern. Ich mache dich ausnahmslos mit allem bekannt,
was die Welt Interessantes bietet.
MELCHIOR: Wer sind Sie? Wer sind Sie? – Ich kann mich einem Menschen
nicht anvertrauen, den ich nicht kenne.
DER VERMUMMTE HERR: Du lernst mich nicht kennen, ohne dich mir anzuvertrauen.
MELCHIOR: Glauben Sie?
DER VERMUMMTE HERR: Tatsache! – Übrigens bleibt dir ja keine Wahl.
MELCHIOR: Ich kann jeden Moment meinem Freunde hier die Hand reichen.
DER VERMUMMTE HERR: Dein Freund ist ein Scharlatan. Es lächelt keiner,
der noch einen Pfennig in bar besitzt. Der erhabene Humorist ist das er-
bärmlichste, bedauernswerteste Geschöpf der Schöpfung!

Die Äußerungen des »vermummten Herrn« enthalten einige deutliche Anklänge an die Paktszene in Goethes ›Faust‹. Wie Mephisto
Faust gegenüber verspricht er Melchior, ihm die »Welt« zu erschließen, ihn »mit allem bekannt (zu machen), was die Welt Interessantes bietet.« Die weltmännische Kleidung könnte insofern Teil dieser
Anspielung sein. Gleichzeitig aber wird daran Wedekinds Auffassung
vom »Leben« faßbar: nicht als ein abstraktes Naturwesen erscheint
es ihm, sondern als (bürgerliche) Gesellschaft. Sie ist der ambiva-
lente Spielraum und der Kampfplatz, den als solchen zu erkennen
und sich darauf zu bewähren das autonome Individuum aufgefordert ist.

Pointiert beendet der »vermummte Herr« das Gespräch mit den
Worten:

Unter Moral verstehe ich das reelle Produkt zweier imaginärer Größen. Die imaginären Größen sind *Sollen* und *Wollen*. Das Produkt heißt Moral und läßt sich in seiner Realität nicht leugnen.

Die Realität der Moral anzuerkennen, jedoch um ihre Fragwürdigkeit zu wissen (das Produkt von zwei imaginären Größen ergibt in der Mathematik eine negative Größe!), ermöglicht ein Leben ohne solche Deformationen, wie sie das Drama eindringlich vor Augen führt.

4.2 Kabarett

In Otto Julius Bierbaums Roman ›Stilpe. Ein Roman aus der Froschperspektive‹ (1897) entwirft die Titelfigur enthusiastisch eine neue Kunstform, die sie sich als ein »ästhetisches Tingeltangel«, als eine Weiterentwicklung des »Brettl«, der Bänkelsängerbühne, denkt:

– Ha: Die Renaissance aller Künste und des ganzen Lebens vom Tingeltangel her! (...) In unserm Schlepptau wird Alles hängen: Malerei, Poeterei, Musikerei und Alles überhaupt, was Schönheit und genießendes Leben will. Was ist die Kunst jetzt? Eine bunte, ein bischen glitzernde Spinnwebe im Winkel des Lebens. Wir wollen sie wie ein goldenes Netz über das ganze Volk, das ganze Leben werfen. Denn zu uns, ins Tingeltangel, werden Alle kommen, die Theater und Museen ebenso ängstlich fliehen, wie die Kirche. Und bei uns werden sie (...) das finden, was ihnen Allen fehlt: Den heiteren Geist, das Leben zu verklären, die Kunst des Tanzes in Worten, Tönen, Farben, Linien, Bewegungen. (...) Wir werden eine neue Cultur herbeitanzen! Wir werden den Übermenschen auf dem Brettl gebären! Wir werden diese alberne Welt umschmeißen! Das Unanständige werden wir zum einzig Anständigen krönen! Das Nackte werden wir in seiner ganzen Schönheit neu aufrichten vor allem Volke! Lustig und lüstig werden wir diese infame, moralklapprige Welt wieder machen, lustig und himmlisch frech!

Stilpes kühne Pläne, die die zeitgenössischen Lebensreformbestrebungen, Wagners Vorstellungen vom Gesamtkunstwerk und Nietzsches Traum vom »Übermenschen« gleich alle auf einmal verwirklichen wollen, läßt der Autor natürlich scheitern; immerhin sind hier aber zum erstenmal in Deutschland die Umrisse eines zukünftigen Kabaretts skizziert.

Es entstand als Teil der urbanen Vergnügungsindustrie, als Folge einer weit fortgeschrittenen Säkularisierung der Kunst und an der Schwelle des Medienzeitalters. Seinen Ursprung hat es im Paris der Belle Epoque, also des ausgehenden 19. und des beginnenden 20. Jahrhunderts, wo die Künste auf die sich formierende Industriegesellschaft, auf Massenproduktion und Massenkonsum am frühesten reagierten. In Abkehr von der elitären »Höhenkamm-Kultur«, von der »Kunst für die Kunst«, wollten junge Künstler ein möglichst zahlreiches Publikum dadurch für sich gewinnen, daß sie versuchten, sich intensiv und in möglichst direktem Kontakt mit seinen Bedürfnissen auseinanderzusetzen.

Selbst von der Großstadt geprägt, bot es sich für sie an, Tendenzen des modernen Lebens aufzugreifen: die Lust an Sensationen, Gesellschaftsklatsch und rasch wechselnden Modeerscheinungen, die Politisierung des Bewußtseins und die mit der Vermehrung der Sinnesreize einhergehende Erotisierung und Sexualisierung des Alltags. Mit dem beginnenden Wandel der Sexualmoral hatte bereits die Reklame die Werbewirksamkeit des weiblichen Körpers entdeckt, Darstellungen von Frauen auf Plakaten etwa bekamen tendenziell erotische Züge, und nach der Jahrhundertwende trug der rasch um sich greifende Jugendkult noch dazu bei, reale und geistige Korsettstangen zu lockern. Ein Künstler wie Henri de Toulouse-Lautrec war sich nicht zu schade, für das (1889 gegründete) ›Moulin Rouge‹ Plakate zu entwerfen.

Die politische Polarisierung in ein nationalistisch-patriotisches und ein sozialistisch-egalitäres Lager, der daran sich entzündende Parteienstreit, die Wahlkämpfe schafften ein Klima, in dem Satire und Karikatur gut gediehen. In den Metropolen war man mit den politischen Entscheidungsträgern genügend vertraut, um empört oder genießerisch-schadenfroh die Demontage und Verspottung von Mächtigen kommentieren zu können. Eingriffe der Zensur steigerten den Reiz des vom Verbot Bedrohten und erhöhten den Bekanntheitsgrad der Spötter. Émile Zolas mutige Stellungnahme in der Dreyfus-Affäre, das internationale Aufsehen, das er seit seinem offenen Brief an den Präsidenten der Republik (›J'accuse!‹, 1898), erregte, demonstrierte die Wirkungsmöglichkeit einer engagierten Literatur.

Eine definitionsgemäß am Publikum orientierte Kunstform wie das Kabarett fand so seine Themen vorgegeben: Frivol-Erotisches, Kritik an den politischen und gesellschaftlichen Machtverhältnissen und Gesellschaftssatire.

Ein »Cabaret« war ursprünglich nichts anderes gewesen als eine Kneipe, in der ab und zu auch leichte Lieder vorgetragen oder Schattenspiele mit Hilfe einer Laterna magica vorgeführt wurden. Daraus (und unter dem Einfluß der englischen »pub-theatres«) hatte sich die Form des »café chantant« und des »café-concert« entwickelt, volkstümliche Unterhaltungsstätten, in denen vor 200 bis 300 Gästen einige Sängerinnen oder Sänger, begleitet von Geige und Kontrabaß, ihre Künste darboten. Wesentliches Vorbild für den äußeren Rahmen und die Präsentationsweise war das 1881 gegründete Etablissement

›Le Chat Noir‹ in Paris. Hier entstanden die Grundzüge des neuen Cabarets, der »Zehnten Muse«, wie man die neue Erscheinung schon bald benannte. Aus dem meist zufälligen Zusammentreffen junger Poeten und Sänger, die in den Montmartre-Cabarets in künstlerischen Wettstreit traten, wurde dort ein festes Ensemble, das zu bestimmten Zeiten auf einer kleinen Bühne seine Aufführung gab, die aus einer Folge von Gedichten, Couplets, Chansons, Sketchen und ähnlichem bestand; das Klavier war das wichtigste Begleitinstrument. Die satirischen und parodistischen Texte, ihr anzüglich-ironischer, anspielungsreicher Stil richteten sich an ein bürgerlich-intellektuelles, oft auch snobistisches Publikum, an Studenten und die Künstlerbohème; sein geistiger Anspruch hob es über das Varieté. In seiner ›Kleinen Geschichte des deutschen Kabaretts‹ (1924) brachte Max Herrmann-Neiße es auf die Formel: »(...) scharfe, mit Abwechslung gewürzte Momentkunst, ehrfurchtslos und unsentimental, voll Farbigkeit und Überraschung, Geist-Salto mortale, Hirn-Zirkus«.

Die »Zehnte Muse« in Deutschland zu beheimaten, erwies sich als problematisch; der romanische Esprit, die Eleganz und Geschmeidigkeit des französischen Nationalcharakters und der französischen Sprache ließen sich nicht so leicht in die Verhältnisse östlich des Rheins verpflanzen. In Preußen machte überdies eine scharfe Zensur, die die vorherige Kontrolle aller Texte verlangte, allzu aufmüpfigen Künstlern das Leben schwer.

Ernst von Wolzogen, ehemaliger Herzoglich-Weimarischer Vorleser, dann Lektor und Schriftsteller, trat 1901 in Berlin mit seinem ›Überbrettl‹ (wohl in Analogie zu Nietzsches »Übermensch« aus dem Wort »Brettl« gebildet) an die Öffentlichkeit. In der ›Vossischen Zeitung‹ legte er seine Absichten dar:

Es ist wirklich die höchste Zeit, daß nun auch die Dichter und die Musikanten anfangen, sich in so schönem Sinne *gemein* zu machen wie die bildenden Künstler und die Verschleißer (österr. für Händler, Verkäufer, d. Hg.) der Wissenschaft. Die naturalistische Schule hat das Volk bei der Arbeit aufgesucht – mögen nunmehr wirkliche Dichter das Volk bei seinem Vergnügen aufsuchen, nicht das Volk im Sinne des Pöbels, denn für dieses arbeiten ja litterarische Gewerbetreibende genug, die nichts mit der Kunst zu thun haben, aber für das Volk im Sinne der Hunderttausende, bei denen geistige Bedürfnisse vorhanden und die einer Veredelung ihres Geschmacks zugänglich sind.

Obwohl Wolzogens Bühne eine ganze Flut ähnlicher Neugründungen bewirkte, z. B. Otto Julius Bierbaums Kabarett (dieser eingedeutschte Begriff setzte sich schnell durch) der ›Lebenden Lieder‹, zeigte sich schon bald, daß weder das beabsichtigte Niveau zu halten war, noch ein genügend zahlreiches Publikum diese Unternehmungen stützte. Max Herrmann-Neiße hatte wohl recht, wenn er (in der genannten Studie) urteilte: »verniedlichtes Schmalzgereimsel und ach wie neckisch schelmisches Familienblattklingklang«. Ein Beispiel, das von Wolzogen selbst stammt:

> Madame Adèle
> (...)
> Ich zählte eben siebzehn Jahre,
> Da nahte schon sich mein Geschick:
> Ein Herr vergaffte sich in meine blonden Haare
> Und in den veilchenblauen Blick.
> Halli! Hallo! Wie war ich froh!
> Er fragt' nicht lang und nahm mich so ...
> Im vierten Stock haust' mein Poet ...
> Und da geschah's – wie das so geht! –
> Himmelhoch und himmelweit –
> Heimlich süße Seligkeit!
> Ach! Wenn ich an seinem Halse hing,
> War ich ihm alles, – ich dummes Ding –
> Da ward ich wissend über Nacht –
> Trulala, Trulala –
> Was glaub'n Sie, wie das glücklich macht!
> (...)

Wolzogens Versuch scheiterte schon nach knapp einem Jahr, immerhin aber konnte der spätere Regisseur Max Reinhardt in seiner Truppe ›Schall und Rauch‹ mit neuen dramatischen Formen experimentieren.

Ebenfalls 1901 eröffneten in München ›Die Elf Scharfrichter‹ ihr Kabarett. In Anlehnung wohl an pariserische Etablissements wie das ›Néant‹, in dem Leichenträger auf Särgen, die als Tische dienten, die Speisen absetzten, war die Präsentation, die Wahl der Kostüme, die Bühnenausstattung und ein Teil der vorgetragenen Texte zum düster-blutigen Hinrichtungs-Spektakel arrangiert. Als Eröffnungslied wurde von den elf Interpreten, gekleidet in blutrote Talare, mit einer Kapuze auf dem Kopf, das Henkerbeil geschultert, der ›Scharfrichtermarsch‹ intoniert (gedichtet von Leo Greiner, komponiert von Hans Richard Weinhöppel):

> Erbauet ragt der schwarze Block,
> Wir richten scharf und herzlich,
> Blutrotes Herz, blutroter Rock,
> All unsre Lust ist schmerzlich,

Wer mit dem Tag verfeindet ist,
Wird blutig exequieret*
Wer mit dem Tod befreundet ist,
Mit Sang und Kranz gezieret.
(...)

Ein bedeutender Zugewinn für die Truppe war Frank Wedekind, der sich ihr anstelle eines ausgeschiedenen Gründungsmitglieds anschloß. Seine provozierenden Bänkellieder, Moritaten und Chansons, die er selbst zur Gitarre vortrug, machten ihn und das Kabarett schnell weit über München hinaus berühmt.

Der Tantenmörder

Ich hab' meine Tante geschlachtet,
Meine Tante war alt und schwach;
Ich hatte bei ihr übernachtet
Und grub in den Kisten-Kasten nach.

Da fand ich goldene Haufen,
Fand auch an Papieren gar viel
Und hörte die alte Tante schnaufen
Ohn' Mitleid und Zartgefühl.

Was nutzt es, daß sie sich noch härme! –
Nacht war es rings um mich her –
Ich stieß ihr den Dolch in die Därme,
Die Tante schnaufte nicht mehr.

Das Geld war schwer zu tragen,
Viel schwerer die Tante noch.
Ich faßte sie bebend am Kragen
Und stieß sie ins tiefe Kellerloch. –

Ich hab' meine Tante geschlachtet,
Meine Tante war alt und schwach;
Ihr aber, o Richter, ihr trachtet
Meiner blühenden Jugend-Jugend nach.

Schon bald hatten die ›Elf Scharfrichter‹ mit der staatlichen Zensur zu kämpfen, traten Streitigkeiten unter den Ensemblemitgliedern auf und bedrohte Mißmanagement die wirtschaftliche Basis des Unternehmens: Ende 1903 fand die letzte Vorstellung statt. Trotzdem: noch heute gilt dieses Kabarett als das ruhmvollste der Zeit vor dem Ersten Weltkrieg, begründete es eine Tradition, an der sich viele spätere orientierten.

---

* Veraltet für: Schulden eintreiben, pfänden.

Wohl die bedeutendste Leistung der Literatur der Jahrhundertwende liegt in der Lyrik. Von Arno Holz bis Georg Trakl, von Frank Wedekind bis Rainer Maria Rilke, Stefan George und Hugo von Hofmannsthal, von Max Dauthendey bis Georg Heym und Gottfried Benn, um nur wenige zu nennen, entsteht ein reiches Spektrum lyrischer Gestaltung, ein Reichtum an Formen und Themen wie nur je in Blütezeiten deutscher Dichtung.

Das auffälligste Kennzeichen ist der Pluralismus miteinander konkurrierender Richtungen. Für kurze Zeit dominieren Impressionismus und Jugendstil, doch bald wehrt sich ein neuer Formwille gegen die Kunst der rasch wechselnden Eindrücke und setzt dafür eine vom Erlebnis unabhängige Wortkunst, die eine Zeitlang richtungweisend für die moderne Lyrik bleibt:

Diese an der Romantik und an französischen (Baudelaire, Mallarmé, Valéry) bzw. englischen (Keats, Swinburne) Vorbildern orientierte dichterische Kunstform Symbolismus erfährt in der deutschen Lyrik manch eigenständige Abwandlung. Der Symbolbegriff Hofmannsthals z.B. unterscheidet sich nicht nur von dem Goethes, sondern deutlich auch von dem der französischen Spielart des Symbolismus: Bei ihm ist das Symbol bildlicher Ausdruck eines mystischen Vorgangs, in dem sich die verborgene Harmonie zwischen Subjekt und Welt öffnet, eine Art »unio mystica« entsteht und der Poet das Einswerden mit dem »Mark der Dinge« (Hofmannsthal) erfährt. Das Symbol wird in einer Chiffre zum magisch wirkenden Zeichen, das im einfühlsam Aufnehmenden denselben »Traum« hervorrufen kann.

In Form und Wirkung steht George den französischen Symbolisten näher. Sein Symbol soll einem vom Dichter heraufbeschworenen Sinn bildhaft Gestalt geben. Die Form ist dabei das Wesentliche. Trakl wird am Ende sogar der Sprachmelodie den Vorrang gegenüber der Aussage einräumen.

Vorläufer der Entwicklung zur symbolhaften Lyrik sind in Deutschland Conrad Ferdinand Meyer und Eduard Mörike mit ihren Dinggedichten (Vgl. Bd. 7). Rainer Maria Rilke hat diese von persönlichen Erlebnissen und Empfindungen losgelöste Betrachtung der Gegenstände auf Tiere und Gegenstände übertragen und damit versucht, sich in fremdes Wesen hineinzuversetzen (so z.B. in ›Der Panther‹).

Unter dem Stichwort »Symbolismus« vereinigten sich, ohne freilich Programme auszuprägen oder eine gemeinsame Schule zu bilden, junge Autoren der »Moderne«. Nach den strengen Maßstäben des Romanisten Hugo Friedrich (›Die Struktur der modernen Lyrik‹) allerdings zeigen z. B. Hofmannsthal oder George nicht die »Symptome der harten Modernität«, weil sie »Erben und neue Höhepunkte eines vierhundertjährigen lyrischen Stils« sind (…), »von dem sich Frankreich vor achtzig Jahren gelöst hat« – nur Benn, Trakl und der späte Rilke sind in seinem Sinn »modern«. Für die Zeitgenossen aber waren sie alle Avantgarde und unterschieden sich deutlich von den Vertretern der alten Naturpoesie oder der Erlebnis-und Bekenntnislyrik. Und sie stehen alle unter dem Einfluß Nietzsches.

Kennzeichnend für diese Avantgarde ist ihre kritische Einstellung zur wilhelminischen Gesellschaft. Dies mag überraschend klingen, gilt doch als Charakteristikum der Literatur der Zeit gerade die Abkehr vom Politischen. Georges, Benns und sogar Hofmannsthals Gedichte sind aber durchaus auch als Antworten auf eine immer fremder werdende Welt zu verstehen. Das Kunstwerk wird Ersatz für die verlorene Orientierung an religiösen oder metaphysischen Ordnungen, läßt sich jedoch auch als Opposition gegen eine materialistisch eingestellte Zeit interpretieren. Georges Wort von der »unheiligen Menge«, Rilkes Furcht vor »der Menschen Wort« sind nur zwei Beispiele, die auf eine Abkehr von der Masse hinweisen. Sowohl Hofmannsthals ›Reiselied‹ wie Georges ›Der Herr der Insel‹ haben die Trennung der Lebenswelt von der Kunstwelt zum Inhalt. Georges »Herr der Insel«, ein riesenhafter Vogel mit Flügeln wie eine Wolke, ist unschwer als Symbol für den außerhalb der bürgerlichen Welt stehenden Poeten zu erkennen; allein schon eine geplante Annäherung aus der »realen« Welt führt sein Ende »in gedämpften schmerzenslauten« herbei.

Der Einbruch des Alltäglichen gefährdet diese Kunstwelt. Ihr sprachlicher Schutz ist das geheimnisvoll verschlüsselte Wort, das magische Bild, das Symbol, das nicht (wie sein klassischer Vorläufer) rational festlegbar ist, sondern in seiner Vieldeutigkeit mehr intuitiv oder assoziierend erahnbar wird. »Hermetisch«, d. h. dunkel, rätselhaft, hat man diese Literatur genannt, der Welt des Magischen nahe. Sie bleibt ein Merkmal vieler Werke der modernen Lyrik bis in die Gegenwart hinein. Ihre »Chiffren«, absolute Metaphern, wollen als willkürlich aus dem Subjektiven entstandene Form anders gelesen werden als z. B. die Erlebnislyrik früherer Zeit.

Nicht alle Autoren, die Neues suchen, weil die alte Lyrik verbraucht und veräußerlicht scheint, gehen diesen Weg. Arno Holz hat etwa über Stefan George gesagt, noch nie habe jemand »so abenteuerlich gestopfte Wortwürste in so kunstvolle Ornamentik gebunden«. Er lehnt aber auch die »Seifenblasenlyrik« der Impressionisten ab. Sein Weg sollte über die Revolution der Kunstmittel führen. Und die »Verse selbst der Allerjüngsten (…) unterscheiden sich in ihrer

Struktur in nichts von den Versen, wie sie (...) schon Goethe gekannt« hat. Sein ›Phantasus‹ ist als Beispiel für eine solche revolutionistische Kunst gedacht, und so sehr man ihn und die »Revolution der Lyrik« auch kritisiert hat, heute ist man – wie schon früher Döblin – doch geneigt, im Blick auf seine neuen Techniken und Formen in ihm einen der Väter der modernen Poesie zu sehen.

Anders als die Symbolisten, anders aber auch als der Formspieler Holz steht Frank Wedekind dem Vitalismus der Jahrhundertwende und dem Umkreis der Zeitschrift ›Jugend‹ nahe. Seine lyrische Dichtung stellt im Bereich der bänkelsängerischen Ballade und der Satire die Verbindung zu Brecht und Tucholsky her. Wegen seiner häufig alltagsnahen Sprache und seiner publikumswirksamen Verwendung von Chansons und moritatenähnlichen Formen fand er bei den Freunden der »wahren« Lyrik kaum Anklang.

Welten trennen seinen Versuch, eine Erneuerung der Ballade herbeizuführen, von dem auf ritterliche Standestradition zurückgreifenden Börries Freiherr von Münchhausen (1874–1945). »Nichts ist mir fataler als Kleinleutegeruch, Armleutemalerei, schlesische Waschweibersprache, all das heiße Bemühen, mit subtilsten Mitteln der Sprache die Sprachgewohnheiten der Plebejer nachzuahmen«, äußerte dieser noch 1908. Bei ihm weht dementsprechend »nicht der üble Geruch der Vielen. Große, gerade Menschen gehen ihre geraden Wege (...) und wissen nichts von differenzierten Gefühlen (...)«. Seine ›Balladen und ritterlichen Lieder‹ (1908) fanden durchaus ein Echo in der Wilhelminischen Zeit; große, wegweisende Balladen entstanden so nicht, und er selbst war ehrlich genug, die ihm als Mitarbeiterinnen am Göttinger Musenalmanach nahestehenden Agnes Miegel (1879–1964) und Lulu von Strauß und Torney (1873–1956) als bedeutender anzuerkennen. Insbesondere Agnes Miegels vielfach die magischen und mythischen Kräfte beschwörenden Balladen (›Die schöne Agnete‹, ›Die Mär vom Ritter Manuel‹ oder ›Die Nibelungen‹) führen alte Traditionen fort und waren bis in die jüngste Zeit weitverbreitet. Antimodernität und Rückzug in die Vergangenheit weisen auf eine gewisse Nähe zur sogenannten »Heimatkunst« (vgl. S. 67). Die Zukunft aber gehörte Balladen, die solch rückwärtsgewandtem Erneuerungsversuch entgegenstanden: die der expressionistischen Dichter wie Georg Heym, Else Lasker-Schüler oder Gertrud Kolmar, vor allem aber die doppelbödigen, nach neuen Funktionen und Formen suchenden Balladen Wedekinds und (in den 20er Jahren) Bert Brechts.

Man müßte noch manche Namen und Richtungen aufzählen, wollte man der Vielfalt der Zeit gerecht werden. Doch Alfred Mombert (1872–1942, gestorben an den Folgen der KZ-Haft), etwa mit seinen »symphonischen« Zyklen, z.B. ›Der Denker‹ (1901) und seiner ekstatisch-hymnischen Bilderfülle »als Wegzeichen auf der Suche nach Urzusammenhängen« (Clemens Heselhaus), durchaus ein typischer Autor der Zeit, oder der »Charontiker« (= einer, der in Charon, der die Seelen ins Totenreich bringt, das Symbol seines Dichtens sieht) Otto zur Linde (1873–1938) oder auch der vielgereiste Theodor Däubler (1876–1934) mit seiner zyklisch angelegten Kosmogonie ›Nordlicht‹ (1910) sind einzelgängerische Zeugnisse einer aus der Ablehnung der Zeit geborenen mythischen Weltdeutung und blieben ohne größere Wirkung. Gemeinsam ist ihnen (mit vielen bekannteren wie z.B. Nietzsche, George, Hofmannsthal, Rilke), die von Heselhaus als auffälliges Phänomen der Jahrhundertwende gedeutete Neigung zur *zyklischen Gestaltung,* die in den genannten Werken freilich oft den strengen Rahmen sprengt und vielleicht in ihrer Monumentalität (Däublers ›Nordlicht‹ umfaßt über 30000 Verse) auch als Ausdruck des (monumentalen) Stilwillens im Kaiserreich verstanden werden könnten. Die zyklischen Dichtungen der Jahrhundertwende stellen keinen Gegenstand und kein Ereignis dar, sondern behandeln zumeist ästhetische oder weltanschauliche Inhalte; die Titel sind daher vielfach symbolisch zu verstehen. (Georges ›Algabal‹ z.B. will nicht die Geschichte des spätrömischen Kaisers darstellen, seine Person ist vielmehr Inbegriff des Fin de Siècle).

Ein auffallendes Merkmal der Epoche ist die Vielzahl der verwendeten Formen. Aber diese Formen sind häufig nicht mehr auf bestimmte Themen oder Situationen festgelegt. Eine Elegie etwa ist im traditionellen Verständnis Ausdrucksmöglichkeit für die Vergänglichkeit des Schönen oder Sehnsucht nach dem Idealen (Schiller, Hölderlin), eine Ode ein Gedicht feierlichen Inhalts. Solche Zuordnungen werden zunehmend aufgegeben. Im Laufe der Zeit wird auch die Form selbst modifiziert. »Die Leistung der Form«, sagt Gerhard Kaiser, »kann sich grundlegend verändern, zuweilen bis zum Parodistischen.« Nach Benn hat die Form die Funktion, den »Inhalt autochthon« (= hier wohl: selbstverständlich zugehörig) zu machen, »eine isolierte Form, eine Form an sich, gibt es ja gar nicht«. Ein Rilke-Sonett muß sich daher nicht am klassischen Maßstab messen lassen. Der Zusammenklang von Inhalt und Form hingegen ist seit Hofmannsthal nach wie vor strenge Forderung: »Trennt ihr vom Inhalt die Form, so seid ihr nicht schaffende Künstler/Form ist vom Inhalt der Sinn, Inhalt das Wesen der Form.«

All diese Lyrik ist zumeist weit entfernt vom Alltag und den Nöten des einfachen Menschen. Aber ganz verschwunden ist das soziale Wollen des Naturalismus in der Lyrik der Jahrhundertwende nicht. Zwar erzielt die sogenannte Arbeiterliteratur in dieser Zeit keine allzu große Wirkung. Obwohl sich durch die Verbreitung in Anthologien, vor allem aber in sozialdemokratischen Zeitungen und durch

Vorträge in Arbeiterversammlungen eine große Öffentlichkeit erreichen ließ, kommt ihre Zeit erst mit dem sogenannten Nyland-Kreis (1912) und dem Ersten Weltkrieg, als die bekannten Autoren, wie der rheinische Kesselschmied Heinrich Lersch (›Abglanz des Lebens‹, 1914), der Arbeitersohn Gerrit Engelke (›Rhythmus des neuen Europas‹, 1921) oder der Zahnarzt Josef Winckler (›Eiserne Sonette‹, 1914), in der klassenübergreifenden »nationalen« Gemeinschaft der ersten Kriegszeit und in der Gleichsetzung des Krieges mit notwendiger »Arbeit« eine neue Möglichkeit lyrischer Tätigkeit fanden. In der Zeit davor hielten eher Autoren ganz anderer Herkunft und mit andersartiger Zielsetzung wie Rainer Maria Rilke (›Stundenbuch‹) oder Richard Dehmel (›Der Arbeitsmann‹, ›Maifeierlied‹) den Weg für soziale Probleme offen.

Arno Holz

Arno Holz (1863–1929) hatte zunächst als konsequenter Naturalist Aufmerksamkeit gefunden. Sein »Kunstgesetz« (vgl. Bd. 7, S. 307ff.) führte ihn aber bald von den Problemen der Wirklichkeitsabbildung zu der Frage, welche Mittel zu ihrer Darstellung nötig sind: »Daß wir (…) die Lyrik ›revolutioniert‹ zu haben glaubten, war ein Irrtum (…) Man revolutioniert eine Kunst (…) nur, indem man ihre Mittel revolutioniert.« Ihnen widmet er seine Aufmerksamkeit vor allem in dem vielleicht bedeutendsten literaturtheoretischen Werk der Jahrhundertwende, der ›Revolution der Lyrik‹ (1899). In ihm verwirft er die lange tradierten Gesetze hinsichtlich des Reims, des Metrums und der Strophe, die ihm nichts weiter als ein »geheimer Leierkasten« zu sein scheinen; dieser müsse ersetzt werden durch »natürlichen Rhythmus«, der in seinem Verständnis der »notwendige« Rhythmus ist, d.h. einer »der nur noch durch Das lebt, was durch ihn um Ausdruck ringt«.

Seine »Revolution« faßt er so zusammen:

Ich schreibe als Prosaiker einen ausgezeichneten Satz nieder, wenn ich schreibe: »Der Mond steigt hinter blühenden Apfelbaumzweigen auf.« Aber ich würde über ihn stolpern, wenn man ihn für den Anfang eines Gedichts ausgäbe. Er wird zu einem solchen erst, wenn ich ihn forme: »Hinter blühenden Apfelbaumzweigen steigt der Mond auf.« Der erste Satz referiert nur, der zweite stellt dar. Erst jetzt, fühle ich, ist der Klang eins mit dem Inhalt. Und um diese Einheit bereits deutlich auch nach außen zu geben, schreibe ich:

Hinter blühenden Apfelbaumzweigen
steigt der Mond auf.

Das ist meine ganze »Revolution der Lyrik«. Sie genügt, um ihr einen neuen Kurs zu geben.

Das entscheidende Merkmal ist demnach die Rhythmik der Zeilenkomposition, in deren Anordnung auch Pausen erkennbar sein müssen. Die Zeileneinheiten werden symmetrisch um eine Mittelachse angeordnet und zu Sinngruppen zusammengefaßt.

Gestaltung fand seine Theorie in seinem zwischen 1884 und 1925 stets weiter anwachsenden Werk ›Phantasus‹.

Kern dieser Sammlung ist ein Zyklus von 13 vierstrophigen Liedern in herkömmlichen Reimstrophen: er stellt die schlimme Situation und die phantastischen Vorstellungen eines armen, von einer geistlosen Welt gedemütigten, hungernden Poeten dar.

Schon mit der zweiten Fassung dieses Zyklus erweiterte Holz das Thema. Nicht mehr nur ein singuläres Dichterschicksal sollte jetzt gestaltet werden, sondern eine ganze Welt, wie sie sich in der Vorstellung des Poeten darstellte. Daß Holz sich mit diesem Poeten durchaus identifizierte (wie vorher mit dem im wilhelminischen Staat nicht anerkannten armen), läßt ein 1900 geschriebener Brief an Karl Hans Strobl erkennen. Er macht auch das Programm des ›Phantasus‹ deutlich:

Das letzte »Geheimnis« der (…) Phantasuskomposition besteht im wesentlichen darin, daß ich mich unaufhörlich in die heterogensten Dinge und Gestalten zerlege. Wie ich vor meiner Geburt die ganze physische Entwicklung meiner Spezies durchgemacht habe, wenigstens in ihren Hauptstadien, so seit meiner Geburt ihre psychische. Ich war »alles«, und die Relikte davon liegen ebenso zahlreich wie kunterbunt in mir aufgespeichert. (…) Das mag meinethalben wunderlich ausgedrückt sein, aber was dahinter steckt, wird mir ermöglichen, aus tausend Einzelorganismen nach und nach einen riesigen Gesamtorganismus zu bilden, der lebendig aus ein und der selben Wurzel wächst.

»Phantasus« (gr. Phantasos) ist in der antiken Mythologie ein Sohn des Schlafs. Durch seine stets wechselnden Verwandlungen ruft er im Menschen Träume hervor. Bei Holz steht der Name für die dichterische Einbildungskraft, die sich »unaufhörlich in die heterogensten Dinge und Gestalten« zerlegt. Nicht mehr der arme Poet also, sondern »der sich in die Welt verwandelnde Magier, der Phantasus, dessen gesellschaftliches Dasein gegenüber der Zauberkraft seiner Träume in den Hintergrund tritt« (Gerhard Schulz), steht hier Pate.

Das Strukturprinzip des sich allmählich auf fast 1600 Seiten auswachsenden Werkes in 5 Büchern ist die Parallelisierung der Berliner Alltagswirklichkeit mit einer aus der Phantasie geborenen künstlichen Welt, voller Glücksträume, Wunschvorstellungen, Bildern aus eigenen früheren Daseinsformen, Sehnsuchtsreisen usw. Das Festliegende steht dem Grenzenlosen gegenüber. Die beiden Ebenen werden einander teils in aufeinanderfolgenden Gedichten, teils innerhalb eines Gedichts gegenübergestellt. Ein relativ bekanntes Beispiel für die zweite Variante ist das folgende Gedicht:

UNVERGESSBARE SOMMERSÜSSE

Rote Dächer!

Aus den Schornsteinen
hier und da
Rauch;
oben, hoch, in sonniger Luft,
ab und zu
Tauben!

Es ist Nachmittag.

Aus
Mohdrickers Garten her
gackert
eine Henne;
Bruthitze
brastet;
die ganze Stadt ... riecht nach Kaffee.

Daß mir doch dies alles noch so lebendig geblieben ist!

Ich bin ein kleiner achtjähriger Junge,
liege,
das Kinn in beide Fäuste,
platt auf dem Bauch
und
kucke durch die Bodenluke.

Unter mir ... steil, der Hof ... hinter mir,
weggeworfen,
ein Buch.

... Franz Hoffmann ...

›Die
Sklavenjäger‹.

Wie still das ist!
Nur drüben,
in Knorrs Regenrinne,
zwei Spatzen, die sich um einen Strohhalm zanken,
irgendwo ein Mann, der sägt,
und
dazwischen
deutlich von der Kirche her,
in kurzen Pausen regelmäßig hämmernd,
der Kupferschmied Thiel.

Wenn ich unten runter sehe,
sehe ich gerade auf Mutters Blumenbrett.

Ein Topf Goldlack,
zwei
Töpfe Levkojen, eine Geranie,
Fuchsien
und,
mittendrin,
zierlich, in einem Zigarrenkistchen
ein
Hümpelchen Reseda.

Wie ... das ... riecht!
Bis
zu ... mir ... rauf!

Und
die ... Farben ... die
Farben!

Jetzt!
Wie der Wind drüber weht!

Die
wunder-,
wunder-, wunder –

... schönen ...
Farben!

Nie ... blinkten ... mir
schönere!

Ein
halbes Leben,
ein
ganzes Menschenalter
verrann!

Ich
schließe die Augen.

Ich
sehe sie ... noch immer!

Schon auf den ersten Blick fällt die Zeilenanordnung auf: die Anfänge stehen nicht wie gewohnt untereinander, sondern sind, je nach der Länge der Zeile eingerückt, mittig angeordnet. Da Reim und festgelegtes Metrum fehlen, muß der Rhythmus allein das lyrische Element zum Ausdruck bringen; die Zeilenkomposition soll dazu beitragen.

Die imaginäre »Mittelachse« erzeugt nach der Meinung des Autors einen »notwendigen Rhythmus«, das Druckbild macht die Einheit nach außen hin sichtbar. Wie Holz seine »Revolution« entwickelt und dabei experimentiert, zeigt ein Vergleich des ersten Abschnitts der vorliegenden Fassung mit dem der Fassung von 1898/9:

> Rote Dächer!
> Aus den Schornsteinen, hier und da, Rauch,
> oben, hoch, in sonniger Luft, ab und zu, Tauben.
>
> Es ist Nachmittag.
>
> Aus Mohdrickers Garten her gackert eine Henne,
> die ganze Stadt riecht nach Kaffee.
>
> Ich bin ein kleiner, achtjähriger Junge ...

Diese frühe Fassung steht noch sehr in Prosanähe, das Zeilenende markiert auch eine Sinnpause, die Zeile ordnet die Eindrücke nacheinander zu Einheiten. In der letzten Fassung sind die Zeilen und Sätze sehr viel stärker zerrissen, die Mittelachse ist viel deutlicher herausgearbeitet, der Rhythmus wird auch über Pausenmarkierungen (drei Punkte) beeinflußt, inhaltliche Aufschwellungen (wie z.B. Z. 13/14: »Bruthitze brastet«) tragen nicht nur zur größeren Genauigkeit, sondern durch die Alliteration auch zur Gewichtung bei. Die Zuspitzung auf Kernwörter (Rauch, Tauben) wird durch deren isolierte Stellung verstärkt, die Pausen davor sind durch Punkte gedehnt. Durch die stärkere Auflösung ist auch die Gliederung betroffen: War sie in der frühen Fassung deutlich von den fast überschriftartig in der Mitte stehenden Sätzen oder Satzfetzen getragen, so wird sie jetzt eher durch die Zweiteilung bestimmt. Der erste Teil ist optisch wie inhaltlich verlängert, bekommt damit mehr Eigengewicht, und so bedarf es einer Überleitung: »Daß mir doch dies alles noch so lebendig geblieben ist!«

Dennoch sind in diesem Gedicht Gegenwart und Vergangenheit im Grunde nicht wirklich getrennt. Die Erinnerung, ausgelöst durch gegenwärtige Beobachtungen, wird Gegenwart (»Jetzt«, das durchgehende Präsens); die assoziativ verbundenen Erscheinungen spiegeln nicht die Wirklichkeit der unmittelbaren Gegenwart, erhalten aber ihre Gegenwärtigkeit durch die wahrnehmende und sich gleichzeitig erinnernde Person; Erinnerung, Phantasie und Traum unterliegen keiner zeitlichen Begrenzung.

Die dargestellten Eindrücke sind eigentlich belanglos, alltäglich, beliebig – es könnten auch andere (oder mehr bzw. weniger) sein. Es wird ja auch nur aufgezählt und keine innere Beziehung zwischen den Dingen und dem »Ich« hergestellt. Gerhard Kaiser hat wohl recht, wenn er sagt: »Das erlebnislyrische Prinzip Erinnerung (...) wird hier zum geheimen Thema.« Und nicht das Was, sondern die »Fülle erinnerter sensueller Details erst (...) macht die Situation atmosphärisch dicht und damit wichtig.« So ist wohl auch das über Jahre hin fortgesetzte Nuancieren und Erweitern zu erklären. Manches von dem, was Holz hier beginnt, wird im Expressionismus wieder aufgegriffen.

Richard Dehmel

Richard Dehmel (1863–1920), noch 1920 von August Soergel in seiner Literaturgeschichte ›Dichtung und Dichter der Zeit‹ als der neben Liliencron »größte lyrische Künstler unserer deutschen Gegenwart« gerühmt, ist heute mit seinem übersteigerten Lebenspathos, seinem Bekenntnis zur ungehemmten Erotik aus den Anthologien nahezu verschwunden, obwohl sein Werk ein besonders deutliches Beispiel für den Stilpluralismus der Epoche ist. Neue Ausdrucksmöglichkeiten hat er freilich nicht entdeckt; seine Begabung liegt eher auf dem Gebiet deutender Beobachtung (auch sich selbst gegenüber). Zeugnis für seine Zerrissenheit ist der Band ›Aber die Liebe‹ (1907). Dieser Zyklus enthält ganz unerwartet auch sozialkritische Texte; der bekannteste davon ist wohl ›Der Arbeitsmann‹.

> Wir haben ein Bett, wir haben ein Kind,
>   Mein Weib!
> Wir haben auch Arbeit, und gar zu zweit,
> Und haben die Sonne und Regen und Wind.
> Und uns fehlt nur eine Kleinigkeit,
> Um so frei zu sein, wie die Vögel sind:
>   Nur Zeit.
>
> Wenn wir sonntags durch die Felder gehn,
>   Mein Kind,
> Und über den Ähren weit und breit
> Das blaue Schwalbenvolk blitzen sehn,
> Oh, dann fehlt uns nicht das bißchen Kleid,
> Um so schön zu sein, wie die Vögel sind:
>   Nur Zeit.
>
> Nur Zeit! Wir wittern Gewitterwind,
>   Wir Volk.
> Nur eine kleine Ewigkeit;
> Uns fehlt ja nichts, mein Weib, mein Kind,
> Als all das, was durch uns gedeiht,
> Um so kühn zu sein, wie die Vögel sind.
>   Nur Zeit!

Aus der Sicht des »Arbeitsmanns« gesprochen, ist dies ein Rollengedicht, wie es in der Zeit des Naturalismus gern als Ausdruck der Einfühlung in die Situation der sozial Unterdrückten verwendet wurde. Auch im ›Arbeitsmann‹ spürt man Anteilnahme am Geschick einer gesellschaftlichen Gruppe, aber man merkt doch, daß der Autor nicht zu ihr gehört; vielleicht verwendet er deshalb den Titel »Arbeitsmann«, nicht »Arbeiter« oder gar »Proletarier«. Der »Arbeitsmann« verkörpert auch nicht den typischen Industriearbeiter der Zeit, sondern erinnert eher an einen »Landmann«, der »Sonne«, »Regen und Wind« besitzt und auf dem offenen Land lebt; die Naturmetaphorik entstammt ebenfalls dieser Erfahrungswelt. Da all dies, wie auch die einfache Sprache des Gedichts, sich deutlich von der sonstigen Lyrik Dehmels unterscheidet, liegt es nahe, von einer bewußt auf die Thematik abgestimmten Gestaltung zu sprechen. Trotz aller Rolleneinfühlung bleibt dabei eine merkliche Distanz des Verfassers; darin unterscheidet sich Dehmel von der frühen Arbeiterlyrik. Der Inhalt scheint auf den ersten Blick diesen Unterschied zu bestätigen:

Die beiden ersten Strophen sind ganz auf die Familie bezogen, der »Arbeitsmann« wendet sich an »Weib« und »Kind«, bleibt also im Bereich des Privaten. Mit seiner Situation scheint er nicht unzufrieden: er zählt auf, was sie alles haben, vor allem Arbeit – und beklagt nur, daß mangelnde Zeit die Freiheit einschränkt; kein Wort von einer Klassenproblematik oder von Selbstentfremdung durch Arbeit. Das Fehlende ist »nur eine Kleinigkeit« – ist es aber wirklich nicht mehr? Schon der Vergleich mit den Vögeln in den beiden Strophen muß stutzig machen. Sie sind (im Gegensatz zu den Arbeitsleuten) »frei« und »schön«, weil sie haben, was den beiden fehlt: »Zeit«. Zeit haben macht frei und schön. Sie haben Zeit, weil sie keine »Arbeit haben«.

»Arbeit« ist im Gedicht also wohl nicht nur ein Zufriedenheit schaffender, positiv besetzter Begriff. Es steht so nicht im Text, aber man wird die vom sozialistischen Denken der Zeit geprägten Vorstellungen von der Entfremdung durch Lohnarbeit zur Erklärung heranziehen dürfen, zumal in Dehmels ›Maifeierlied‹ der Protest darüber ausgedrückt ist, daß »heut (...) ohne Kampf / keine Stunde zur Freude frei« sei.

Die zwei Strophen drücken daher nicht so unbedingt ein stilles Sich-Abfinden mit den gegebenen Verhältnissen aus, wie es scheint, sondern die fehlende »Kleinigkeit« kann durchaus ironisch verstanden werden, und der Refrain »Nur Zeit« in betonter Einzelstellung muß nicht als seufzende Resignation und Ergebenheit gelesen werden, sondern läßt sich auch als Anspielung auf die damals aktuelle Forderung nach Arbeitszeitverkürzung interpretieren.

Die dritte Strophe gibt die bis dahin bestimmende Zurückhaltung auf: Mit dem Ausrufezeichen hinter der Wiederholung des Refrains in der ersten und letzten Zeile erhält die Feststellung den Sinn einer drohenden Voraussage.

Und diese ist nicht mehr rein privater Natur: »Wir Volk« steht anstelle von »Weib« und »Kind«. Die neue Benennung schließt ausdrücklich das »Ich« ein; es verzichtet auf seine nur auf die eigene Familie bezogene Sonderstellung, die schon die Tatsache, Arbeit zu haben, als Glücksfall notiert, was ja einschließt, daß andere dieses »Glück« nicht »besitzen«. »Wir Volk«, das läßt mehrere Konnotationen zu: Dehmel meint damit sicher nicht das Staatsvolk, es geht um Soziales, nicht um Nationales. Angesprochen wird eine Gesamtheit, das »einfache« Volk, die Angehörigen der unteren Schicht. Alle, die sozial in Abhängigkeit leben, sind von dem betroffen, was in den vorangehenden Strophen nur privates Schicksal schien. Sie sind nicht frei wie die Vögel, weil ihnen die Zeit zur freien Entfaltung fehlt. Und das ist allein schon keine »Kleinigkeit«. Es fehlt aber noch mehr, nämlich auch die freie Verfügung über die Früchte der Arbeit. »Uns fehlt ja nichts« erweist sich vor diesem Hintergrund als blanke Ironie.

Die Zeit bringt zwangsläufig Veränderungen: Es braucht »nur Zeit«, bis sich etwas bewegt. Die Alliteration in der Zeile »Wir wittern Gewitterwind« verstärkt die Ahnung nahender Veränderung. Allerdings wird dies gleich wieder ironisch relativiert: »Nur eine kleine Ewigkeit«. Man kann diese paradoxe alltagssprachliche Wendung im Sinn von »schon bald«, aber doch sich wie eine Ewigkeit hinziehend verstehen, möglicherweise aber auch als leise Skepsis deuten, die dem bürgerlichen Autor näher liegt als ideologische Zuversicht. Denn ganz offensichtlich gibt sich das lyrische Ich in der Abfolge der Deutung und Beurteilung der Situation als reflektierendes Wesen zu erkennen. Wie in der kunstvoll aufgebauten Strophenfolge, der raffinierten syntaktisch und inhaltlich vertauschten Wortfolge und Wortbedeutung ist bei aller scheinbar volkstümlichen Einfachheit der Metaphorik und Wortwahl auch im gedanklichen Prozeß eine gewisse Distanz des nicht direkt Betroffenen zu spüren; auch wenn Dehmel in einem Brief davon spricht, daß er »in die Seele dieser Leute (= des 4. Standes) hinein (...) ihr sozialistisches Ideal« begreife »und billige«, ein eigentlicher Arbeiterdichter ist er nicht.

Hugo von Hofmannsthal

Wien 1. Mai 1890, Prater gegen 5 Uhr nachmitt.
Tobt der Pöbel in den Gassen, ei, mein Kind, so lass ihn schrein!
Denn sein Lieben und sein Hassen ist verächtlich und gemein!
Während sie uns Zeit noch lassen, wollen wir uns Schönerm weih'n.
Lass den Pöbel in den Gassen: Phrasen, Taumel, Lügen, Schrein,
Sie verschwinden, sie verblassen – Schöne Wahrheit lebt allein.

Man muß diese etwas billige Reimerei eines kaum 16jährigen jungen Mannes anläßlich der ersten Mai-Demonstration der Wiener Arbeiterschaft trotz des vollendet beherrschten Versmaßes nicht allzu ernst nehmen, und schon gar nicht darf man sie als Schlüsselworte für seine spätere Gesellschaftsauffassung verstehen. Kennzeichnend für die Denkweise und das Selbstbewußtsein der schöngeistigen Literaten des »Jungen Wien« sind diese Zeilen aber durchaus: charakteristisch ihre Politikferne, ihre elitäre Distanzierung von gesellschaftlichen Veränderungen, ihre Nähe zum Ästhetizismus, ihr Gespür für etwas Endendes, ihr Fin-de-Siècle-Lebensgefühl.

Der Verfasser der zitierten Verse ist Hugo von Hofmannsthal (1874–1929). Er kam wie die meisten bekannten Vertreter des »Jungen Wien« (Arthur Schnitzler, Hermann Bahr, Peter Altenberg. Richard Beer-Hofmann) aus dem gebildeten Großbürgertum; der Vater, Jurist und Bankkaufmann, stammte aus der Ehe einer Italienerin mit einem kunstbeflissenen Seidenfabrikanten jüdischer Konfession, die Mutter war Tochter eines Notars und Richters.

Schon der Gymnasiast fand Zugang zur Künstlerwelt des »Jungen Wien« im berühmten Café Griensteidl. Unter den Pseudonymen Loris, Loris Melikow und Theophil Morren veröffentlichte er Gedichte, Aufsätze und Kritiken, die in den interessierten Kreisen Aufmerksamkeit erweckten und verwunderte Anerkennung fanden. Bahr rühmte ihn schon bald nach dem ersten Zusammentreffen (April 1891): »Er ist durchaus neu – weitaus der neueste, welchen ich unter den Deutschen weiß, wie eine vertraute Weissagung ferner, später Zukunft ...«.

Hofmannsthal hat keines seiner frühen Gedichte in seine späteren Sammlungen aufgenommen, obwohl er beispielweise seinen dramatischen Erstling, das Dramolett ›Garten‹, immer wieder drucken ließ. Auch das folgende Ghasel ›Für mich ...‹, ein beeindruckendes Zeugnis seiner frühen Formenbeherrschung, ist erst in der ›Nachlese der Gedichte‹ 1934 in einer Buchausgabe erschienen.

> Das längst Gewohnte, das alltäglich Gleiche,
> Mein Auge adelt mir's zum Zauberreiche:
> Es singt der Sturm sein grollend Lied für mich,
> Für mich erglüht die Rose, rauscht die Eiche.
> Die Sonne spielt auf goldnem Frauenhaar
> Für mich – und Mondlicht auf dem stillen Teiche.
> Die Seele les' ich aus dem stummen Blick,
> Und zu mir spricht die Stirn, die schweigend bleiche.
> Zum Traume sag ich: »Bleib bei mir, sei wahr!«
> Und zu der Wirklichkeit: »Sei Traum, entweiche!«
> Das Wort, das Andern Scheidemünze ist,
> Mir ist's der Bilderquell der flimmernd reiche,

Was ich erkenne, ist mein Eigentum
Und lieblich locket, was ich nicht erreiche.
Der Rausch ist süß, den Geistertrank entflammt,
Und süß ist die Entschlaffung auch, die weiche.
So tiefe Welten tun sich oft mir auf,
Daß ich drein glanzgeblendet, zögernd schleiche,
Und einen goldnen Reigen schlingt um mich
Das längst Gewohnte, das alltäglich Gleiche.

Das Gedicht zeigt den Weg zum »Schöneren«. »Das längst Gewohnte«, die Außenwelt, für alle anderen das »alltäglich Gleiche« ohne weitere Bedeutung, wird ihm zum »Zauberreich«, zum ästhetischen Bezirk. Später wird Hofmannsthal davon sprechen, daß dies nur in bestimmten »Augenblicken« geschehen könne, die »man aber nicht zu oft hervorrufen« dürfe. Im vorliegenden Gedicht ist davon nicht die Rede. Das »Ich« möchte bewahren, was das »Auge« geadelt, d.h. was durch seinen Blick eine höhere, tiefere Bedeutung bekommen hat. Das Mittel dazu ist das Wort; es bannt das im Augenblick Erfaßte durch magische Kraft (»Zum Traume sag ich …«). Die »Andern« sehen in ihm nur »Scheidemünze«, täglichen Gebrauchswert also, sie erfassen nicht den »Bilderquell« in ihm. Daher ist diese vom Ich erzeugte Verwandlung auch sein »Eigentum«.

Die Nähe zur symbolischen Sicht, vor allem aber die Ästhetisierung und der Zug zum Subjektivismus sind unverkennbar, charakteristisch auch das Thema der Spannung zwischen Leben und Kunst, Traum und Wirklichkeit; es bleibt bestimmend in den von ihm für diese Ausgabe ausgewählten Gedichten. Mit keinem Wort ist hingegen auch nur angedeutet, daß dieses Eintauchenwollen in die Welt des »Schönen« gefährlich sein, dem Leben entfremden könnte – vielleicht ein Grund, warum die Verse später vor den Augen des Dichters keine Gnade gefunden haben. Verständlich umgekehrt, daß Stefan George ihren Verfasser für sich gewinnen wollte. Hofmannsthal berichtet, George habe in seiner »Werbung« um ihn gesagt, er – Hofmannsthal – sei »unter den wenigen in Europa (…) (und hier in Österreich der einzige), mit denen er Verbindung zu suchen habe: es handle sich um die Vereinigung derer, welche ahnten, was das Dichterische sei«.

George erkannte nicht, wie der andere sich in Charakter und Dichtung von ihm unterschied, wie verstiegen ihm des – obschon geschätzten – Meisters Vorschlag, die »Stellung eines coadjutors sine jure succedendi*« einzunehmen, vorkam, wie sehr ihm dessen Pläne »zu deutsch-phantastisch und trotz allem in der letzten Tiefe zu bürgerlich« erschienen. Hofmannsthal fühlte sich nicht zum Mittelpunkt

---

* … ohne Nachfolgerecht

und Vordenker eines Kreises geboren. In seiner Rede ›Der Dichter und diese Zeit‹ ordnet er sich ganz anders ein:

Das Wesen unserer Epoche ist Vieldeutigkeit und Unbestimmtheit. Sie kann nur auf Gleitendem ausruhen und ist sich bewußt, daß es Gleitendes ist, wo andere Generationen an das Feste glaubten.

Aus einer solchen Dichtungsauffassung kann kein Programm entstehen, keine auch nur annähernd systematische Kunstlehre. Hofmannsthal folgert vielmehr konsequent, daß – anders als z.B. Schiller und Hebbel, die »jeweils die Summe einer Epoche gezogen«, – die Dichter der Zeit nicht mehr in der Lage seien, »der bewußte Herold einer Epoche« zu sein, vielmehr sich »in einer seltsamen Begrenztheit nur des unerschöpflichen Erlebnisses ihrer Dichterschaft« bewußt würden. Ihre »Sache« sei es, »die Unendlichkeit der Erscheinungen leidend zu genießen und aus leidendem Genießen die Vision zu schaffen«. Er sieht den Dichter als »Seismographen«; die »Dinge der Welt (...) denken an ihn. Sie sind in ihm, so beherrschen sie ihn«. Da diese »Dinge« aber chaotisch auf ihn eindringen, ist »sein unaufhörliches Tun (...) ein Suchen von Harmonien in sich«.

In dieser Äußerung sowie in vielen Aufsätzen, Rezensionen und Gedichten spiegelt sich die doppelte Situation des Dichters als Leidender und Schaffender wider – es handelt sich um ein Grundthema Hofmannsthals. Mit ihm verbunden ist stets die Frage nach der Rolle des Ich. Wenn das Ich nur eine Hilfskonstruktion ist, etwas – wie die impressionistischen Vorstellungen, später wissenschaftlich untermauert durch die Vorlesungen von Mach, es nahelegen – Wechselndes, Wandelbares, dann kann es auch nur vorübergehende Erscheinungen, Stimmungen und erlebte Augenblicke wiedergeben. Damit aber wird deren Fülle grenzenlos, zumal beim frühen Hofmannsthal innen und außen nicht geschieden sind, Träume z.B. als Erweiterung des Ichs aufgefaßt werden. Nur für dieses sich wandelnde Ich läßt sich eine ästhetische Welt aufbauen. Erst allmählich kommt Hofmannsthal zu der Überzeugung, daß eine subjektive ästhetische Lösung der Lebensproblematik nicht möglich sei. Diese Entwicklung wurde z.T. durch äußere Erlebnisse während seiner Militärzeit in Göding (1893) und Tlumacz (1896) verstärkt: »Ich korrigiere meinen Begriff vom Leben: von dem, was das Leben für die meisten Menschen ist: es ist viel freudloser, viel niedriger, als man gerne denkt (...). Ich glaube: das schöne Leben verarmt einen«, schreibt er an einen Freund. Der Auseinandersetzung mit dieser Erkenntnis sind zwei Gedichte gewidmet, die Hofmannsthal in seine erste Sammlung aufgenommen hat: ›Ballade des äußeren Lebens‹ (1895) und ›Reiselied‹ (1898).

Die ›Ballade des äußeren Lebens‹ steht schon wegen ihrer Terzinenform in unmittelbarer Nähe der ›Terzinen über die Vergänglichkeit‹ (ein früherer Titel des Gedichts lautete bezeichnenderweise: ›Terzinen von der Dauer des äußeren Lebens‹). Während diese das »Leben« an sich zum Gegenstand haben, geht es in der Ballade um das zentrale Hofmannsthal-Thema »Leben und Kunst«.

Und Kinder wachsen auf mit tiefen Augen,
Die von nichts wissen, wachsen auf und sterben,
Und alle Menschen gehen ihre Wege.

Und süße Früchte werden aus den herben
Und fallen nachts wie tote Vögel nieder
Und liegen wenig Tage und verderben.

Und immer weht der Wind, und immer wieder
Vernehmen wir und reden viele Worte
Und spüren Lust und Müdigkeit der Glieder.

Und Straßen laufen durch das Gras, und Orte
Sind da und dort, voll Fackeln, Bäumen, Teichen,
Und drohende, und totenhaft verdorrte ...

Wozu sind diese aufgebaut? und gleichen
Einander nie? und sind unzählig viele?
Was wechselt Lachen, Weinen und Erbleichen?

Was frommt das alles uns und diese Spiele,
Die wir doch groß und ewig einsam sind
Und wandernd nimmer suchen irgend Ziele?

Was frommts, dergleichen viel gesehen haben?
Und dennoch sagt der viel, der »Abend« sagt,
Ein Wort, daraus Tiefsinn und Trauer rinnt

Wie schwerer Honig aus den hohlen Waben.

Der zweiteilige Aufbau wird schon beim ersten Durchlesen deutlich: vier Terzinen (ital. Strophenform mit drei jambischen Elfsilbern und dem Reimschema aba bcb ... xyx yzy z, an das sich jedoch Hofmannsthal – vielleicht nach dem Vorbild der Spätromantiker – wie hier nicht immer hält) benennen Erscheinungen des alltäglichen äußeren Lebens; sie beschwören die menschliche Erfahrung der Vergänglichkeit, Fruchtlosigkeit, Vergeblichkeit und inneren Leere. Die ersten drei Terzette betonen die Gleichgültigkeit, mit der das Leben dennoch weitergeht, »Und alle Menschen gehen ihre Wege«. »Und immer weht der Wind, und immer wieder«. Ein lyrisches Ich fehlt; dargestellt wird keine subjektive Verzweiflung, sondern ein gleichsam von außen gesehener Sachverhalt. Dabei sind die Beispiele willkürlich gewählt; es wären beliebig viele weitere zu nennen gewesen.

Die Punkte nach dem vierten Terzett deuten Endlosigkeit an, so wie der Anfang und die elfmal in den Verseingängen wiederholte Reihung durch die Konjunktion »und« eine einfache Addition der erfaßten Erscheinungen und nicht etwa eine kausale Folge konstituieren. Es geht nicht um die Frage nach Gründen, das Gedicht stellt vielmehr die Grundlosigkeit der Dinge fest – das äußere Leben hat ja z.B. durchaus seine Süße, aber in den Früchten steckt von Anfang die Fäulnis; die Menschen verspüren Lust, aber ebenso auch Müdigkeit. Sie sind nicht selbst die Ursache; die Kinder sind ein Beispiel für die Unschuld. Da muß sich dann die Frage stellen: »Was frommt das alles (…)?« und, eindringlicher noch: »Was frommts, dergleichen viel gesehen haben?« Es sind abstrakte, verallgemeinernde Fragen, die sich auf das Vielerlei der Erscheinungen beziehen (»das alles«, »dergleichen viel«, »und sind unzählig viele«), letztlich aber auf den Sinn des äußeren Lebens zielen. Anders als im folgenden ›Reiselied‹ ist es gerade diese Vielheit der Details, die zum Fragen führt; und anders als im vorhin zitierten Gedicht ›Für mich …‹ steht sie hier der Sehnsucht, die ursprünglich gefühlte Einheit wiederherzustellen, im Wege. Wenn die Welt ein ständiges Vergehen darstellt, dann kann eine einheitliche Sicht nur in dem sich seiner selbst bewußten Ich entstehen. Freilich kann auch dieses zunächst nichts anderes entdecken als eine Welt, die einer Bühne gleich »aufgebaut« ist, in der vieles Wechselnde vorbeizieht, die also dasselbe Vergehen der Dinge erfährt: sinnlose Spiele des Lebens.

Die Welt als Theater ist eine uneigentliche Welt. Auf ihrer Bühne finden »Spiele« statt, »Lachen, Weinen und Erbleichen« gehören dazu. Das Ich kann dies gleichsam unbeteiligt betrachten, und so wirkt der gleichmäßig ruhige Ton der ersten vier Terzette entsprechend distanziert. Es kann ferner unaufgeregt, ernsthaft und doch drängend wie im fünften Terzett grundsätzliche Fragen stellen nach dem Sinn dieser Welt und – wie im sechsten – dem Zweck des menschlichen Daseins. Die Antworten sind in den Fragen eigentlich schon enthalten, und die Folge müßte Verzweiflung, Resignation oder Zynismus sein; das beinahe wegwerfend-verächtlich klingende »Was frommts, dergleichen viel gesehen haben« weist denn auch in diese Richtung. Aber im sechsten Terzett fällt in der Kennzeichnung des Menschen auf, daß neben der Ziellosigkeit und Einsamkeit auch von Größe die Rede ist, wenn sie auch nicht näher bestimmt wird. Liegt sie darin, »das alles« zu sehen und ihm standzuhalten? Existentialistischer Heroismus entspräche aber kaum Hofmannsthals Vorstellungswelt und Menschenbild. Zudem enthält gleich die erste Zeile des folgenden, letzten, Terzetts wieder – in einer Art Wendung gegen die unvermutet positive Charakterisierung – eine Absage an jede Sinnhaftigkeit. Um so überraschender und stärker wirkt das plötzliche »Und dennoch«, das daran anchließt. Die so beginnende Zeile ist auch dadurch herausgehoben, daß sie keinen Reim mehr nach sich zieht und daß zweimal das Wort »sagt« vorkommt. Es ist das gesagte Wort, das als Gegengewicht erscheint, und Peter Szondi hat wohl recht mit seiner Annahme, daß das dichterische Wort gemeint sei, im Gegensatz zum alltäglichen Gerede, das »viele Worte« braucht, wie es im dritten Terzett heißt; »Ein Wort« wie »Abend« hingegen – auch wenn es aus der gleichen Sphäre des äußeren Lebens stammt wie die hier gar nicht näher charakterisierten Worte – mit seinem reichen Gehalt an Assoziationen, seiner geheimnisvollen Unbestimmtheit und seiner langen literarischen Tradition kann aufspeichern, was dann »wie schwerer Honig« rinnt, ebenso aber Gefühle wie die durch Alliteration eng verbundenen »Tiefsinn und Trauer« hervorrufen.

Vielleicht ist mit dem Abend auch auf den täglichen Kreislauf verwiesen, steht er für eine Ordnung also, die sich dem Chaos des sinnlosen Spiels entgegensetzen läßt. Über Worte, die das vermögen, äußert Hofmannsthal in dem Gedicht ›Weltgeheimnis‹, sie seien »Kies / Der eines Edelsteins Verlies«. Sie enthalten also Kostbares, wie »hohle Waben« den »schweren Honig« in sich bergen.

Vom Ende her wird verständlich, warum Hofmannsthal eine trotz der Wendung am Schluß grundsätzlich schmerzvolle Erfahrung in so musikalisch-gelöster, schöner Form gestalten kann. Es ist die Antwort eines (ungenannten) dichterischen Ichs auf die Perspektiven des äußeren Lebens, die zur Ansicht vom eigentlichen Leben werden könnte. Der wirkliche Weg dazu aber wird durch das »Wort« geöffnet.

Die ›Ballade‹ steht in den ›Ausgewählten Gedichten‹ neben dem im gleichen Jahr entstandenen ›Weltgeheimnis‹. Im Vergleich damit wird die Aussageabsicht deutlich: Zeigt dies, wie der Mensch (als Kind, als Liebender, als Dichter) teilhaben kann an der Einheit des Lebens, dem er sich entfremdet hat, so stellt die Ballade eben dieses Leben als nur »äußerlich« dar, als ein Leben, das keinen Sinn erkennen läßt, wenn nicht durch das Wort eine Wendung nach innen hervorgerufen wird. Der Abend ist ein solches Wort; es besitzt Symbolwert. Aber anders als z.B. Conrad Ferdinand Meyer bleibt Hofmannsthal mit diesem Symbolwort nicht im Bereich der Metapher oder der Allegorie. Zwar verwendet er wie C. F. Meyer mit »Abend« einen Ausdruck aus der jedermann bekannten Wirklichkeit, aber während dieser (etwa in ›Zwei Segel‹, Bd. 7, S. 270/1) ein Bild verwendet, das dem Leser direkte Assoziationen erlaubt, benützt Hofmannsthal als Symbolwort einen Ausdruck, der auf einen höheren Bereich verweist, der einer Kontextzuordnung und im beginnenden Symbolismus in der Regel auch der Kenntnis der Erlebniswelt des lyrischen Ichs bedarf.

Reiselied

Wasser stürzt, uns zu verschlingen,
Rollt der Fels, uns zu erschlagen,
Kommen schon auf starken Schwingen
Vögel her, uns fortzutragen.

Aber unten liegt ein Land,
Früchte spiegelnd ohne Ende
In den alterslosen Seen.

Marmorstirn und Brunnenrand
Steigt aus blumigem Gelände,
Und die leichten Winde wehn.

Gelenkt vom Titel, liest man die drei Strophen zunächst als Reise-
darstellung. Drei Etappen führen aus dem gefährlichen Hochgebirge
in das fruchtbare Land »unten« und enden in einer an Goethesche
Sehweise erinnernde angedeutete Landschaft mit Blumen und Frag-
menten bildhauerischer Tätigkeit.

Aber als realistische Rückschau oder gar als Sehnsuchtsausdruck in
der Art Mignons (›Wilhelm Meisters Lehrjahre‹, s. Bd. 3) läßt sich ein
Gedicht sicher nicht verstehen, das mit einer Dämonisierung von
Fels und Wasser beginnt; auch der Kontrast, den es gestaltet, wirkt
dafür allzu einfach. Und mit der dritten Zeile bricht ein irreales Geschehen unmotiviert in das Gedicht ein. Die Handlungsweise der
»Vögel« ist ambivalent: daß sie »kommen«, »uns fortzutragen«, weist
womöglich auf Gefahr, doch die »starken Schwingen« lassen auch Rettung vor bedrohlichen Kräften ahnen. Das Gedicht kann nicht einfach als Handlungsvorgang gelesen werden, es muß gedeutet werden. Offenbar ist anfangs ein extrem bedrohlicher Augenblick gegeben, der für
»uns« eine existentielle Gefahr darstellt. In einer Schlüsselstelle im
Romanfragment ›Andreas oder die Vereinigten‹ bewirkt der plötzliche Anblick eines Adlers, »dessen höchste Gewalt und Gabe« der
schuldig gewordene Andreas »auch in seiner Seele fließen« fühlte, eine blitzartige Selbsterkenntnis: »Ihm war, als wäre dies mit einem
Schlag aus ihm selbst hervorgestiegen: diese Macht (…) diese Reinheit zuoberst.« Ein Ausmalen in dieser Breite ist in der Prosa möglich. Das Gedicht verzichtet auf die Darstellung des Umschlags; es
stellt nur Voraussetzung und Folge dar, und auch dies nur andeutend.
Formal ist dieser Reduktion entsprechend, wenn man das Gedicht
im Prinzip als Sonett betrachtet, das zweite Quartett weggefallen.

Das Land »unten«, wohin die Vögel »uns« entführen, wird nur
von oben gesehen. Die Charakterisierung ist in beiden Terzetten verhältnismäßig sparsam, nur einzelne Elemente werden genannt, so

daß kein realistisches Bild entsteht. Sie bilden fast durchgängig Gegensätze zu den im Quartett genannten: Wenn dort Wasser »stürzt«, sich also in heftiger Bewegung zeigt, so sind unten Seen, die man sich, da sie nicht weiter gekennzeichnet sind, wohl als ruhig ausgebreitet vorstellen muß; wenn anfangs der Fels »rollt«, so »liegt« unten ein Land, wenn die Vögel »auf starken Schwingen«, also in mächtiger, kraftvoller Bewegung, erscheinen, wehen unten schwache »leichte Winde«, wenn oben Wasser und Fels ein Bild rauher Kargheit hervorrufen, finden wir »unten« Blumen und Früchte und Relikte der Kunst; die »Marmorstirn«, der (gestaltete) »Brunnenrand« stehen dem ungestalteten Felsen der ersten Strophe gegenüber. Freilich erscheint das schöne organische Leben nur als Spiegelbild (Blumen) oder als allgemeines Merkmal des »Geländes«. Der Mensch, der die Einheit der Elemente Kunst und Natur herstellen könnte, fehlt in der Landschaft »unten«, er ist nur indirekt als Betrachter von oben zu ahnen. Die Welt des Schönen, so könnte man daraus schließen, kennt weder Häuser noch menschliches Leben, sie ist daher wohl auch als nicht bewegt und vor allem als alterslos entworfen. Ein »socialer« (Hofmannsthal) Bezug ist nicht zu erkennen. Wir erfahren nichts darüber, ob die Entführten dies Land erreichen; es ist auch ohne Bedeutung, wichtiger scheint vielmehr die Befreiung von der Gefahr. Die Vögel symbolisieren das Freiwerden von Kräften, das den weiten Blick in die Welt der Kunst ermöglicht. Hofmannsthals ständiges Thema des inneren Wandels hat hier Ausdruck gefunden. Diese Wandlung findet seine Form in der Wandlung des Naturbildes zum Kunstbild. Aber auch diese Welt ist nicht frei von Zerstörung; die Fragmente weisen darauf hin, (klassische) Harmonie entsteht nicht. Der Raum der Kunst ist bei ihm nicht wie bei George etwas für sich Gültiges und Endgültiges.

Das ›Reiselied‹ hat durchaus einen biographischen Hintergrund. Wir kennen Hofmannsthals Briefe aus der Zeit der Schweizer Reise von 1898, die vieles erwähnen, was hier Eingang gefunden hat. Dennoch ist das Gedicht kein Erlebnisgedicht wie etwa Goethes ›Auf dem See‹, in dem eine ähnliche Situation in poetische Bilder umgesetzt wird. Hofmannsthal kennt dieses Gedicht ebenso wie Goethes Mignon-Ballade sehr genau, einzelne seiner Bilder sind in ihnen deutlich vorgeformt. Er »zitiert« im Sinn moderner Lyrik Elemente aus anderen literarischen Werken. Damit kann man das ›Reiselied‹ als »Literatur«-Gedicht verstehen: Es stellt eine Reise in die Literatur dar. Die Anklänge an Goethe-Gedichte, die Suggerierung einer Landschaft des Südens, die Verwendung des reduzierten Sonetts sind Kennzeichen dafür. Die Reise aus dem Chaos in die andere, gestaltete Welt ist eine Reise der (sich erinnernden) Seele. Aber Hofmannsthal hat im Gegensatz zu Goethe keine konkrete persönliche

Situation im Gedicht geformt. Die Artikellosigkeit, die Pluralformen (Früchte, Seen), der Verzicht auf ein Ich weisen auf eine Generalisierung, die Bilder sind nicht Verschlüsselungen persönlichen Erlebens – sie symbolisieren grundsätzliche Probleme Hofmannsthals.

Stefan George

Als der bedeutendste Lyriker seiner Epoche galt vielen Stefan George (1868–1933). Sowohl mit seinem Werk als auch mit seiner Persönlichkeit hat er bis weit in die 20er Jahre hinein gewirkt. Man kann seine Lyrik – nur diese Gattung erkannte der »Meister« als hohe poetische Form an – nicht ohne seine Lebensgestaltung beschreiben, die beide Ergebnis bewußten und absichtsvollen Tuns sind.

Sohn eines Weinbergbesitzers und Gastwirts aus einem ursprünglich aus Lothringen stammenden Geschlecht, blieb George seiner Herkunft, dem Respekt vor handwerklichem Können und seiner heimatlichen Landschaft zeitlebens verbunden. Dennoch trieb es ihn nach dem Besuch des humanistischen Gymnasiums in Darmstadt, während des (nicht abgeschlossenen) Studiums der Literatur- und Kunstwissenschaft in Berlin und auch später noch zu einem unsteten Wanderleben in nahezu alle Kulturmetropolen Europas: allein zwischen 1888 und 1894 treffen wir ihn in London, Turin, Mailand, Paris, Kopenhagen, Wien, München, Berlin. Überall fand er Zugang zu kulturellen Zirkeln und Kontakt zu den bedeutenden Vertretern der modernen europäischen Kunstbewegungen. Den nachhaltigsten Eindruck auf den jungen George machte wohl die Gruppe der französischen Symbolisten; insbesondere Baudelaire und Mallarmé waren seine frühen Vorbilder.

Was aus den Vorstellungen Mallarmés George am meisten entsprach, wird als theoretisch-programmatische Festlegung in der Zeitschrift ›Blätter für die Kunst‹ (und im ›Algabal‹-Zyklus, 1892) deutlich.

Die ›Blätter für die Kunst‹ erschienen von 1892–1919. Die von George »geleitete« Zeitschrift wurde zunächst nicht über den öffentlichen Buchhandel vertrieben, sondern nur ausgewählten Freunden und Gleichgesinnten, aus denen sich später auch der George-Kreis speiste, zur Subskription angeboten. Erst 1899 edierte George eine für die Öffentlichkeit bestimmte »Auslese« aus den Jahren 1892–1898. Die Verfasser der Artikel blieben anonym, doch waren die Mitarbeiter für die Eingeweihten kein Geheimnis. George wollte damit wohl den Charakter einer Gruppenäußerung hervorrufen.

Dem inhaltlichen Anspruch gemäß hatte schon das Äußere der Zeitschrift einen elitären Charakter; die Auswahl der zugelassenen

Subskribenten, aber auch die ungewöhnlichen Druckzeichen (die sogenannte »romanische« Antiqua mit durchgehender Kleinschreibung) und die z.T. eigenwillige Interpunktion und Rechtschreibung sollten das Besondere betonen.

Der vorliegende Abschnitt aus den Einleitungen und Merksprüchen der Folgen i–iv (im Verlag Georg Bondi in Berlin 1899 erschienen) läßt Georges Kunstauffassung dieser Zeit erkennen, die im deutlichen Gegensatz zu den Kennzeichen und Zielen des Naturalismus steht. Kunst ist demnach von eigenständiger Art, erfüllt keinerlei Absicht, ist zweckfrei, dient nur sich selbst; das französische Vorbild des »l'art pour l'art« wird in wörtlicher Übersetzung übernommen und mit der vielzitierten Formulierung von der »neuen fühlweise und mache« von der traditionellen Erlebnisdichtung abgesetzt.

Der name dieser veröffentlichung sagt schon zum teil was sie soll: der kunst besonders der dichtung und dem schrifttum dienen, alles staatliche und gesellschaftliche ausscheidend.

Sie will die GEISTIGE KUNST auf grund der neuen fühlweise und mache – eine kunst für die kunst – und steht deshalb im gegensatz zu jener verbrauchten und minderwertigen schule die einer falschen auffassung der wirklichkeit entsprang. sie kann sich auch nicht beschäftigen mit weltverbesserungen und allbeglückungsträumen in denen man gegenwärtig bei uns den keim zu allem neuen sieht, die ja sehr schön sein mögen aber in ein andres gebiet gehören als das der dichtung …

Handlungsbetonte Darstellungen werden abgelehnt:

Wir wollen keine erfindung von geschichten sondern wiedergabe von stimmungen keine betrachtung sondern darstellung keine unterhaltung sondern eindruck.

Die Kunst steht nur für sich:

Die älteren dichter schufen der mehrzahl nach ihre werke oder wollten sie wenigstens angesehen haben als stütze einer meinung: einer weltanschauung – wir sehen in jedem ereignis jedem zeitalter nur ein mittel künstlerischer erregung. auch die freisten der freien konnten ohne den sittlichen deckmantel nicht auskommen (man denke an die begriffe von schuld u.s.w.) der uns ganz wertlos geworden ist.

Drittens die kürze – rein ellenmäßig – die kürze.

Das *Gedicht* ist der höchste der endgültige ausdruck eines geschehens: nicht wiedergabe eines gedankens sondern einer stimmung. was in der malerei wirkt ist verteilung linie und farbe, in der dichtung: auswahl maß und klang (…)

Unser ganzes schrifttum von gestern ist sittlich (sogar das behördlich verbotene) bürgerlich-pöbelhaft und unterhaltend-belehrend. wir können nur eines fassen das schön vornehm beeindruckend ist.

Heute einseitig auf den volkston hinzuweisen wäre gerade so verkehrt als auf griechentum mittelalter u. ä. – denn er liegt uns in gleicher weise fern.

Die Blätter enthalten neben solchen mehr spruchhaft vorgetragenen programmatischen Sätzen vor allem Texte, der Wertung Georges nach insbesondere solche jener Gattung, in der »der endgültige ausdruck eines geschehens« erscheint: Gedichte.

Als Beispiel für die neu gewonnene Kunstauffassung mag das bekannte Gedicht ›Vogelschau‹ stehen:

> Weisse schwalben sah ich fliegen ·
> Schwalben schnee-und silberweiss ·
> Sah sie sich im winde wiegen ·
> In dem winde hell und heiss.
>
> Bunte häher sah ich hüpfen ·
> Papagei und kolibri
> Durch die wunder-bäume schlüpfen
> In dem wald der Tusferi.
>
> Grosse raben sah ich flattern ·
> Dohlen schwarz und dunkelgrau
> Nah am grunde über nattern
> Im verzauberten gehau.
>
> Schwalben seh ich wieder fliegen ·
> Schnee- und silberweisse schar ·
> Wie sie sich im winde wiegen
> In dem winde kalt und klar!

Schon das erste Adjektiv der ersten Zeile, verstärkt durch die Wiederholung und Nuancierung in der zweiten, weist über einen erlebten Naturvorgang hinaus; die zweite und dritte Strophe führen tief in den sagenhaften Wald von Tusferi mit seinen weihrauchtragenden Büschen und Bäumen, wo im »verzauberten gehau« nur noch Flattern und Hüpfen möglich ist, Gegenbild zu der in der vierten Strophe wieder aufgenommenen leichten Bewegung der fliegenden Schwalben, wobei allerdings die Synästhesie »hell und heiß« sich – betont durch das abschließende Ausrufezeichen – in das härtere »kalt und klar« verwandelt. Die Kreisbewegung wird abgeschlossen durch den Tempuswechsel in der vierten Strophe: die »Vogelschau« gewinnt in veränderter Sicht Dauer. Die Bilder und die Adjektive zeigen insgesamt eine Veränderung an: Die bunte Welt der Häher, Kolibri und Papageien weicht Raben und Dohlen, dunkle Farben und frostige Kälte stehen am Ende – wie die Nattern »am Grunde« Verweise auf Winter, Gefahr und Tod. Man fühlt sich an die römische Deutung des Vogelfluges erinnert.

Es sind ungewöhnliche Bilder einer künstlichen Natur, ohne daß – ganz im Sinn des französischen Vorbilds – ein eindeutiger Sinngehalt faßbar wird.

Die Bilder wirken durch sich selbst, bedürfen keines Verweises; es geht um die Schau, nicht um die Beschreibung oder Deutung eines Vorgangs. Entscheidend ist die Form: die äußere Anordnung wird durch die Wiederholung und Abwandlung der Strophen 1 und 4 zur Einheit, die regelmäßige Reimfolge, die zahlreichen Alliterationen und der Rhythmus schaffen hohe klangliche Geschlossenheit. So entsteht ein kunstvolles Gebilde, dem trotz der Betonung des Sehens weder eine nachvollziehbare Naturbeobachtung zugrundeliegt, noch das Bedürfnis, eine (möglicherweise) flüchtige (äußere) Stimmung nachzumalen.

Das Gedicht ›Vogelschau‹ steht am Ende des ersten von acht größeren Zyklen, die George geschaffen hat, einer, wie es für sein Werk typisch ist, dreiteiligen Folge von hier insgesamt 22 Gedichten, die sich um die Gestalt des ›Algabal‹ gruppieren.

Der historische Algabal (oder Elagabal, eigentlich aber Varius Avitus Bassianus) kam mit Unterstützung syrischer Legionen im Jahre 218 auf den römischen Thron. Er wähnte sich Vertreter und Diener des Sonnengotts Heliogabal Emesa. Da er dessen Kult dem ganzen Reich aufzwingen wollte, ließ er das Abbild von Emesa nach Rom bringen und zu seinen Ehren einen Tempel auf dem Palatin erbauen. Bau und Kult verschlangen Unsummen, die er durch Tötung seiner Gegner und den Einzug ihres Vermögens aufbrachte. Seine maßlose Prunksucht, seine überspannte Frömmigkeit, der Mummenschanz des Kults und das als krankhaft empfundene zügellose Ausleben seiner Gelüste führten 222 zu seiner Ermordung.

Es ist nicht erwiesen, daß George Heliogabal aus der Geschichtsschreibung kannte, wahrscheinlicher ist, daß er bei seinem Pariser Aufenthalt von dem Interesse, das man in Kreisen der Symbolisten dieser Gestalt zuwandte, angesteckt wurde. Für die französischen Symbolisten stellt Heliogabal wie viele andere Gestalten der spätrömischen »Dekadenz« (etwa Nero, Caligula) eine wichtige Vorläuferfigur dar. Verlaine, Baudelaire und andere beziehen sich immer wieder auf sie. »Algabal ist Heliogabal«, sagt ein Interpret, »gesehen durch ein Fin de Siècle-Temperament und vermittelt durch den fast mythischen Glanz, den die Spätantike im Bewußtsein der französischen Décadents hatte ...« Algabal wird für sie zum Inbegriff eines absoluten Ästheten, der seine Stellung als Weltherrscher für die Verwirklichung dieses Traums benützen kann. Darin berührt er sich in den Augen der Zeitgenossen mit einer anderen Leitfigur, die man in Frankreich gern mit spätrömischen Cäsaren verglich: König Ludwig II. von Bayern: der »tyran délicieux«. Seine körperliche Attraktivität, seine bizarren architektonischen Pläne, aber auch seine psychopathischen Züge, seine bedingungslos-schwärmerische Wagnerverehrung, seine traumhafte Wirklichkeitsferne und schließlich sein geheimnisumwitterter Tod machten ihn für bestimmte Kreise geradezu zur Kultfigur (vgl. z. B. Verlaines Sonett ›A Louis II. de Bavière‹, 1888). Auch Stefan George verspürte eine »dunkle Neigung« zu ihm, und mit der »Aufschrift«, die er der endgültigen Ausgabe (1899) des ›Algabal‹ vorausschickte, stellt er eine deutliche Verbindung zwischen Algabal und Ludwig II. her:

AUFSCHRIFT
DEM GEDÄCHTNIS LUDWIGS DES ZWEITEN
ALS MEINE JUGEND MEIN LEBEN HOB IN SOLCH EIN LICHT
KAM SIE ERSTAUNEND DEINEM NAH UND LIEBTE DICH.
NUN RUFT EIN HEIL DIR ÜBERS GRAB HINAUS ALGABAL
DEIN JÜNGRER BRUDER O VERHÖHNTER DULDERKÖNIG

Der Algabal-Zyklus beginnt mit dem »Unterreich«; drei Gedichte beschreiben die mit verschwenderischer Pracht ausgestatteten, von Düften erfüllten Räume, »die häuser und höfe wie er sie ersonnen ...«. In ihnen kann er seine Schöpferkraft, seine Allmacht »genießen«!

Das vierte Gedicht macht den Genuß der eigenen Schöpfung und deren Eigenart besonders deutlich.

Mein garten bedarf nicht luft und nicht wärme·
Der garten den ich mir selber erbaut
Und seiner vögel leblose schwärme
Haben noch nie einen frühling geschaut.

Von kohle die stämme · von kohle die äste
Und düstere felder am düsteren rain·
Der früchte nimmer gebrochne läste
Glänzen wie lava im pinien-hain.

Ein grauer schein aus verborgener höhle
Verrät nicht wann morgen wann abend naht
Und staubige dünste der mandel-öle
Schweben auf beeten und anger und saat.

Wie zeug ich dich aber im heiligtume
– So fragt ich wenn ich es sinnend durchmass
In kühnen gespinsten der sorge vergass –
Dunkle grosse schwarze blume?

Schon die erste Zeile läßt erkennen, daß es sich um eine künstliche Landschaft handelt – Bilder der Leblosigkeit (»von kohle die stämme«, »früchte ... wie lava«, »seiner vögel leblose schwärme«), der Düsterkeit (»grauer schein«, »staubige dünste«) werden entworfen.

Dem seit je bekannten Motiv des Gartens (Paradies, locus amoenus der Antike und des Mittelalters) wird hier ein neuer Aspekt abgewonnen: Er ist ein Gegenbild zur Natur, gar zur bürgerlichen des 19. Jahrhunderts. Schon die zweite Zeile sagt, worauf es ankommt: auf den »garten den ich mir selber erbaut«, das selbst Erschaffene also, das aber auch etwas Artifizielles darstellt und dem noch etwas fehlt, was erst gezeugt werden muß: die »dunkle grosse schwarze blume«. Sie erinnert an das, wonach Novalis' Heinrich von Ofterdingen sucht, aber es ist eine »schwarze blume«, wie Celans »schwarze Milch« ein (scheinbar) unauflösbares Oxymoron, etwas, was den Mächtigen ratlos läßt. Sind seiner Allmacht doch Grenzen gesetzt? Aber »schwarz« muß nicht Tod und Trauer ausdrücken, das Wort gehört als Farbe der Nacht auch in den Bereich der Fruchtbarkeits- und Muttergöttinnen. Ebenso darf man den Bedeutunsgehalt des Absoluten nicht außer acht lassen, den es mit »weiß« gemeinsam hat; die »weissen schwalben« des Vogelflugs ließen sich so verstehen. Man kann aber auch daran denken, daß Schwarz am spanischen Hof die »Farbe ernster Würde« war, und der Dichter des Algabal war ja kurz vor der Abfassung (1889) von einem Besuch in Spanien – wie Ernst Robert Curtius mitteilt – auf eine »seltsame Weise«, wie vom »Gefühl des Wiedersehens mit einer längst entschwundenen Heimat«, berührt. Im »Inselgarten« von Aranjuez empfängt er »gewaltige Bilder von königlicher Einsamkeit und unnahbarer Größe«. Dies entspricht ganz dem Gefühl Algabals, dessen Folie sich George bedient, um Eigenes zu gestalten.

Der 2. Teil des Zyklus (›Tage‹), in dem das Leben in diesem Reich geschildert wird als eine Folge von Festen und Tod, zeigt den Gestaltungswillen einer grenzenlosen Herrschaft. Sie wird nicht durch Moral eingeschränkt. Verschiedene Todesszenen offenbaren jedoch eine Art Entwicklung: Wenn der Tod eines lydischen Sklaven – er tötet sich, weil er den »gebieter schrak« – noch ein Zurückweichen hervorruft, wenn auch »mit höhnender gebärde«, ist die Reaktion auf den (wohl nur als Warnung geschilderten möglichen) Tod des Bruders bereits eine andere:

> … Hernieder steig ich eine marmortreppe
> Ein leichnam ohne haupt inmitten ruht
> Dort sickert meines teuren bruders blut
> Ich raffe leise nur die purpurschleppe.

Die stilisierte Gebärde drückt eine Haltung des Erhabenen aus, die Grausamkeit und Tod nicht berühren können, weil Höheres das Ziel ist. Eine solche Haltung führt zwar zur Einsamkeit, und diese muß ertragen werden; doch die vollendete Form des Geschaffenen oder noch zu Schaffenden gilt mehr. Daher wird auch der Tod des lydischen Sklaven zum Anlaß künstlerischer Gestaltung: der Name wird in den abendlichen Weinpokal eingeritzt. In beiden Fällen ist die Häßlichkeit des Tötens ausgespart.

Der 3. Teil schließlich ist mit ›Die Andenken‹ überschrieben; er enthält Erinnerungsbilder aus der Zeit der Kindheit, der Priesterschaft für den Gott Elagabal. Ein Zug von Melancholie geht durch diesen Teil, Algabal spürt die Einsamkeit des der Menge Entrückten. Der Autokrat mag sich zwar frei fühlen, kann jedoch, wenn er sich nicht selbst verlieren will, aus seiner Welt nicht heraus, die Gesetze der anderen »Welt« nicht übernehmen, weil sie für ihn sinnlos wären:

> Nicht ohnmacht rät mir ab von eurem handeln·
> Ich habe euren handels wahn erfasst ·

So entsteht aber auch Unsicherheit:

> Ob denn der wolken-deuter mich belüge (...)?

Der Zyklus ›Algabal‹ ist in vielerlei Hinsicht aufschlußreich für die Dichtung und das Selbstverständnis des jungen Stefan George. Algabal, sagt Hubert Arbogast, »war für den jungen George das Medium (und zwar ... ein zeitgemäßes ..., weil es der Spätantike entnommen war), das ihm erlaubte, das Gesetz auszusprechen, worunter sein Leben und sein Schaffen gestaltet war«. Das Reich unter der Erde ist die Metapher für die Welt der Kunst, in die er sich bewußt begibt. Sie ist eine Welt der Formschönheit, in deren Zentrum rhythmische Musikalität und Wort stehen. Während Hugo von Hofmannsthal das Wort als Ausdrucksmittel des Geistig-Seelischen in Frage stellt, sieht George in ihm das Absolute: »kein ding sei wo das wort gebricht«, heißt es in dem Gedicht ›Das Wort‹. Daher auch fühlt er sich als notwendiger Erneuerer der dichterischen Sprache. Die deutsche Literatur verdankt ihm eine neue Kunsthaltung gegenüber Form und Sprache, ein neues Veständnis des dichterischen Bildes, die Abkehr von der traditionell gewordenen Erlebnisdichtung. Der ›Algabal‹ ist nicht Ausdruck eines unmittelbaren Erlebnisses, keine Zeile ist dem inspirierenden Zufall überlassen; er hätte ohne genaue Kenntnisse und Vorbilder nicht geschrieben werden können. Vor allem war ›Algabal‹ das Ergebnis von Georges Auseinandersetzung mit dem französischen Symbolismus, der Strömung des »l'art pour l'art«.

Allerdings läßt sich das Gedicht nicht darauf einengen. Wie die ›Blätter für die Kunst‹ zeigen, geht es George sehr bald um Vorbildlichkeit und Wirkung, auch wenn sie auf einen elitären Kreis beschränkt sein sollte. Der einzelne vermag seiner Ansicht nach nichts, er begibt sich wie Algabal in die Isolation. Sie ist für den Künstler notwendig, aber er braucht wenigstens die Zustimmung Gleichgesinnter, ein solch isoliertes Leben zu ertragen. Das Einsamkeitsgefühl Georges (wie Algabals) ist unverkennbar, das Suchen und Drängen nach Freundschaft und Gemeinschaft ein bestimmendes Merkmal seines Lebens. Die intensive Werbung um Hugo von Hofmannsthal ist dafür kennzeichnend:

Schon lange im leben sehnte ich mich nach jenem wesen von einer verachtenden durchdringenden und überfeinen verstandeskraft die alles verzeiht begreift würdigt und die mit mir über die dinge und die erscheinungen hinflöge.

Aber Hofmannsthal wahrte Zurückhaltung und verschloß sich schließlich ganz, obwohl er noch 1903 im ›Gespräch über Gedichte‹ die Schönheit, Reinheit und Ausdrucksfähigkeit Georgescher Gedichte gerühmt hatte. Doch gerade das, was George ihm als Gemeinsamkeit nahelegen wollte (»... mein Helgabal, sein Andreas [in Hofmannsthals Drama ›Gestern‹] sind trotz allem verschiedene Kinder eines Geistes«), lehnte Hofmannsthal ab; er spürte:

Von seinen Worten, den unscheinbar leisen,
Geht eine Herrschaft aus und ein Verführen,
Er macht die leere Luft beengend kreisen
Und er kann töten, ohne zu berühren.

Das Suchen, Finden und Verlieren von Gleichgesinnten und Vertrauten bleibt für George zeitlebens ein zentrales Problem, dem er in seinen Werken immer wieder Ausdruck verleiht.

›Algabal‹ blieb – wohl bis heute – eine breite Leserschaft verwehrt. Zum Publikumserfolg hingegen wurde der Zyklus ›Das Jahr der Seele‹ (1897 als Privatdruck, bereits 1899 als öffentliche Ausgabe erschienen), der 97 Gedichte umfaßt. Er beginnt mit einer Gruppe von Herbstgedichten (›Nach der Lese‹). Als Jahreszeit des Vergehens, des Verfalls ist der Herbst von den Dichtern immer wieder dargestellt worden (z.B. Goethe, Storm, Lenau), auffälliger ist, daß Georges Jahreszyklus kein Frühlingsgedicht enthält. Man erinnert sich an zwei Zeilen im Garten des Priesterkaisers Algabal:

Und seiner vögel leblose schwärme
Haben noch nie einen frühling geschaut.

Das ›Jahr der Seele‹ hat seine eigenen Jahreszeiten. Die Gedichte in dieser Reihe sind deutlich von der traditionellen Naturlyrik entfernt, schildern kein Naturerlebnis oder davon abgeleitete Stimmungen und Reflexionen. Darum hilft es, wie George in der ›Vorrede der zweiten Ausgabe‹ ausdrücklich feststellt, nicht »zum tieferen verständnis«, wenn man versucht, die zur Vorlage dienenden »örter ausfindig« zu machen. Das »landschaftliche urbild ... hat durch die kunst solche umformung erfahren dass es dem schöpfer selber unbedeutend wurde‹. Die Natur ist durch den »schöpfer« zum Kunstwerk geworden, und dieses ist Ausdruck seiner Seele, es gehört ihm an. Dies selbst dort, wo das Ich im Gedicht sich an ein Du wendet: »selten sind sosehr wie in diesem buch ich und du die selbe seele«. Das erste Gedicht in der Reihe ›Nach der Lese‹ ist Beispiel dafür:

Komm in den totgesagten park und schau:
Der schimmer ferner lächelnder gestade·
Der reinen wolken unverhofftes blau
Erhellt die weiher und die bunten pfade.

Dort nimm das tiefe gelb · das weiche grau
Von birken und von buchs · der wind ist lau·
Die späten rosen welkten noch nicht ganz·
Erlese küsse sie und flicht den kranz.

Vergiss auch diese letzten astern nicht·
Den purpur um die ranken wilder reben
Und auch was übrig blieb von grünem leben
Verwinde leicht im herbstlichen gesicht.

Die drei Strophen werden bestimmt von Imperativen: komm, schau, nimm, erlese, küsse, flicht, vergiß, verwinde. Die Häufung in der letzten Zeile der zweiten Strophe gibt dieser ein besonderes Gewicht, das durch die Kostbarkeit der Wortwahl noch verstärkt wird. Alle drei Imperative beziehen sich auf das Schlüsselwort »Kranz«, das dann die ganze dritte Strophe hindurch prägend bleibt und am Schluß eine Variation erfährt: Zum »herbstlichen gesicht« soll der Kranz geflochten werden, einer Vorstellung also gilt der Auftrag, den Geist und Wille eines (nicht genannten) Ich fordern. Die Aufforderung oder Anleitung scheint an ein Du gerichtet, womit jedoch keine dialogischen Rollen entstehen. Das Vorwort bestätigt die Annahme, daß Ich und Du eine Einheit bilden, die Imperative sich an das Ich selbst richten.

Der Anlaß ist bereits in der ersten Zeile zu finden. Wenn man von dem schon von Hofmannsthal bemerkten ungewöhnlich »kühnen« (weil nicht der Wirklichkeit entsprechenden) Bild »der reinen wolken unverhofftes blau« absieht, fällt aus der in der Epoche üblichen Skizzierung der Elemente und der Stimmung eines herbstlichen Parks nur die Fügung »totgesagten« aus dem Rahmen. Totgesagt von wem? Von der allgemeinen Meinung? Für das Ich ist jedenfalls wichtiger, daß im herbstlichen Park immer noch Schönes zu entdekken ist (das »unverhoffte blau«, »die späten rosen welkten noch nicht ganz«). Dieses gilt es zu erhalten. Der Künstler gibt sich mit der Endlichkeit der Naturdinge nicht zufrieden; sie kann überwunden werden, indem man das Schöne aus dem naturhaften Zusammenhang löst und in das abstrakte Schöne als neues Ganzes (Kranz) transponiert.

Die Aufträge in der zweiten Strophe verweisen nicht auf konkrete Zweige oder Blätter; vielmehr sind aus den Naturelementen das »tiefe gelb«, »das weiche grau« oder (in der dritten Strophe) der »purpur *um* die ranken wilder reben« zu nehmen. Der Kranz enthält Elemente der konkreten (aber bereits in das Wesentliche gesonderten) Natur, aber es ist ein Kunstgebilde, in dem die Natur sozusagen aufbewahrt ist: Natur, gestaltendes Ich und »herbstliches gesicht« sind als sinnlich-seelische Totalität eins. Dem Vergänglichen ist im Gedicht Dauer verliehen. Es ist ein Gedicht, das die nach innen gewandte Welt des Ich spiegelt, weil in der »Wirklichkeit« Schönheit nicht mehr möglich ist. Wenn der junge George im ›Algabal‹ einen Gegenentwurf zur Natur gestaltet hat (vgl. die Farben), so schafft er mit dem herbstlichen Park nicht eine Gegenwelt, sondern verknüpft vielmehr ausgewählte reale Elemente der Natur mit Erfahrungen der Seele.

Schon Hofmannsthal hat in seinem ›Gespräch über Gedichte‹ (1903) den Zyklustitel ›Jahr der Seele‹ als »ausgezeichnet« empfunden: »Denn hier ist ein Herbst, und mehr als ein Herbst. Hier ist ein Winter, und mehr als ein Winter. Diese Jahreszeiten, diese Landschaften sind nichts als die Träger des *Anderen*.« Er meint damit die »geheimsten und tiefsten Zustände unseres Inneren«, die mit Landschaften »verflochten« sind oder mit Jahreszeiten: »... etwas begegnet sich in uns«. Diese innere Identität erlaubt auch nicht zu sagen, daß die Poesie »eine Sache für die andere« setze. Vielmehr ist diese »fieberhaft bestrebt, (...) die Sache selbst zu setzen«. Und sie tut es, indem sie »aus jedem Gebilde der Welt und des Traumes ... sein Eigenstes, sein Wesenhaftestes herausschlürft«. Sicher steckt in dieser Sicht ein Gutteil der Gedanken- und Empfindungswelt Hofmannsthals. Dennoch trifft er damit etwas, was George kennzeichnet: Anders als Conrad Ferdinand Meyer (vgl. Bd. 7, S. 270) – wie George angeregt durch den französischen Symbolismus – löst sich der Autor des ›Jahres der Seele‹ von der vorgefundenen Realität, indem er bereits seine Deutung dieser realen Welt verwendet, diese verwandelt und so in den eigentlichen Symbolbereich vorstößt.

Damit setzt er (die neue) »sache selbst«. Dazu bedarf es einer neuen Sprache, die Georges Ziel schon deshalb war, weil ihm die vorhandenen Wörter und Formen verbraucht, abgenützt und von den Epigonen aufgeweicht erschienen, und er glaubte, daß sie für dichterische Erfahrungen erst wieder aussagekräftig gemacht werden müßten.

George bedient sich dabei nicht nur (oft allzu) erlesener, gesuchter und mit der Aura des Kostbaren ausgestatteter Ausdrücke und unverbrauchter Worte, auf denen noch nicht »der menge stempel fleckt«; er verschafft auch alltäglichen Wendungen neue Wirkung. Dies erreicht er vor allem durch ungewohnte Fügungen: das »unverhoffte blau« z. B. ist durch den adjektivischen Gebrauch des Adverbs in Verbindung mit einer Farbbezeichnung aus dem üblichen Verwendungsbereich gelöst. Es erhält seine Bedeutung aber auch durch die Gegenüberstellung mit der ebenfalls neuartigen Verbindung von »totgesagt« und »Park«, die aufhorchen läßt.

Das »herbstliche Gesicht« hingegen klingt zunächst fast alltäglich, ruft aber über die Doppeldeutigkeit des Substantivs Assoziationen hervor, die sonst nicht möglich wären.

Auch die Verknappung (bis hin zum Ersatz der Darstellung durch die Gebärde) und die Aussparung dienen dem Zweck, konzentrierte Aufmerksamkeit, genaues Hinhören zu erzwingen, entsprechen aber ebenso der Forderung Georges nach »zucht« und »disziplin« beim Autor. Die daraus entstehende bewußte Formung reicht bis in die Wortverwendung hinein: »buchs« steht im vorliegenden Gedicht z. B. für Buchsbaum, an anderen Stellen findet man »blühe« (statt Blütezeit), »schöne« (für Schönheit), »grelle« anstelle von Grellheit.

Insbesondere mit dem Zyklus ›Der Siebente Ring‹ (1907) entfernt sich George von der malerischen Bilderwelt und formt seinen Stil hin zu spröder Kargheit, die kaum mehr Übergänge zuläßt, auf Ausgestaltung verzichtet, sofort das aussagekräftige Wort sucht. Das kann stilisiert bis konstruiert wirken, wie überhaupt dieser Zyklus von einem energischen Konstruktionswillen durchzogen ist: Der siebente Band seiner Werke spielt mit der Zahl auf das Erscheinungsjahr an; das Buch besteht aus sieben Büchern, von denen jedes eine bestimmte durch sieben teilbare Anzahl von Gedichten enthält (Zeitgedichte, 14; Gestalten, 14; Gezeiten, 21; Maximin, 21; Traumdunkel, 14; Lieder, 28; Tafeln, 63).

In der Reihe ›Lieder‹ finden wir ein Beispiel für den Stilwandel seit dem ›Jahr der Seele‹ (und einen neuen Liedton):

An baches ranft
Die einzigen frühen
Die hasel blühen.

Ein vogel pfeift
In kühler au.
Ein leuchten streift
Erwärmt uns sanft
Und zuckt und bleicht.
Das feld ist brach·
Der baum noch grau ..
Blumen streut vielleicht
Der lenz uns nach.

Man kann sich kaum eine sprödere und doch vorstellbare Darstellung einer vorfrühlingshaften Stimmung denken: Vier knappe, parallel gereihte Sätze in unverbundener Folge skizzieren zunächst eine Landschaft im Übergang zu einem fast nur angedeuteten Frühling. Wie eine nüchterne Bestandsaufnahme werden die Elemente aneinandergefügt, wie sie Auge, Ohr und persönliches Empfinden wahrnehmen. Allein im dritten Satz ahnt man die sprechende Person; das adverbial gebrauchte »sanft« an betonter Stelle und mit seiner ungewöhnlichen Reimbindung an die erste Zeile leitet eine (vorübergehende) Veränderung der nahezu statischen, präzisen Beschreibung ein, Verben der Bewegung scheinen einen Vorgang anzukündigen. Doch schon der folgende Satz mit seiner betonten Einsilbigkeit nimmt wieder eine Art Feststellungscharakter an, wenn auch vielleicht die Lakonie der zwei Zeilen auf Enttäuschung hinweist. Nur das »noch« läßt einen Hauch von Hoffnung zu, und das »bleicht« am Ende der achten Zeile deutet wie das »brach« der neunten auf weitere abschließende Reime. Sie folgen im fünften Satz, der aus dem bisher verwendeten und gestalteten Präsens durch das »vielleicht« in eine mögliche künftige Zeit der »Blumen« verweist. Der Übergang vom Jambus zum trochäischen Versmaß gibt dem Satz einen neuen Rhythmus, der auch durch das veränderte Silbenverhältnis – in der 11. Zeile überwiegen die zweisilbigen Wörter – und die helleren Doppelvokale (»eu« und »ei« wie in Vers 6) einen freundlicheren Ausgang schafft, nachdem die vorherrschende knappe Einsilbigkeit in Vers 8–10 noch durch die dunkleren Vokale eine spürbare Kühle entstehen ließ.

Wie sehr George bis ins Kleinste hinein seine Mittel bewußt auswählt, zeigt nicht nur die Verwendung des zu Beginn des Jahrhunderts längst nicht mehr gebräuchlichen oberdeutschen Wortes »Ranft« (an betonter Stelle), sondern es wird auch darin deutlich, wie er thematisch und formal ähnlichen, ihm sicher bekannten Liedern seinen eigenen Ton und seine eigene Absicht entgegensetzt: Goethes ›Mailied‹ (1771) und Höltys ›Der Schnee zerrinnt‹ (1773) entsprechen im Versmaß und ebenso in der knappen syntaktischen Form dem Gedicht Georges. Dennoch schafft er, von der gleichen volksliedhaften Grundlage ausgehend, allein durch Anordnung, Wortwahl und Wortstellung von vornherein einen völlig anderen Rhythmus, der kein neu erlebtes Liebesglück und kein konventionell empfundenes Frühlingsgefühl verkündet. Hier ist kein strömender Rhythmus, eher eine verzögernde Bewegung, die dem vielleicht kommenden »lenz« entgegenhofft, nur an einem einzigen Haselstrauch, einem einzigen Vogelpfiff Anzeichen registriert; kein Jubel, keine laute Äußerung, nur Verhaltenheit, ein Horchen nach innen.

Die zweimalige Verwendung von »uns« schließlich öffnet einen anderen Bereich: Die Natur ist wohl Bild, Spiegel dessen, was sich in Verbindung mit einem Du abspielt. Unsicherheit, Hoffnung und Ungewißheit schwingt mit; die ungewöhnliche Form der »einander meidenden und suchenden Reime«, wie ein Interpret anmerkt, entsprechen genau dem Bild des Sich-Näherns und Zurückzuckens (Vers 8). Das Gedicht insgesamt entspricht einer Forderung Georges: »Den wert der dichtung entscheidet nicht der sinn (sonst wäre sie weisheit gelahrtheit), sondern die form d. h. (...) jenes tief erregende in maass und klang, wodurch zu allen zeiten die ursprünglichen die meister sich von den nachfahren den künstlern zweiter ordnung unterschieden haben«. Daher wird es auch gleichgültig, ob George mit diesem Gedicht die einzige ernsthafte Beziehung zu einer Frau (Ida Coblenz, die spätere Frau Richard Dehmels) andeutend gestaltet hat, wie es die ursprünglich geplante Widmung zum ›Jahr der Seele‹ an Ida und zwei Gedichte im ›Siebenten Ring‹ vermuten lassen. Wichtiger ist, daß George mit Gedichten wie diesem Kennzeichen spruchartiger Dichtung mit der ursprünglichen Liedform verknüpft: Kurze, strophenlose Einheit, strenge thematische Bindung sind Kennzeichen von Spruchdichtung; persönliche Aussage, kunstvolle Verhüllung, Bildhaftigkeit, monologische Grundhaltung und Metrum stehen der Liedform nahe. George hat eine sehr persönliche Form des Lieds gefunden.

Der Zug zur äußersten Sparsamkeit, Genauigkeit der schöpferischen Benennung und Beschränkung auf das Notwendige ist am deutlichsten in den späteren ›Sprüchen‹ ausgeprägt. Sie finden sich etwa in dem Band ›Das Neue Reich‹ (entstanden seit 1914, als Sammlung erschienen 1928):

Wol ziemt zu schweigen über gross beginnen
Doch jeder starke drang will kunde geben ..
Taglang ist es mein einziges bestreben
Aufs wort für unsern neuen weg zu sinnen.

Anders als im lyrischen Gedicht wendet sich der Autor der Spruchdichtung ausdrücklich an andere, ob nun in der Form der Stellungnahme oder einer allgemeinen Lehre. Seiner Herkunft nach ist der Spruch die dem Weisen oder dem Seher angemessene Form. In gewisser Weise drückt sich darin Georges gefestigtes dichterisches Selbstverständnis aus. Er ist längst nicht mehr ausschließlich Vertreter der »l'art pour l'art« -Bewegung – er war es wohl nie ganz. Wohin seine Gedanken eigentlich zielten, läßt eine briefliche Äußerung gegenüber Hofmannsthal ahnen: »Ich war des festen Glaubens, daß wir, Sie und ich, durch Jahre in unserem Schrifttum eine sehr heilsame Diktatur hätten üben können.« Da sich Hofmannsthal versagt, wird Einsamkeit sein Schicksal: Alleine ringen, »bis ans end allein«. Dafür beansprucht er aber auch das Recht der Führung. Sein mystisch-irrationales Sendungsbewußtsein erhält einen über die Kunst hinausweisenden, ins Religiöse gesteigerten Zug mit seiner Hinwendung zum Maximin-Kult im Zusammenhang mit dem Münchener Kosmiker-Kreis (vgl. S. 43 f.).

Dessen kultur- und zeitkritische Einstellung und Absicht verband bei allen Differenzen im einzelnen (z.B. Schulers Antisemitismus) George mit der Gruppe. Er übernimmt das Swastika-Zeichen (= das heidnische Hakenkreuz) sogar als Signet für die ›Blätter‹.

1902 führt er den 15 jährigen Gymnasiasten Maximilian Kronberger in diesen Kreis ein. Dessen früher Tod wird von George überhöht, die Gestalt in einen höchsten Wert umgewandelt, als eine Art leibliche und geistige Vollkommenheit dargestellt:

> Dem bist du kind · dem freund·
> Ich seh in dir den Gott
> Den schauernd ich erkannt
> Dem meine andacht gilt.

Maximin wird das Symbol der Hoffnung in einer »entstellten und erkalteten menschheit« seiner Zeit, die George in den ›Zeitgedichten‹ des ›Siebenten Rings‹ anprangert:

> Nur niedre herrschen noch – die edlen starben:
> Verschwemmt ist glaube und verdorrt ist liebe.
> Wie flüchten wir aus dem verwesten ball?
> (...)

Rainer Maria Rilke

... Ich glaube, ich müßte anfangen, etwas zu arbeiten, jetzt, da ich sehen lerne. Ich bin achtundzwanzig, und es ist so gut wie nichts geschehen. Wiederholen wir: ich habe eine Studie über Carpaccio geschrieben, die schlecht ist, ein Drama, das ›Ehe‹ heißt und etwas Falsches mit zweideutigen Mitteln beweisen will, und Verse. Ach, aber mit Versen ist so wenig getan, wenn man sie früh schreibt. Man sollte warten damit und Sinn und Süßigkeit sammeln ein ganzes Leben lang, und ein langes womöglich, und dann, ganz zum Schluß, vielleicht könnte man dann zehn Zeilen schreiben, die gut sind. Denn Verse sind nicht, wie die Leute meinen, Gefühle (die hat man früh genug) – es sind Erfahrungen. Um eines Verses willen muß man viele Städte sehen, Menschen und Dinge, man muß die Tiere kennen, man muß fühlen, wie die Vögel fliegen, und die Gebärde wissen, mit welcher die kleinen Blumen sich auftun am Morgen. Man muß zurückdenken können an Wege in unbekannten Gegenden, an unerwartete Begegnungen und an Abschiede, die man lange kommen sah. (...) Und es genügt auch noch nicht, daß man Erinnerungen hat. Man muß sie vergessen können, wenn es viele sind, und man muß die große Geduld haben, zu warten, daß sie wiederkommen. Denn die Erinnerungen selbst *sind* es noch nicht. (...) erst dann kann es geschehen, daß in einer sehr seltenen Stunde das erste Wort eines Verses aufsteht in ihrer Mitte und aus ihnen ausgeht. Alle meine Verse aber sind anders entstanden, also sind es keine.

Das sind Worte aus den ›Aufzeichnungen des Malte Laurids Brigge‹; aber man darf sie getrost – viele briefliche und essayistische Äußerungen erlauben dies – auch auf den jungen Autor Rainer Maria Rilke beziehen, der infolge seiner Bekanntschaft mit den Werken Rodins und Cézannes seinen früheren Dichtungen, insbesondere deren »lyrischer Oberflächlichkeit«, wie er noch 1926 in einem Brief urteilte, mit äußerster Skepsis gegenüberstand.

Rilkes vor dem ersten Teil der ›Neuen Gedichte‹ entstandene Lyrik hatte durchaus Aufmerksamkeit gefunden. Seine prosalyrische ›Weise von Liebe und Tod des Cornets Christoph Rilke‹ (1899, bearb. 1904) wurde als Nr. 1 der Insel-Bücherei (1912) zu seinem größten Publikumserfolg. ›Das Stundenbuch‹ (in drei Büchern: 1899, 1903) und ›Das Buch der Bilder‹ (1898–1906) fanden interessierte Leser. Hier tauchten bereits Motive und Themen auf, die ihn sein ganzes Leben hindurch beschäftigten, das Verhältnis zu den »Dingen« etwa, die Rechtfertigung des Dichters als Künstler, die z.T. noch religiös begründete Vorstellung vom »Auftrag« der Dichtung, Welt zu bewahren, Gestalter der »bewegten lebendigen Welt« (Brief an Lou Andreas-Salomé, 1903) zu sein.

Ein Gedicht aus dem Jahre 1897 mit dem Titel ›Ich fürchte mich so ...‹ zeigt, daß Rilke in Ansätzen und mehr intuitiv gelegentlich schon in seiner früheren Lyrik dem nahe kommt, was er später bewußt gestaltete:

> Ich fürchte mich so vor der Menschen Wort.
> Sie sprechen alles so deutlich aus:
> Und dieses heißt Hund und jenes heißt Haus,
> und hier ist Beginn und das Ende ist dort.

Mich bangt auch ihr Sinn, ihr Spiel mit dem Spott,
sie wissen alles, was wird und war;
kein Berg ist ihnen mehr wunderbar;
ihr Garten und Gut grenzt grade an Gott.

Ich will immer warnen und wehren: Bleibt fern.
Die Dinge singen hör ich so gern.
Ihr rührt sie an: sie sind starr und stumm.
Ihr bringt mir alle die Dinge um.

Die angstvolle Sorge des Ich wird schon in der ersten Zeile benannt. Es empfindet einen bedrängenden Unterschied zwischen sich und den »Menschen«. »Sie« benützen die Worte zur eindeutigen Benennung und »*wissen* alles, *w*as *w*ird und *w*ar«, wie der durch eine Überfülle an Alliterationen hervorgehobene Kernsatz der zweiten Strophe beklagt.

Die Ursache der Verstörung des Ich ist also offensichtlich die Sicherheit derer, denen die Welt erklärbar und berechenbar scheint. Ihre grobe Art, die »Dinge« durch Worte festzulegen, raubt diesen ihre Eigenart und versperrt den Menschen den Zugang zu ihnen. Als fein empfindende Person kann das Ich, das wir wohl mit dem einfühlsamen Autor identifizieren dürfen, nur »warnen« und die eigenen Worte nützen, der Zerstörung zu »wehren«. Die Warnung gilt allen, die keine Antenne für die Musik der Dinge mehr besitzen, weil sie ihnen durch ihre Worte den Zauber des Unbestimmten genommen haben.

Anders als Hofmannsthal und vor allem Stefan George (›Das Wort‹), die den Dingen über das Wort Seinskraft, lebendige Wirklichkeit verleihen wollen, sieht Rilke den »Auftrag« des Dichters darin, den Dingen mit Offenheit zu begegnen, auf die ihnen eigene Äußerung zu hören. Die theoretische Fundierung und die anschauliche Ausgestaltung dieser Auffassung gehört in die zweite Phase der Rilkeschen Entwicklung, die mit den ›Neuen Gedichten‹ beginnt.

Rilke hat seine frühen »Versuche und Improvisationen« nicht sämtlich verworfen (nur den ersten Gedichtband ›Leben und Lieder‹ zog er aus dem Buchhandel zurück), sich aber doch von ihnen distanziert; so z. B. wenn er in einem Brief an Hermann Pongs, 1924, als Hauptgrund für die Veröffentlichung nicht deren Qualität, sondern sein Bedürfnis bezeichnete, »meiner widerstrebenden Umgebung mein Recht auf solche Betätigung zu erweisen«. Vielleicht liegt darin auch ein Grund, sein gestalterisches Können, seine Kunstfertigkeit später mitunter zu sehr zur Schau zu stellen, so daß die Klanggestalt

Selbstzweck wurde, vergleichbar der Musik, von der er einmal gedichtet hat: »Ach, du auch weißt am Ende nur zu rühmen, gekrönte
Luft, was du uns schön versagt.« Gefühlvolles, schönes Rühmen
kann demnach Ersatz für wahre Inhalte sein, indem es den Leser
zum betörenden Genuß verführt, aber es ist damit noch nichts Wirk-
lichkeitsgesättigtes geschaffen. Rilke hat zwar die Musikalität seiner
Verse, die Vorliebe für Reim, Alliteration oder Assonanz, die Wort-
wiederholungen, Parallelismen durch alle Perioden seines Schaffens
hin – wenn auch zunehmend diszipliniert – beibehalten, wie er auch
im Rühmen und Preisen des »Hierseins« nicht nachläßt, doch gewinnt all dies neue Bedeutung und Qualität durch die strenge Genauigkeit der Beobachtung und die Ablehnung jeglicher Beschönigung,
wie sie sich in den ›Neuen Gedichten‹ niederschlagen. 1907/08 veröffentlicht, enthält diese Sammlung Gedichte aus den Jahren 1903 bis
1907. Das früheste daraus ist eines der berühmtesten:

> Der Panther
>
> Im Jardin des Plantes, Paris
>
> Sein Blick ist vom Vorübergehn der Stäbe
> so müd geworden, daß er nichts mehr hält.
> Ihm ist, als ob es tausend Stäbe gäbe
> und hinter tausend Stäben keine Welt.
>
> Der weiche Gang geschmeidig starker Schritte,
> der sich im allerkleinsten Kreise dreht,
> ist wie ein Tanz von Kraft um eine Mitte,
> in der betäubt ein großer Wille steht.
>
> Nur manchmal schiebt der Vorhang der Pupille
> sich lautlos auf –. Dann geht ein Bild hinein,
> geht durch der Glieder angespannte Stille –
> und hört im Herzen auf zu sein.

Das dreistrophige Gedicht in fünfhebigen Jamben ist streng aufgebaut; die Reime der einzelnen Strophen trennen diese deutlich voneinander. Seiner ganzen Struktur nach ist es auf den Tiefpunkt hin
gerichtet (»und hört im Herzen auf zu sein«). Die erste Strophe bestimmt sogleich den Blickwinkel: Der Betrachter vor dem Käfig
bleibt als Beobachtender zwar formal erkennbar, aber er hat sich in
das beobachtete Tier so eingefühlt, daß er es gleichsam aus dessen innerer Befindlichkeit heraus darstellen kann. Schon das »Vorübergehn
der Stäbe« wäre als Beobachtung eines vor dem Gitter stehenden
Zoobesuchers kaum denkbar, noch weniger die Erfahrung der Zahl-
losigkeit der (»tausend«) Stäbe. Die dreimalige Wiederholung des

Wortes, seine Hervorhebung durch Stellung und Reim machen es zum Leitwort dieser Strophe. Das ständige »Vorübergehen« bringt eine Irritation der Wahrnehmungsfähigkeit mit sich, eine Art optischer Täuschung, die, unaufhörlich, schließlich den Blick ermüdet – »so müd« ist die einzige Stelle, an der der Autor vom Metrum abweicht –, so daß er »nichts mehr hält«, die dahinterliegende (eigentliche) Welt also nicht mehr erfassen kann.

Die zweite Strophe scheint zunächst die Darstellung des Bewegungsvorgangs fortzusetzen, beschreibt aber tatsächlich eine Folge des Eingesperrtseins. Der »große Wille« des immer noch kraftvollgeschmeidigen Panthers ist »betäubt«, es gibt ja keine Bewegung auf ein erkennbares Ziel hin (wie sie in freier Wildbahn natürlich wäre); das unruhige, sinnlose Kreisen entsteht aus der Verstörung des Tieres, das selbst Mitte seiner Welt geworden ist.

Die dritte Strophe stellt erneut einen Bewegungsablauf dar, der zugleich das Motiv des »Blicks« wieder aufnimmt: Unwillkürlich fühlt man sich an den Vorgang des Fotografierens erinnert, wenn der »Vorhang der Pupille« sich öffnet und ein Bild »hineingeht«, nur wird hier das Abbild der Außenwelt nicht festgehalten, sondern es »hört im Herzen«, dem Sitz des Gefühls und bei Rilke oft Symbol für das Wesen eines »Dings«, »auf zu sein«. Das »nur manchmal« noch eindringende Bewußtsein von der eigentlichen Welt kann nicht von Dauer sein, die Entfremdung von ihr im Zustand der nicht endenden Betäubung läßt nichts anderes zu.

Der Dichter ist nicht von einem unbestimmten Gefühl (etwa Rührung oder Mitleid) ausgegangen, sondern er hat etwas durch Beobachtung in seinem Kern Erfaßtes gestaltet. Sein dichterisches Bemühen gilt dabei der möglichst angemessenen Form, insbesondere dem treffenden Wort. Da er sich aber trotz aller »Sachlichkeit« nicht ganz emotionslos in das gestaltete »Ding« hineinversetzen kann, läßt der Text neben der Einfühlsamkeit auch Mitgefühl erkennen. Besonders in der zweiten Strophe drückt sich, etwa in dem Gegensatz zwischen dem »allerkleinsten Kreis« und dem »große(n) Wille(n)« oder in der Vorstellung von der Betäubung des Willens, der Vergeblichkeit »starker Schritte« in einer nicht mehr erfaßbaren Welt, wohl auch die eigene leidvolle Erfahrung der lähmenden Orientierungslosigkeit des Menschen nach der Jahrhundertwende aus – ein charakteristisches Thema der Zeit. Einfühlung bedeutet hier Identifikation von Ich und Ding, das eben deshalb quasi von innen her dargestellt wird (während eine Beschreibung des Äußeren fehlt). Bei der Betrachtung des Untertitels darf daher nicht übersehen werden: Der Panther ist hier kein Wildtier, kein Naturding. Rilke hielt sich zwar an seine eigene Vorgabe, wie ein Maler oder Bildhauer »*vor* der Natur zu arbeiten, unerbittlich begreifend und nachbildend«, aber wie die meisten der Gedichte aus dem »Jardin« (›Die Gazelle‹, ›Blaue Hortensie‹) ist der Gegenstand aus ästhetischen Beweggründen gewählt.

Rilke beobachtet in dieser Phase alles, was ihm als Individuum gegenübersteht, vom Tier über Werke der bildenden Kunst bis zum Menschen und dessen abstrahierten »Erlebnissen« (vgl. ›Abschied‹ S. 299). Anders als Mörike (›Auf eine Lampe‹) oder Conrad Ferdinand Meyer (›Der römische Brunnen‹), die gelegentlich ebenfalls »Dinge« (= Gegenstände) zur poetischen Gestalt werden lassen, sieht Rilke es als seine »Aufgabe« an, sie als eine besondere Seinsform zu erfassen. Die Versenkung in das Wesen des »Dings« dient damit auch einer Daseinserhellung. Sie bleibt aber darüber hinaus ein poetischer Auftrag: »Die ›Arbeit nach der Natur‹ hat mir das Seiende in so hohem Grade zur *Aufgabe* gemacht, daß mich sehr selten noch, wie aus Versehen, ein Ding gewährend und gebend anspricht, *ohne* die Anforderung, in mir gleichwertig und bedeutend hervorgebracht zu sein«, heißt es noch in einem Brief aus dem Jahr 1915. Es geht demnach auch nicht um Symbolik, sondern um die Verwandlung von »Oberfläche« in »Tiefe«, die Umformung eines realen Dings in ein Kunstding. Was entstehen soll, ist die Einheit eines sichtbaren Vorbilds und seines (vom Dichter erfühlten) Unsichtbaren. Es ist denn auch kein Zweifel und wohl nicht nur der Nähe zu Rodin und Cézanne zuzuschreiben, daß in den beiden Teilen der ›Neuen Gedichte‹ Gegenstände aus den Bereichen der bereits handwerklich-künstlerisch gestalteten Welt besonders häufig vorkommen: ›Die Kathedrale‹, ›Die Fensterrose‹, ›Römische Fontäne‹, ›Früher Apollo‹ sind nur Beispiele.

Der Weg, den Rilke beschreitet, wird besonders deutlich in einem Gedicht, das er an den Anfang des zweiten Teils der ›Neuen Gedichte‹ stellte (wie das Sonett ›Früher Apollo‹ den ersten Teil eröffnet):

Archaischer Torso Apollos

Wir kannten nicht sein unerhörtes Haupt,
darin die Augenäpfel reiften. Aber
sein Torso glüht noch wie ein Kandelaber,
in dem sein Schauen, nur zurückgeschraubt,

sich hält und glänzt. Sonst könnte nicht der Bug
der Brust dich blenden, und im leisen Drehen
der Lenden könnte nicht ein Lächeln gehen
zu jener Mitte, die die Zeugung trug.

Sonst stünde dieser Stein entstellt und kurz
unter der Schultern durchsichtigem Sturz
und flimmerte nicht so wie Raubtierfelle;

und bräche nicht aus allen seinen Rändern
aus wie ein Stern: denn da ist keine Stelle,
die dich nicht sieht. Du mußt dein Leben ändern.

Anders als im ›Panther‹ bildet in diesem Sonett ein bereits gestaltetes Kunstwerk, eine antike Plastik, die Rilke im Louvre besichtigte, die Vorlage. Als Gestalt für sein Vorhaben wählt Rilke das Sonett, eine besonders strenge Gedichtform mit zwei Quartetten und zwei Terzetten, in der jeder Teil eine nahezu festgelegte Funktion besitzt. Rilke scheint sich zunächst danach zu richten. Das erste Quartett legt das Thema fest: das fehlende Haupt der Plastik. Das »Aber« in betonter Endstellung (der zweiten Zeile) leitet eine Art These ein (Der Blick, das Schauen ist noch im Torso), während die mit »sonst« einsetzenden Abschnitte in einer fast rational argumentierenden Art auf mögliche Einwände antworten. Damit ist das traditionelle Schema des Sonetts, das in den antithetisch aufeinanderfolgenden Quartetten das Thema vorstellt und in den Terzetten die Lösung sucht, zwar durchbrochen, zugleich aber eine enge Verknüpfung der Strophen erreicht. Der abweichende Aufbau, der eine »Beweisführung« in den Vordergrund stellt und am Ende keine Synthese anbietet, sondern appellartig eine Wendung vom ästhetischen zum ethischen Bereich vollzieht und dennoch die Strenge der Grundform beibehält, erweckt Aufmerksamkeit, legt aber auch nahe, nach im Text liegenden Gründen für die Aufforderung der letzten Zeile zu suchen.

Der erste Satz bringt durch das zunächst unverständliche Präteritum einen Hinweis: Wenn etwas (bis jetzt) nicht bekannt ist, dann muß sich – wenn der Schlußappell sinnvoll sein soll – etwas ereignen, das eine solche Wendung notwendig macht. Dieses »Ereignis« findet ab der zweiten Zeile, eingeleitet durch das »Aber«, seinen Ausdruck. Vor dem Betrachter (Leser) schafft der Autor das *unerhörte Haupt* (eine Vorwegnahme, da es ja nicht bekannt ist) bzw. seine Wirkung mit den Mitteln der Sprache neu. Wie bei allen Ding-Gedichten geht es dabei nicht um die äußere Form, die »Oberfläche«, sondern um das Wesen. Nicht das Haupt mit seinen sichtbaren Merkmalen wird daher dargestellt, das Bestimmende ist vielmehr, daß die Augen (»Augenäpfel«) noch im Torso wirken. Glühen, glänzen, blenden, flimmern, Licht aussenden wie ein Stern sind nicht Erscheinungen, die der Marmor des Torso hervorbringt, sondern Metaphern »der überwältigenden, der aus sich selbst strahlenden Expressivität dieses Kunstwerks« (Käte Hamburger), das durch die Vergleiche mit »Raubtierfellen« und einem »Stern« wohl auch auf das menschliche Dasein hinweisen soll. Diese Lichtmetaphorik läßt ahnen, welche Strahlkraft die Augen des »unerhörten Hauptes« (gehabt) haben müssen. Selbst das Licht des zurückgeschraubten Schauens (= Blicks) kann den Betrachter – unmerklich ist das kollektive Betrachten der ersten Zeile (»Wir«) zur Anrede einzelner (»dich«, »Du«) geworden – »blenden«. Die Leuchtkraft der Augen ist schließlich über den ganzen Torso verteilt; Präteritum (»reifte«) und Konjunktive (»stünde«, »bräche«) weichen Präsens und Indikativ (»ist«, »sieht«), der Vorgang ist abgeschlossen. Und was sich schon mit dem »blenden« angedeutet hat, wird jetzt klar ausgesprochen: die Positionen zwischen »Ding« und Betrachter werden vertauscht. Der Torso bleibt nicht der Betrachtete, er wird selbst zum Betrachter: »(...) denn da ist keine Stelle, die dich nicht sieht«. Der im Verlauf der dichterischen Gestaltung zur Ganzheit zurückgeführte Torso, zu einem Apollobild gesteigert, das insbesondere die vitalen Kräfte (Raubtierfelle, Bug der Brust, Zeugung) betont, erlaubt als Kunstwerk nicht nur das genießende Anschauen, sondern stellt auch eine Herausforderung dar.

Rilke hat den zweiten Teil der ›Neuen Gedichte‹ seinem »großen Freund Auguste Rodin« gewidmet. Rodin hat eine Reihe von Torsi geschaffen; er sah darin eine Möglichkeit, Einfühlung und schöpferische Phantasie der Kunstfreunde anzuregen. Diese »Arbeit« leistet im vorliegenden Fall das Gedicht. Aber Rilke geht über die ästhetische Absicht Rodins hinaus und setzt an den Schluß den ethischen Appell: »Du mußt dein Leben ändern.« Diesen Satz spricht nicht der Torso; ein Mund, der sich sprachlich äußern könnte, findet sich im Text nicht, und vor der Aufforderung steht auch kein Doppelpunkt. Es ist das Gedicht, das sich unmittelbar an den Leser/Betrachter wendet – die Anrede »Du« ist eindeutig, sie kann nicht das Kollektiv (»Wir«) am Anfang meinen. Der vorletzte und der letzte Satz stehen in einem logischen Zusammenhang: Wenn du als Betrachter dem Ganzen der Plastik genügen willst, mußt du dich ändern. Im Apollo-Tempel zu Delphi heißt eine der Inschriften: Erkenne dich selbst. Dies ist eine Voraussetzung für die geforderte Änderung, deren Inhalt und Ziel im einzelnen nicht genannt werden.

Der Sinn des Sonetts ›Archaischer Torso Apollos‹ ist auf mehreren Ebenen zu suchen. Es geht nicht nur um das Erfassen und Herstellen des Torsos durch Einfühlung in die in ihm liegende Kraft, und es genügt auch nicht zu erkennen, daß diese Kraft noch Wirkung entfalten kann; das Gedicht ist selbst ein wirkungsmächtiges Kunstwerk. Es erhebt mit dem letzten Satz den Anspruch, noch mehr als ein ästhetisches Gebilde zu sein, »selig ... in ihm selbst« (Mörike, ›Auf eine Lampe‹). Letztlich ist es auch als ein Gedicht über den Dichter zu verstehen, dessen Aufgabe sich nicht auf den Grundsatz »Kunst um der Kunst willen« beschränkt; Rilkes Ding-Gedichte, entstanden in einer Zeit der Zerstückelung und Entfremdung, zielen auch auf eine Erneuerung, auf das Wiedererschaffen einer ganzen Welt, so wie er

selbst aus dem Torso etwas Ganzes gestaltet hat. Was der Mensch (=
Leser) dazu tun muß, ist, sich der Herausforderung zu stellen, die
ein vollendeter Kunstgegenstand in sich birgt.

Wie Rilke in den ›Neuen Gedichten‹ dank der neugewonnenen
Kunstvorstellung selbst innere Erlebnisse darstellen konnte, ohne in
den Ton der frühen Bekenntnislyrik zurückzufallen, zeigt das Gedicht ›Abschied‹:

> Wie hab ich das gefühlt was Abschied heißt.
> Wie weiß ichs noch: ein dunkles unverwundnes
> grausames Etwas, das ein Schönverbundnes
> noch einmal zeigt und hinhält und zerreißt.
>
> Wie war ich ohne Wehr, dem zuzuschauen,
> das, da es mich, mich rufend, gehen ließ,
> zurückblieb, so als wärens alle Frauen
> und dennoch klein und weiß und nichts als dies:
>
> Ein Winken, schon nicht mehr auf mich bezogen,
> ein leise Weiterwinkendes –, schon kaum
> erklärbar mehr: vielleicht ein Pflaumenbaum,
> von dem ein Kuckuck hastig abgeflogen.

Die Erlebnissituation ist klar, das Motiv des Abschieds, insbesondere
von einer geliebten Person wie hier, kommt in der Geschichte der
Lyrik bis heute sehr häufig vor.

Das Gedicht Rilkes entspricht jedoch von Anfang an nicht der Erwartung. Das lyrische Ich spricht nicht aus einer unmittelbar
schmerzlich erlebten Situation, sondern aus der Erinnerung: »Wie
hab ich das gefühlt ...« Erst im zweiten Ansatz wird das Vergangene
sozusagen in die Gegenwart gerückt: »Wie weiß ichs noch«. Das Ich
in Rilkes Gedicht findet eine Formulierung, die weniger Emotion
aufzeigt als das Geschehen definiert, indem sie den gefühlten Vorgang in den Bereich des Abstrakten überführt: Abschied bedeutet,
daß ein »Etwas« das »Schönverbundene« noch für eine kurze Dauer
hält und dann »zerreißt«. Ein Blick auf die erste, ebenfalls vierzeilige, Strophe eines motivähnlichen Gedichts von Franz Werfel verdeutlicht die Eigenart der Rilkeschen Dichtung:

> Ich habe dir den Abschiedskuß gegeben
> und klammre mich nervös an deine Hand.
> Schon mahn ich dich, auf Dies und Jenes Acht zu geben.
> Der Mensch ist stumm.

Abschiednehmen, das Gedicht Werfels zeigt dies, ist ein zwischen-
menschlicher Vorgang. Rilkes ›Abschied‹ dagegen kennt kaum eine

Wechselseitigkeit; die zweite Strophe spielt zwar auf einen Partner an (»so als wärens alle Frauen«), aber die parallele Setzung des »ich« in der ersten Zeile und die Wiederholung des »mich« in der zweiten sowie das Moment der Wehrlosigkeit der sprechenden Person rücken diese als den Betroffenen eindeutig in den Mittelpunkt. Das entpersönlichende »es« in der zweiten und die durch die Verallgemeinerung zunehmende Auflösung des Partners in der dritten und vierten Zeile schließlich weisen darauf hin, daß das individuelle Erlebnis zugunsten einer grundsätzlichen Erfassung des Phänomens »Abschied« zurücktritt, sichtbar vor allem, wenn die erste Zeile der dritten Strophe das Ich zwar noch einmal erwähnt, aber bereits aus dem Bezug mit dem erinnerten »Erlebnis« löst. (»Ein Winken, schon nicht mehr auf mich bezogen«). Die zweite trennt dann das »Winken« ebenfalls von der Person, verwandelt es in »ein leise Weiterwinkendes«, sieht es als »Ding«, dessen Wesen nur noch in der Verrätselung eines Bildes ausgedrückt werden kann. Daß der Abschied mit dem Schlußbild über das übliche Auseinandergehen hinaus eine dem Begriff innewohnende endgültige Trennung (den Tod) andeuten könnte, legt der Anklang an den Kindervers »Kuckuck, Kuckuck, sag mir doch« nahe. Die persönliche Erinnerung des Beginns ist am Ende kaum mehr von Bedeutung. Sie steht auch im Gedicht eigentlich isoliert, die syntaktische Form drängt die zweite und dritte Strophe zusammen, nachdem die komplizierte Lösung vom Ausgangspunkt in einem verschachtelten hypotaktischen Satzgebilde vollzogen wurde. So wird in diesem Gedicht einer Erfahrung »zur ›Dingwerdung‹ durch Sprache verholfen« (Ulrich Fülleborn).

Der Zyklus ›Neue Gedichte‹ hat, verglichen etwa mit Stefan Georges Zyklen, trotz der den beiden Teilen voranstehenden offenbar programmatischen Apollo-Gedichte, keinen planvollen Aufbau, und es läßt sich auch kaum eine thematische Ordnung feststellen. Ihre Bedeutung erhält die Gedichtsammlung daher nicht als zyklische Einheit, sondern durch die einzelnen Gedichte selbst. Sie sind gekennzeichnet als Versuch, in der Betonung des Handwerklichen, vor allem aber in der bescheidenen Zurücknahme des dichterischen Subjekts zugunsten der »Dinge«, Richtlinien seines Schaffens zu finden. Ob es Rilke gelungen ist, ganz von sich abzusehen und nur dem Wesen der Dinge Sprache zu verleihen, ist umstritten. Es war ihm durchaus bewußt, daß zum Begreifen des »draußen« eine Wendung nach innen nötig ist. Daß er selbst bei seinem Bemühen, die Dinge sprechen zu lassen, eine Ausweitung seines Bewußtseins erfahren und in seiner eigenen Entwicklung einen wesentlichen Schritt nach vorn gemacht hat, ist deutlich. Sein eigenes Urteil fällt am Ende dennoch selbstkritisch aus:

Ich hielt mich überoffen, ich vergaß,
daß draußen nicht nur Dinge sind (...)

heißt es in einem Gedicht. Da die »Dinge« sich ihm nicht zum Kosmos fügen wollten (wie die lockere Form der Anordnung versinnbildlicht), verspürte er wohl den Drang, die »Arbeit« fortzuführen – auch wenn der Dichter die Erfahrung macht, daß sich die Welt dem völligen Erfassen vielleicht doch entzieht:

Das, was geschieht, hat einen solchen Vorsprung
vor unserm Meinen, daß wir's niemals einholen
und nie erfahren, wie es wirklich aussah.
(...)
Wer spricht von Siegen? Überstehn ist alles.

heißt es im Requiem für den Lyriker Wolf Graf von Kalckreuth (1908): das klingt resigniert, und doch hat Rilke sich noch einmal aufgemacht, nach einem neuen Weg zu suchen. Er verkündet ihn als preisende Einstellung zur Welt und zum Dasein in den ›Duineser Elegien‹ (vgl. Bd. 9).

Christian Morgenstern

Unter bürgerlich verstehe ich das, worin sich der Mensch bisher geborgen gefühlt hat. Bürgerlich ist vor allem unsere Sprache. Sie zu entbürgerlichen die vornehmste Aufgabe der Zukunft.

Sich in der Sprache nicht mehr geborgen zu fühlen: diese beängstigende Erfahrung machten eine ganze Reihe von Autoren seit der Jahrhundertwende. Das Fremdwerden der Sprache nicht passiv zu erleiden, sondern mit vollem Bewußtsein anzustreben, den Verlust der Geborgenheit in ihr als Fortschritt aufzufassen – das aber ging einen entscheidenden Schritt weiter. Christian Morgenstern (1871–1914), von dem diese programmatische Äußerung stammt, wird heute vielfach als Verfasser skurril-grotesker Gedichte, als zeitloser Spaßmacher und Schmunzelbuch-Poet eingeschätzt. Die Bände ›Galgenlieder‹ (1905), ›Palmström‹ (1910), ›Palma Kunkel‹ (postum 1916) und ›Der Gingganz‹ (postum 1919) enthalten in der Tat eine ganze Menagerie wunderlicher Fabelwesen einer poetischen Gegenwelt: das »Mondschaf« und das »Löwenreh«, den »Zwölf-Elf« und das »Siebenschwein«. Zu den dauerhaftesten in diesem Privatzoo gehören, wie sich gezeigt hat, das auf seinen Nasen schreitende »Nasobēm« (»Es steht noch nicht im Meyer/ Und auch im Brockhaus nicht«), das »ästhetische Wiesel« (»Das raffinier-/ te Tier/tats um des Reimes willen«) und der grammatiksüchtige Werwolf.

Der Werwolf

Ein Werwolf eines Nachts entwich
von Weib und Kind und sich begab
an eines Dorfschullehrers Grab
und bat ihn: »Bitte, beuge mich!«

Der Dorfschulmeister stieg hinauf
auf seines Blechschilds Messingknauf
und sprach zum Wolf, der seine Pfoten
geduldig kreuzte vor dem Toten:

»Der Werwolf«, sprach der gute Mann,
»des Weswolfs, Genitiv sodann,
dem Wemwolf, Dativ, wie mans nennt,
den Wenwolf, – damit hats ein End.«

Dem Werwolf schmeichelten die Fälle,
er rollte seine Augenbälle.
»Indessen«, bat er, »füge doch
zur Einzahl auch die Mehrzahl noch!«

Der Dorfschulmeister aber mußte
gestehn, daß er von ihr nichts wußte.
Zwar Wölfe gäbs in großer Schar,
doch ›Wer‹ gäbs nur im Singular.

Der Wolf erhob sich tränenblind –
er hatte ja doch Weib und Kind!!
Doch da er kein Gelehrter eben,
so schied er dankend und ergeben.

Bei aller Verspieltheit lenkt das Gedicht doch die Aufmerksamkeit des Lesers auf Struktureigentümlichkeiten der Sprache, auf Wortbildungsgesetze und »Defizite«, ja »Leerstellen« im Hinblick auf die Präzisierbarkeit des Ausdrucks. Das »Wer-« in »Werwolf« ist ja kein Fragepronomen, sondern das althochdeutsche Wort für »Mann« oder »Mensch«, so daß »Werwolf« eigentlich »Mannwolf«, »Menschenwolf« bedeutet. Aus seiner Schattenexistenz als bloßes Fabelwesen durch eine »frag«-würdige Etymologie, eine hanebüchene Deklination und durch eine andere Schattengestalt, den wiederauferstandenen »Dorfschulmeister«, zu einer Art Wirklichkeit berufen, scheint dem Werwolf die Verankerung in der Realität offensichtlich um so sicherer, je vollständiger deklinierbar wie ein Nomen er ist. Die Grenzen der Sprache oder die Grenzen der Dorfschulmeisterkompetenz verhindern jedoch zusammen mit der Autoritätsgläubigkeit des Werwolfs, daß allzu grausame und schreckenerregende (Wort-) Ungetüme entstehen.

Christian Morgenstern wurde in München geboren, beide Elternteile entstammen Malerfamilien, der Vater war Landschaftsmaler. In einem Brief aus dem Jahr 1908 an seine spätere Frau versuchte der seit vielen Jahren an einem von der Mutter ererbten Lungenleiden kränkelnde Dichter seine Voraussetzungen zu benennen:

Ja, auch bei mir war das Material gut oder doch höchst bildungsfähig. Aber, nachdem meine Mutter, sie, das Beste in mir, den kaum Zehnjährigen verlassen hatte, fand sich kein Bildner mehr. Kein Künstler. Nur, was so der Zufall that. Und so wurden meine großen Erzieher die Schuld, der Schmerz, meine Kunst, mein unerbittliches Denken und Menschen, in Büchern chiffrierte, oder lebendige.

Ohne mein angeborenes Kindernaturell – und das habe ich wohl vornehmlich vom Vater – wäre ich freilich kaum dazu gelangt, heute wenigstens – balancieren zu können. Meine »Harmonie« ist nur Balance. –

Mit den Wendungen »unerbittliches Denken«, »Kindernaturell« und »balancieren« ist das Selbstverständnis, sind aber ebenso die Gefährdungen dieses Dichters benannt, der, ohne jemals einen bürgerlichen Beruf ausgeübt zu haben, als freier Schriftsteller rast- und ruhelos von Ort zu Ort zog, Mitarbeiter verschiedener Zeitungen und Zeitschriften war, auch als Übersetzer sich u.a. mit Strindberg, Ibsen und Hamsun beschäftigte.

Zwar hat sich Morgenstern von den großen tagespolitischen Fragen seiner Zeit ferngehalten, doch unerbittliche Kindlichkeit (oder kindliche Unerbittlichkeit), vereint mit Seiltänzerartistik, konnten wohl bei aller erdenschweren Kausalität selbst das hochgeehrte Militär wenigstens in Gedanken aus den Angeln heben und nebenbei gleich noch eine subversive Handlungsanweisung mitliefern:

Palmström wird Staatsbürger

1
Palmström weigert sich (ganz selbstverständlich)
irgendwelchen Heeresdienst zu tun.
Doch die Mehrzahl schilt dies feig und schändlich.

Denn man ist noch rings um ihn katholisch
oder protestantisch usw.
und da gilt es noch als diabolisch

einen Christenmenschen nicht zu morden,
heischen dies Gott, König, Vaterland.
Palmström ist hierauf verhaftet worden.

2
Im Gefängnis sitzt der Brave,
doch er sagt sich: ins Gefängnis
sollte jeder, der kein Sklave.

Alle wahrhaft freien Seelen
sollten diese ihrer einzig
werte Stätte nicht verfehlen

Ohne Murren, ohne Zucken
sollten sich der Freien Nacken
unter der Gewalt Joch ducken.

Bis das Volk der breiten Fährte
erst durch Staunen, dann durch Denken
gleichfalls sich zur Freiheit klärte.
(…)

Es ist nicht verwunderlich, daß, wer ein so unkonventionelles Verhältnis zur sprachlichen und zur staatlichen Ordnung hat, zuletzt beim prädadaistischen Lautgedicht landet (›Das große Lalulā‹), das nur noch die ekstatischen Gebärden abbildet (»Kroklokwafzi? Sēmememī! / Seiokronto – prafriplo: […]«), oder – sogar noch einen Schritt weiter in der Abstraktion – sich mit rhythmischen Zeichen begnügt (›Fisches Nachtgesang‹). Wie man den geometrischen Lehrsatz über die Winkelsumme in einem Dreieck, Justizkritik und Anthropomorphisierung à la Goethes ›Zauberlehrling‹ bündelt und zur Pointe zuspitzt, demonstriert schließlich das Gedicht ›Die drei Winkel‹:

Drei Winkel klappen ihr Dreieck
zusammen wie ein Gestell
und wandern nach Hirschmareieck
zum Widiwondelquell.

Dort fahren sie auf der Gondel
hinein in den Quellenwald
und bitten die Widiwondel
um menschliche Gestalt.

Die Wondel – ihr Dekorum
zu wahren – spricht Latein:
»Vincula, vinculorum,
in vinculis Fleisch und Bein!«

Drauf nimmt sie die lockern Braten
und wirft sie in den Teich: –
Drei Winkeladvokaten
entsteigen ihm alsogleich.

Drei Advokaten stammen
aus dieses Weihers Schoß.
Doch zählst du die drei zusammen,
so sind es zwei rechte bloß.

Als Winkeladvokaten bezeichnet man eigentlich schlechte oder unbefugt, heimlich »im Winkel« arbeitende Advokaten, sie sind natürlich moralisch fragwürdiger, gesellschaftlich geringer geachtet, »weniger« als Rechtsanwälte, die ganz eindeutig das Recht vertreten. Die Winkelsumme im Dreieck beträgt bekanntlich 180 Grad, aber auch die Summe von zwei »rechten« Winkeln zu je 90 Grad. Daß Winkel, die eine »menschliche Gestalt« bekommen wollen, nur zu Winkeladvokaten werden können, klappt nach einer eigentümlich eigen-sinnigen Logik so wie das Zusammenklappen der Winkel: nur »rechte« Winkel hätten in Rechtsanwälte verwandelt werden können. Daß drei Winkeladvokaten »zusammengezählt« »bloß« zwei Rechtsanwälte (»rechte«) ergeben, ist daher völlig plausibel. So absolut disparate Bereiche wie Geometrie, Rechtswesen, Märchenzauber zu verschmelzen, schafft nur der Witz, der sich die Mehrdeutigkeit der Wörter zunutze machen kann, gelingt nur einem Bewußtsein, dem sich die Welt in einen Sprach- und Wörterkosmos verwandelt hat.

Mit jener sehr deutschen Auffassung von Humor, wie sie von Otto Julius Bierbaum 1897 auf die Formel »Humor ist, wenn man trotzdem lacht« gebracht wurde, hat das, was Morgenstern wollte, nichts zu tun. Zwischen seine federleichten Reimspiele und absurden Querdenkereien schiebt sich vielmehr immer wieder ganz unverhüllt die düsterste Melancholie.

Wie in den Sammlungen seiner Aphorismen nachzulesen ist, wurde diese Schwermut vor allem genährt von Kriegsahnungen.

Lehrer-Komödie: Die Armut der Lehrer, während die Staaten Unsummen für die Wehrmacht hinauswerfen. Da sie nur Lehrer für 600 Mark sich leisten können, bleiben die Völker so dumm, daß sie sich Kriege für 60 Milliarden leisten müssen.

Morgenstern, der vier Monate vor Ausbruch des Ersten Weltkriegs starb, war erfüllt vom Grauen über das, was er wie ein unausweichliches Verhängnis heraufdämmern sah:

Materialismus ist noch alles, gemein der Zweck, gemein die Mittel. Daß da etwas ist, was gegen sich selber wütet, sich selbst zum Krüppel schießt und sich selbst im Schacher enthert, – daß die Völker des Erdballs noch etwas anderes sind, als zwanzig Schachteln Bleisoldaten, die zwei unsichtbare Feldherrn, Gott und Teufel, als Kasinokriegsspiel wider einander auspacken, – daß da ein Ganzes ist, das eines Tages sich selbst als solches erkennen könnte, um dann schaudernd zu fragen: Und das alles tat ich mir selbst? – davon ahnt, was heute die »Macht« hat, wenig.

Trifft Schillers Wort zu, der Mensch sei nur da ganz Mensch, wo er spielt, weil im *zweckfreien* Spiel alle seine positiven Energien in glücklicher, allerdings auch prekärer Balance harmonisch zusammenwirken, so wußte, was Krieg als erstes bedeuten würde, der im höchsten Sinn mit Worten Spielende: Spiel-Ende.

III. Durchbruch der Moderne: Expressionismus

1. Voraussetzungen und Grundzüge des Expressionismus

Die Jahre zwischen 1909/10 und 1918/20 werden in Literaturgeschichten häufig als das »expressionistische Jahrzehnt« bezeichnet. Den Expressionismus als eine eigenständige Epoche hervorzuheben, ist gleichwohl problematisch. Einerseits läßt er sich zwar in seiner deutschen und internationalen Erscheinungsform (vor allem in der Malerei) relativ klar abgrenzen, zumal diese Kunst- und Literaturbewegung von ihren Vertretern in zahlreichen Manifesten schon früh eindrucksvoll verkündet und begründet wurde, in den genannten Jahren in dichter Folge eine Fülle neuartiger, oft provozierender und schockierender Werke entstand und ebenso ein deutliches Abflauen dieses Innovationsschubs seit dem Ende des Ersten Weltkriegs zu beobachten ist. Andererseits gilt aber noch mehr als für die literatur- und stilgeschichtliche Situation der Jahrhundertwende für diese die Gleichzeitigkeit des Ungleichzeitigen: Alle im ersten Teil dieses Bandes genannten Strömungen waren weiterhin in wichtigen Werken präsent.

Ein Resümee neuerer Forschung lautet folglich: »Das sogenannte ›expressionistische Jahrzehnt‹ war weit weniger expressionistisch als uns das manche Augenzeugen und spätere Interpreten glauben machen möchten.« (Thomas Anz/Michael Stark) Bemerkenswert bleibt jedoch, daß diese »Subkultur« eine seither von keiner anderen Bewegung mehr erreichte Zahl von Künstlern in ihren Bann gezogen hat.

Die politische Lage in den Jahren vor 1914 war ausgesprochen prekär. Immer gefährlicher spitzte sich die Rivalität der europäischen Großmächte zu, mühsamer wurde das Krisenmanagement in den internationalen Konflikten etwa um Marokko oder auf dem Balkan. Bereits mehrmals hatten diese an den Rand eines großen Krieges geführt. Hysterischer wurde der Rüstungswettlauf, der die Politik zunehmend dem Kalkül der Militärs auslieferte.

Unfähigkeit zur Reformierung und Weiterentwicklung des politischen Systems (in Richtung auf eine Parlamentarisierung) kennzeichnete die innenpolitische Situation des Reichs, zähe Verteidigung des Status quo prägte das Verhalten der alten Eliten. Im Reichstag war die SPD seit den Wahlen von 1912 mit einem Viertel der Sitze stärkste Fraktion, die unfruchtbare Patt-Situation wurde dadurch jedoch nur noch deutlicher.

Übermächtig wurde angesichts dieser »Stagnation und Blockade« (Thomas Nipperdey) eine zunehmend labile und schwankende Stimmung. Ein Krieg erschien zwar vielen als unvermeidbar, andere weigerten sich aber, ernsthaft in Erwägung zu ziehen, daß zwischen zivilisierten Staaten im 20. Jahrhundert ein Konflikt noch mit Waffen ausgetragen werden konnte. Wollten Konservative den künftigen Krieg als Chance sehen, die dekadent gewordene Zivilisation zu veredeln und zu verjüngen (›Der Krieg als Kulturfaktor, als Schöpfer und Erhalter der Staaten‹ hieß eine 1912 erschienene populäre Schrift), zweifelten Kenner der modernen Vernichtungswaffen daran, daß es nur zu einem kurzen, duellartigen, also letztlich kalkulierbaren Kräftemessen kommen würde; sie sahen apokalyptische Schrekken heraufdämmern.

Verständlich werden vor diesem Hintergrund vielleicht die aufflakkernde Massenpanik beim Herannahen des Halleyschen Kometen 1910 und die Reaktionen auf den Untergang der ›Titanic‹ im April 1912, der von vielen als Menetekel und Gottesgericht gedeutet wurde.

Wie empfindlich reagierende Seismographen zeichneten die Künstler und in besonderem Maß die Generation der meist jungen Expressionisten in ihren öffentlichen Werken und in ihren privaten Aufzeichnungen diese Bewußtseinslage auf. Dem Ineinander von Tatendrang und Handlungshemmung, von vitalistischer Gewaltbereitschaft und Erstarrungsängsten hat z.B. der Dichter Georg Heym in vielen seiner Tagebucheintragungen Ausdruck verliehen.

Mein Gott – ich ersticke noch mit meinem brachliegenden Enthousiasmus in dieser banalen Zeit. Denn ich bedarf gewaltiger äußerer Emotionen, um glücklich zu sein. Ich sehe mich in meinen wachen Phantasien immer als einen Danton, oder als einen Mann auf der Barrikade, ohne meine Jacobinermütze kann ich mich eigentlich garnicht denken. Ich hoffe jetzt wenigstens auf einen Krieg. Auch das ist nichts.
15. 9. 1911

Einen großen Einfluß auf die Literatur der Zeit hatten die Entwicklungen in der bildenden Kunst. »Ich habe da nach einer kurzen Zeit der Qual einen großen Sprung gemacht – vom Naturabmalen – mehr oder weniger impressionistisch – zum Fühlen eines Inhaltes, zum Abstrahieren – zum Geben eines Extraktes.« Den »großen Sprung«, den die Malerin Gabriele Münter in dieser Tagebuchnotiz von 1908 benennt, vollzog in diesen Jahren eine ganze Malergeneration. Der Gruppe der »Fauves« (der »Wilden«) in Frankreich (Braque, Dufy, Picasso, de Vlaminck u.a.) kam dabei eine Vorreiterrolle zu. Von der Vielzahl der Anregungen, die diese Maler verarbeiteten, sollen hier nur zwei erwähnt werden: Kurz nach der Jahrhundertwende war die künstlerische Bedeutung und die expressive Kraft der jungsteinzeitlichen Höhlenmalereien (etwa in der Höhle von Altamira) erkannt worden. Die kühnen Verdichtungen und Reduktionen auf das

Wesentliche, die die Künstler jener Frühzeit erzielt hatten, bestärkten die kulturskeptischen Zweifel der modernen. Ähnliches Interesse fand bei den zivilisationskritischen jungen Künstlern die sogenannte »primitive« Kunst: Polynesische und afrikanische Masken und Plastiken gelangten aus den Kolonien in größerer Zahl nach Europa, wurden gesammelt, bewundert und studiert.

Zunehmendes Abstrahieren vom Gesehenen, zunehmende Verfremdung der dargestellten Gegenstände und Körper führten in der Malerei schließlich zum Kubismus und zur gänzlichen Ablösung vom Objekt. In der Einleitung seines Buches ›Über das Geistige in der Kunst‹ (1912) betont Wassily Kandinsky seine »innere Verwandtschaft mit den Primitiven. Ebenso wie wir, suchten diese reinen Künstler nur das Innerlich-Wesentliche in ihren Werken zu bringen, wobei der Verzicht auf äußerliche Zufälligkeit von selbst entstand.« Der Begriff »Expressionismus« entstand bezeichnenderweise in der Auseinandersetzung mit einer Ausstellung der »Fauves« 1911 in Berlin: erstmals wurden sie hier von Rezensenten als »Expressionisten« bezeichnet. Auch auf die Mitglieder der bereits 1905 in Dresden gegründeten Künstlergemeinschaft »Brücke« (Kirchner, Heckel, Nolde u. a.) und auf die des »Blauen Reiters« (1912) in München (Marc, Kandinsky, Macke, Klee u. a.) wurde dieser neue Begriff schon bald angewendet.

Von Anfang an gab es vielfältige Beziehungen zwischen den Malern und Graphikern einerseits und den Autoren andererseits; tatsächlich brachte der Expressionismus eine ganze Reihe Mehrfachbegabungen hervor. Ernst Barlach, Oskar Kokoschka, Alfred Kubin u. a. waren gleichzeitig bildende Künstler und Schriftsteller. Daß uns jene Kunstrevolution im Rückblick als relativ geschlossene Epoche erscheint, liegt nicht zuletzt daran, daß sie in großer Breite die Künste erfaßte. Auch an der Musik ging sie nicht vorbei.

Das Schaffen des Künstlers ist triebhaft. Das Bewußtsein hat wenig Einfluß darauf. Er hat das Gefühl, als wäre ihm diktiert, was er tut. Als täte er es nur nach dem Willen irgendeiner Macht in ihm, deren Gesetze er nicht kennt. Er ist nur der Ausführende eines ihm verborgenen Willens, des Instinkts, des Unbewußten in ihm.

Dies ist nicht etwa die Aussage eines Tiefenpsychologen über das Problem der Kreativität, sondern steht in der ›Harmonielehre‹ des Komponisten Arnold Schönberg. Eng verbunden mit den Malern des »Blauen Reiters«, entwickelte er in konsequenter Fortentwicklung der Musiktradition und diese gleichzeitig negierend die atonale Musik. Zusammen mit seinen Schülern Anton von Webern und Alban Berg provozierte und attackierte Schönberg die Hörgewohnheiten des traditionalistisch eingestellten Wiener Konzertpublikums, das denn auch entsprechend heftig reagierte.

Kraß mißverstehen würde man allerdings das vorangestellte Zitat, wollte man es als eine Rechtfertigung jeder Willkür deuten. Der Befreiung von den älteren musiktheoretischen Vorgaben und Kompositionsregeln, der Emanzipation der Dissonanz, der »gestischen Konzentration auf ein innerlichst Wesentliches« (Hans Heinrich Eggebrecht) entspricht ein Höchstmaß an kompositorischem Formwillen. »Denn Atonalität muß komponiert werden. Die Tonschritte und melodischen Bildungen, die Klänge und Klangfolgen müssen so strukturiert werden, daß Tonalität nicht aufkommen kann« (ebd.).

Das neue Medium Film entwickelte sich in diesem Jahrzehnt von einer bloßen Schaubuden-Attraktion auf den Rummelplätzen hin zu einer eigenständigen Kunstform. Trotz seiner technischen Unvollkommenheit – erst Ende der zwanziger Jahre setzte sich allmählich der Tonfilm durch – übte der Kinematograph einen einzigartigen Reiz aus. Fasziniert und abgestoßen nahmen die auf gesellschaftliche Wirkung bedachten expressionistischen Autoren wahr, in welchem Ausmaß das Kino die Massen anzog und wie heftig sie selbst auf die noch ungewohnte Bilderflut reagierten. Franz Pfemfert, der Herausgeber der Zeitschrift ›Die Aktion‹ urteilte 1909: »Kino vernichtet die Phantasie. Kino ist der gefährlichste Erzieher des Volkes.« Franz Kafka, ein häufiger Kinobesucher, notierte in sein Tagebuch: »Im Kino gewesen. Geweint. (…) Maßlose Unterhaltung. Vorher trauriger Film ›Das Unglück im Dock‹, nachher lustiger ›Endlich allein‹. Bin ganz leer und sinnlos, die vorüberfahrende Elektrische hat mehr lebendigen Sinn.« (Tgb., 20. 11. 1913). Kurt Pinthus schließlich zog 1914 für sich aus dem beobachteten Phänomen die Konsequenz:

Drum können wir jüngeren Dichter und Schriftsteller, die wir glauben, daß Lebenserhöhung (vielleicht auch Kunstgenießen) heißt: Erschüttertwerden im Tiefsten, Menschlichstes und Metaphysisches aufrütteln, – wir können das Kino (trotzdem es ein Feind der höheren Kunst ist) nicht bekämpfen Es entzückt durch Bewegung der Massen. Es erregt uns durch Niegesehenes. Es weitet Horizonte. Es erschüttert die Herzen. Und Erschüttertwerden heißt (O Aristoteles, Lessing, Schiller, Nietzsche): edler und glücklicher werden …

Bevor die neuen Möglichkeiten des Mediums aber von den Autoren unmittelbar genutzt wurden, übertrugen sie ihre Kinoerfahrungen auf ihre literarischen Arbeiten, ließen sich von den bewegten Bildern anregen. Der Schockeffekt einer scheinbar unaufhaltsam auf die Zuschauer zurasenden Lokomotive, Bilder, die dieser auf seinem Sitz gebannt angst- und lustvoll erlebte, die grotesk-komischen Bildmontagen, die zappelnden Bewegungen der Leinwandhelden, die Mischungen aus Kasperltheater und Schicksalstragödie, die übertriebene Mimik und die pathetische Gebärdensprache: dies alles findet sich – in Sprache übersetzt – auch bei den expressionistischen Autoren, die ja versessen darauf waren, die Distanz zum Leser zu überwinden.

Wichtige Anregungen gingen für einen Teil der deutschen Expressionisten vom sogenannten »Futurismus« aus, ursprünglich eine italienische Variante der Maler-Avantgarde, deren Organisator und Manager Filippo Tommaso Marinetti (1876–1944) war. Sie wollten das konventionelle statische Bild in Bewegung und »dinamismo« auflösen, die Schönheit der Geschwindigkeit, die Simultaneität der Seelenzustände ausdrücken. »Simultan« meint hier die Vereinigung verschiedener Erlebnis- und Seelenzustände in einem einzigen Bild. Elemente des Fotografischen und Filmischen werden von den Malern aufgegriffen; die in den kaleidoskopartigen Gemälden erkennbaren Bruchstücke der Wirklichkeit wirken wie übereinanderkopierte Aufnahmen, das Moment der Zeit dringt in die Bilder ein. Charakteristische Beispiele sind Boccionis Werke ›Der Lärm der Straße dringt ins Haus‹ (1911) oder ›Dynamismus eines Radfahrers‹ (1913), die sich in ihrer expressiven Dynamik der abstrakten Malerei nähern.

Für die Wirkung des Futurismus in Deutschland waren vor allem die Manifeste Marinettis von Bedeutung. In ihnen formulierte er einen aggressiven Antiklassizismus, forderte einen völligen Bruch mit der Tradition, auch über spezifisch künstlerische Ziele hinausgehend. Sicher waren seine oft schockierenden Äußerungen als Provokation gedacht, es ist aber nicht immer leicht zu unterscheiden, was anarchischer Lust entsprang und was möglicherweise ernst gemeint war.

Im ersten ›Manifest des Futurismus‹ (1909, deutsch erstmals 1912) heißt es:

(...)

2 Die Hauptelemente unserer Poesie werden der Mut und die Empörung sein.

3 Wie die Literatur bisher die nachdenkliche Unbeweglichkeit, die Ekstase, den Schlummer gepriesen hat, so wollen wir die aggressive Bewegung, die fiebrige Schlaflosigkeit, den gymnastischen Schritt, den gefahrvollen Sprung, die Ohrfeige und den Faustschlag preisen.

4 Wir erklären, daß der Glanz der Welt sich um eine neue Schönheit bereichert hat, um die Schönheit der Schnelligkeit. Ein Rennautomobil, (...) das auf Kartätschen zu laufen scheint, ist schöner als [die Statue der Siegesgöttin von Samothrake] (...)

7 Nur im Kampf ist Schönheit. Kein Meisterwerk ohne aggressives Element. (...)

9 Wir wollen den Krieg preisen – diese einzige Hygiene der Welt –, den Militarismus, den Patriotismus, die zerstörende Geste der Anarchisten, die schönen Gedanken, die töten, und die Verachtung des Weibes.

10 Wir wollen die Museen, die Bibliotheken zerstören, den Moralismus bekämpfen, den Feminismus und alle opportunistischen und Nützlichkeit bezweckenden Feigheiten. (...)

Die polemische Härte, mit der hier der bürgerlichen Welt und ihren Grundlagen ein Schlag versetzt, ja der Krieg erklärt werden sollte, fand bei einigen Künstlern zunächst Zustimmung; die Ästhetisierung der Gewalt, die sich elitär gebärdende Menschenverachtung wollten die meisten jedoch für sich nicht nachvollziehen. Sehr viel stärkere Wirkungen entfaltete das ›Technische Manifest‹ Marinettis zur futuristischen Literatur. In ihm glaubten manche Hinweise zu finden, die bei der Suche nach einer noch unverbrauchten, elementaren, kraftvollen, vitalen und ausdrucksstarken Sprache weiterhelfen konnten. Vor allem im Dichterkreis um Herwarth Walden und in seiner Zeitschrift ›Der Sturm‹, in der 1912 Marinettis im Verkünderton geäußerte Ansichten publiziert wurden, fand eine Diskussion darüber statt. Bezeichnenderweise hat der »Prophet« dieser Bewegung seine Eingebungen – glaubt man seinen Worten – während eines Fluges bekommen – an die Stelle der poetischen Inspiration ist also gewissermaßen die Inspiration durch eine Maschine getreten:

Im Aeroplan auf einem Ölzylinder, den Kopf am Bauche des Aviatikers, fühlte ich plötzlich die lächerliche Leere der alten, von Homer ererbten Grammatik. Stürmisches Bedürfnis die Worte aus dem Gefängnisse der lateinischen Periode zu befreien. Sie hat natürlich – wie alles dumme – einen großen Kopf, einen Schmerbauch, zwei Beine und zwei Plattfüße, aber niemals zwei Flügel. (...).
So sprach der surrende Propeller, während ich in einer Höhe von zweihundert Metern über die mächtigen Schlote Mailands flog.

Reduktion, Verknappung und Verdichtung, Zerstörung der Syntax: das sind die Ziele, auf die Marinettis Forderungen hinauslaufen. Einige davon lauten:

(...) Man muß das Verb im Infinitiv gebrauchen, damit es sich elastisch dem Substantiv anpaßt und es nicht dem »Typ« des Schriftstellers unterwirft, der beobachtet oder erfindet. Das Verb im Infinitiv kann einzig den Sinn der Fortdauer des Lebens und die Elastizität der wahrnehmenden Intuition geben. (...)
Man muß das Adjektiv beseitigen, damit das nackte Substantiv seine eigentliche Färbung behält. (...)
Man muß das Adverb beseitigen, die alte Agraffe, die die Wörter zusammenhält. Das Adverb gibt dem Satz einen langweiligen gleichmäßigen Ton.
Jedes Substantiv muß seine Verdoppelung haben, das heißt, das Substantiv muß ohne Konjunktion dem Substantiv folgen, dem es durch Analogie ver-

bunden ist. Beispiel: Mann – Torpedoboot, Frau – Hafen, Menge – Brandung. (...)
Keine Interpunktion mehr. (...)

Im Werk August Stramms und Johannes R. Bechers sind Einflüsse von Marinettis Vorstellungen zu erkennen, möglicherweise sind auch die als Simultangedichte bezeichneten Texte des Jakob van Hoddis davon angeregt. Der junge Alfred Döblin, der sich intensiv mit der Theorie und der künstlerischen Praxis der Futuristen beschäftigte, erkannte einerseits deren Verdienste durchaus an:

»Es ist uns klar«, schreibt er in einem ›Offenen Brief an F.T. Marinetti‹, »wir wollen keine Verschönerung, keinen Schmuck, keinen Stil, nichts Äußerliches, sondern Härte, Kälte und Feuer, Weichheit, Transzendentales und Erschütterndes ohne Packpapier. (...) Was nicht direkt, nicht unmittelbar, nicht gesättigt von Sachlichkeit ist, lehnen wir ab (...).

Dann aber folgt die ironisch-kritische Einschränkung:

Sie sind kein Vormund der Künstler. (...) Sie meinen doch nicht etwa, es gäbe nur eine einzige Wirklichkeit und identifizieren die Welt Ihrer Automobile, Aeroplane und Maschinengewehre mit der Welt? (...)

Die sprachkritischen Ausführungen Marinettis weist Döblin zurück:

Es gibt in einem kompletten Satz verschiedene Valenzen; es dominieren verschiedene Satzfunktionäre, bald Subjekt, bald Verb, bald Adverb; Sie können die Wucht eines Wortes erhöhen, abschwächen, Sie können Sätze kürzen, können in Perioden rollen, können ein einzelnes Wort, Substantiv, Adjektiv, Verb, Adverb, einzeln setzen, gerade so können Sie außerordentlich nahe an die Realität heran. (...) Man erzielt Plastik, Konzentration und Intensität auf viele Weisen. Ihre Weise ist sicher nicht die beste, kaum eine gute. (...) Pflegen Sie Ihren Futurismus. Ich pflege meinen Döblinismus.

2. Prosa des Expressionismus

Abgesehen von den singulären Entwürfen Franz Kafkas und den frühen Erzählungen und Romanen Alfred Döblins ist die Prosa, die zur Zeit des Expressionismus geschrieben wurde, verhältnismäßig wenig beachtet worden. Eine in ihrer Wirkung mit der Gedichtsammlung ›Menschheitsdämmerung‹ vergleichbare Anthologie entstand bezeichnenderweise nicht, und die nach dem Zweiten Weltkrieg von Karl Otten herausgegebenen Bände (›Ahnung und Aufbruch‹ [1957], ›Ego und Eros‹ [1963]) hatten eine nur begrenzte Wirkung: Die geringere Resonanz expressionistischer Prosa hat mehrere

Ursachen: zumeist in Zeitschriften publiziert und dort eher versteckt als veröffentlicht, blieb sie einer breiteren Leserschaft verborgen; die Texte sind häufig formal wie inhaltlich kühn, verunsichern den Leser nicht selten durch ihre ungewohnte Sprache; die im Vergleich zur Lyrik und zum Drama sehr viel größere Bandbreite der »Töne«, der Themen und Schreibweisen brachte Zuordnungsprobleme mit sich. Eine für die Generation der Expressionisten verpflichtende oder zumindest eine ihrer Gruppierungen charakterisierende Poetik der Prosa und des Romans wurde niemals formuliert.

Trotzdem lassen sich einige Gemeinsamkeiten fixieren:

1. Die Autoren bevorzugen Kurzprosa; die große (Roman-)Form wurde entweder gänzlich abgelehnt oder erst als Endpunkt einer vorher zu vollziehenden Literaturrevolution ins Auge gefaßt. »Weil wir das Essentielle lieben, sind wir knapp im Ausdruck und in der Form«, bekundete Kurt Pinthus 1913 in ›Glosse, Aphorismus, Anekdote‹. 1920 nannte Carlo Mierendorff in ›Wortkunst. Von der Novelle zum Roman‹ – schon im Rückblick – die sprachliche Haltung der Expressionisten einen »Akt der Askese«:

Ganz unten war anzufangen; man wurde karg. Wog die Worte, überschärfte die Empfindlichkeit, operierte die Wucherungen weg, jätete, ätzte, beschnitt. (...) Raffte zusammen, baute sehr klug mit dem Hirn und sehr hell von Gehör, sich aufs heftigste bescheidend und genügsam. (...) Ehe für Marathon konkurriert werden kann, muß auf der 100 Meter Bahn trainiert sein.

2. Die »transzendentale Obdachlosigkeit« (Lukács), die radikal zu Ende gedachte Einsicht der Expressionisten, daß sich die Welt und mit ihr der Mensch nicht endgültig verstandesmäßig erfassen lassen, daß jede Art von Metaphysik preisgegeben werden muß, daß jede Suche nach einer sinnhaften Ordnung sinnlos oder vergeblich ist, fand sich in der Prosa häufig umgesetzt als assoziative, auf Kausalität verzichtende Sprunghaftigkeit. Unvollendete oder unvollendbare Texte, das Fragment als Ausdrucksmittel, daneben bewußt rätselhafte, vieldeutige parabolische Formen waren weitere ästhetische Möglichkeiten, dieser geistigen Lage in Prosakunstwerken gerecht zu werden.

»Wer edel und schön schreibt, treibt sein Handwerk für Gemeine«, befand etwa Carl Einstein in seinen »Anmerkungen« ›Über den Roman‹ (1912). Auf aggressive Ablehnung traf (nicht nur) bei ihm aber auch der psychologische Realismus: »Gefühl hat immer statt – wenn es gilt, Impotenz zu verbergen.« Hierin war sich Carl Einstein mit Döblin einig, der ›An Romanautoren und ihre Kritiker‹ gewandt schrieb:

Ein Grundgebrechen des gegenwärtigen ernsten Prosaikers ist seine psychologische Manier. Man muß erkennen, daß die Romanpsychologie, wie die meiste, täglich geübte, rein abstrakte Phantasmagorie ist. (...) Psychologie ist ein dilettantisches Vermuten, scholastisches Gerede, spintisierender Bombast, verfehlte, verheuchelte Lyrik.

3. Ihre Erfahrung der Entfremdung von der Natur, von der Gesellschaft, von sich selbst setzten die expressionistischen Prosaautoren um, indem sie Außenseiter, Gefangene, Kranke und Wahnsinnige in den Mittelpunkt stellten. Die psychopathische Rätselhaftigkeit einer menschlichen Seele, die sich jedem analytischen Zugriff entzieht, eine Welt, deren Abbild ein zerscherbter, trüber Spiegel wiedergibt, eine Gesellschaft, angefüllt von maskenhaften Lemuren : dem »bösen Blick« der Expressionisten entstellten sich die wahrgenommenen Wirklichkeiten zur Kenntlichkeit, das hieß für sie zu namenlosen Schrecknissen.

2.1 Romane

Franz Kafka
Der Proceß

Franz Kafkas Werk fand erst nach seinem Tod, vor allem unter dem Eindruck des Infernos im Zweiten Weltkrieg, eine weite Verbreitung. Der Rezeptionsgeschichte nach könnte man seine drei Romanfragmente, seine zahlreichen Erzählungen und kurzen parabelartigen Geschichten an späterer Stelle einer Literaturgeschichte erwarten. Aber Autor und Werk stehen immer auch im Zusammenhang mit einer historischen Situation und einer Zeitstimmung. Diese verbindet Kafka (1883–1924) mit anderen Prager Literaten wie Max Brod, Franz Werfel, Gustav Meyrink (›Der Golem‹) und vor allem Rainer Maria Rilke. Wie dieser kommt Kafka aus einer Prager Bürgerfamilie, wie er empfindet er seine Umgebung als bedrückend, sieht darüber hinaus in der Unfaßbarkeit der modernen, immer fremder werdenden Welt die Ursache für die Unsicherheit des Ichs. Im Romanfragment ›Amerika‹ (1912 begonnen) findet sich eine Szene, die beschreibt, wie moderne Kommunikationstechniken keine wirkliche menschliche Kommunikation mehr zulassen:

Im Saal der Telephone gingen, wohin man schaute, die Türen der Telephonzellen auf und zu, und das Läuten war sinnverwirrend. Der Onkel [des Helden Karl Roßmann] öffnete die nächste dieser Türen, und man sah dort im sprühenden elektrischen Licht einen Angestellten, gleichgültig gegen jedes Geräusch der Türe, den Kopf eingespannt in ein Stahlband, das ihm die Hörmuscheln an die Ohren drückte. Der rechte Arm lag auf einem Tischchen, als wäre er besonders schwer, und nur die Finger, welche den Bleistift hielten, zuckten unmenschlich gleichmäßig und rasch. In den Worten, die er in den Sprechtrichter sagte, war er sehr sparsam, und oft sah man sogar, daß er vielleicht gegen den Sprecher etwas einzuwenden hatte, ihn etwas genauer fragen wollte, aber gewisse Worte, die er hörte, zwangen ihn, ehe er seine Absicht ausführen konnte, die Augen zu senken und zu schreiben. (...) Mitten durch den Saal war ein beständiger Verkehr von hin und her gejagten Leuten. Keiner grüßte, das Grüßen war abgeschafft, jeder schloß sich den Schritten des ihm Vorhergehenden an und sah auf den Boden, auf dem er möglichst rasch vorankommen wollte, oder fing mit den Blicken wohl nur einzelne Worte oder Zahlen von Papieren ab, die er in der Hand hielt und die bei seinem Laufschritt flatterten.

Wie Rilkes Malte (»Ist es möglich ... daß man trotz Kultur, Religion und Weltweisheit an der Oberfläche des Lebens geblieben ist?«) bezweifelt Kafka die menschliche Erkenntnis- und Aussagefähigkeit (»Wahrheit ist unteilbar, kann sich also selbst nicht erkennen; wer sie erkennen will, muß Lüge sein«), wie ihn lähmt ihn die Angst vor der Anonymität der Vorgänge in der technisch-zivilisatorischen Umwelt und der Inhumanität der technisierten Gegenwart. Freilich sind die Bilder, die beide Dichter dafür finden, nicht immer dieselben, und natürlich unterscheidet sich Kafka in wesentlichen Punkten von seinem Landsmann: nicht allein durch seine jüdische Herkunft, die Erfahrung, damit der Minorität innerhalb einer Minorität anzugehören, durch die bei allen äußeren Zwängen doch freiwillige Bindung an Prag, durch sein Rechtsstudium und seine langdauernde berufliche Tätigkeit in gehobener Stellung bei der Arbeiter-Unfall-Versicherungsanstalt für das Königreich Böhmen. Franz Kafka ist auch und vor allem in seinen Konsequenzen radikaler. Seine Welt läßt kaum Hoffnung zu, Glanz und Licht erleben seine Gestalten wie der »Mann vom Lande« in der Parabel ›Vor dem Gesetz‹ höchstens, wenn es für sie nichts mehr bedeutet.

Man hat immer wieder die Ursache für diesen Pessimismus auch in seinen Lebensumständen gesucht: in dem schlimmen, von ihm möglicherweise überinterpretierten Verhältnis zum Vater (wie es in den Tagebüchern und Briefen sowie, über das Persönliche hinausgehend, im ›Urteil‹, vor allem aber in dem 1919 verfaßten ›Brief an den Vater‹ zum Ausdruck kommt), in dem ständigen »Kampf« zwischen den Forderungen der literarischen Produktion und dem Beruf bzw. dem Alltag.

Schon früh hat Kafka das »Schreiben« als für ihn besonders wichtig erkannt. Im Tagebuch 1909–1912 heißt es:

Als es in meinem Organismus klar geworden, daß das Schreiben die ergiebigste Richtung meines Wesens sei, drängte sich alles hin und ließ alle Fähigkeiten leer stehen, die sich auf die Freuden des Geschlechts, des Essens, des Trinkens, des philosophischen Nachdenkens (...) zu allererst richteten.

Und noch 1923 sagt er: »(...) dieses Schreiben ist mir in einer für jeden Menschen um mich grausamen Weise das Wichtigste auf Erden.« Die Menschen um ihn, das sind seine Eltern, vor allem aber Frauen wie Felice Bauer, von der er sich nach zweimaliger Verlobung und Entlobung endgültig trennte, am Ende angeblich wegen der nun erkennbar werdenden Lungentuberkulose (August 1917), deren Ausbruch er jedoch im Zusammenhang mit Felice sah: »›So geht es nicht weiter‹ hat das Gehirn gesagt und nach fünf Jahren hat sich die Lunge bereit erklärt, zu helfen.«

Die Angst in eine Art Gefangenschaft zu geraten, die eine freie Verfügung über seine Zeit und Lebensgestaltung nicht zuließe, ist ein Grundzug seines Wesens. Dafür wählt er den »Schmerz« der Einsamkeit. »Ich muß viel allein sein. Was ich geleistet habe, ist nur ein Erfolg des Alleinseins.« Dennoch notiert er fast zur gleichen Zeit im Tagebuch: »Unfähigkeit, allein das Leben zu ertragen.«

Kafkas »Lösung« ist die briefliche Verbindung, die ihm gestattet, Distanz und Unabhängigkeit mit dem Kontakt nach außen zu vereinbaren. Seine zahllosen Briefe sind aber ebenso Zeichen eines ungewöhnlichen Schreibbedürfnisses. Auch sie sind zwar »eine wesentliche Form des Lebens«, notwendige Äußerungen, um Klarheit über sich selbst zu gewinnen, aber die Niederschrift in literarischer Form ist zugleich mehr:

Die ungeheure Welt, die ich im Kopf habe. Aber wie mich befreien und sie befreien ohne zu zerreißen. Und tausendmal lieber zerreißen, als sie in mir zurückhalten oder begraben. Dazu bin ich ja hier, das ist mir klar

heißt es im Tagebuch schon im Januar 1913. Diese Welt findet Ausdruck in seinen drei (unabgeschlossenen) Romanen und den anderen Prosadichtungen, die z.T. gegen den Willen des Verfassers, der seinem eigenen Werk sehr kritisch gegenüberstand, von seinem Freund Max Brod erhalten wurden.

Eines der wenigen Werke, das Kafka abschloß und selbst zur Veröffentlichung freigab, ist ›Das Urteil‹. Seine Deutungshinweise dazu (in Briefen an Felice) halten fest, daß darin »vieles Merkwürdige« sei, die »Geschichte (...) vielleicht ein Rundgang um Vater und Sohn, und die wechselnde Gestalt des Freundes [in der Geschichte] (...) vielleicht der perspektivische Wechsel der Beziehungen zwischen Vater und Sohn«. »Sicher« sei er sich »dessen aber (...) nicht.«

Das Kennzeichnende dieser Äußerungen zu seinem Werk sind die Ausdrücke der Unsicherheit (»vielleicht«, »vieles Merkwürdige«, »nicht sicher«). Er kann selber nur vage Vermutungen über den Sinn anbieten, er verfügt sozusagen als Autor nicht über die Autorität, Eindeutiges verbindlich auszusagen; der Leser selbst ist aufgerufen, sich das Seine zu denken. Kein Wunder, daß kaum ein Werk der neueren Literatur mehr Interpreten zu Entdeckungen verlockt hat als seines. Heute hält man sich allerdings mehr und mehr an die Erkenntnis, die Viktor Žmegač so formuliert: Kafkas Texte könnten nicht »enträtselt« werden, »weil ihr Wesen ja gerade darin besteht, Veranschaulichung der Rätselhaftigkeit zu sein«.

Sein zweites Romanfragment, ›Der Proceß‹, in der Entstehung (August 1914 bis 1915; erstmals veröffentlicht postum 1925) eng verzahnt mit dem Verhältnis zu Felice Bauer und von Kafka geradezu als »Rechtfertigungs«versuch für seine Entscheidung angesehen, stellt einen Musterfall dieser Rätselhaftigkeit dar.

Als Kasimir Edschmid anläßlich der Proceß-Lektüre meint, Kafka bringe »Wunder in die Vorgänge des Alltags«, bemerkt dieser zu seinem Freund Gustav Janouch:

»Das Gewöhnliche selbst« sei »ja schon ein Wunder! Ich zeichne es nur auf. Möglich, daß ich die Dinge auch ein wenig beleuchte, wie die Beleuchter auf einer halbverdunkelten Bühne. Das ist aber nicht richtig! In Wirklichkeit ist die Bühne gar nicht verdunkelt. Sie ist voller Tageslicht. Darum schließen die Menschen die Augen und sehen so wenig.«

Kafka zeichnet auf, was er selbst sieht – und das ist eine paradoxe Welt. Im ›Proceß‹ beginnt das schon mit dem ersten Satz:

Jemand mußte Josef K. verleumdet haben, denn ohne daß er etwas Böses getan hätte, wurde er eines Morgens verhaftet.

Das scheint eine klar und unmißverständlich ausgedrückte sachliche Feststellung, für jedermann einleuchtend: Ein Unschuldiger wird verhaftet, dahinter muß in einer geordneten Welt, in einem »Rechtsstaat«, wie Josef K. gleich selbst argumentieren wird, ein Unrecht stecken oder eine Schurkerei. Wieso aber protestiert Josef K. nach anfänglichem verbalen Widerstand nicht heftiger gegen diese Verhaftung ohne Angabe von Gründen?

Vielleicht muß man diesen ersten Satz anders lesen:

Er spricht von der Anonymität einer Bedrohung (»jemand«), das tatsächlich Feststellbare bleibt zugleich Vermutung, also unsicher (»mußte [...] verleumdet haben«); vor allem aber: Wer verbürgt sich für die Aussage der Unschuld (»ohne daß er etwas Böses getan hätte«)? Ist es der allwissende Autor? Erzählt dieser also eine Geschichte, in der sich allmählich die Unschuld erweist? Aber über diese Schuldlosigkeit müßte ja eigentlich der Verhaftete selbst Bescheid wissen und sich entsprechend verhalten. Doch er nimmt die seltsamen Umstände seiner Verhaftung, den für ihn völlig undurchschaubaren Prozeß und die schließliche Vollstreckung eines nie verkündeten Urteils ohne ernstlichen Widerstand hin.

Aber steht hinter dem ersten Satz tatsächlich ein auktorialer Erzähler? Ein solcher bräuchte eigentlich keine Vermutungen äußern, würde auch kaum etwas sagen, was sich später als undenkbar erweist: Wenn das Gericht »von der Schuld angezogen wird«, wie es mehrmals heißt, muß K. nicht verleumdet worden sein. So wird man wohl festhalten müssen, daß der erste Satz keine einheitliche Erzählperspektive kennt. Dies gilt für den ganzen Roman und trägt zur Unsicherheit des Lesers bei, der – wie im ersten Satz – nie so recht weiß, wie verläßlich scheinbare Tatsachenangaben wirklich sind, weil er sich nicht auf einen ordnenden, die Situationen erläuternden Erzähler stützen kann.

Was zunächst als Handlungsgerüst sicher bleibt, ist lediglich, daß ein Josef K., ohne daß er sich selbst irgendeiner Schuld bewußt wäre, auf seltsame Weise ohne Angabe von Gründen »verhaftet« wird:

Sofort klopfte es und ein Mann, den er in dieser Wohnung noch niemals gesehen hatte trat ein. Er war schlank und doch fest gebaut, er trug ein anliegendes schwarzes Kleid, das ähnlich den Reiseanzügen mit verschiedenen Falten, Taschen, Schnallen, Knöpfen und einem Gürtel versehen war (...) »Wer sind Sie?« fragte K. und saß gleich halb aufrecht im Bett. Der Mann aber ging über die Frage hinweg, als müsse man seine Erscheinung hinnehmen und sagte bloß seinerseits: »Sie haben geläutet?« »Anna soll mir das Frühstück bringen«, sagte K. und versuchte zunächst stillschweigend durch Aufmerksamkeit und Überlegung festzustellen, wer der Mann eigentlich war. Aber dieser setzte sich nicht allzulange seinen Blicken aus, sondern wandte sich zur Tür, die er ein wenig öffnete, um jemandem, der offenbar knapp hinter der Tür stand, zu sagen: »Er will, daß Anna ihm das Frühstück bringt.« Ein kleines Gelächter im Nebenzimmer folgte; es war nach dem Klang nicht sicher, ob nicht mehrere Personen daran beteiligt waren. Trotzdem der fremde Mann dadurch nichts erfahren haben konnte, was er nicht schon früher gewußt hätte, sagte er nun doch zu K. im Tone einer Meldung: »Es ist unmöglich.« »Das wäre neu«, sagte K., sprang aus dem Bett und zog rasch seine Hosen an. »Ich will doch sehn, was für Leute im Nebenzimmer sind und wie Frau Grubach diese Störung mir gegenüber verantworten wird.« Es fiel ihm zwar gleich ein, daß er das nicht hätte laut sagen müssen und daß er dadurch gewissermaßen ein Beaufsichtigungsrecht des Fremden anerkannte, aber es schien ihm jetzt nicht wichtig. Immerhin faßte es der Fremde so auf, denn er sagte: »Wollen Sie nicht lieber hier bleiben?« »Ich will weder hierbleiben noch von Ihnen angesprochen werden, solange Sie sich mir nicht vorstellen.« »Es war gut gemeint«, sagte der Fremde und öffnete nun freiwillig die Tür. Im Nebenzimmer, in das K. langsamer eintrat als er wollte, sah es auf den ersten Blick fast genau so aus wie am Abend vorher. Es war das Wohnzimmer der Frau Grubach, vielleicht war in diesem mit Möbeln, Decken, Porzellan und Photographien überfüllten Zimmer heute ein wenig mehr Raum als sonst, man erkannte das nicht gleich, um so weniger als die Hauptveränderung in der Anwesenheit eines Mannes bestand, der beim offenen Fenster mit einem Buch saß, von dem er jetzt aufblickte. »Sie hätten in Ihrem Zimmer bleiben sollen! Hat es Ihnen denn Franz nicht gesagt?« »Ja, was wollen Sie denn?« sagte K. und sah von der neuen Bekanntschaft zu dem mit Franz Benannten, der in der Tür stehen geblieben war, und dann wieder zurück. (...) »Ich will doch Frau Grubach –«, sagte K., (...) und wollte weitergehen. »Nein«, sagte der Mann beim Fenster, warf das Buch auf ein Tischchen und stand auf. »Sie dürfen nicht weggehn, Sie sind ja gefangen.« »Es sieht so aus«, sagte K. »Und warum denn?« fragte er dann. »Wir sind nicht dazu bestellt, Ihnen das zu sagen. Gehn Sie in Ihr Zimmer und warten Sie. Das Verfahren ist nun einmal eingeleitet, und Sie werden alles zur richtigen Zeit erfahren.«

Diese »Verhaftungs«szene ist auf eine merkwürdige Weise komisch und beklemmend zugleich. Sie entspricht in nichts dem üblichen und erwarteten Vorgang. Gerade deswegen aber empfindet K. keine wirkliche Bedrohung:

Was waren denn das für Menschen? Wovon sprachen sie? Welcher Behörde gehörten sie an? K. lebte doch in einem Rechtsstaat, überall herrschte Friede, alle Gesetze bestanden aufrecht, wer wagte ihn in seiner Wohnung zu überfallen? Er neigte stets dazu, alles möglichst leicht zu nehmen. (...) Hier schien ihm das aber nicht richtig, man konnte zwar das ganze als Spaß ansehn, als einen groben Spaß, den ihm aus unbekannten Gründen, vielleicht weil heute sein dreißigster Geburtstag war, die Kollegen in der Bank veranstaltet hatten, es war natürlich möglich, vielleicht brauchte er nur auf irgendeine Weise den Wächtern ins Gesicht zu lachen und sie würden mitlachen.

Doch zu diesem befreienden Gelächter kommt es nicht. K. fügt sich – wenn auch zunehmend verstimmt – in die Situation. Genau genommen verdrängt er die Gefahr, obwohl er durchaus vermutet, daß seine übliche Verhaltensweise »hier (...) nicht richtig« sei. Es wird sich im Fortgang des Romans erweisen, daß K. auch weiterhin zu solcher Verdrängung neigt.

Zunächst aber läßt er sich – wie von einem inneren Zwang getrieben auf den unbegreiflichen Vorgang ein und erfährt nach einer Art »Verhör«, daß er zwar unter Anklage stehe (Grund nicht bekannt) und sich dem Gericht zur Verfügung halten müsse, sich aber frei bewegen und seiner beruflichen Tätigkeit nachgehen könne.

Mit dem ersten Verhör (im 2. Kapitel), zu dem K. ohne genaue Angabe der Zeit an einem Sonntag gerufen wird, verändert sich der Schauplatz. K. soll sich in einem »Haus in einer entlegenen Vorstadtstraße« einfinden, in der er »noch niemals gewesen war«. Kafka beschreibt den neuen Schauplatz sehr ausführlich, die Szenerie wirkt schäbig, nichts kommt der Vorstellung von einem mächtigen Gericht entgegen. Vielleicht bestärkt gerade dies Josef K. in seiner Absicht, dem »Gericht« als einem »öffentlichen Mißstand« den Kampf anzusagen.

K. weiß nicht, wohin er sich in dem bezeichneten Haus wenden soll, er kennt weder Stockwerk noch Nummer des Zimmers, in dem er sich einfinden soll. »Da er doch nicht nach der Untersuchungskommission fragen konnte, erfand er einen Tischler Lanz – der Name fiel ihm ein, weil der Neffe der Frau Grubach so hieß – und wollte nun in allen Wohnungen nachfragen, ob hier ein Tischler Lanz wohne, um so die Möglichkeit zu bekommen, in die Zimmer hineinzusehen.« Sein Plan gelingt, die »erste Tür des fünften Stockwerks« ist der gesuchte Ort, die große Wanduhr des Raumes zeigt zehn Uhr. Kafka berichtet diesen Vorgang aus der Perspektive K's. K. verschweigt (verdrängt?) dabei die Bedeutung, die der Hauptmann Lanz für ihn hatte: sein Klopfen an die Wand war die Ursache dafür, daß es zu keinem intimeren Verhältnis zur anderen Untermieterin, Fräulein Bürstner, gekommen war. Gericht und Sexualität stehen, wie sich in den folgenden Szenen immer wieder herausstellt, in einem Zusammenhang, der allerdings undurchschaubar bleibt.

Das Gericht erwartet K. genau an dem Ort, den dieser mit dem Namen Lanz erfragt hat. Es zeigt sich, daß der Untersuchungsrichter ihn schon erwartet hat: Als er auf K. aufmerksam gemacht wird, ist seine erste Bemerkung: »Sie hätten vor einer Stunde und fünf Minuten erscheinen sollen«. K. hatte also auch die Zeit »gewußt«, zu der das Gericht ihn erwartete, denn er wollte eigentlich ja eine Stunde früher kommen, war aber durch die Suche aufgehalten worden. Zwischen K. und dem geheimnisvollen Gericht gibt es eine Beziehung, die an dieser Stelle weder K. noch dem Leser verständlich wird.

K. scheint völlig zu verdrängen, daß all das, was um ihn geschieht, nichts mit einer normalen Gerichtsverhandlung zu tun haben kann, er stellt sich – wie er in seiner Rede vor Richter und Publikum meint – »diesem angeblichen Gericht« nur, um einem »lüderlichen Verfahren« entgegenzuwirken. Seine Einbildung hindert ihn daran, seine Situation richtig einzuschätzen: So glaubt er, als die im Saal Anwesenden auf seine Ankündigung, er habe »keine Zeit und werde bald weggehen«, sich ganz still verhalten, »die Versammlung« zu beherrschen, und selbst als er erkennen muß, daß »alle zu einander« gehören und »die korrupte Bande« bilden, die er in seiner Rede scharf angegriffen hatte, begreift er die Bedeutung nicht, bezeichnet sie als »Lumpen«, denen er alle Verhöre schenke, und läuft davon. Die Worte des Untersuchungsrichters, daß er »sich heute – es dürfte Ihnen noch nicht zum Bewußtsein gekommen sein – des Vorteils beraubt haben, den ein Verhör für den Verhafteten in jedem Fall bedeutet«, findet er nur lächerlich. Die Chance zur Selbstbesinnung, die ein Verhör ebenfalls bieten könnte, läßt sich K. entgehen; das Gericht nimmt zu seiner Überraschung seine letzte Äußerung ernst und lädt ihn nicht wieder vor.

Die Szene »Erste Untersuchung« kann geradezu als Modellstruktur für alle weiteren »Proceß«szenen gelten: K.'s Verhalten ist ambivalent, er lehnt das Gericht ab und sucht es dennoch auf. Die Gründe, die er dafür nennt, täuschen über seine wirkliche innere Situation hinweg. Vor den verschiedenen Erscheinungsformen des Gerichts (Auskunftgeber, Gerichtsmaler Titorelli, Advokat Huld oder Gefängnisgeistlicher) erscheint K. immer zunächst als der Überlegene, der sich rasch der Illusion eines billigen Triumphes hingibt«. (»Leicht zu gewinnende Leute«, dachte K. beim ersten Beifall für eine Replik an den Untersuchungsrichter) und dessen »Erfolg« sich als Fehleinschätzung erweist. Bei seinem zweiten, angeblich aus »Neugierde« unternommenen Gerichtsbesuch verursacht K. nach einer Weile die Luft in den stickigen Dachkanzleien des Gebäudes eine »plötzliche Schwäche«. Der »Auskunftgeber« benennt die eigentliche Ursache deutlicher: »Dem Herrn ist *nur hier* nicht wohl, nicht im allgemeinen« [Hervorhebung vom Hg.] K. bemerkt nicht einmal die Zweideutigkeit dieser Feststellung, wenn er auch seine Schwäche als Niederlage erfährt. Kaum an der frischen Luft, findet er jedoch zu seiner scheinbaren Überlegenheit zurück: »Wollte etwa sein Körper revolutionieren und ihm einen neuen Proceß bereiten, da er den alten so mühelos ertrug?« Diese »Mühelosigkeit« ist eine der Selbsttäuschungen K's. In Wirklichkeit bestimmen die Welt des Gerichts und seines Prozesses mehr und mehr sein Denken und seine Verhaltensweisen, sie halten ihn von beruflichen Aufgaben ab und entfremden ihn seinen gesellschaftlichen Gewohnheiten; sie rufen also eine zunehmende Isolierung hervor. Daher bleibt zunächst die Feststellung des Auskunftgebers, K. wolle über das Gericht gar nichts erfahren, unverständlich. Aber sie steht in Verbindung mit dem konkreten Vorgang: K. ist in der stickigen Atmosphäre der Kanzleien physisch gar nicht in der Lage, seine Situation zu ergründen. Dieses Bild der Schwäche, das sich durch den Roman zieht, steht wohl für den Sachverhalt, daß sich K. dem Gericht gegenüber generell in einer unterlegenen Position befindet. Seine Schwäche besteht aber darüber hinaus in der »Unfähigkeit, die Wirklichkeit – seine Wirklichkeit – zur Kenntnis zu nehmen« (Walter H. Sokel). Diese Schwäche zu überwinden, gelingt ihm auch nicht, als er sich – auf den Rat seines Onkels, der von seinem Prozeß gehört hat – nach Hilfe umsieht.

Der Advokat Dr. Huld – vielleicht als sprechender Name (Huld = Gnade) abgeleitet von Kafkas Studien der jüdischen Rechtsvorstellungen, wo nicht nur von Gerechtigkeit und Strafe, sondern auch von der Hesed (=Gnade/Huld) die Rede ist – empfängt K. seinerseits in geschwächtem körperlichen Zustand im Bett. Gehört physische Schwäche zur Nähe des Gerichts? Huld scheint jedenfalls dem Gericht nahe. K. mißtraut ihm und läßt sich von Hulds Pflegerin und Geliebten Leni aus dem Zimmer locken und verführen, anstatt sich die Ratschläge, die der uralte Gerichtsbeamte ihm geben könnte, anzuhören. Wieder bietet sich K. eine Frau als »Helferin« an: »Ich werbe Helferinnen, dachte er fast verwundert: zuerst Fräulein Bürstner, dann die Frau des Gerichtsdieners und endlich diese kleine Pflegerin, die ein unbegreifliches Bedürfnis nach mir zu haben scheint.« Die »Helferinnen« spielen aber eigentlich eine umgekehrte Rolle, sie verstricken K. tiefer in den Prozeß und in Schuld. Es liegt nahe, Leni als »Sirene« zu verstehen, zumal ihr auffälligstes körperliches Merkmal das »Verbindungshäutchen fast bis zum obersten Gelenk der kurzen Finger« ist. Ihre Sinnlichkeit zielt darauf, K. von seiner Art der Prozeßführung abzulenken:

»(...) stellen Sie (...) Ihren Fehler ab, seien Sie nicht mehr so unnachgiebig, gegen dieses Gericht kann man sich ja nicht wehren, man muß das Geständnis machen. Machen Sie doch bei nächster Gelegenheit das Geständnis. Erst dann ist die Möglichkeit zu entschlüpfen gegeben, erst dann. Jedoch selbst das ist ohne fremde Hilfe nicht möglich, die will ich Ihnen selbst leisten.«

Wohin diese »Hilfe« führt, zeigt sich in der Gestalt des Kaufmanns Block, der sich – von Leni bewacht – dem Advokaten ganz ausgeliefert hat und wie »ein Hund« in dessen Raum dahinvegetiert. Dies und die Hinhaltetaktik Hulds (»Immer gab es Fortschritte, niemals aber konnte die Art dieser Fortschritte mitgeteilt werden«) veranlassen K., dem Advokaten zu kündigen.

Die einander aufhebenden Ausführungen Dr. Hulds sind typisch für all das, womit K. – wie auch der Leser – ständig konfrontiert wird. So versichert Huld im Kapitel ›Advokat – Fabrikant – Maler‹, er »habe natürlich sofort zu arbeiten begonnen und die erste Eingabe sei schon fast fertiggestellt. Sie sei sehr wichtig, weil der erste Eindruck, den die Verteidigung mache, oft die ganze Richtung des Verfahrens bestimme«. Das wirkt überzeugend, Huld scheint Erfahrung mit derlei Prozessen zu haben. Aber dann heißt es weiter: »Leider, darauf müsse er K. allerdings aufmerksam machen, geschehe es manchmal, daß die ersten Eingaben bei Gericht gar nicht gelesen werden. Man lege sie einfach zu den Akten und weise darauf hin, daß vorläufig die Einvernahme und Beobachtung des Angeklagten wichtiger sei als alles Geschriebene.« Später werde alles ausgewertet.

Auch diese Einschränkung läßt sich noch akzeptieren; das Gericht ist eben eine launische, mit Logik allein nicht ganz ergründbare Instanz, und man muß die warnende Voraussicht Hulds durchaus anerkennen. »Leider«, so gibt der Erzähler die Ausführungen des Advokaten wieder, »sei aber auch dies meistens nicht richtig, die erste Eingabe werde gewöhnlich verlegt oder gehe gänzlich verloren, und selbst wenn sie bis zum Ende erhalten bleibt, werde sie, wie der Advokat allerdings nur gerüchteweise erfahren hat, kaum gelesen.«

Die Reduktion der ursprünglichen Aussage ist bemerkenswert. Sie wird zunächst leicht eingeschränkt (»Manchmal«), dann als »meistens nicht richtig« und schließlich als »kaum« wahrscheinlich bewertet, wobei noch dazu die Kenntnis des Advokaten nur auf Gerüchten beruht. Auf diese Weise wird die Unzuverlässigkeit aller Angaben über das Gericht noch einmal deutlich, aber zudem ist diese Art der Darstellung ebenso charakteristisch für Kafkas Schreibweise. Sie spiegelt nicht nur die Unbestimmbarkeit des Gerichts, sondern auch die der Welt wider, ein Grundthema nicht nur Kafkas in der Frühzeit der Moderne.

Es ist schon vorherzusehen, daß auch der nächste Versuch K.'s, über Mittlerpersonen an das Gericht heranzukommen, scheitern bzw. ihn tiefer in Schwierigkeiten verwickeln wird. Er ist inzwischen erheblich weniger davon überzeugt, daß er die Schwierigkeiten »ohne Mühe« überstehen werde.

Er entschließt sich, »seine Verteidigung selbst in die Hand zu nehmen«. Das ist eine Wandlung in doppelter Hinsicht: Er erkennt das Gericht an, will es nicht mehr als Mißstand bloßstellen, und er zeigt sich jetzt bereit, sich diesem Gericht »ganz und gar (...) auszusetzen«.

Es wirkt wie ein Widerspruch, wenn sich K. trotzdem noch einmal auf einen Mittler, den Gerichtsmaler Titorelli, einläßt. Vor sich selbst rechtfertigt er den Besuch damit, daß er die Empfehlung eines Geschäftsfreundes wahrnehmen müsse, ihn nur »mit ein paar Worten ausforschen« wolle, um sich dann wieder seinen Arbeiten in der Bank zu widmen. Tatsächlich erwartet er sich von ihm Aufschluß über die Gerichtspersonen durch jemanden, der selbst vom Gericht unabhängig ist, aber über das Gericht wichtige Kenntnisse besitzen muß. Über ein Bild, das Porträt eines Richters, das der Maler in Arbeit hat, ergibt sich für ihn ein Hinweis auf die Funktion des Gerichts:

Eine große Figur die in der Mitte über der Rückenlehne des Tronsessels stand konnte er sich nicht erklären und fragte den Maler nach ihr. »Sie muß noch ein wenig ausgearbeitet werden«, antwortete der Maler, holte von einem Tischchen einen Pastellstift und strichelte mit ihm ein wenig an den Rändern der Figur, ohne sie aber dadurch für K. deutlicher zu machen. »Es ist die Gerechtigkeit«, sagte der Maler schließlich. »Jetzt erkenne ich sie schon«, sagte K., »hier ist die Binde um die Augen und hier die Wage. Aber sind nicht an den Fersen Flügel und befindet sie sich nicht im Lauf?« »Ja«, sagte der Maler, »ich mußte es über Auftrag so malen, es ist eigentlich die Gerechtigkeit und die Siegesgöttin in einem.« »Das ist keine gute Verbindung«, sagte K. lächelnd, »die Gerechtigkeit muß ruhen, sonst schwankt die Wage und es ist kein gerechtes Urteil möglich.« »Ich füge mich darin meinem Auftraggeber«, sagte der Maler.

K. sieht ihm bei der weiteren Ausarbeitung zu:

Allmählich umgab dieses Spiel des Schattens den Kopf wie ein Schmuck oder eine hohe Auszeichnung. Um die Figur der Gerechtigkeit aber blieb es bis auf eine unmerkliche Tönung hell, in dieser Helligkeit schien die Figur besonders vorzudringen, sie erinnerte kaum mehr an die Göttin der Gerechtigkeit, aber auch nicht an die des Sieges, sie sah jetzt vielmehr vollkommen wie die Göttin der Jagd aus.

Diese Entwicklung deutet auf eine Gleichsetzung hin; die Göttin der Gerechtigkeit ist sowohl die Siegesgöttin wie auch die »Göttin der Jagd«, Diana. Daß K. dies für keine »gute Verbindung« hält, weil Justitia »ruhen« müsse und die Waage nicht schwanken dürfe, wenn Gerechtigkeit entstehen soll, ist verständlich. Der Angeklagte wird auf diese Weise ja zu einem gehetzten Wild (und genau das meint Leni, wenn sie ihn telefonisch warnt: »Sie hetzen dich«).

Man darf aber nicht übersehen, daß solche Vorstellungen teils von außen (Leni) kommen, teils folgernde Deutungen K.'s (Bild) sind. Als Gegenvorstellung sei die des Gefängniskaplans genannt: »Das Gericht will nichts von dir. Es nimmt dich auf, wenn du kommst und es entläßt dich, wenn du gehst.« Wieder erfährt der Leser also zwei gegensätzliche Meinungen über das Gericht; er kann sich nach seinem Gefühlseindruck nur der einen oder anderen anschließen.

Das Kapitel ›Im Dom‹, in dem K. dem Gefängniskaplan begegnet, gilt allgemein als Schlüsselteil des Romans. Sein Kernstück, die sogenannte Türhüter-Legende, hat Kafka als einzigen Text (unter dem Titel ›Vor dem Gesetz‹) 1915 selbst veröffentlicht und 1919 in den Sammelband ›Ein Landarzt‹ aufgenommen.

K. kommt eigentlich in den Dom, um im Auftrag seines Direktors einem italienischen Geschäftsfreund die Kunstwerke des Domes zu zeigen, da er – wie Kafka – »aus früherer Zeit einige kunsthistorische Kenntnisse besaß«. Es stellt sich aber heraus, daß das Gericht sich sozusagen einer List bedient hat, mit ihm zu reden. (Leni hatte also recht, als sie ihn warnte.) Der Vertreter des Gerichts ist der »Gefängniskaplan«. Wie immer drückt K.'s Bewegungsverhalten beim Zusammentreffen den Zwiespalt aus, in dem er sich befindet: zuerst denkt er an Flucht, dann aber »lief er – er tat es auch aus Neugierde und um die Angelegenheit abzukürzen – mit langen fliegenden Schritten der Kanzel entgegen«, auf der ihn »der Geistliche« erwartete. So lief K. auch beim ersten Anruf des Gerichts (ohne zu frühstücken) los (»Alle sahen ihm wohl nach und wunderten sich, wie ihr Vorgesetzter lief«), und ebenso läuft er später die Treppen zu den Kanzleien schneller als der Gerichtsdiener hinauf. Selbst beim Gang zur Hinrichtung wird er zu laufen beginnen (» ... die Herren mußten trotz großer Atemnot auch mitlaufen«).

Wie das Gericht von der Schuld wird K., dessen Körperreaktion den inneren Vorgang ausdrückt, vom Gericht »angezogen«. In diesen Zusammenhang gehört wohl auch die erotische Anziehungskraft, welche alle Frauen, die auf irgendeine Weise mit dem Gericht zu tun haben, auf K. ausüben, während umgekehrt z.B. Leni – wie Dr. Huld erklärt – alle Angeklagten »schön« findet. K. trifft den Kern des Sachverhalts nicht, wenn er glaubt, die Frauen nur als Hilfe für sich gebrauchen zu können.

Der Geistliche spricht dies auch gleich zu Beginn der Unterredung an: »Du suchst zuviel fremde Hilfe (...), und besonders bei Frauen. Merkst du denn nicht, daß es nicht die wahre Hilfe ist?« Der Geistliche appelliert an K.'s Selbständigkeit angesichts der für ihn gefährlichen Prozeßlage (»ich fürchte es wird schlecht enden. Man hält dich für schuldig [...] Man hält wenigstens vorläufig deine Schuld für erwiesen«). Es ist seltsam, daß K. weiterhin nicht danach fragt, was ihm vorgeworfen wird, sondern lediglich erklärt, er sei unschuldig: »Wie kann denn ein Mensch überhaupt schuldig sein. Wir sind hier doch alle Menschen einer wie der andere«, das heißt, der Mensch könne doch nicht schuldig gesprochen werden, nur weil er Mensch ist. K. erkennt also – im Gegensatz z.B. zu Karl Roßmann in Kafkas erstem Roman ›Der Verschollene‹ – keine persönliche Schuld an, obwohl er sich von Anfang an so verhält wie einer, der sich unbewußt schuldig fühlt. Der Geistliche hat recht, wenn er erklärt: »(...) so pflegen alle Schuldigen zu reden.« Er weist ihn darauf hin, daß die zunehmende Isolierung, die K. selbst spürt, (»Alle [...] , die an dem Verfahren beteiligt sind haben ein Vorurteil gegen mich. Sie flößen es auch den Unbeteiligten ein. Meine Stellung wird immer schwieriger«) ein Zeichen dafür sei, daß »das Verfahren (...) allmählich ins Urteil« übergehe. Offen bleibt, ob die Entfremdung aus dem sozialen Bereich Ursache oder nur Wirkung ist. K. hält das Gericht (» ... das fast nur aus Frauenjägern« bestehe) für die Ursache und sucht den Geistlichen von der Verdorbenheit und Infamie dieser »Organisation« zu überzeugen:

»Du weißt vielleicht nicht, was für einem Gericht du dienst.« Er bekam keine Antwort. »Es sind doch nur meine Erfahrungen«, sagte K. (...) Da schrie der Geistliche zu K. hinunter: »Siehst du denn nicht zwei Schritte weit?« Es war im Zorn geschrien, aber gleichzeitig wie von einem, der jemanden fallen sieht und, weil er selbst erschrocken ist, unvorsichtig ohne Willen scheint.

Was den Geistlichen erschreckt, ist die K.'sche Deutung des Gerichts, die ihm die Möglichkeit nimmt, den richtigen Weg zu gehen. K. verhält sich wie ein Kind. Daß er sich zu diesem Zeitpunkt in einer Art kindlichem Stadium befindet, wird durch sein Verhalten ausgedrückt: Er gehorcht dem platzanweisenden Zeigefinger des Geistlichen, nimmt lange die Position dessen ein, der »auf diesem Platz den Kopf schon weit zurückbeugen (mußte), um den Geistlichen noch zu sehen« u. ä. Außerdem hofft er wie ein Kind immer noch vage auf Hilfe von außen. Selbst im Geistlichen, zu dem er ohne Ursache »mehr Vertrauen (...) als zu irgendjemandem« sonst vom Gericht hat, sieht er weniger einen, der ihn selbständig denken und handeln sehen will, als einen, der ihm vielleicht helfen würde, »wie man aus dem Proceß ausbrechen (...), wie man außerhalb des Processes leben könnte«. Wohl um ihm eine weitere »Täuschung« zu ersparen (»In dem Gericht täuschst du dich«), ihm den Weg zur Selbständigkeit zu weisen, erzählt der Geistliche die folgende Parabel.

Vor dem Gesetz steht ein Türhüter. Zu diesem Türhüter kommt ein Mann vom Lande und bittet um Eintritt in das Gesetz. Aber der Türhüter sagt, daß er ihm jetzt den Eintritt nicht gewähren könne. Der Mann überlegt und fragt dann, ob er also später werde eintreten dürfen. »Es ist möglich«, sagt der Türhüter, »jetzt aber nicht.« Da das Tor zum Gesetz offensteht wie immer und der Türhüter beiseite tritt, bückt sich der Mann, um durch das Tor in das Innere zu sehn. Als der Türhüter das merkt, lacht er und sagt: »Wenn es dich so lockt, versuche es doch trotz meines Verbotes hineinzugehn. Merke aber: Ich bin mächtig. Und ich bin nur der unterste Türhüter. Von Saal zu Saal stehn aber Türhüter einer mächtiger als der andere. Schon den Anblick des dritten kann nicht einmal ich mehr ertragen.« Solche Schwierigkeiten hat der Mann vom Lande nicht erwartet, das Gesetz soll doch jedem und immer zugänglich sein denkt er, aber als er jetzt den Türhüter in seinem Pelzmantel genauer ansieht, seine große Spitznase, den langen dünnen schwarzen tartarischen Bart, entschließt er sich doch lieber zu warten, bis er die Erlaubnis zum Eintritt bekommt. Der Türhüter gibt ihm einen Schemel und läßt ihn seitwärts von der Tür sich niedersetzen. Dort sitzt er Tage und Jahre. Er macht viele Versuche eingelassen zu werden und ermüdet den Türhüter durch seine Bitten. Der Türhüter stellt öfters kleine Verhöre mit ihm an, fragt ihn über seine Heimat aus und nach vielem andern, es sind aber teilnahmslose Fragen wie sie große Herren stellen und zum Schlusse sagt er ihm immer wieder, daß er ihn noch nicht einlassen könne. Der Mann, der sich für seine Reise mit vielem ausgerüstet hat, verwendet alles und sei es noch so wertvoll um den Türhüter zu bestechen. Dieser nimmt zwar alles an, aber sagt dabei: »Ich nehme es nur an, damit du nicht glaubst, etwas versäumt zu haben.« Während der vielen Jahre beobachtet der Mann den Türhüter fast ununterbrochen. Er vergißt die andern Türhüter und dieser erste scheint ihm das einzige Hindernis für den Eintritt in das Gesetz. Er verflucht den unglücklichen Zufall, in den ersten Jahren laut, später als er alt wird brummt er nur noch vor sich hin. Er wird kindisch und da er in dem jahrelangen Studium des Türhüters auch die Flöhe in seinem Pelzkragen erkannt hat, bittet er auch die Flöhe ihm zu helfen und den Türhüter umzustimmen. Schließlich wird sein Augenlicht schwach und er weiß nicht ob es um ihn wirklich dunkler wird oder ob ihn nur seine Augen täuschen. Wohl aber erkennt er jetzt im Dunkel einen Glanz, der unverlöschlich aus der Türe des Gesetzes bricht. Nun lebt er nicht mehr lange. Vor seinem Tode sammeln sich in seinem Kopfe alle Erfahrungen der ganzen Zeit zu einer Frage, die er bisher an den Türhüter noch nicht gestellt hat. Er winkt ihm zu, da er seinen erstarrenden Körper nicht mehr aufrichten kann. Der Türhüter muß sich tief zu ihm hinunterneigen, denn die Größenunterschiede haben sich sehr zuungunsten des Mannes verändert. »Was willst du denn jetzt noch wissen«, fragt der Türhüter, »du bist unersättlich.« »Alle streben doch nach dem Gesetz«, sagt der Mann, »wie so kommt es, daß in den vielen Jahren niemand außer mir Einlaß verlangt hat.« Der Türhüter erkennt, daß der Mann schon am Ende ist und um sein vergehendes Gehör noch zu erreichen brüllt er ihn an: »Hier konnte niemand sonst Einlaß erhalten, denn dieser Eingang war nur für dich bestimmt. Ich gehe jetzt und schließe ihn.«

Die Parabel soll nach den Worten des Geistlichen K. zeigen, warum er sich »in dem Gericht« täusche. Bemerkenswert ist daher K.'s spontane Reaktion auf die Geschichte, von der er »sehr stark angezogen« ist: »Der Türsteher hat also den Mann getäuscht.« Er geht damit nicht auf die Absicht des Geistlichen ein. Will er also immer noch nicht erfahren, was das Gericht bedeutet? Ist ihm nur wichtig, daß selbst dessen niedrigste Vertreter, wie er immer schon geglaubt hat, sich schändlich verhalten? K. hätte auch fragen können, was die Geschichte mit ihm zu tun habe, denn daß sie ihn betrifft (und berührt), sagt ja der hier deutlich eingreifende Erzähler. Was ihn anziehen muß, sind gewisse Ähnlichkeiten zwischen ihm und dem »Mann vom Lande«. Zwar reist dieser ohne Vorladung aus eigenem Impuls zum »Gesetz«, hat sich dafür »mit vielem ausgerüstet«, und anders als K. hat er auch Angst vor der unbekannten und nur behaupteten Macht selbst eines untersten Türhüters, (»Ich bin mächtig«) aber – wie K. – ist er ja frei, er muß sich auf den Türhüter nicht einlassen, er könnte sogar versuchen, sich über dessen »Verbot« hinwegzusetzen, statt – ähnlich wie K. – alle möglichen Mittel (hier der Bestechung) einzusetzen und sogar die Flöhe des Pelzes um Hilfe zu bitten. In dem Grund, warum beide sich so verhalten, warum sie ihre gesamte Existenz auf Gesetz bzw. Gericht einstellen und dennoch das Wesentliche nicht wagen oder prinzipiell nicht tun können, liegt wohl die wichtigste Parallelität zwischen dem Mann vom Lande und K. Aber auch dies bemerkt K. nicht, seine Einwürfe beweisen es. So wenig der »Mann vom Lande« dem Gesetz die eigene Tatkraft entgegenstellt (Ritchie Robertson versteht daher die »Türhüterlegende als eine Parabel der Autoritätsgläubigkeit«), so wenig geht K. wirklich der Frage nach dem Wesen des Gerichts und der Schuld nach. Nur eines wird K. daher deutlich: Das Gesetz steht (wie das Gericht) außerhalb der Beurteilungssphäre des Menschen: »Manche sagen nämlich«, erklärt der Geistliche, »daß die Geschichte niemandem ein Recht gibt über den Türhüter zu urteilen. Wie er uns auch erscheinen mag, so ist er doch ein Diener des Gesetzes, also zum Gesetz gehörig, also dem menschlichen Urteil entrückt.« Damit aber sind Kategorien wie Logik, Recht, Schuld im moralischen Sinn und Wahrheit belanglos, die der Institution eigenen Kategorien dennoch nicht erkennbar; der Geistliche deutet es an: »Richtiges Auffassen einer Sache und Mißverstehen der gleichen Sache schließen einander nicht vollständig aus«, und »(…) man muß nicht alles für wahr halten, man muß es nur für notwendig halten«. »Notwendig« – damit läßt sich alles begründen, wenn man nur weiß (oder postuliert), wofür und für wen. Die Dialektik, die in beiden Sätzen steckt, ist charakteristisch für Kafkas Darstellungsweise, die deshalb jede Art von Dialog bevorzugt; sie ist aber nicht Ausgangspunkt für das Suchen nach einem Konsens oder gar einer richtigen höheren Wahrheit.

Kafka unterscheidet sich damit deutlich von Brecht. Er führt nicht wie dieser auf eine (wenn auch oft nur scheinbar) zwingende Lösung im Sinn einer Lehre hin, sondern läßt den Widerspruch offen. K.'s erstes Urteil (»Der Türhüter hat also den Mann getäuscht«) und der darauf folgende Disput mit dem Geistlichen beweisen die Unmöglichkeit, durch rational-logisches Argumentieren zur Wahrheit zu kommen; gerade darin ist wohl die Funktion der Türhüter-Legende zu sehen. Und so weist der Kaplan seine Deutung auch mit den Worten zurück: »Du hast nicht genug Achtung vor der Schrift und veränderst die Geschichte.« K. interpretiert, wie hier ständig, was er beobachtet und erfährt, aber seine »Auslegung« erweist sich immer wieder als »Täuschung«, weil er Gericht und Prozeß dem Schema seiner tradierten Denkweise unterwirft. Dem Leser geht es nicht anders.

Im Gespräch mit Gustav Janouch soll Kafka gesagt haben: »Was wir wirklich erfassen können, ist das Geheimnis, das Dunkel.« Und die Meinungen über den Sinn der Schrift sind nach der Erklärung des Geistlichen »oft nur ein Ausdruck der Verzweiflung darüber«, daß sie »unveränderlich«, d.h. wohl unausdeutbar ist. K.'s Fehldeutungen haben in der Unmöglichkeit einer absolut gültigen Deutung einen wichtigen Grund. Weil sie der traditionellen Denkweise häufig entsprechen, deutet der Leser wie K. und ist irritiert, wenn er dies – oft anders als K. – bemerkt. Damit ist er aber auch zur Selbstdeutung aufgerufen, ohne daß freilich eine einheitliche Formel gefunden werden könnte, wenn dies auch immer wieder versucht worden ist: Weder religiöse Schulddeutungen (wie z.B. bei Max Brod oder Martin Buber) noch die Grundformel von einer »Existenzschuld«, die durch die »Seinsvergessenheit« K. nie zum Bewußtsein gelangt (Wilhelm Emrich, Ingeborg Henel), weder das Verständnis des K. als »Jedermann«-Figur (Heinz Politzer) noch die der Tiefenpsychologie nahestehende Erklärung Sokels, um nur wenige herauszugreifen, können trotz aufschlußreicher Details überzeugen, weil sie allesamt offenkundige Widersprüche enthalten; sie »verändern die Geschichte«, würde der Geistliche sagen. K. selbst, so scheint es, kann nicht vermeiden, die Deutung der Vorgänge nur von der Grundlage einer seit der Aufklärung und der Zeit des Idealismus geprägten Weltauffassung vorzunehmen, obwohl sein Suchen nach dem Gericht, die Annahme des Prozesses, seine Hilflosigkeit, wenn er mit Personen des Gerichts konfrontiert oder dem Gericht nahe ist, darauf hindeuten, daß er die Einseitigkeit seines Zugangs zur Welt spürt. Er befindet sich von Anfang an in einem Zwiespalt, der sich in widersprüchlichen Aussagen oder Verhaltensweisen ausdrückt. Sowohl das Ende der Domszene wie vor allem das Schlußkapitel (»Ende«), zeigen die Widersprüchlichkeit der Hauptfigur noch einmal deutlich auf. Am Ende des Disputs mit dem Geistlichen, in dem die Unmöglichkeit einer logischen Deutung erkennbar wurde, folgert K. entschieden: »Die Lüge wird zur Weltordnung gemacht«, doch obwohl der Geistliche keine Antwort darauf hat, fährt der Text weiter: »K. sagte das abschließend, aber sein Endurteil war es nicht(!). Er war zu müde, um die Folgerungen der Geschichte übersehen zu können.« Damit aber erlebt er eine neue Kapitulation vor dem Gericht.

Im Schlußkapitel, das unmittelbar an die Domszene anschließt, da Kafka den Abschnitt »Traum«, der die Selbsttötung als (freilich traumhafte) »Lösung« darstellt, aus dem Zusammenhang mit dem ›Proceß‹ verbannt und in der Sammlung ›Ein Landarzt‹ veröffentlicht hat, erstaunt zunächst, daß K. das Abholkommando zur Hinrichtung bereits erwartet:

Am Vorabend seines einunddreißigsten Geburtstages – es war gegen neun Uhr abends, die Zeit der Stille auf den Straßen – kamen zwei Herren in K.'s

Wohnung. In Gehröcken, bleich und fett, mit scheinbar unverrückbaren Cylinderhüten. Nach einer kleinen Förmlichkeit bei der Wohnungstür wegen des ersten Eintretens wiederholte sich die gleiche Förmlichkeit in größerem Umfange vor K.'s Tür. Ohne daß ihm der Besuch angekündigt gewesen wäre, saß K. gleichfalls schwarz angezogen in einem Sessel in der Nähe der Türe und zog langsam neue scharf sich über die Finger spannende Handschuhe an, in der Haltung, wie man Gäste erwartet. Er stand gleich auf und sah die Herren neugierig an. »Sie sind also für mich bestimmt?« fragte er. Die Herren nickten, einer zeigte mit dem Cylinderhut in der Hand auf den andern. K. gestand sich ein, daß er einen andern Besuch erwartet hatte.

Wenig später, auf dem Weg, will er Widerstand leisten: »›Ich werde nicht mehr viel Kraft brauchen, ich werde jetzt alle anwenden‹, dachte er (...). ›Die Herren werden schwere Arbeit haben.‹« Als aber in diesem Augenblick »aus einer tiefer gelegenen Gasse (...) Fräulein Bürstner zum Platz empor«steigt, kommt ihm »die Wertlosigkeit seines Widerstandes (...) gleich zum Bewußtsein«. Als ein Polizist sich der »nicht ganz unverdächtigen Gruppe« zuwendet, zieht K. »mit Macht die Herren vorwärts«, um aber dann doch wieder an Rettung und die nicht erfahrene Wahrheit zu denken. Als sich, »wie ein Licht aufzuckt«, Fensterflügel öffnen und ein Mensch erscheint, der die Arme ausbreitet, fragt er sich: »Wer war es? Ein Freund? Ein guter Mensch? Einer der teilnahm? Einer der helfen wollte?« In dieser Folge von knappen Fragen, die sich wie von selbst hervordrängen – ein an Stellen der Irritation bei Kafka häufig auftretendes Stilmittel – denkt K. erstmals an Menschen, die, während er die anderen immer nach ihrem Nutzen für seinen Prozeß beurteilt hat, von sozialem Empfinden, menschlicher Anteilnahme und selbstloser Verantwortung gekennzeichnet sind. Aber wie das Licht, das hier (wie am Ende der Türhüter-Legende) für einen kurzen Augenblick in der insgesamt düsteren Szene aufscheint, erlischt auch bei K. der Gedanke sofort wieder und macht Überlegungen Platz, die in die alten Bahnen zurückführen.

War noch Hilfe? Gab es Einwände, die man vergessen hatte? Gewiß gab es solche. Die Logik ist zwar unerschütterlich, aber einem Menschen, der leben will, widersteht sie nicht. Wo war der Richter, den er nie gesehen hatte? Wo war das hohe Gericht bis zu dem er nie gekommen war? Er hob die Hände und spreizte alle Finger.

Resignation? Ergebung in den Willen des (jetzt erstmals so apostrophierten) »hohen Gerichts«? Ganz »Ergebung« doch wohl kaum. Kafka versäumt nicht, K.'s Haltung vor der Hinrichtung als »eine sehr gezwungene und unglaubwürdige« zu bezeichnen, und K.'s Überlegung, daß er sich nicht »vollständig (...) bewähren«, nicht »alle Arbeit den Behörden (...) abnehmen« könne – gemeint ist wohl der Selbstmord (»K. wußte [...], daß es seine Pflicht gewesen wäre, das Messer [...] selbst zu fassen und sich einzubohren«) – spricht ebenfalls nicht gerade dafür.

Vielleicht liegt seine »Schuld« auch darin, daß er nicht zur Verantwortung für sich findet; schuldig ist er ja nach einem Tagebucheintrag (30.9.1915) Kafkas im Gegensatz zu dem schuldlosen Karl Roßmann (im Romanfragment ›Amerika‹ bzw. ›Der Verschollene‹) durchaus.

Die Bestrafung erfolgt, nachdem man ihn entkleidet (und damit endgültig aus der Gesellschaft ausgeschlossen) hat, in Form einer gräßlichen Hinrichtung, die ganz im Gegensatz zur bisherigen intellektuellen Auseinandersetzung steht: »Aber an K.'s Gurgel legten sich die Hände des einen Herrn, während der andere das Messer ihm ins Herz stieß und zweimal dort drehte.« Denkbar wäre, daß sich darin ein voraufklärerisches Verhalten ausdrücken soll, das – wie der Absolutheitsanspruch des Gerichts – sich über die gewohnten Maßstäbe hinwegsetzt und K. die Würde eines »menschlichen« Todes versagt. Als einen hündischen Tod empfindet auch K. diese mit Akribie durchgeführte Metzelei: »(...) es war, als sollte die Scham ihn überleben«.

Wie im einleitenden Satz ist unklar, ob diese letzte Äußerung eine Erkenntnis K.'s oder ein Urteil des Erzählers ist. Eine Stelle in Kafkas ›Brief an den Vater‹, die sich unverkennbar auf den K. im ›Prozeß‹ bezieht, legt allerdings nahe, daß es sich nicht um einen Erzählerkommentar handelt: »Ich hatte vor Dir das Selbstvertrauen verloren, dafür ein grenzenloses Schuldbewußtsein eingetauscht. (In Erinnerung an diese Grenzenlosigkeit schrieb ich von jemandem einmal richtig: Er fürchtet, die Scham werde ihn noch überleben)«. Ist es die Scham dessen, der bis zuletzt den Zusammenhang von Ich und Schuld nicht enträtseln kann? Ist es die Scham, nicht »richtig« gehandelt zu haben? Wie so vieles läßt Kafka die Antwort darauf offen.

Die Worte des Geistlichen (»Weißt du, daß dein Prozeß schlecht steht«) kann man auch auf ihn als den Verfasser des Romans beziehen, den er nicht abschließen konnte. Eine aus seiner Sicht befriedigende Lösung anderer als der vorliegenden Art schien ihm wohl nicht möglich, alle Versuche, K. außerhalb des Gerichts leben zu lassen, wurden von ihm wieder gestrichen. Die »Welt ins Reine, Wahre, Unveränderliche holen«, wie er es am 25.9.1917 im Tagebuch als wirkliches »Glück« des Schreibenden bezeichnet, konnte angesichts seiner privaten und beruflichen Situation nicht gelingen.

Kafka ließ wie kaum ein anderer Autor in dieser Zeit seine Figuren an die Grenzen der menschlichen Erfahrungs- und Erkenntnismöglichkeit vordringen. Die Welt und ihre inneren Gesetze blciben – wie vielfach auch die gesellschaftlichen Vorgänge – rätselhaft, der Mensch allein auf sich gestellt. Es gibt kein abschließendes Verständnis dieses Romans, und kein passender Schlüssel schließt seinen letzten Roman ›Das Schloß‹ auf; am Ende ist »Vieldeutigkeit« – wie schon die vielen Interpretationen Kafkascher Werke zeigen – das deutlichste Kennzeichen dieses Autors.

Kafkas Prosawerke gehören der Moderne an. Anders als bei Musil aber finden sich in ihnen keine den Roman in seiner herkömmlichen Form sprengenden essayistischen Einschübe. Kafka hat das Rätsel »Welt« gestaltet, Traumphantasien in beklemmend realistischer Sprache dargestellt, das Geschehen nicht ausgeschlossen. Man kann dieses Geschehen als Ausloten von Möglichkeiten auffassen, ein Tasten in einer unbestimmten Welt. »Ich zeige Dir nur Meinungen (...) Du mußt nicht zuviel auf Meinungen achten (...) Meinungen sind oft nur ein Ausdruck der Verzweiflung« darüber, daß die »Schrift« nicht eindeutig erfaßt werden kann. In ihrer Deutung und Erfassung muß sich der isolierte Mensch erproben. Vor allem darin ist ›Der Proceß‹ ein Roman der Moderne.

Alfred Döblin
Die drei Sprünge des Wang-lun

Alfred Döblin (1878–1957), in Stettin geboren und jüdischer Abstammung, arbeitete nach einem Medizin- und Philosophiestudium in Berlin und Freiburg und nach seiner Promotion in verschiedenen psychiatrischen Anstalten. 1911 ließ er sich bis zu seiner Emigration 1933 als Psychiater mit Kassenpraxis in Berlin nieder. Ähnlich wie bei Arthur Schnitzler und Gottfried Benn sind die Erfahrungen des Arztberufes auf vielfältige Weise in sein umfangreiches literarisches Werk eingegangen:

Man lerne von der Psychiatrie, der einzigen Wissenschaft, die sich mit dem seelischen ganzen Menschen befaßt; sie hat das Naive der Psychologie längst erkannt, beschränkt sich auf die Notierung der Abläufe, Bewegungen – mit einem Kopfschütteln, Achselzucken für das Weitere und das »Warum« und »Wie«. Die sprachlichen Formeln dienen nur dem praktischen Verkehr. »Zorn«, »Liebe«, »Verachtung« bezeichnen in die Sinne fallende Erscheinungskomplexe, darüber hinaus geben diese primitiven und abgeschmackten Buchstabenverbindungen nichts.

Diese erkenntniskritischen Bemerkungen finden sich im sogenannten ›Berliner Programm‹ Döblins, das er 1913 in der Zeitschrift ›Der Sturm‹ unter dem Titel ›An Romanautoren und ihre Kritiker‹ publizierte. (1910 hatte er dieses Periodikum mit Herwarth Walden gegründet.) Daß er als Arzt und Wissenschaftler eine Beschränkung auf das Registrieren einzelner Symptome forderte, daß er alle weiteren Abstraktionen für untauglich hielt (»primitive und abgeschmackte Buchstabenverbindungen«), ist nicht zuletzt wohl Resignation vor dem »Unbegreiflichen, Dunklen dieser ganzen Erdangelegenheit«, von dem er in einem Brief an Else Lasker-Schüler sprach. Den Verzicht auf Einfühlung zugunsten eines von außen registrierenden Blicks hat der Autor in seiner literarischen Produktion umgesetzt.

Nach dem noch weitgehend epigonalen Frühwerk (v.a. den Romanen ›Jagende Rosse‹ und ›Der schwarze Vorhang‹) fand Döblin in intensiver und spannungsreicher Auseinandersetzung mit dem italienischen Futurismus (s. S. 313 f.) seinen eigenen Stil.

Als heute noch gültiger Ansatz zur experimentellen Erneuerung der epischen Großform und als bedeutendster expressionistischer Roman ist Döblins ›Die drei Sprünge des Wang-lun‹ zu nennen. In den Jahren 1912/13 entstanden, wurde das Buch 1915 von S. Fischer in Berlin publiziert.

Bereits der als »Zueignung« dem Roman vorangestellte Text demonstriert beispielhaft die veränderte Bewußtseinslage. Die Erzählerfigur ist der Kakophonie des Großstadtlärms ausgesetzt, der ihre Konzentration gefährdet und ihr das Schreibgerät aus der Hand zu schlagen droht.

DASS ich nicht vergesse –
Ein sanfter Pfiff von der Straße herauf. Metallisches Anlaufen, Schnurren, Knistern. Ein Schlag gegen meinen knöchernen Federhalter.
Daß ich nicht vergesse –
Was denn?
Ich will das Fenster schließen.
Die Straßen haben sonderbare Stimmen in den letzten Jahren bekommen. Ein Rost ist unter die Steine gespannt; an jeder Stange baumeln meterdicke Glasscherben, grollende Eisenplatten, echokäuende Mannesmannröhren. Ein Bummern, Durcheinanderpoltern aus Holz, Mammutschlünden, gepreßter Luft, Geröll. Ein elektrisches Flöten schienenentlang. Motorkeuchende Wagen segeln auf die Seite gelegt über den Asphalt; meine Türen schüttern. Die milchweißen Bogenlampen prasseln massive Strahlen gegen die Scheiben, laden Fuder Licht in meinem Zimmer ab.
Ich tadle das verwirrende Vibrieren nicht. Nur finde ich mich nicht zurecht.
Ich weiß nicht, wessen Stimmen das sind, wessen Seele solch tausendtönniges Gewölbe von Resonanz braucht.
Dieser himmlische Taubenflug der Aeroplane.
Diese schlüpfenden Kamine unter dem Boden.
Dieses Blitzen von Worten über hundert Meilen:
Wem dient es?

Die aneinandergereihten Wahrnehmungen werden so, wie sie auf das Bewußtsein niederprasseln, begrifflich festgehalten, allerdings ohne daß der Versuch gemacht wird, sie zu ordnen oder zu verarbeiten: »Nur finde ich mich nicht zurecht.« Der bruchstückhaften Wirklichkeit, der Flut von Reizen, dargeboten als unverbundene Nomina, als parataktischer Satzbau, entspricht ein verunsichertes Subjekt. »Ich weiß nicht, wessen Stimmen das sind, wessen Seele solch tausendtönniges Gewölbe von Resonanz braucht.« Das Satzbruchstück »Daß ich nicht vergesse –«, mit dem die »Zueignung« beginnt, bedeutet ja, daß es ungewiß ist, ob ein begonnener Gedanke zu Ende geführt werden kann. Für ein in Angriff genommenes Kunstwerk könnte das angesichts der genannten Ablenkungen als Erklärung dafür dienen, daß es unvollendet (im doppelten Wortsinn: unabgeschlossen und unvollkommen) bleiben muß. Der Gedanke, die Entstehungszeit und -bedingungen könnten über den Willen des Künstlers hinweg und gegen ihn das Gelingen des Werks verhindern, der Gedanke, dies im Werk selbst zu thematisieren, taucht hier erstmals auf.

Angeregt durch eine aktuelle Zeitungsnotiz, in der von der blutigen Niederschlagung eines Aufstands chinesischer Goldwäscher durch zaristische Truppen die Rede war, hat Döblin als Schauplatz des Romans das ferne China gewählt. Die Titelfigur Wang-lun hat tatsächlich gelebt, der von ihr angeführte Aufstand hat im Jahr 1774 stattgefunden. Trotzdem handelt es sich hier nicht um einen historischen Roman, die Darstellung der geschichtlichen Situation bleibt ohne Tiefenschärfe. Dem Leser ist es auch kaum möglich, deutlichere Vorstellungen von den räumlichen Verhältnissen zu bekommen; China erscheint als eine zersplitterte Welt. Sogar der ursprünglich sehr konkrete politische Anlaß spielt in dem entstandenen Text nur noch andeutungsweise eine Rolle.

Statt dessen stellt der Roman sehr viel grundsätzlicher die Fragen, wie Handeln und Nichthandeln angesichts von politischer Macht und Gewalt einzuschätzen seien, unter welchen Bedingungen Ohnmacht und Nichtwiderstreben, als Massenbewegung organisiert, politische Faktoren werden könnten und wie Gewaltverzicht in Gewalt umschlagen könne.

Wang-lun, ein Dieb und Räuber, ein hünenhafter Spaßmacher, vollzieht den ersten »Sprung«, als er mitansehen muß, wie ein Unschuldiger unter einem nichtigen Vorwand von einem Hauptmann getötet wird. Nachdem er den Offizier einige Tage darauf mitten in der Stadt vor seinen Soldaten erdrosselt hat, flüchtet er in die Berge, wo er sich mit anderen Strolchen und »Gestrandeten« zusammentut. Ein verheerender Wintereinbruch veranlaßt die verzweifelten und vor Hunger wie rasend gewordenen Ausgestoßenen zum Angriff auf ein Dorf, um es zu plündern.

Die Kräftigen hielten vor Hunger den Mund offen und bissen in den Wind; sie liefen besinnungslos. Sie trugen abwechselnd die älteren und leichten Vagabunden auf dem Rücken. Sie liefen den letzten Rest des Weges durch ein welliges Tal völlig schweigend in einer langen Linie, die nach hinten breiter wurde; die Starken wie Windhunde voran, ohne Gedanken an die Folgenden.

Das Dorf hatte fünfzig Häuser, die an einer einzigen Straße lagen bis auf vier Häuser, die um einen immergrünen Eichbaum beim Eingang der Straße von den Hügeln her standen. Von diesen Häusern sahen die Leute zuerst das Springen von Menschen über die Schönn-i genannten Felsenklippen, das Fallen und Aufraffen immer neuer Menschen. Sie näherten sich rasch über den weißblauen Schnee, es schien, als ob sie verfolgt wären. Ihre Zöpfe flogen waagrecht; man sah sie über die Schultern wie Peitschen schwingen.

Die Frau des Bauern Leh gellte zuerst auf dem Hofe: »Banditen, Banditen, Banditen!« Es rannten Frauen, Kinder, zuletzt Männer, Betten hinter sich, die Dorfstraße herunter, schlugen an Hoftore, verschwanden in den Häusern. Winseln, Kreischen wirbelte über den Höfen, von Dach zu Dach getragen, zitterte über der leeren Landstraße.

Die wenigen auf dem Dorfe, die vor ihrer Türe standen und den langgestreckten Keil heransausen sahen, sahen auch die schwarzen krächzenden Vogelschwärme, die mit den Vagabunden die Berge verlassen hatten.

Die ersten Räuber warfen sich mit Steingewicht gegen die Tore. Sie prallten hintereinander auf, drangen ein. Die nächsten an die folgenden Tore. Sie überrannten einander. Das Kreischen ließ nach; die Bergläufer in den Häusern strömten Eiskälte aus und das Grausen von Sterbenden; sie konnten ihre Kiefer nicht öffnen; ihre Augen zwinkerten nicht. Die letzten Häuser waren verrammelt. Ein Heulen entstand draußen, ein Gebrüll verwundeter Tiere, daß sich die Frauen verkrochen. Die Lebenden draußen hoben die Körper der Hinstürzenden auf, rannten mit den kopfschüttelnden Rümpfen gegen die Holzpfosten an. Dann öffneten plötzlich die Bauern die Tore, fällten die Wimmernden mit Beilen, liefen in die Nachbarhöfe, hackten in die keuchenden Münder. Nachzügler, die Stärksten, mit den Lahmen auf den Rücken, hetzten ins Dorf, warfen ihre Last in den ersten Hof, folgten dem Schreien, zerquetschten die Bauern wie Geschosse, würgten sie, zerschmetterten ihre Kinder auf der Dorfstraße, wortlos, ohne die Mienen zu verziehen.

Die Toten froren dünn und steif auf dem Wege.

Wang-lun trifft in den Bergen aber auch auf den Einsiedler Ma-noh, von dem er in die taoistische Lehre der Gewaltlosigkeit eingeführt wird, und beginnt, diese Lehre zu verbreiten:

Man hat nicht gut an uns getan: das ist das Schicksal. Man wird nicht gut an uns tun: das ist das Schicksal. Ich habe es auf allen Wegen, auf den Äckern, Straßen, Bergen, von den alten Leuten gehört, daß nur eins hilft gegen das Schicksal: nicht widerstreben. Ein Frosch kann keinen Storch verschlingen. Ich glaube, liebe Brüder, und will mich daran halten: daß der allmächtige Weltenlauf starr, unbeugsam ist, und nicht von seiner Richtung abweicht. (...) Ich muß den Tod über mich ergehen lassen und das Leben über mich ergehen lassen und beides unwichtig nehmen, nicht zögern, nicht hasten. (...) Ich will wunschlos, ohne Schwergewicht das Kleine und Große tragen, mich abseits wenden, wo man nicht tötet. (...) Ich will arm sein, um nichts zu verlieren. (...) Nicht handeln; wie das weiße Wasser schwach und folgsam sein; wie das Licht von jedem dünnen Blatt abgleiten.

Die zunächst kleine Gruppe der »Wahrhaft-Schwachen«, genannt »Wu-wei«, wird schnell zu einer Massenbewegung, zieht immer mehr Unzufriedene und Enttäuschte an. Obwohl in Theorie und Praxis unpolitisch, muß der Bund, wie Wang-lun ahnt, Reaktionen der Mächtigen provozieren. Er sucht deshalb Hilfe bei dem Geheimbund der »Brüder von der Weißen Lilie«. Die Titelfigur verschwindet damit über längere Passagen des Romans aus dem Blickfeld, ins Zentrum rückt stattdessen Ma-noh: Von einem Teil der Gefolgschaft, der sich den Gruppennamen »Gebrochene Melone« gibt, wird er zum Anführer erkoren. Unter Vernachlässigung der bisher beachteten Keuschheitsregel kommt es zu orgiastischen Feiern, »entwickelte sich aus dem Schoß des Bundes die heilige Prostitution«. Für eine kurze Zeit zieht sich die Gemeinschaft in ein Kloster zurück (»Was sind Klöster? Orte, an denen man träumt und seinen Weg verfehlt.«), wird von dort aber von Soldaten vertrieben. Ma-noh errichtet nun nach erneutem Zulauf ein Königreich, dem er als Priesterkönig vorsteht: »Die Pflege der paradiesischen Hoffnungen wurde als die Aufgabe des neuen Staates bezeichnet.« Einem heftigen Angriff der Provinzialarmee sind die von der Verheißung eines irdischen Paradieses Angelockten, die sich gegenseitig als Brüder und Schwestern anreden, nicht gewachsen. Dezimiert flüchtet sich der Rest der Anhängerschaft Ma-nohs in die Stadt Yang-chou-fu. Der zurückgekehrte Wang-lun äußert gegenüber seinem ehemaligen Lehrer, er wolle

nicht dulden, daß die Henkersknechte und Blutsoldaten über euch herfallen und ihre viehische Grausamkeit an euch befriedigen. Ihr wart meine Brüder und Schwestern, du bist es mir von Herzen wieder geworden. Ihr sollt nicht in diese Hände fallen.

Als Wasserträger verkleidet vergiftet Wang – ebenso konsequent wie unmenschlich handelnd – die Brunnen des Stadtteils, in dem sich die Anhänger der »Gebrochenen Melone« niedergelassen haben; die anrückenden Truppen finden nur noch Tote oder Sterbende, auch Ma-noh ist unter den Opfern dieses Massenmords.

In ihrer ganzen Gräßlichkeit, in der detailrealistischen Genauigkeit, mit der die psychischen und physischen Wirkungen des Giftes an den Menschen geschildert werden, demonstriert diese Romanpassage eindrucksvoll Döblins Sprachkraft, zeigt sie erneut seine Fähigkeit, Massenszenen erzählerisch zu gestalten. Daß der Autor trotzdem allen Versuchungen zu einer Ästhetisierung des Todes entgangen ist, hebt ihn weit über viele zeitgenössische Schriftsteller hinaus. Aus heutiger Sicht ruft diese Textstelle ganz bestimmte Assoziationen hervor: ähnliche Schreckensszenen mögen sich während des Ersten Weltkriegs beim Einsatz von Giftgas (seit 1916) abgespielt haben.

Vor manchen Häusern standen die Menschen angewurzelt. Sie lehnten mit blauen Lippen an den Pfosten. Ihnen wurde der Atem mit einem heftigen Ruck aus der Brust gerissen. Sie stöhnten, pfiffen und schnaubten wie Blasebälge. Brüder legten sich unsicher mit dem Leib über Bänke; alle Bilder, Häuser, Menschen, das Dunkle des Himmels sauste in einer Spiraldrehung herum, die Erde vertiefte sich unter ihnen zu einem großen umgestülpten Spitzhut. Sie zogen zum Sprung unbehilflich die Kittel aus, keuchten, warteten was kommen würde. Ihre Rippen traten wie Schnallen hervor; sie prusteten im Flug.

Hunderte versteckten sich in den Häusern, auf den Korridoren, unter den Tischen, denen eine Presse die Därme, die Milz und den Magen zusammenschnürte, dann wieder losließ. Die Traubenpresse arbeitete an ihnen in einem Rhythmus, der immer schneller wurde. Sie würgten die gelbe Galle heraus, ihr Darm verspritzte sich und suchte zu entweichen. Ihre Gesichter verlängerten sich. Grüne Tiere liefen an ihren Gesichtern vorbei nach rechts, dann kehrten die Tiere um; die ganze Reihe lief nach links herüber.

Männer taumelten nach dem Tor, nach der Mauer. Aber sie stiegen zwischen den Sprossen hindurch beim Besteigen der Leiter, arbeiteten sich vergeblich heraus, stürzten die Leitern über sich um. Einem gelang es, nach oben zu kriechen. Man hörte wie er ging, da kippte er nach außen ab in den Graben und muckste noch. (...)

In den dumpfen Zimmern die Brüder schraken bei den Schreien und Stürzen draußen zusammen (...)

Sie machten Front gegen die stillen Zimmerecken, sie schmetterten Stühle in die Winkel, flohen die Köpfe duckend ins Freie, griffen im Finstern der Straßen nacheinander. Hier und da erdrosselten sich zwei. Sie dumpften unter Verzweiflungskrächzen nebeneinander hin. Sie schwangen im Traum Beile, kneteten und erwürgten den dicken Kot, der zwischen ihren Fingern durchquoll. (...)

Als die Nacht vorrückte und viele auf den Gassen, in den Erdlöchern, unter den Dächern phantasierten, blies ihnen etwas streifig Helles, Weißes, Spitzkühles in den Nacken über den Hinterkopf herauf. Sie wurden, wenn sie sich umwandten, von einem unsichtbaren Dämon ergriffen; auf einen Schrei riß etwas ihren Körper zuckend in die Länge, streckte ihn in einer Spannung hin, als sollten Füße, Hände, Kopf vom Rumpf dehnend abgerissen werden. Und dann schleuderte es die Glieder hin und her, rollte den Leib wie einen zerfließenden Kuchenteig.

Übergangslos vollzieht Wang-lun jetzt den zweiten »Sprung« in die absolute Anonymität und Passivität. Er wird (unter dem Namen Tai) Fischer am Jang-tse-kiang, heiratet, verschwindet zunächst fast gänzlich aus der Romanhandlung. Diese wendet sich dem Machtzentrum Chinas, dem betagten Kaiser Khien-lung zu. Beunruhigt über die bekanntwerdenden Unruhen in seinem Reich, beschließt jener, den Tadschi-Lama, den tibetanischen »Papst« der lamaischen Kirche und Stellvertreter des noch unmündigen Dalai-Lama, um Rat zu fragen. Ein Treffen des weltlichen und des geistlichen Oberhaupts wird vereinbart und mit allem erdenklichen Pomp inszeniert. Der Kaiser erhält die Empfehlung: »Die Reste der Wu-wei-Sekte schonen Sie.« Doch indem er versucht, »für Wang-lun und seine beladenen Anhänger Versöhnung (zu) ersinnen«, die »weitere Verfolgung der Sektenanhänger« zu verbieten und Wang-lun »völlige Straffreiheit« und »Duldung seines Lebens« zuzusichern, muß er die Grenzen seiner Macht erfahren. Gegen die menschenfreundlichen Erlasse wird sofort heftig intrigiert, sogar ein Attentat auf ihn wird – unter Zuhilfenahme von Zauberei – in seiner Umgebung geplant. Der Tadschi-Lama stirbt an den schwarzen Blattern, Khien-lung glaubt sich nun plötzlich von diesem getäuscht und betrogen, er nimmt die Krankheit als Zeichen:

Dieser Mann war mit Recht gezeichnet. Sein Körper zerplatzte aus Eitergeschwüren. Er war nicht besser als die betenden Pfaffen. Sein Schicksal bewies es klar. (...) Der hingeraffte Pfaffenkönig vermochte nicht zu raten, trotz der Bücherhaufen (...)

Nach einem in höchster Verwirrung unternommenen Selbstmordversuch läßt sich der Kaiser von seinem Sohn überzeugen, die Milde gegenüber der Wu-wei-Sekte habe die Ahnen erzürnt und so die Zerrüttung der Herrschaft und die Aufstände im Reich hervorgerufen. In einem Erlaß wird die »Anwendung des Ketzereigesetzes in verschärfter, genau angegebener Strenge auf die Sektierer der nördlichen Provinzen« befohlen.

Im letzten des in vier Bücher gegliederten Romans schildert Döblin den dritten »Sprung« Wang-luns: von seinen Anhängern läßt er sich überreden, unter dem Zeichen der früheren Ming-Dynastie den offenen bewaffneten Kampf gegen das (Mandschu-) Kaisertum aufzunehmen, das im Volk auch als Fremdherrschaft verhaßt ist.

Der Kaiser, sag ich, ist ein Einbrecher. Der Kaiser Khien-lung hat kein Recht, gegen uns Edikte zu erlassen. (...) Er ist ein Henker und kein Schicksal. Und da gibt es nichts nachzurechnen.

Noch einmal sammelt der Anführer des Bundes ein großes Heer um sich, kompromißlos und mit äußerster Erbitterung wird auf beiden Seiten der entbrennende Bürgerkrieg geführt. Zuletzt wird Wang-lun zusammen mit seiner Gefolgschaft besiegt und der Bund der »Wahrhaft-Schwachen« vernichtet, er selbst findet ebenfalls den Tod.

Der Schluß des Romans bringt also keine Lösung; schroff und unvereinbar stehen die Positionen als Antithesen einander gegenüber. Was bereits am Anfang des umwegreichen Erzählwerks formuliert wird, gilt unverändert am Ende: »Die Welt erobern wollen durch Handeln mißlingt. Die Welt ist von geistiger Art, man soll nicht an sie rühren. Wer handelt, verliert sie; wer festhält, verliert sie.« Trotzdem sind die letzten Worte eine unbeantwortete Frage: »Stille sein, nicht widerstreben, kann ich es denn?«

Döblins Roman läßt sich deuten als seine Reaktion auf die zeitgenössische Diskussion über die Krise des Individuums. Niemals vorher wurden derart zahlreiche Massenszenen in dieser Intensität zum Erzählgegenstand gemacht. »Das Element der Masse, das seit dem Naturalismus den großen Einzelhelden unterspült, ist in diesen Schilderungen nicht mehr bloß quantitativ, sondern als eine neue Qualität des Geschehens verstanden.« (Walter Muschg)

2.2 Kurzprosa

Alfred Döblin
Die Ermordung einer Butterblume

Ein frühes Beispiel für das Interesse Alfred Döblins an der literarischen Bewältigung psychopathologischer Fälle, an der Darstellung von Entfremdungs- und Selbstentfremdungs-Phänomenen ist die erstmals 1910 im ›Sturm‹ publizierte Erzählung ›Die Ermordung einer Butterblume‹, deren grotesker Titel bereits auf die Verfremdung der gewohnten Wirklichkeitswahrnehmung verweist.

Ein an sich völlig belangloses Ereignis während eines Spaziergangs wirft den Kaufmann Michael Fischer aus der Bahn, vernichtet seine scheinbar intakte Selbstgewißheit.

Der schwarzgekleidete Herr hatte erst seine Schritte gezählt, eins, zwei, drei, bis hundert und rückwärts, als er den breiten Fichtenweg nach St. Ottilien hinanstieg, und sich bei jeder Bewegung mit den Hüften stark nach rechts und links gewiegt, so daß er manchmal taumelte; dann vergaß er es.

Die hellbraunen Augen, die freundlich hervorquollen, starrten auf den Erdboden, der unter den Füßen fortzog, und die Arme schlenkerten an den Schultern, daß die weißen Manschetten halb über die Hände fielen. Wenn ein gelbrotes Abendlicht zwischen den Stämmen die Augen zum Zwinkern brachte, zuckte der Kopf, machten die Hände entrüstete hastige Abwehrbewegungen. Das dünne Spazierstöckchen wippte in der Rechten über Gräser und Blumen am Wegrand und vergnügte sich mit den Blüten.

Es blieb, als der Herr immer ruhig und achtlos seines Weges zog, an dem spärlichen Unkraut hängen. Da hielt der ernste Herr nicht inne, sondern ruckte, weiter schlendernd, nur leicht am Griff, schaute sich dann, am Arm festgehalten, verletzt um, riß erst vergebens, dann erfolgreich mit beiden Fäusten das Stöckchen los und trat atemlos mit zwei raschen Blicken auf den Stock und den Rasen zurück, so daß die Goldkette auf der schwarzen Weste hochsprang.

Außer sich stand der Dicke einen Augenblick da. Der steife Hut saß ihm im Nacken. Er fixierte die verwachsenen Blumen, um dann mit erhobenem Stock auf sie zu stürzen und blutroten Gesichts auf das stumme Gewächs loszuschlagen. Die Hiebe sausten rechts und links. Über den Weg flogen Stiele und Blätter.

Die Luft laut von sich blasend, mit blitzenden Augen ging der Herr weiter. Die Bäume schritten rasch an ihm vorbei; der Herr achtete auf nichts. Er hatte eine aufgestellte Nase und ein plattes bartloses Gesicht, ein ältliches Kindergesicht mit süßem Mündchen. (...)

Er ging ruhig. Warum keuchte er? Er lächelte verschämt. Vor die Blumen war er gesprungen und hatte sie mit dem Spazierstöckchen gemetzelt, ja, mit jenen heftigen aber wohlgezielten Handbewegungen geschlagen, mit denen er seine Lehrlinge zu ohrfeigen gewohnt war, wenn sie nicht gewandt genug die Fliegen im Kontor fingen und nach der Größe sortiert ihm vorzeigten.

Häufig schüttelte der ernste Mann den Kopf über das sonderbare Vorkommnis. »Man wird nervös in der Stadt. Die Stadt macht mich nervös«, wiegte sich nachdenklich in den Hüften, nahm den steifen englischen Hut und fächelte die Tannenluft auf seinen Schopf.

Nach kurzer Zeit war er wieder dabei, seine Schritte zu zählen, eins, zwei, drei. Fuß trat vor Fuß, die Arme schlenkerten an den Schultern. Plötzlich sah Herr Michael Fischer, während sein Blick leer über den Wegrand strich, wo eine untersetzte Gestalt, er selbst, von dem Rasen zurücktrat, auf die Blumen stürzte und einer Butterblume den Kopf glatt abschlug. Greifbar geschah vor ihm, was sich vorhin begeben hatte an dem dunklen Weg. Diese Blume dort glich den andern auf ein Haar. Diese eine lockte seinen Blick, seine Hand, seinen Stock. Sein Arm hob sich, das Stöckchen sauste, wupp, flog der Kopf ab. Der Kopf überstürzte sich in der Luft, verschwand im Gras. Wild schlug das Herz des Kaufmanns. Plump sank jetzt der gelöste Pflanzenkopf und wühlte sich in das Gras. Tiefer, immer tiefer, durch die Grasdecke hindurch, in den Boden hinein. Jetzt fing er an zu sausen, in das Erdinnere, daß keine Hände ihn mehr halten konnten. Und von oben, aus dem Körperstumpf, tropfte es, quoll aus dem Halse weißes Blut, nach in das Loch, erst wenig, wie einem Gelähmten, dem der Speichel aus dem Mundwinkel läuft, dann in dickem Strom, rann schleimig, mit gelbem Schaum auf Herrn Michael zu, der vergeblich zu entfliehen suchte, nach rechts hüpfte, nach links hüpfte, der drüber wegspringen wollte, gegen dessen Füße es schon anbrandete.

Unaufhaltsam und bedrohlich ergreifen Phantasien und Wahnvorstellungen von einem Menschen die Herrschaft, der über die ganze Erzählung hin penetrant als »Herr« bezeichnet und als zwanghafter Ordnungsfanatiker vorgestellt wird. Auffällig ist in diesem Zusammenhang, daß gleich anfangs die einzelnen Teile seines Körpers als eigenständige Subjekte (auch im grammatikalischen Sinn) zu agieren scheinen, die dem Willen des Protagonisten nicht unterworfen sind. Bezeichnenderweise heißt es »die (…) Augen starrten«, »die Arme schlenkerten«, »zuckte der Kopf«, »machten die Hände (…) Abwehrbewegungen« und nicht etwa »seine Augen«, »seine Arme« usw. Plötzlich ist dieser Michael Fischer »außer sich«, sieht er sich selbst »von außen« – deutlicher Hinweis auf seine Selbstentfremdung! – er »sieht« zeitlupenhaft gedehnt und riesenhaft vergrößert seinen »Mord«. Der Ausschaltung des kontrollierenden Bewußtseins, ausgedrückt als Vergessen und Achtlosigkeit (»dann vergaß er es«, »der Herr achtete auf nichts«) entspricht die Erregung des »Herrn Michael«: »Wild schlug das Herz des Kaufmanns«, »mit erhobenem Stock (…) und blutroten Gesichts« stürzt er sich auf die Blumen, in seiner Phantasie wird aus dem Stengel ein »Körperstumpf«, werden die Pflanzensäfte mit menschlichen Körperflüssigkeiten (Blut und Speichel) gleichgesetzt. Die unterschwellig sexuellen Nebenbedeutungen dieser Wendungen sind dabei offensichtlich, daß die »Ermordete« später einen weiblichen Namen erhält (»Aber wie hieß sie denn? (…) Ellen? Sie hieß vielleicht Ellen, gewiß Ellen.«), ist also nur konsequent. Der Erzähler will wohl die Infantilität bzw. die fehlentwickelte Sexualität des Michael Fischer andeuten, indem er dessen Wiegen in den Hüften mehrfach erwähnt und ihm »eine aufgestellte Nase und ein plattes bartloses Gesicht, ein ältliches Kindergesicht mit süßem Mündchen« verleiht. Alle Versuche, die »eigenwilligen Gedanken« unter Kontrolle zu bringen, »Selbstbeherrschung« zu üben, scheitern, der Wahn bekommt die Übermacht über den »Chef«.

Durch einen ständigen Wechsel von Außen- und Innenperspektive wird dies erzähltechnisch verdeutlicht. Natürlich ist es nicht die Butterblume, die sich für ihre Ermordung rächen will; der ver-rückte Wahrnehmungsapparat des Kaufmanns produziert die Flut phantastischer Bilder. Sprachlich wird der Perspektivenwechsel durch ein Hin und Her zwischen Präsens und Präteritum, optisch wird er durch Absätze markiert:

Herr Michael erschauerte wüst über seine eigne Tollkühnheit, er hätte sich nie für so verworfen gehalten. Da unten lag aber sichtbar für die ganze Stadt ein Beweis seiner raschen Energie.
Der Rumpf ragt starr in die Luft, weißes Blut sickert aus dem Hals.
Herr Michael streckte leicht abwehrend die Hände vor.
Es gerinnt oben ganz dick und klebrig, so daß die Ameisen hängen bleiben.
Herr Michael strich sich die Schläfen und blies laut die Luft von sich.
Und daneben im Rasen fault der Kopf. Er wird zerquetscht, aufgelöst vom

Regen, verwest. Ein gelber stinkender Matsch wird aus ihm, grünlich, gelblich schillernd, schleimartig wie Erbrochenes. Das hebt sich lebendig, rinnt auf ihn zu, gerade auf Herrn Michael zu, will ihn ersäufen, strömt klatschend gegen seinen Leib an, spritzt an seine Nase. Er springt, hüpft nur noch auf den Zehen.

Der feinfühlige Herr fuhr zusammen. Einen scheußlichen Geschmack fühlte er im Munde. Er konnte nicht schlucken vor Ekel, spie unaufhörlich. Häufig stolperte er, hüpfte unruhig, mit blaubleichen Lippen weiter.

Ein ähnliches Verfahren findet sich an einer anderen Stelle, wo den »eigentlichen« Wahrnehmungen und Vorgängen, abgehoben durch ein Semikolon oder ein vergleichendes »als ob«, deren verzerrte Deutung gegenübergestellt wird. Selbstverständlich ist auch hier nicht etwa die Natur in Aufruhr, vielmehr projiziert der zutiefst verunsicherte Michael Fischer seine Selbstbestrafungsphantasien in jene hinein.

Entsetzen packt ihn aber, als er sieht, wie aus einem Stamm, den er berührt, ein runder blaßheller Harztropfen tritt; der Baum weint. Im Dunkeln auf einen Pfad flüchtend, merkt er bald, daß sich der Weg sonderbar verengt, als ob der Wald ihn in eine Falle locken wolle. Die Bäume treten zum Gericht zusammen.

Er muß hinaus.

Wieder rennt er hart gegen eine niedrige Tanne; die schlägt mit aufgehobenen Händen auf ihn nieder. Da bricht er sich mit Gewalt Bahn, während ihm das Blut stromweise über das Gesicht fließt. Er speit, schlägt um sich, stößt laut schreiend mit den Füßen gegen die Bäume, rutscht sitzend und kollernd abwärts, läuft schließlich Hals über Kopf den letzten Abhang am Rand des Waldes herunter, den Dorflichtern zu, den zerfetzten Gehrock über den Kopf geschlagen, während hinter ihm der Berg drohsam rauscht, die Fäuste schüttelt und überall ein Bersten und Brechen von Bäumen sich hören läßt, die ihm nachlaufen und schimpfen.

Die Anstrengungen des Geschäftsmanns, sein seelisches Gleichgewicht zurückzugewinnen, sind vergeblich, weil er nicht bereit ist, den abgespaltenen Teil seiner Persönlichkeit, das Unbewußt-Triebhafte, als das zu akzeptieren, was es ist: notwendige Ergänzung seiner inneren Wirklichkeit. Nur an einer einzigen, eher unauffälligen Stelle der Erzählung, die über weite Strecken wie eine Studie zum Phänomen der Schizophrenie wirkt, scheint kurz so etwas wie eine erreichbare Ganzheit und damit ein Gesunden des Michael Fischer auf:

Die Sonne schien in diesen Tagen oft auf die Stadt, das Münster und den Schloßberg, schien mit aller Lebensfülle. Da weinte der Verhärtete eines Morgens am Fenster auf, zum ersten Male seit seiner Kindheit. Urplötzlich weinte er, daß ihm fast das Herz brach.

Doch bereits der folgende Satz (wiederum verbunden mit einem Perspektivenwechsel) macht deutlich, daß jener die Chance nicht erkennt, vielmehr in seiner Verhärtung und Blindheit verharrt:

All diese Schönheit raubte ihm Ellen, die verhaßte Blume.

Bei aller Ernsthaftigkeit, mit der der Erzähler das Pathologische darstellt, taucht er andererseits die Bürgerlichkeit und besonders die bürgerlichen Denk- und Verhaltensmuster, mit denen der Protagonist seine »Tat« zu »bewältigen« versucht, in ironisch-satirisches Licht.

Er mußte wohl hier im Wald kondolieren, den Schwestern der Toten. Er wies darauf hin, daß das Unglück geschehen sei, fast ohne sein Zutun, erinnerte an die traurige Erschöpfung, in der er aufgestiegen war. Und an die Hitze. Im Grunde seien ihm allerdings alle Butterblumen gleichgültig.

Auf seine verwirrten Schuldgefühle angewendet, wirken kaufmännische Praktiken einer Entschuldung und Entschuldigung besonders grotesk.

Als er rechnete, bestand (…) unerwartet etwas darauf, daß er der Butterblume zehn Mark gutschrieb. (…) Am Nachmittag legte er selbst das Geld in einen besonderen Kasten mit stummer Kälte; er wurde sogar veranlaßt, ein eigenes Konto für sie anzulegen.

In einem formaljuristischen »Guerillakrieg« gegen die Blume will er nun deren fortdauernde Macht über ihn allmählich einschränken, dies scheint ihm schließlich sogar zu gelingen.

Nun war er die ganze Blumensippschaft los. Das Recht und das Glück standen auf seiner Seite. Es war keine Frage. Er hatte den Wald übertölpelt.

Im Schlußbild der Erzählung wird ein solcher Sieg jedoch fragwürdig.

Laut lachte und prustete er. Und so verschwand er in dem Dunkel des Bergwaldes.

Der außergesellschaftliche Bereich der dunklen Natur, Symbol für die nach außen gestülpten dunklen Seelenbereiche, scheint denjenigen, den der Erzähler kurz vorher noch einmal als den »dicke(n), korrekt gekleidete(n) Kaufmann Herr Michael Fischer« apostrophiert hat, förmlich zu verschlucken.

Franz Kafka

Franz Kafka hat selbst den eigentlichen Beginn seines Schaffens, den »Durchbruch«, in der Erzählung ›Das Urteil‹ gesehen. Sie entstand in einem Zuge in der Nacht zum 23. September 1912 und leitete eine ganze Reihe von kurzen und längeren Prosatexten ein; viele von ihnen sind 1920 in dem Band ›Ein Landarzt. Kleine Erzählungen‹ gesammelt, mehr noch von Kafka verworfen und erst nach seinem Tod von Max Brod veröffentlicht worden.

Das Gattungsrepertoire Kafkas ist breit; es reicht von der ›Kleinen Fabel‹ bis zur längsten Erzählung (Novelle) ›Die Verwandlung‹. Dabei scheint Kafka die tradierten Gattungsbegriffe oder Gattungsmerkmale zuweilen nur zu verwenden, um sie auf groteske Weise zu zerstören. Die Form eines Kunstwerks, so sagt er einmal, »ist nicht Ausdruck des Inhalts, sondern Anreiz und der Weg zum Inhalt«. Form und Inhalt bedingen einander also nicht. Ein Beispiel für die Deformation vorgegebener Muster ist die wohl Ende 1920 entstandene ›Kleine Fabel‹, deren Überschrift (nicht ganz fabelgemäß) allerdings von Max Brod stammt.

»Ach«, sagte die Maus, »die Welt wird enger mit jedem Tag. Zuerst war sie so breit, daß ich Angst hatte, ich lief weiter und war glücklich, daß ich endlich rechts und links in der Ferne Mauern sah, aber diese langen Mauern eilen so schnell aufeinander zu, daß ich schon im letzten Zimmer bin, und dort im Winkel steht die Falle, in die ich laufe.« –
»Du mußt nur die Laufrichtung ändern«, sagte die Katze und fraß sie.

Der knappe Text weist eine Reihe von Kennzeichen auf, die zur Gattung Fabel gehören: Tiere sprechen, die Handlung beginnt unvermittelt in Form eines (zunächst allerdings wie ein Selbstgespräch wirkenden) Dialogs, der epische Bericht (»fraß sie«) ist auf ein Minimum reduziert, die im ganzen antithetische Struktur treibt auf ein Ergebnis zu.

Doch wenn schon anfangs der fehlende Dialogpartner stutzig macht, so das Ende noch mehr: »Du mußt nur die Laufrichtung ändern«, sagt die wie aus dem Nichts auftauchende Katze, und das wirkt eher wie eine ironische Pointe, denn vorausgesetzt, die Maus hat in ihrem Monolog den eigenen »Lebenslauf« beschrieben, ist die Verhaltensanweisung, die abzuleiten wäre, nicht realisierbar. Der Text ist zumindest als Fabel eine sehr eigenwillige Auslegung dieser Form. Die Frage ist wohl auch nicht so entscheidend; Fabeln beinhalten einen gewissen Konsens hinsichtlich der Welt- und Wertordnung oder streben die Einsicht in die Notwendigkeit einer gemeinsamen Grundlage zumindest an, was in einer Zeit der »Umwertung aller Werte« und aus Kafkas Weltbild nicht erwartet werden kann.

Wenn man den Text als Ausdruck Kafkaschen Denkens liest, wird anderes wichtig: Die angsteinflößende Weite, von der die Maus spricht, gehört durchaus zur menschlichen Erfahrung. Der Mensch sucht (neben dem Unendlichen) stets die Begrenzung, die ihm Überschaubarkeit und damit größere Sicherheit verspricht. Aber Begrenzung bedeutet auch Einengung, die vorgegebenen Wege (der Handlungsmöglichkeiten, wohl auch des Denkens) führen zu »Fallen«, die Ratgeber – wie oft bei Kafka (s. ›Proceß‹!) – ins Verderben. Eine Umkehr (also ein anderer Versuch) ist nicht möglich, ein Ausweg undenkbar. In karger, rasch auf das pointierte Ende hinstrebender, sehr disziplinierter und einfacher Sprache drückt Kafka bildhaft noch einmal aus, was wohl zum Bereich seiner eigenen Ängste gehört. Aber im Bild der Fabelfigur, die ja – im Gegensatz zur offenbar von solchen Ängsten gar nicht berührten Katze – ihre eigene Sicht der Welt absolut setzt, weist er auch auf die Gefahr einseitig subjektiver Sicht. Der Sachverhalt wird zwar nicht im Dialog mit der Katze diskutiert, durch die knappe Handlung aber gezeigt.

Die Verwandlung

Eine »ausnehmend ekelhafte Geschichte« nennt Franz Kafka in einem Brief an Felice Bauer (November 1912) seine eben fertiggestellte Erzählung ›Die Verwandlung‹. Verständlich, wenn man den Inhalt bedenkt, der gleich im ersten Satz klar und knapp vorgebracht wird:

Als Gregor Samsa eines Morgens aus unruhigen Träumen erwachte, fand er sich in seinem Bett zu einem ungeheuren Ungeziefer verwandelt.

Wie sich sogleich zeigt, bleibt das menschliche Bewußtsein Samsas erhalten. Er erfährt und reflektiert die persönlichen Probleme, die sich mit der »Verwandlung« ergeben. Seinen Beruf – er ist kaufmännisch Reisender – verliert er an den Prokuristen der Firma, in der er beschäftigt war. Die anfängliche, wenn mitunter auch widerstrebende Fürsorge seiner Familie erlischt zusehends, schließlich wird er auch aus ihrer Gemeinschaft ausgestoßen und stirbt an den Folgen einer Verletzung, die ihm sein Vater durch den Wurf eines Apfels beigebracht hat. »Darüber«, sagt die größte Feindin Gregors, die Bedienerin, nach seinem Tod, »wie das Zeug von nebenan weggeschafft werden soll, müssen Sie sich keine Sorgen machen. Es ist schon in Ordnung.« Die Familie kehrt in die »Normalität« dieser seltsamen »Ordnung« zurück.

Die »Novelle«, wie sie wegen der »unerhörten Begebenheit«, des »Wendepunkts« und der einsträngigen Zielstrebigkeit meist bezeichnet wird, hat Kafka selbst dreigeteilt. Sie beginnt mit einer »Störung«, die – wie häufig bei Kafka – in ein scheinbar normal verlaufendes Leben eintritt: der »Verwandlung« Gregors. Der erste Teil berichtet in einer distanziert-sachlichen und präzisen Sprache die Reaktion Gregors auf die körperliche Reduktion:

Er lag auf seinem panzerartig harten Rücken und sah, wenn er den Kopf ein wenig hob, seinen gewölbten, braunen, von bogenförmigen Versteifungen geteilten Bauch, auf dessen Höhe sich die Bettdecke, zum gänzlichen Niedergleiten bereit, kaum noch erhalten konnte. Seine vielen, im Vergleich zu seinem sonstigen Umfang kläglich dünnen Beine flimmerten ihm hilflos vor den Augen.
»Was ist mit mir geschehen?« dachte er. Es war kein Traum. Sein Zimmer (…) lag ruhig zwischen den vier wohlbekannten Wänden. Über dem Tisch (…) hing das Bild, das er vor kurzem aus einer illustrierten Zeitschrift ausgeschnitten und in einem hübschen, vergoldeten Rahmen untergebracht hatte. Es stellte eine Dame dar, die, mit einem Pelzhut und einer Pelzboa versehen, aufrecht dasaß und einen schweren Pelzmuff (…) dem Beschauer entgegenhob.

Die Sachlichkeit ist überraschend, selbst wenn man konzediert, daß die ersten Zeilen aus der Sicht eines Erzählers geschrieben sein könnten. Spätestens mit dem Absatz jedoch ist die Perspektive deutlich die Gregors: Beschrieben wird – vorläufig – nur, was er wahrnimmt. Erlebte Rede und innerer Monolog gewähren dem Leser Einblicke in Gregors Denken.

Der Kontrast zwischen dem Käfer auf dem Bett und der Dame auf dem Bild ist also von Gregor selbst gesehen, bleibt aber ohne Kommentar, ebenso wie von keinem Erschrecken oder gar Aufbäumen die Rede ist. Nüchtern wird festgestellt: »Es war kein Traum.« Dieses widerstandslose Akzeptieren des Faktischen hat ›Die Verwandlung‹ mit dem Märchen gemein. Anders als im Märchen aber findet das Wunderbare nicht in räumlicher oder zeitlicher Ferne (»Es war einmal«) statt, sondern in der unveränderten Umgebung seines bisherigen Daseins (»in seinem Bett«). Auch daß Gregor sich reflektierend mit der neuen Situation auseinandersetzt, ist mit dem Verhalten von verwandelten Figuren im Märchen nicht zu vergleichen, ebensowenig, daß es keine erlösende Rückverwandlung gibt, sondern am Schluß die »schlimmste Wendung«, das Verenden als Käfer, steht. Die Märchenähnlichkeit gehört, wie die sachliche Sprache, in den Zusammenhang der Täuschungen, mit denen Kafka den Leser zur eigenen Reflexion drängt.

Ähnlich wie Josef K. im ›Proceß‹ nie die wahre Ursache für seine Verhaftung zu ergründen versucht, fragt Gregor Samsa auch niemals nach einem Grund für die Verwandlung. Die Erzählung beschränkt sich auf die Darstellung des Geschehens von der Verwandlung bis zum Tod. Ihre Dreiteilung markiert eine Entwicklung, die sich in den Gedankengängen Gregors vollzieht und seine menschliche Identität deutlicher werden läßt:

Das erste Kapitel eröffnet ihm selbst bis dahin verstellte Einblicke in seine Abneigung gegenüber seinem Beruf, deren tiefere Gründe ganz nebenbei erkennbar werden:

Vom Pult hätte er [der Chef] fallen müssen! Es ist auch eine sonderbare Art, sich auf das Pult zu setzen und von der Höhe herab mit dem Angestellten zu reden, der überdies wegen der Schwerhörigkeit des Chefs ganz nahe herantreten muß.

Die entwürdigend unfreie Situation ist es also, die ihm das Dasein als Reisender wohl mehr verleidet als das frühe Aufstehen, »die Sorge um die Zuganschlüsse« usw., die er zunächst als Gründe nennt. »Er war eine Kreatur des Chefs, ohne Rückgrat und Verstand.« Offenbar wird ihm dies jetzt erst »bewußt«. So wird auch verständlich, warum er, nach seiner »Verwandlung«, als der Prokurist erscheint und von ihm Rechenschaft fordert, zuerst zwar devot antwortet (»... ich bin gleich selbst im Geschäft, und haben Sie die Güte, das zu sagen und mich dem Herrn Chef zu empfehlen!«), aber sogleich auch an eine List denkt, die ihn entlasten könnte:

Er wollte tatsächlich die Tür aufmachen, tatsächlich sich sehen lassen (...); er war begierig zu erfahren, was die anderen, die jetzt so nach ihm verlangten, bei seinem Anblick sagen würden. Würden sie erschrecken, dann hatte Gregor keine Verantwortung mehr und konnte ruhig sein. Würden sie aber alles ruhig hinnehmen, dann hatte auch er keinen Grund sich aufzuregen, und konnte (...) um acht Uhr tatsächlich auf dem Bahnhof sein.

Seine »Verantwortung« besteht darin, die Schulden seiner Familie durch seine Tätigkeit als Reisender zu tilgen, da der Vater dazu nicht mehr in der Lage zu sein vorgibt. Die »Verwandlung« könnte daher für ihn zur Befreiung werden, zumal die neue Gestalt die Ausübung des ungeliebten Berufs unmöglich macht. Doch das ist eine Täuschung. Gregor ist zwar von der Verantwortung für den Familienunterhalt und von der Vaterfigur »Chef« erlöst, sieht sich jedoch dem seit seiner »Verwandlung« wieder erstarkten Vater gegenüber (der in den Beruf zurückkehrt und zu Hause nur noch in Uniform erscheint). Das Abhängigkeitsverhältnis hat sich umgekehrt.

Damit stehen im zweiten Kapitel Familienprobleme im Mittelpunkt, die vielfach an Kafkas eigene Schwierigkeiten erinnern. Bereits am Ende des ersten Kapitels wird deutlich, daß Gregor durch die »Verwandlung« vom außerfamiliären Leben abgeschlossen und auf die Familie angewiesen sein wird. Dies zeigt sich schon, als er sich mit seiner »List« dem Urteil der anderen unterwirft. Zugleich aber erkennt man darin auch Gregors Unvermögen, die Tragweite des Geschehens zu erkennen und zu akzeptieren. Karlheinz Fingerhut sieht darin wohl mit Recht die Grundlage für eine Tragödie gegeben: »der Held überschaut in tragischer Blindheit die ihn betreffende Konstellation nicht«.

Das zweite Kapitel macht die Reduktion von Gregors Körper auf das Tierische und seine neue Abhängigkeit anschaulich: Er wird von der Schwester mit Nahrung versorgt:

Da war altes halbverfaultes Gemüse; Knochen vom Nachtmahl her (...), ein paar Rosinen und Mandeln; ein Käse, den Gregor vor zwei Tagen für ungenießbar erklärt hatte (...). Außerdem stellte sie zu dem allen noch den wahrscheinlich ein für allemal für Gregor bestimmten Napf, in den sie Wasser gegossen hatte.

Besonders der »Napf« macht die Ausgrenzung von familiären Gewohnheiten augenfällig. Daß niemand persönlich Kontakt mit ihm aufnehmen mag, verstärkt diesen Vorgang:

Einmal während des langen Abends, wurde die eine Seitentüre und einmal die andere bis zu einem kleinen Spalt geöffnet und rasch wieder geschlossen; jemand hatte wohl das Bedürfnis hereinzukommen, aber auch wieder zu viele Bedenken. Gregor machte nun unmittelbar bei der Wohnzimmertür halt, entschlossen, den zögernden Besucher doch irgendwie hereinzubringen oder doch wenigstens zu erfahren, wer es sei; aber nun wurde die Tür nicht mehr geöffnet und Gregor wartete vergebens.

Gregor täuscht sich anfänglich zumeist in seiner Interpretation des Verhaltens der anderen. Er registriert die Fakten, reflektiert sie und wertet sie positiv. Der Leser weiß es besser: er sieht, hier wieder von einer Perspektive geleitet, die weiter ist als die Gregors, wie die Schwester erschrickt, den Napf mit Milch »nicht mit bloßen Händen, sondern mit einem Fetzen« wegträgt, »mit einem Besen nicht nur die Überbleibsel zusammenkehrte, sondern selbst die von Gregor gar nicht berührten Speisen, als seien auch diese nicht mehr zu gebrauchen«, wie sie sich nicht nur »aus Zartgefühl eiligst« entfernt. Erst allmählich begreift Gregor, daß seine Schwester seine Gegenwart nicht erträgt. Aus Rücksicht auf sie versteckt er sich künftig jedesmal, wenn sie sein Zimmer betritt. Aber als Schwester und Mutter ihm die Möbel aus dem Zimmer räumen wollen, um – wie die Schwester meint – ihm mehr Bewegungsraum zu verschaffen, gerät er in Panik, versucht wenigstens das zu retten, was ihm am wichtigsten ist, und »besetzt« das Bild mit der Dame. Er empfindet die Beseitigung von vertrauten Gegenständen als zunehmenden Ausschluß aus der Familie und macht – wie dann immer wieder – von der Abschreckungsmöglichkeit durch seine »Ungeheuerlichkeit« Gebrauch. Über seinem Anblick fällt die Mutter in Ohnmacht. In der Folge wendet sich gerade die besonders vertraute Schwester von ihm ab; sie wird die erste sein, die den Namen Gregor nicht mehr erwähnt, statt dem »er« nur noch von einem »es« spricht und schließlich darauf besteht, daß »es« entfernt werden müsse. Dabei stand gerade Grete ihm am nächsten, und es war sein geheimer Plan gewesen

sie, die zum Unterschied von Gregor Musik sehr liebte und rührend Violine zu spielen verstand, (...) ohne Rücksicht auf die großen Kosten (...) auf das Konservatorium zu schicken.

Die Realisierung seines Planes wäre ein Ausdruck seiner Dominanz in der Familie gewesen, er hätte über Schicksale verfügt und – sicher ohne es zu wollen – Abhängigkeit hergestellt. Die »Verwandlung« läßt dies nicht mehr zu.

»Die Mutter übrigens wollte verhältnismäßig bald Gregor besuchen«, doch Vater und Schwester halten sie mit Vernunftgründen und später mit Gewalt zurück. Sie steht zwischen Vater und Sohn, die dominierende Gestalt aber ist seit der »Entmachtung« des Sohnes wieder der Gatte. Im Zusammenhang mit der Zimmerräumung erscheint er schließlich als der Sieger, der nicht nur dem Sohn eine tödliche Wunde beibringt, sondern auch die Frau in Besitz nimmt:

Nur mit dem letzten Blick sah er [Gregor] noch, wie die Tür seines Zimmers aufgerissen wurde, und vor der schreienden Schwester die Mutter hervoreilte, im Hemd, denn die Schwester hatte sie entkleidet, um ihr in der Ohnmacht Atemfreiheit zu verschaffen, wie dann die Mutter auf den Vater zulief und ihr auf dem Weg die aufgebundenen Röcke einer nach dem anderen zu Boden glitten, und wie sie stolpernd über die Röcke auf den Vater eindrang und ihn umarmend, in gänzlicher Vereinigung mit ihm – nun versagte aber Gregors Sehkraft schon – die Hände an des Vaters Hinterkopf um Schonung von Gregors Leben bat.

In einem Brief an den Verleger Kurt Wolff bot Kafka neben der ›Verwandlung‹ zwei weitere Werke zur Veröffentlichung an. Darin heißt es: »DER HEIZER, DIE VERWANDLUNG und DAS URTEIL gehören äußerlich und innerlich zusammen, es besteht zwischen ihnen eine offenbare und noch mehr geheime Verbindung, auf deren Darstellung durch Zusammenfassung in einem etwa DIE SÖHNE betitelten Buch ich nicht verzichten möchte.« Die Rolle des Sohnes und dessen Auseinandersetzung mit dem Vater hat Kafka demnach als (ein?) Thema der Novelle gesehen. In diesem Vater-Sohn-Konflikt hat der Vater gesiegt. Die entscheidende Szene ist mit Erotik aufgeladen. Gregor kann nur einen symbolischen Akt (die Besetzung des Bildes) vollziehen, während der Vater die »gänzliche Vereinigung« vorführt. Rückblickend wird erkennbar, daß er die Übernahme der Familienfürsorge durch Gregor wohl als Demütigung empfunden hatte und seine senile Schwäche und Untätigkeit eine Folge davon waren. Gregor hatte längst vor der Verwundung die väterliche Überlegenheit anerkannt. Wie Gregor eines Abends erlauscht, war dem Vater »trotz allen Unglücks ein allerdings ganz kleines Vermögen« geblieben. Überraschenderweise erschüttert das die positive Einstellung Gregors zu seiner Familie nicht: er denkt sich, es sei »zweifellos besser so, wie es der Vater eingerichtet hatte«.

So verhält sich nur jemand, der sich bedingungslos in den unkritischen Kindheitszustand zurücksehnt. Kafka wollte später ›Die Verwandlung‹ mit der Erzählung ›In der Strafkolonie‹ und ›Das Urteil‹ in einem Buch mit dem Titel ›Strafe‹ erscheinen lassen. Strafe setzt Schuld voraus. Worin aber liegt Gregors Schuld? Wohl weniger darin, daß er Auflehnung versucht, indem er den Vater aus seiner Rolle verdrängt, als vielleicht darin, daß »ihm Auflehnung und Befreiung mißlingen« (Wolfgang Matz), daß er zu keinem eigenen Leben findet, weil Angst (v. a. vor der Rache des »Chefs«) und Zögerlichkeit ihn daran hindern. Symptomatisch ist, was ihn nach seiner Verwandlung am meisten berührt: daß Eltern und Schwester jetzt zusätzlich Geld verdienen müssen. Wenn bei den abendlichen Besprechungen der Familie, die er belauscht,

die Rede auf diese Notwendigkeit des Geldverdienens kam, ließ zuerst immer Gregor die Türe los und warf sich auf das (...) Ledersopha, denn ihm war ganz heiß vor Beschämung und Trauer.

Vielleicht steht da aber noch etwas anderes im Hintergrund, wie die folgende nächtliche Überlegung zeigt:

Manchmal dachte er daran, beim nächsten Öffnen der Tür die Angelegenheiten der Familie ganz so wie früher wieder in die Hand zu nehmen; in seinen Gedanken erschienen wieder nach langer Zeit der Chef und der Prokurist, die Kommis und die Lehrjungen, der so begriffsstutzige Hausknecht, zwei drei Freunde aus anderen Geschäften, ein Stubenmädchen aus einem Hotel in der Provinz, eine liebe, flüchtige Erinnerung, eine Kassiererin aus einem Hutgeschäft, um die er sich ernsthaft, aber zu langsam beworben hatte – sie alle erschienen untermischt mit Fremden oder schon Vergessenen, aber statt ihm und seiner Familie zu helfen, waren sie sämtlich unzugänglich, und er war froh, wenn sie verschwanden.

Gregor glaubt wider alle »Realität«, seine alte Funktion wieder übernehmen zu können, ist aber gleichzeitig froh, daß es nicht geht. Die
Familie lebt in eben den materiellen Zwängen, von denen er durch
seine Metamorphose befreit ist. Als sich aber herausstellt, daß seine
bloße Existenz die Familie gefährdet, kommt es (im dritten Kapitel)
zur Katastrophe: Wie in jedem Kapitel bricht er, den die Familie stets
in seinem Zimmer zu halten bestrebt ist, auch im dritten in die Welt
der anderen ein. Anlaß ist das Violinspiel seiner Schwester vor drei
Mietern, die das Budget aufbessern sollen. Er kriecht in das Wohnzimmer, obwohl er allen Grund gehabt hatte

sich zu verstecken, denn infolge des Staubes, der in seinem Zimmer jetzt
überall lag und bei der kleinsten Bewegung umherflog, war auch er ganz
staubbedeckt; Fäden, Haare, Speiseüberreste schleppte er auf seinem Rücken
und an den Seiten mit sich herum (…). Und trotz dieses Zustandes hatte er
keine Scheu, ein Stück auf dem makellosen Fußboden des Wohnzimmers
vorzurücken.

Die nachlassende Fürsorge auf der einen und die wachsende Rück-
sichtslosigkeit auf seiner Seite zeigen deutlich die zunehmende Entfremdung. Aber die Schwester zieht ihn mit ihrem Spiel an:

Und doch spielte die Schwester so schön. Ihr Gesicht war zur Seite geneigt,
prüfend und traurig folgten ihre Blicke den Notenzeilen. Gregor kroch noch
ein Stück vorwärts und hielt den Kopf eng an den Boden, um möglicherweise
ihren Blicken begegnen zu können. War er ein Tier, da ihn Musik so ergriff?
Ihm war, als zeige sich ihm der Weg zu der ersehnten unbekannten Nahrung.
Er war entschlossen, bis zur Schwester vorzudringen, sie am Rock zu zupfen
und ihr dadurch anzudeuten, sie möge doch mit ihrer Violine in sein Zimmer
kommen, denn niemand lohnte hier das Spiel so, wie er es lohnen wollte. Er
wollte sie nicht mehr aus seinem Zimmer lassen, wenigstens nicht, solange er
lebte; seine Schreckgestalt sollte ihm zum erstenmal nützlich werden; an allen Türen seines Zimmers wollte er gleichzeitig sein und den Angreifern ent-
gegenfauchen; die Schwester aber sollte nicht gezwungen, sondern freiwillig
bei ihm bleiben; sie sollte neben ihm auf dem Kanapee sitzen, das Ohr zu
ihm herunterneigen, und er wollte ihr dann anvertrauen, daß er die feste Absicht gehabt habe, sie auf das Konservatorium zu schicken, und daß er dies,
wenn nicht das Unglück dazwischen gekommen wäre, vergangene Weihnachten – Weihnachten war doch wohl schon vorüber ? – allen gesagt hätte,
ohne sich um irgendwelche Widerreden zu kümmern. Nach dieser Erklärung
würde die Schwester in Tränen der Rührung ausbrechen, und Gregor würde
sich bis zu ihrer Achsel erheben und ihren Hals küssen, den sie, seitdem sie
ins Geschäft ging, frei ohne Band oder Kragen trug.

Die Szene ist in vielerlei Hinsicht aufschlußreich. Sie bewirkt nicht
nur den endgültigen Umschlag in der Haltung der Schwester, son-

dern führt eine Reihe von Andeutungen und Motiven zusammen. Kunst (das Violinspiel) ist etwas, das im Kleinbürgertum nicht in seinem Wesen erfaßt, sondern höchstens unter dem Aspekt der Nützlichkeit (Ansehen gewinnen, sich angenehm machen, andere unterhalten) gesehen wird. So beurteilt auch der Vater das Spiel der Tochter. Nur Gregor, der durch seine Verwandlung auch der kleinbürgerlichen Lebensform entfremdet ist, eröffnet sich hier eine dem Handlungsreisenden bis dahin unzugängliche Dimension: Er empfindet in diesem Augenblick das Schöne ganz unmittelbar (»Und doch spielte die Schwester so schön«). Kann man das als »Insekt«? »War er ein Tier, da ihn Musik so ergriff?« Kafka »deutet« dies nicht weiter, setzt aber den Vorgang in den Zusammenhang mit der »ersehnten unbekannten« Nahrung, nach der Gregor schon geraume Zeit sucht, wenn er z.B. überlegt, wie es ihm gelingen könnte, in die Speisekammer zu gelangen, obwohl »er sich nichts vorstellen konnte, worauf er Appetit gehabt hätte«, oder die Zimmerherrn beim Essen beobachtet und bei sich denkt: »Ich habe ja Appetit (…), aber nicht auf diese Dinge.« Doch der Fragesatz ließe sich auch anders verstehen: Müßte man Tier (d.h. anders) sein, damit Musik einen so ergreifen konnte? Dann leuchtet das jähe Umschwenken auf den »Weg zur ersehnten unbekannten Nahrung« eher ein: Gregor sucht über die Musik den Weg zu Grete, der Schwester. In einem Wunschtraum stellt er sich vor, wie er sie für sich behalten, »Angreifern entgegen*fauchen*« (!), und sich schließlich »bis zu ihrer Achsel erheben und ihren Hals küssen« würde.

Die Ähnlichkeit mit Hartmann von Aues ›Gregorius‹ ist augenfällig, und auch die Sage vom feuerspeienden Drachen, der die geliebte Jungfrau verteidigt, liegt motivlich nahe. Gemeinsam ist allen das Moment des (sexuellen) Besitzen-Wollens. Wie Gregor zuvor das Bild der Dame mit der Boa in »Besitz« nahm und gewissermaßen »verteidigte«, obwohl die Dame durch eine abwehrende Gebärde eine gewisse Unnahbarkeit ausdrückte, so soll jetzt die Schwester sein »Besitz« werden. Aber bei Kafka schiebt sich neben dem erotischen Element der Versuch des Herauslösens aus der Familie in den Vordergrund. Mit beiden Absichten überschreitet Gregor alle gebotenen Grenzen und spricht sich damit selbst ein Urteil. Die Schwester erkennt als erste, was geschehen ist, und sagt als erste, was geschehen muß: »Wir müssen versuchen, es loszuwerden.« Sie ist ihren Eltern argumentativ schon einen Schritt voraus:

Du mußt bloß den Gedanken loszuwerden suchen, daß es Gregor ist. Daß wir es solange geglaubt haben, das ist ja unser eigentliches Unglück. Aber wie kann es denn Gregor sein? Wenn es Gregor wäre, er hätte längst eingesehen, daß ein Zusammenleben von Menschen mit einem solchen Tier nicht möglich ist, und wäre freiwillig fortgegangen.

Und wieder übernimmt Gregor die Einschätzung anderer: Seine Meinung darüber, daß er verschwinden müsse, war womöglich noch entschiedener als die seiner Schwester. Seine Bereitschaft zur Unterwerfung, d. h. wohl der Verzicht auf sinnvolle Selbstbestimmung, reicht bis zur Aufgabe seiner Existenz: »An seine Familie dachte er mit Rührung und Liebe zurück.«

Es ist sicher kein Zufall, daß Gregor den »Anfang des allgemeinen Hellerwerdens« noch erlebt und der Straßenbahnwagen, in dem die Samsas unmittelbar nach der Beseitigung des »Zeugs von nebenan« zur Erholung von den Ereignissen fahren, »ganz von warmer Sonne durchschienen ist«. Wärme hat Gregor in seiner Familie nicht schaffen können, das Licht der Hoffnung scheint erst nach seinem Tod, jetzt erst (und in einer überraschend plötzlichen Verwandlung) erfährt man auch, daß die Schwester »zu einem schönen und üppigen Mädchen aufgeblüht« war. War Gregors Tod also notwendig für die Wiederherstellung der Familiennormalität? In seiner Antwort auf die verlegerische Absicht, die Geschichte durch das Bild des »ungeheuren Ungeziefers« zu illustrieren, lehnt Kafka dies zwar ab, liefert aber dann selbst einen Vorschlag, in dem vielleicht ein Aspekt für die Deutung der Erzählung und für den Tod Gregors aufscheint: »Wenn ich für die Illustration (...) Vorschläge machen dürfte, würde ich Szenen wählen wie: die Eltern und der Prokurist vor der geschlossenen Tür oder noch besser die Eltern und die Schwester im beleuchteten Zimmer, während die Tür zum ganz finsteren Nebenzimmer offen steht.« Beide Vorschläge betonen die Ausgeschlossenheit des Verwandelten, der zweite – von Kafka ausdrücklich als der bessere bezeichnet – stellt darüber hinaus mit dem Licht-Dunkel-Kontrast einen weiteren wichtigen Hinweis dar. Das Verhältnis Licht-Dunkel spielt in Kafkas Werk allgemein eine bedeutsame Rolle. So wird zum Beispiel im ›Proceß‹ Licht mit Hoffnung, dem Aufblitzen von Einsichten oder Erkenntnisnähe verbunden. Der Geistliche übergibt K., bevor er ihm die Parabel ›Vor dem Gesetz‹ erzählt, eine kleine Lampe. Als jedoch K. mit Unverständnis reagiert, ist die Lampe »in seiner Hand (...) längst erloschen«. Beide Bedeutungen, die Hoffnung für die Familie und die Entscheidung auf Grund einer (späten, ob aber auch richtigen?) Einsicht, bestimmen auch den letzten Textabschnitt der ›Verwandlung‹, der in der Darstellung zugleich eine ironische Distanzierung des Erzählers erkennen läßt.

Die Hoffnung Samsas (und vielleicht auch der Familie) war das Wiedererlangen der früheren Harmonie in der Familie; die »Verwandlung« läßt sich als Wunsch verstehen, Hilflosigkeit auszudrükken, um Fürsorge hervorzurufen, vor allem aber die Verantwortung, die Gregor auf sich genommen und als zu schwer empfunden hat, zurückzugeben. Aber dieser Weg ist nicht Gregors Bestimmung. »Nur vorwärts, hungriges Tier, führt der Weg zur eßbaren Nahrung, atembaren Luft, freiem Leben, sei es auch hinter dem Leben (...)«, heißt es im Tagebuch. Wie im ›Urteil‹ ist der Konflikt nur lösbar durch die Aufgabe der eigenen Existenz.

Die Parallelen zu Kafkas eigenen Erfahrungen sind offenkundig – auch er, ein Außenseiter seiner Familie, wurde von ihr zur Mitarbeit in einer Fabrik verpflichtet, die Vater und Schwager leiteten. Zwar fühlt er sich einerseits, wie im ›Brief an den Vater‹ deutlich wird, durchaus selbst dazu verpflichtet, aber die Fabriktätigkeit unterbricht sein Schreiben, rührt also an sein eigentliches Leben. Kafka spricht im Brief sogar von Selbstmord als »der Möglichkeit, alle Verantwortung sowohl für das gestörte Schreiben als auch für die verlassene Fabrik abzuwerfen«.

Gregor legt die Verantwortung mit seiner Verwandlung ab, findet aber dennoch nicht zu seiner »Nahrung« (hier wohl auch Sinnbild für das Unerschließbare), verliert als unnützes und ekelerregendes »Ungeziefer« seine Bedeutung und kann nur durch seinen Tod noch einen Sinn erfüllen.

Vielleicht ist die ›Verwandlung‹ *auch* ein Stück experimentierender Darstellung, die der Autor benützt hat, um Möglichkeiten seiner eigenen Existenz auszuloten.

Lebt für die Nachgeborenen der Expressionismus primär in seiner Lyrik weiter, so war diese avantgardistische Literaturbewegung den Zeitgenossen vor allem in ihrer Dramenkunst und deren dramaturgischer Umsetzung präsent. »Die bekannten Lyrik-Anthologien wurden viel gelesen; ins Bewußtsein drangen vor allem die Komödien Sternheims, die Tragödien und platonischen Dialoge und tragikomischen Schwänke Georg Kaisers, die Rhetoren Toller und Hasenclever mit ihrer flammenden Lyrik in fünf Akten«, erinnert sich Ludwig Marcuse (›Mein Zwanzigstes Jahrhundert‹; 1960).

Mit dem Ausbruch und Verlauf des Ersten Weltkriegs stellte sich für viele Künstler mit neuer Dringlichkeit die Frage nach ihrer moralischen und sozialen Verantwortung. Ähnlich dem jungen Schiller wollten die jungen expressionistischen Dramatiker das Theater wieder zur »moralischen Anstalt« machen, wollten es wie Büchner als einen Versuch verstehen, »die Fesseln der historischen Zwänge zu brechen« (Marcuse, ebd.) und das Pathologische der Gesellschaftsordnung freizulegen. Bezeichnenderweise wurde nun auch erst Georg Büchners säkularer Rang erkannt, wurde etwa sein Dramenfragment ›Woyzeck‹ 1913 im Münchener Residenztheater uraufgeführt. Kurt Pinthus (der spätere Herausgeber der Lyrik-Anthologie ›Menschheitsdämmerung‹) hat diese Traditionslinien und -zusammenhänge klar erkannt. In der Rezension einer Lesung von Walter Hasenclevers (1890–1940) frühexpressionistischem Drama ›Der Sohn‹ (1913/14) heißt es: »Der junge Schiller würde Hasenclever, dem ein gleiches Pathos aus erschütterter Seele quillt, begeistert umarmen; der Büchner des ›Wozzeck‹ könnte einen Feineren, Kultivierteren hier als Bruder erkennen; Aristoteles und Lessing würden Furcht und Mitleid empfinden wie vor ihren Musterstücken.« (›Versuch eines zukünftigen Dramas‹, 1914) Bemerkenswert ist in dieser Passage auch der Hinweis auf Lessings und Aristoteles' Katharsis-Lehre. Wandlung und Läuterung der erlösungsbedürftigen Menschheit durch Bühnenkunst war in der Tat das Ziel der Expressionisten. In seinen ›Gedanken über das Wesen des Dramas‹ (1914) erklärte Carl Sternheim: »Über dem Werk des Dichters, über dem des Dramatikers, da er sich seiner größten Stoßkraft bewußt ist, insbesondere, steht Verantwortung. (...) Der dramatische Dichter ist der Arzt am Leibe seiner Zeit. Alle Eigenschaften des idealen Menschen blank und strahlend zu erhalten, ist ihm unabweisbar Pflicht.« Walter Hasenclever schließlich formulierte 1916, anläßlich der ersten Aufführung seines oben erwähnten Stücks in Dresden (vor geladenen

Gästen und hinter verschlossenen Türen: Kriegszensur!), in einer heute ziemlich anmaßend erscheinenden Weise: »Dieses Stück (...) hat den Zweck, die Welt zu ändern. Es ist die Darstellung des Kampfes durch die Geburt des Lebens, der Aufruhr des Geistes gegen die Wirklichkeit. (...) Dieses Drama ist die Menschwerdung.«

Solche Haltungen, solche Zielsetzungen lassen sich leicht als illusionär und naiv entlarven und abqualifizieren. Wie in der Lyrik des ›Messianischen Expressionismus‹ (s. S. 384 f.) erscheint der Sprung in die Utopie einer befreiten Menschheit, der das Ende zahlreicher expressionistischer Dramen markiert, wenig glaubwürdig. Was die Autoren als Lösung oder Erlösung anboten, war bei allem Erneuerungspathos und bei aller Ehrlichkeit un- bzw. vorpolitisch. Auch die zahlreichen Bekenntnisse zum Sozialismus hatten daher bei den einem entpolitisierten Bürgertum entstammenden Künstlern meist wenig mit marxistischen Vorstellungen von Klassenkampf und Diktatur des Proletariats zu tun, sondern waren ein Gemisch aus humanistischen, anarchistischen und geistesaristokratischen Vorstellungen. In Ernst Tollers (1893–1939) erstem Drama ›Die Wandlung‹ (1919), das immerhin mit den Rufen »Revolution! Revolution!« endet, verkündet der Protagonist Friedrich unmittelbar davor dem Volk:

(...) Geht hin zu den Soldaten, sie sollen ihre Schwerter zu Pflugscharen schmieden. Geht hin zu den Reichen und zeigt ihnen ihr Herz, das ein Schutthaufen ward. Doch seid gütig zu ihnen, denn auch sie sind Arme, Verirrte.

Robert Musil brachte 1922 in ›Symptomen-Theater I‹ im Rückblick auf den Dramen-Expressionismus dessen Illusionen bündig auf den Begriff:

Der Expressionismus wurde (...) nur in der Form bereichernd, während er im geistigen Wesen banal blieb (...). Was er mit Vorliebe tut, ist eine Art »Ideen anbellen«, denn in der Tat ist die – mit zwei Ausrufzeichen statt einem Fragezeichen versehene – Anrufung großer Menschheitsideen, wie Leiden, Liebe, Ewigkeit, Güte, Gier, Dirne, Blut, Chaos usw., nicht wertvoller als die lyrische Tätigkeit eines Hundes, der den Mond anbellt, wobei ihm das Gefühl in der Runde antwortet.

Nicht vergessen werden darf aber, daß die Abstraktheit der dramatischen Entwürfe oft Ergebnis eines Ausweichens war. Eine wachsame Zensur verhinderte vor allem während des Krieges politisch allzu eindeutige Stellungnahmen in der Öffentlichkeit. (Hasenclever z.B. wählte, wie er später selbst sagte, für seine politische Tragödie ›Antigone‹ den sophokleischen Stoff bewußt »zur Irreführung der

Zensur«.) Traditionen einer Politisierung des Geistes gab es in Deutschland überdies nur in Spurenelementen.

Das eigentlich Innovative war (wie auch Musil einräumt) die Weiterentwicklung der Dramen*form*. Sollte die Bühne zur Tribüne und zum Forum werden, mußte sich deren Erscheinungsbild wandeln, sollten die Texte die geforderten Erschütterungen beim Publikum hervorrufen, mußten die eingefahrenen Wahrnehmungskonventionen in Frage gestellt werden. So waren denn auch alle programmatischen Äußerungen und alle dramatischen Neuansätze gegen den herrschenden Bühnennaturalismus gerichtet.

Georg Kaiser (1878–1945) etwa griff zur Begründung seines Ideendramas auf die Dialoge Platons (Symposion, Phaidon u. ä.) zurück, die er in ihrer Vorbildhaftigkeit für die Bühne so charakterisierte: »Hier ist Aufruf und Verheißung von allem Anfang schon geschehen. Das Gebiet weitet sich in grenzenlosen Bezirk. Da befriedigt Schauspiel tiefere Begierde: ins Denk-Spiel sind wir eingezogen und bereits erzogen aus karger Schau-Lust zu glückvoller Denk-Lust.« (›Das Drama Platons‹, 1917) Kurt Pinthus, »müde des impressionistischen Realismus, des mathematisierenden Neuklassizismus, der gegenwartsfremden Neuromantik« feiert in der genannten Rezension von Hasenclevers ›Sohn‹ »das erste Drama (…) welches auf dramatischem Gefilde zu dem von der neuesten Malerei und auch der Musik bereits erstrebten Ziel hinwill (…): Seelischstes, Innerstes, Ewigstes mit Wut, Glut und Furioso herauszugestalten«. Nicht auf psychologische Begründung, Folgerichtigkeit oder Analyse kommt es hier also an, nicht auf die Kontinuität einer Handlung, sondern auf elementare Gefühlsausbrüche, in exemplarischen Stationen verdichtet, weshalb man diese Dramenform auch als Stationendrama bezeichnet, wo in additiv gereihten, symbolischen Szenen die Entwicklung eines zentralen Ich dargestellt wird. Einflüsse Wedekinds und des späten Strindberg (vgl. dessen ›Traumspiel‹ von 1902) werden hier deutlich. Der Hinweis auf die ›neueste‹ Malerei und Musik verweist gleichzeitig auf die Tendenz zur Abstraktion, zur Typisierung und zur Konstruktion. So sind die Personen in Hasenclevers Drama kaum individualisiert, sie heißen einfach »Der Vater«, »Der Sohn«, »Der Freund« usw. Das Thema dieses Stücks, der Autoritäts- und Generationenkonflikt ist für den Expressionismus insgesamt charakteristisch (der auch hierin Parallelen zum Sturm und Drang aufweist), Darstellungen dieses Konflikts strukturieren aber vor allem die Dramen dieser Epoche, von Hanns Johsts ›Der junge Mensch‹ (1916) über Gottfried Benns Einakter ›Ithaka‹ (1914) bis zu Arnolt Bronnens ›Vatermord‹ (1920).

Typisierung und Stilisierung wurden aus heutiger Sicht von Carl Sternheim und Georg Kaiser in ihren Komödien – eine Gattung, die eine solche Verfahrensweise bereits nahelegt – zur Entlarvung der undurchschauten gesellschaftlichen Mechanismen und der alle Menschen prägenden Triebhaftigkeit am zukunftsträchtigsten verwendet. Die Maskenhaftigkeit bürgerlicher Daseinsformen (vgl. die Namen der Protagonisten in Sternheims ›Die Hose‹), die Austauschbarkeit von Menschen und die Verdinglichung von menschlichen Beziehungen unter dem Primat des Geldes: beginnend mit Bertolt Brecht haben die Dramatiker im 20. Jahrhundert auf vielfältige Weise diese Themen, aber auch die Verfahrensweisen der Expressionisten aufgegriffen.

Carl Sternheim
Die Hose

Zum Kreis der Autoren um die von René Schickele seit 1913 herausgegebenen ›Weißen Blätter‹ und locker verbunden mit Pfemferts ›Aktion‹ gehörte der Autor Carl Sternheim, dessen Bühnenwerke im Gegensatz zu denen anderer expressionistischer Dramatiker im Repertoire der deutschsprachigen Bühnen auch heute noch einen festen Platz haben. Vor allem sein vierteiliger Dramenzyklus ›Aus dem bürgerlichen Heldenleben‹ wird von Regisseuren und Schauspielern nach wie vor als Herausforderung betrachtet. Er umfaßt die zwischen 1909 und 1913 entstandenen Stücke ›Die Hose‹ (Uraufführung 1911), ›Die Kassette‹ (1911), ›Bürger Schippel‹ (1913) und ›Der Snob‹ (1914).

1878 als Sohn eines Kaufmanns, Zeitungsbesitzers und Bankiers in Leipzig geboren, wuchs Carl Sternheim in großbürgerlichen Verhältnissen auf, die es ihm ermöglichten, ein nach außen hin sorglosexzentrisches Leben zu führen. Hannover, Berlin, München waren Stationen eines umwegreichen Daseins, dessen seelische Gefährdungen den Autor mehrfach in psychiatrische Behandlung führten. 1942 starb er im von den Deutschen besetzten Brüssel, wohin er sich – zunehmend isoliert und von den Nazis verfemt – seit 1930 zurückgezogen hatte.

Die Bühnengeschichte des »bürgerlichen Lustspiels« ›Die Hose‹ begann mit einem Verbot. Im Februar 1911 verweigerte der Berliner Polizeipräsident Traugott von Jagow der Direktion des Deutschen Theaters und dessen Regisseur Max Reinhardt »aus Gründen der Sittlichkeit« die öffentliche Aufführung des Stücks. Schon der Dramentitel erregte in jenen prüden Zeiten Anstoß – anständigerweise sprach man statt von »Hosen« besser von den »Unaussprechlichen«. Tatsächlich sah sich Sternheim gezwungen, für die Uraufführung den ursprünglichen Arbeitstitel ›Der Riese‹ zu wählen. Das vieraktige

»bürgerliche Lustspiel« – die Gattungsbezeichnung ist eine Kontrafaktur zum Begriff des »bürgerlichen Trauerspiels« im 18. und 19. Jahrhundert – spielt nach den Angaben des Autors im Jahr 1900 in einer kleinen Provinzstadt. Ort der Handlung ist die Wohnstube des kleinen Beamten Theobald Maske und seiner Frau Luise, die Handlungszeit umfaßt zwei Tage. Alles, was sich in diesen 48 Stunden ereignet, ist Ergebnis eines Vorfalls, der sich unmittelbar vor Beginn des Stücks zugetragen hat: Frau Maske hat während eines Spaziergangs mit ihrem Ehemann »auf offener Straße« ihre Hose verloren. Der dramatische Knoten wird geschürzt, indem sich der Knoten von Luises Hosenband löst. Theobald Maske ist darüber außer sich:

Theobald und Luise treten auf
THEOBALD: Daß ich nicht närrisch werde!
LUISE: Tu den Stock fort!
THEOBALD: *schlägt sie* Geschändet im Maul der Nachbarn, des ganzen Viertels. Frau Maske verliert die Hose!
LUISE: Au! Ach!
THEOBALD: Auf offener Straße, vor den Augen des Königs sozusagen. Ich, ein einfacher Beamter!
LUISE: *schreiend* Genug.
THEOBALD: Ist nicht zu Haus Zeit Bänder zu binden, Knöpfe zu knöpfen? Unmaß, Traum, Phantasien im Leib, nach außen Liederlichkeit und Verwahrlosung.
LUISE: Ich hatte eine feste Doppelschleife gebunden.
THEOBALD: *lacht auf* Eine feste Doppelschleife. Herrgott hör das niederträchtige Geschnatter. Eine feste – da hast du eine feste Doppelohrfeige. Die Folgen! Ich wage nicht, zu denken. Entehrt, aus Brot und Dienst gejagt.
LUISE: Beruhige dich.
THEOBALD: – Rasend…
LUISE: Du bist unschuldig.
THEOBALD: Schuldig, ein solches Weib zu haben, solchen Schlampen, Trulle, Sternguckerin.
Außer sich Wo ist die Welt?
Er packt sie beim Kopf und schlägt ihn auf den Tisch. Unten, im Kochtopf, auf dem mit Staub bedeckten Boden deiner Stube, nicht im Himmel, hörst du? Ist dieser Stuhl blank? Nein – Dreck! Hat diese Tasse einen Henkel? Wohin ich fasse, klafft Welt. Loch an Loch in solcher Existenz. Schauerlich! Mensch, bedenke doch! Ein gütiges Schicksal gab mir ein Amt, das siebenhundert Taler einbringt. (…)
Warum läuft die Uhr nicht?
Er zieht sie auf
Warum laufen Töpfe und Kannen? Wo ist mein Hut, wo blieb ein wichtiges Papier, und wie kann deine Hose auf offener Straße fallen, wie konnte sie?
LUISE: Du weißt, kanntest mich als junges Mädchen.
THEOBALD: Nun?

LUISE: Und mochtest gern, ich träumte.

THEOBALD: Für ein junges Mädchen gibt es nichts Besseres dem Unmaß freier Zeit gegenüber. Es ist sein Los, weil es an Wirklichkeit nicht herandarf. Du aber hast sie, und damit ist der Traum vorbei.

LUISE: Ja! (...)

(...)

LUISE: *nach einer Pause* Ist dir ein Hammelschlegel und grüne Bohnen recht?

THEOBALD: Auf offener Straße! Welches Glück, daß kein Kind drohende Folgen mitzuerwarten hat.

LUISE: Ich dachte an eine Himbeerschüssel.

THEOBALD: Die Majestät!

LUISE: Vater schreibt, er schickt neuen Wein.

THEOBALD: Wieviel Flaschen?

LUISE: Eine Mandel.

THEOBALD: Haben wir noch?

LUISE: Fünf Flaschen.

THEOBALD: Hm. Hammelschlegel. Und gut gesalzen. Frau, Dämonen sind aus unserer Seele wirkend. Knechten wir sie nicht mit unseres Willens ganzer Gewalt – man sieht nicht ab, wie weit sie es bringen.

(I,1)

Komische Wirkung setzt im Theater emotionale Distanz der Zuschauer zu den Bühnenfiguren voraus, je verschiedene Gefühlslagen und Bewußtseinsebenen. Auf der Lustspielbühne kann z.B. helle Panik herrschen, während sich das Publikum vor Lachen biegt. –

Prügel gehörten seit der Antike zu den klassischen Requisiten der Komödie. Sie kennzeichneten die Art und Weise, wie Angehörige der unteren Gesellschaftsschichten in Rüpelszenen ihre Konflikte austrugen und so als verlachenswert erschienen, oder waren das Mittel, mit dem Sklaven und Dienern die ordnungsgemäße Erledigung ihrer Pflichten eingebleut, mit dem die gesellschaftliche Rangordnung in der Sicht der Zuschauer immer wieder aufs neue hergestellt und demonstriert wurde.

Damit aber beginnen die Besonderheiten von Sternheims Lustspiel: Kann der bürgerliche Theaterbesucher – gattungsgemäß auf Lachen eingestimmt – angesichts der Prügel, die Frau Maske erhält, seiner Heiterkeit und Schadenfreude wirklich unbeschwert Ausdruck verleihen? Verlacht er damit nicht den eigenen Stand? Selbst wenn er unterschwellig Sympathie für den Sauberkeits- und Ordnungsfanatismus Theobald Maskes empfinden sollte, dürfte es ihm schwerfallen, der drastischen Brutalität zu applaudieren. Als Möglichkeit bleibt, sich auf die Seite Luises zu stellen, und das, was der Ehemann als »Unmaß, Traum, Phantasien im Leib« geißelt, als ihre kleinen Fluchten aus dem nüchternen, freudlosen Ehealltag zu bewerten. Ihr Talent, mit den Launen Theobalds fertigzuwerden, wird immerhin darin sichtbar, wie sie dessen Wutausbruch erfolgreich besänftigen kann, indem sie seine Aufmerksamkeit auf das Mittagessen lenkt.

Der Lustspielkonvention würde es folglich entsprechen, daß der gewalttätige Ehemann durch Lächerlichkeit bestraft wird, ihm vielleicht sogar »Hörner aufgesetzt« werden.

Tatsächlich scheint zunächst der weitere Verlauf der Handlung solchen Erwartungen zu entsprechen: Kaum hat Theobald die Wohnung für kurze Zeit verlassen, erscheint der offensichtlich wohlhabende Dichter und Literat Scarron, ein zufälliger Zeuge von Luises Mißgeschick. Diese willigt ohne Zögern ein, als er ihr – heftig entflammt und exaltiert – erklärt, die zwei annoncierten Zimmer in der Wohnung des Ehepaars mieten zu wollen, um ihr nahe zu sein und so leichter ans Ziel seines (und eventuell auch ihres) Begehrens zu kommen.

Die Nachbarin, Gertrud Deuter, der sich Luise anvertraut, bietet – nicht ohne Lüsternheit – ihre Kupplerdienste an: Sie will wenigstens aus zweiter Hand an erotischen Erlebnissen teilhaben, die ihr selbst versagt geblieben sind. Des Sieges über den Haustyrann gewiß, triumphiert sie: »Ein Zyklop muß Theobald sein, will er seinem Schicksal entgehen. Ein richtiger Riese.« (I,6) Allerdings taucht ein Hindernis in Gestalt des Friseurs und Wagner-Verehrers Mandelstam auf, dem Herr Maske noch unterwegs ein Zimmer vermietet hat. Was er jedoch nicht weiß: Auch Mandelstam hat den »Hosenfall« beobachtet und macht sich seinerseits – zu Luises Entsetzen – Hoffnungen auf sie. Ihr Gatte wittert nur das Geschäft, vermietet je ein Zimmer an einen der Bewerber und verspottet am Ende des ersten Aktes »diese beiden minderwertigen Männlichkeiten« in einer Weise, daß der komödienerfahrene Theaterbesucher eine Demütigung dieses allzu penetranten Selbstbewußtseins erwarten *muß*. Zu Beginn des zweiten Aktes wird dieses Motiv sogar noch einmal aufgegriffen, als Theobald Maske in einer Unterhaltung mit dem Friseur, der sich in Andeutungen über die Absichten des zweiten Mieters ergeht und kurzerhand behauptet, daß »ringsum alles Lüge« sei, sich als völlig unangekränkelt von allen zeitgenössischen Ich-, Sinn- und Erkenntniskrisen darstellt:

THEOBALD: (…) So sicher Sie den Leuten den Bart abnehmen, nicht ganz sattelfest sind, so bestimmt ich an nichts denke, als daß meine Kolumnen stimmen, Herr Scarron Liebesgeschichten dichtet, meine Frau zu mir gehört, so sicher ist, was meine Augen sehen, und so bestimmt ist Lüge nur, was Sie träumen. Und das kommt aus der Leber, der Lunge oder dem Magen.

Fordert eine solche Haltung »lächerlichster Gutgläubigkeit« – so Mandelstam – Lüge und Täuschung geradezu heraus, so gelingt es Luise, die gegen ihren Mann angebahnte Intrige vor Entdeckung zu sichern, indem sie gegenüber dem Barbiergesellen ihre mütterlichen Gefühle hervorkehrt. Trotz dessen Eifersucht auf Scarron läßt er sich, der von schwächlicher Konstitution und ohne menschlichen Halt ist, auf diese Weise beschwichtigen. Kaum ist aber Mandelstam fort, steuert die Handlung rasch einem ersten Höhepunkt zu: Als Fräulein Deuter der zum Ehebruch fest entschlossenen Luise gerade neue »Beinkleider« anmißt, die deren Reiz für den zukünftigen Liebhaber erhöhen sollen, überrascht Scarron sie in dieser verfänglichen Situation. Nach einigen guten Ratschlägen und lasziven Anspielungen zieht sich die Kupplerin zurück und überläßt dem Dichter das Feld. Der beginnt seine Avancen bezeichnenderweise mit einem pathetischen Wortschwall und mit Prahlereien über seine Erfahrungen in bezug auf Frauen:

SCARRON: (...) Herrliche Frauen gibt's, Luise. Blonde, mit blaßroten Malen, wo man sie entblößt, dunkle, die wie junge Adler einen Flaum haben, denen im Rücken eine Welle spielt, reizt man sie. Manche tragen rauschendes Zeug und Steine, die wie ihre Flüssigkeiten schimmern. Andere sind knapp geschürzt, kühl wie ihre Haut. Es gibt Blonde, die einen Flaum haben, dunkle mit blassen Malen. Demütige Brünetten, stolze Flachsige. (...) Du bist die Schönste, die mir erschien. Gewitter erwarte ich von dir, Entladung, die meine letzten Erdenreste schmilzt, und in den Wahnsinn enteilend, will ich meinen entselbsteten Balg zu deinen aufgehobenen Füßen liebkosen. (...)

(II,4)

Luise, die wie in Trance seinen Worten gelauscht hat, bekundet dreimal hintereinander völlige Hingabe: »Ich bin dein! (...) Laß mich dein sein! (...) Dein!«

Anstatt jedoch zur »Tat« zu schreiten, wie man es nach all diesen Präliminarien erwartet, macht Scarron einen Rückzieher. Er enteilt in sein Zimmer, um seine Eindrücke künstlerisch zu verwerten:

SCARRON: (...) Welche Menschlichkeit! Gelänge es sie im Buch festzuhalten – neben den Größten müßte ich gelten. (...) Tisch, Feder an dein Wesen heran, schlichter Natur angenähert, muß das Kunstwerk gelingen.

Luise ist völlig konsterniert, weiß nicht, wie ihr geschieht. Der zurückkehrende, erneut vor Eifersucht rasende Mandelstam wird mit einer Ohrfeige empfangen. Mit einem trockenen »Mahlzeit, meine Herren!« schließt der eintretende Theobald den zweiten Akt.

Die Erwartung des Zuschauers, Zeuge einer leidenschaftlichen, wenn auch vielleicht abrupt gestörten Liebesszene zu werden, wird also zunächst enttäuscht. Die Vorstellung, Luises Gatte könnte den Dichter als »minderwertige Männlichkeit« richtig eingeschätzt haben, beleidigt aber jedes Gefühl für ausgleichende (poetische) Gerechtigkeit. Doch der dritte Akt zeigt Scarron wieder nur bei verbalen Kraftakten: Gesättigt sitzen die drei Männer und Luise »um den mit Resten des Abendbrots bedeckten Tisch« und tauschen ihre Lebensansichten aus. Die Diskussion besteht allerdings hauptsächlich darin, daß Scarron die ihn empörende Unbeweglichkeit und Borniertheit Theobald Maskes ins Wanken zu bringen versucht:

SCARRON: (...) Woran haben Sie das Maß für Ihr Denken?
THEOBALD: Unsereiner macht sich weniger Gedanken als Sie vermuten.
SCARRON: Immerhin leben Sie nach bestimmtem Schema.
THEOBALD: Schema F, wenn Sie wollen.
SCARRON: Das heißt, essen, schlafen, schreiben Akten ab? Und wohin soll das führen?
THEOBALD: In die Pension, so Gott will.
SCARRON: Schauerlich. Für Politik kein Interesse?
THEOBALD: Ich war, was Bismarck tat, gespannt.
SCARRON: Der ist lange tot!
THEOBALD: Nachher passierte nicht mehr viel.
SCARRON: Wissenschaft?
THEOBALD: Für unsereinen kommt nicht viel dabei heraus.
SCARRON: Wissen Sie, daß Shakespeare lebte, kennen Sie Goethe?
THEOBALD: Goethe beiläufig.
SCARRON: Um Gottes willen!
THEOBALD: Sie nehmen das zu tragisch.

(III,1)

Vorher schon eine arg simplifizierte Nietzsche-Auslegung, die Vorstellung von der Überlegenheit der Geisteskraft ließe sich zur Not noch als Gegenposition rechtfertigen, selbst wenn sie eher an einen in die Jahre gekommenen Sturm und Drang erinnert. Enthüllend sind jedoch Scarrons aus einem Kraft- und Geniekult abgeleiteten Tiraden zur Überlegenheit des Mannes über die Frau, denen groteskerweise sogar der nicht besonders lebenskräftige Mandelstam zunehmend begeistert beipflichtet.

THEOBALD: Und wo bleiben Sie mit dem Gemüt?
SCARRON: Wie?
THEOBALD: Drückte ich mich nicht richtig aus? Wie brauchen Sie das Herz dazu? [d. h. die Menschheit weiterzuentwickeln, der Hrsg.].
SCARRON: Das Herz ist ein Muskel, Maske. (...)
THEOBALD: Gut. Doch es hat eine Bewandtnis mit ihm. Bei den Weibern vor allem. (...)
SCARRON: Kommen Sie mir nicht, handelt es sich um letzte Probleme, mit solcher Einfalt. Weiber, Frauen sind bei Gott eine köstliche Sache, ringt aber ein Shakespeare um Hamlets Seele, Goethe um die Einsicht in einen Faust, bleibt das Weib beiseite. (...)
THEOBALD: Von Goethe zu schweigen (...) – immerhin – um mich so auszudrücken, die Weiber haben ihr Herz.

SCARRON: Ein Muskel, Maske!

THEOBALD: Aber sie leben davon, machen die Hälfte der Erdbewohner aus.

SCARRON: Alles gut und wohl. Sie aber sind kein Weib; müßten von Ihrer Würde als Mann durchdrungen sein. Neben allem Häuslichen, Freundlichen, das Sie mit Ihrer Frau vereint, gibt es Augenblicke, in denen Sie fühlen, es trennt Sie eine Welt; wo das Mannhafte in Ihnen Sie überwältigt und mit tollem Stolz erfüllt. (...)

THEOBALD: Ich weiß nicht. Es gibt so etwas, das ist richtig; aber eigentlich habe ich mich immer dagegen gewehrt.

SCARRON: Da haben wir's! Sich gewehrt gegen – Natur.

MANDELSTAM: Teufel! Toll!

SCARRON: Was anders macht den Mann zum Riesen, gigantischen Obelisk der Schöpfung, der dem Weib unüberwindlich ist, als transzendentaler Wille zur Erkenntnis, den tiefste erotische Wollust nicht paralysiert?

MANDELSTAM: Paralysiert – himmlisch!

(III,1)

Die Zweifel der Zuschauer werden bestätigt: Scarron ist im Grunde nicht besser als Theobald. Im Drama bleibt die Front der Männer geschlossen, und Luise, die gezwungen wird, sich deren Schwadronieren bis zum Ende anzuhören, erfährt auf ihre schüchternen Einwände nur barsche Zurechtweisung (»Luise, bleib mir mit deinem blöden Geschwätz vom Leib!«). Scarron und Theobald verlegen ihr Streitgespräch bald ins Wirtshaus, und Mandelstam legt sich schlafen. Der Ausbruchsversuch der Ehefrau ist gescheitert; obwohl ihre Nachbarin unerschütterlich an die Don-Juan-Qualitäten Scarrons glaubt, hat jene im Grunde schon resigniert.

Der letzte Akt schließlich bringt den vollständigen Triumph Theobald Maskes: Luise geht – es ist ein Sonntagmorgen und übrigens der erste Jahrestag ihrer Ehe – in die Kirche, auch das ein Zeichen für das Ende ihres kurzen Aufbäumens. Mandelstam, dessen Leidenschaft für sie ebenfalls endgültig erloschen ist, läßt sich von ihrem Gatten sogar noch eine Erhöhung der Monatsmiete abhandeln. Die Abwesenheit seiner Frau nutzt Herr Maske außerdem, um das kaum widerstrebende Fräulein Deuter – eben noch die Vertraute Luises – zu verführen und mit ihr im ehelichen Schlafzimmer einen Seitensprung zu begehen. Der zurückkehrende Scarron hat inzwischen ein neues Objekt seiner Begierden und seiner künstlerischen Ambitionen in Gestalt einer Prostituierten gefunden, die er in lächerlichekstatischer Sprache zu seiner neuen Göttin stilisiert. (»Zu jeder Stunde bot sie ihren Leib der Gemeinheit der Männer, und mit jedem Tag hob sie sich kraft ihres Leides näher dem Allwissenden.«) Obwohl er auf das Zimmer bei Maskes keinen Anspruch mehr erhebt, zahlt er die Miete für das ganze Jahr und ermöglicht es Theobald so, den Raum erneut zu vermieten, und zwar an einen Herrn Stengelhöh, der an »Stuhlverstopfung« leidet und »wissenschaftlich tätig« ist. Angesichts der sich unerwartet günstig gestaltenden finanziellen Situation wird der vom Kirchgang zu ihren Kochtöpfen heimgekehrten Luise von ihrem Mann feierlich eröffnet: »Jetzt kann ich es, dir ein Kind zu machen, verantworten.«

Zwei Möglichkeiten bleiben dem Zuschauer, den einigermaßen verwirrenden Schluß zu deuten: Er kann ihn verstehen als Sieg des brutal-egoistischen »Viechskerls«, der das hat, wovon die anderen immer nur reden: Kraft, und dem es gelingt, unter der Maske (!) des Biedermanns seine Triebe ungehemmt auszuleben. Möglich ist aber auch eine Deutung des Stücks als Spießersatire, die in die muffige Atmosphäre angeblich beschaulicher Bürgerlichkeit hineinleuchtet, das Gewaltpotential traditioneller Geschlechterbeziehungen freilegt und beides dem kritischen Gelächter preisgibt. Eine eindeutige Entscheidung für eine der beiden Alternativen verwehrt der Text; die Deutungsambivalenz ist andererseits charakteristisch für ästhetische Konzeptionen der expressionistischen Autoren, denen alle Gewißheiten fragwürdig geworden waren.

Sternheim hat als dramatischen Katalysator, der die Triebenergien aller beteiligten Personen freisetzt, den Fall von Luises Hose benützt, der selbst bereits als Ergebnis einer Fehlleistung charakterisiert wird, ausgelöst dadurch, daß sie sich auf der Straße »nach dem Kutscher reckte«. Den Menschen als von seinen ihm in der Regel un- oder vorbewußt bleibenden Trieben gesteuert zu zeigen: auch darin besteht die Modernität dieser »Komödie«. Wenn Theobald Maske am Ende des Dramas den Entschluß faßt, ein Kind zu zeugen, ist das wohl zu verstehen als Versuch, die von ihm erahnten erotischen Bedürfnisse seiner Frau in ihre Mutterschaft abzulenken und zu kanalisieren.

Georg Kaiser
Von morgens bis mitternachts

Georg Kaiser (1878–1945) war seit seinem Durchbruch mit dem Drama ›Die Bürger von Calais‹ (erschienen 1916, Uraufführung Frankfurt 1917) in der Zeit des frühen Expressionismus, besonders aber in den zwanziger Jahren, der fruchtbarste und neben Gerhart Hauptmann meistgespielte Dramatiker. Als Kritiker der Massenhysterie und überzeugter Pazifist wurde er für die Nazis schon früh ein Gegner. Die Uraufführung seines Märchenspiels ›Der Silbersee‹ (1933) mit der Musik des ebenfalls verhaßten Kurt Weill benützte die SA zu einem Theaterskandal. Das Werk des »Kulturbolschewisten« wurde verboten, weiteres Arbeiten untersagt. 1938 emigrierte Kaiser in die Schweiz, wo er kurz nach Kriegsende starb.

Von den rund 70 Dramen, die der von unerschöpflicher Experi-
mentierlust Geleitete, wegen der oft ausgeklügelt konstruierten
Stücke häufig als »Denkspieler« Bezeichnete, schuf, sind heute einer
breiteren Öffentlichkeit nur noch wenige bekannt. Aus der Zeit des
Expressionismus finden wohl zwei ›Von morgens bis mitternachts‹
(entstanden 1912, uraufgeführt in den Münchener Kammerspielen
nach Fürsprache von Gerhart Hauptmann 1917) und ›Die Bürger
von Calais‹ heute am ehesten noch Interesse. Das sozialkritisch-
satirische ›Stationendrama‹ einerseits und das utopische Verkündigungsdrama andererseits zeigen zwei wesentliche Richtungen nicht
nur des Kaiserschen, sondern des expressionistischen Theaters überhaupt: hier Sozialkritik und pessimistische Untergangsgewißheit,
dort Aufbruch eines neuen Ich und hoffnungsvolle Vision. Beide
sind vor dem Hintergrund des Ersten Weltkrieges Ausdruck der
Zeitstimmung, wenn auch das zweite als Ideendrama Zeitlosigkeit in
Anspruch nimmt.
›Von morgens bis mitternachts‹, angeregt durch ein persönliches
Erlebnis vor einem Bankschalter, wo ihn »ein alter, anscheinend un-
begüterter Beamter« bedient, während er überlegt: »Warum verduf-
tet der Kerl nicht mit meinem Gelde?«, ist das erste expressionistische Stück Kaisers. In ihm bestimmt kein herkömmlicher
dramatischer Konflikt die Handlungsführung, vielmehr läßt der
Autor den »Helden« – einen Kassierer – auf der Suche nach einem
neuen, erfüllten Leben Station nach Station durchwandern, am Ende
die Vergeblichkeit seines Versuchs in der modernen Welt erfahren
und Selbstmord begehen. Das »Stück in zwei Teilen« – Kaiser legt
keine Gattungsbezeichnung fest– gliedert sich in 7 Stationen oder
Szenen. Der erste Teil reicht bis zur ersten Begegnung mit dem Tod
in der dritten Szene.
Der »Kassierer« – kein Name, nur die Funktion des kleinbürgerlichen Bankangestellten scheint wichtig – einer Provinzbank beobachtet eine exotisch schöne Dame, die auf ihren Kreditbrief vergeblich
3000 Mark einzulösen versucht. Wie der hochnäsige Direktor hält
auch der Kassierer sie für eine Halbweltdame und hofft, sie durch
Geld für sich gewinnen zu können. Er entwendet 60000 Mark, erscheint bei der Dame im Hotel und muß feststellen, daß sie sich in
Wirklichkeit mit ihrem Sohn auf einer Studienreise befindet und
»sein« Geld sie ganz und gar nicht beeindruckt, auch nicht, als er ihr
auf übertriebene Weise begreiflich zu machen versucht, was er (vermeintlich) für sie aufs Spiel gesetzt hat:

Ich habe geraubt, gestohlen. Ich habe mich ausgeliefert – ich habe meine
Existenz vernichtet – alle Brücken sind gesprengt – ich bin ein Dieb – Räuber

– – *(Über den Tisch geworfen)* Jetzt müssen Sie doch – – jetzt müssen Sie doch!!!

Der Kassierer ist als Typus Repräsentant seiner vom Geld bestimmten Bankwelt; er ist nicht in der Lage zu begreifen, daß das, was er als höchsten Wert kennt, wirkungslos ist. Daß er sich durch seine verbrecherische »Tat« nicht aus seiner der Welt entfremdeten Situation befreit hat, zeigt auch die folgende Szene. Sie spielt auf verschneitem Feld, oft, wie von Ernst Schürer, »als symbolische Darstellung des modernen Lebens angesehen, auf dem das Leben erfroren und unter einer Schneedecke begraben liegt«. Vielleicht aber soll der Schnee auch einfach das frühere Leben des Kassierers unter seiner Decke verschwinden lassen; darauf deutet jedenfalls diese Regieanweisung hin: »Kassierer *(kommt rückwärts gehend. Er schaufelt mit den Händen seine Spur zu ...)*«, ebenso seine befriedigte Feststellung: »... Erzielt ist ein undurchsichtiges Inkognito!«, das Abstreifen und Wegwerfen bzw. Einstecken der Manschetten, die das Abstreifen des Kleinbürgerlichen symbolisieren mag. Der Fehler bei der Einschätzung der Dame hat ihn nicht entmutigt: »Ich bin auf dem Marsche – Umkehr findet nicht statt.« Aber die Sprache verrät, daß er sich dem gewohnten Metier und seiner Vorstellungswelt nicht so ohne weiteres entziehen kann. In einem Monolog »entläßt« er die Dame:

Leben Sie wohl und grüßen Sie den Direktor (...) Ich entbinde Sie aller Verpflichtungen gegen mich, Sie sind entlassen, Sie können gehen. – Halt! Nehmen Sie meinen Dank auf den Weg – in die Eisenbahn! – Was? Keine Ursache? – Ich denke, bedeutende! Nicht der Rede wert? – Sie scherzen, Ihr Schuldner! Wieso? – Ich verdanke Ihnen das Leben! – Um Himmels willen! – Ich übertreibe? Mich haben Sie, knisternd, aufgelockert. Ein Sprung hinter Sie drein stellt mich in den Brennpunkt unerhörter Geschehnisse. Und mit der Fracht in der Brusttasche zahle ich alle Begünstigungen bar! (...) Der Betrag ist flüssig gemacht – die Regulierung läuft dem Angebot voraus. Vorwärts, was bietet sich? *(Er sieht in das Feld.)* Schnee. Schnee. Sonne. Stille. *(Er schüttelt den Kopf und steckt das Geld ein.)* Es wäre eine schamlose Übervorteilung – mit dieser Summe blauen Schnee zu bezahlen. Ich mache das Geschäft nicht. Ich trete vor dem Abschluß zurück. Keine reelle Sache! *(Die Arme aufwerfend.)* Ich muß bezahlen!! – – Ich habe das Geld bar !! – – Wo ist Ware, die man mit dem vollen Einsatz kauft?! Mit sechzigtausend – und dem ganzen Käufer mit Haut und Knochen?! – *(Schreiend.)* Ihr müßt mir doch liefern – – ihr müßt doch Wert und Gegenwert in Einklang bringen!!!!

»Betrag«, »flüssig machen«, »Regulierung«, »Angebot«, »Ware«, »Übervorteilung«, »reelle Sache« – das sind Ausdrücke aus seinem gewohnten Umfeld; sie begleiten ihn und bestimmen seine Denkweise. Als Bankkaufmann hält er daran fest, daß die Welt für Geld einen entsprechenden Gegenwert zu bieten hat. Nicht einmal die Begegnung mit dem Tod kann dies ändern:

Vor wem lüfte ich denn so höflich meinen Hut? *(Sein Hut ist ihm entrissen. Der Orkan hat den Schnee von den Zweigen gepeitscht: Reste in der Krone haften und bauen ein menschliches Gerippe mit grinsenden Kiefern auf. Eine Knochenhand hält den Hut.)* Hast du die ganze Zeit hinter mir gesessen und mich belauscht? Bist du ein Abgesandter der Polizei? Nicht in diesem lächerlich beschränkten Sinne. Umfassend: Polizei des Daseins? – Bist du die erschöpfende Antwort auf meine nachdrückliche Befragung? Willst du mit deiner einigermaßen reichlich durchlöcherten Existenz andeuten: das abschließende Ergebnis – deine Abgebranntheit? – Das ist etwas dürftig. Sehr dürftig. Nämlich nichts! – Ich lehne die Auskunft als nicht lückenlos ab. Ich danke für die Bedienung. Schließen Sie Ihren Laden mit alten Knochen. Ich bin nicht der erste beste, der sich beschwatzen läßt! – Der Vorgang wäre ja ungeheuer einfach. Sie entheben der weiteren Verwickelungen. Aber ich schätze Komplikationen höher. Leben Sie wohl – wenn Sie das in Ihrer Verfassung können! – Ich habe noch einiges zu erledigen. (...) Rufen Sie mich gegen Mitternacht nochmals an. Wechselnde Telephonnummer beim Amt zu erfragen! – Verzeihung, ich rede dich mit Sie an. Wir stehen doch wohl auf du und du. Die Verwandtschaft bezeugt sich innigst. Ich glaube sogar, du steckst in mir drin. Also winde dich aus dem Astwerk los, das dich von allen Seiten durchsticht, und rutsche in mich hinein. (...) Ich sehe, wir haben bis zu einem annehmbaren Grade eine Verständigung erzielt. Das ist ein Anfang, der Vertrauen einflößt und im Wirbel kommender großartiger Ereignisse den nötigen Rückhalt schafft. Ich weiß das unbedingt zu würdigen. Mit vorzüglicher Hochachtung – *(Donner rollt. Ein letzter Windstoß fegt auch das Gebilde aus dem Baum. Sonne bricht durch. Es ist hell wie zu Anfang.)*

Sein Verhältnis zum Tod ist für ihn eine Art Vertrag, eine »Verständigung«, die er wie einen Geschäftsbrief »mit vorzüglicher Hochachtung« abschließt. Das Neue in diesem Abschnitt ist der Ton, eine übersteigerte Selbstgewißheit, die in flapsig-ironischer Sprechweise die Unsicherheit überspielt, denn er weiß ja, daß der Tod in ihm steckt. Er wird ihm dann bedrohlich, wenn er das große Leben nicht erfahren kann, denn die Rückkehr in sein altes Leben ist unmöglich, nicht nur, weil er von der Polizei gesucht wird, sondern weil sie eine Rückkehr in die bloße Funktion (des »Kassierers«) bedeuten würde.

Der mit der nächsten Szene beginnende Weg durch verschiedene Stationen ist wie eine Reise durch ein Experimentierfeld, bei der ausgelotet werden soll, ob eine Welt, in der man mit Geld alles kaufen zu können erwartet, auch die »Ware« Leben anzubieten hat.

Nachdem sich der Kassierer bei einem (handlungslogisch nicht recht einsehbaren) Besuch bei seiner Familie noch einmal vergewissert hat, daß die private Sphäre durch die gleiche dumpfe Öde bestimmt ist wie es seine berufliche mit den immer gleichen Bewegungen und Vorgängen war, begegnet er dem Leser wieder in der Großstadt B. Daß Kaiser damit Berlin meint und die folgenden Szenen als Großstadtsatire zu lesen sind, ist offensichtlich: Das Geschehen im Sportpalast (in Berlin 1910 eröffnet) spielt vor dem Hintergrund des beliebtesten Spektakels im damaligen Deutschland, dem Sechstagerennen. Hier erlebt der Kassierer Wirkungen und Grenzen seines Geldes. Durch seine hohen Prämienstiftungen erweckt er Aufmerksamkeit, seine Reaktion auf die Frage, warum er so hohe Preisstiftungen mache, verblüfft jedoch:

KASSIERER: Weil die Wirkung fabelhaft ist.
DER ERSTE HERR: Auf das Tempo der Fahrer?
KASSIERER: Unsinn.

Der Sport interessiert ihn nicht im geringsten, auch nicht, daß durch sein Geld »die Großen ins Zeug gehen«. Was ihn fasziniert, ist etwas ganz anderes:

KASSIERER: *(zwei Herren im Nacken packend und ihre Köpfe nach hinten biegend)*
Jetzt will ich Ihnen die Antwort auf Ihre Frage geben. Hinaufgeschaut!
EIN HERR: Verfolgen Sie doch die wechselnden Phasen des Kampfes unten auf der Bahn.
KASSIERER: Kindisch. Einer muß der erste werden, weil die andern schlechter fahren. – Oben entblößt sich der Zauber. In dreifach übereinandergelegten Ringen – vollgepfropft mit Zuschauern – tobt Wirkung. Im ersten Rang– anscheinend das bessere Publikum – tut sich noch Zwang an. Nur Blicke, aber weit – rund – stierend. Höher schon Leiber in Bewegung. Schon Ausrufe. Mittlerer Rang! – Ganz oben fallen die letzten Hüllen. Fanatisiertes Geschrei. Brüllende Nacktheit. Die Galerie der Leidenschaft! – (...)
KASSIERER: Der erste Rang rast. (...) Die Beherrschung ist zum Teufel. Die Fräcke beben. Die Hemden reißen. Knöpfe prasseln in alle Richtungen. Bärte verschoben von zersprengten Lippen, Gebisse klappern. Oben und mitten und unten vermischt. Ein Heulen aus allen Ringen – unterschiedlos. Unterschiedlos. Das ist erreicht!
DER HERR: *(sich umwendend)* Der Deutsche hat's. Was sagen Sie nun?
KASSIERER: Albernes Zeug.

Das zentrale Wort heißt »Leidenschaft«; die entfesselte Leidenschaft ist es, die den Kassierer begeistert, sie verfolgt er in den »dreifach übereinandergelegten Ringen«, bis »die letzten Hüllen fallen«, die »Hemden reißen« und »Knöpfe prasseln in alle Richtungen« – bis die gesellschaftlichen Unterschiede verschwinden, das »Heulen unterschiedlos« wird: Masse, die, von Emotionen bewegt, sich löst aus aller Konvention und Tradition, pure Vitalität auslebt.

Das ist es, das ist als Tatsache erdrückend. Das ist letzte Ballung des Tatsächlichen. Hier schwingt es sich zu seiner schwindelhaften Leistung auf. Vom ersten Rang bis in die Galerie Verschmelzung. Aus siedender Auflösung des einzelnen geballt der Kern: Leidenschaft! Beherrschungen – Unterschiede rinnen ab. Verkleidungen von Nacktheit gestreift: Leidenschaft! – Hier vorzustoßen ist Erlebnis. Türen – Tore verschweben zu Dunst. Posaunen schmettern und Mauern kieseln. Kein Widerstreben – keine Keuschheit – keine Mütterlichkeit – keine Kindschaft: Leidenschaft! Das ist es. Das ist es. Das lohnt. Das lohnt den Griff – das bringt auf breitem Präsentierbrett den Gewinn geschichtet!

EIN HERR: *(kommend)* Die Sanitätskolonne funktioniert tadellos.

KASSIERER: Ist der Kerl [ein Artist, der Hrsg.] stürzend zermahlen?

EIN HERR: Zertreten.

KASSIERER: Es geht nicht ohne Tote ab, wo andre fiebernd leben. (...) Menschheit. Freie Menschheit. Hoch und tief – Mensch. Keine Ringe – keine Schichten – keine Klassen. Ins Unendliche schweifende Entlassenheit aus Fron und Lohn in Leidenschaft. Rein nicht – doch frei! – Das wird der Erlös für meine Keckheit. *(Er zieht das Bündel Scheine hervor.)* Gern gegeben – anstandslos beglichen!

Leidenschaft bedeutet Befreiung, Teilhabe an der Masse, Aufhebung des Ich-Verlusts durch die Einheit aller. Dafür sind Tote keine gewichtigen Verluste – in der Zwischenszene mit dem Mädchen spricht der Kassierer sogar von Schlacht und Krieg und notwendigen »Kriegskosten«, die er bezahle.

Der Autor sieht das, wenn man genauer hinhört, nicht so positiv wie sein Protagonist. Die »freie Menschheit« wird mit Worten gekennzeichnet, die eher auf das Gegenteil hindeuten: »Heulendes Getöse«, »furchtbarer Lärm«, »wahnsinniger Beifall«, »Ekstase« – man muß Kaisers Regieanweisungen ernst nehmen. Aber auch der Kassierer kommt zu seiner Ernüchterung. Als »Seine Hoheit« die Loge betritt, die Nationalhymne ertönt, verbreitet sich devote Stille. Die Macht seines Geldes hat Grenzen, die staatliche Macht und Tradition macht die »Buckel krumm, die Entfesselten zahm«, und auch darin sind sie alle gleich.

Die Station »Ballhaus« entzaubert die Illusion des Kassierers noch deutlicher, auch wenn hier das Geld die Hochnäsigkeit des Kellners gegenüber der Unkenntnis des Provinzlers in einer köstlichen Satire auf den Parvenü noch überwindet:

KELLNER: Die Sektmarke des Herrn?

KASSIERER: *(räuspert)* Grand Marnier.

KELLNER: Das ist Kognak nach dem Sekt.

KASSIERER: Also – darin richte ich mich entgegenkommend nach Ihnen.

KELLNER: Zwei Flaschen Pommery. Dry?

KASSIERER: Zwei, wie Sie sagten.

KELLNER: Extra dry?

KASSIERER: Zwei decken den anfänglichen Bedarf. (…)

Aber die Affäre im »Chambre séparée« wird dennoch wieder zur Enttäuschung: alle weiblichen Personen tragen Masken, Zeichen für Anonymität und Typisierung, ihre »Sprache« ist reduziert auf »Kichern«, »Meckern« und das Wort »Sekt«; sie stellen nicht das Leben dar, sondern Rollen, sind im Grunde wie er selbst in seinem Beruf auf ihre Funktion beschränkt. Als er zuletzt im Tanz ganz im Sinn der Jahrhundertwende das volle Leben sucht, muß er auch noch erfahren, daß seine Auserwählte ein Holzbein hat.

Der Käufer von Schönheit ist gescheitert, alle drei Etappen zur Ekstase sind mißlungen. Die letzte Station ist das »Lokal der Heilsarmee«, in dem das Mädchen aus dem Sportpalast ihn in das Ritual einführt. Die Szenerie auf der Bußbank mit ihren Bekenntnissen läßt andeutend wie in einem halbblinden Spiegel und durch Zeitraffer verkürzt die Erfahrungen des Kassierers noch einmal ablaufen. Der Drang nach der Solidarität mit den geretteten Seelen wird schließlich zur letzten Hoffnung für ihn:

Ich verberge mich nicht mehr, ich bekenne. Mit keinem Geld aus allen Bankkassen der Welt kann man sich irgendwas von Wert kaufen. Man kauft immer weniger, als man bezahlt. Und je mehr man bezahlt, um so geringer wird die Ware. Das Geld verschlechtert den Wert. Das Geld verhüllt das Echte – das Geld ist der armseligste Schwindel unter allem Betrug! *(Er holt es aus den Fracktaschen.)* Dieser Saal ist der brennende Ofen, den eure Verachtung für alles Armselige heizt. Euch werfe ich es hin, ihr zerstampft es im Augenblick unter euren Sohlen. Da ist etwas von dem Schwindel aus der Welt geschafft. Ich gehe durch eure Bänke und stelle mich dem nächsten Schutzmann: ich suche nach dem Bekenntnis die Buße. So wird es vollkommen! *(Er schleudert aus Glacéhänden Scheine und Geldstücke in den Saal.)*

Alle Vertreter der Heilsarmee stürzen sich darauf und raufen um die Scheine. Wieder scheint eine Enttäuschung das Ergebnis, wenn er auch diesmal die Macht des Geldes unterschätzt hat. Aber es bleibt ja das Mädchen, das an der Raffgier der anderen Mitglieder der Heilsarmee nicht teilnimmt. Es wird ihm zur letzten Hoffnung:

Ein Mädchen steht da. Aus verlaufenen Fluten – aufrecht – verharrend! *(Wirbel.)* Mädchen und Mann. Uralte Gärten aufgeschlossen. Entwölkter Himmel. Stimme aus Baumwipfelstille. Wohlgefallen. *(Wirbel.)* Mädchen und Mann – ewige Beständigkeit. Mädchen und Mann – Fülle im Leeren. Mädchen und Mann – vollendeter Anfang. Mädchen und Mann – Keim und Krone. Mädchen und Mann – Sinn und Ziel und Zweck. *(Paukenschlag nach Paukenschlag, nun beschließt ein endloser Wirbel.)*

Das Mädchen verkörpert für ihn in diesem Augenblick das ursprüngliche Leben, frei von den Mängeln der Zivilisation. Mit ihr könnte er einen neuen Weg gehen, den Weg zurück in »uralte Gärten« (Paradies), in »ewige Beständigkeit«; in äußerster Verknappung der Sprache (bei Kaiser häufig Kennzeichen von Höhepunkten) glaubt er, »Sinn und Ziel und Zweck« endlich gefunden zu haben. Als er erkennen muß, daß es ihr nur um die auf ihn ausgesetzte Belohnung geht, schließt sich der Kreis des Stücks: Er ist wieder da angelangt, von wo er ausgegangen war. Nun steht er wieder vor dem »Gerippe« wie im 1. Teil, dem er seine »Ankunft« meldet:

Ich habe den Weg hinter mir (...) Ich habe es mir schwer gemacht und hätte es so leicht haben können – oben im Schneebaum, als wir auf *einem* Ast saßen. Du hättest mir ein wenig dringlicher zureden sollen. Ein Fünkchen Erleuchtung hätte mir geholfen (...). Warum lief ich den Weg? Wohin laufe ich noch? *(Posaunenstöße.)* Zuerst sitzt er da – knochennackt! Zuletzt sitzt er da – knochennackt! Von morgens bis mitternachts rase ich im Kreise – nun zeigt sein fingerhergewinktes Zeichen den Ausweg – – – wohin?!! *(Er zerschießt die Antwort in seine Hemdbrust (...), ist mit ausgebreiteten Armen gegen das aufgenähte Kreuz des Vorhangs gesunken. Sein Ächzen hüstelt wie ein Ecce – sein Hauchen surrt wie ein Homo.)*

Wie in ›Die Bürger von Calais‹ steht am Ende christliche Symbolik, doch ist »Ecce homo« hier wohl eher eine Anspielung auf Nietzsches Schrift (1889), in der Christus mit Dionysos verglichen wird. Der Kassierer hat das dionysische Leben des Rausches und der Ekstase gesucht, er ist kein »Verwandelter« wie Eustache Saint-Pierre, wenn er auch die Schalheit seiner Welt erkannt hat. Die Absicht, die Kaiser mit diesem Stück verbindet, ist auch eine andere: Er will Zustände anprangern, nicht Lösungen anbieten, auch wenn der Kassierer aus seiner Entfremdung auszubrechen versucht. Peter Szondi hat darin eine typische Entwicklung des expressionistischen Dramas gesehen: »Die Ich-Dramatik des Expressionismus gipfelt paradoxerweise nicht in der Gestaltung des vereinsamten Menschen, sondern in der schockartigen Enthüllung vor allem der Großstadt und deren Vergnügungsstätten (...), die Stationentechnik hält zwar die Vereinzelung des Menschen (...) fest, aber zum Ausdruck gelangt in ihr nicht das isolierte Ich, sondern die entfremdete Welt, der er gegenübersteht.« Der Kassierer ist daher auch nicht als Gegenfigur zur Gesellschaft, sondern als Produkt und Opfer gezeichnet; er scheitert nicht, weil er opponiert, sondern weil er erfahren muß, daß man mit Geld zwar nicht alles kaufen kann, es aber dennoch den Menschen bestimmt.

Im Vergleich mit Hauptmanns ›Ratten‹ (vgl. S. 213) ist Kaisers Großstadtkritik direkter, bildet nicht nur den Hintergrund für eine herkömmliche Theaterhandlung. Kaiser setzt Beobachtungen und Gedanken unmittelbar in Szenen um, seine Darstellungskunst wird den Erfordernissen einer veränderten großstädtischen Welt eher gerecht – die Sportpalastszene ist wegweisend geworden. Die Vermischung kultursoziologisch-moralischer Aspekte mit der Suche nach einem metaphysischen Hintergrund zeigt aber auch das Verhaftetsein in seiner Zeit.

Die Bürger von Calais

Das dreiaktige Drama entstand nach Anregung durch Auguste Rodins Bronzeplastik, die Stoffgrundlage lieferte die Chronik von Jean Froissart (›Chronique de France‹):

Der englische König Eduard III. belagert (1346) die Stadt Calais. Der französische König kann nicht helfen. Da bieten sich sechs Opferwillige als Geiseln an, um die Stadt zu retten. Auf die Fürbitte seiner Frau hin schenkt Eduard ihnen das Leben und verschont Hafen und Stadt.

Kaiser wandelt die Situation ein wenig ab: bei ihm stellt Eduard die Bedingung, daß sechs ausgewählte Bürger der Stadt im Büßergewand und mit einem Strick um den Hals als Zeichen der völligen Auslieferung die Stadtschlüssel übergeben; erst dann ist er bereit, die Stadt zu schonen. Während Eduard bei Froissart eine sofortige Entscheidung fordert, läßt er bei Kaiser den Bürgern bis zum Morgen Zeit. Dieser Entscheidungszeitraum entspricht der Spielzeit auf der Bühne. In ihr geht es jedoch nicht mehr um die Frage, ob sich überhaupt Bürger der Stadt finden, die sich dem Ultimatum entsprechend zu stellen bereit sind, sondern wie sich in einem Entscheidungsprozeß die Opferwilligen verhalten, ihre Tatbereitschaft begründen und Einwänden bzw. Selbstreflexionen widerstehen.

Kaiser beruft sich gern auf Platon: »Das Drama Platons legt Zeugnis ab. Er ist über allen Dramen. Rede stachelt Widerrede – neue Funde reizt jeder Satz ...« Diese Grundvorstellung bestimmt das ganze »Bühnenspiel in drei Akten«. Die drei Akte variieren in drei Stationen das Grundthema der Erneuerung des Menschen; die Entscheidungen ergeben sich nicht aus Handlungen, sondern aus der Dialektik von Rede und Gegenrede. Dialektik vollzieht sich dabei nicht im Hegelschen Dreischritt These – Antithese – Synthese, vielmehr sucht die neue These die alte aufzuheben. Das wird schon im 1. Akt deutlich:

Nach der Darstellung der Situation (keine Hoffnung auf Hilfe durch den französischen König), die zu einer Antwort führen muß, vertritt Duguesclins, »Hauptmann des Königs von Frankreich«, die traditionelle Position des Kampfs und ehrenvollen Untergangs:

Aus dem armen Sande vor Calais schießt ein Baum auf. Der blüht an einem Tage. Mit Blut speist sich seine Wurzel. Sein Schatten breitet sich über Frankreich aus. Darunter saust es wie von Bienen: – der Ruhm Calais', der Frankreichs Ehre rettet! –
Er dreht sich nach Eustache de Saint-Pierre um.
Der König von England will die Stadt schonen – um des Hafens willen. Ist der Hafen dieses Handels wert – der mit der Ehre Frankreichs bezahlt wird?

Seine Meinung ist klar, die Frage am Schluß rein rhetorisch. Anders Eustache de Saint-Pierre, einer der »Gewählten Bürger«. Er vertritt nicht einfach eine Gegenposition, sondern argumentiert auf einer völlig anderen Wertbasis:

Wir sahen die Küste, die steil ragt – wir sahen das Meer, das wild stürmt – wir suchten den Ruhm Frankreichs nicht. Wir suchten das Werk unserer Hände! –
Der entstehenden Bewegung entgegnend.
Einer kommt, den spornt die Wut. Die Wut entzündet die Gier. Mit wütender Gier greift er an – und rafft auf, was er auf seinem Weg findet. Er häuft es zu einem Hügel von Scherben – höher und höher – und auf seinem äußersten Gipfel stellt er sich dar: – lodernd in seinem Fieber – starr in seinem Krampf – übrig in der Zerstörung!– – Wer ist das? Empfangt ihr von ihm das Maß eures Wertes – die Frist eurer Dauer? – den heute die Gier anfaßt, die morgen mit ihm verwest?
Hier und da steht einer in den Reihen rasch auf und wendet sich mit starker gegen Eustache de Saint-Pierre abwehrender Geste zu dem nächsten.
EUSTACHE DE SAINT-PIERRE
von einem zum anderen dieser.
Ihr wollt euer Werk zerstören – um diesen, der aus der Stunde kommt und mit der Stunde versinkt? – Ist der Tag mehr als alle Zeit? Wie belehrt euch euer Werk, an das ihr die Tage und Tage reihtet – bis der Tag gering wurde wie der Tropfen im Meer? Stürzte euch die Hast in den Taumel – oder kettete es euch mit kühlen Gliedern an euer Werk? – Wollt ihr es heute verleugnen? Wollt ihr heute mit einem Schieben der Schulter verwerfen, was euch schon beriet und besaß? – Ein Fremder zögert vor der Stadt um dieses Hafens willen: – ihr zögert nicht?
Immer neue erheben sich – mit den gleichen ungestümen Gebärden
EUSTACHE DE SAINT-PIERRE
unabweisbar.
Brennt euch jetzt nicht die andere Scham: – dies Werk geleistet zu haben? – Ekeln euch nicht eure Hände, die daran schufen? Graut euch nicht vor eurem Leib, der sich dazu bückte? – – Ihr vertriebt das Meer – und bautet wie auf harten Boden. Ihr stelltet euer Werk hin – nun lockt und leuchtet es. (…)

Heute wird euer Werk euer Frevel! – Logt ihr nicht schlimmer als mit Worten – mit diesem Werk? Schürtet ihr nicht mit dieser Verheißung jeden Eifer – der nun wach ist und von Ungeduld nach seinem Werke schon verzehrt wird? – Ihr wagtet, was noch keiner angriff – nun schwillt die wuchernde Woge hinaus! – Wollt ihr nun gelassen beiseite stehen – soll der feile Spott von euren Lippen lästern? – –Ihr wagtet euer Werk – um alle Werke müde zu machen, – um mit ihm alle Mühe zu prellen: – immer wartet die Wut – unsere Gier schäumt auf – mit kurzen Stößen zerbricht sie unser Werk aus Leben und Leben! – – Scheut ihr nicht euren Betrug? Wollt ihr diesen Makel auf euch tragen, der euch mit einem scharfen Mal zeichnet – das ihr nicht tilgt?

Über die Stufen ist ein Fluten: – Jacques de Wissant und Pierre de Wissant dringen unten zugleich auf Jean de Vienne und Duguesclins ein und winken anderen zu, um mit ihnen die beiden wegzuführen.

Das »Werk« und die Zukunft sind Eustaches Richtschnur. Das Werk wird zum »Frevel«, wenn man es zerstören läßt, die verlangte Mühe zum »Betrug«, wenn man das Getane nicht zu retten versucht. Die Kette der Argumentation geht an die Bürger weiter, sie stellen Fragen, die den behaupteten neuen Wert bezweifeln und schließlich in Jean d'Aires geradezu inquisitorischen Bedenken gipfeln:

JEAN D'AIRE
mit einem Arm nach der Plattform weisend – mit dem anderen nach Eustache de Saint-Pierre.
Eustache de Saint-Pierre, dir ist es leid um den Hafen. Soll dich nicht am meisten die Sorge peinigen? Bist du nicht reich vor uns allen? Sind deine Speicher nicht die weitesten – sind sie nicht angefüllt mit ihren Gütern bis dicht unter das Dach? – Mußt du nicht zittern – willst du nicht betteln für deinen Reichtum?

Aber er irrt sich. Die Haltung Eustaches fordert freiwillig und selbstlos Opferbereite. Er selbst ist der erste, der sich meldet; nach und nach folgen die anderen diesem Beispiel. Das Drama könnte hier enden und hätte damit den Inhalt der Historie nachvollzogen. Aber Kaiser will kein historisches Drama schreiben, er will die Vision des neuen Menschen auf die Bühne bringen. Als dramentechnischen (und spannungssteigernden) Kunstgriff führt er daher am Ende des ersten Aktes einen siebten Freiwilligen ein. Das Spiel beginnt von neuem – die Akteure sind erneut gefordert, sich zu ihrer Entscheidung zu bekennen. Nicht mehr die Bedeutung des Werks steht damit im 2. Akt im Vordergrund, sondern die Frage, ob der spontane Entschluß der einzelnen der Zeit standhält. Im Gespräch des dritten Bürgers mit seiner Mutter steht der Satz: »Du mußt dich an dieser Hoffnung aufrichten, Mutter – die noch ist!« Und beim Mahle offenbart der fünfte Bürger Eustache:

Ich habe einen alten Vertrauten, den führte ich bis an die Schwelle dieses Saales. Ich wollte ihm von Plänen, mit denen ich mich trage, mitteilen. Ich wollte ihn in meine Entwürfe – verborgene Hoffnungen einweihen. – Ich konnte es nicht. Meine Zunge war gebunden. War es denn das letztemal, daß ich zu ihm redete? Entäußerte ich mich nicht voreilig meines Eigentums? Und mußte ich ihn nicht einsetzen, um es vor dem Verluste zu retten? Eins stieß – jenes hemmte. Und zwischen Stößen und Widerstreben entstand die Marter dieses Tages, die ihren Stachel scharf stach: – die Ungewißheit des letzten Ausgangs.

Die anderen haben die Köpfe erhoben und sehen mit einem betroffenen Staunen nach ihm.

Die Hoffnung ist das Los, das der Bürger ziehen soll, der nicht zum Opfergang gebraucht wird; der Preis dafür könnte aber auch der Verlust des persönlichen Ruhms sein (Jacques de Wissant will nicht, daß einer »lächerlich vor uns« hinausgeht »– mit dem siebenten Los«). Solange es jedoch eine solche Hoffnung oder die Sucht nach persönlichem Ruhm und Ansehen gibt, ist nicht sicher, ob die Opferbereiten auch wirklich die Wandlung vollzogen haben, die nötig ist, um den Weg zum neuen Menschen zu beschreiten.

Daran, daß die Masse der Bürger ohnehin dazu nicht fähig ist, läßt Kaiser keinen Zweifel: Sie folgt von Anfang den Wortführern, hat weder eine eigene Sprache, noch artikuliert sie eine eigene Meinung. Ihre Kennzeichen sind die raunende und murmelnde Bewegung (»Nun wühlt ein Aufruhr in den Reihen auf. Auf der Plattform ist dies Murmeln: –Der Zweite«), die Gebärde (»Hier und da steht einer in den Reihen rasch auf und wendet sich mit starker gegen Eustache de Saint-Pierre abwehrender Geste zu den nächsten«, »Immer neue erheben sich – mit den gleichen ungestümen Gebärden«), das wankelmütige Hin und Her. Sie ist durch Rhetorik beeinflußbar, besitzt keinen eigenen Willen und ist zu keiner eigenen Tat fähig. Die Opferbereiten hingegen stehen eine Stufe höher. Sie tragen Namen, haben den Willen zur »Tat« (ein Zentralwort im Stück). Aber suchen sie nicht zu rasch die Entscheidung? Ist das nicht ein Zeichen der Unreife? Eustache will Zeit gewinnen, damit die sieben Freiwilligen sich prüfen können. Daher legt er in die Losschüssel nur blaue Kugeln, das Zeichen für die Annahme des Opfers. Nachdem jeder seine Kugel genommen hat, schildert er ihnen beim letzten Mahle am Abend seine Bedenken und läßt damit erkennen, wie seine Vorstellung vom »neuen Menschen« aussieht:

EUSTACHE DE SAINT-PIERRE
stärker

Heute sucht ihr die Entscheidung – heute betäubt ihr euern Entschluß – heute überwältigt ihr mit Fieber euren Willen. Ein schweler Rauch trübt um euch von Stirn zu Sohlen und verhüllt den Weg vor euch. Seid ihr würdig, ihn zu gehen? Zu diesem Ziel zu wallen? Diese Tat zu tun – die ein Frevel ist – ohne verwandelte Täter? Seid ihr reif – für eure neue Tat? – Die an allem Bestand lockert – die alten Ruhm verhaucht – die langen Mut knickt – was klang, dämpft – was glänzte, schwärzt – was galt, verwirft ! – Seid ihr die neuen Täter? – Ist eure Hand kühl – euer Blut ohne Fieber – eure Begierde ohne Wut? Steht ihr bei eurer Tat – hoch wie diese? Ein halbes ist die Tat – ein halbes der Täter – eins zerstört ohne das andere – sind wir nur Frevler? –

Die anderen blicken hingenommen nach ihm über den Tisch.

EUSTACHE DE SAINT-PIERRE

Ihr buhlt um diese Tat – vor ihr streift ihr eure Schuhe und Gewänder ab. Sie fordert euch nackt und neu. Um sie klirrt kein Streit – schwillt kein Brand – gellt kein Schrei. An eurer Brust und wütenden Begierde entzündet ihr sie nicht. Eine klare Flamme ohne Rauch – brennt sie – kalt in ihrer Hitze – milde in ihrem Blenden. So ragt sie hinaus – so geht ihr den Gang – so nimmt sie euch an: – ohne Halt und ohne Hast – kühl und hell in euch – ihr froh ohne Rausch – ihr kühn ohne Taumel – ihr willig – ohne Wut – ihr neue Täter der neuen Tat ! – –.

Sie müssen »verwandelte Täter« sein, keine Emotion darf sie leiten, kühle Einsicht der Notwendigkeit muß sie prägen. »Klare Flamme«, »kühl und hell« sind Kennworte immer dann, wenn von den »neuen Tätern der neuen Tat« die Rede ist. Die Flamme läutert das Ich zur reinen, von keinerlei persönlichen Absichten getragenen Opferbereitschaft. Kaiser verwendet da Vorstellungen und Bilder der Zeit des Expressionismus – Formeln und Inhalte, die auch mißbraucht werden konnten, wie sich bald erweisen sollte. Denn was Eustache hier fordert (und woraus er das Recht zur Manipulation der Opferbereiten ableitet), ist die Auslöschung des Individuellen. Der (blinde, zugleich seherische) Vater des Eustache wird es am Ende verkünden, wenn er die sechs Opferbereiten zur »Tat« schickt:

Sucht eure Tat – die Tat sucht euch: ihr seid berufen! – Das Tor ist offen – nun rollt die Woge eurer Tat hinaus … Die neue Tat kennt euch nicht! – Die rollende Woge eurer Tat verschüttet euch. – Wer seid ihr noch? (…) Durch euch rollt euer Werk (…) Schreitet hinaus – in das Licht – aus dieser Nacht.

Das Bild der »Woge«, die alles Personale »verschüttet« und damit vernichtet, macht diesen Vorgang zur eigentlichen Tat der geforderten Verwandlung.

Die Verwandlung wird möglich, weil Eustache de Saint-Pierre die absolute Voraussetzung dafür dadurch schafft, daß er sich selbst in der Nacht tötet, damit keiner als Siebenter von der »Tat« befreit werden kann. Er selbst ist damit den Reinigungsweg »vorausgegangen«, er ist der erste »neue Mensch«. Sein Vater, selbst nur »die Schelle, von einem Klöppel geschlagen«, verkündet es, in Haltung und Ton einem Propheten gleich, den anderen. » – ich habe den neuen Menschen gesehen – in dieser Nacht ist er geboren! – –«. Es bleibt am Ende offen, ob auch die sechs anderen schon ganz diesen »neuen Menschen« verkörpern; der Opfertod bleibt ihnen schließlich erspart, und es scheint, als ob Eustache den Tod als Bedingung für die Erneuerung des Menschen gesehen und sich damit noch über die anderen gestellt hätte, – auch dies entspräche der Struktur des Stücks, das die Dreiteilung als Prinzip kennt. Selbst im äußeren Abschluß tat Kaiser alles, um Eustache noch über die anderen zu erheben:

JEAN DE VIENNE
richtet sich auf. Sein Blick schweift nach den Sechs, die inmitten der Gasse sich ihm genähert haben.
Hebt diesen auf und stellt ihn innen auf die höchste Stufe nieder: – der König von England soll – wenn er vor dem Altar betet – vor seinem Überwinder knien.
Die Sechs heben die Bahre auf und tragen Eustache de Saint-Pierre auf ihren steil gestreckten Armen – hoch über den Lanzen – über die Stufen in die weite Pforte, aus der Tuben dröhnen.
Glocken rauschen ohne Pause in der Luft.
Das Bürgervolk steht stumm.
Aus der Nähe scharfe Trompeten
DER ENGLISCHE OFFIZIER
Der König von England!
Jean de Vienne und die gewählten Bürger
stehen abwartend.
Das Licht flutet auf dem Giebelfeld über der Tür: in seinem unteren Teil stellt sich eine Niederlegung dar; der schmale Körper des Gerichteten liegt schlaff auf den Tüchern – sechs stehen gebeugt an seinem Lager. – Der obere Teil zeigt die Erhebung des Getöteten: er steht frei und beschwerdelos in der Luft – die Köpfe von sechs sind mit erstaunter Drehung nach ihm gewendet.

Der Anklang an Tod und Auferstehung Christi ist – wie auch im 2. Akt schon die Abwandlung des »Letzten Abendmahles« – kein Zufall: Eustache de Saint-Pierre gehört zu den »quasi-religiösen Heilbringern« (Silvio Vietta), wie sie z.T. im Gefolge Nietzsches im sogenannten »messianischen Expressionismus« insbesondere der Lyrik und im »Verkündigungsdrama« (etwa Ernst Barlach, ›Der arme Vetter‹ 1918) hervortreten. Dahinter steht das Bedürfnis nach metaphysischer Orientierung, nach Erneuerung des vom Ich-Verlust bedrohten Menschen und nach Aufhebung der Isolation in neuer Gemeinschaft.

Kaiser verwendet für dieses weihevolle Spiel in ›Die Bürger von Calais‹ eine sehr stark stilisierte und mitunter höchst ekstatischpathetische Sprache. Auffällig ist dabei aber, wie undifferenziert die Sprecher bleiben, die sich bis in die Syntax hinein an denen, die ihnen die Gedanken vorformulieren, orientieren. Einzelne Formeln werden den meist wortlos Lauschenden durch Wiederholung und Variation geradezu eingegossen, so z.B. in der zitierten Abendmahlszene; die kontrastierenden Wendungen und die Abwandlung von Begriffen durch Synonyme unterstreichen die Gedankenbewegung und lassen sie in der Zuspitzung wirksam werden: »Die *hohe Helle* ist angebrochen – das *Dunkel* ist verstreut. Von allen Tiefen schießt das *siebenmal silberne Leuchten* – der *ungeborene Tag der Tage* ist draußen.« Ein besonders häufig gebrauchtes Mittel der sprachlichen Lenkung ist die Frage. Ganze Szenen bauen auf ihr auf und verstärken die dynamische Wirkung der ohnehin knappen syntaktischen Reihung. Die Wiederholung des ersten Wortes steigert dabei häufig die Einprägsamkeit:

Was stieß Stachel und Keile in dein Fleisch?
Verhehle nichts! –
Was wühlt durch dein Blut? Beschönige nicht! –
Was quälte euch? Zögert nicht! –
Was beglückte dich so tief? – (...)

Fragen häufen sich vor allem, wo Entscheidungen gesucht werden sollen (vgl. S. 380), kaum je erwarten oder lassen sie auch nur eine Antwort zu. Es ist eher, als ob durch immer neu hervorstürzende Fragen jegliche eigene Besinnung erstickt werden sollte und im Schwall der Worte untergehen müßte. So sprechen Demagogen, auch wenn sie mit höchstem moralischen Anspruch reden. Dies macht Leser, die mit den Verführungskünsten pathetischer Rhetorik Erfahrung haben, mißtrauisch, wie der heutige Leser auch der Verkündigung absoluter Wahrheiten und Visionen höchst skeptisch gegenübersteht. In der Zeit des frühen Expressionismus war dies anders, die Apotheose des »neuen Menschen«, getragen sicher von hohem sittlichen Ernst, konnte den Bedürfnissen des verunsicherten Ich der jungen Moderne gerecht werden – wie wäre sonst der große Erfolg zu erklären.

Inhalt und sprachliche Gestaltung sind wohl der Grund dafür, warum sich Georg Kaiser auf den Bühnen nach dem Zweiten Weltkrieg nicht mehr durchsetzen konnte. Seine Bedeutung für die Entwicklung des modernen Dramas, insbesondere sein Einfluß auf den jungen Brecht, darf dennoch nicht übersehen werden. Wenn er auch im Grunde Strindbergs »Stationendramen« folgt, so fand doch die konsequent durchgehaltene Struktur, die Fähigkeit, Massenszenen zu organisieren und Probleme »der modernen Zivilisation (...) auf einer abstrakteren Ebene zur Darstellung zu bringen« (Silvio Vietta), Anerkennung. »Das Dramenschreiben ist: einen Gedanken zu Ende denken ...«, sagt Kaiser selbst, und daher sind seine Figuren oft nicht so sehr differenzierte Charaktere als vielmehr Vertreter von Positionen in einem dem Publikum vorgeführten Denkprozeß. Wer seine »Stücke sieht«, sagt ein Kritiker, »der sieht ihm beim Denken zu.«

4. Lyrik des Expressionismus

Das Vorherrschen der Lyrik in der Produktion der Autoren, die dem literarischen Expressionismus zugerechnet werden, ist offenkundig. Die Ursachen dafür sind vielfältig: Bei der Formierung dieser Avantgarde und bei ihrem Versuch, die Literatur bzw. die Künste zu revolutionieren, mußten Publikationsstrategien entworfen und Wirkungsabsichten bedacht werden. Gedichte – meist kurze Texte – fanden am leichtesten Platz in den Zeitschriften und Zeitungen, sie wurden einem städtischen Publikum in Cafés, Kneipen und Kabaretts vorgetragen und erreichten so eine breitere Öffentlichkeit. Das Schreiben von Gedichten kam überdies der Lust der jungen Dichtergeneration am Experiment entgegen, die krisenanfällige Befindlichkeit, die Brüchigkeit des Subjekts in der Moderne konnte in ihnen stenogrammartig komprimiert und expressiv zugespitzt werden.

Nicht zufällig also hat sich für die Literatur des Expressionismus als frühes Resümee eine Lyrik-Anthologie behauptet. In der Bewertung einzelner Autoren und generell in der Einschätzung der wirklich bahnbrechenden Leistungen dieser »Epoche« setzen wir heute manche Akzente anders als Kurt Pinthus (1886–1975); trotzdem kann die von ihm herausgegebene Sammlung ›Menschheitsdämmerung‹ auch dem Leser der Gegenwart die Vielfalt der Themen, die Intensität und Rationalität der sprachlichen Entwürfe erschließen. 1919 (mit der Vordatierung auf 1920) ist dieses heute schon historische Dokument erschienen, 1955 wurde es als Taschenbuch wieder zugänglich gemacht und seitdem viele Male erneut aufgelegt. Den mehrdeutigen Titel der Anthologie (er enthält eine Anspielung auf »Götterdämmerung«, »Dämmerung« selbst kann ein Zu-Ende-Gehen oder einen Neubeginn signalisieren) muß man vor dem Hintergrund der noch offenen und ungeklärten Situation nach dem Ersten Weltkrieg verstehen. Pinthus sagt dazu in seinem Vorwort: »In diesem Buch wendet sich bewußt der Mensch aus der Dämmerung der ihm aufgedrängten, ihn umschlingenden, verschlingenden Vergangenheit und Gegenwart in die erlösende Dämmerung einer Zukunft, die er selbst sich schafft.«

Die in dieser Formulierung aufscheinende Deutung hat über die Lyrik hinaus vielfach das Bild vom Expressionismus insgesamt geprägt und natürlich auch des Herausgebers Auswahl der Autoren und der Texte gesteuert. Gedichte, die eine Suche nach Sinn, eine religiöse oder quasi-religiöse Sehnsucht ausdrücken, von einem dichterischen Sendungsbewußtsein künden – ob es sich nun metaphysisch oder politisch-utopisch äußert –, bilden den Schwerpunkt der Anthologie. Johannes R. Becher, der schon ältere Theodor Däubler,

Walter Hasenclever, Wilhelm Klemm und vor allem Franz Werfel vertreten diese Richtung des »neuen Pathos« und des »messianischen Expressionismus«, die unter dem Einfluß des Krieges noch an Bedeutung gewann.

Das rasch erkennbar werdende Scheitern der lyrischen Aufrufe zur Menschheitsverbrüderung machte das oft bloß Rhetorische und das Illusorische solcher sozialgeschichtlich verständlichen und subjektiv sicher absolut ehrlich gemeinten Versuche sichtbar. Durch eine Verbindung mit Sprechweisen der Liebeslyrik gelang Else Lasker-Schüler als einer der ganz wenigen der Rückgriff auf Traditionen der religiösen Dichtung auch ästhetisch, indem sie nämlich anstelle der abstrakten Menschheit ein »Du« ansprach.

Weltende

Es ist ein Weinen in der Welt,
Als ob der liebe Gott gestorben wär,
Und der bleierne Schatten, der niederfällt,
Lastet grabesschwer.

Komm, wir wollen uns näher verbergen ...
Das Leben liegt in allen Herzen
Wie in Särgen.

Du! wir wollen uns tief küssen –
Es pocht eine Sehnsucht an die Welt,
An der wir sterben müssen.

Eine andere Gruppe expressionistischer Dichter grenzte sich gegenüber einer messianisch-sinngebenden Literatur ab. Die Welt mit Gedichten heilen oder erlösen zu wollen, erschien ihnen anmaßend. Skeptisch, auch selbstironisch und sarkastisch analysierten sie ihre zumeist großstädtische Umgebung, ohne dabei die Bedingungen des Erkennens und Analysierens aus den Augen zu verlieren. Zu diesen Bedingungen gehörte, daß sie sich als gesellschaftliche Außenseiter begriffen und so die Gesellschaft vom Rande her betrachteten, was möglicherweise distanzierten Überblick erlaubte, die Perspektiven aber auch verzerren konnte. Kurt Hiller (1885–1972), Gründer des »Neuen Clubs« und beteiligt am Entstehen der Zeitschrift ›Die Aktion‹, formulierte bereits 1911 seine Vorstellung von einem intellektualistischen Dichten:

Ich setze als Ziel der Gedichtschreibung: das emphatische Ausschöpfen dessen, was dem entwickeltsten Typus Mensch alltäglich begegnet; also: ehrliche

Formung der tausend kleinen und großen Herrlichkeiten im Erleben des intellektuellen Städters. Man muß sich, unter anderem, nicht vor Fremdwörtern und allen möglichen terminis technicis (sic!) scheuen; muß die Erlebnisse der Geistigkeit nicht klassisch-kaffrig ausschalten; muß knappe und irisierende Synthesen geben von dem, was seltsame analytische Sensation in uns ist.

Unter Verzicht auf Mitleidspathos erschlossen Autoren wie Jakob van Hoddis, Gottfried Benn, Georg Heym, Paul Boldt, Alfred Lichtenstein und Ernst Blass der Lyrik neue Stoffe und Themen, erweiterten sie das Menschenbild der Literatur, indem sie – scheinbar kühl registrierend – das Häßliche, Kranke, Abseitige, Abnorme und Perverse in den Blick nahmen, eine »Ästhetik des Häßlichen« entwarfen. Natürlich setzten sie sich damit dem naheliegenden Vorwurf der kulturkonservativen Kritik aus, selbst krank und pervers zu sein.

In zahllosen Großstadtgedichten, im Motiv des »Moloch Großstadt« demonstrierten die zu dieser Gruppe zählenden Autoren die Dialektik der technischen Zivilisation. Zutiefst erschrocken, dämmerte ihnen, daß der biblische Auftrag »Macht euch die Erde untertan«, verstanden als immer vollkommenere Naturbeherrschung, letztlich die Erde unbewohnbar machen könnte. Noch nicht geprägt von den Schrecknissen, die ein weiter- (nicht fort-)geschrittenes Jahrhundert etwa für Dresden oder Hiroshima bereithielt, vielfach sogar noch vor dem Ersten Weltkrieg, suchte diese Künstlergeneration zum erstenmal nach den Vokabeln für ihre Weltuntergangsahnungen.

Hatten die Dichter des Naturalismus in ihrer Großstadtlyrik sich in der Regel noch darauf beschränkt, mitleidig die soziale Lage des Proletariats aus der Distanz zu beklagen, bekundeten nun die jüngeren Expressionisten, selbst von den von ihnen düster beschworenen Phänomenen betroffen zu sein, die Überbeanspruchung des Nervensystems von Großstädtern drang in die Thematik und die Form ihrer Texte ein.

Alfred Lichtenstein
Punkt

Die wüsten Straßen fließen lichterloh
Durch den erloschnen Kopf. Und tun mir weh.
Ich fühle deutlich, daß ich bald vergeh –
Dornrosen meines Fleisches, stecht nicht so

Die Nacht verschimmelt. Giftlaternenschein
Hat, kriechend, sie mit grünem Dreck beschmiert.

Das Herz ist wie ein Sack. Das Blut erfriert.
Die Welt fällt um. Die Augen stürzen ein.

Ge- und verblendet vom glitzernden Schein eines nimmermüden Amüsierbetriebs stellten sie sich in ihren Texten als selbst den unterschiedlichsten Rauschzuständen verfallen dar, flohen darin in frühgeschichtliche oder vormenschliche Tagträume (Regression) oder arrangierten die zerscherbten Realitätspartikel zu Grotesken.

Erstaunlich ist, daß diese Lyriker im Gegensatz zur inhaltlich-thematischen Kühnheit und Radikalität die traditionellen Formen weitgehend beibehielten: Vierzeilerstrophen, Terzinen, Sonette fanden weiterhin Verwendung.

Bei einer letzten Gruppe wurden konsequenterweise selbst diese vertrauten lyrischen Formen in Frage gestellt und wurde schließlich, auch unter dem Einfluß des italienischen Futurismus, die Verbrauchtheit der vorgefundenen sprachlichen Modelle reflektiert. »Die Sprache wurde vergewaltigt und verhurt, statt zur großen Einfachheit und Keuschheit erhoben. Zum Ausdruck neuen Empfindens gehörte eine Ursprache, eine *einfache, eindeutige Kunst!*« (Ivan Goll) Die sogenannte »Wortkunst« des Kreises um Herwarth Walden, Herausgeber des ›Sturm‹, zu dem etwa August Stramm gehört, aber auch die frühdadaistischen Sprachexperimente lassen sich als Versuche interpretieren, eine solche »Ursprache« zu finden.

In ihren gültigsten Ergebnissen hat so die expressionistische Lyrik die um die Jahrhundertwende aufgebrochene Ich-, Sprach- und Erkenntniskrise erkannt und reflektiert. Zur Beschreibung des prekären Status des modernen Menschen in der Welt hat sie einen bedeutenden Beitrag geleistet.

Georg Trakl

Georg Trakl (1887–1914), Sohn eines angesehenen und wohlhabenden Salzburger Eisenhändlers, hat in der kurzen Periode seines Schaffens zwar kein sehr umfangreiches Werk hervorgebracht, aber seine Lyrik zählt neben der Hofmannsthals, Georges und Rilkes zu den bedeutenden Dichtungen seiner Zeit. Seine Gedichte sind in viele Sprachen der Welt übersetzt und haben nicht nur die ihm nahestehenden Zeitgenossen des frühen Expressionismus beeinflußt, sondern, vor allem nach dem Zweiten Weltkrieg, auf Dichter wie Nelly Sachs, Ingeborg Bachmann, Peter Huchel oder Paul Celan, um nur einige zu nennen, prägend gewirkt.

Anfangs war das große Talent kaum zu ahnen. Seine frühen, am Impressionismus, am Jugendstil und an symbolistischen Vorbildern orientierten Gedichte wirken größtenteils epigonenhaft, und noch in der von ihm zusammengestellten Sammlung von 1909 (erschienen 1913) finden sich deutliche Anklänge an Vorbilder wie George und Hofmannsthal. Im Eingangsgedicht etwa (›Drei Träume‹) läßt sich unschwer das Vorbild Stefan George erkennen:

> In meiner Seele dunklem Spiegel
> Sind Bilder niegeseh'ner Meere,
> Verlass'ner, tragisch phantastischer Länder,
> Zerfließend ins Blaue, Ungefähre (…)

Nicht weniger augenfällig sind die dem Jugendstil verpflichteten Motive bzw. die lebensphilosophisch begründete Haltung zum »Ganzen« am Ende des Gedichts ›Einklang‹:

> Im hellen Spiegel der geklärten Fluten
> Sehn wir die tote Zeit sich fremd beleben
> und unsre Leidenschaften im Verbluten,
> zu ferner'n Himmeln unsre Seelen heben.

> Wir gehen durch die Tode neugestaltet
> zu tiefern Foltern ein und tiefern Wonnen,
> Darin die unbekannte Gottheit waltet –
> und uns vollenden ewig neue Sonnen.

Trakl selbst hat später streng ausgewählt; nur zwei Texte fanden, als er für eine weitere Ausgabe eine neue Sammlung zusammenstellte, vor seinen Augen Gnade: das bekannte Herbst-Sonett (»Am Abend, wenn die Glocken Frieden läuten …«), das er jetzt bezeichnenderweise nach dem Kernwort im ersten Terzett mit ›Verfall‹ überschreibt, und das Gedicht ›Farbiger Herbst‹, das er unter dem Titel ›Musik im Mirabell‹ übernimmt. Beide Gedichte – aber auch andere wie zum Beispiel ›Dämmerung‹ – drücken den quälenden Schmerz über den »Mißton aller Melodien«, also wie Hofmannsthal die Problematik des Dichters in seiner Zeit, aus. Im Gedicht ›Ermatten‹ wendet er sich entschieden gegen die *l'art pour l'art*-Dichtung, die des »Alltags grauem Gram« nichts als den »Rausch der Wohlgerüche und der Weine« entgegenhalten könne und für ihn nur Quelle von »Ekel« und »Scham« bedeutet.

Der Dichter Trakl findet aber in diesem Abschnitt seines Schaffens kaum eigene Bilder und Formen für seine qualvollen Erlebnisse und Visionen; ornamentale Gestaltung, Ich-Darstellung (»Da macht ein Hauch mich von Verfall erzittern«), rationale Benennung und reflektierende Elemente wie die Gegenüberstellung zweier Positionen

(›Die drei Teiche in Hellbrunn‹. 1. Fassung) sind die hervorstechenden poetischen Mittel.

In einem Brief an Irene Amtmann in Wien, wo Trakl nach seiner Praktikantenzeit in einer Salzburger Apotheke als Student der Pharmazie bis zum Frühjahr 1910 lebte, findet sich seine endgültige Absage an die Welt des nur »schönen Scheins«; in seiner Dichtung will er zu sich selbst kommen (»Vorwärts zu Dir selbst«). Den Weg dorthin beschreibt er seinem Freund Malte Buschbeck um die gleiche Zeit als: »meine bildhafte Manier, die in vier Strophenzeilen vier einzelne Bildteile zu einem einzigen Eindruck zusammenschmiedet«.

Zwei Kennzeichen seiner neu gewonnenen Form hebt er damit als wesentlich hervor: Bildhaftigkeit und Reihungsstil. Das zweite, wie vielfach auch seine Motivwelt, rückt Trakl in die Nähe des frühen Expressionismus (vgl. van Hoddis S. 399 ff.), ohne daß man ihn deshalb dieser Bewegung zurechnen müßte; vielmehr kommt darin zum Ausdruck, daß die Zeit nach solchen Motiven und Formen verlangte.

Besonders geprägt aber wirken Trakls Gedichte, die frühen wie die späteren, von seinem melancholischen, zuweilen depressiven Wesen; Otto Basil hat sogar von einem »gegen sich gerichteten Vernichtungstrieb« gesprochen. Er selber, von der Militärverwaltung 1911 nach seiner Prüfung zum Magister der Pharmazie als »K. u. K. Medikamentenbeamter« zur Ableistung eines halbjährigen Probedienstes nach Innsbruck, »der brutalsten und gemeinsten Stadt«, geschickt, beschreibt seine Situation so:

… wenn ich (…) denke, daß mich ein fremder Wille vielleicht ein Jahrzehnt hier leiden lassen wird, kann ich in einen Tränenkrampf trostlosester Hoffnungslosigkeit verfallen. Wozu die Plage. Ich werde endlich doch immer ein armer Kaspar Hauser [= ein Ausgeschlossener] bleiben.

Von all dem ist in einem seiner ersten Gedichte der Reifezeit, ›Die schöne Stadt‹, auf den ersten Blick wenig zu spüren. Die überschaubare kleine Stadt, sein Geburtsort, scheint keine Ängste zu wecken; bei genauerem Hinsehen wird aber nicht nur Trakls leise Schwermut, sondern auch die Ahnung von versteckter Bedrohlichkeit hinter der nur scheinbar schönen und ungefährdeten vertrauten Welt deutlich.

Die schöne Stadt

Alte Plätze sonnig schweigen.
Tief in Blau und Gold versponnen
Traumhaft hasten sanfte Nonnen
Unter schwüler Buchen Schweigen.

Aus den braun erhellten Kirchen
Schaun des Todes reine Bilder,
Großer Fürsten schöne Schilder.
Kronen schimmern in den Kirchen.

Rösser tauchen aus dem Brunnen.
Blütenkrallen drohn aus Bäumen.
Knaben spielen wirr von Träumen
Abends leise dort am Brunnen.

Mädchen stehen an den Toren,
Schauen scheu ins farbige Leben.
Ihre feuchten Lippen beben
Und sie warten an den Toren.

Zitternd flattern Glockenklänge,
Marschtakt hallt und Wacherufen.
Fremde lauschen auf den Stufen.
Hoch im Blau sind Orgelklänge.

Helle Instrumente singen.
Durch der Garten Blätterrahmen
Schwirrt das Lachen schöner Damen.
Leise junge Mütter singen.

Heimlich haucht an blumigen Fenstern
Duft von Weihrauch, Teer und Flieder.
Silbern flimmern müde Lider
Durch die Blumen an den Fenstern.

Die sieben Strophen zu je vier Verszeilen mit ihrem umfassenden
Reim und der auffälligen Reimwortwiederholung reihen gleichwerti-
ge Bilder in eigentlich beliebiger Folge aneinander. Eine gezielte
Ordnung – etwa auf einen Höhepunkt hin – ist nicht erkennbar, man
könnte sich die Bildreihung unendlich weiter fortgesetzt vorstellen.
Dennoch entsteht eine Einheit; sie baut sich auf aus Farben, Tönen
und Düften und liefert ein Gesamtbild, das weniger das »Schöne«
des Titels (das zweimal im Text erscheint), sondern vielmehr das
verläßlich Vertraute beschwört, eine Welt, in der alles am gewohnten
Ort zu finden ist. Und doch entsteht keine beruhigende Wirkung,
denn nicht alle Bilder, Farben und Vorgänge lassen sich auf die in der

Überschrift angekündigte »schöne« Stadt beziehen; ebenso würde man zu kurz greifen, wenn man den Text als objektive Abbildung auffaßte.

Wie die zweimalige Nennung des Traumhaften (I/3 und III/3) reicht schon das »Blau und Gold« der ersten Strophe in eine tiefere Schicht hinein, ruft Bilder der Muttersehnsucht und frühkindliche helle Tage hervor. Obwohl das Ich in diesem Gedicht nicht erscheint, kommen doch alle Bilder von ihm. Sie erfassen nicht nur – wie im Impressionismus – einen flüchtigen Augenblick und auch nicht nur die konkrete, sinnliche Wirklichkeit des Jetzt, sie verknüpfen Erinnerung, historische Vergangenheit (zweite Strophe) mit Wünschen nach dauernder Gegenwart.

Über dem ganzen Gedicht liegt eine Atmosphäre leiser Melancholie; laute Töne, heftige Bewegungen erscheinen nur vereinzelt, selbst die Knaben spielen »leise dort am Brunnen«. Das »farbige Leben« (VI/2) aus Natur und Menschenwerk wird zwar so bezeichnet und durch Klänge, Gerüche und Gegenstände veranschaulicht, aber den Grundton geben doch das »Schweigen« der ersten Strophe an, das zweimalige »leise«, die vielen mit sch-Lauten gebildeten Alliterationen, die teils als Synästhesien gesetzten Adjektive und Adverbien und die Versform, die in ihrem streng trochäischen Maß und der immer gleichen Reimbindung das statische Element betont und alles Lebendige dämpft. In der letzten Strophe trägt das Adjektiv »müde«, zu dem als pars pro toto gedachten »Lider« gesetzt, die Aussage. Wenn »silbern« – wie häufig bei Trakl – das Reine, Klare ausdrückt, läßt sich der Ausklang der letzten drei Strophen als Übertönung und Verdrängung der vorher düsteren Stimmung verstehen. In ihnen braut sich mit der durch das Enjambement verstärkten Betonung des Todesmotivs (»des Todes *reine* Bilder« weist vielleicht auch auf das Unreine des Lebens hin), den aus den Brunnen tauchenden »Rössern«, vor allem aber durch die »Blütenkrallen«, die »aus Bäumen drohn«, etwas Beängstigendes zusammen. Es wird durch der »schwülen Buchen Schweigen« atmosphärisch schon vorbereitet und wirkt in der seltsamen Formulierung »*Zitternd flattern* Glockenklänge« (also nicht Frieden verkündend wie im Herbst-Sonett) oder dem hallenden »Marschtakt« (so sehr er vielleicht wirklichem Sachverhalt entspricht) nach. Das Heraufkommen des Bedrohlichen ist in dieser Stadt unterschwellig spürbar, wenn auch durch die Form und den freundlichen Abschluß des Gedichts noch abgewehrt: Die »schöne« Stadt bleibt erhalten.

Dies ist in dem ein gutes Jahr später entstandenen Gedicht ›Vorstadt im Föhn‹, in dem Bilder des Ekels vorherrschen, schon nicht mehr der Fall.

... Und ein Kanal speit plötzlich feistes Blut
Vom Schlachthaus in den stillen Fluß hinunter.
Die Föhne färben karge Stauden bunter
Und langsam kriecht die Röte durch die Flut (...)

In seiner Kraßheit erinnert es an Benns ›Morgue‹, obwohl am Ende
in Traumbildern sozusagen das Urbild der Stadt neu entsteht:

(...) Aus Wolken tauchen schimmernde Alleen,
Erfüllt von schönen Wägen, kühnen Reitern.
(...)
Und manchmal rosenfarbene Moscheen.

Allmählich aber wird die Stadt in Trakls Werk geradezu zum Merkmal des Bösen:

O, der Wahnsinn der großen Stadt, da am Abend
An schwarzer Mauer verkrüppelte Bäume starren,
Aus silberner Maske der Geist des Bösen schaut; (...)
                    (›An die Verstummten‹ in ›Sebastian im Traum‹)

Oder sie erscheint als das »Versteinerte«, als Zeichen der Erstarrung,
des Unlebendigen, Fühllosen, das den »Fremdling«, der ausgeschlossen bleibt, keinen Zugang zur kollektiven Welt finden läßt:

(...) ein Fremdling am Abendhügel, der weinend
aufhebt die Lider über die steinerne Stadt.
                              (›Offenbarung und Untergang‹)

Am Ende steht die Stadt in einem Else Lasker-Schüler gewidmeten
dreiteiligen Zyklus als Zeichen für den Untergang des Abendländischen:

Abendland

3

Ihr großen Städte
Steinern aufgebaut
In der Ebene!
So sprachlos folgt
Der Heimatlose
Mit dunkler Stirne dem Wind,
Kahlen Bäumen am Hügel.

Ihr weithin dämmernden Ströme!
Gewaltig ängstet
Schaurige Abendröte
Im Sturmgewölk.
Ihr sterbenden Völker!
Bleiche Woge
Zerschellend am Strande der Nacht,
Fallende Sterne.

Die Unwirtlichkeit der großen Städte, deren »steinerne« Mächtigkeit
den kleinen Menschen zum Heimatlosen macht und vor der Natur
verstummen läßt, wird auch zur Chiffre der Gleichförmigkeit »in der
Ebene«, die keine Differenzierung, keine Höhe und Tiefe mehr
kennt. Der Heimatlose steht der Natur fremd und sprachlos, das
heißt ohne Verständigungsmöglichkeit gegenüber. So folgt er ihren
Symbolen beziehungslos und daher geängstet, wie ihn die Stadt hei-
matlos hat werden lassen. Die Natur wird in gewaltigen Bildern der
Vernichtung dargestellt, Völker – die des modernen, dem eigentlichen Leben entfremdeten zivilisatorischen Abendlands – sterben wie
»fallende Sterne«. Trakls Stadtbilder sind Spiegel sowohl seiner persönlichen Verdüsterung wie auch Ausdruck einer überpersönlichen
Zeitstimmung.

Dieses letzte der zitierten Gedichte gehört einer Gruppe von Gedichten vorwiegend aus den Jahren 1911–1913 an, die Trakl unter
dem Titel ›Sebastian im Traum‹ zusammengestellt, deren Erscheinen
(1915) er aber nicht mehr erlebt hat. Die meisten von ihnen waren
schon früher (seit 1912) in Ludwig von Fickers Zeitschrift ›Der
Brenner‹ erschienen. Trakl hatte in ihm einen Förderer und Freund
gefunden, der ihm nach Kräften in seinen anhaltenden und sich ver-
stärkenden Lebenskrisen selbstlos beistand und dem häufig von allen
Mitteln Entblößten, von heftigen Schuldgefühlen Geplagten und
mitunter völlig Verstörten Zuflucht in seinem Schloß Hohenburg
bot.

›Sebastian im Traum‹ ist überraschenderweise vielleicht nach dem
Vorbild von Stefan Georges Sammlung ›Der siebente Ring‹ als Zyklus angelegt. Die von Trakl selbst noch gestaltete strenge Anordnung der fünf Abschnitte (Sebastian im Traum/Der Herbst des Ein-
samen/Siebengesang des Todes/Gesang des Abgeschiedenen/Traum
und Umnachtung [Prosagedicht]) hebt in der Regel die Titelgedichte
durch die Stellung am Ende hervor; die Thematik führt über
»Traum«, Einsamkeit, Tod und Abgeschiedenheit hin zu »Traum und
Umnachtung«.

In der Form ist, wie schon der Text ›Abendland‹ sichtbar macht,
eine deutliche Veränderung eingetreten: Der Reihungsstil tritt zu-

rück, die strenge, dem Traditionellen verpflichtete Metrik ist zugunsten freier Rhythmen aufgegeben, auf Endreim und einheitliche Strophenform wird verzichtet. Die ungewöhnlichen Zusammenstellungen im Wortschatz (»mit dunkler Stirne«), die mitunter ganz alogische Syntax (»So sprachlos folgt ...«) und die hart und unverbunden nebeneinander gestellten gegenständlichen Aussagen und Bilder erschweren das Verständnis, lassen die Gedichte der Sammlung »hermetisch« erscheinen. Die vielfachen Korrekturen Trakls zeigen, daß es ihm auf absolute Genauigkeit, auf äußerste Kunstform ankam. Metaphern sind hier nicht Schmuckformen, sondern lösen sich – wie die Farben der zeitgenössischen Maler (im ›Blauen Reiter‹ etwa) – aus einem Erfahrungszusammenhang und drücken als reine Metaphern nichts als sich selbst aus. Trakls Sprache, so sagt ein Interpret, nimmt gelegentlich den »Charakter einer Privatsprache« an, »die der langue (der sozial gültigen, regelgerechten Sprache) die Gefolgschaft verweigert«. Dennoch ist diese Sprache des unverkennbaren »Trakl-Tons« in einem weiter zu fassenden Sinn eingängig: sie nimmt gefangen durch ihre Musikalität. Dabei steht der schöne Klang häufig in krassem Gegensatz zum Inhalt. Wenn der von Trakl verehrte Oskar Kokoschka einmal erklärt, daß die Widrigkeiten des Lebens durch die Gestaltung, d.i. Formgebung zu bannen seien, so hat sich Trakl darum gewiß bemüht. Die Anordnung der Themen bzw. Motive und den Grundton der meisten Gedichte dieser Sammlung kann man als Weg eines sich selbst und den richtigen Lebenssinn suchenden Ichs verstehen. Am Ende jedoch ist das Scheitern unverkennbar:

Am Abend ward zum Greis der Vater; in dunklen Zimmern versteinerte das Antlitz der Mutter und auf dem Knaben lastete der Fluch des *entarteten Geschlechts* (...) Niemand liebte ihn (...). Zu seinen Häupten erhob sich der *Schatten des Bösen* (...). O des *verfluchten Geschlechts*. Wenn in *befleckten Zimmern* jegliches Schicksal vollendet ist, tritt mit modernden Schritten der Tod in das Haus.(...) *Steinige Öde* fand er am Abend, Geleite eines Toten in das *dunkle* Haus des Vaters. *Purpurne Wolke* umwölkte sein Haupt, daß er schweigend über sein *eigenes Blut und Bildnis* herfiel, ein *mondenes* Antlitz; *steinern* ins Leere hinsank, da in zerbrochenem Spiegel, ein sterbender Jüngling, die Schwester erschien; die Nacht das *verfluchte Geschlecht* verschlang. (Hervorhebungen vom Hg.)

Am Anfang und Ende von ›Traum und Umnachtung‹ (hier wohl die Umschreibung für Tod), des letzten Abschnitts der Sammlung, häufen und wiederholen sich auf geradezu erschütternde Weise Kernworte des Vokabulars des späten Trakl: »verfluchtes Geschlecht«, »dunkles Haus des Vaters«, »steinige Öde«, »mondenes Antlitz« – die Adjektive, die die Bedeutung tragen, weisen auf Schuld und Verödung. Hatten sich im ›Psalm‹ (2. Fassung) noch »Gottes goldne Augen« wie als Zeichen von Vergebung und Erlösung geöffnet, so ist hier keine Rettung mehr spürbar oder auch nur erwünscht.

Wenn Baudelaires Feststellung zutrifft, daß die »Seele eines Dichters sich in Worten« ausspreche, also sein Innerstes enthülle, dann ist die Sammlung auch biographisch zu verstehen, zumal der Inhalt eines Briefes an Ludwig von Ficker vom 26. 6. 1913 den Bildern im literarischen Text entspricht; dort heißt es, daß er den Tag herbeisehne, an dem die »Seele in diesem unseligen von Schwermut verpesteten Körper nicht mehr wird wohnen wollen und können (…), an dem sie diese Spottgestalt aus Kot und Fäulnis auslöschen wird, die ein nur allzugetreues Spiegelbild eines gottlosen verfluchten Jahrhunderts ist«.

Wenn er vom »verfluchten Geschlecht« spricht, so kommt darin weniger eine allgemeine Beobachtung als Trakls ureigenste Problematik zum Ausdruck, für die er keine Lösung wußte. In Sebastian, dem Hauptmann der diokletianischen Prätorianergarde, der (nach der Legende) seinem christlichen Glauben nicht abschwören will, von den Pfeilen mauretanischer Bogenschützen fast getötet, von einer Christin vorläufig gerettet und dann doch mit Peitschenhieben erschlagen wird, hat Trakl das Bild des Verfolgten und Gejagten gefunden, als den er sich selbst sah. Die Verfolgung spielt sich jedoch in seinem Innersten ab – es ist das eigene Schuldgefühl, das ihn jagt, die Rückkehr »in das dunkle Haus des Vaters« (den Ort der Schuld?) kann keine Heimkehr (des verlorenen Sohnes) sein:

Was zwingt dich still zu stehen auf der verfallenen Stiege, im Haus deiner Väter? Bleierne Schwärze (…) Du auf verfallenen Stufen (…)! Du, ein blaues Tier, das leise zittert; du, der bleiche Priester, der es hinschlachtet am schwarzen Altar (…) Eine rote Flamme sprang aus deiner Hand und ein Nachtfalter verbrannte daran. O die Flöte des Lichts: o du Flöte des Tods. Was zwang dich still zu stehen auf der verfallenen Stiege, im Haus deiner Väter? (›Verwandlung des Bösen‹, Prosatext)

Die Anspielungen auf seine als Schuld empfundene Beziehung zu seiner Schwester Grete sind chiffriert, aber wenn man seine Briefe und den biographischen Hintergrund einbezieht, unverkennbar und im wachsenden Maß auch in anderen Texten dieser Zeit bis hin zu seinem Tod (vgl. ›Klage‹) enthalten. Spürbar ist auch die Verknüpfung mit der Sebastian-Legende: die Schwester steht in der Rolle der Retterin, da er die Liebe der Mutter nicht fand. Doch die Schwester, des »Fremdlings«, die »Fremdlingin«, das »Karfreitagskind« – eine Anspielung auf den christlichen Erlösungsglauben, aber auch die Passion, – konnte ihn nicht retten, sie selbst verfiel unter seinem Einfluß den Drogen, gehört also zu den Leidenden. Auch sie wurde zum »blauen Wild«, trug »die Schwermut über (ihren) Augenbogen«, wie Trakl in dem ebenfalls um 1912/13 entstandenen Gedicht schreibt, dem einzigen, in dem er sie direkt anredet (›An die Schwester‹ im Zyklus ›Rosenkranz‹). »Wild« ist bei Trakl, bei aller grundsätzlichen Vieldeutigkeit seiner Bilder und Farben, fast immer den todgeweihten Opfern zugeordnet, »blau« der Heiligkeit, aber u.a. auch dem Abend, dem Todesengel. Todesverfallenheit und Heiligkeit verbindet Trakl mit der Schwester, eine gewisse Mythisierung vollzieht sich bis zur letzten Nennung im Gedicht ›Klage‹. Die Mythisierung bezieht sich auf die nie verwundene Inzest-Situation:

> Unter finsteren Tannen
> Mischten zwei Wölfe ihr Blut
> in steinerner Umarmung; ein Goldnes
> Verlor sich die Wolke über dem Steg,
> Geduld und Schweigen der Kindheit.

Die Beziehung zum persönlichen Schicksal ist gegenüber einer früheren Fassung verhüllt, der Inhalt wird stärker ins Allgemeine gehoben. Dem dienen auch die in den späten Gedichten auftauchenden Hinweise auf den Ursprung des Inzests bei den Titanen (»Der Titanen dunkle Sagen« in ›Klage‹/›Sebastian im Traum‹). Der Weg in die Mythologie, wie die Öffnung für den Traum, ermöglichen die Poetisierung eines Sachverhalts, der ihn nie losgelassen hat, in dem sie ihn in die Ferne rücken und das eigentlich nicht Sagbare, das aber zur Sprache gebracht werden muß, verhüllen; gleichzeitig schaffen sie ein weites Beziehungsfeld. Die erste Strophe des Gedichts ›Passion‹ (3. Fassung) stehe hier als Beispiel für diese reife Stufe der Traklschen Dichtung:

> Wenn Orpheus silbern die Laute rührt,
> Beklagend ein Totes im Abendgarten,
> wer bist du Ruhendes unter hohen Bäumen?
> Es rauscht die Klage das herbstliche Rohr,
> Der blaue Teich,
> Hinsterbend unter grünenden Bäumen
> Und folgend dem Schatten der Schwester;
> Dunkle Liebe
> Eines wilden Geschlechts,
> Dem auf goldenen Rädern der Tag davonrauscht.
> Stille Nacht.

Manches ist vielleicht nach dem bisher Gesagten miteinander verknüpfbar: der Schatten der Schwester, dunkle Liebe/eines wilden Geschlechts, goldene Räder... Aber »Orpheus«? Eröffnet er eine andere Perspektive? Wieso erscheinen hohe und grünende Bäume, wieso überhaupt die Einbeziehung der Natur? Und gar die seltsame »Stille Nacht«? Das Gedicht setzt anfangs Fragezeichen ganz anderer Art. Es beginnt mit einem Bedingungssatz, dessen Folgerung aber fehlt und der Antworten offen läßt. Ein »Totes« ist ein Beispiel für Trakls Vorliebe für das Neutrum, das unbestimmt bleibt, aber, wie wohl hier, Männliches und Weibliches verschmelzen kann. (Trakl kannte Otto Weininger; eine seiner Thesen lautet »Endgültig bedeutet einen verstehen soviel als: ihn *und* sein Gegenteil in sich haben«).

Die Frage nach dem Ruhenden stellt Orpheus, dessen Lied wilde Tiere zähmt, aber auch Bäume um sich versammelt und selbst die Unterweltsherrscher so bezaubert, daß sie Eurydike, seine verstorbene Gattin, mit ihm aus der Unterwelt zurückkehren lassen. Im christlichen Mittelalter gilt der Sänger als das Symbol Christi, dessen Lied den Menschen und dem Kosmos die ersehnte Harmonie bringt. Die überraschende Hereinnahme der Natur kann man also als Chiffre einer inneren Welt auffassen, die Nennung Orpheus' öffnet den Weg zu unterschiedlichen Assoziationen und Aspekten. Orpheus ist als Sänger auch der Dichter; im »Abendgarten« – aus der ersten Fassung schwingt das Bild des »Ölbergs« herüber – ließe sich vielleicht Ruhe finden, die »Stille Nacht« am Ende scheint dies anzudeuten (in der ersten Fassung hatte es direkter »O, daß frömmer die Nacht käme/Kristus«, geheißen), doch die vorhin zitierte zweite Strophe und Trakls Verkürzung in der dritten Überarbeitung läßt wieder Interpretationsspielräume offen. Trakl entspricht damit seinem Lehrmeister Nietzsche, der von einem »modernen Mythos« forderte, er solle »zugunsten offener Totalität das Disparateste und Diffuseste umfassen«. Walter Killy faßt diese Art der poetischen Äußerung Trakls zusammen:

Alle Vorstellungen, so isoliert sie sinnlich dastehen, sind in ständigem Übergang begriffen und gegeneinander offen. Sie haben nur noch die Essenz von Realität und Erfahrung, welche der alltäglichen Erkennbarkeit entkleidet und in abkürzende, dunkel anziehende Bilder transfiguriert wurden. Das Leben des Gedichts verwirklicht sich nicht zuletzt im Übergang einer Perspektive in die andere: nie ist Orpheus ganz Orpheus, er zielt darauf, auch Christus zu sein oder der Dichter. Nie geht ein Bereich ganz im anderen auf; ein Rest bleibt, der wiederum die Festlegung hindert und den Zweifel nährt.

Die letzte Phase in Trakls Schaffen ist geprägt vom schmerzlichen Erlebnis des Krieges. Seine Kaspar-Hauser-Welt, seine poetische, von

Ängsten durchzogene Traumwelt und die fürchterliche, früh geahnte Katastrophe treffen aufeinander. Da war endgültig keine Lösung mehr zu finden, keine Hoffnung zu erträumen. Trakl starb kurz nach einem Zusammenbruch in der Schlacht von Grodek in Krakau an einer Überdosis Kokain. »Furchtbar ist der Tod meines Bruders, Gott gebe mir bald die Erlösung, auf die ich harre«, schrieb die Schwester; 1917 hat sie sich erschossen.

Neben dem bekannteren ›Grodek‹ und dem Gedicht ›Im Osten‹ ist die auf Feldpostpapier geschriebene Elegie ›Klage‹, die den »Untergang« zum Thema hat, das letzte Werk Trakls:

Klage

Schlaf und Tod, die düstern Adler
Umrauschen nachtlang dieses Haupt:
Des Menschen goldnes Bildnis
Verschlänge die eisige Woge
Der Ewigkeit. An schaurigen Riffen
Zerschellt der purpurne Leib
Und es klagt die dunkle Stimme
Über dem Meer.
Schwester stürmischer Schwermut
Sieh ein ängstlicher Kahn versinkt
Unter Sternen,
Dem schweigenden Antlitz der Nacht.

Die drei Abschnitte des Gedichts – im Sog des gleitenden Rhythmus als »Teile« kaum wahrnehmbar – sind so angeordnet, daß schon die erste Zeile das Leitmotiv des Todes anstimmt und in Bildern von apokalyptischem Ausmaß auf das Ende zudrängt. Keine wechselnde Bildwelt, keine Nebenmotive, keine in die Breite gehende Schilderung, kein reflektierendes Nachsinnen hindert diese finale Ausrichtung, kein einziges Glied wäre – wie in früheren Gedichten – austauschbar. Am Anfang stehen »Schlaf« und »Tod«, in dieser Paarung dem Zug der schon vor diesen letzten Gedichten bei Trakl üblichen Mythisierung folgend: Hypnos (der Gott des Schlafs) und Thanatos (Gott des Todes), die Zwillingsbrüder, überführen in der antiken Mythologie die Abgeschiedenen in die Unterwelt. In der bildenden Kunst stellt man sie meist als geflügelte Jünglinge dar; »die düstern Adler«, eigentlich ein Oxymoron, verkehren, wie beim späten Trakl häufig, die gewohnte symbolische Bedeutung des Substantivs als Sinnbild des Göttlichen, der Sonne (im christlichen Bereich der Auferstehung) in ihr Gegenteil. Die Vernichtung ist in der (Traum-)

Vorstellung des lyrischen Ich (»dieses Haupt«) gegenwärtig, der Doppelpunkt und die Stellung am Zeilenende heben es heraus. Daß Reflexion nicht ausgespart ist, zeigt der Irrealis (»Verschlänge«) der vierten Zeile, wenn er auch im Indikativ (»Zerschellt«) an betonter Stelle wieder aufgehoben wird und so kein Zweifel bestehen bleibt, was »Des Menschen goldne(m) Bildnis« widerfährt; der Chiasmus der vier Zeilen, in denen die »eisige Woge« mit »schaurigen Riffen« (Bilder der vernichtenden Kraft des Todes) bzw. »des Menschen goldne(s) Bildnis« mit dem »purpurnen Leib« (dem Leidenden, Vergänglichen) korrespondiert, verknüpft den konjunktivischen Aspekt mit dem Indikativ der vorgestellten Wirklichkeit. Das Absinken des farblichen Stimmungswertes von »golden« zu »purpurn« verstärkt den Vorgang noch und bildet den Übergang, wobei »purpurn« zwar die Kostbarkeit des Leibes ausdrückt, aber auch an die Passion Christi erinnert. Ungewöhnlich ist, daß Trakl eine einheitliche Bildwelt – die des »Meeres« – verwendet, in die selbst die Adler sich einordnen lassen. Ein Ich erscheint in diesen Abschnitten nicht. Der Mensch an sich ist – so interpretiert – das »Haupt«, dem Untergang geweiht. Was genau damit gemeint ist, bleibt offen; das »goldne Bildnis« weist nicht auf das Auslöschen der Menschheit, sondern eher auf Ideales, das dem Ansturm des Krieges nicht standhalten kann.

Die Erinnerung an die Schwester leitet den letzten Abschnitt ein und scheint damit das allgemeine Schicksal auf das im Hintergrund ahnbare lyrische Ich zu beziehen. Der Anruf an die Schwester hat in diesem vom Grauen des Zerschlagen-Werdens bestimmten Gedicht nicht mehr die Funktion, Hilfe von diesem Erlöser-Ideal herbeizuflehen, sondern die Schwester wird als Zeugin des Untergangs angerufen, der im Bild des versinkenden »ängstliche(n) Kahn(s)« aufscheint. Vielleicht verbirgt sich dahinter eine Anspielung auf »der Glieder Kahn« in Gryphius' Gedicht ›Abend‹: den Trost, den dieser bereithält, kennt Trakl nicht mehr. »Meer‹, »Sterne« und »Nacht« – in den Kurzzeilen bzw. durch die Endstellung betont – sind Bilder des Unendlichen und der Finsternis. Nur das schön gestaltete Werk könnte noch Signal einer ungewissen Hoffnung sein. »Auch ein Klaglied zu sein im Mund der Geliebten, ist herrlich«, sagt Schiller in der Elegie ›Nänie‹.

Jakob van Hoddis

Meine poetische Kraft reicht nicht aus, um die Wirkung jenes Gedichtes wiederherzustellen, von dem ich jetzt sprechen will. Auch die kühnste Phantasie meiner Leser würde ich überanstrengen bei dem Versuch, ihnen die

Zauberhaftigkeit zu schildern, wie sie dieses Gedicht »Weltende« von Jakob van Hoddis für uns in sich barg. Diese zwei Strophen, o diese acht Zeilen schienen uns in andere Menschen verwandelt zu haben, uns emporgehoben zu haben aus einer Welt stumpfer Bürgerlichkeit, die wir verachteten und von der wir nicht wußten, wie wir sie verlassen sollten.

So enthusiastisch hat Johannes R. Becher, selbst der Generation der Expressionisten zugehörig, noch 1957, ein Jahr vor seinem Tod, von einem Gedicht gesprochen, mit dem für viele Zeitgenossen der literarische Expressionismus eigentlich begann. Es erschien erstmals im Januar 1911 in der Zeitschrift ›Der Demokrat« und machte seinen Verfasser, Jakob van Hoddis (eigentlich Hans Davidsohn, 1887–1942), Sohn eines Arztes und ›verbummelter‹ Student, sofort bekannt. Kurt Pinthus hat es in seiner Anthologie ›Menschheitsdämmerung‹ an die erste Stelle gerückt.

Weltende

Dem Bürger fliegt vom spitzen Kopf der Hut,
In allen Lüften hallt es wie Geschrei.
Dachdecker stürzen ab und gehn entzwei
Und an den Küsten – liest man – steigt die Flut.

Der Sturm ist da, die wilden Meere hupfen
An Land, um dicke Dämme zu zerdrücken.
Die meisten Menschen haben einen Schnupfen.
Die Eisenbahnen fallen von den Brücken.

Wer eine besonders revolutionäre Form erwartet hat, mag angesichts des Textes das bewundernde Pathos Bechers übertrieben finden. Metrum (fünfhebiger Jambus), Reimschema (umarmender und Kreuzreim) und Vierzeilerstrophen sind sogar besonders konventionell. Als seltsam unangemessen wird man dagegen auf den ersten Blick den Titel des Gedichts empfinden – er wirkt übertrieben, berücksichtigt man die im folgenden genannten zwar vielfach schlimmen, insgesamt aber nicht apokalyptischen Vorgänge. Zur Entstehungszeit des Textes waren Weltuntergangsstimmungen allerdings durchaus an der Tagesordnung, wurden sie in den Zeitungen breit ausgeschlachtet. 1910 hatte der Halleysche Komet wie vorausberechnet die Erdbahn gekreuzt und viele abergläubische Spekulationen über der Menschheit bevorstehende weltzerstörende Explosionen ausgelöst. Das Gedicht wirkt, als habe sich der Autor über die Erscheinungsformen der Massenhysterie lustig machen wollen, ein grimmiger Humor, eine heitere Frechheit bestimmt den Ton. Gleichzeitig scheint es die düsteren Prognosen zu bestätigen: Der Mensch hat darin die Verfügungsgewalt über die Natur und die von ihm geschaffenen Dinge, vor allem aber den Überblick verloren. Ein Hut fliegt davon, Dächer werden nicht mehr gedeckt, im gesellschaftlichen Überbau herrscht Unordnung. Fliegt dem »Bürger (…) vom spitzen Kopf der Hut«, so werden dem Schlauberger, dem Raffinierten, dem spitzfindigen Kerl (das bedeutet »Spitzkopf« mundartlich) die Entscheidungen abgenommen. »Dachdecker (…) gehn entzwei« wie Spielzeug, während »die wilden Meere hupfen« wie übermütige Kinder. Die Sturmflut läßt die Dämme brechen, der Schnupfen die Nasen laufen, und gegen beides gibt es kein wirksames Mittel, trotz allem technischen und wissenschaftlichen Fortschritt. Dessen Wahrzeichen waren Eisenbahnen und Brückenkonstruktionen, Symbole der Kommunikation und der Verbindung über das Trennende hinweg. Theodor Fontane hat in seiner Ballade ›Die Brück' am Tay‹ (vgl. Bd. 7, S. 249–252) noch ein Eisenbahnunglück zum Anlaß genommen, um daran mit beträchtlichem sprachlichem Aufwand das Scheitern eines technikbegeisterten Optimismus an den übermächtigen Naturkräften darzustellen. »Die Eisenbahnen fallen von den Brücken«: Plural und bestimmter Artikel signalisieren hier eine beunruhigende und banal-selbstverständliche Allgegenwart solcher Katastrophen, lakonisch konstatiert in einer Zeile, ohne daß das Schicksal der betroffenen Reisenden erwähnenswert wäre: auch sie gehen wohl »entzwei«.

Eine Scherbenwelt ist es also, die der Autor hier präsentiert: Die einzelnen Wahrnehmungen, die (mit Ausnahme von Vers 5 f.) jeweils nur einen Vers umfassen, sind ohne Zusammenhang aneinandergereiht, allein der Titel verklammert sie. Für dieses Bauprinzip hat man konsequenterweise die Begriffe »Reihungs- oder Zeilenstil« (s. a. S. 390 f.) geprägt oder von Simultangedichten gesprochen. Eine ganze Reihe anderer expressionistischer Autoren (u. a. Paul Boldt, Max Herrmann-Neisse und vor allem Alfred Lichtenstein) haben in der Folge die Wirkung, die von derart konstruierten sprachlichen Gebilden ausgeht, in ihren eigenen Werken genutzt. Die Entwicklung dieser formalen Eigentümlichkeit – denn auch die Reihung unzusammenhängender Bilder ist natürlich ein Formprinzip – läßt sich auf verschiedene Faktoren zurückführen: Verstanden hat man solche Texte als Ausdruck für eine Welt ohne Sinnmitte und ohne intakte Wertordnung, ebenso lassen sie sich als Widerspiegelung von veränderten Wahrnehmungsbedingungen auffassen, wie sie das Leben in der Großstadt dem Menschen zumutet. Letzteres würde bedeuten, daß der Dichter das, was als Beschleunigung des Lebensrhythmus und als Reizüberflutung das Bewußtsein tendenziell überlastet, als eine Flut unverbundener, voneinander isolierter, zusammenhangloser Eindrükke produktiv gestaltet hat. Schließlich kann man die besondere Form dieses Gedichts herleiten von der Art und Weise, wie Wirklichkeit in den modernen Massenmedien erscheint, als Nebeneinander von Wichtigem und Nebensächlichem; auch vom »Weltende« »liest man« zuerst in der Tageszeitung.

Der Autor war sich solcher Zusammenhänge völlig bewußt. In einem kleinen Zyklus von elf Gedichten mit dem Titel ›Varieté‹ hat er thematisiert, auf welche Weise die großstädtische Vergnügungsmaschinerie ihre wenig anspruchsvollen Konsumenten bedient. Abwechslung und Zerstreuung, gewürzt durch ständige Erotisierung des Publikums kaschieren die Schäbigkeit einer Veranstaltung, die aus »Nummern« wie ›Der Athlet‹, ›Der Humorist‹, ›Ballett‹ (so einige Titel) besteht.

>   Ein Walzer rumpelt, geile Geigen kreischen;
>   Die Luft ist weiß vom Dunst der Zigaretten;
>   Es riecht nach Moschus, Schminke, Wein, nach fetten
>   Indianern und entblößten Weiberfleischen. (…)

(›Loge‹)

Am Ende der Varietévorstellung folgt eine Filmvorführung:

Kinematograph

>   Der Saal wird dunkel. Und wir sehn die Schnellen
>   Der Ganga, Palmen, Tempel auch des Brahma,
>   Ein lautlos tobendes Familiendrama
>   Mit Lebemännern dann und Maskenbällen.
>
>   Man zückt Revolver. Eifersucht wird rege,
>   Herr Piefke duelliert sich ohne Kopf.
>   Dann zeigt man uns mit Kiepe und mit Kropf
>   Die Älplerin auf mächtig steilem Wege.
>
>   Es zieht ihr Pfad sich bald durch Lärchenwälder,
>   Bald krümmt er sich und dräuend steigt die schiefe
>   Felswand empor. Die Aussicht in der Tiefe
>   Beleben Kühe und Kartoffelfelder.
>
>   Und in den dunklen Raum – mir ins Gesicht –
>   Flirrt das hinein, entsetzlich! nach der Reihe!
>   Die Bogenlampe zischt zum Schluß nach Licht –
>   Wir schieben geil und gähnend uns ins Freie.

Vom Interesse der jungen Expressionisten am Film als einer möglicherweise neuen Kunstform war schon die Rede. Als Kunst erscheint dieses neue Medium bei van Hoddis aber gar nicht, eher haftet ihm noch die Aura der Kirmes und der Schaubuden an, in deren Umgebung die Kinos entstanden waren. Den allerersten Reiz der Neuheit hat jedoch das, was der »Kinematograph« bieten kann, bereits verloren. Auch er enttäuscht die Erwartungen – wie letztlich das Varieté insgesamt. Am Ende stehen Frustration und Langeweile: »Wir schieben geil und gähnend uns ins Freie.« Offenbar ist es keine Sensation mehr, die exotische Welt Indiens – etwa die Stromschnellen des Ganges – oder die Alpen und ihre pittoresken Bewohner gezeigt zu bekommen: ein biederer Erdkundeunterricht, eben nur mit bewegten Bildern.

Bemerkenswert ist, daß das Gedicht seine formale Besonderheit, die unverbundene Reihung von Bildern, selbst benennt (» – mir ins Gesicht –/Flirrt das hinein, entsetzlich! nach der Reihe!«) und unmittelbar aus den zappelnden, ruckenden, »flirrenden« Bildern auf der Leinwand ableitet.

Jakob van Hoddis' Schicksal ist bedrückend. 1914 brach bei ihm eine schwere Schizophrenie aus, in privater Pflege und in verschiedenen Heilanstalten verbrachte er sein weiteres Leben. 1942 wurde er von den Nazis deportiert und in einem der Massenvernichtungslager in Polen ermordet.

Georg Heym

Der noch junge Dichter Georg Heym (1887–1912), der erst im Jahre 1900 mit seinen Eltern aus der schlesischen und westpreußischen Provinz nach Berlin gekommen war, begann im Frühjahr 1910 eine Folge von Gedichten zu schreiben, Sonette oft, die programmatisch ›Berlin‹ betitelt waren. Rasch wurde er damit zumindest in den literarischen Kreisen der Hauptstadt bekannt; der Verleger Ernst Rowohlt brachte im Frühjahr 1911 den ersten Lyrikband des Autors (›Der ewige Tag‹) heraus, der inzwischen außerdem im »Neuen Club« (bzw. im diesem angeschlossenen »Neopathetischen Cabarett«) mit Lesungen aus seinen Texten auftrat. Schon in den ersten Gedichten dieser Reihe zeigte sich Heyms Tendenz zur Mythisierung der Stadtlandschaft durch expressive Steigerung einzelner ihrer Merkmale: Fabrikschornsteine bekommen Zeichencharakter als »der Riesenschlote Nachtfanale« (›Berlin II‹), und in der vermenschlichenden Metaphorik »Des Rauches Mähne/Hing rußig nieder auf die öligen Wellen« (ebd.) kündigen sich die Stadtdämonen an,

die als Verdichtungen und Materialisierungen des nicht mehr faßbaren, ungeheuerlichen Menschenwerks Angst und Schrecken verbreiten.

> Der Städte Schultern knacken. Und es birst
> Ein Dach, daraus ein rotes Feuer schwemmt.
> Breitbeinig sitzen sie auf seinem First
> Und schrein wie Katzen auf zum Firmament. (...)

> Doch die Dämonen wachsen riesengroß.
> Ihr Schläfenhorn zerreißt den Himmel rot.
> Erdbeben donnert durch der Städte Schoß
> Um ihren Huf, den Feuer überloht.
>
> (›Die Dämonen der Städte‹, Strophen 8 u. 12)

Einen ersten Gipfel erreichte der Dichter in der konsequenten Weiterentwicklung dieser Verfahrensweise mit dem im Dezember 1910
entstandenen Gedicht ›Der Gott der Stadt‹:

> Auf einem Häuserblocke sitzt er breit.
> Die Winde lagern schwarz um seine Stirn.
> Er schaut voll Wut, wo fern in Einsamkeit
> Die letzten Häuser in das Land verirrn.

> Vom Abend glänzt der rote Bauch dem Baal,
> Die großen Städte knien um ihn her.
> Der Kirchenglocken ungeheure Zahl
> Wogt auf zu ihm aus schwarzer Türme Meer.

> Wie Korybanten-Tanz dröhnt die Musik
> Der Millionen durch die Straßen laut.
> Der Schlote Rauch, die Wolken der Fabrik
> Ziehn auf zu ihm, wie Duft von Weihrauch blaut.

> Das Wetter schwelt in seinen Augenbrauen.
> Der dunkle Abend wird in Nacht betäubt.
> Die Stürme flattern, die wie Geier schauen
> Von seinem Haupthaar, das im Zorne sträubt.

> Er streckt ins Dunkel seine Fleischerfaust.
> Er schüttelt sie. Ein Meer von Feuer jagt
> Durch eine Straße. Und der Glutqualm braust
> Und frißt sie auf, bis spät der Morgen tagt.

Der »Baal« aus Vers 5 ist aus dem Alten Testament bekannt. Er war eine der Hauptgottheiten der Babylonier und Phöniker. In assyrischen Inschriften wird er als »Fürst der Götter«, »Krieger«, »Herr und Ordner des Alls« bezeichnet und ursprünglich als Personifikation der wohltätig wirkenden Kraft der Sonne aufgefaßt. Die ursprünglich im Gott Moloch verkörperte verderbliche Kraft der Sonne floß später allerdings mit der Baals zusammen, dem auch Menschenopfer gebracht wurden.

»Korybanten« sind die Priester der »Großen Mutter« Kybele (also nicht etwa des Baal), einer ursprünglich phrygischen Fruchtbarkeitsgottheit, die in orgiastischen Feiern verehrt wurde.

Einen heidnisch-wilden, brutal-gewalttätigen Gott mit anthropomorphen, aber rohen Zügen (vgl. Vers 5: »der rote Bauch«, Vers 16: »Haupthaar, das im Zorne sträubt«, Vers 17: »seine Fleischerfaust«) zeichnet das Gedicht; obwohl als Herr der elementaren Naturgewalten, der Stürme und des Gewitters (»Das Wetter schwelt in seinen Augenbrauen«) charakterisiert, ist an ihm nichts Königliches, wie etwa an dem Blitzeschleuderer Zeus. An die Stelle der Adler, des traditionellen Herrschaftssymbols, sind die Geier getreten, die sich von Aas, von Leichen ernähren.

Der christliche Gott der Nächstenliebe hat jedenfalls für die Bewohner dieser Stadt keine Bedeutung mehr, denn in die allgemeine Anbetung, die dem »Gott der Stadt« entgegengebracht wird, stimmt auch »(d)er Kirchenglocken ungeheure Zahl« ein. Deren Klang »aus schwarzer Türme Meer« trägt bei zur »Musik/Der Millionen«; nicht mehr »Friede« bedeutet ihr Geläut, wie es am Ende von Schillers ›Lied von der Glocke‹ heißt, sondern es untermalt einen besinnungslos rasenden »Korybanten-Tanz«.

Ebensowenig Schutz vor einem Rückfall in vorzivilisatorische Barbarei wie die Religion bietet offenbar der »moderne« Religionsersatz eines materialistischen Fortschrittsglaubens. Dem Stadtdämon zu huldigen und ihn zu besänftigen, dient nämlich der »Weihrauchduft«, den die Kathedralen des Industriezeitalters ausstoßen, »(d)er Schlote Rauch, die Wolken der Fabrik«. Die Nacht der Gottferne und der Verfinsterung der Vernunft ist die Weltzeit, die dem Götzendienst angemessen ist. Schwarz und Feuerrot passen als Farben zu dieser diabolischen Liturgie. »Wut« und »Zorn« drängen zur Entladung; erst wenn sich das übermächtig gewordene Aggressionspotential in der Selbstvernichtung der Stadt ausgetobt hat, kann es »spät« zu tagen beginnen.

Heyms bekanntestes Gedicht trägt den Titel ›Der Krieg‹. Entstehungsgeschichtlich betrachtet, ist es wahrscheinlich ein Reflex auf die von der zweiten Marokkokrise (1911) ausgelöste Kriegsfurcht, im Text sind aber keine Spuren geographischer oder historischer Bezüge enthalten. Ein weiteres Mal hat der Autor hier einen abstrakten Begriff personifiziert in einer übermächtigen Teufelsgestalt, deren wuchtiges Stampfen in sechshebige Trochäen umgesetzt ist.

Der Krieg

Aufgestanden ist er, welcher lange schlief,
Aufgestanden unten aus Gewölben tief.
In der Dämmrung steht er, groß und unerkannt,
Und den Mond zerdrückt er in der schwarzen Hand.

In den Abendlärm der Städte fällt es weit,
Frost und Schatten einer fremden Dunkelheit,
Und der Märkte runder Wirbel stockt zu Eis.
Es wird still. Sie sehn sich um. Und keiner weiß.

In den Gassen faßt es ihre Schulter leicht.
Eine Frage. Keine Antwort. Ein Gesicht erbleicht.
In der Ferne wimmert ein Geläute dünn,
Und die Bärte zittern um ihr spitzes Kinn.

Auf den Bergen hebt er schon zu tanzen an
Und er schreit: Ihr Krieger alle, auf und an.
Und es schallet, wenn das schwarze Haupt er schwenkt,
Drum von tausend Schädeln laute Kette hängt.
(...)
Und die Flammen fressen brennend Wald um Wald,
Gelbe Fledermäuse zackig in das Laub gekrallt.
Seine Stange haut er wie ein Köhlerknecht
In die Bäume, daß das Feuer brause recht.

Eine große Stadt versank in gelbem Rauch,
Warf sich lautlos in des Abgrunds Bauch.
Aber riesig über glühnden Trümmern steht
Der in wilde Himmel dreimal seine Fackel dreht,

Über sturmzerfetzter Wolken Widerschein,
In des toten Dunkels kalte Wüstenein,
Daß er mit dem Brande weit die Nacht verdorr,
Pech und Feuer träufet unten auf Gomorrh.

Die tiefen Gewölbe, aus denen der Krieg aufsteht: Gemeint sind die Fundamente unserer Kultur und Zivilisation. Wenn darin der Krieg nur geschlafen hat, so war er doch immer anwesend, hat er mit zu diesen Fundamenten gehört, und die Gewölbe, die man darüber errichtet hat, enthielten den Keim ihrer Zerstörung in sich. Die Gestalt, die sich da erhebt, überwältigt den Menschen schon durch ihre schiere Größe und ist ihm trotz ihrer menschenähnlichen Erscheinung fremd; die »schwarze Hand« und die Kette aus »tausend Schädeln« erinnern aber von ferne an europäische Schreckbilder von kannibalischen »Wilden« und ihren Kriegstänzen. Das Zerdrücken des Mondes, des Lieblingsgestirns der Dichter – Klopstock hat ihn etwa als »Gedankenfreund« zur Projektionsfläche seiner Empfindsamkeit gemacht –, wirft Finsternis über das Land. So wie das Verlöschen des Lichts, das Hereinbrechen der Dunkelheit traditionell ein Bild für die Ausschaltung des hellen Tagesbewußtseins und der Vernunft ist, signalisieren »Frost« und »Eis« meist auch einen gesellschaftlichen, zwischenmenschlichen Aggregatzustand. Die Kriegsfurie hat alle Wärme des Lebens in sich aufgesogen, um sie in zerstörerische Energie zu verwandeln. Heym hat diese Erstarrung des Alltags – die Zäsuren in den Versen 8 und 10, die den Lesefluß zum Stocken bringen, markieren sie syntaktisch – den Ausbrüchen an Lebendigkeit und Vernichtungswillen auf der Seite des Dämons gegenübergestellt (»Seine Stange haut er …«, »Der in wilde Himmel dreimal seine Fackel dreht«). Ein Pseudoleben haben selbst die Flammen erhalten, die, als »gelbe Fledermäuse zackig in das Laub gekrallt«, zur Begleitung des Krieges gehören.

Das Reimpaar der letzten beiden Verse schließt das Gedicht eindrucksvoll ab: Durch die transitive Verwendung des an sich intransitiven Verbs »verdorren« und dessen Verknüpfung mit »Nacht« (verdorren können eigentlich nur Pflanzen) wird die fast metaphysische Gewalt des »Krieges« deutlich, die doch in Wahrheit eine pervertierte menschliche ist. Im Alten Testament ist die Stadt Gomorrha zusammen mit der Stadt Sodom Opfer des Feuerregens, den Gott als Strafe für deren Sündhaftigkeit verhängt. Das, was hier als Feuersturm des Krieges über die Zivilisation kommt, ist aus ihren eigenen Gewölben heraufgestiegen, der zum düster schnarrenden »Gomorrh« verkürzte Städtename signalisiert Verstrickung und Schuld.

Georg Heym, der das Gedicht im September 1911 schrieb, befand sich in dieser Zeit in einem förmlichen Schaffensrausch. (Für jenen Monat sind allein an die 40 teilweise umfangreiche Gedichte und Gedichtentwürfe überliefert!) Offensichtlich zutiefst fasziniert von Untergang und Tod – auch dem eigenen –, erschien ihm sein Beruf als Jurist, obwohl er das Examen bestanden hatte und seine Referendarszeit absolvierte, als unerträglicher Zwang. Mit seinen 25 Jahren galt er bereits als eine der größten Hoffnungen der deutschen Literatur, da brach er am 16. Januar 1912 beim Schlittschuhlaufen auf der Havel im Eis ein und ertrank. Noch in seinem Todesjahr erschien ein Band mit nachgelassenen Gedichten unter dem Titel ›Umbra vitae‹.

Gottfried Benn

»Unverständlichkeit, barer Unsinn, Perversität und Erotik«, »ekelhafte Lust am Häßlichen, Unflätigen, an schamlosen Offenheiten«: so charakterisiert ein Rezensent Benns ersten Gedichtzyklus ›Morgue und andere Gedichte‹ (1912); ein anderer spricht von »scheußlichen und Ekel erregenden Phantasieprodukten«. Doch es gab auch andere Stimmen: die »Furchtlosigkeit eines bitteren Beobachters« wurde gerühmt, man bezeugte der »künstlerischen Kraft« Respekt. Ernst Stadler, selbst bedeutender Lyriker, vermutete in einer Rezension (in den ›Cahiers Alsaciens‹), »daß hinter dieser schroffen Zugeschlossenheit ein starkes mitleidendes Gefühl steht, eine fast weibliche Empfindsamkeit und eine verzweifelte Auflehnung gegen die Tragik des Lebens und die ungeheure Gefühllosigkeit der Natur«. Er resümiert: »Wer Lebensvorgänge mit solcher Knappheit und Wucht zu gestalten und in so schicksalsvollen Gesichten auszuweiten vermag, ist sicherlich ein Dichter.«

Was waren das für Gedichte, was war das für ein Dichter, der die Kritikermeinungen derart polarisierte?

Gottfried Benn (1886–1956) war Pastorensohn, er stammte aus einem protestantischen Pfarrhaus. In der kurzen autobiographischen Notiz in Pinthus' ›Menschheitsdämmerung‹ sagt er von sich, er sei »aufgewachsen in Dörfern der Provinz Brandenburg. Belangloser Entwicklungsgang, belangloses Dasein als Arzt in Berlin«. 1934 äußerte er sich (im ›Lebensweg eines Intellektuellen‹) etwas ausführlicher: »Das Gymnasium absolvierte ich in Frankfurt a.d. Oder, zum Glück ein humanistisches, studierte dann auf Wunsch meines Vaters Theologie und Philologie zwei Jahre lang entgegen meiner Neigung; endlich konnte ich meinem Wunsch folgen und Medizin studieren.«

Benn hat in bis dahin nicht gehörter Weise die Erfahrungswelt eines Arztes der Literatur als Thema erschlossen; für sich hatte er wohl versucht, die schrecklichen Erlebnisse zu verarbeiten, denen er sich in den klinischen Semestern ausgesetzt sah. Menschliche Hinfälligkeit in Krankheit und Tod zu erleben, bei Sektionen konfrontiert zu sein mit dem krud Materiellen, Fleisch, Körpersäften, Knochen: diese und andere Zumutungen des Berufs trafen auf ein sprachlich hypersensibles Bewußtsein. Früh geprägt von der eindrücklichen Bilderwelt der Lutherbibel, aber auch von Nietzsches blendendem Stil, hatte sich der angehende Arzt und Dichter später die nüchtern-abstrahierenden Begriffe der Wissenschaft und die Zynismen des Medizinerjargons angeeignet.

»Morgue«, der Name des Pariser Leichenschauhauses, stand als programmatischer Titel über dem nur neun Gedichte umfassenden ›Lyrischen Flugblatt‹.

Mann und Frau gehn durch die Krebsbaracke

Der Mann:
Hier diese Reihe sind zerfallene Schöße
und diese Reihe ist zerfallene Brust.
Bett stinkt bei Bett. Die Schwestern wechseln stündlich.

Komm, hebe ruhig diese Decke auf.
Sieh, dieser Klumpen Fett und faule Säfte
das war einst irgendeinem Mann groß
und hieß auch Rausch und Heimat.

Komm, sieh auf diese Narbe an der Brust.
Fühlst du den Rosenkranz von weichen Knoten?
Fühl ruhig hin. Das Fleisch ist weich und schmerzt nicht.

Hier diese blutet wie aus dreißig Leibern.
Kein Mensch hat so viel Blut.
Hier dieser schnitt man
erst noch ein Kind aus dem verkrebsten Schoß.

Man läßt sie schlafen. Tag und Nacht. –Den Neuen
sagt man: hier schläft man sich gesund. – Nur Sonntags
für den Besuch läßt man sie etwas wacher.

Nahrung wird wenig noch verzehrt. Die Rücken
sind wund. Du siehst die Fliegen. Manchmal
wäscht sie die Schwester. Wie man Bänke wäscht. –

Hier schwillt der Acker schon um jedes Bett.
Fleisch ebnet sich zu Land. Glut gibt sich fort.
Saft schickt sich an zu rinnen. Erde ruft.

Eine eindrucksvolle, vielleicht schockierende Szene wird vom Autor mit wenigen Strichen aufgebaut. Ein Mann, den man sich als Arzt zu denken hat, führt eine Frau durch einen abgesonderten Teil eines

Krankenhauses, in dem weibliche Patienten im letzten Stadium ihrer Krebskrankheit untergebracht sind. Obwohl die Gegenwart der Frau im ganzen Gedicht zu spüren ist, bleibt sie wortlos. Das vertrauliche »Du« des Mannes legt nahe, daß es sich vielleicht um seine Lebensgefährtin handelt. In den ersten vier Abschnitten herrscht sprachlich der Zeigegestus vor, dominieren die Demonstrativpronomen. Der Mann ist offenbar bestrebt, den Ekel der Frau zu mildern, er fordert sie auf, Hemmungen zu überwinden: »hebe ruhig diese Decke auf«, »sieh auf diese Narbe«, »Fühl ruhig hin«. Mit allen Sinnen soll das Schreckliche wahrgenommen werden: »Bett stinkt bei Bett«.

Welche Absicht verfolgt der Mann mit seiner Demonstration? Will er der Frau seine Arbeitsstätte zeigen, ihr damit vielleicht verdeutlichen, was er Tag für Tag auszustehen hat, ihr bestimmte Seltsamkeiten seines Wesens erklären? Auffällig ist immerhin, daß der Angesprochenen während dieser eigenartigen Visite »Fälle« vorgeführt werden, bei denen die Krankheit die Geschlechtlichkeit der Patientinnen betroffen hat (»zerfallene Schöße«, »zerfallene Brust«). Soll die Frau mit aufklärerischer Absicht zur Wahrnehmung einer verdrängten Wirklichkeit genötigt werden oder handelt es sich um eine fast schon sadistische Attacke, die die tiefsitzenden Ängste vor Brust- und Gebärmutterkrebs benützt? Sexualität, Zeugung, Geburt, Daseinsbereiche also, die verknüpft sind mit menschlichen Glücksvorstellungen (»das war einst irgendeinem Mann groß/und hieß auch Rausch und Heimat«) sind ins Häßliche verkehrt (»dieser Klumpen Fett und faule Säfte«). Die scheinbar nüchternen, parataktisch gereihten Sätze, die wie unterkühlt wirkenden Worte beben doch von mühsam zurückgedrängten Gefühlsausbrüchen.

Als Ansprechpartner kommen die längst zu Dingen gewordenen Patientinnen erst gar nicht in Betracht, ihre Entpersönlichung ist weit fortgeschritten, die deutlichen Konturen, die zu einem Individuum gehören, lösen sich auf (»Das Fleisch ist weich«, »Hier diese blutet wie aus dreißig Leibern«, »Die Rücken sind wund«).

Anders als im Barock, nach dessen Vorstellung der Körper ähnlich als »Madensack« (etwa bei Simon Dach) galt, wird hier dessen Vergänglichkeit nicht die Unsterblichkeit der Seele entgegengehalten, findet sich kein Hinweis auf ein Jenseits, in dem der Weg durch das irdische Jammertal aufgehoben wäre. Im Gegenteil: Begriffe mit einer religiösen Aura werden nur benützt, um diese zu denunzieren. Der »Rosenkranz von weichen Knoten« ist ein Krankheits- und Todeszeichen und verheißt eben nicht göttliche Gnade und Errettung. Der »Acker«, der »schon um jedes Bett (schwillt)«, läßt an den Gottesacker denken, doch öffnet sich das Grab nicht in eine christliche Transzendenz; die letzten Worte des Gedichts lauten »Erde ruft«.

Eine ganze Reihe von Gedichten haben die klinische Sphäre zum Inhalt, etliche Titel verweisen unmittelbar darauf: ›Der Arzt‹, ›Saal der kreißenden Frauen‹, ›Curettage‹, ›Fleisch‹, ›Blinddarm‹. Trotz der krassen Themen und der desillusioniert-melancholischen Weltsicht teilt sich das Lebensgefühl des Autors dem Leser mit, weil er eine Sprache für das gefunden hat, was er beim Blick in die menschlichen Abgründe gesehen hat. Um ein Wort des Johannes-Evangeliums umzukehren: Das Fleisch ist Wort geworden.

Akzeptiert man einmal das Menschenbild Benns, daß nämlich gesteigerte Empfindungsfähigkeit lediglich ein Mehr an Leiden, Erkenntnis nur Vereinzelung bedeuten, Glück stets eingerahmt ist von Schmerz und bezahlt wird mit Verfall, werden auch seine regressiven, von der Sehnsucht nach einem vorindividuellen Zustand geprägten Gedichte plausibel.

Gesänge

I
O daß wir unsere Ururahnen wären.
Ein Klümpchen Schleim in einem warmen Moor.
Leben und Tod, Befruchten und Gebären
Glitte aus unseren stummen Säften vor.

Ein Algenblatt oder ein Dünenhügel,
Vom Wind Geformtes und nach unten schwer.
Schon ein Libellenkopf, ein Möwenflügel
Wäre zu weit und litte schon zu sehr. –

II
Verächtlich sind die Liebenden, die Spötter.
Alles Verzweifeln, Sehnsucht, und wer hofft.
Wir sind so schmerzliche durchseuchte Götter
Und dennoch denken wir des Gottes oft.

Die weiche Bucht. Die dunklen Wälderträume.
Die Sterne, schneeballblütengroß und schwer.
Die Panther springen lautlos durch die Bäume.
Alles ist Ufer. Ewig ruft das Meer. – –

Schon der erste Vers des zweiteiligen Gedichts läßt das lyrische Ich in der Gattung (»wir«) aufgehen. Die zahlreichen langen, dunklen Vokale, Diphthonge und Umlaute erzeugen die traumhaft-narkotische Stimmung, mit der ein Dasein in einer südlich getönten, archaischen Urwelt beschworen wird. Daß die Rückkehr in einen stammesgeschichtlich frühen Zustand vor aller Leidensfähigkeit, etwa in die Daseinsform eines Einzellers (»Klümpchen Schleim«), eines »Algenblatts« unerreichbare Wunschphantasie ist, bleibt in der Klage des Gedichtanfangs (›o daß wir«) und im Irrealis der Verben (z.B. »glitte«, »litte«) aber trotzdem gegenwärtig. Mit höchstem Sprachbewußtsein wird ein bewußt-loser Zustand völliger Schmerzfreiheit ersehnt, ein Eingebettet-Sein in und eine Hingabe an die elementaren Naturkräfte (»in einem warmen Moor«, »Vom Wind Geformtes und nach unten schwer«).

Das zweite Strophenpaar beginnt mit einer aggressiven Absage an all jene Äußerungen eines Bewußtseins, die den Menschen erst zum Menschen machen, ihn sogar über sich selbst erheben. Da Liebe, Intellekt (»Spötter«) und Hoffnung wie Krankheiten nur Schmerzen bereiten, so die anti-idealistische Position Benns, können wir höchstens »schmerzliche durchseuchte Götter« sein. Auch Verzweiflung und selbst Sehnsucht, ein Gefühl, das doch im ersten Teil des Gedichts vorherrschte, verfallen nun als Ergebnisse eines Irrwegs der Evolution der Verachtung. Erlösung wird stattdessen gesucht im Gedenken an den Gott des Rausches, Dionysos, wiederum in der Nachfolge Nietzsches. Die Panther, die in der griechischen Mythologie diesem Gott als Attribut zugeordnet werden, sind ein deutlicher Hinweis darauf, daß es sich tatsächlich um diesen handelt. In zunächst sogar prädikatslosen, parataktisch gereihten Sätzen entwirft der Autor schließlich die exotische Landschaftskulisse für den Untergang des Ich, das aber paradoxerweise noch im Verschwinden dem rufenden Meer seine Stimme leihen muß.

Die Regressionsphantasien, die Suche nach Erlösung von Schmerz und Einsamkeit im Rausch hat Benn auch in mehreren Gedichten gestaltet, die 1916/17 während des Ersten Weltkriegs entstanden. Der Rausch ist dabei ganz konkret als Drogenrausch benannt und thematisiert.

Kokain

Den Ich-Zerfall, den süßen, tiefersehnten,
den gibst du mir: schon ist die Kehle rauh,
schon ist der fremde Klang an unerwähnten
Gebilden meines Ichs am Unterbau.
(...)
verströme, o verströme du – gebäre
blutbäuchig das Entformte her.

oder

O Nacht –:

O Nacht! Ich nahm schon Kokain,
und Blutverteilung ist im Gange,
das Haar wird grau, die Jahre fliehn,
ich muß, ich muß im Überschwange
noch einmal vorm Vergängnis blühn.

(...)

Die Abgesänge auf den Geist, die irrationalistischen (Sehn-)Süchte,
die kulturskeptischen und zivilisationskritischen Provokationen ent-
sprachen einer verbreiteten Stimmung junger Intellektueller vor und
vor allem nach dem Ersten Weltkrieg. Sie ist als Reaktion auf ihre
Zeit verständlich, in ihren Auswirkungen aber nicht ungefähr-
lich, führte sie doch zumindest in die Nähe von Teilen der späteren
nationalsozialistischen Ideologie. Auch Gottfried Benn verfiel 1933
für kurze Zeit der von ihr ausgehenden Verblendung und Verlok-
kung.

Bemerkenswert ist daneben eine bei diesem Autor schon in der
frühen Phase seiner Lyrik sich abzeichnende Gegenbewegung.
In dem Maße, wie das »Leben« gesehen wird als umstellt von Verfall, Verwesung und Tod, wie die Daseinskonventionen als nur
Banalität und Langeweile produzierend eingeschätzt werden (vgl.
das Gedicht ›Nachtcafé‹), zieht sich das »eigentliche Leben« in die
Kunst zurück. In Texten wie ›Karyatide‹ und ›Kretische Vase‹ sind
Artefakte das Thema, die unter dem Ansturm der fordernden Wort-
kaskaden des Sprechers die in ihnen gespeicherte vitale Energie entfalten, eine Energie, die sich freilich doch nur wieder im Gedicht
niederschlägt.

Karyatide

Entrücke dich dem Stein! Zerbirst
die Höhle, die dich knechtet! Rausche
doch in die Flur! Verhöhne die Gesimse –
(...)
Breite dich hin, zerblühe dich, oh blute
dein weiches Beet aus großen Wunden hin:
sieh, Venus mit den Tauben gürtet
sich Rosen um der Hüften Liebestor –
(...)

August Stramm

Das lyrische Werk August Stramms (1874–1915) ist schmal, die beiden Bände ›Du. Liebesgedichte‹ (1915) und ›Tropfblut. Gedichte aus dem Krieg‹ (1919 postum erschienen), die seine gültigsten Arbeiten enthalten, umfassen nur einige Dutzend Gedichte. Die Erscheinungsdaten zeigen überdies, daß der Durchbruch als Autor erst spät kam, der jähe Tod (Stramm fiel am 1. 9. 1915 in der Nähe von Brest-Litowsk) beendete eine noch kaum begonnene Schriftstellerexistenz. Seine Dramen und Prosatexte sind fast vergessen.

Wie bei zahlreichen anderen seiner Generation scheint der in den Bahnen einer angepaßten bürgerlichen Bilderbuch-Karriere verlaufende Werdegang Stramms auf eigenartige Weise der formalen Radikalität und Kühnheit seiner Werke zu widersprechen. Herkunft aus kleinbürgerlicher Familie, Gymnasium, Abitur, Beamter des Seepostdienstes, Heirat, zwei Kinder, (spätes) Studium und Promotion sind die Stationen eines erfolgreichen gesellschaftlichen Aufstiegs, der Stramm im Rahmen der geltenden Hierarchie bis an die Spitze des ihm seinem Alter nach Erreichbaren führte: 1914 war er Postinspektor im Reichspostministerium und Hauptmann der Reserve.

Nach eher dilettierenden Versuchen war es hauptsächlich die Bekanntschaft und Freundschaft mit Herwarth Walden und mit dessen kunsttheoretischen Maximen, die einen Kreativitätsschub bewirkten.

Untreu

Dein Lächeln weint in meiner Brust
Die glutverbissnen Lippen eisen
Im Atem wittert Laubwelk!
Dein Blick versargt
Und
Hastet polternd Worte drauf.
Vergessen
Bröckeln nach die Hände!
Frei
Buhlt dein Kleidsaum
Schlenkrig
Drüber rüber!

Die tatsächliche oder vermeintliche Untreue der Geliebten ist natürlich ein Standardthema der Dichter, nicht selten ist es die melancholische Situation eines bevorstehenden oder überstandenen Abschieds, die zum Wort drängt.

Die Modernität des Gedichts von August Stramm besteht vor allem darin, daß die Darstellung der Entfremdung zwischen zwei Partnern außerordentlich stark komprimiert, alles Überflüssige entfernt ist. Bruch und Riß gehen mitten durch die Worte und Bilder hindurch. Das angestrebte Höchstmaß an Präzision der sprachlichen Zeichen läßt es auch nicht zu, diese irgendeinem vorgegebenen Takt oder Rhythmus, gar einem Reimschema zu unterwerfen. Freirhythmische, prosanahe Verse, meist zusammengeballt auf engstem Raum, sind das Charakteristikum dieser Poesie. Die Tendenz zur Abstraktion bedeutet aber nicht Willkür und Zufälligkeit, das belegen die vierundzwanzig verschiedenen Entwürfe, die es zu diesem Text gibt.

Schneidende Dissonanzen, harte Antithesen liegen bei einem Gedicht mit dem Thema der Treulosigkeit nahe. Stramm hat an den außersprachlichen Signalen den Tod dieser Liebe beschworen; eine übereinstimmende Wahrnehmung von Lächeln, Kuß, Atem, Blick, Gestik wäre das emotionale Fundament einer intakten Beziehung. Die unüberbrückbare Scheidung in ein »dein« und »mein«, die bereits der erste Vers enthält, ist zu Oxymora verdichtet: »Dein Lächeln weint in meiner Brust«. (Liebes-)Glut hat sich in Eis verwandelt, im Lebenshauch kündigt sich herbstlich das Ende an, das der Blick im eigentlichen Wortsinn abschließt, »versargt«.

In einem Brief an seinen Verleger hat Stramm den Neologismus »Laubwelk« gerechtfertigt:

»Welkes Laub« klingt zwar weicher und melodischer, aber meinem Empfinden nach auch unbestimmter, während »Laubwelk« mehr den Begriff des Duftes enthält, auf den es mir ankommt. Auch fällt dadurch der doppelte aufeinander folgende Wortanfang mit W fort, den ich gerade deshalb vermeiden mochte, weil ich die Vorsilbe »ver« als Gefühlswecker des Vergehens, des Verlassens gehäuft habe.

Die zu Grabe getragene Liebe wird hastig und fast brutal mit Worten zugedeckt, Hände bröckeln Vergessen auf den Sarg: das Bild geht ganz konkret von einer Friedhofszene aus. Besonders irritiert scheint das völlig passiv wahrnehmende lyrische Ich, das nur in den besitzanzeigenden Fürwörtern erkennbar wird, von der kaltschnäuzigen Selbstsicherheit der Frau zu sein. Ihm bleibt nur zu konstatieren, wie »Frei« sie sich nun bewegt; der schlenkrig buhlende Kleidsaum deutet auch nicht gerade auf eine trauernde, eher auf eine lustige Witwe hin. Das Gedicht überläßt es dem Leser, mit dem Betrogenen Mitleid zu haben oder über den Gehörnten zu spotten.

Franz Werfel

Franz Werfel, 1890 in Prag als Sohn eines wohlhabenden Handschuhfabrikanten geboren, 1945 im Exil in Beverly Hills (Kalifornien) gestorben, ist mit 27 Gedichten in der Anthologie ›Menschheitsdämmerung‹ vertreten, häufiger als alle anderen 22 Autoren. Rückblickend hat deren Herausgeber Kurt Pinthus diese Bevorzugung damit gerechtfertigt, daß Werfel »1911 der erste gewesen« sei, »der einen völlig neuen Ton in der von George, Rilke und Hofmannsthal beherrschten Epoche (habe) erklingen« lassen. In der Tat hat Werfels erster Gedichtband ›Der Weltfreund‹ (1911) großes Aufsehen erregt. Der Prager Freund Franz Kafka z. B. notierte in sein Tagebuch nach dem Besuch einer Rezitation des Dichters aus diesem Band: »Durch Werfels Gedichte hatte ich den ganzen gestrigen Vormittag den Kopf wie von Dampf erfüllt. Einen Augenblick fürchtete ich, die Begeisterung werde mich ohne Aufenthalt bis in den Unsinn mit fortreißen.« Werfels Lyrik, auch die der folgenden Sammlungen mit den charakteristischen Titeln ›Wir sind‹ (1913) und ›Einander‹ (1915) galt viele Jahre förmlich als Synonym für expressionistische Verskunst.

Trotzdem läßt sich gerade an vielen dieser Gedichte exemplarisch zeigen, daß der historische Abstand Gewichte auch zurechtrückt. Der illusionslos analysierende, manchmal zynische Blick auf die Beschädigungen durch den zivilisatorischen Prozeß, über den andere Autoren verfügten, erscheint uns heute moderner und unmittelbarer einleuchtend als die welt- und menschenfreundlich gemeinte Hymnik Werfels.

An den Leser

Mein einziger Wunsch ist, dir, o Mensch verwandt zu sein!
Bist du Neger, Akrobat, oder ruhst du noch in tiefer Mutterhut,
Klingt dein Mädchenlied über den Hof, lenkst du dein Floß im
                                        Abendschein,
Bist du Soldat, oder Aviatiker voll Ausdauer und Mut.

Trugst du als Kind auch ein Gewehr in grüner Armschlinge?
Wenn es losging, entflog ein angebundener Stöpsel dem Lauf.
Mein Mensch, wenn ich Erinnerung singe,
Sei nicht hart, und löse dich mit mir in Tränen auf! (...)

Das programmatische Gedicht endet mit den Versen:

So gehöre ich dir und Allen!
Wolle mir, bitte, nicht widerstehn!
O, könnte es einmal geschehn,
Daß wir uns, Bruder, in die Arme fallen!

Man fühlt sich etwas an den Überschwang von Schillers Lied ›An die Freude‹ erinnert (vgl. Bd. 3, S. 51–55), auch von Novalis und Hölderlin dürften Anregungen stammen, vor allem aber ist es der Amerikaner Walt Whitman (1819–1892) mit seinen ›Leaves of Grass‹ (erstmals 1855), der für den Ton, die Themen und die formalen Besonderheiten von Werfels Gedichten Pate gestanden hat. Werfel kannte und schätzte die 1907 bei Reclam erschienene Übersetzung ›Grashalme‹ von Johannes Schlaf (vgl. zu diesem Bd. 7, S. 315 ff.), der in seinem Vorwort Whitman, was »Sensibilität und Subtilität des Empfindens anbetrifft«, in eine Reihe mit Nietzsche stellte, aber betonte, die Sensibilität des amerikanischen Lyrikers sei »der harmonische Rhythmus einer neuen, erweiterten, durchaus gesunden *Gesamt*-Psychophysis«, komme »nicht bloß aus dem Gehirn, dem Intellekt, den Nerven« und habe daher »mit deren Décadence und Irrtümern nichts gemein«. Gerade die Überwindung der Décadence bei aller Bewahrung der äußersten Sensibilität, die Herstellung einer neuen mensch(heit)lichen Ganzheit waren ja wesentliche Programmpunkte des »messianischen Expressionismus«, der in Erneuerungsvisionen eine Verbrüderung aller Menschen anstrebte.

Formal übernahm Werfel von Whitman die freirhythmischen Langzeilen, daneben auch die »Katalogverse«, d. h. die listenartige Aufzählung von Personen, Begriffen, Dingen in einem oder in einer Reihe von Versen, die einem gemeinsamen Oberbegriff zuzuordnen sind und Ausdruck sein wollen für die Einheit des Universums oder der Menschenwelt.

Das von Nationalismen, von politischen und sozialen Krisen zerrissene Europa war allerdings kein günstiger Boden für eine allgemeine Menschheitsverbrüderung; deshalb war das »O-Mensch«-Pathos hohl, blieb als Perspektive nur ein Erweckungs- und Bekehrungserlebnis, Wandlung und Einkehr in einem ganz religiösen Sinn.

Veni creator spiritus

Komm, heiliger Geist, Du schöpferisch!
Den Marmor unsrer Form zerbrich!
Daß nicht mehr Mauer krank und hart
Den Brunnen dieser Welt umstarrt,
Daß wir gemeinsam und nach oben
Wie Flammen ineinander toben!
(...)
Daß tränenhaft und gut und gut
Aufsiede die entzückte Flut,
Daß nicht mehr fern und unerreicht

Ein Wesen um das andre schleicht,
Daß jauchzend wir in Blick, Hand, Mund und Haaren,
Und in uns selbst Dein Attribut erfahren!

Daß wer dem Bruder in die Arme fällt,
Dein tiefes Schlagen süß am Herzen hält,
Daß, wer des armen Hundes Schaun empfängt,
Von Deinem weisen Blicke wird beschenkt,
Daß alle wir in Küssens Überflüssen
Nur Deine reine heilige Lippe küssen!

Das herbeigesehnte Pfingstwunder, die Ausgießung des Geistes, die
jede »Mauer krank und hart« fortspülen sollte, stellte sich der Dichter offenbar als Flut von Tränen vor: Sie sind das Lösungsmittel, das
die Erlösung bringen, den Menschen »gut« machen wird. Es wird
viel geweint in den Gedichten Werfels. »Ach, nur das Weinen reißt
uns zum Reinen hin«, heißt es im ›Revolutions-Aufruf‹(!), »Unüberwindlich sind des Guten Tränen,/Baustoff der Welt und Wasser der
Gebilde./Wo seine guten Tränen niedersinken,/Verzehrt sich jede
Form und kommt zu sich« lautet eine Strophe aus ›Der gute
Mensch‹. Rührseligkeit und Sentimentalität sind die Klippen, an denen der Autor nur allzu oft scheitert.

So offensichtlich mißlungen etwa im Gedicht ›Die Träne‹ die
Transzendierung der Alltagserfahrung zur Eucharistie ist (»Der
Gottheit liebliches Blut, unsere Träne rinnt«), so glücklich hat Werfel
in einem anderen die Vater-Sohn-Konstellation ins Komisch-Mytho-
logische geweitet.

Vater und Sohn

Wie wir einst im grenzenlosen Lieben
Späße der Unendlichkeit getrieben
Zu der Seligen Lust –
Uranos erschloß des Busens Bläue,
Und vereint in lustiger Kindertreue
Schaukelten wir da durch seine Brust.

Aber weh! Der Äther ging verloren,
Welt erbraust und Körper ward geboren,
Nun sind wir entzweit.
Düster von erbosten Mittagsmählern
Treffen sich die Blicke stählern,
Feindlich und bereit.

Und in seinem schwarzen Mantelschwunge
Trägt der Alte wie der Junge
Eisen hassenswert.
Die sie reden, Worte, sind von kalter
Feindschaft der geschiedenen Lebensalter,
Fahl und aufgezehrt.

Und der Sohn harrt, daß der Alte sterbe
Und der Greis verhöhnt mich jauchzend: Erbe!
Daß der Orkus widerhallt.
Und schon klirrt in unseren wilden Händen
Jener Waffen – kaum noch abzuwenden –
Höllische Gewalt.

Doch auch uns sind Abende beschieden
An des Tisches hauserhabenem Frieden,
Wo das Wirre schweigt,
Wo wir's nicht verwehren trauten Mutes,
Daß, gedrängt von Wallung gleichen Blutes,
Träne auf- und niedersteigt.

Wie wir einst in grenzenlosem Lieben
Späße der Unendlichkeit getrieben,
Ahnen wir im Traum.
Und die leichte Hand zuckt nach der greisen
Und in einer wunderbaren, leisen
Rührung stürzt der Raum.

Die polare Typisierung von alt und neu, von Erstarrung und Vitalität und eben auch von Vater und Sohn war eines der wesentlichen Denk- und Argumentationsmuster der Expressionisten. Wie sonst nur noch die Dichter des Sturm und Drang im ausgehenden 18. Jahrhundert haben sie den Vater-Sohn-Konflikt verstanden und ausgetragen als psychodynamische innerfamiliäre Auseinandersetzung (vgl. z. B. Kafkas ›Brief an den Vater‹), als Aufstand gegen Vaterfiguren in Schule, Universitäten, Staat und Justiz und als metaphysische Auflehnung gegen einen als grausam, zumindest aber als menschenfern erlebten Gott. Die im Gedichttitel genannte Konstellation hat also exemplarische Bedeutung.

Werfel verknüpft in seinem Gedicht die Sphäre des archaischen griechischen Mythos mit der Sphäre einer sehr genau im sehr irdischen Alltag angesiedelten Familiensituation, verschränkt sie ineinander und läßt sie sich gegenseitig deuten. Der Name Uranos eröffnet bereits ein ausgedehntes Feld von Anspielungen. Nach Hesiod ein Sohn von Gäa, der weiblichen Erdgottheit, ist Uranos, die Verkörperung des gestirnten Himmels, doch gleichzeitig ihr Gatte, der sie allnächtlich umarmt. Die zahlreichen Kinder, die er mit ihr gezeugt hat, die Titanen, waren ihm verhaßt, er verbarg sie in der inneren Höhlung der Erde, also ihrer Mutter, und ließ sie nicht ans Licht. Der jüngste Sohn, Kronos, wagt schließlich, von Gäa angestiftet, den Aufstand gegen den Vater. Mit einer stählernen Sichel entmannt er ihn, als dieser die Mutter wie jede Nacht umarmt.

In Werfels Gedicht ist nun aber in Abweichung vom Mythos die Ausgangssituation von Harmonie geprägt. Der ganze Himmel ist die Vatergottheit und gleichzeitig der Spielplatz, den diese »erschließt«, um mit dem Sohn, dessen Perspektive das Gedicht bestimmt, zu schaukeln. Dieses »Erschließen« enthält beides: das Aufsperren eines verschlossenen Raumes und das Sich-Aufschließen, das Sich-Öffnen gegenüber dem Kind. Die »Späße«, das lustige Schaukeln machen aus dem kosmischen Raum, den der Vatername bezeichnet, ein bürgerliches Idyll.

In der Art einer Weltschöpfung, einer Scheidung der Elemente, vollzieht sich in der zweiten Strophe das Zerbrechen der ursprünglichen Einheit; im Verlust des »Äthers«, der Schwerelosigkeit und Leichtigkeit fraglosen Einverständnisses, bricht die ganze Erdenschwere des immer neu zu bewältigenden Beziehungsalltags auf. Nicht reale Waffen aus Stahl wie im Mythos sind es, die der Sohn gegen den Vater, der Vater gegen den Sohn zückt, aber die »stählernen« Blicke, die »kalten Worte« sind Waffen von »höllische(r) Gewalt« wie ein »Dolch im Gewande« oder eben eine stählerne Sichel. Auch ist es nicht nur Kronos, der die Sichel schwingt, Uranos vermag sich sehr wohl zu wehren. Wie vergiftet die Beziehungen zwischen den Generationen, wie belastet die gemeinsamen »Mittagsmähler« sein können, wie sich unmittelbar unter dem Wohnzimmer Orkus und Hölle öffnen, hat Werfel präzise und eindringlich formuliert. Dem Todeswunsch des Sohnes in bezug auf den Vater entspricht dabei dessen Unsterblichkeitswahn, denn so ist wohl sein Hohn zu verstehen: Du wirst noch lange nicht erben!

Im Gegensatz zur Unversöhnlichkeit anderer Darstellungen des Vater-Sohn-Konflikts endet dieses Gedicht jedoch versöhnlich. Wieder kommt den Tränen die gemeinsamkeitsstiftende Funktion zu, anrührender noch wirkt hier die in der traumhaften Erinnerung an einstige Gemeinsamkeit fast unbewußte Geste (»Und die leichte Hand zuckt nach der greisen«), mit der die Distanz überwunden wird.

Else Lasker-Schüler

»Und dies war die größte Lyrikerin, die Deutschland je hatten«, lautet das bekannte Diktum Gottfried Benns über Else Lasker-Schüler (1869–1945). Als 1952 diese Äußerung fiel, war die Dichterin, die als Jüdin 1933 aus Deutschland geflohen und 1945 in Jerusalem, bedrängt von bitterer Verlassenheit und Heimweh, gestorben war, in ihrem Heimatland weitgehend vergessen. Insofern ist Benns zitierte Inanspruchnahme nicht unproblematisch, auch deshalb, weil dies enthusiastische Urteil von einem Autor stammt, der die nationalsozialistische Machtergreifung zunächst ausdrücklich gutgeheißen und den Emigranten barsch das Recht abgesprochen hatte, über die Vorgänge in Deutschland zu urteilen. –

Trotzdem hat Benn recht: Else Lasker-Schüler ist eine der faszinierendsten Dichtergestalten des zwanzigsten Jahrhunderts. Sie hat wie kaum eine andere versucht, aus ihrem Werk, ihrer Person und ihrem Leben eine untrennbare Einheit zu machen. 1869 in Elberfeld als jüngstes von sechs Kindern des Privatbankiers Aron Schüler geboren, gehörte sie einer Familie an, die das bürgerliche assimilierte Judentum verkörperte (ihr Großvater war noch Rabbiner gewesen). Selbst diese wenigen biographischen Daten über Geburtsjahr und Herkunft konnte die Forschung erst spät sichern, so sehr hat die Dichterin ihre Biographie und ihre Welterfahrung verwandelt in eine von ihr geschaffene Wirklichkeit. (In älteren Literaturgeschichten kann man z. B. immer noch als Geburtsjahr 1876 oder 1881 angegeben finden.)

Ich bin doch eigentlich ein Mensch, der lauter Paläste hat. Ich kann eingehn in mein Dichttum, wie groß ist mein Dichttum, tausende Morgen und Nächte groß – und ich kann es nicht verlieren und gerade daß man nur mit Blut bezahlen kann seine Steuer, das ist Besitz

schrieb sie an Karl Kraus (Brief vom 8. 2. 1910). Was ihr aus Armut in der Realität nicht möglich war, verlegte sie als Masken- und Verwandlungsspiel in ein Kunst-Reich, in dem sie als Prinzessin Tino von Bagdad und als Prinz Jussuf von Theben residierte und in dem ihre Freunde einen poetischen Hofstaat bildeten. Der Erste Weltkrieg hat nicht nur den Tod vieler ihrer Freunde gebracht, für sie bedeutete er vor allem das Ende der Illusion von der Erneuerbarkeit der Welt durch Kunst.

Zwar wird Else Lasker-Schüler meist den expressionistischen Autoren zugerechnet, wie bei vielen Dichtern dieser Zeit verweigert sich ihr Werk jedoch einer stilgeschichtlich eindeutigen Zuordnung. Sie veröffentlichte ihre ersten Gedichte bereits um die Jahrhundertwende, 1902 erschien ihr erster Gedichtband ›Styx‹. Die Texte dieser

Sammlung werden meist und zu Recht als vom Jugendstil beeinflußt bezeichnet. Eine rauschhafte Erotik herrscht vor, exotische Landschaften, Tiere und Pflanzen bevölkern zahlreiche Gedichte, oftmals stellt sich das lyrische Ich in mythisch-religiöse und kosmische Bezüge. Schon die Titel sind deutlich: ›Meine Schamröte‹, ›Trieb‹, ›Nervus Erotis‹, ›Orgie‹, ›Sinnenrausch‹, ›Eros‹ und daneben ›Urfrühling‹, ›Karma‹, ›Das Lied des Gesalbten‹, ›Sulamith‹. Mit den Themen »Leidenschaft« und »Erotik« verbindet sich zwanglos das Wort- und Bildfeld des Feuers und des Brennens (einschließlich der Farbe Rot) und des Strömens und Fließens.

Neben den trotz ihrer hochgespannten Gefühlsintensität eher konventionell anmutenden Sprachformen und Bauprinzipien dieser Texte findet die Dichterin aber schon in einigen der frühen Gedichte zu einem unverwechselbaren Ausdruck ihres konsequenten Subjektivismus.

Mit dem 1905 erschienenen Band ›Der siebente Tag‹ hat Else Lasker-Schüler endgültig ihren Ton gefunden; als äußere Form für ihre Gedichte treten nun zunehmend vierzeilige, häufiger drei- und zweizeilige Strophen hervor, die Verse sind oft unregelmäßig oder gar nicht gereimt. Die Sprache ist mehr noch als im Band ›Styx‹ durchtränkt vom Bilderreichtum der Bibel. Identifikationsraum ist ein mythischer Orient, die Vorstellung vom Judentum als dem ›auserwählten Volk‹ verschiebt sich bei der Dichterin – individuelle Herkunft und abendländische Tradition verbindend – zu der von der auserwählten, göttlich inspirierten Sängerin.

> (…) Propheten waren unsere Väter
> Unsere Mütter Königinnen. (…)
>
> Unsere Leiber ragen stolz, zwei goldene Säulen,
> Über das Abendland wie östliche Gedanken.
>
> (aus: ›Unser stolzes Lied‹)
>
> (…) Aber mein Auge
> Ist der Gipfel der Zeit
>
> Sein Leuchten küßt
> Gottes Saum. (…)
>
> Ich bin der Hieroglyph
> Der unter der Schöpfung steht.(…)
>
> (aus: ›Mein stilles Lied‹)

Die Nähe zur religiösen Lyrik, zu Hymne, Psalm, Gebet verleugnen viele Gedichte nicht, was im zwanzigsten Jahrhundert – zumindest im Abendland – doch eher eine Ausnahme ist. Nähe und Distanz zur jüdischen Religiosität erscheinen dabei in immer wechselnder Beleuchtung.

Mein Volk

Der Fels wird morsch,
Dem ich entspringe
Und meine Gotteslieder singe ...
Jäh stürz ich vom Weg
Und riesele ganz in mir
Fernab, allein über Klagegestein
Dem Meer zu.

Hab mich so abgeströmt
Von meines Blutes
Mostvergorenheit.
Und immer, immer noch der Widerhall
In mir,
Wenn schauerlich gen Ost
Das morsche Felsgebein,
Mein Volk,
Zu Gott schreit.

Die Bedeutung des Gedichttitels ›Mein Volk‹ bleibt in der Schwebe: Soll der Leser Auskünfte erwarten über das Volk, dem das lyrische Ich angehört, oder spricht es zu diesem Volk? Mehrdeutig ist der ganze Text; dabei ist seine Metaphorik durchaus nicht ungewöhnlich. Z. B. hat Goethe in seinem ›Sturm und Drang‹-Gedicht ›Mahomets Gesang‹ (»Mahomet« ist die im 18. Jahrhundert übliche Schreibung für den Prophetennamen Mohammed) im Bild des im Gebirge entspringenden Quells, der als Bach, Fluß und Strom dem Meer zustrebt, die Sehnsucht des genialen Religionsstifters – allgemeiner die des außergewöhnlichen Menschen – nach einer glückenden, angemessenen Lebensbahn, das Verlangen nach Reifen und immer weiterem Ausgreifen gestaltet.

Dem Gedicht von Else Lasker-Schüler, das zumindest in seiner ersten Strophe wie eine Antwort auf oder ein Gegenentwurf zu dem von Goethe gelesen werden kann, liegt ein grundlegend anderes Lebensgefühl zugrunde: Herrschen in ›Mahomets Gesang‹ Freude, Zuversicht, jugendliche Selbstgewißheit vor, so ist der bekenntnishafte Text der Lyrikerin zu Beginn des zwanzigsten Jahrhunderts melancholisch verdüstert und verschattet.

Wie in Goethes Hymnus »rieselt« auch hier der Quell »Dem Meer zu«, doch signalisiert schon das Verb eindeutig Dürftigkeit, verstärkt noch durch das »ganz in mir«. Haben sich dem »Felsen-quell,/Freudehell« von Anfang an »Bruderquellen« angeschlossen, die er – des rechten Weges offenbar wohl bewußt – »mit frühem Führertritt« mit sich fortreißt, so folgt diese Quelle ohne Freude, »über Klagegestein«, und isoliert, »Fernab, allein«, ihrer Berufung, des Weges nicht gewiß (»Jäh stürz ich vom Weg«). In beiden Gedichten spricht ein lyrisches Ich, das sich seines prophetischen Auftrags, der »Gotteslieder«, die es zu singen hat, bewußt ist, bei Else Lasker-Schüler scheinen sie aber bestimmt für den »Fels«, dem das im Bild vom Quell gefaßte Sprecher-Ich entspringt. Der Bedeutungsgehalt der Bilder ist nicht eindeutig, die Annahme, daß es die Bedrohung durch Alter und Zerfall, die Morschheit ist, die der »Gotteslieder« bedarf (oder die sie möglich macht?), besitzt aber eine gewisse Wahrscheinlichkeit. Die zweite Strophe klärt, daß das »morsche Felsgebein« für das Volk steht, dem das lyrische Ich entstammt. Wenn dieses Volk »Zu Gott schreit« und zwar »schauerlich gen Ost«: hat die jüdische Dichterin damit die Verzweiflung des Judentums über den Verlust des »gelobten Landes« im Osten, gar den Verlust der einstigen »Auserwähltheit« angesprochen? Ist dieser Verlust der Grund für die Morschheit? Schwer deutbar sind die ersten Verse der zweiten Strophe. Das Schreien des Volkes ruft im lyrischen Ich »immer, immer noch« einen »Widerhall« hervor, obwohl es sich von ihm isoliert, abgetrennt, entfernt (in der Wassermetaphorik: »abgeströmt«) hat. Die Einsamkeit des Ich bleibt also bezogen auf die »Mostvergorenheit« (Alter und Reife sind auch in diesem Begriff enthalten) des gemeinsamen Blutes, es ist zusammen mit seinem Volk in der Kelter gewesen.

Zusammengehalten wird das Gedicht außer durch die Verschränkung der Bilder vor allem durch Klangwirkungen, die hellen »i«- und »ei«-Laute etwa, und durch Reimbindungen, die anfangs deutlich (entspringe/singe), dann nur noch diskret (Klagegestein/Felsgebein; -vergorenheit/Zu Gott schreit) eingesetzt sind.

Man hat diesen Text das »erste expressionistische Gedicht, das wir in Deutschland haben« (Clemens Heselhaus) genannt. Tatsächlich sind hier mit den Themen Außenseitertum und Gemeinschaftssehnsucht, Sturz und Schrei, Gottferne und Gottesversöhnung zentrale Ausdrucks- und Denkformen dieser Literaturbewegung vorweggenommen.

›Ein alter Tibetteppich‹, das bekannteste Gedicht von Else Lasker-Schüler, ist zuerst am 8. 12. 1910 in Herwarth Waldens ›Sturm‹ erschienen. Karl Kraus druckte es noch am Ende desselben Jahres in seiner ›Fackel‹ (Nr. 313/14) nach und schrieb in seinem begeisterten Kurzkommentar dazu, es gehöre für ihn »zu den entzückendsten und ergreifendsten, die ich je gelesen habe, und wenige von Goethe abwärts gibt es, in denen so wie in diesem Tibetteppich Sinn und Klang, Wort und Bild, Sprache und Seele verwoben sind«. 1911 hat die Autorin es in den Band ›Meine Wunder‹ aufgenommen.

Ein alter Tibetteppich

Deine Seele, die die meine liebet,
Ist verwirkt mit ihr im Teppichtibet.

Strahl in Strahl, verliebte Farben,
Sterne, die sich himmellang umwarben.

Unsere Füße ruhen auf der Kostbarkeit,
Maschentausendabertausendweit.

Süßer Lamasohn auf Moschuspflanzenthron,
Wie lange küßt dein Mund den meinen wohl
Und Wang die Wange buntgeknüpfte Zeiten schon?

Die literaturgeschichtliche Einordnung auch dieses Textes fällt schwer. Zwar wurde er in Anthologien expressionistischer Lyrik aufgenommen, doch fehlt ihm alles, was man sonst damit verbindet – Benns Ästhetik des Häßlichen ebenso wie das Pathos eines Werfel, er ist keine Groteske wie die eines van Hoddis oder Lichtenstein und entwirft keine dämonische Vision wie die des Georg Heym.

Dieses Liebesgedicht wirkt im Gegenteil völlig harmonisch, sprachlich trotz der Exotik der Begriffe und Bilder vollendet ausbalanciert. Im Gegensatz zur Diskontinuität des expressionistischen Reihenstils dient hier alles der Verknüpfung und der Herstellung einer in sich geschlossenen Einheit. Durch das raffinierte Ineinander der End- und Binnenreime, die Vokalharmonie, entsteht ein Klangteppich, der so suggestiv wirkt, daß man fast zu fragen vergißt, wovon die Dichterin eigentlich spricht. ›Ein alter Tibetteppich‹ – der Titel ruft eine Fülle von Assoziationen hervor: Man erinnert sich an Gebets- und an fliegende Teppiche, an die Kunst und die Geduld, die erforderlich sind, die zahllosen Knoten für einen Teppich zu knüpfen, an die traditionell vielfältigen und bedeutungsvollen Ornamente orientalischer Teppiche, an den Wert, den vor allem ein alter Tibetteppich repräsentiert. Tibet, ein Teil Chinas, größtes Hochland der Erde und mit seinen im Durchschnitt über viertausend Metern Höhe dem Himmel näher als andere Weltgegenden, läßt vielleicht an seine Religion, den Lamaismus und an dessen bedeutendsten Priesterfürsten, den Dalai Lama, denken, der als die stets sich erneu-

ernde Inkarnation eines Bodhisattva, eines Anwärters auf Buddha-
schaft, gilt.

Der erste Vers weist ebenfalls nach Osten, aber in das Land der
Bibel: »Deine Seele, die die meine liebet« klingt an eine Stelle aus
dem ›Hohelied Salomos‹ an (3. Kap., Vers 1–4) »Des Nachts auf meinem Lager suchte ich, den meine Seele liebt. Ich suchte; aber ich fand
ihn nicht./Ich will aufstehen und in der Stadt umgehen auf den Gassen und Straßen und suchen, den meine Seele liebt. Ich suchte; aber
ich fand ihn nicht./Es fanden mich die Wächter, die in der Stadt umgehen: ›Habt ihr nicht gesehen, den meine Seele liebt?‹/Da ich ein
wenig an ihnen vorüber war, da fand ich, den meine Seele liebt. Ich
halte ihn und will ihn nicht lassen (...)«. In der Umkehrung der Perspektive im Gedicht feiert das Ich seine Gewißheit, geliebt zu werden, die Reimpaare verweisen zurück auf ein Paar, das mit sich im
reinen ist. Überraschend und spielerisch wirkt das Verfahren, das
durch Vertauschung der Wortbestandteile aus dem »Tibetteppich«
ein »Teppichtibet« macht, ein Märchenland, das ein Teppich und
gleichzeitig ein utopischer Raum der Erfüllung ist. In die Flächigkeit
eines Ornaments gebannt, »verwirkt« zu sein, heißt gleichzeitig für
das Paar, jeweils an den Partner sein Leben »verwirkt« zu haben.

Dieses Ornament bildet, so ist die zweite Strophe wohl zu verstehen, einen Kosmos ab, der nicht bloß sinnvoll geordnet, sondern auf
Liebe gegründet ist. Es mag aber auch sein, daß der Teppichknüpfer
den Kosmos als liebesfähig nur deutet, nur solche »Farben« auswählt, die ineinander »verliebt« sind, nur solche »Sterne« wirkt oder
knüpft, deren himmlische Hochzeit ihm möglich scheint, »die sich
himmellang umwarben«. Die Liebe dieses Paars wäre also nur in
einem künstlich-kunstvoll hergestellten Raum »Realität«. In »himmellang« ist überdies die Verwandlung des in der Zeit sich Vollziehenden in das Räumliche eines Musters eingefangen.

Es gehört zur traumhaften Logik dieses Gedichts, daß das Paar
(die Vereinigung von »mein« und »dein« zu »Unsere« ist hier vollzogen), das eben noch als in den Teppich »verwirkt« gesehen wurde,
nun offenbar dreidimensional sich selbst zu Füßen betrachten kann.
Das versfüllende Adverb »Maschentausendabertausendweit« enthält
gleichsam das Staunen über die Unendlichkeit der Liebe, über die
Unauflösbarkeit der ineinander verhakten Beziehung: In einem kühnen sprachlichen Salto vergewissert sich das Paar seiner selbst und
der »Kostbarkeit« seiner Liebe.

Die vierte Strophe bringt in mehrfacher Hinsicht Besonderheiten:
Anstelle von zweien umfaßt sie drei Verse, in den beiden Schlußver-
sen ist das Metrum nicht wie bis dahin trochäisch, sondern jambisch,
der mittlere Vers fällt aus dem Reimschema heraus. Gleichzeitig
durchzieht ein dichtes Geflecht von Binnen- und Endreimen die drei

Zeilen (Sohn-Thron-schon; lange-Wange; Mund-bunt) und der ü-Laut (süßer-küßt-geknüpft) schlingt sich als weitere Masche durch sie hindurch. Die Anrede an den Geliebten, »Süßer Lamasohn«, beschwört erneut die exotische Märchenwelt des »Teppichtibet«: Lama, im tibetischen Buddhismus der Titel für Priester, bedeutet »einer, der keinen über sich hat«; mit »Lamasohn« ist wohl die jünglingshafte Reinkarnation eines früheren Dalai Lama gemeint, der ja nicht stirbt, sondern nur die körperliche Hülle wechselt. Daß er statt auf einem Lotos-Thron auf einem »Moschuspflanzenthron« ruht, erweitert die Spiritualität der Wiedergeburtsvorstellung um die sinnliche Komponente des sexuell stimulierenden Moschusgeruchs.

Die Aufhebung des Vergehens der Zeit, vielmehr deren Verwandlung in bunte Teppichknoten (»buntgeknüpfte Zeiten«) hebt auch das Paar heraus: Die Frage, wie lange noch, wie lange schon der Kuß dauert, Wange sich an Wange schmiegt, wird nicht beantwortet, weil die Antwort unerheblich wäre. Gleich den sinnenfrohen Steinplastiken auf der Außenseite mancher indischer Tempel, die Liebespaare in den unterschiedlichsten Phasen der Ekstase verewigt haben, scheint dieses versunken in unaufhörlicher Umarmung, in geistig-seelisch-körperlichem Entzücken.

Man hat das Schreiben der Else Lasker-Schüler nicht selten als exhibitionistisch abgewertet. In ›Ein alter Tibetteppich‹ hat sie demonstriert, daß Sinnlichkeit und symbolistische Objektivierung der Gefühle sich nicht gegenseitig ausschließen müssen. Sprechen viele Autoren des zwanzigsten Jahrhunderts im Hinblick auf die Liebe oft nur mehr von deren Unmöglichkeit, so hat die Dichterin gezeigt, daß immer noch das große, schöne Liebesgedicht gelingen kann.

ANHANG

Anagnorisis: Das plötzliche Durchschauen des bis dahin verborgenen oder mißverstandenen Sachverhalts; neben Peripetie und Katastrophe das dritte Grundelement der aristotelischen Tragödienlehre.

L'art pour l'art (franz. Kunst um der Kunst willen): In Frankreich zu Beginn des 19. Jahrhunderts entstandene und vor allem von den europäischen Symbolisten vertretene Kunstauffassung, nach der Kunst frei von praktischen Zwecken und äußeren Anlässen nur aus ästhetischen Gründen existiere und wirke.

Arbeiterdichtung: Einerseits Literatur, die Leben, Welt und Probleme des Arbeiterstandes thematisiert (wie z. B. Herwegh, Freiligrath oder R. Dehmel) oder direkt auf Änderung der wirtschaftlich-sozialen Situation abzielt (wie z. B. G. Hauptmann oder Expressionisten der zwanziger Jahre). Andererseits ist die Literatur von Arbeitern gemeint und zielt auf Darstellung der modernen Arbeitswelt und die Stärkung des Selbstbewußtseins der Arbeiterschaft (wie z. B. im Nylandkreis von Autoren wie J. Winckler, Heinrich Lersch, Karl Bröger). Deren Bestrebungen wurden nach dem Zweiten Weltkrieg fortgesetzt von Gruppierungen wie Gruppe 61 (Max von der Grün) oder dem „Werkkreis Literatur der Arbeitswelt".

Chiffre (franz. Ziffer, Zahl): Stilfigur der modernen Lyrik, in der im Gegensatz zur Metapher oder zum Vegleich ein sog. tertium comparationis (das „gemeinsame Dritte") nicht mehr erkennbar ist. Das Gemeinte ist verschlüsselt und muß aus dem Textzusammenhang erschlossen werden.

Chiasmus (vom griechischen Buchstaben Chi = X): Kreuzförmige oder spiegelbildartige Stellung von Wörtern oder Wortgruppen, häufig Subjekt und Prädikat aus unterschiedlichen Sinnbereichen.

Ding-Gedicht: Aus eingehender Betrachtung eines Gegenstandes oder Lebewesens entstandene gestaltete Beschreibung, die Wesen und Bedeutung des Beschriebenen zu erfassen und sprachlich nachzubilden versucht, wobei alles für die Wesensdeutung Unwichtige entfällt. Als Gegenstand werden häufig (z. B. bei Rilke) Werke der bildenden Kunst verwendet.

Elegie: In der Antike ursprünglich jedes Gedicht in Distichen. Seit den römischen Dichtern wie Catull, Properz, Tibull und Ovid Gedichte mit sehnsüchtig-melancholischem Grundton. Opitz

(s. Bd. 1) empfiehlt sie in seiner Poeterey (1624) für „traurige Sachen" und Liebesthemen. In der deutschen Blütezeit (Empfindsamkeit) enthalten sie v. a. Motive wie Abschied, Trennung, Sehnsucht, Klage. Schiller sieht das Elegische wie Hölderin als Sehnsucht nach einem unerreichbaren Ideal, die nachklassische Dichtung drückt in ihr zunehmend Klagen oder schmerzliche Reflexionen über persönliche bzw. grundsätzliche Leiderfahrung aus.

Erlebnislyrik: Die Vorstellung, daß Dichtung als unmittelbarer Ausdruck und direkte Gestaltung subjektiv begründeter „Erlebnisse" höchste künstlerische Qualität sei (und damit die bewußte Kunstform tiefer stuft), wird in der beginnenden Moderne und in der modernen Literaturwissenschaft nicht mehr geteilt.

Ghasel (arab. Gespinst): Gedichtform mit Versen beliebiger Taktart und Länge. Das bestimmende Element sind die Reime. Es können mehrere Wörter reimen. Der 1. Vers gibt den Reim vor, der in jeder geraden Zeile aufgenommen wird, während die ungeraden reimlos bleiben (Versschema: aa ba ca da ... xa). Je ein Verspaar bildet wie in Hofmannsthals Gedicht (s. S. 270 f.) eine Sinneinheit.

Heimatroman: Die sog. Heimatkunst um 1900 bevorzugt als Hauptform Heimatdichtungen wie Dorfgeschichten, Bauernromane oder – in der Ganghofer-Nachfolge – Bergromane. Im Protest gegen Verstädterung und Intellektualisierung hoffte man Ursprünglichkeit und „echtes Leben" in der heimatlichen Landschaft und ihren Menschen vorzufinden, geriet dabei aber vielfach in klischeehafte Vorstellungen. Begriffe wie „Volkstum", „Urkräfte", „Boden" u. a. erleichterten im Dritten Reich die Verbindung zur „Blut- und Boden"-Literatur. Dennoch wäre es zu einfach, Autoren wie Hermann Löns, Heinrich Waggerl, Klara Viebig oder Lulu von Strauß und Torney als eine Art Vorläufer nationalsozialistischer Literatur abzustempeln.

Hymne (griech. hymnos): Ursprünglich feierliche kultische Lobpreisung von Göttern, Helden oder Siegen bei Wettspielen; im Mittelalter jedes Loblied auf Gott oder Heilige. Im Expressionismus nach dem Vorbild Nietzsches zur Verkündigung einer neuen Menschheit verwendet.

Ironie: Ironie „nimmt Abstand von den Dingen – – – schwebt darüber und lächelt auf sie herab", sagt Thomas Mann, der in besonderem Maß Vertreter der modernen Ironie ist, die durch Distanzierung zum Mittel der Selbsterhaltung wird. Der ältere Gebrauch des rhetorischen Stilmittels, das bis in die Gegenwart des Sprachalltags eine Rolle spielt, beruht darauf, daß das Gesagte in Wirklichkeit das Gegenteil des Gemeinten ausdrückt („Das ist ja eine schöne Bescherung") und damit in eine andere Ebene versetzt.

Leitmotiv: Der aus der Musik entlehnte Begriff bezeichnet in der Literatur formelhaft wiederkehrende Redewendungen oder Wortfolgen, die Personen oder Situationen kennzeichnen. So wird z.B. Tony Buddenbrooks Lebensunerfahrenheit durch die (auch unpassende) ständige Wiederholung der Phrase „wie es im Leben so geht" charakterisiert. Thomas Mann benützt die Form gern als Mittel der Ironisierung.

Lyrisches Drama: Vom frühen Hofmannsthal bevorzugter personen- und handlungsarmer Dramentyp, in dem in lyrisch geprägter Sprache innere Konflikte der Hauptfigur ausgedrückt werden; im expressionistischen Kurzdrama stehen lyrisch-ekstatische Szenen im Vordergrund.

Mittelachse: Von Arno Holz in seiner Poetik verwendeter Begriff. Die Mittelachse soll die Struktur des Verses und den tragenden Rhythmus bestimmen.

Moralities (engl.): Schauspiele, die (besonders in England, Frankreich und den Niederlanden) den Kampf der guten und bösen Mächte um die Seele eines Menschen – wie z.B. im ›Jedermann‹ – zeigen. Die Moralities bedienen sich dabei allegorischer Figuren.

Oxymoron (griech.): Rhetorische bzw. stilistische Figur, die in unterschiedlicher Form zwei Ausdrücke verknüpft, die sich eigentlich ausschließen („beredtes Schweigen").

Pluralismus: Aus der Philosophie und der Staatstheorie stammender Begriff, der eine Vielheit von nebeneinander herlaufenden Theorien, Lehren und Interessen- bzw. Machtgruppen gelten läßt, ohne eine als die ausschließlich bestimmende anzuerkennen. Mit der Entwicklung des pluralistischen Denkens läßt sich auch in Kunst und Literatur eine strenge Epochenabfolge nicht mehr vertreten. Vielmehr herrscht eine Gleichzeitigkeit und Konkurrenz verschiedener Richtungen.

Psalm (griech.): Nachdichtung oder dichterische Bearbeitung der alttestamentarischen Psalmen, religiöser Lieder Israels, die im biblischen Psalter gesammelt sind.

Rollengedicht: Lyrische Form, in der ein Ich in der Rolle einer (meist) typisierenden Figur auftritt, hinter der sich auch die Sicht des Verfassers verbergen kann.

Sonett (it.): Strenge Gedichtform aus zwei Vierzeilern (Quartette) mit gleicher Reimfolge (abba) und zwei Dreizeilern (Terzette), die bei Petrarca (1304–1374) in der Reimfolge cdc und dcd festgelegt waren. Wegen der klaren Zweiteilung gilt das Sonett als geeignet für die Darstellung von insbesondere antithetischen Denkbewegungen; die Terzette können auf höherer Ebene den in den Quartetten angelegten Zwiespalt aufheben, in einer Summe verdichten oder in pointierter Form individuell entscheiden. Zum freien Umgang mit der Form s. Rilke (S. 296ff.).

Stationendrama, Stationenstück: Lockere Form von (oft) symbolischen Szenen ohne kausalen Bezug. Konfrontiert den Helden als Zentralfigur mit Personen oder Situationen. Vertreter: Strindberg, Nach Damaskus (1898ff.), Kaiser, Von morgens bis mitternachts.

Tragikomödie: Nach früheren Ansätzen in den Epochen Sturm und Drang (Lenz), Romantik (Tieck) und Realismus (Hebbel) entwikkelt sich seit dem Naturalismus die Form der T. neu aus einer Welterfahrung, die dem dramatischen Helden keine Eindeutigkeit mehr zuerkennen kann. Für Hauptmanns (Die Ratten) Verständnis der T. gilt annähernd, was Hebbel schon formuliert hat, daß sie dem Zeitgeist entspreche und überall dort entstehe, wo „auf der einen Seite wohl der Kämpfende und untergehende Mensch, auf der anderen jedoch nicht die berechtigte sittliche Macht, sondern der Sumpf von faulen Verhältnissen vorhanden ist (...)".

Zitat (Montage): In der Erzählliteratur dient das Zitat nicht wie in wissenschaftlichen Schriften dem Nachweis der Richtigkeit einer Behauptung oder der Verstärkung der eigenen Meinung durch die Autorität; man benützt es vielmehr zum kunstvollen Spiel mit Andeutungen und Verfremdungen, in der humorvollen Auseinandersetzung bzw. als Möglichkeit der ironisierenden Distanzierung und zunehmend auch als sinngestaltendes Element. Im weiteren Sinn kann dann sogar die Übernahme bereits gestalteter Motive oder Handlungen als Zitat verstanden werden.

Literatur und Geschichte
zum Nachschlagen

Herbert A. und
Elisabeth Frenzel
**Daten deutscher
Dichtung**
Chronologischer Abriß
der deutschen Literaturge-
schichte in 2 Bänden
Band 1
Von den Anfängen bis zum
jungen Deutschland
dtv 3003
Band 2
Vom Realismus bis zur
Gegenwart
dtv 3004

Horst Dieter Schlosser
**dtv-Atlas zur deutschen
Literatur**
dtv 3219

Leopold Hirschberg
Der Taschengoedeke
Bibliographie deutscher
Erstausgaben
dtv 3026

**Der Kleine Pauly
Lexikon der Antike**
Herausgegeben von
Konrat Ziegler, Walther
Sontheimer und
Hans Gärtner
5 Bände
dtv 5963

Michael Grant und
John Hazel
**Lexikon der antiken
Mythen und Gestalten**
Mit 390 Abbildungen,
Stammbäumen und Karten
dtv 3181

Klaus-Jürgen Matz
Wer regierte wann?
Regententabellen zur
Weltgeschichte
dtv 3294

Werner Hilgemann und
Hermann Kinder
**dtv-Atlas zur
Weltgeschichte**
2 Bände
dtv 3001 und
dtv 3002

Konrad Fuchs und
Heribert Raab
**Wörterbuch zur
Geschichte**
dtv 3364

Georg Denzler und
Carl Andresen
**Wörterbuch
Kirchengeschichte**
dtv 3245

dtv-Atlas Weltgeschichte

358 Zeitalter der Nationalstaaten / Balkan (1871–1908)

Die politische Neuordnung des Balkans durch den Berliner Kongreß 1878

dtv-Atlas
Weltgeschichte

Band 2
Von der Französischen
Revolution
bis zur Gegenwart

dtv-Atlas Weltgeschichte
von W. Hilgemann und H. Kinder
Band 1: Von den Anfängen bis zur
Französischen Revolution
Band 2: Von der Französischen
Revolution bis zur Gegenwart
Originalausgabe
dtv 3001 / 3002

Sprechen und Schreiben

Philosophie für Anfänger
im dtv

Hilfreiche Wegbegleiter für den Einstieg
in eine faszinierende, aber nicht leicht
zugängliche Lektüre

Kant für Anfänger
Die Kritik der reinen Vernunft
Eine Lese-Einführung von Ralf Ludwig
Originalausgabe
dtv 4662

Kant für Anfänger
Der kategorische Imperativ
Eine Lese-Einführung von Ralf Ludwig
Originalausgabe
dtv 4663

Nietzsche für Anfänger
Also sprach Zarathustra
Eine Lese-Einführung von Rüdiger Schmidt
und Cord Spreckelsen
Originalausgabe
dtv 4664

Nietzsche für Anfänger
Die Geburt der Tragödie
Eine Lese-Einführung von Wiebrecht Ries
Originalausgabe
dtv 30637
(September)

Hegel für Anfänger
Phänomenologie des Geistes
Eine Lese-Einführung von Ralf Ludwig
Originalausgabe
dtv 4717